L'HERMÉNEUTIQUE ANALOGIQUE DU JUDAÏSME ANTIQUE D'APRÈS LES TÉMOINS TEXTUELS D'ISAÏE

SUPPLEMENTS

TO

VETUS TESTAMENTUM

EDITED BY
THE BOARD OF THE QUARTERLY

J. A. EMERTON - W. L. HOLLADAY - A. LEMAIRE
R. E. MURPHY - E. NIELSEN - R. SMEND
J. A. SOGGIN - M. WEINFELD

VOLUME XXXIII

LEIDEN
E. J. BRILL
1982

L'HERMÉNEUTIQUE ANALOGIQUE DU JUDAÏSME ANTIQUE D'APRÈS LES TÉMOINS TEXTUELS D'ISAÏE

PAR

JEAN KOENIG

LEIDEN
E. J. BRILL
1982

CIP-Data

Koenig, Jean — L'Herméneutique analogique du Judaïsme antique d'après les témoins textuels d'Isaïe / par Jean Koenig. — Leiden : Brill. — (Supplements to Vetus Testamentum; vol. 33)

UDC 22

ISBN 90 04 06762 0

PRINTED IN BELGIUM

In memoriam Édouard Dhorme

TABLE DES MATIÈRES

Section I

Le témoignage de la Septante d'Isaïe
Ire partie de la Ire Section
Les emprunts scripturaires de G Is et l'herméneutique analogique

IIᵉ partie de la Iʳᵉ section

Variations par analogies verbales formelles dans G Is

SECTION II

Le témoignage du rouleau ancien de Qumrân I Q Is a, l'origine des méthodes herméneutiques, et la tradition textuelle normative

Iʳᵉ partie de la IIᵉ Section

Les emprunts scripturaires de Qa

IIᵉ partie de la IIᵉ section

Les variantes de Qa par analogies verbales formelles

REMARQUES INTRODUCTIVES ET REMERCIEMENTS

Le travail dont le bilan est exposé dans le présent volume a bénéficié du soutien du Centre National de la Recherche scientifique, qui l'a rendu possible, et aussi de stimulations et de critiques qui me sont venues de divers côtés. Dans la mesure où je puis espérer proposer des résultats utiles et, peut-être, les moyens pour d'autres enquêteurs de s'engager sur des voies neuves et efficaces, ce sera grâce à l'organisme que je viens de nommer, et grâce à tous ceux qui, en me témoignant de diverses manières leur intérêt pour mon enquête, ont vraiment eu part à ce que les résultats peuvent avoir de constructif, dans la meilleure hypothèse, tandis que je reste seul responsable des insuffisances et des erreurs qui ont pu s'introduire.

J'adresse mes remerciements au Centre National de la Recherche Scientifique qui a rendu possible l'obtention d'un ensemble de résultats dont le présent volume expose la charte méthodologique. Le souvenir d'Édouard Dhorme, le Maître regretté qui a encouragé et guidé le premier dessein de mes recherches, est inséparable du travail qui a abouti à la présente publication et à d'autres qui suivront. C'est à sa mémoire que le volume est dédié, en hommage de gratitude et de fidèle souvenir. Les directives de É. Dhorme ont toujours été fécondes et encourageantes, sans jamais devenir contraignantes pour la liberté intellectuelle d'autrui.

Je dois des remerciements à plusieurs personnalités scientifiques, qui ont directement et diversement influencé le présent ouvrage. M. A. Guillaumont, Professeur au Collège de France, et M. J. Bottéro, Professeur à l'École des Hautes Études de la Sorbonne, m'ont inlassablement prodigué de précieux avis. Il y a de nombreuses années déjà, ils avaient aperçu la possibilité d'aller au delà des résultats auxquels j'étais parvenu dans une première ébauche des vues exposées ici. Cette ébauche reposait sur des listes de matériaux tirés de Qa, G, Syr et T d'Isaïe, après un dépouillement complet. Ces listes m'avaient paru révéler la probabilité de l'existence d'une herméneutique originale, propre aux anciens. Leur manière d'interpréter les textes différait fondamentalement des nôtres. La critique avait, au moins de manière partielle, méconnu la nature de cette différence. Elle avait tendu à mettre sur le compte d'incompréhensions, d'erreurs et d'accidents, c'est-à-dire d'un phénomène général de dégradation, l'ensemble des variantes jugées secondaires. Il apparaissait au contraire qu'en dehors du cas des accidents, le gros de ces variantes illustrait une herméneutique ancienne, qui avait été un phénomène historique positif, qu'il importait d'étudier en tant que tel. Il était de nature à entraîner des conséquences pour l'exégèse littéraire. L'herméneutique ancienne étant issue de traditions beaucoup plus antiques que les documents de basse époque considérés, invitait à remonter dans le temps jusqu'aux compilations des unités littéraires de la Bible, et même jusqu'à leur composition originelle, dans les cas où celle-ci a utilisé des traditions antérieures, israélites prélittéraires, ou cananéennes et autres. Indépendamment de ce champ, plus directement intéressant pour le public des biblistes, l'exploration du nouveau domaine entrevu devenait nécessaire, du point de vue des exigences de la clarification historique, et aussi des conséquences pour d'autres disciplines du Proche-Orient antique.

J'avais initialement présenté les premiers résultats issus de mes listes, comme thèse de l'École des Hautes Études, et M. A. Dupont-Sommer, Professeur honoraire au Collège de France et Membre de l'Institut, avait bien voulu marquer son intérêt pour ce travail, en acceptant d'en être Directeur, tandis que MM. Guillaumont et Bottéro en étaient les Rapporteurs. Bien que la circonstance soit maintenant ancienne, il convient que je renouvelle l'expression de ma gratitude envers ces trois savants, au moment de la publication d'un ouvrage qui est l'exploitation de ce qui était en germe dans mon travail d'alors. Je ne percevais pas encore avec la netteté requise ce qui me paraît aujourd'hui être une conséquence générale pour la critique textuelle biblique, pour l'exégèse littéraire, et aussi pour le phénomène général de la continuité culturelle qui s'étend, avec variations de temps et de milieux, de la documentation babylonienne à l'herméneutique rabbinique, en passant par la transmission et la plus ancienne interprétation de la Bible, dans ses versions antiques et dans ses recensions vulgarisées, du type Qa. Je dois à MM. Guillaumont et Bottéro, auxquels avait bien voulu se joindre M. G. Dossin, Professeur honoraire d'Assyriologie aux Universités de Liège et de Bruxelles, et Membre de l'Institut de France, d'avoir discerné des conséquences et des prolongements que je ne pressentais alors que de manière confuse, timide et incomplète.

M. le Professeur P. A. H. de Boer, de l'Université de Leiden, ancien Secrétaire général de Vetus Testamentum, a stimulé mon travail, en me demandant de songer à la possibilité d'une insertion dans la collection des Suppléments à *Vetus Testamentum* (*VTS*). Je le remercie pour l'estime et la confiance scientifiques qu'il m'a témoignées avec continuité, en dépit du retard de ma publication. Je n'ai pas réussi à mieux réduire les délais, à la fois en raison de la nature du sujet, qui se développait en conséquences inattendues, et par suite d'autres obligations, avant tout celles de l'enseignement. Je remercie M. le Professeur J. A. Emerton, de l'Université de Cambridge, Secrétaire général de Vetus Testamentum, d'avoir accepté l'insertion du travail dans la collection des Suppléments à *Vetus Testamentum*, après s'être imposé la tâche de lire le manuscrit et de me communiquer une liste de remarques critiques. Grâce à cette liste, il a été possible d'améliorer sur bien des points la présentation et aussi la teneur. Je dois enfin exprimer à M. J. D. Verschoor, Directeur adjoint des éditions E. J. Brill, à Leiden, mes remerciements pour les efforts persévérants qu'il a déployés, afin de parvenir à la solution des nombreux et parfois délicats problèmes soulevés par l'édition de l'ouvrage.

Jean Koenig

ABRÉVIATIONS

La place étant mesurée, la liste qui suit ne comporte pas le rappel des revues courantes en exégèse biblique et dans le domaine des antiquités sémitiques occidentales. On les trouvera aisément dans les ouvrages d'ensemble tels que *KBL*, *TWAT*, *BK*, etc. Il y a dérogation pour 2 sigles particuliers adoptés ici : *Bca* pour *Biblica*, et *RdQm* pour *Revue de Qumrân*.

AF	: F. Rosenthal, *Die Aramaistische Forschung* ...
AFA	: S. Fraenkel, *Die Aramäische Fremdwörter* ...
Afo	: *Archiv für Orientforschung.*
AHW	: W. von Soden, *Akkadisches Handwörterbuch.*
ANHW	: G. Dalman, *Aramäisch Neuhebräisches Handwörterbuch.*
AP	: A. Cowley, *Aramaic Papyri* ...
APAT	: E. Kautzsch, *Apokryphen und Pseudepigraphen* ...
APOT	: R. H. Charles, *Apocrypha and Pseudepigrapha* ...
Aq	: Aquila (version hexaplaire d'Aquila).
ATD	: *Das Alte Testament Deutsch*
AUI	: A. Scholz, *Die Alexandrinische Übersetzung des Buches Jesaja.*
B	: pour Td B, lorsqu'il est clair qu'il s'agit du Talmud de Babylone.
BAM	: F. Kenyon, *Our Bible and the Ancient Manuscripts.*
BB	: Bar Bahlul, *Lexicon Syriacum*
Bca	: *Biblica*
BDB	: F. Brown, S. R. Driver, C. A. Briggs, *A Hebrew and English Lexicon.*
Ber R	: *Midrash Bereshit Rabba* (orthographe de l'intitulé de l'ouvrage de Theodor et Albeck)
BHS	: *Biblia Hebraica Stuttgartensia.*
BIAS	: Ottley, *The Book of Isaiah according to the Septuagint.*
BK	: *Biblischer Kommentar* (Neukirchen Vluyn).
BL	: Bauer, Leander, *Historische Grammatik der hebräischen Sprache.*
BWANT	: *Beiträge zur Wissenschaft vom Alten und Neuen Testament.*
BZAW	: *Beihefte zur Zeitschrift für die Alttestamentliche Wissenschaft.*
CAD	: *The Assyrian Dictionary of the Oriental Institute of Chicago.*
Ccd	: *Concordance.*
CG	: P. Kahle, *The Cairo Geniza.*
CIS	: *Corpus Inscriptionum Semiticarum.*
CML	: G. R. Driver, *Canaanite Myths and Legends.*
Comm.	: *Commentaire*, quel que soit le titre exact de publication.
cs	: construit (état).
CTA	: *Corpus des Tablettes en cunéiformes alphabétiques* ...
DJD	: *Discoveries in the Judaean Desert.*
DISO	: *Dictionnaire des Inscriptions sémitiques de l'ouest.*
DTM	: M. Jastrow, *Dictionary of the Targumim* ...
EA	: J. A. Knudtzon, *Die El Amarna Tafeln* ou simplement El Amarna.
EHAT	: *Exegetisches Handbuch zum Alten Testament*, hrgg. von J. Nikel.
EPHE	: École pratique des Hautes Études (*Annuaire de l'*).
frg	: fragment.
G	: Septante. Suivi, le cas échéant, de l'indication du livre : G Is = Septante d'Isaïe.
GB	: Genesius, Buhl, *Wörterbuch* ...
GKC	: Genesius, Kautzsch, Cowley, *Hebrew Grammar.*

HBZAT   : *Handbuch zum Alten Testament*, hrgg. von O. Eissfeldt.
Hod   : *Hodayôt*, Hymnes de Qumrân.
HRd   : Hatch, Redpath, *Concordance*.
HS   : C. Brockelmann, *Hebräische Syntax*.
HSAT   : *Die Heilige Schrift des Alten Testaments*.
ICC   : International Critical Commentary.
KAI   : H. Donner, W. Röllig, *Kanaanäische und Aramäische Inschriften*.
KBL^{1-3} : L. Koehler, W. Baumgartner, *Lexicon* ...
Kenn   : Kennicott.
KHCAT   : *Kurzer Handcommentar zum Alten Testament*, hrgg. von K. Marti.
LdS   : Liddell, Scott, *Greek English Lexicon*.
LIS   : E. Y. Kutscher, *The Language ... of the Isaiah Scroll*.
LMY   : du même, *Ha-lāšôn* ...
LS   : C. Brockelmann, *Lexicon Syriacum*.
M   : Mishna.
MD   : E. S. Drower, R. Macuch, *A Mandaic Dictionary*.
MGWJ   : *Monatsschrift für Geschichte und Wissenschaft des Judentums*.
Pes R :   : *Pesiqta Rabbati*.
PL   : *Patrologia latina*.
PRU   : *Le Palais royal d'Ugarit*.
PSm   : Payne Smith, *Thesaurus Syriacus*.
Qa   : simplification du sigle *1 Q Is a*. Cf. Burrows.
Qb   :   *1 Q Is b*. Cf. Sukenik.
Qm   : Qumrân.
RdQm   : *Revue de Qumrân*.
RLA   : *Reallexicon der Assyriologie*.
S   : Codex Sinaiticus de la Septante. La version syriaque (*Peshiṭto*), souvent désignée
           dans d'autres ouvrages par S, l'est ici par Syr pour éviter la confusion. De même
           pour éviter les confusions, S(Qm), ci-après.
S(Qm)   : *Serek ha-yaḥad*, et non simplement S, réservé au Codex Sinaiticus (cf. ci-dessus).
           Voir Burrows, *The Dead Sea Scrolls ...*, II, 2.
SBI   : J. Fischer, *In welcher Schrift ... Isaias*.
SBOT   : *The Sacred Books of the Old Testament*. Cf. Cheyne pour Is.
SG   : *Septuaginta ... Göttingensis*.
SG Is   : idem, XIV, *Isaias*. Cf. Ziegler.
SL   : A. Deimel, *Sumerisches Lexicon*.
S(Qm), cf. sous S.
SVI   : Seeligmann, *The Septuagint Version of Isaiah*.
Sym   : Symmaque (version hexaplaire de Symmaque).
Syr   : Version syriaque, dite *Peshiṭto* (vocalisme occidental) ou *Peshiṭta* (vocalisme oriental).
           Ici cette référence et les transcriptions suivent le vocalisme occidental pour la
           simplification pratique et la conformité avec PSm.
T   : Targum. T Is, Targum d'Is. Cf. aussi tg et voir Sperber et Stenning.
TA   : *Tāj al-ʿArūs*, abrégé en *Tāj al-A*, ou *TA* (ainsi Lane).
Td B   : Talmud de Babylone.
Td Y   : Talmud de Jérusalem.
tg   : Targum, lorsqu'il s'agit de l'hypothèse ou de la reconstitution hypothétique d'un
           targum, éventuellement sous forme de gloses araméennes, à l'origine de certaines
           formulations des versions anciennes, notamment G.
Théod   : Théodotion (version hexaplaire de Théodotion).
Th Wb NT : *Theologisches Wörterbuch zum Neuen Testament*. Cf. G. Kittel.
T Jon   : Targum Jonathan.
T Ok   : Targum Onkelos.

T Ps J   : Targum Pseudo-Jonathan.
TWAT   : *Theologisches Wörterbuch zum Alten Testament.*
UUB²   : A. Geiger, *Urschrift und Übersetzungen der Bibel.*
UTB   : C. H. Gordon, *Ugaritic Textbook.*
Var.   : variante.
VG   : C. Brockelmann, *Grundriss ... Sprachen.*
Vg   : Vulgate (non pas V, qui désigne ici, conformément à l'apparat critique de SG Is,
             le Codex Venetus de la Septante). Cf. Biblia Sacra.
VL   : *Variae Lectiones* (pour : *cum variis lectionibus*). Cf. Kennicott.
Wb Td Md : J. Levy, *Wörterbuch über die Talmudin und Midrashim.*
Wb Tg   : J. Levy, *Wörterbuch der Targumim.*
WKAS   : *Wörterbuch zur klassischen arabischen Sprache.*
WUS   : J. Aistleitner, *Wörterbuch der Ugaritischen Sprache.*
WVDOG : *Wissenschaftliche Veröffentlichungen der deutschen Orientgesellschaft.*
Y   : pour Td Y (q.v.) lorsqu'il est clair qu'il s'agit du Talmud de jérusalem.
ZUI   : Ziegler, *Untersuchungen zur Septuaginta des Buches Isaias.*

AVERTISSEMENT

Les transcriptions correspondent au système adopté dans la revue *Vetus Testamentum*. Pour certains termes grammaticaux courants et certains titres, il a paru légitime de simplifier, en conformité avec des usages reçus ou des évidences qui s'imposent aisément. Selon les cas, l'occidentalisation est complète (par exemple Mekhilta, Arakhîn, Abôt, bien que ce dernier terme soit prononcé Avôt, c'est-à-dire avec *ḇ*), ou bien certaines valeurs sémitiques sont préservées, sans que la transcription soit complète (Sôṭah, *K^eṯib* et non *k^eṯiḇ*, pour la simplification à laquelle invite la fréquence). Dans les titres en hébreu moderne, pour tenir compte de la prononciation vivante, la spirantisation de *ḇ*, *ḵ*, *p̄* est indiquée, mais non celle de *ḡ*, *ḏ*, *ṯ* qui n'a qu'une portée grammaticale théorique. Les transcriptions des noms de certains auteurs arabes respectent la dualité des conventions observées en fait dans les publications. Ainsi Izz al-Din (et non ad-Dīn), selon l'intitulé de la publication. Mais Az-Zabīdī, conformément à la mention de ce lexicographe dans les ouvrages occidentaux. Ici encore le souci d'homogénéisation philologique des transcriptions devait le céder à des critères d'ordre pratique. Dans l'avant-dernier cas mentionné c'est une question de convention admise chez les arabophones, et de politesse, qui est en cause. Enfin il convient de remarquer que l'arabe classique ne faisant pas de différences dans les voyelles longues, celles-ci sont indiquées, conformément à la convention régnante dans ce domaine, par le surlignement, non par le circonflexe. Seuls dérogent quelques noms de la bibliographie, par conformité à des titres publiés.

LE TÉMOIGNAGE DE LA SEPTANTE D'ISAÏE

PREMIÈRE PARTIE DE LA PREMIÈRE SECTION

LES EMPRUNTS SCRIPTURAIRES DE G IS ET L'HERMÉNEUTIQUE ANALOGIQUE

CHAPITRE I

L'IMPASSE DE L'EXPLICATION EMPIRISTE

A) Identification du procédé des emprunts

Le texte de G Is a subi, en de nombreux endroits, dans des proportions et selon des modalités variables, des influences scripturaires qui proviennent soit d'autres passages du même prophète, soit d'autres livres bibliques, sous leur forme tantôt hébraïque, tantôt grecque. Le phénomène a affecté des détails, infléchi des propositions, provoqué des modifications variées. Dans certains cas le résultat a été la greffe d'une formulation assez importante ou caractéristique pour être aisément identifiable. Des matériaux de ce type ont été repérés depuis longtemps. On en trouve occasionnellement signalés dans les premiers travaux critiques de grande envergure consacrés à la Septante au début du XIXe siècle. Schleusner observe que le surplus final de G 29, 24, par rapport à l'hébreu, provient de 32, 4[1]. Le surplus très apparent de G 48, 21 est emprunté à Ex 17, 6 : Middeldorpf l'avait signalé bien avant que Zillessen, en 1902, et Ottley en 1904, aient retrouvé son existence et sa provenance, en croyant faire une observation inédite[2]. Dans le cas de G 9, 10 (cf. H 9, 9), c'est jusqu'à St Jérôme et à son commentaire d'Isaïe, resté si important, qu'il faut remonter pour trouver la première indication de l'influence de Gen 11, 1 s.[3].

Cependant, dans leur grand nombre, les modifications de G par rapport à H dues à des influences scripturaires ne sont pas de nature à attirer l'attention en tant que telles. Tantôt elles se cachent derrière des détails, tantôt elles ont été trop bien amalgamées aux contextes pour être facilement détectables. Leur identification exigeait de patientes recherches. La mise en

---

[1] «Verba (...) sunt prorsus aliena et huc translata e cap. 32, 4» (*Thesaurus*, I, 686). Ziegler a dénié ce surplus à G primitif, dans SG Is, malgré l'attestation par l'ensemble de la tradition manuscrite. Mais, comme nous allons le voir, son option soulève des difficultés, et il y a au contraire lieu de suivre la leçon de la tradition manuscrite (cf. ch. III, C).

[2] H. Middeldorpf, *Codex syro-hexaplaris*, II, *Commentarii*, 498. A. Zillessen, *ZAW* 22 (1902) 243. R. Ottley, *BIAS*, II, 332. Zillessen, pour sa part, avait identifié l'influence d'Ex 17, en récusant une hypothèse de Klostermann qui croyait reconnaître en G Is 48, 21 une influence de Nb 20, 11, corrigé au préalable par ses soins. La bonne identification ne s'est donc pas imposée d'emblée, bien que dans le cas de 48, 21 l'emprunt soit plus aisé à reconnaître qu'ailleurs.

[3] *PL* 24, S. Hieronymi, *Comm. in Isaiam*, 130.

évidence de l'originalité et de l'importance du phénomène global a été relativement tardive.

Les observations d'Ottley sur le sujet, dans ses analyses pourtant minutieuses de G Is, restent, encore au début du siècle, sporadiques et timides. Il a bien relevé un nombre appréciable d'indices dûs à des influences scripturaires, mais il n'a généralement pas osé parler d'autre chose que de possibilités. Il n'a pas discerné qu'il s'agissait d'un phénomène récurrent et caractéristique. Même dans des cas aussi flagrants que 9, 10 (TM 9, 9) et 48, 21, cités plus haut, il ne fait état que d'une probabilité[4].

On doit à A. Zillessen d'avoir démontré par des exemples précis, dans une étude parue en 1902, l'existence d'une tendance caractéristique du traducteur grec d'Isaïe à retoucher la teneur de l'hébreu au moyen de matériaux prélevés sur des textes offrant une analogie plus ou moins marquée[5]. Zillessen s'en était tenu à la seconde moitié du livre d'Is, mais, en dépit de cette limitation, son étude marque un tournant dans l'analyse de G. Jusqu'alors avait régné le principe de correspondance littérale : chaque expression de G, croyait-on, avait pour origine une expression hébraïque correspondante, tantôt sémantiquement, quand le sens avait été correctement compris, tantôt matériellement, quand le sens avait été méconnu par suite d'ignorance ou de mauvaise lecture. Chez Ottley ce principe joue encore le rôle d'explication normale, et cet auteur a déployé une grande ingéniosité pour retrouver derrière les écarts de G des relations de littéralité avec H, en recourant à des hypothèses de confusions et de déformations graphiques qui finissent par devenir artificielles, à force de hardiesses et de répétitions. Par sa fidélité scrupuleuse au principe appliqué jusque là en critique, touchant le rapport G-H, Ottley en a involontairement fait apparaître le défaut, et c'est un intérêt négatif qui s'attache à son ouvrage, concernant cet ordre de faits, à côté de ses qualités positives. On comprend que, dans ces conditions, Ottley se soit montré si hésitant, chaque fois qu'il relevait, dans la traduction grecque, des matériaux qu'il était impossible de faire correspondre au fil du texte hébreu et qui s'avéraient être les reflets d'autres passages, soit d'Is, soit d'autres livres bibliques[6].

---

[4] *O. c.*, I, 47 : «... the translator *seems* (je souligne) to have been reminded (...) of Gen 11, 4». De manière analogue, II, 156.

[5] *ZAW* 22 (1902) 238-263. La détection du facteur original constitué par le procédé des emprunts scripturaires a donc été très tardif en critique. On regrettera que le nom et la contribution de Zillessen ne figurent pas dans la bibliographie donnée par Ziegler dans *SG Is* (cf. p. 119), alors que sont mentionnés R. Ottley et J. Fischer. Ce ne sont pas ces auteurs, c'est Zillessen qui a découvert l'existence d'une tendance systématique à des emprunts dans G Is, par delà les faits isolés repérés antérieurement.

[6] Exemple dans l'avant-dernière note.

Une fois démontrée la tendance aux retouches scripturaires, il apparut qu'il fallait remplacer la continuité de la relation entre G et H par *une discontinuité* que jalonnaient des matériaux d'origine encore hébraïque, mais externe par rapport au fil du texte[7]. Le changement d'orientation critique instauré par l'étude de Zillessen était d'importance pour l'analyse de G comme pour l'appréciation de H, encore que cet auteur ne semble pas en avoir aperçu clairement toute la portée méthodologique. Il fallait maintenant compter, dans l'analyse, avec des intrusions scripturaires et il fallait en identifier les contextes d'origine, comme avait commencé à le faire Zillessen. Quant à H, la preuve était désormais faite que les divergences de G ne correspondaient pas forcément à des variantes de la source hébraïque de G, H(G), et un important critère de limitation des corrections de H d'après G était apparu.

Le préjugé de la correspondance suivie entre G et H était cependant si bien ancré qu'il continua à inspirer des travaux consacrés à la Septante et à l'exégèse du texte hébreu. Nous avons vu que les analyses d'Ottley, quoique légèrement postérieures à la publication de Zillessen, s'inspirent encore beaucoup trop exclusivement de la conception critique traditionnelle. Le fascicule d'Is de la 3ᵉ édition de la *Biblia Hebraica*, paru en 1929 par les soins de R. Kittel, propose encore, entre autres corrections rendues caduques par la découverte des intrusions scripturaires, le surplus déjà signalé de G 48, 21, issu d'Ex 17, 6.

Il faut attendre les *Untersuchungen* de J. Ziegler, en 1934, pour que la voie ouverte par Zillessen soit explorée systématiquement, et pour que soient enfin relevées la plupart des modifications d'origine scripturaire dans G Is[8]. On peut considérer le bilan comme définitivement démonstratif, touchant l'existence de ce type de modifications textuelles. Par la nature des choses il est inévitable que, dans le détail, certains exemples de Ziegler prêtent à discussion et que des compléments soient parfois nécessaires[9]. Ces réserves

---

[7] L'origine a été hébraïque et externe, aux premiers stades du travail. Mais la méthode, une fois établie, s'est propagée à la Bible grecque, au fur et à mesure de sa constitution, de sorte que les prélèvements effectués sur le grec ont fini par être nombreux. Ils ne démontrent nullement une méconnaissance de l'hébreu, mais seulement la tendance à utiliser les résultats acquis en matière d'interprétation grecque.

[8] J. Ziegler, *Untersuchungen zur Septuaginta des Buches Isaias*, dans la suite *ZUI*.

[9] Les analyses qui suivront concernant G Is, et que l'on trouvera non seulement dans les ch. consacrés à cette version, mais au cours de tout notre ouvrage, illustreront à la fois le phénomène lui-même et les réserves qu'il y a lieu de faire sur les analyses de Ziegler dans ses *Untersuchungen*. Pour le moment il importe de considérer les *Untersuchungen* comme l'ouvrage où se trouvent identifiés les emprunts scripturaires de G Is dans leur grand nombre, et où le phénomène global est mis en évidence. C'est ce phénomène global qui mérite de retenir maintenant toute notre attention, à partir de l'état où Ziegler l'a laissé.

n'affectent pas la portée globale de l'ouvrage touchant la question : il est décisif pour le groupement du grand nombre des emprunts scripturaires les plus visibles. Sa consultation sera toujours indispensable, non seulement aux spécialistes de la Septante, mais aux exégètes du texte hébreu d'Is, qui ne semblent pas avoir été toujours suffisamment conscients de son importance fondamentale. Mais, ayant identifié les principaux matériaux, l'auteur des *Untersuchungen* n'a pas approfondi le problème de leur signification historique. Il n'en a pas soupçonné la portée véritable et l'originalité et, dans la mesure où il en a parlé, il a interprété le phénomène d'une manière qui en masque la vraie nature et qui détourne la réflexion historique d'une reconstitution objective des conditions culturelles impliquées.

Une fois les influences scripturaires que recèle G Is identifiées dans leur grand nombre, il reste à démêler la signification, la portée historique du phénomène et son origine. Quels motifs ont pu inciter l'adaptateur grec à émailler son texte de pareilles retouches, et dans quelles conditions a-t-il procédé ? Faut-il penser qu'il a agi de sa propre initiative ou s'est-il au contraire conformé à des règles reçues dans son milieu et accréditées par la tradition ou par les besoins de ce milieu ? Telle est l'alternative qui définit liminairement le problème soulevé par les emprunts. Mais elle n'a pas été aperçue et cette lacune a compromis tout le traitement de la question. Un examen des motifs qui ont été allégués est indispensable et instructif.

B) DES RÉMINISCENCES PASSIVES D'OTTLEY À LA TOPOLOGIE TEXTUELLE DE ZILLESSEN ET DE ZIEGLER

Ottley, dans la mesure limitée où il avait admis la possibilité d'influences scripturaires, les avait considérées comme le produit évident de réminiscences spontanées du traducteur. «Words are also inserted from other chapters *when the memory of something similar prompted the writer*» (je souligne) : «... quand la mémoire de quelque chose de semblable a inspiré le rédacteur»[10]. La formule est tirée de l'exposé synthétique introductif, où Ottley a résumé l'essentiel de ses observations. Citons encore, parmi d'autres formulations significatives, l'appréciation que le même auteur a réservée à G 45, 11. Dans ce texte l'addition scripturaire aurait été effectuée, à l'en croire, «unthinkingly» : sans y penser![11]. Les termes d'Ottley méritent d'être pesés, car ils sont caractéristiques de la tendance à réduire l'adaptateur grec à la pure passivité, pour ne retenir que le texte comme facteur déterminant.

---

[10] Ottley, *BIAS*, I, 47.
[11] Id. II, 320.

Ce n'est pas le scribe ou un cercle de responsables qui s'est livré à un effort de réflexion pour combiner les textes, ce sont des passages scripturaires qui se sont imposés à son esprit et dont il a subi l'attraction[12].

Zillessen, bien qu'il se soit montré lucide sur la distinction entre la phase descriptive et l'aspect systématique du problème, et bien qu'il n'ait pas donné à l'argument des réminiscences une portée exclusive comme Ottley, a cependant présenté les choses, dans le détail de ses analyses, d'une manière qui revient à annuler l'interprète grec et, par conséquent, aussi le facteur culturel qui pourrait l'avoir guidé, L'interprète est conduit par la matière scripturaire jusque dans les moments où il déroge à son texte! «So *drang* (je souligne) durch die Parallele ein anderes Stück *ein*», observe Zillessen à propos de G 44, 23, sans souffler mot du rôle de l'interprète, comme si le passage analogue avait «pénétré» dans l'autre par l'effet d'un véritable automatisme textuel qui supprimerait l'initiative de l'adaptateur et qui, par conséquent, éliminerait tout problème de choix et de motif, de sa part[13].

La théorie de la réminiscence passive, telle qu'elle avait été précisée explicitement par Ottley, ne peut plus être considérée aujourd'hui que comme une curiosité, mais une curiosité instructive pour l'histoire de la critique textuelle et de son orientation, jusque dans l'état présent des ques-

---

[12] Voir la 3ᵉ note ci-après, sur le rapport de cette conception avec la psychologie associationniste de l'époque.

[13] Zillessen, *ZAW* 22 (1902) 256. Cependant, si cet auteur s'est laissé influencer par la phraséologie inadéquate de son temps, il a par ailleurs perçu l'existence d'un problème historique, et en cela il s'est montré lucide. En cette phase de la critique, pareille lucidité, quoique trop timide, est remarquable et mérite d'être soulignée. Zillessen a explicitement indiqué son intention d'amorcer seulement un traitement de la question par un relevé descriptif, *en réservant le problème historique qui en résultait*: «Indessen kam es mir in diesem Zusammenhang nicht sowohl *auf die Erklärung der Entstehung* (je souligne) als auf den Nachweis der Thatsächlichkeit der behandelten Erscheinung an» (*ibid.* 262). «Wie diese Beeinflüssung sich vermittelt hat, *darüber wage ich nichts Bestimmtes zu sagen*» (je souligne, *ibid.* 261). Ainsi, quoique gêné par les préjugés critiques de son temps (la mauvaise transmission de H et l'empirisme des scribes et interprètes), Zillessen a correctement défini la méthodologie historique liminaire qu'imposait la découverte de la spécificité du phénomène des emprunts, découverte qu'on lui doit, car avant lui les constats étaient restés exceptionnels et isolés. Il est seulement regrettable que ces remarques perspicaces de Zillessen soient restées occasionnelles et n'aient pas été mieux exploitées dans sa contribution. Ziegler, pour sa part, n'a fait que prolonger le relevé des faits d'emprunts inauguré par Zillessen. Il l'a étendu à tout le livre d'Is. Du point de vue de l'interprétation historique des faits, il n'a pas vu la portée des pertinentes remarques méthodologiques de Zillessen et ne les a pas exploitées, comme il eût été possible de le faire dès l'époque des *Untersuchungen*. Sur ce point de théorie historique, il a même fait reculer le problème. Il a en effet postulé le primat de «la personnalité» (*ZUI* 7) du traducteur grec, et par suite le rôle de ses initiatives individuelles et subjectives, à côté de l'incorporation passive et quasi automatique de gloses marginales supposées, second processus qui supprime à la fois le facteur personnel et le facteur culturel qu'il s'agissait de démêler. Précisions suivent.

tions. La réminiscence passive constitue une forme d'explication des emprunts scripturaires de G dans laquelle l'interprétation est réduite à rien, tandis que la matérialité textuelle opère en quelque sorte par elle-même, en déclenchant les enchaînements et combinaisons dont G est le produit. Sous cette forme, l'explication par le facteur textuel devenu autonome confine à une absurdité qui la rend intenable[14]. Il est cependant significatif qu'en dépit de l'évolution ultérieure, aucun auteur ne se soit élevé pour dénoncer avec netteté l'invraisemblance de la vue d'Ottley et pour tirer enseignement et profit de l'impasse, en cherchant d'autres voies[15]. En réalité la critique, tout en s'efforçant de dépasser, dans les conditions examinées ci-après, un type d'explication trop simpliste, n'a pas pris conscience de l'illusion que comporte une explication exclusivement et matériellement textuelle du phénomène des emprunts, qui prétend réduire à rien l'interprétation, c'est-à-dire l'interprète ou son école et son milieu, ainsi que les traditions et les méthodes qui pourraient avoir inspiré ce genre de manipulation.

C) La méconnaissance du problème de la méthode

Cette incapacité à soulever le problème des facteurs historiques paratextuels se manifeste dans l'important ouvrage de Ziegler déjà mentionné, les *Untersuchungen*. On doit beaucoup à ce travail pour les raisons dites plus haut. Les *Untersuchungen* ont abouti à un important groupement de matériaux relatifs aux emprunts et, dans l'explication de ce phénomène, l'automatisme psychologique sous la forme que lui avait donnée Ottley, le cède à d'autres considérations. Parmi les processus à l'œuvre, celles-ci font droit à des initiatives réfléchies de l'adaptateur. L'impasse des réminiscences automatiques dans laquelle s'était engagé Ottley, par fidélité au conceptualisme critique en vigueur et à propos de matériaux d'emprunts scripturaires encore trop rares, est ainsi dépassée. C'est un progrès important vers une élucidation appropriée. Cependant Ziegler n'a pas vu que les matériaux qu'il a rassemblés

---

[14] La remarque ne signifie pas que toute explication par la matérialité textuelle soit illusoire. D'une part, les fautes de copie gardent leur droit. D'autre part, la théorie des gloses incorporées, qui permet de réduire les processus à la matérialité textuelle (sauf à l'origine même des gloses, comme nous le verrons plus loin), est en elle-même légitime (cf. la suite de l'exposé).

[15] Il convient de rapprocher l'associationnisme scripturaire à la manière d'Ottley de l'associationnisme psychologique des empiristes du XIXe siècle. Ce n'est sans doute pas un hasard si une telle explication textuelle a pu être proposée et passer pour acceptable à une époque où la doctrine psychologique en question était encore en vogue. L'absence de mise au point critique ultérieure, concernant l'associationnisme en critique textuelle, est d'autant plus surprenante.

en nombre conduisaient à la mise en question des vues reçues, concernant les incompréhensions et l'empirisme subjectif attribués à l'adaptateur ancien, partout où son texte ne paraissait pas réductible à des variantes ou à des accidents. Dès lors qu'un grand nombre d'emprunts ont été relevés, il suffit de réfléchir à ce bilan, sans préconception, pour discerner que la répétition de faits aussi caractéristiques a toutes les chances de s'expliquer par l'application d'une méthode spécifique de traitement textuel. Celle-ci devait avoir eu cours et avoir fait autorité dans le milieu considéré, et cette probabilité invitait à entreprendre une révision des modes d'appréciation critique concernant les modifications par emprunts, et, par contre-coup, les autres.

Pourtant Ziegler n'a pas été sensible à cette conséquence qui découle directement de la répétition du même phénomène caractéristique. Il ne l'a même pas soupçonnée, et cette unilatéralité montre combien le conceptualisme établi est resté contraignant. Les justifications que Ziegler a fait valoir concernant le phénomène des emprunts, au lieu d'orienter l'attention vers le problème de méthode impliqué, ont renforcé l'illusion fondamentale antérieure, selon laquelle le texte ne recouvre aucune condition culturelle originale, aucune norme exégétique d'époque, aucun facteur paratextuel saisissable en dehors des incompréhensions et de la subjectivité inintéressante de l'interprète. Malgré l'important bilan relatif aux emprunts, la question de l'exégèse des anciens, comme facteur culturel positif, c'est-à-dire comme méthode et non comme simple subjectivité et contingence individuelles, se trouve de nouveau refoulée. On peut dire qu'au moment de l'élaboration des *Untersuchungen* et de l'établissement par Ziegler d'une riche topographie textuelle des emprunts scripturaires dans G Is, une occasion exceptionnelle s'est présentée à la critique de découvrir, à travers le cas particulier des emprunts de G Is, non seulement la nature méthodique de ce phénomène, mais le rôle de la méthode dans d'autres modifications textuelles de la Septante. Les unes sont fondées sur l'aspect formel des mots, les autres sont des déductions effectuées à partir des contenus logiques[16]. L'ensemble de ces changements n'a pas seulement concerné la Septante, mais l'interprétation

---

[16] Indiquons par anticipation que les changements fondés sur l'aspect formel des mots correspondent à ce que nous appellerons, dans la IIe partie de la présente section, et dans la IIe partie de la section II, consacrée à Qa, *l'herméneutique par analogie verbale formelle*. Quant aux écarts de G fondés sur des déductions effectuées à partir des contenus logiques, ils relèvent d'une exégèse logique. En tant que telle, celle-ci est aisément repérable et ne constitue pas pour la critique moderne un problème au même titre que l'exégèse analogique scripturaire et verbale que nous allons avoir à examiner. Nous n'avons donc pas à traiter de cette exégèse déductive logique de G et autres versions. Toutefois il faut noter que la critique moderne n'y a vu qu'une manifestation de liberté. Son caractère méthodique ne devient manifeste que lorsqu'on l'apprécie à travers l'herméneutique analogique qui a été négligée par la critique.

scripturaire du Judaïsme antique en général (versions anciennes, exégèse rabbinique, maintenant exégèse pratiquée à Qumrân), et le texte hébreu lui-même, dans des recensions destinées à la vulgarisation, comme c'est le cas du rouleau complet d'Is, Qa. Dans les conditions du Judaïsme, la vulgarisation n'a pu être qu'édifiante, au service d'une communauté religieuse.

Ces assertions anticipantes se justifieront peu à peu et nous permettront en définitive de proposer de nouveaux critères efficaces d'élucidation de la forme originelle du texte hébreu, en des endroits restés énigmatiques. Le processus de cette herméneutique spécifique remonte en effet, dans une certaine mesure et dans des conditions à préciser, jusqu'à la rédaction primitive. L'herméneutique a prolongé une inspiration qui était déjà à l'œuvre, soit dans la composition originelle (méthode des analogies verbales formelles), soit dans les compilations successives (méthode des analogies scripturaires). Pour le moment contentons-nous d'observer que le rouleau complet d'Is trouvé dans la grotte I de Qumrân (Qa) livre un élément de confirmation immédiatement visible et singulièrement important du processus général que nous venons de signaler schématiquement : c'est la présence dans ce texte d'emprunts scripturaires internes (provenant d'Is) et externes (provenant d'autres livres). Comme nous le verrons plus loin (section II), le phénomène a été repéré dans Qa, mais sa portée a été totalement méconnue[17]. Au stade des *Untersuchungen*, à une époque où l'on ne bénéficiait pas encore de la documentation de Qumrân et des progrès importants réalisés depuis dans plusieurs domaines, l'occasion d'identifier la présence d'une méthode herméneutique derrière les emprunts scripturaires de G Is était néanmoins excellente. La découverte était à portée de main. Ziegler manqua cette occasion et retomba dans l'impasse de l'explication empiriste.

D) L'ARGUMENT DES GLOSES INCORPORÉES

Ziegler crut pouvoir renforcer le point de vue empiriste en distinguant, à côté des emprunts effectués directement par G, un certain nombre de cas dans lesquels l'emprunt aurait déjà été effectué à un stade antérieur, sous forme de glose notée dans la marge de la source hébraïque H(G). L'origine, c'est-à-dire la glose elle-même, reste une démarche empirique, un expédient occasionnel, non l'application d'une norme. Ce qui suit la glose n'est plus qu'un enchaînement soit entièrement passif, soit d'une passivité mêlée d'em-

[17] Par P. W. Skehan, dans *VTS* 4 (1957) 152. E. Kutscher qui a ignoré cette priorité, a allongé la liste des matériaux, sans en discerner davantage la portée. Précisions à la section II.

pirisme (précisions ci-après). Le résultat est l'incorporation de la glose au texte grec. Il convient d'accorder un moment d'attention à l'hypothèse des gloses incorporées, à la fois pour tirer instruction de ce qu'elle a en elle-même de légitime, et pour dissiper l'illusion de l'empirisme, qui peut paraître regagner du terrain à la faveur de sa combinaison avec des conditions d'enchaînements textuels conformes au principe du primat de la matérialité de l'écrit, tel qu'il a été cultivé en critique.

L'hypothèse a été empruntée par Ziegler à Zillessen, qui lui avait déjà donné une certaine importance, dans ses recherches sur la 2ᵉ moitié de G Is[18]. Ziegler a encore systématisé cette vue, tout en laissant néanmoins une priorité aux emprunts effectués directement par G Is[19]. L'hypothèse offre, à première vue, l'avantage de décharger glossateur et traducteur de la responsabilité des changements textuels par emprunts. L'occasion de ces changements doit être cherchée dans les annotations du glossateur, mais l'intention de ce dernier n'était pas de toucher au texte. Il voulait seulement en faciliter l'usage ou même en amorcer le commentaire, au moyen de confrontations marginales. De son côté l'adaptateur peut passer pour n'avoir péché que d'une manière qui restait étroitement soumise à sa source.

Deux cas peuvent se présenter. Dans le premier cas l'adaptateur grec a simplement *ajouté* la marge au texte, en s'imaginant que l'addition marginale était le produit d'une révision qui corrigeait un texte défectueux. L'incorporation est alors entièrement passive et la modification textuelle qui en résulte est la conséquence fatale du malentendu : elle se réduit à un enchaînement passif et la part de l'adaptateur se ramène à être un simple agent de transmission. Dans le second cas l'adaptateur a *substitué* la glose à une certaine donnée (mot ou groupe de mots) du texte. Alors il a opté pour la glose, en écartant la donnée textuelle primitive. Il a donc pris une initiative, mais cette initiative ne correspond qu'à une simple préférence pour la leçon jugée la plus communicable ou la plus éloquente, sans qu'intervienne aucune norme. À ce stade la démarche de *l'adaptateur* est empirique et cet empirisme se combine avec l'état matériel du texte glosé, le tout s'ajoutant à l'initiative empirique du *glossateur*, au début du processus. Le complément d'empirisme qui est assigné à l'adapteur dans le 2ᵉ cas n'est qu'une modalité

---

[18] Zillessen, *ZAW* 22 (1902), 242, 253 (= 45, 13, avec l'intéressante hypothèse d'une glose notée pour indiquer l'accomplissement d'un oracle, celui du texte d'emprunt, tiré d'Am 9, 14. Ziegler a repris approbativement la supposition de Zillessen : *ZUI* 127), 261.

[19] *ZUI* passim. Le cas de 9, 18 (17 b) (*ZUI* 109, 110) est examiné ci-après, à titre de spécimen. Cf. encore, par ex. : *ZUI* 77-78 (58, 10); 153 (41, 28); 165 (57, 13); 168 (60, 7). Ziegler a en outre été influencé à ce sujet par les vues de N. Peters sur le Siracide hébreu, mais c'est à titre d'illustration complémentaire. La question sera examinée plus bas.

de détail qui ne change rien au fond de la question : dans les 2 cas le glossateur est l'auteur de l'emprunt scripturaire. Son intervention est considérée comme simple initiative personnelle au delà de laquelle le critique n'a plus rien à chercher, puisqu'elle est subjective et fortuite. L'analyse se contentera donc du constat de glose, sans aller plus loin, et c'est bien ce qu'a fait Ziegler. La question de la formation de la glose ne pouvait conduire à la découverte d'un problème spécifique, puisque la réponse était donnée d'avance par l'empirisme et que celui-ci permettait de clore le débat. La situation était la même que pour les emprunts effectués directement par G. En réalité, étant donné que ces derniers font naître par leur récurrence le soupçon d'une méthode et que ce soupçon oblige à réviser la validité de l'empirisme admis jusque là comme une évidence, les emprunts supposés avoir été des gloses de H(G) ne font qu'ajouter des raisons de réviser la théorie empiriste. S'il y a réellement eu des gloses par emprunts scripturaires *dans des recensions hébraïques* à la disposition de G, hypothèse en elle-même légitime, ces emprunts ne font que reporter le problème spécifique des emprunts au stade H(G). De plus, si G se trouve, dans cette hypothèse, déchargé de la responsabilité d'une partie des emprunts, le problème s'élargit considérablement et la présomption de méthode se précise, car les gloses de H(G) marquent l'extension du phénomène des emprunts, à une source hébraïque. Cette source était, à n'en pas douter, palestinienne. Donc le procédé illustré par les emprunts directs de G *était déjà un procédé palestinien*. Il était traditionnel et l'indice est en faveur d'une méthode capable de faire autorité.

Cette conséquence, à laquelle conduit l'hypothèse des gloses incorporées, n'a pas été vue par Ziegler. D'un autre côté, le fait essentiel impliqué par cette hypothèse, à savoir l'existence d'emprunts scripturaires dans des sources hébraïques vers l'époque de G, est maintenant illustré de manière positive par le rouleau complet de la grotte I de Qumrân[20]. La confirmation inattendue d'emprunts scripturaires dans une recension hébraïque fait donc apparaître un notable mérite dans l'hypothèse que Ziegler avait héritée de Zillessen, et à laquelle il a donné l'importance qu'elle prend dans les *Untersuchungen*. Pour apprécier équitablement ce mérite et tirer enseignement d'une hypothèse qui conserve une légitimité théorique, il convient encore de vérifier, sur un exemple précis, à la fois l'intérêt de cette vue, les incertitudes dont elle reste entourée et les défauts dans lesquels Ziegler a été entraîné par son préjugé empiriste.

---

[20] Voir ci-avant la note relative au constat essentiel d'emprunts scripturaires dans Qa. Nous étudions le détail de ce phénomène dans la section II, parallèlement à la présente partie sur les emprunts scripturaires dans G.

E) Texte spécimen : G Is 9, 18

G 9, 18 (= TM 17 b) offre un spécimen digne d'attention par les problèmes qu'il soulève et par la manière dont il a été apprécié dans les *Untersuchungen*[21]. Rappelons que dans H le passage développe le thème de l'incendie de la forêt, présenté comme une métaphore des effets de «la méchanceté» (17 a). Le dernier vb ויתאבכו (TM = Qa[22]) ne paraît pas ailleurs dans la Bible. Son sens est resté problématique jusqu'à dans l'état le plus récent de la question[23]. Nous admettons, d'après les indices précisés plus bas, que le sens le plus probable de 17 b est littéralement : «elle (la méchanceté 17 a) a mis le feu aux halliers[24] de la forêt et en colonne (proprement «en élévation»)[25] de fumée ils (les halliers!) se sont entrelacés». Le vb ainsi

---

[21] *ZUI* 109-110.

[22] Ce passage d'Is est très lacunairement représenté sur des fragments de la IVᵉ grotte de Qumrân, groupés sous le nº 163 (4-7), dans *DJD*, V (= IV Q 163). Malheureusement le vb est juste dans la lacune et le texte ne permet de lire à cet endroit que le mot עשן et des vestiges compatibles avec le haut de ות appartenant au mot précédent. Cf. la photo, pl. VII, frg 5. Le mérite de l'interprète du frg, J. M. Allegro, a été de retrouver le raccord de ce fragment avec le frg 6, beaucoup plus important malgré ses dégradations. Mais la transcription de l'auteur est trop optimiste pour ות et contexte (ci-après); cf. 18, lg 14. Il n'a pas non plus relevé la présence des signes verticaux visibles sur la photo entre פש(ו) lg 12 et מיר(ש) lg 13 (les 2 mots sont à transcrire avec réserve touchant les premières lettres respectives). Ces signes sont ou des vestiges d'une glose interlinéaire ou des repères de lecture. Pour le sujet qui nous intéresse en 9, 17, le frg 6 (Pl VII) livre une petite var. indiquée ci-après en note. Ce document paraît contenir encore, d'après la lecture probable adoptée — sans cependant la réserve requise — par l'éditeur, une var. importante = Qa en 9, 18 (au sujet duquel voir notre publication ultérieure). Wildberger ne pouvait prendre en considération les frgs de la IVᵉ grotte dans *BK*, fasc. 3, paru la même année. Cf. sa critique textuelle de 9, 7-20, *BK*, X, 204s., spécialement 206.

[23] «Der genaue Sinn (…) steht nicht fest» (*o.c.* 206). Wildberger rappelle les 2 données couramment proposées pour expliquer ce vb, l'accadien *abāku* («emporter») et l'hébreu הפך («retourner, inverser»). *Ibid.* 206. Il opte pour la 2ᵉ explication comme convenant littéralement, sans pousser plus loin l'examen du problème lexicographique. Or celui-ci est plus documenté et plus complexe, si l'on tient compte des plus anciennes traditions juives, comme il est indispensable. La même négligence de ces traditions grève, nous allons le voir, l'appréciation de G par Ziegler. La notice de *KBL*³ (1ᵉʳ vol. paru en 1967; le fascicule de Wildberger est de 1968) marque un progrès. Le vb est en effet rapproché de II אבק, rapprochement que recommande précisément l'indice principal de la tradition juive, celui de Pesiqta Rabbati 29/30 (éd. Friedmann 137 b, à la citation d'Is 9, 17). Mais ce texte essentiel (sur lequel voyez les précisions plus bas) n'a pas été indiqué par *KBL*³ qui s'en tient à un renvoi — avec? — à sa notice sur II אבק, trop schématique pour éclairer le cas de I אבך. Par ailleurs la notice sur ce dernier vb est contradictoire, car elle allègue le seul *abāku* — qui conduirait ici au sens «sont *emportés* (en fumée)» —, mais opte pour «aufwirbeln, monter en tournoyant». Cela conviendrait aux volutes de fumée, mais suppose un rapport de parenté avec הפך.

[24] «Halliers», c'est-à-dire parties denses, impénétrables, fourrés de la forêt. C'est bien le sens qu'évoque le mot סבך (ici à l'état cs plur.), proprement «entrelacs» (de branches). La nuance importe à l'effet littéraire que nous admettons plus loin.

[25] Accusatif de modalité ou d'état caractéristique qui correspond, du point de vue gram-

entendu fait allusion aux volutes de fumée qui se mêlent en se déroulant. L'expression est fondée sur une impression visuelle (même si elle est, de fait, imaginaire dans son emploi actuel). Il s'en dégage un heureux effet littéraire, après la mention des «halliers» (proprement en hébreu «enchevêtrements»; cf. n. supra sur ce mot): les enchevêtrements de branches de la forêt s'en vont en entrelacements de fumée. La tendance de la pensée hébraïque ancienne à établir des relations de participation entre la forme des actes, des causes ou des situations, et leurs effets rend la correspondance, que nous admettons pour 17 b, en elle-même plausible, sous réserve des motifs philologiques qui suivront: les fourrés inextricables, *métaphore des voies de la méchanceté*, produiront d'autres enchevêtrements, mais ce seront ceux de la fumée du jugement qui les consumera.

G suit H dans le 1ᵉʳ hémistiche de 17 b (= G 18), mais diverge dans le 2ᵉ: καὶ συγκαταφάγεται τὰ κύκλῳ τῶν βουνῶν πάντα. Comme l'a fait remarquer Ziegler, τῶν βουνῶν peut se justifier à partir de גאות[26]. Ce terme a été interprété comme un fém. plur. qui aurait désigné, d'après le sens de la rac., «les hauteurs»; d'où «les collines» de G. Ce qui est problématique dans G c'est l'expression formée par son vb + τὰ κύκλῳ ... πάντα. Pour rendre compte de cette expression, Ziegler a cru pouvoir aligner 2 justifications. La première est dérivée directement du texte consonantique[27]. L'autre est fondée sur un double emprunt scripturaire, qui aurait été de préférence amalgamé en une glose marginale de la source H(G) et que G aurait incorporée à son texte, à la place du vb difficile[28]. Dégageons tout de suite l'essentiel en disant que l'un des textes d'emprunt allégués par Ziegler est clarifiant, dans les conditions qui vont être précisées ci-après. C'est Jér 21, 14 ou son doublet à peu près identique 27 (H 50), 32. En revanche l'autre, Ps 82 (83), 15, qui ne fournirait qu'un terme approché pour βουνῶν, est rendu superflu par le

---

matical, au 1ᵉʳ ex. de Joüon pour l'accusatif prédicatif d'état, substantif: *Gr*. 378 § 126 c. Cf. aussi pour l'emploi de l'accusatif avec une forme réflexive du vb les ex. de Brockelmann, *HS* 90, § 98 a. Dans ces derniers ex. toutefois la valeur réflexive (dont on sait les variations et degrés, notamment en arabe) confine à l'activité, ce qui donne à l'accusatif une valeur de complément de relation.

[26] «... konnte leicht als «Hügel» aufgefasst werden» (*ZUI* 109). Toutefois le cas de יער, parfois traduit par βουνός et allégué à l'appui par Ziegler, en vertu de la symétrie, diffère car il conduit à des motifs contextuels, tandis que גאות a été l'objet d'une interprétation étymologique, à laquelle s'ajoute, si G. connaissait la tradition vocalique recueillie par TM (le subst. en —ût), une homographie (procédé légitime d'après la méthode des analogies verbales étudiées dans notre IIᵉ partie). Dans la suite de son exposé, Ziegler cherche complémentairement l'origine de la traduction en question dans l'influence de Ps 82 (83), 15, hypothèse inadéquate; cf. ci-après.

[27] *O.c.* 109 bas et 110, 1ʳᵉ lg.

[28] *O.c.* 110.

fait que le vocable grec se dérive sans difficulté de H, comme dit plus haut [29].
Quant à la première explication de Ziegler, celle qui tente de dériver G de
la teneur matérielle de H, elle mène à une impasse et entre en conflit avec
l'hypothèse d'emprunt, qui est la bonne.

Le problème soulevé par l'interprétation de ויתאבכו ne peut en effet se
réduire à une analogie contextuelle au nom des rapports de synonymie et
de symétrie qui apparaissent entre les vbs grecs de G 9, 18 (H 17). Ces
rapports sont, il est vrai, du type a+b+a (répétition du même vb)+b'
(synonyme). Selon Ziegler cette structure montrerait que b' (représentant
du vb hébreu difficile) a été déduit du contexte [30]. Ce serait le cas si b' n'était
solidaire de τὰ κύκλῳ ... πάντα. L'expression forme un tout qui s'explique
par l'emprunt à Jér, comme l'a reconnu Ziegler dans la 2ᵉ moitié de son
analyse, mais sans discerner que cette considération excluait l'autre. Cette
inconséquence l'a amené à maintenir dans la 1ʳᵉ moitié une tentative de
justification littérale de τὰ κύκλῳ ... πάντα qui est un retour à des spéculations
textuelles d'un type arbitraire et périmé [31]. Au lieu d'être proposable comme

---

[29] Le Ps ne mentionne pas des «collines», mais des «montagnes» (H הרים G ὄρη). La
différence compte dans un cas où H Is permet de justifier précisément la traduction par
«collines». Cette justification évince donc l'hypothèse d'un emprunt au Ps. Par ailleurs ce
dernier offre bien une analogie de thème avec Is 9, 17, étant relatif à l'incendie de la forêt et
des montagnes, mais il ne contient pas des connexions verbales caractéristiques, comme le sont
celles du passage de Jér, précisées plus bas.

[30] «... so übersetzte er parallel zum ersten Teil» (*o.c.* 109). Cette assertion est liée au postulat
d'incompréhension de H par G («... erschien (...) zu schwierig und so übersetzte er etc.»).
Mais comme nous le redirons plus bas, le dit postulat ne s'accompagne d'aucune vérification
des indices disponibles à cet égard (il y en a, bien que le vb soit hapax dans l'AT). C'est une
affirmation incontrôlée, dictée par la préconception d'une fréquente incompétence hébraïque
de G. Les contrôles effectuables (et régulièrement négligés par Ziegler, en des cas semblables
de termes rares) suggèrent en tout cas une compétence hébraïque plus large que celle admise
par Ziegler et la critique en général, étant admis que G n'est pas une version au sens moderne,
mais une œuvre de vulgarisation religieuse. De toute manière le problème de G 9, 18(17)
se pose autrement.

[31] Théoriquement des dérivations effectuées à partir de la littéralité consonantique de H
pourraient avoir été associées par G, en son effort d'interprétation, à un emprunt scripturaire
conçu comme renforcement et confirmation. Mais ce n'est pas le cas en 9, 17. La tentative de
dérivation littérale est malheureuse. Ziegler pour expliquer κύκλῳ conjecture un מסביב, qui se
cacherait «soit dans בסבכי (...), soit dans ויתאבכו». La 2ᵉ supposition est complètement
arbitraire. La 1ʳᵉ pourrait sembler, au premier regard, avoir pour elle une certaine apparence
graphique, mais la ressemblance matérielle des 2 termes est lointaine. Surtout, l'hypothèse
est réfutée par le fait que le mot de H supposé déformé a été lu correctement par G, qui l'atteste
dans ἐν τοῖς δάσεσι. Autre supposition arbitraire touchant πάντα, supposé provenir d'une
liberté ou d'une var. (*o.c.* 109 bas). L'emprunt à Jér, que Ziegler suppose par ailleurs, cette
fois avec raison, exclut ces explications en livrant la clef de tous les éléments de G. En réalité
les 2 moitiés de l'analyse de Ziegler, la 1ʳᵉ consacrée à l'explication par le littéralisme, la 2ᵉ aux
emprunts, sont en contradiction l'une avec l'autre. L'explication de βουνῶν (correcte), dans
la 1ʳᵉ, exclut l'emprunt à Ps 82 (83), allégué dans la 2ᵉ, et l'essai de justification de l'expression
problématique de G, proposé dans la 1ʳᵉ partie, est récusé par la référence à Jér dans la 2ᵉ.

alternative à l'hypothèse d'emprunt, comme l'a cru Ziegler, la tentative de dérivation littérale de la 1re moitié de son analyse est au contraire évincée par l'autre et radicalement exclue. L'auteur n'a pu maintenir cette hypothèse, à côté de l'autre, que par incertitude sur la réalité et la portée de l'emprunt. On voit par cet exemple la manière dont le préjugé empiriste a entravé une analyse qui contenait pourtant le constat utile à une élucidation adéquate[32].

La formulation de Jér se présente ainsi, sous ses diverses formes, qu'il est nécessaire de rappeler pour la clarté.

a) H Jér 21, 14 והצתי אש ביערה ואכלה כל סביביה.

b) G Jér 21, 14 καὶ ἀνάψω πῦρ ἐν τῷ δρυμῷ αὐτῆς, καὶ ἔδεται πάντα τὰ κύκλῳ αὐτῆς.

c) H Jér 50, 32 והצתי אש בעריו ואכלה כל סביבתיו.

d) G Jér 27 (H 50), 32, 1er hémistiche = G 21, 14; 2e: καὶ καταφάγεται, puis = 21, 14.

En ce qui concerne les formes H, (c) varie par rapport à (a). On a en effet «ses villes» en (c), «sa forêt» en (a). Vu la ressemblance des termes, qui ont les mêmes consonnes dans un autre ordre, il peut sembler que (c) soit le produit d'une altération accidentelle, d'autant plus que G Jér 27 (50), 32 porte à cet endroit la même leçon qu'en 21, 14 (cf. b), c'est-à-dire une leçon = H 21, 14 (= a). Conjecture souvent admise et encore notée dans BHS. Mais si l'on tient compte des spéculations par analogies verbales formelles, que nous étudions dans la 2e partie de cette section, à propos de G, et qui ont affecté toute la tradition, il devient clair que la formulation (c) repose sur une exploitation spéculative de la formulation (a), à l'aide de cette méthode des analogies verbales. Elle revêt ici la forme d'une métathèse qui a affecté la composition même de l'hébreu, et dont l'intention était de tirer de (a) *une précision adaptée à l'oracle de 50* contre la métropole de la civilisation des «villes», Babylone[33]. G (= d) est au contraire secondaire;

---

[32] Malgré leur incompatibilité, les 2 parties de l'analyse de Ziegler touchant G 9, 18 (17) présentent un trait commun qui aide à comprendre la nature de l'erreur empiriste que l'auteur a héritée de la critique classique. Dans les 2 cas, en effet, la démarche attribuée à G n'a aucune signification ni portée culturelle. Dans le 1er cas, elle se réduit à des tâtonnements subjectifs; dans le 2e elle est un enchaînement passif, puisque G s'est borné à incorporer la glose supposée, et qu'il n'a pas pris l'initiative de l'emprunt. La fidélité à la doctrine de *la passivité et de l'incompétence* de G, partout où il diverge sans avoir été déterminé par une var., l'a emporté sur la chance qui se présentait de découvrir la présence d'une méthode herméneutique originale, sinon au stade de G, du moins à celui de H(G). Le problème de motif et par suite le constat de la méthode se présentent en effet à ce stade H(G), si l'on veut admettre que l'emprunt avait pris forme de glose au stade H(G). Ce point, qui a été méconnu par Ziegler, sera précisé plus loin.

[33] Le constat de la métathèse méthodique est utile à la clarification des formulations de Jér et constitue une anticipation par rapport aux faits étudiés en 2e partie du présent volume,

c'est le produit d'une harmonisation sur 21, 14 (= b), et un exemple de modification par analogie scripturaire de petite envergure.

En ce qui concerne les formes textuelles de G, on voit que le vb de (d) n'est pas le même que celui de (b) et correspond de près à celui de G Is 9, 17, lequel comporte seulement un préverbe supplémentaire (συγ—). Ce dernier résulte simplement d'une adaptation stylistique à πάντα. Ziegler a déduit de la différence du vb de (b) et de celui de G Is que l'influence de Jér avait dû s'exercer à partir de H Jér. Il faut entendre que c'est de préférence à partir de 21, 14 (= a), puisque H 50, 32 (= c) diffère, comme dit plus haut, par le substantif[34]. Mais la même considération de la divergence entre (b) et G Is 9, 17 impose de tenir compte de (d) négligé par Ziegler[35]. Bien que G Jér ait vraisemblablement été élaboré après G Is, le système des extraits des Prophètes ou haftārôt[36], dans le culte et la liturgie, rend plausible l'antériorité de telle ou telle section de G Jér, par rapport à G Is. La mise au point de G Is 9, 17, par emprunt à la forme grecque de Jér 27 (50), 32, est donc une possibilité avec laquelle il faut compter, à côté de l'autre, malgré tout plus probable, vu l'antériorité de l'Is grec dans son ensemble. On admettra donc de préférence l'emprunt direct à H Jér 21, 14 (a)[37].

Ce n'est d'ailleurs qu'une question d'importance secondaire par rapport au fait de l'emprunt à la formulation de Jér, sous l'une de ses formes attestées. Cette formulation fait partie d'un énoncé dont le thème est, comme celui d'Is, un incendie forestier. Celui-ci est, dans les formes (b) et (d) de Jér (non (c), où l'incendie détruit des villes), la réalisation même du châtiment divin et, dans Is, une métaphore des effets ravageurs de la méchanceté, et

---

à savoir les faits d'herméneutique par analogie verbale formelle. En vertu de la nature des textes, les 2 types d'herméneutique analogique, celle des analogies scripturaires et celle des analogies verbales se rencontrent souvent dans les mêmes passages. Dans le cas présent, il s'agit de 2 phases distinctes. Ailleurs on peut relever dans G la coexistence des 2 méthodes aux mêmes endroits et parfois sur les mêmes points, car elles sont susceptibles de se renforcer l'une l'autre. Nous rencontrerons donc des analogies verbales à propos des analogies scripturaires et retrouverons parfois ces dernières à l'occasion de l'examen des analogies verbales.

[34] Ziegler n'est pas entré dans la considération de la différence des 2 passages sous leur forme H, pour ne pas soulever le problème textuel de Jér 50, 32, comme apprécié en critique, d'après G Jér. Mais ce problème est illusoire, d'après ce que nous avons constaté plus haut (50, 32 = rédaction spéculative; H est primitif, tandis que G est harmonisé).

[35] Dans (d) il n'y a plus par rapport à G Is 9, 17 la différence du subst. qu'il y a en (c), à savoir «ses villes» pour «sa forêt».

[36] H. St John Thackeray a montré la vraisemblance de telles lectures des Prophètes par extraits adaptés au calendrier du culte, dans son ouvrage The Septuagint and Jewish Worship. Cf. spécialement 28 s., 43 s.

[37] Dans ce cas la divergence des vbs grecs dans (b) et (d) pourrait être imputable à une influence de G Is 9, 18 (17) sur (d). Le fait serait intéressant comme indice d'une pensée exégétique qui établissait un lien entre les épreuves d'Israël et le sort des Babyloniens. Voir à ce sujet encore la note sur le frg IV Q 163.

de sa propre consumation dans le feu du jugement, en une vision où la métaphore laisse planer la possibilité d'un sens propre et d'un accomplissement littéral[38]. Il y a de toute façon *analogie de thème* entre Jér et Is. À cela s'ajoutent des *jonctions verbales* caractéristiques. Les textes ont en commun, en premier lieu, le vb יצת. Il est au *hifil* dans Jér et au *qal* dans Is, TM et Qa, mais au *hifil* aussi dans le frg IV Q 163, d'après une lecture des vestiges visibles, que l'on peut considérer comme assurée[39]. Pratiquement la nuance du *qal* requise ici (avec emploi de la préposition *b* qui transitive le vb[40]) correspond au sens du *hifil* «allumer, mettre en feu». La légère variation du frg de IV Q et sa correspondance avec la leçon de Jér, bien que sans effet sur le sens, revêtent un intérêt particulier, dès lors que G atteste l'existence d'une exégèse qui reliait Is et Jér[41]. En second lieu, le subst. יער est également commun à Jér et Is. Il faut ajouter, en tenant compte d'Is 9, 17 a, les termes אש et אכל. C'est plus qu'il n'en faut ordinairement pour autoriser les emprunts scripturaires de l'herméneutique analogique illustrée par G. En vertu de l'analogie de thème et de cette quadruple rencontre verbale, G Is a prélevé dans Jér toute l'expression ואכלה כל סביביה[42]. Il a négligé

---

[38] Il y a possibilité d'un sens propre, en doublure d'un sens métaphorique premier, parce que si le feu sert de peinture métaphorique des effets de la méchanceté, celle-ci est de nature à provoquer un châtiment divin s'exerçant sous la forme des incendies qui ravagent la campagne, lors des invasions étrangères.

[39] Le frg IV Q 163 a été signalé dans une note antérieure. Le *hifil* paraît assuré, d'après les traces supérieures visibles (cf. la photo, Pl. VII, frg 6). Cependant la transcription de J. M. Allegro, qui ne comporte aucun signe de lecture partielle ou douteuse, est trop optimiste (*DJD*, V, 18, lg 13).

[40] Le vb est intransitif en principe au *qal* (cf. Is 33, 12; Jér 49, 2) «s'allumer, brûler»). Mais avec la préposition *b*, il est susceptible de prendre une valeur transitive, selon la propriété de cette préposition avec certains intransitifs. En arabe ce sont des intransitifs de mouvement (Reckendorf, *Syntak. Verhält.* 243 s.). Un vb du feu favorise un tel glissement de valeur, à cause de l'ambivalence du phénomène igné qui peut être considéré d'un point de vue intransitif ou d'un point de vue transitif. Quoique l'emploi du *qal* d'Is 9, 17 soit isolé en son genre, il n'y a donc pas lieu de soupçonner une erreur de vocalisation dans la tradition recueillie par TM. L'accord de Qa prend sa valeur par rapport à la divergence de IV Q 163.

[41] Autrement dit il ne faut pas exclure que la leçon de IV Q 163 soit le produit d'une retouche inspirée par une tradition qui mettait le passage d'Is en rapport avec celui de Jér. L'exégèse appliquée par G peut avoir eu des antécédents. Si l'on admet avec Ziegler que l'emprunt était noté en marge de H(G), point encore discuté plus bas, l'antériorité en question se trouve par là même illustrée. Les traces, mêmes infimes (comme celles de IV Q 163 notées supra) de rapport exégétique entre les 2 textes d'Is et de Jér offrent, entre autres, l'intérêt d'une parenté exégétique possible avec une tradition d'origine exilique qui vouait Babylone au même sort fatal que Jérusalem. Voir notre analyse d'Is 40, 7-8, dans une publication ultérieure.

[42] L'expression forme un tout dans Jér et dans G Is 9, 17, et cette considération l'emporte sur la correspondance de sens avec βρωθήσεται de 17 a (G 18). La symétrie des 2 couples de vbs grecs de 9, 17 (G 18) ne saurait donc entrer en considération, dès lors que l'influence de Jér est établie.

le suffixe final pour adapter le mot à גאות, entendu comme dit plus haut :
כל סביבי גאות. D'où, par substitution au vb final de H 9, 17 : καὶ συγκαταφάγεται τὰ κύκλῳ τῶν βουνῶν πάντα.

L'hypothèse de Ziegler selon laquelle H(G) aurait déjà contenu l'emprunt
sous forme d'une glose que G aurait incorporée à son texte est une possibilité
théorique incontestable, à côté de celle d'un emprunt direct pratiqué par
G. La balance des probabilités pencherait en faveur d'un emprunt pratiqué
dès le stade H(G), dans la mesure où il serait possible de déceler des indices
de difficulté d'intellection, dès avant le stade de G. Si le sens du vb sur lequel
G a varié faisait difficulté dès l'époque de H(G) et dans le milieu assurément
palestinien dont cette recension était issue, alors on comprendrait que la
formulation de Jér ait été ajoutée, à titre de glose, dans ce texte. Ziegler a
admis la non intellection du vb hébreu comme une évidence[43]. Il s'est
manifestement fondé sur le fait que ce vb ne paraît pas ailleurs dans la Bible
et qu'il est resté problématique jusqu'en lexicographie moderne. Mais il n'a
pas procédé au moindre contrôle des indices positifs disponibles dans les
versions anciennes et dans la tradition juive, et il n'a pas non plus précisé
quelle était sa conception du sens de l'hébreu. Or les indices attestent
l'existence d'une tradition lexicographique antique relative au vb d'Is 9, 17.
La convenance de cette tradition par rapport au contexte, ainsi que sa
vraisemblance philologique invitent à y reconnaître, avec de sérieuses chances,
le sens authentique. Les données qui paraissent utiles à la question, dont
2 ont été minimisées et dont la principale a été négligée en lexicographie
moderne, sont a) Théod, b) Syr, c) une formulation du recueil Pesiqta
Rabbati, qui paraît décisive pour la préservation de la nuance originelle.

a) Théod traduit, avec une légère variation par le sg que nous pouvons
négliger ici[44] : συμπλεκήσεται «s'enlacera, s'emmêlera». Par suite de la
syntaxe adoptée, le sens de la proposition diverge par rapport à l'hébreu[45].
Mais l'interprétation vaut par son littéralisme, qui livre une indication lexicographique précise sur le vb hébreu.

---

[43] Outre l'affirmation déjà citée dans une note antérieure sur la difficulté excessive de
H pour G, l'auteur déclare que la glose était destinée à éclairer la partie du texte «quelque
peu incompréhensible» (etwas unverständlich, ibid., 110).

[44] Ce n'est pas le reflet d'une var. hébraïque, mais l'effet de l'exégèse de Théod qui a fait
du terme suivant, lu au sg = TM, le sujet du vb. Le point intéressant dans cette syntaxe est
qu'elle atteste la lecture vocalique du subst. en —ût, comme dans TM, alors que Aq et Sym
ont interprété par le plur. (finale —ôt), comme G, quoiqu'avec un autre sens.

[45] «un orgueil de fumée», sujet dans la proposition de Théod, doit être compris comme
un sémitisme = un orgueil fumeux, qui n'est que fumée. Cet orgueil se prendra dans ses propres
enchevêtrements, à l'image des volutes entrelacées de la fumée.

b) Dans Syr נתערקלון (conjugaison réfléchie de la forme à *resh* infixé
issue de עקל, *paël* «tordre») prend dans le contexte de cette version le sens
de «seront enveloppés (par la fumée)». Mais le sens propre correspond à
celui du vb de Théod : «être enchevêtré, entrelacé»[46]. Le sujet du vb soulève
dans Syr une question qu'il convient de disjoindre[47].

c) La notice de Pesiqta Rabbati (= Pes R) s'accorde avec les 2 témoignages
précédents (cf. Section 29/30, éd. Friedmann, 137, en introduction à la
citation d'Is 9, 17[48]). Le texte prophétique est allégué comme une justification scripturaire d'un énoncé où figure l'*hitpaël* de אבך (précisément le vb
d'Is 9, 17). Le passage de Pes R vise à établir que l'encens offert matin et
soir dans le sanctuaire de Shilo, antérieur au temple de Salomon, était agréé
par Dieu, tandis que celui qui était offert en plus grande quantité devant
l'idole de Micah (Jug 17) ne l'était pas. Le signe en était que ב'העשנים
מתאבכים ועוליז לשמים «les deux fumées + vb en discussion + et montaient vers
le ciel». La situation impliquée permet de préciser le sens du vb problématique. Les 2 fumées sont celles de l'offrande du matin et de l'offrande du
soir, obtenues chaque fois avec «une moitié» (פרס) d'encens[49]. Elles étaient
moins fournies apparemment que la fumée offerte devant l'idole de Micah,
ce qui paraît donner l'avantage à l'idolâtrie. La récusation de cette possibilité
se trouve dans le fait que les 2 fumées de Shilo, quoiqu'offertes successivement
«s'enlaçaient» en «montant vers le ciel», ce qui rétablissait l'égalité avec
l'encens de Micah, et ajoutait la supériorité de ce signe miraculeux. La
dernière proposition d'Is 9, 17, avec le vb en discussion, est citée comme

---

[46] *PSm* 2964.

[47] נביא (plur.) signifierait «les élus». Ainsi l'interprétation de *PSm* 637, citant ce passage.
L'appréciation de Warzsawski, qui croit que Syr «gibt konkret wieder», méconnaît la question.
Le sens du syriaque ne correspond pas à l'hébreu, même entendu ainsi (*Pesch. Jes.* 23). Il doit
s'agir d'une valeur qui a été introduite secondairement et par spéculation religieuse dans le
texte syriaque. Je suppose que la leçon résulte de la syriacisation d'un terme qui figurait dans
un targum utilisé dans l'élaboration de Syr, et dans lequel l'homographe signifiait «les (lieux)
élevés», sens obtenu par une interprétation de גאות comme fém. plur. Ce targum suivait alors
sur ce point la même exégèse que G. Le sens postulé peut se justifier soit par T Ps J Lev 22, 22
(cf. Levy, *Wb Tg*, I, 122 B), soit par le mot גב (hébreu et araméen) «dos», qui a pu servir
pour des «élévations» de terrain.

[48] Voir aussi la traduction de W. G. Braude, dans *Yale Jud. S.*, XVIII, II, 567s. Cette
traduction et les notes de l'auteur sont un utile adjuvant, mais ne permettent pas toujours de
saisir les problèmes critiques du texte. C'est précisément du vb qui nous occupe. Un peu
plus haut la différence du vocalisme, supposé par Pes R pour עתר, et de celui d'Ez 8, 11 n'est
pas prise en compte (respectivement *'ēter* «pelle ou fourche (cultuelle)» et *'ātār* «parfum»
(de la fumée d'encens). Dans le même passage במערבו «à son occident» (de l'endroit où Micah
résidait), de l'éd. Friedmann, est remplacé tacitement par le nom de lieu donné par Sanh 103 b,
qui manque dans Jug 17 (Gareb).

[49] Le mot désigne une moitié de mine (c'est le cas ici) ou de pain (Levy, *Wb Td Md*, IV,
123 B).

illustration confirmant l'assertion[50]. Le passage de Pes R a donc la valeur d'une véritable notice lexicale qui fixe la valeur du vb, d'une manière qui est assurée par la nature du fait rapporté.

L'accord des 3 témoignages cités, a, b, c, atteste l'existence d'une tradition exégétique qui assignait au vb d'Is la valeur dite : «s'enlacer», donc, plus explicitement en parlant de la fumée, «former des volutes qui s'enlacent». Comme cette valeur peut se justifier philologiquement, par parenté avec l'une des rac. אבק connues en hébreu (rac. avec *qof*, non plus *kaf*, et rac. II dans *KBL*[3], qui est propre à l'hébreu et à l'araméen), et comme elle s'adapte excellement au contexte et le valorise même, si l'effet littéraire que nous avons admis initialement est réellement inhérent au texte, il y a lieu d'y reconnaître la nuance originelle authentique[51]. L'écart de sens n'est pas

---

[50] Étant donné le rapport établi entre la situation décrite à Shilo et le passage d'Is, les 2 fumées de Shilo supposent que Pes R interprétait גאות d'Is comme un fém. plur. «des élévations» (de fumée), et non pas comme un sg en —*ût*. Le plur. joue ici un rôle essentiel. La lecture vocalique était donc la même que celle supposée par G, Aq et Sym (par opposition à Théod). C'est encore un aspect important que Braude a négligé de signaler. Il traduit le passage d'Is d'une manière inexacte qui masque la différence entre Pes R et TM. Devant les paroles interrogatives prêtées à Dieu dans Pes R, en conclusion, Braude a ajouté toute une proposition explicative, absente du texte hébreu.

[51] Pour l'effet littéraire, voir le début de l'exposé sur G 9, 18 (17). La parenté de sens avec אבק est admissible, à partir de la parenté des formes. *KBL*[3] en a noté dubitativement la possibilité, dans sa notice sur אבך (cf. 6 B), tout en postulant un rapport avec *abāku*, et une traduction qui s'inspire d'un rapport avec הפך. La valeur de II אבק qui intéresse le sémantisme de אבך n'est documentée que par des données rares elles aussi, mais dont la valeur est bien assurée, les indices complémentaires aidant. Dans Gen 32, 25 le vb prend au *nifal* le sens «lutter à bras le corps», imposé par le contexte. Cette valeur s'explique comme une dérivation à partir du sens propre «enlacer, lier, nouer» : logique de situation analogue à celle du latin *manus conserere*. Le sens propre est attesté en araméen par B Menaḥôt 42 a, dans un contexte qui contribue à le confirmer. On lit en effet dans ce passage : 1) la mention de la doublure des 4 fils de la frange vestimentaire (ṣiṣit) ועייף להו «il les doubla» (en les rabattant sur eux-mêmes), *paël* + infinitif *peal* de renforcement, מיעף); 2) puis l'introduction à travers le vêtement (ומעייל להו) participe *paël*, qui pratiquement prend la valeur des 2 pfts voisins «et les introduisit»); 3) le vb en question : ואביק, au *peal* de forme stative, qui a fini par prendre le sens transitif, + infinitif de renforcement מיבק «il les enlaça» + les noua (de manière à fixer un élément de la frange). Voir au sujet de ce passage la traduction et la note adjuvante de E. Cashdan, dans l'éd. *Soncino* 252 (dern. lg) 253, et sur le vb en discussion Levy, *Wb Td Md*, I, 14. Par ailleurs אבוקה «torche» s'explique comme un faisceau lié (Levy, *o. c. ibid.*). La rac. s'apparente, d'autre part, à חבק «entourer des bras, enlacer, embrasser». Rashi, sous Gen 32, 25, tout en citant l'interprétation par I אבק (d'où le subst. «poussière») adopte l'équivalence ויתקשר «il se lia, s'attacha à», d'après l'emploi de l'araméen oriental de Td B. Il précise que le vb décrit le comportement de lutteurs. C'est une contribution positive à la lexicographie de cette rac. et les lexiques modernes devraient le rappeler. I. Ezra opte moins heureusement pour la tradition qui rattachait le vb à la rac. I, d'où l'*hitpaël* «se couvrir de poussière», censément en luttant. Elle est déjà attestée par Aq ἐκονίετο «il se couvrait de poussière». G porte ἐπάλαιεν «il lutta» = Syr et T Ps J (les 2 ואתכחש). Cette traduction ne permet pas de déterminer si le sens propre était perçu. Les traducteurs ont pu avoir simplement connaissance d'une tradition qui prescrivait le sens «lutter», déductible du

grand par rapport aux 2 interprétations habituellement préconisées en lexicographie moderne, celle qui est fondée sur le rapprochement avec הפך «tourner» (d'où l'*hitpaël* «se tourner, tourbillonner», en parlant de la fumée), et celle dérivée du rapprochement avec l'accadien *abāku* «emporter» (d'où, avec un *hitpaël* de nuance réfléchie- passive «se laisser emporter, être emporté»)[52]. Mais c'est quand même la tradition ancienne qui livre le sens le plus substantiel, tout en se justifiant philologiquement aussi bien que les 2 hypothèses modernes. La différence de la nuance obtenue, quoique petite, est importante par rapport à la restitution de la tradition du sens et par rapport à l'originalité littéraire primitive du texte, telle qu'elle a été définie plus haut[53]. En ce qui concerne la question de savoir si la divergence de G par emprunt prouve la perte du sens, on voit que l'affirmation non contrôlée de Ziegler est imprudente et que les indices sont plutôt favorables à la conservation d'une tradition du sens dans le Judaïsme antique : si Pes R, Syr et Théod connaissaient encore la nuance authentique, a fortiori elle devait être connue à des époques plus anciennes, et donc à celle de G[54]. L'accord de Qa avec TM revêt toute sa portée sous cet angle et se présente comme une confirmation d'autant plus éloquente que cette recension est caractérisée par de nombreuses retouches vulgarisantes : si le vb de 9, 17 n'a pas été remplacé par une autre leçon, c'est qu'il devait encore être compris[55].

---

contexte (cf. 29, même si là aussi il y a eu divergence sur la nuance, comme dans G ἐνίσχυσας «tu as prévalu», traduction reprise par G Os 12, 4 et 5, pour le même vb שרה). Sym traduit le vb de Gen 32, 25 par ἐκυλίετο «il se roulait» (moyen de κυλίω, forme qui a succédé à κυλίνδω) : interprétation par הפך.

[52] Comme dit plus haut, la notice composite de *KBL*[3] mentionne les deux parentés. Je crois que אבק est la bonne.

[53] Cf. supra : les entrelacs conviennent à la méchanceté.

[54] Le fil de la tradition lexicale sur אבך s'est perdu dans l'exégèse juive médiévale, comme le montrent les divers rapprochements auxquels les interprètes ont recouru. Saadya traduit ותכאתף, c'est-à-dire *watakāṯafa* «et s'est épaissi» (éd. Derenbourg, 22) : valeur obtenue en établissant une équation avec la rac. קפא «se figer, se coaguler», par parenté des 2 premières consonnes de cette rac. avec *beth* et *kaf* de אבך et, en outre, par lecture dans l'ordre inversé. C'est un exemple de persistance d'un procédé de l'herméneutique analogique spéculative. Saadya était vraisemblablement tributaire d'une tradition déjà établie dans ce sens, et il n'a rien inauguré. Abu 'l-Walîd a repris la même interprétation par le vb arabe cité (*Kitāb'l-'uṣūl*, éd. Neubauer 17 A). Rashi donne pour équivalent נבוכים (participe *nifal* de la rac. בוך, *qal* inus., *nifal* «s'embrouiller, être en proie à une perturbation ou à une panique»). Il s'agit des effets de la fumée : «ils sont en proie à la panique et encerclés (litt. enfermés) par la puissance de la fumée de l'embrasement» (la formulation s'inspire d'Ex 14, 3, avec peut-être influence de l'analogie de la nuée d'Ex 13, 21s.). La notice de Rashi repose sur l'idée d'une parenté de אבך avec נבוך, sur la base de l'élément commun בך. L'exégèse d'I. Ezra repose sur une déduction contextuelle (à partir du mot suivant et de l'adaptation au phénomène de la fumée). D'où l'équivalence התרוממו «se sont élevés». Qimḥi confirme le cheminement de cette exégèse en glosant ויתנאו qui représente le même sens et a été tiré du substantif de la proposition finale de 9, 17 en question.

Avec l'incertitude touchant la non intellection supposée arbitrairement par Ziegler, et avec, au contraire, la probabilité de l'intellection, l'hypothèse d'une glose de H(G) perd son meilleur appui. Quelle raison de supposer que l'emprunt avait été noté dans H(G), si à ce stade, comme à celui de G, le sens authentique du vb de H était encore connu? On voit combien l'hypothèse de glose dans H(G) devient précaire, lorsqu'il n'y a pas de fortes présomptions de non intellection de la part de G. Or malgré les idées courantes à ce sujet, dans la majorité des cas, il est très aventuré d'attribuer à G l'ignorance d'un mot rare ou la non intellection d'un passage difficile. La vulgarisation édifiante qui a été le but de G masque par définition le vrai niveau de ses connaissances et donne le change. Un bon nombre d'indices, qui attestent la connaissance de mots rares et difficiles, invitent à attribuer à G une science hébraïque approfondie et la connaissance de nombreuses traditions[56].

Pour conclure sur l'emprunt de G 9, 18 (17), il est clair que l'intention a été d'aggraver et simplifier tout à la fois la peinture du feu ravageur, qui est l'effet et le châtiment de l'irrespect de la loi éthique et religieuse (ἀνομία, 9, 18): le cercle de l'incendie s'élargit à «tous les environs des collines», au lieu d'être «l'élévation de fumée» de H. Le tableau de G est de nature à mieux frapper les imaginations et le but édifiant est atteint. Si les emprunts scripturaires étaient l'application d'une méthode — comme les difficultés de l'explication empiriste nous amènent à le soupçonner de façon de plus en plus précise —, alors le changement textuel de 9, 18 (17) était investi d'autorité par cette méthode. La fonction édifiante se trouve assurée et devient historiquement intelligible. La vraisemblance de la situation ainsi comprise plaide aussi en faveur de l'existence d'une méthode.

La possibilité théorique d'une glose de H(G), que l'on peut toujours alléguer à titre théorique (malgré l'improbabilité, dans le cas de 9, 18), n'est de toute façon qu'une modalité de détail, qui ne doit pas masquer le fond de la question, comme il est advenu chez Ziegler. Avec ou sans glose, l'emprunt invite à considérer la probabilité d'une origine méthodique et donc d'une herméneutique constituant un facteur paratextuel nettement caractérisé et se prêtant à la prospection historique.

---

[55] L'exemple montre combien l'argument statistique des fréquences d'emploi, sur lequel reposent en grande partie les analyses de Kutscher, est trompeur. Kutscher tend à dénier à Qa l'intellection de H, partout où il varie, mais il a négligé de procéder à la contre-épreuve, qui livre une série de démentis, dans des cas de termes rares non modifiés et donc apparemment compris par Qa.

[56] Cette assertion sera illustrée passim au cours des analyses.

F) L'ARGUMENT TIRÉ DU SIRACIDE

Ziegler a donné à l'hypothèse des gloses incorporées, inaugurée par Zillessen[57], une portée excessive, en croyant pouvoir profiter de l'appréciation de N. Peters relative aux gloses marginales du ms hébreu B du Siracide (Sir), qui avait été récemment découvert, dans la Geniza du Caire[58]. Peters voyait dans ces gloses la preuve que d'autres mss bibliques glosés avaient existé à une époque plus antique[59]. Ziegler en déduisit que la source de G Is devait avoir été de ce type. Il posa en principe que les accrétions de G Is, qui incluent un bon nombre d'emprunts scripturaires, ne pouvaient être imputables dans leur ensemble à G, et qu'une partie d'entre elles provenaient de telles gloses[60].

Entraîné par la séduction de l'hypothèse, Ziegler a cédé à un glissement insensible, et son exposé suggère finalement une situation différente de celle qu'offrent les mss de Sir allégués comme justification matérielle. Selon lui «les nombreuses variantes et gloses explicatives» que ces mss recèlent «proviennent *pour une part* (je souligne) de textes bibliques apparentés (...)

---

[57] Précisions sur l'apport de Zillessen supra.

[58] *ZUI* 5, avec référence à Peters 18*.

[59] Ce faisant Peters avait repris une idée émise par E. Sievers, à partir de considérations métriques. Mais la perturbation de la métrique commence dès l'adaptation israélite de sources littéraires cananéennes. Dans les compositions israélites, les motifs spéculatifs et religieux l'ont également emporté sur la soumission à une métrique régulière. D'où la grande précarité de l'argument métrique, en littérature hébraïque ancienne.

[60] La considération des mss de Sir, estime Ziegler, «fait apparaître la possibilité de mss glosés, ayant servi de sources à G, comme n'étant pas invraisemblable» (*ZUI* 5). Cette formulation prudente ne l'est qu'à titre de vue théorique fondée sur les seuls mss de Sir. La confrontation des accrétions de G («das Plus der LXX») conduit l'auteur à affirmer que ces suppléments ne sont «certainement pas» imputables à G, dans leur ensemble. Il faut, dès lors, comprendre qu'ils proviennent en partie de gloses. Les analyses de Ziegler confirment ce processus. Sa présentation introductive est embrouillée par le fait que, d'une part, il mêle à la question des gloses incorporées le phénomène des doublets de H (comme dans Is 2,2s., Mi 4, 1s.), qui diffère; d'autre part, Ziegler ne renvoie en cet endroit, à titre d'illustration de sa thèse, qu'au ch. VII, relatif aux emprunts internes de G Is. Mais d'autres matériaux importants pour la question (ainsi ch. VI, relatif aux emprunts externes) sont éparpillés dans l'ouvrage. N'ayant pas reconnu dans les emprunts une méthode caractérisée et autorisée de traitement des textes, Ziegler n'a pas clairement distingué entre emprunts et influences, et il a parfois hésité sur la réalité même des faits. Par exemple dans le cas très frappant de G 40, 2, où E. König avait pourtant discerné la voie de la solution : c'est un emprunt à Dt 20, 2s. Cet emprunt est fondé notamment sur le terme de jonction אצא, en dépit de la différence d'emploi dans les 2 textes. Ziegler, tout en citant le rapprochement instauré par König, et qu'il convenait de renforcer par insertion dans la série des autres emprunts décelables dans G Is, a finalement préféré une conjecture d'altération, qui avait été proposée par Ottley et qui était régressive par rapport au rapprochement de König.

et, pour une part, ce sont des gloses marginales d'élucidation»[61]. L'auteur ne donne qu'*un seul exemple* de ces emprunts scripturaires, celui d'une formulation tirée de Jér 5, 27 et insérée dans Sir 11, 27[62]. Cette présentation implique que l'emprunt à Jér 5, 27, en Sir 11, 27(30), n'est qu'un exemple représentatif d'une *pluralité*[63]. La consultation de l'édition photographique montre que la réalité est différente[64]. La formulation de Jér 5, 27 en Sir 11, 27(30) paraît être un fait isolé en matière d'emprunt, du moins dans la catégorie des emprunts nettement caractérisés et bien apparents. En outre cet emprunt ne se présente même pas sous forme d'une glose marginale ou interlinéaire, mais il a été incorporé au texte par la rédaction[65].

Dès avant les découvertes de Qumrân, il y aurait eu lieu de décanter l'hypothèse des emprunts en gloses. Ce qui était fécond, dans l'hypothèse inaugurée par Zillessen, c'était l'idée d'emprunts scripturaires effectués avant le stade de G, et dans des textes hébreux. Certes on pouvait légitimement supposer, avant les découvertes de Qumrân, que ces emprunts avaient pris la forme de gloses et n'avaient pas été des modifications réellement infligées à H. Mais il fallait équilibrer cette possibilité théorique par l'autre, tout aussi plausible, selon laquelle les emprunts auraient été directement amalgamés au texte hébreu et auraient constitué des var. proprement dites. C'est exactement la situation textuelle qu'illustre maintenant le rouleau complet d'Is, Qa[66]. Ce qui a détourné Zillessen, puis Ziegler, de donner du poids à cette possibilité, c'est manifestement la nature particulière des variations textuelles par emprunts scripturaires. Alors que les autres var. relevées dans G paraissaient, en règle générale, imputables à des dégradations par incompréhensions, confusions ou accidents, les emprunts se présentaient

---

[61] «Teilweise stammen sie aus verwandten Bibelstellen (...); teilweise sind sie erläuternde Randglossen» (*ZUI* 5).

[62] Sir 11, 27 (éd. Lévi) a pour correspondant dans G, 11, 30, où manque la citation de Jér, absente aussi de la traduction syriaque (Syr). Ziegler suit la numérotation des éditions de G.

[63] La formulation de Ziegler sur ce point correspond à la parenthèse de suspension de la note supra : «... aus verwandten Bibelstellen, vgl 11, 30 wo in Cod. A die Jer-Stelle 5, 27 auftritt». Après «teilweise», cette présentation implique une pluralité de cas qui auraient été réduits, dans l'exposé de Ziegler, à un seul, typique.

[64] Édition anonyme parue sous le titre : *Facsimiles of the Fragments hitherto recovered of the Book of Ecclesiasticus in Hebrew*, Oxford, Cambridge, 1901, Planche «MS A. Ecclus. XI,11-XII,+». Cf. lgs 18 s.

[65] La citation de Jér 5, 27 en Sir 11, 27 est incorporée au contexte et de la même main que ce dernier, contrairement à ce que laisse entendre l'exposé de Ziegler. Il fallait préciser qu'il s'agit — dans le cadre de l'hypothèse — d'une glose insérée dans le texte antérieurement à la rédaction du ms A, ou lors de cette rédaction. Le cas diffère des gloses repérables par leur position en dehors de la lg. C'est l'absence de la citation de Jér, dans G et Syr, qui étaye l'hypothèse de glose.

[66] Voir supra les notes à ce sujet, et IIe section, Ire partie.

comme une catégorie de var. singulières. Tout en étant infidèles comme les autres au texte de base, elles se distinguaient néanmoins par leur provenance scripturaire et par la recherche érudite qu'elles impliquaient. Ce n'étaient plus des dégradations, mais des var. de qualité. D'où l'effort de Ziegler pour les distinguer de la masse des autres var. L'hypothèse des gloses de H(G) en fournissait l'occasion. D'après cette vue, le glossateur, auteur de l'emprunt, ne songeait pas à modifier le texte, et le changement n'est intervenu qu'à la suite de la méprise ou du scrupule de l'adaptateur, lorsqu'il a ajouté la glose au texte[67]. N'était-il pas possible de voir dans les emprunts effectués directement par G l'effet d'un processus d'extension, qui aurait progressivement conduit des gloses ajoutées aux gloses substituées, et de là aux emprunts directs dans le texte grec?[68]. La polarisation des emprunts antérieurs à G (= du niveau H(G)) autour de l'hypothèse des gloses, et au détriment de celle des var. par emprunts dans H(G), a détourné Ziegler de la chance que lui offrait l'hypothèse de Zillessen. S'il avait compté avec un groupe important de var. par emprunts dans H(G) (var. de *la teneur* du texte, non gloses marginales ou interlinéaires!), ces var. auraient marqué, dans la masse des autres, la présence d'éléments *non dégradés*, d'éléments issus d'une recherche scripturaire savante. Cette élite des var., et leur voisinage contrasté avec les autres auraient alors pu conduire à soupçonner que le dit contraste cachait autre chose, et qu'une partie des dégradations présumées pouvaient, elles aussi, être nées, à leur manière, d'un effort de recherche érudite, ce qui aurait conduit à la découverte d'une herméneutique méthodique.

L'hypothèse des emprunts en gloses, sans perdre une légitimité théorique, a néanmoins été démentie par les découvertes de Masada (Sir) et de Qumrân (Is). La découverte des fragments de Sir, à Masada, démontre la faiblesse des déductions dont le texte de cette composition avait été l'objet[69]. Ces fragments sont beaucoup plus anciens que ceux de la Geniza, et de peu postérieurs à la composition de Sir[70]. Ils prouvent, d'après leur découvreur

---

[67] Non dans les cas de gloses substituées au texte. Voir la distinction dans l'exposé supra. Mais le cas de substitution, où l'adaptateur opère un choix et ne se borne plus à transmettre passivement, peut être considéré comme un passage à un nouveau palier, à partir d'un usage originel, qui aurait été d'ajouter les gloses au texte, sans rien retrancher de ce dernier.

[68] Ziegler n'a pas formulé la théorie d'un tel processus extensif, mais on peut la concevoir dans le prolongement de ses analyses.

[69] Les fragments ont été édités par l'archéologue qui les a découverts, Y. Yadin : *The Ben Sira Scroll from Masada* (cf. aussi l'éd. hébraïque, dans *Eretz Israel* 8 (1967) 1 s.).

[70] D'après Yadin, qui allègue à l'appui les opinions de F. M. Cross et N. Avigad, spécialistes des problèmes paléographiques de Qumrân, les fragments de Masada remontent à la 1re moitié du Ier siècle avant l'ère chrétienne (*o.c.* 4). Selon Cross, il serait possible de préciser le Ier quart du siècle (*ibid.*, n. 11).

Y. Yadin, qu'une proportion majoritaire des gloses du ms B de la Geniza, loin d'être des adjonctions secondaires, comme on le tenait pour évident, rétablissent au contraire la forme originelle[71]. Le phénomène illustré, en tout cas dans une forte proportion, par le ms B et ses gloses est donc inverse de celui que l'on observe dans les adjonctions de G Is et de Qa, par rapport à H. Le fait s'oppose au genre d'utilisation qu'avait tentée Ziegler, dans le cas particulier des emprunts.

Quant aux emprunts scripturaires de Qa, étant incorporés au texte, ils n'apportent aucune justification non plus à la théorie des gloses incorporées, et sont plutôt de nature à la démentir.

G) GLOSES ET VARIATIONS TEXTUELLES DANS H

L'incorporation des emprunts au texte de Qa n'exclut pas que d'autres recensions hébraïques antiques aient comporté des gloses par emprunts, dans leurs marges ou leurs interlignes. Il reste concevable qu'un nouveau miracle archéologique rende disponible un texte de ce type, et l'hypothèse de Ziegler des gloses incorporées conserve une valeur théorique. Mais elle ne peut être que partielle. Nous avons vu que l'erreur avait été de lui donner une portée trop exclusive, au détriment des var. proprement dites par emprunts, dans H(G). En illustrant positivement ces dernières, Qa livre une attestation capitale, parce qu'il montre que le texte hébreu a bel et bien été *modifié* par insertion d'emprunts scripturaires. Dans l'hypothèse des gloses, il n'était qu'*annoté*. La différence est essentielle, car c'est le principe d'intangibilité textuelle qui est en cause. La réalité de l'altération intentionnelle et réfléchie est établie par Qa.

Il faut réserver à une autre partie l'examen des implications que comporte, pour l'histoire de la transmission du texte hébreu, le phénomène des emprunts scripturaires dans Qa[72]. Nous devons nous en tenir pour le moment à ce qui, dans cet aspect de Qa, est de nature à éclairer les emprunts de G. Nous avions observé plus haut que, dans le cas indémontré mais possible où auraient existé des recensions hébraïques antérieures à G et porteuses de gloses marginales par emprunts, de tels textes attesteraient que le procédé des emprunts n'était pas une particularité de G, mais une pratique palestinienne *ayant acquis valeur traditionnelle*. Ce serait un indice favorable à l'hypothèse d'une nature méthodique des faits, par opposition à l'hypothèse

---

[71] Yadin, *o.c.* 7.
[72] Voir section II, IIIe partie, ch. II.

d'une origine empirique[73]. A fortiori, si les emprunts ont été pratiqués non plus comme des annotations (gloses) d'un texte hébreu de la phase G, mais comme des modifications de la teneur de ce texte (soit par additions, soit par substitutions), *la présomption de méthode se trouve renforcée.* Elle l'est en vertu de la nature d'un tel texte, qui est un représentant direct de la tradition textuelle hébraïque, et non plus une adaptation et un témoin indirect, comme par définition G, ou un commentaire, comme les gloses. La modification de la teneur de H, par emprunts, est attestée par Qa avec une fréquence qui est inférieure à celle de G, mais qui reste remarquable et très démonstrative. Si les emprunts ont ainsi affecté la tradition textuelle hébraïque, comme ils ont affecté la tradition interprétative dans G, n'était-ce pas qu'ils étaient justifiés par une méthode assez souveraine pour légitimer l'atteinte au dépôt scripturaire et pour accréditer les modifications?

Il est vrai que l'on pourrait, à première vue, tirer objection de la présence, dans Qa, d'assez nombreuses autres var. secondaires, qui ne sont pas fondées sur des emprunts et qui ne sont pas non plus le résultat de l'évolution orthographique tardive ou d'accidents. Les var. de ce genre ne sont-elles pas l'indice que Qa a été retouché sans norme et sans scrupule à l'égard du littéralisme consonantique, par nécessité de pallier empiriquement des incompréhensions fréquentes? C'est ce qu'a admis Kutscher, dans son enquête sur Qa. Mais nous devrons constater ultérieurement (section II) que sa thèse se heurte à des difficultés dirimantes, qui apparaissent à la fois dans l'appréciation de la situation historique de Qa, et dans le détail des analyses. En réalité, dans Qa, les var. de sens secondaires, de la catégorie non fondée sur des emprunts, ne livrent pas une raison de soupçonner les var. par emprunts d'être des recours empiriques. Ce sont au contraire les var. par emprunts qui d'emblée, et notamment à cause de leur remarquable correspondance générale avec les données de G, constituent une forte raison d'examiner si les autres var. de Qa, celles sans emprunts, ne procèdent pas elles aussi (une fois mis à part les accidents possibles) d'une méthode capable de les accréditer et qu'il s'agirait d'identifier[74]. Contrairement donc à la première apparence créée par les var. sans emprunts dans Qa, apparence qui a prématurément incliné le jugement des critiques du côté de l'appréciation empiriste, ce texte ne dément pas, mais confirme, à sa manière, la légitimité de l'hypothèse selon laquelle le procédé des emprunts scripturaires était l'application d'une méthode. Nous n'en sommes toujours qu'à une hypothèse, mais celle-ci, déjà suggérée par les diverses modalités examinées

---

[73] Voir supra les remarques conclusives, à la fin du § D.

[74] Nous verrons que c'est la méthode des analogies verbales formelles. Cf. pour Qa, section II, IIe partie.

plus haut à propos de G, est notablement consolidée par l'attestation de var. par emprunts, dans Qa.

C'est ce qu'il fallait marquer, et ce constat nous conduit à l'opposé de l'appréciation à laquelle était parvenu Ziegler, touchant ceux des emprunts qu'il avait supposés imputables à des gloses incorporées. On se rappelle que cette interprétation revenait à admettre en deux temps, d'une part, une initiative empirique, mais non textuelle, la glose, d'autre part, une incorporation textuelle, mais sans initiative (glose additionnée) ou avec une initiative réduite (glose substituée). Cette tentative d'explication par de l'empirisme amalgamé à un déterminisme textuel mécanique, s'avère inadéquate, et ce qui apparaît maintenant, à la lumière de la découverte de Qumrân, c'est la réalité de la modification par emprunts *dans l'hébreu*, au cœur du dépôt scripturaire traditionnel d'Israël. Le problème de la justification par une méthode autorisée est impérativement posé de ce fait, et le rouleau de Qumrân fait pencher la balance des probabilités, d'une manière qui paraît sans retour, dès les premières étapes de la réflexion historique sur le sujet.

CHAPITRE II

LE CARACTÈRE MÉTHODIQUE
ET L'AUTORITÉ DES VARIANTES D'ORIGINE SCRIPTURAIRE OU VERBALE FORMELLE

A) Conditions générales des emprunts

On peut grouper les raisons qui plaident pour une nature méthodique des var. par emprunts, en 5 rubriques. Les 2 premières ne seront qu'un bref rappel et une confirmation d'observations déjà esquissées plus haut. Les 2 suivantes élargiront la perspective et vaudront à la fois pour les emprunts et pour la seconde catégorie herméneutique qui se dégagera au cours de notre enquête, celle des var. par *analogies verbales formelles*. La 4e rubrique de cet ensemble nous livrera une preuve cruciale, qui sera fondée sur le cas des *textes oraculaires*. L'ensemble ne nous permettra plus de douter que les var. par emprunts scripturaires analogiques et, au delà de ce phénomène, celles par analogies verbales formelles aient été l'application d'une herméneutique méthodique souveraine, en entendant par herméneutique les modalités du traitement du texte biblique, modalités qui sont entièrement originales, et par là problématiques, dans le Judaïsme[1].

L'existence de cette herméneutique méthodique constitue un fait culturel gros de conséquences et livre des critères qui rendent possibles des approfondissements, des renouvellements et des solutions, sur des points où la théorie empiriste était condamnée à l'impuissance.

1) La récurrence, dans G Is, de var. aussi caractérisées que celles par emprunts suffit, à elle seule, comme déjà dit plus haut, à signaler la présence probable d'une méthode propre à légitimer ces changements, et qui devait tirer son autorité de la matière scripturaire elle-même, dans laquelle elle puisait. Que l'attention de Ziegler n'ait pas été attirée par cette probabilité, et qu'après lui, notamment à l'occasion de la découverte du rouleau de Qumrân, on ait continué à ne voir dans les emprunts que des expédients ou une routine sans autres implications, n'est compréhensible que comme l'effet d'une orientation doublement erronée. En premier lieu, il faut constater

---

[1] Dans le Judaïsme antique, élucidation textuelle et traitement textuel transformant se présentent non seulement comme solidaires, mais encore comme organiquement liés, au point qu'il faut les considérer comme 2 pôles d'un seul et même phénomène d'utilisation du texte biblique. Précisions, section II, Ire partie, ch. I, IIIe partie, ch. II.

que la force d'inertie du conceptualisme empiriste établi en critique a été plus forte que les indices de mise en question. Il est compréhensible qu'en 1934, date déjà relativement lointaine des *Untersuchungen*, Ziegler y ait cédé, et cela d'autant plus facilement qu'il a abordé la question en spécialiste du grec biblique. Dans le domaine de l'hébreu proprement dit, il était dépendant de l'exégèse en vigueur. En second lieu, l'absence d'intérêt pour les sources rabbiniques (lacune traditionnelle en critique moderne, et non encore suffisamment surmontée) a aussi privé l'auteur d'un moyen de découvrir la clef du phénomène dont il accumulait les matériaux. Comme nous allons voir plus bas (infra § 5), les *middôt*, ou règles de l'exégèse rabbinique, accordent une place importante aux confrontations scripturaires analogiques. Même si les choses se présentent, en cette phase plus tardive, d'une manière qui a été particularisée par des distinctions d'école et par la fixation d'un texte orthodoxe exclusif, la similitude des principes à l'œuvre et la parenté des faits s'imposent à l'attention de qui étudie parallèlement les deux domaines.

2) L'érudition scripturaire vaste et précise, requise dans le milieu des responsables de la Septante par la pratique des emprunts, a également été mentionnée plus haut, comme un indice de procédé méthodique. Nous avions observé liminairement, en critiquant les vues d'Ottley, que les emprunts scripturaires ne se laissent pas réduire à de simples réminiscences. Étant donné leur subtilité, parfois très grande, leur précision et leur fréquence, ils résultent nécessairement de recherches qualifiées, qui supposent *une véritable science scripturaire d'époque*. Si l'on voulait maintenir l'idée de réminiscence, en invoquant la capacité mémorielle imputable au conservatisme religieux du Judaïsme, dès la plus haute époque, il faudrait alors reconnaître que cette mémoire religieuse scripturaire était poussée à un degré où elle constituait précisément une érudition et cessait d'être mémoire ordinaire et simplement pratique[2]. Les modifications par emprunts illustrent un procédé difficile

---

[2] Un tel phénomène d'érudition scripturaire mémorielle est illustré de manière extraordinairement éloquente dans la littérature midrashique et talmudique. Cette érudition ne peut devenir concevable pour un esprit moderne étranger au Judaïsme qu'au prix d'une fréquentation préalable suffisante de cette littérature. Une illustration analogue de capacité mémorielle, conservatrice et érudite, est observable dans le processus de transmission de la poésie arabe la plus ancienne par les *ruwāt* (sg *rāwin*) ou «transmetteurs», d'abord tribaux, puis citadins. R. Blachère a étudié ce phénomène en des pages de son *Histoire de la littérature arabe des origines à la fin du XVᵉ siècle*, qui présentent un intérêt de premier ordre, non seulement pour les islamisants, mais pour les sémitisants en général, ainsi que pour les historiens et sociologues des littératures. À propos des cas typiques de Ḥammād (début du VIIIᵉ siècle) et Ḥalaf (né vers 733, disciple du précédent), deux transmetteurs qui sont responsables de nombreuses transformations infligées au fonds ancien, l'éminent arabisant, qui n'est pas suspect d'avoir

et le refus de recourir, dans les endroits affectés, à des modifications *quelconques*, ce qui eût été la voie d'une improvisation libre de toute norme, la voie de la facilité. *La spécificité du recours scripturaire* et *sa difficulté* révèlent donc la présence d'une *norme*, et celle-ci est d'autant mieux caractérisée que la recherche des analogies de teneur et des termes de jonction a été plus subtile.

La science scripturaire attestée par les emprunts entraîne une conséquence pour les occasions de leur application. Ces occasions ont pu être parfois des incompréhensions. Mais ces cas n'ont pas été les seuls, et ils ont été rares, voire exceptionnels. En effet le niveau de connaissance des textes et donc de la langue, requis par l'usage des emprunts exclut des incompréhensions fréquentes, et implique, par conséquent, que les changements ont été généralement déterminés par d'autres motifs, d'ordre idéologique et plus spécialement religieux. De tels motifs confirment la nécessité d'une méthode et d'une méthode capable de faire autorité.

Fourvoyé par le préjugé empiriste, Ziegler a été amené à présenter les emprunts comme des expédients régulièrement occasionnés par des incompréhensions. Il suffit de quelques cas où l'intellection de H par G est certaine — et nous en rencontrerons au cours des analyses[3] — pour réfuter cette vue. Elle repose en réalité sur une contradiction insoutenable entre la science impliquée, d'un côté, l'ignorance postulée, de l'autre. Cette contradiction met de nouveau en évidence l'inadéquation de l'interprétation empiriste.

---

manqué de rigueur en matière de critique rationnelle, caractérise le type général des transmetteurs dans les termes suivants : «Ils connaissent admirablement la vie nomade qu'ils partagent par intermittence. Ils possèdent incomparablement la langue des Bédouins (...) *Tous se signalent par une mémoire prodigieuse*» (I, 99). J'ai souligné le point qui importe à notre sujet. Certes on admettra volontiers que les responsables de la Septante n'aient pas atteint les capacités de mémorisation et l'intensité d'intérêt scripturaire qui caractériseront les docteurs juifs, à partir de l'époque de la Mishna. Encore cette vue n'est-elle pas vraiment assurée, et il reste possible que les auteurs de la Septante aient été familiers avec un stock de traditions lexicographiques et exégétiques qui dépasse largement ce que l'on peut soupçonner à ce sujet. En tout cas, ce qui paraît certain et qui a été méconnu on minimisé en critique, c'est que l'élaboration de la Septante se situe, au point de vue culturel, et en dépit des influences hellénistiques, dans une phase où se sont ébauchés et déjà plus ou moins affirmés des modes d'appréciations textuelles appelés à devenir courants dans l'exégèse rabbinique.

[3] Un exemple à lui seul très démonstratif est offert par l'interprétation G du vb hébreu de la création, en certains passages de G Is. Le fait est étudié Ire section, IIe partie, ch. VI.

B) Garanties de méthode dans les var. par emprunts
et par analogies verbales formelles

a) *Conditions religieuses*

3) Le dégagement de la preuve à nos yeux cruciale, celle tirée des textes oraculaires (ci-dessous § 4) nous oblige à élargir préalablement la perspective, pour considérer des conditions générales, qui intéressent à la fois la nature méthodique des var. par analogies scripturaires et celle des var. par analogies verbales formelles. Ce § et le suivant nous permettront ainsi d'effectuer du même coup une présentation de cette seconde catégorie, qui illustre la seconde méthode constitutive de l'herméneutique analogique.

Les conditions dans lesquelles se présente le milieu d'origine de la Septante ne sont, à priori, pas favorables à l'hypothèse d'une entreprise livrée aux hasards d'opinions individuelles, dues à des interprètes qui auraient été réduits à leurs propres ressources, et qui auraient été insuffisamment compétents. La Septante est issue d'une communauté religieuse, ce qui modifie déjà les conditions culturelles valables pour un autre milieu, à la même époque. En outre cette communauté était d'autant plus traditionaliste que le Judaïsme est fondé sur des écrits qui sont conçus comme le foyer dont émane la tradition, et autour duquel elle continue à graviter, dans la mesure où elle reste vivace et susceptible de développements. Quelles qu'aient été les influences hellénistiques (indéniables et importantes à leur manière) qui ont pu s'exercer sur l'élaboration de la Septante, le facteur de la tradition religieuse du Judaïsme et de ses modes reçus de penser et d'apprécier est fondamental. Dès l'époque des débuts de la Septante, Loi et Prophètes (les Prophètes «postérieurs» du Judaïsme classique) et une grande partie, en tout cas, des autres écrits, sinon la totalité de la Bible hébraïque, étaient investis d'une autorité religieuse. Le phénomène est hors de doute, en ce qui concerne la Loi, depuis la fin de l'exil, sans préjudice des phases de valorisation antérieures, au fur et à mesure de la constitution de cet ensemble. En ce qui concerne les Prophètes, la sacralisation de leurs écrits, déjà déductible de certaines considérations historiques, avant la phase de la Septante[4], est positivement établie pour son époque par l'utilisation de passages des écrits prophétiques comme oracles applicables à des circonstances contemporaines et à venir. Nous le constaterons avec plus de précisions au § suivant (§ 4). En matière d'autorité, la priorité revenait à la Loi, et

---

[4] La principale circonstance (non la seule) qui a contribué à accréditer les écrits prophétiques dans le Judaïsme est incontestablement, et de manière à elle seule décisive, la confirmation que la catastrophe du début du VIe siècle et l'exil ont apportée à leurs oracles.

une hiérarchie se dessine autour d'elle. Mais les Prophètes en étaient étroite-ment solidaires, à titre d'application et d'élucidation de la Loi, non pas seulement doctrinalement, mais aussi liturgiquement, dans le déroulement du culte[5]. Ils étaient auréolés d'un prestige qui leur était propre, en raison de leur valeur oraculaire. Cependant, par rapport à la question qui nous occupe et touchant la place assignable au livre d'Isaïe dans la pensée religieuse alexandrine, la hiérarchie scripturaire discernable autour de la Loi n'a qu'une portée herméneutique relative, car si la Loi a servi de critère à l'interprétation des Prophètes, la réciproque est vraie aussi et les textes des Prophètes ont parfois servi à déterminer l'interprétation de la Loi, dans G[6].

Dans ces conditions liminaires et très générales, il y a, comme dit plus haut, invraisemblance globale à admettre que le texte hébreu ait pu être traité par G de la manière que suppose la théorie empiriste. Si cette in-vraisemblance n'a pas été sentie en critique moderne, et si l'influence de l'empirisme s'est perpétuée dans la pratique exégètique, à titre de commodité toujours disponible[7], en dépit du progrès continu des connaissances, c'est que le conceptualisme fondamental issu des origines de cette critique moderne n'a pas cessé d'exercer son emprise et de masquer l'importance du facteur paratextuel que nous cherchons à mettre en évidence, à savoir la tradition herméneutique normative, c'est-à-dire le caractère méthodique du traitement des textes (interprétation ou retouche).

Il ne peut être question de rappeler ici, même brièvement, l'historique des causes et modalités qui expliquent le crédit de l'explication empiriste. Bornons-nous à remarquer que l'idée de l'écrit, héritée du retour *ad fontes* de la Renaissance, puis le renforcement de la conception par les querelles religieuses littéralistes, consécutives à la Réforme, ont marqué durablement l'orientation de la réflexion exégètique. La rationalisation progressive de la

---

[5] C'est le grand intérêt de l'ouvrage de H. St. J. Thackeray que d'avoir dégagé les indices très vraisemblables d'organisation du culte de la communauté alexandrine, d'après un calen-drier liturgique de lectures de la Loi et d'extraits des Prophètes (*hafṭārôt*). Cf. *The Sept. and Jewish Worship*, notamment 43 s. Dans sa synthèse de *VT* 12 (1962) 141 s., R. Hanhart tire le bilan des recherches modernes sur les origines de la Septante, en constatant qu'à l'encontre des affirmations de la Lettre d'Aristéas, l'origine de la formation de la Septante doit être cherchée dans le besoin cultuel («im gottesdienstlichen Bedürfnis») des Juifs de langue grecque, à l'époque hellénistique.

[6] Cela résulte d'une pluralité d'observations faites par Ziegler, au cours de ses analyses. Les examens textuels qui suivront ici en donneront des spécimens. Voir par ex., dans l'étude de la traduction de H «peuples» par G «gouverneurs» (Ire section, IIe partie, ch. V), ce qui concerne l'influence du livre d'Is sur la mise au point de G Gen 27, 29.

[7] Pour ce qui est d'Is, l'empirisme atteint son point culminant dans le travail de Seeligmann sur G (précisions infra), et c'est encore lui qui a inspiré l'appréciation négative de Kutscher sur Qa (cf. section II).

critique biblique, n'a pas réussi à échapper à l'exclusivisme engendré par les conditions premières de l'essor de l'exégèse moderne. Cet exclusivisme a consisté à ne voir dans la chose écrite qu'une donnée matérielle, d'une part, logique, de l'autre. D'où le développement d'une critique qui a tendu à chercher ses explications, d'une part, dans les déterminismes matériels théoriquement possibles, pour une écriture donnée (critique textuelle accidentaliste), d'autre part, dans des types de cohérences et d'évidences propres à la tradition occidentale et au rationalisme moderne, mais non pas adaptés au Judaïsme antique.

Dans le Judaïsme le texte biblique n'est pas seulement une matérialité de signes tracés et une cohérence logique, c'est aussi une double participation. Participation des écrits les uns aux autres. Les modifications textuelles par emprunts scripturaires en sont la manifestation. Mais aussi participation des mots à des valeurs extracontextuelles, livrées par les homonymies, les homographies et tous les types de ressemblances formelles discernables. En ce qui concerne l'illustration probante de cette seconde catégorie dans G, le travail d'identification reste à faire, sans possibilité de profiter d'une topographie textuelle déjà établie, comme c'est le cas pour les emprunts scripturaires, grâce aux matériaux des *Untersuchungen* de Ziegler. Mais nous pouvons affirmer dès maintenant par anticipation la réalité de cet ordre de faits, dans G, Qa, les autres versions, la littérature rabbinique et — constatation terminale — H même[8].

b) *Enseignement rétrospectif de la littérature rabbinique*

Dans la littérature rabbinique on peut constater surabondamment que les mots scripturaires ont été exploités non seulement logiquement, mais encore en fonction de leur forme et des participations que ces formes révélaient, aux yeux des anciens[9]. La méconnaissance de cet indice capital a son histoire dans la critique moderne[10]. Quoi qu'il en soit, la lacune est patente. C'est elle principalement qui a empêché Ziegler de discerner la portée historique de ses propres constats topographiques, concernant les emprunts scripturaires. Bien que la codification qui a sanctionné la pratique des spéculations verbales formelles dans le Judaïsme de la période inaugurée par la Mishna, sous la forme des fameuses 32 règles (*middôt*), soit nettement

---

[8] Voir les IIes parties des Ire et IIe sections, et IIe s., IIIe partie, ch. II.

[9] Ce type d'exégèse s'impose dès que l'on consulte les sources rabbiniques. La suite de l'exposé en donnera des exemples.

[10] À cet égard il faudrait tenir compte avant tout de l'argument chronologique, qui a joué un rôle primordial dans la pensée historique du XIXe siècle, quel qu'ait été par ailleurs le rôle des préventions et des minimisations, dont l'une des raisons était simplement l'ignorance.

postérieure aux règles de Hillel (Ier siècle avant l'ère chrétienne), il ne s'agit là que d'un bilan d'école. La pratique elle-même, du moins en ses aspects fondamentaux, remonte manifestement à une antiquité beaucoup plus haute [11].

Cette pratique de l'exégèse rabbinique, quelles que soient ses particularités propres et le degré de systématisation qui la distingue, intéresse la période plus haute. Elle n'a pas été établie d'un coup et suppose des habitudes de pensée et une longue préparation antérieures. Le phénomène jette une lumière sur les nombreuses divergences de la Septante, derrière lesquelles sont discernables des relations hébraïques précisément du même type formel. Et par delà la Septante, et maintenant aussi par delà le témoin capital qu'est Qa, c'est l'ensemble de la tradition textuelle et interprétative qui est concerné, en remontant même parfois jusqu'à la rédaction première de H, lorsqu'elle a modifié par analogie formelle une source antérieure. Bien que la Septante soit un produit du Judaïsme hellénistique et qu'elle soulève des questions de langue et d'inspiration, en rapport avec cette situation historique, elle nous apparaîtra ici, à travers ses principes fondamentaux, comme une véritable clef, qui nous ouvrira l'accès d'une voie négligée, celle qui conduit à la pensée analogique et à la tradition herméneutique méthodique des anciens. Ce domaine est spécifiquement juif, en ce qui concerne les analogies scripturaires (justification section II, IIIe partie), proche-oriental, en ce qui concerne les analogies verbales formelles (idem). La négligence de l'indice essentiel constitué par l'herméneutique de la littérature rabbinique est une manifestation éloquente de l'unilatéralité dont a souffert la critique moderne, touchant les questions qui nous occupent.

En ce qui concerne la théorie empiriste, dont l'inadéquation générale (aussi bien pour les emprunts scripturaires que pour les spéculations verbales) est le sujet de ce § 3, nous pouvons donc considérer la Septante, d'une part, du point de vue de ses indices internes (la question des emprunts scripturaires

---

[11] Sur les 32 *middôt* et les règles antérieures de Hillel et d'Ismaël, voir H. Strack, *Einleitung in Talmud und Midraš*, 96s. Le problème du rapport entre les 32 *middôt* et celles de Hillel (ces dernières développées secondairement par Ismaël) n'est pas nécessairement résoluble dans une perspective chronologique. La question dépend de la manière dont on conçoit l'origine de toutes ces règles. Les critères décisifs ne se trouvent pas dans la documentation rabbinique elle-même, car celle-ci, tout en incorporant des traditions parfois fort anciennes, représente néanmoins un état nettement postérieur à l'herméneutique pratiquée dans la Septante, à Qumrân et — aspect capital — en certains endroits des rédactions bibliques elles-mêmes (par rapport à des traditions antérieures). C'est dans G, les écrits de Qumrân, accessoirement les autres versions anciennes et dans le texte biblique lui-même qu'il faut aller chercher la clef de l'origine des règles herméneutiques. La méthode des analogies verbales formelles (donc l'essentiel des procédés codifiés dans les 32 *middôt*) est beaucoup plus antique que la méthode des analogies scripturaires (dont on trouve l'écho dans les règles de Hillel). Précisions IIe section, IIIe partie, ch. I.

est déjà révélatrice au stade que nous avons atteint), d'autre part, du point de vue externe, à la lumière de la clarté complémentaire qu'apporte rétrospectivement l'herméneutique rabbinique. Sous l'angle ainsi défini, l'adaptation grecque vérifie, à une époque plus haute que la littérature rabbinique (sauf le cas de certaines traditions très anciennes incorporées par cette littérature), la notion originale que le Judaïsme s'est faite des écrits de sa tradition religieuse : non seulement des signes matériels et une signification logique, seuls pris en considération par la critique moderne, mais encore, comme dit plus haut, une participation scripturaire et une participation aux ressemblances verbales. Ce sont ces deux dernières conceptions que le préjugé empiriste a empêché d'identifier, et qui montrent la nécessité de le dépasser pour ouvrir une nouvelle voie d'appréciation.

c) *Les indices controversés de la Lettre d'Aristeas*

La lettre d'Aristeas a semblé fournir à la vue empiriste une solide justification, en deux passages cruciaux qu'il est indispensable d'examiner : ils sont au cœur même de notre problème[12]. Le sens des §§ 30 et 314 de ce document capital est discuté. Le § 314 atteste, en tout cas, l'existence de traductions grecques antérieures (προηρμενευμένων) à celle que la Lettre prétend canoniser. Le § 30 contient un témoignage certainement analogue. Dans l'état de la question la discussion relative au vb décisif σεσήμανται est restée inconclusive. Une opinion défendue par des autorités importantes préconise le sens : «ont été interprétés» (entendez : les écrits de la Loi mentionnés avant ont été traduits en grec)[13]. La thèse opposée voudrait retenir l'autre valeur théoriquement possible : «ont été consignés par écrit». Il s'agirait alors non pas de la traduction en grec, mais de la copie de textes hébreux,

---

[12] Je cite d'après l'édition de Thackeray, à la fin de l'ouvrage de Swete, *Intr. to the O.T. in Greek*. La division en §§, comme dans *APOT*, II, 98 et 121 (H. Andrews). Il est toujours indispensable de consulter ce travail classique de traduction et d'annotation. Voir aussi P. Wendland, dans *APAT*, II, 8 et 30. Autres données bibliographiques dans les notes suivantes.

[13] Wendland, *APAT c. sup.*; Andrews *APOT, c. sup.*; H. G. Meecham, *The Letter ...* 201. On doit à ce dernier auteur l'étude linguistique la plus approfondie de la Lettre d'Aristeas. Il a observé que le vb problématique du § 30 est employé dans d'autres passages du document au sens «to make known, inform». C'était frôler ce qui est à nos yeux la bonne solution (cf. *infra*). Mais Meecham n'a pas discerné la possibilité d'appliquer ce sens au vb problématique. Kahle rejoint la conséquence historique qui résulte du sens adopté par ces auteurs. Toutefois c'est en comprenant le vb dans sa seconde acception possible. Il voit dans l'adverbe ἀμελέστερον l'élément déterminant pour l'allusion impliquée. Les copies hébraïques de la Loi étaient hors du champ d'intérêt de Démétrius, fait-il observer. L'adverbe doit donc viser des traductions grecques antérieures. Il traduit «rather carelessly written», en comprenant cette formulation comme une telle allusion (*CG* 213).

en prolongement de l'allusion précédente aux «caractères hébraïques» du texte de la Loi[14]. En dépit de cette dernière formule, la considération du contexte, celle du rôle imputable au bibliothécaire royal Démétrius, un non juif, enfin celle du thème général de la Lettre, qui est relatif à l'adaptation de la Loi en grec et à la primauté de la nouvelle recension, sont autant de raisons qui plaident en faveur de la première acception mentionnée ou d'une analogue[15].

Il existe, je crois, une raison décisive d'opter pour une allusion à des traductions grecques antérieures, c'est-à-dire pour le sens historique pressenti par la première explication mentionnée. Cette raison n'a pas attiré l'attention, parce que la discussion a tourné autour des seules possibilités lexicales du grec. Il faut compter aussi avec le milieu juif dont émane la Lettre, comme on s'accorde à le reconnaître[16]. Cette inspiration rend possible l'influence

---

[14] Voir la n. d'Andrews en faveur de cette 2e interprétation possible, en seconde position, selon lui; *APOT*, II, 98, 30. Elle a été préconisée par E. Bickermann (*JBL* 63 (1944) 345), cité et récusé par Kahle (*CG* 213, n. 1). Dans le même sens: G. Zuntz, *JSS* 4 (1959) 117; A. Pelletier, *La Lettre d'Aristée* ..., 1962, 119 s.; M. Hadas, *Aristeas to Philocrates*, 1951, 111. Il suffira de critiquer ci-après les raisons de Zuntz, avant de proposer une solution positive.

[15] La 2e de ces raisons a été alléguée par Kahle, cité dans l'avant-dernière note. La 1re doit être opposée à Zuntz (cf. n. précéd.). Cet auteur veut que la mention des «caractères hébraïques», dans la proposition précédente d'Aristeas, soit déterminante pour le vb en débat, qui viserait en conséquence des copies hébraïques, non des versions grecques. Mais une telle logique interne rectiligne ne s'impose nullement, et une allusion aux versions, complémentaire de l'allusion aux textes hébreux, est au contraire plus naturelle. L'intérêt de Démétrius pour la calligraphie hébraïque, que Pelletier croit déceler dans le vb problématique («... l'action d'écrire, mais sous l'aspect très technique de calligraphie», *o.c.* 118, n. 3), déjà improbable du fait du thème dominant d'Aristeas (la primauté d'une traduction grecque sur d'autres) est nettement exclu par la précision finale de la phrase : καθὼς ὑπὸ τῶν εἰδότων προσαναφέρεται «comme il est spécifié par les connaisseurs». L'intervention des «connaisseurs» de la langue et des traditions, en ce point du texte, ne peut être motivée par une considération d'esthétique calligraphique, qui eût été déjà appréciable, dans une certaine mesure, par un non hébraïsant comme Démétrius. La mention des «connaisseurs» montre qu'il ne peut s'agir que de textes hébreux divergents (ce serait alors le type Qa!) ou d'interprétations grecques jugées insuffisamment au point, d'après les canons de la tradition (non pas nécessairement d'après le sens littéral!) Le motif exposé plus bas va imposer, croyons-nous, ce dernier sens, qui comporte déjà une forte probabilité théorique, de par le contexte proche et général de la Lettre. Remarquons encore que, d'un point de vue lexical théorique, Zuntz (*o.c. sup.*) enferme le problème du vb dans un conceptualisme trop étroit, quand il prétend exclure l'allusion à des versions, sous prétexte que le vb grec ne peut signifier «traduire». En réalité σημαίνω peut servir à exprimer l'idée plus large d'«interpréter». Le passage d'Hérodote I, 8, dont LdS donne la référence (sous A, III, 2) en offre une illustration qui paraît suffisamment éloquente. À propos d'un rêve fait par Astyagès (dans l'histoire de la naissance de Cyrus), les spécialistes des rêves (οἱ ὀνειροπόλοι), parmi les mages, ἐσήμαινον ὅτι μέλλοι ὁ τῆς θυγατρὸς αὐτοῦ γόνος ... «donnaient pour interprétation que le rejeton de sa fille allait (régner)». Il s'agit bien de l'acception «interpréter, expliquer», requise par la situation et dérivée du sens propre «faire un signe, indiquer».

[16] La critique des apparences historiques créées par la Lettre d'Aristeas est ancienne en

d'un hébraïsme ou aramaïsme. Kahle, qui plaide pour l'idée de versions grecques mal interprétées, estime que l'expression en débat était probablement intentionnellement obscure[17]. Mais il n'a pas précisé quel pouvait être le motif d'une telle intention, en elle-même étrange et problématique. La question s'éclaire si l'idée a d'abord été pensée et éventuellement formulée en hébreu ou en araméen. Interpréter la Loi en grec, c'était — puisqu'il s'agissait d'une révélation divine — avant tout «*la faire connaître*» non seulement aux Juifs de langue grecque (auxquels on borne d'ordinaire, trop exclusivement, l'horizon de G) mais encore, en tout cas virtuellement, aux «nations» de langue grecque, aux *gôyîm*. Mission grandiose, dont nous aurons l'occasion de recueillir ultérieurement des indices qui s'ajoutent à ceux déjà très éloquents de la situation historique[18]. L'entreprise de la Septante s'inscrit, à l'époque hellénistique, dans le prolongement idéologique direct du message central de la prophétie de fin d'exil, relatif à la promulgation de la Loi d'Israël «lumière des nations»[19]. C'est dans cette perspective qu'il faut comprendre l'assimilation probable des 70 traducteurs légendaires aux 70 anciens qui accompagnaient Moïse sur le Sinaï (Ex 24, 9 s.). Thackeray a souligné l'importance de ce parallèle, tout en limitant la conséquence, pour la Septante, à la communauté juive, ce qui était méconnaître le point essentiel de l'orientation universaliste[20]. Les «72» traducteurs (Aristeas §§ 47-50) assimilables aux 70 anciens du Sinaï, sont, quoique légendaires, des témoins de l'inspiration universaliste de G. Ils manifestent, dans la communauté juive alexandrine, la conscience de la mission d'Israël auprès des *gôyîm*, des nations de langue grecque. Aux Palestiniens la garde des sources sacrées et des traditions afférentes, et c'est chez eux que les Alexandrins ont puisé tous les renseignements exégétiques utiles. Mais à la diaspora alexandrine la mission de faire connaître la Loi d'Israël, et par

---

exégèse moderne. «For more than 250 years we have known that the story must be regarded as legendary», observe Kahle, *CG* 209, et cf. *ibid.* la n. sur H. Hody (fin du XVIIe siècle).

[17] Cette interprétation, tout en retenant pour le vb problématique, comme dit plus haut, la 2e acception. En elle-même celle-ci favorise la thèse des copies hébraïques. L'explication du style serait: «It seems that the author has deliberately chosen somewhat obscure expressions» (*loc. c. sup.*).

[18] Voir l'analyse relative aux «gouverneurs» dans G, pour les «peuples» dans H. et celle consacrée à l'interprétation G divergente du vb hébreu de la création, respectivement pp. 161 s. et pp. 173 s.

[19] Is 51, 4; 42, 6; 49, 6. D'après les termes du 2e et du 3e texte, c'est le «Serviteur de Yahvé» qui est destiné à devenir «lumière des nations». Mais, quelle que soit l'identité du Serviteur (à mes yeux, la «Synagogue d'exil», *Mélanges Puech*, 49 s., et précisions dans un ouvrage ultérieur), c'est clairement en tant qu'il fait connaître la Loi d'Israël aux nations qu'il est lumière des nations. C'est bien la Loi qui est le foyer de cette lumière et c'est donc elle qui, dans la doctrine prophétique de fin d'exil, est «lumière des nations».

[20] H. St. J. Thackeray, *The Sept. and Jewish Worship*, 12 s.

suite aussi les Prophètes commentateurs de la Loi, aux nations. Cette mission réalise le message du Second Isaïe, jalon récent qui renouvelle et élargit, à travers la doctrine du nouvel exode typologiquement annoncé par le premier, la révélation sinaïtique originelle[21]. Les 70 auteurs de la Septante accomplissent eux aussi ce qui était typologiquement annoncé par les 70 anciens qui gravirent le mont Sinaï avec Moïse. «Faire connaître» la Loi aux nations (et pas seulement à la Synagogue alexandrine) a donc certaine-ment été un grand thème idéologique dans le milieu des Juifs alexandrins, et avant tout parmi les responsables de l'entreprise de traduction.

«Faire connaître» se dit en hébreu הודיע et, au *hafel* araméen correspon-dant הודע (les 3es pers. lexicales, selon l'usage, pour l'infinitif français). Or c'est précisément par σημαίνω que G Ex 18, 20 traduit le vb hébreu et que G Dan (disponible seulement dans l'état origénien révisé, mais la question n'en est pas affectée) traduit le vb araméen, en 2, 30 et contexte. Donc σημαίνω est employé par G au sens de «faire connaître»[22]. Cette valeur convient au passage d'Aristeas et l'éclaire. À l'encontre des traductions que l'on avait proposées jusque là, mais d'une manière qui s'apparente de près à la 1re mentionnée plus haut, il faut donc comprendre que les écrits de la Loi «ont été portés à la connaissance (sous-ent. des Juifs alexandrins et des nations) avec assez peu de soin, et non pas comme ils sont». Il s'agit de la divulgation d'un legs religieux qui est une révélation divine. *La divulgation prolonge cette révélation*, mais elle a été jusqu'ici réalisée dans des conditions

---

[21] La doctrine des 2 exodes chez le Second Isaïe est bien connue et a été étudiée à plusieurs reprises. Mais les commentateurs ont régulièrement négligé la conséquence impliquée par cette doctrine, à savoir la culmination *sinaïtique* du premier exode. Cette phase entraîne, chez le Second Is, l'idée d'une nouvelle révélation de caractère sinaïtique, mais cette fois universaliste. J'ai étudié cette dialectique prophétique dans *RHR* 173 (1968) 1s., 133s., spéc. 6s. Cette contribution mériterait quelques retouches dans le détail, mais sa thèse principale me paraît aujourd'hui devoir être renforcée par de nouveaux apports que je n'avais pas aperçus à l'époque.

[22] Cet emploi de la Septante est à noter en marge de LdS, où il manque. Cette valeur s'explique par l'élargissement sémantique que les sous-jacences hébréo-araméennes ont imposé au vb grec, à la faveur du sens propre «donner un signe, indiquer». Le *hifil* הודיע peut servir à exprimer une indication *par signe* (ce qui est le sens propre du vb grec). Cf. par ex. l'emploi typique de Nb 16, 5, et l'extension de cette acception dans les textes qui expriment l'idée de «rendre manifeste» (par ex., passim, la Gloire, la puissance divine), ce qui rejoint la valeur «faire connaître» par la parole (qui renseigne et enseigne). Pour le vb d'Aristeas, l'acception «interpréter» signalée plus haut comme théoriquement possible, et qui est celle qu'ont retenue les partisans de l'allusion aux versions grecques, n'est donc pas celle qui a été utilisée par la Septante. L'acception du vb d'Aristeas se présente comme une dérivation directe du sens propre, sous une influence sémitique qui la rend pratiquement proche de la traduction prédominante par «interpréter». Comme noté plus haut, Meecham, auteur de l'étude qui est de loin la plus importante au point de vue linguistique, a été amené à considérer le sens «faire connaître», mais, au moment de déboucher sur la solution que nous croyons la bonne, il s'en est écarté en faveur de la dérivation «interpréter».

défectueuses qui invitent à adopter une nouvelle recension grecque, celle que magnifie la Lettre d'Aristeas. Voilà ce que Démétrius est censé vouloir exprimer, mais ce bibliothécaire de langue et de culture grecques laisse percer sur le point que nous venons d'examiner une inspiration sémitique qui trahit l'affabulation et confirme les résultats de la critique littéraire moderne touchant l'origine et l'inspiration juives de la Lettre. Dans la proposition précédente on trouve, en parlant des livres de la Loi, le participe λεγόμενα, évidemment = «écrits» (en caractères et langue hébraïques), mais littéralement = «dits». Il y a lieu de soupçonner que le terme ne résulte pas d'une langue relâchée, mais d'une influence provenant de l'usage didactique juif, qui consistait à employer le vb «dire» en parlant de la Tôrah ou en général des écrits scripturaires : la Tôrah «dit» et non pas «contient» ou analogue[23]. La Tôrah «dit» et par conséquent ce qui y est écrit, c'est ce qui est dit : τὰ λεγόμενα.

Revenons à l'utilisation de la Lettre d'Aristeas en faveur de la thèse empiriste. Les adverbes respectifs des deux passages en débat, § 30 et § 314 ont été allégués pour faire valoir que les traductions antérieures à celle que patrone la Lettre étaient défectueuses. Il est certain que telle est bien la pensée du texte au § 30, une fois assurée la valeur du vb discuté à l'instant. Au § 314 la même dépréciation est possible, sans être certaine[24]. Admettons-la néanmoins, comme favorable à l'empirisme dont nous avons à examiner les tentatives de justification. Kahle a estimé, en conformité avec la théorie empiriste, telle qu'elle a régné en critique moderne, que la Lettre d'Aristeas confirmait l'existence de traductions grecques tâtonnantes et défectueuses, antérieures à la recension que la Lettre veut accréditer. «The first copies

---

[23] Au sujet de cet usage, voir W. Bacher, *Die exegetische Terminologie der jüdischen Traditionsliteratur*, I, 5 s.; 17 s. et II, 9 s., 35 s. (אמר et דבר).

[24] L'adverbe ἐπισφαλέστερον, au lieu de porter sur le participe précédent et d'impliquer alors la dépréciation des interprétations antérieures de la Loi, peut aussi se comprendre comme affectant l'infinitif προσιστορεῖν, qui décrit l'entreprise de Théopompe, à savoir «inclure dans son histoire» des matériaux tirés de la Loi juive. L'adverbe indique alors le risque, l'imprudence de l'entreprise, et non plus le caractère défectueux des traductions utilisées. C'est l'interprétation de Thackeray, citée par Andrews, *APOT*, II, 121, n. 314. Meecham, tout en citant Andrews et Wendland, partisans de l'autre sens, s'est rallié à la traduction de Thackeray «too rashly» (*o.c.* 307). De façon identique, Pelletier (*o.c.*) traduit le passage : «... au moment où il allait *assez imprudemment* (je souligne) insérer ...». La valeur préconisée par ces auteurs me paraît plus conforme à l'esprit du texte (précisions infra), et elle convient bien à l'interprétation du passage proposée ci-après, à l'encontre de la vue de Kahle. Cependant, comme le rattachement de l'adverbe à l'allusion aux traductions plus anciennes de la Loi est utilisable en faveur de la thèse empiriste sur G, c'est cette possibilité que nous considérons dans la suite, pour montrer que, même dans ce cas, Aristeas ne permet pas d'étayer la thèse empiriste concernant G.

were probably not very perfect. The beginning is always hard»[25]. Mais même s'il y a eu en fait des incompréhensions et des erreurs dans les débuts de l'élaboration de G, puis encore dans la suite, la question est de savoir si ce travail a été entrepris dans les conditions d'une version moderne d'un texte difficile, comme l'implique l'exposé de Kahle ou dans des conditions religieuses et avec des garanties religieuses, dans les cas de divergences lexicales par incompréhension ou pour tout autre motif. Le mot «beginning» de Kahle introduit une perspective moderne et masque la présence certaine de la tradition, c'est-à-dire en fait des traditions juives (lexicales et exégétiques) derrière l'œuvre d'adaptation en grec, et cela dès son «commencement».

L'épisode de Théopompe et Théodecte (Aristeas §§ 314s.), que Kahle a allégué à l'appui de sa vue d'une traduction grecque progressivement améliorée, ne peut être utilisé dans ce sens. Les deux auteurs grecs mentionnés auraient été frappés d'infirmités par Dieu pour avoir utilisé des traductions défectueuses de la Loi (précisément les adaptations grecques plus anciennes que celle patronée par la Lettre)[26]. Mais même si l'allusion au caractère défectueux des traductions figure effectivement dans le texte, ce qui n'est qu'une possibilité, ce n'est pas la raison décisive de l'intervention divine. Il ressort clairement du contexte précédent (§ 313) que la faute de ces auteurs païens a consisté à prétendre utiliser la Loi juive au bénéfice de leurs écrits profanes, de la mettre en quelque sorte au service de ces écrits : ils avaient entrepris (ἐπιβαλλομένων) d'utiliser la Loi, mais ils ont renoncé à leur dessein (τῆς ἐπιβολῆς ἀπέστησαν) ayant été divinement frappés (πληγέντες). Tout au plus la défectuosité des textes a-t-elle pu aggraver leur cas; mais ils méritaient d'être châtiés de toute façon, et ils l'auraient été de même avec une adaptation grecque irréprochable[27]. La fonction littéraire de l'épisode est d'expliquer pourquoi «les historiens et les poètes» n'ont pas fait, en général, allusion à une réalisation aussi merveilleuse que la Loi juive (§ 312). La perspective est celle d'une confrontation avec la littérature grecque. L'argument de la sacralité intouchable de la Loi est destiné à garantir son importance unique au monde, en dépit du silence des auteurs profanes grecs à son sujet. La mention des versions défectueuses (dans l'hypothèse où tel est le sens qui résulte de l'adverbe problématique) n'est qu'une remarque marginale destinée à rappeler le thème central de la Lettre, celui de la

---

[25] *CG* 214, haut.

[26] «... God had inflicted heavy penalties upon them because the translations used by them had been inadequate» (*CG* 213).

[27] L'accent du texte étant sur le fait de toucher à la Loi, à des fins profanes, c'est bien l'interprétation de Thackeray, Meecham et autres, touchant l'adverbe problématique, qui apparaît la plus conforme à l'esprit du texte.

validité exclusive de la nouvelle interprétation grecque. Kahle a été entraîné par la théorie empiriste de la formation de la Septante dans une appréciation inadéquate de l'épisode de Théopompe et Théodecte, qui ne peut être utilisé en faveur d'une conception empiriste de l'élaboration de G.

d) *Textes de vulgarisation et texte normatif dans la tradition textuelle grecque*

Comme la lettre d'Aristeas vise à canoniser un seul texte, le discrédit qu'elle jette sur les précédents (cf. § 30) n'autorise aucune déduction touchant la nature véritable de ces textes. Il est d'ailleurs remarquable que la dépréciation des textes plus anciens soit attribuée à Démétrius, personnage extérieur au Judaïsme, quoiqu'il s'y intéresse. À l'intérieur du Judaïsme, la différence entre la nouvelle interprétation de la Loi et les précédentes n'avait pas la même signification et ne correspondait pas, en tout cas de manière prévalente, à l'amélioration des connaissances lexicales et de la compréhension littéraire que l'on suppose dans la théorie empiriste. Si l'on en juge par les données, les allusions d'Aristeas paraissent être en rapport avec une évolution, tardive dans l'histoire de la Septante, vers un *nouveau* type textuel, plus proche de celui qui est illustré par les versions dites hexaplaires, et qui est maintenant attesté, à une époque plus ancienne, par les fragments grecs des Petits Prophètes[28]. Cette évolution marque un contraste avec le type de l'ancienne Septante. Le rapport est parallèle, en grec, à celui que l'on observe en hébreu entre le texte fragmentaire b d'Is, de la Ire grotte de Qumrân (Qb) et le rouleau complet de la même grotte, plus ancien et plus riche en var., Qa. Ce contraste ne doit pas être apprécié exclusivement à travers le conceptualisme moderne de la conformité plus ou moins grande avec l'archétype[29]. D'après les résultats auxquels nous parviendrons, les 2 types correspondent à 2 fonctions religieuses : le type ancien de la Septante et de Qa illustre le besoin de textes de vulgarisation édifiante ; l'autre, celui des hexaplaires et de Qb, atteste une réaction dans le sens d'un texte normatif, *déjà présupposé par la nature des var. de G et de Qa*[30].

Une pratique empirique en grec, se manifestant par une forte proportion de divergences par rapport à une source hébraïque, aurait été admissible s'il s'était agi d'un texte profane resté partiellement incompris, et que l'on aurait traité à l'aide d'expédients, aux endroits obscurs. La critique moderne

---

[28] D. Barthélemy, *Les devanciers d'Aquila, VTS* 10 (1963).

[29] L'exposé de Bleddyn J. Roberts, relatif à Qb, est érudit et riche en utiles observations, mais il a été orienté à tort vers une dépréciation historique de Qa, par suite de cette erreur (*Bull. of the J. Rylands Library*, Sept. 1959, 132 s.). Le point de vue évolutionniste est trompeur, en ce qui concerne la vraie signification de la différence entre Qa et Qb.

[30] Ces affirmations seront justifiées section II, IIIe partie, ch. II.

en a jugé comme si tel avait été le processus d'élaboration de la Bible grecque. Mais en réalité la situation est différente. Il s'agit d'un texte religieux, indissociable d'une tradition religieuse antérieure, baignant dans cette tradition, non pas coupé d'elle, non pas marquant un «commencement» dans l'interprétation, comme l'implique le mot fourvoyant de Kahle cité plus haut. Ce texte était en outre destiné à l'usage cultuel et édifiant d'une communauté religieuse. Cela suppose des garanties et une autorité, donc des normes propres à accréditer l'adaptation grecque, *dès ses débuts*. L'hypothèse empiriste, qui admet une considérable proportion de divergences dues à des expédients de fortune et à des libertés de tous genres, est incompatible avec les exigences de l'une et l'autre condition mentionnées.

Certaines catégories de textes illustrent plus particulièrement l'autorité nécessaire au texte grec, dès ses débuts. a) Les textes théologiques, parmi lesquels les théophanies : il fallait des certitudes touchant les modalités de la révélation divine, et les interprétations de ce genre de textes ne pouvaient être laissées à l'imagination libre d'un ou de quelques interprètes. b) Les textes juridiques et éthiques : il fallait une sérieuse garantie de validité pour conférer une force contraignante aux règles de la vie. c) Les divergences par rapport à H ne pouvaient être exposées à des réfutations dans le cas de textes utilisés pour établir des points controversés, ou pour alimenter des polémiques, notamment antihérétiques. Nous en relèverons des indices, dont le plus significatif concerne le schisme samaritain (ci-après, ch. IV). d) Les textes utilisés à des fins oraculaires devaient enfin, par définition, offrir une garantie absolue de validité dans la forme grecque. Cette catégorie livre une preuve cruciale d'herméneutique méthodique. Il convient de la considérer à part pour lui consacrer quelques brèves remarques essentielles.

C) La preuve cruciale des textes oraculaires

4) Certaines divergences de G, réductibles ou non à des var. de H(G), s'accompagnent d'indices qui permettent de conclure à une utilisation oraculaire du passage, soit déjà au stade H(G), soit au stade de l'adaptation grecque, cas le plus fréquent d'après les indices internes. Tantôt le texte a été appliqué à des faits contemporains, tantôt on y a lu des indications concernant l'avenir. Un indice oraculaire très visible est fourni par la mention de Carthage, en G 23, 1 et 10, pour H «Tarsis». De même l'interprétation des «Assyriens», telle qu'elle est impliquée par plusieurs contextes. G a appliqué cette désignation aux Syriens de l'époque séleucide, comme l'a établi Seeligmann, qui a cependant compromis ses propres résultats par la contra-

diction interne qui résulte de ses évaluations empiristes; nous allons devoir le préciser ci-après. D'autres indices du même ordre seraient décelables : les Philistins représentent les villes grecques de la côte palestinienne du temps de G, comme l'a encore très utilement montré Seeligmann[31]; les Samaritains deviennent en 9, 8-9 (G 9, 9-10) les schismatiques de la phase postexilique; nous verrons cette allusion se dégager avec évidence de G, en étudiant ce passage, à titre de spécimen de modification méthodique, par analogie scripturaire. La transformation textuelle est ici liée à l'importante implication samaritaine contemporaine, que le préjugé empiriste a empêché Ziegler, puis Seeligmann d'apercevoir[32]. En réalité, profitant largement des observations historiques de Seeligmann sur l'actualisation du livre d'Isaïe dans G, et y ajoutant les données révélées par les textes de Qumrân, touchant l'utilisation oraculaire du fonds scripturaire d'Israël, nous pouvons poser en principe que l'adaptation grecque d'Is est l'une des manifestations qui illustrent un grand courant de spéculation oraculaire sur les Écrits traditionnels d'Israël. Le livre de Daniel[33] et divers écrits de Qumrân, en premier lieu le Midrash de Habaquq, en sont d'autres témoins[34].

L'interprétation oraculaire de noms géographiques, ethniques ou personnels[35] établit sans conteste que le livre d'Is a été utilisé par G à des fins oraculaires contemporaines, et ce qui nous intéresse plus spécialement après avoir noté ces indications, c'est leurs conséquences pour le problème des variations textuelles. Or cet aspect essentiel de la question non seulement n'a pas été traité par Seeligmann, mais encore n'a même pas été discerné. Les commodités offertes par l'explication empiriste passe-partout et par la possibilité d'invoquer régulièrement la liberté de l'adaptateur ont masqué l'existence du problème spécifique et capital soulevé par les divergences textuelles, dans le cas des textes oraculaires, c'est-à-dire des textes considérés

---

[31] Pour l'assimilation des Assyriens aux Syriens séleucides, voir les pénétrantes observations de Seeligmann, *SVI* 82 s. Pour les villes philistines côtières, *ibid.* 81.

[32] Voir infra, ch. IV.

[33] Explicitement rapproché par Seeligmann, *SVI* 82.

[34] La place d'une justification manque. Dans p Hab, les spéculations verbales ne sont pas des «jeux de mots», contrairement à ce qu'on a trop dit, mais des applications de la méthode des analogies verbales formelles, dont l'autorité était indispensable pour assurer les interprétations *oraculaires* de ce commentaire.

[35] Par ex. Sennachérib d'Is 37, devenant dans G Is, sous le couvert du même nom conservé en grec, une «figure» d'Antiochus Epiphane, persécuteur des Juifs et, à ce titre, type du tyran impie par excellence (cf. à ce sujet, *SVI* 83). Il n'est pas douteux que l'adaptation d'Is 14, dans G («le roi de Babel») a également été influencée par l'allusion au roi séleucide. Il faut, semble-t-il, compter dans ce cas avec la possibilité d'un «type» antithétique du Messie, et valable pour d'autres incarnations historiques, peut-être. Aspect méconnu par Seeligmann, dont le traitement textuel de G Is 14 est en outre défectueux, par suite de l'empirisme attribué à G Is (*SVI* 83 s.).

par G comme oraculaires et exploités comme tels. L'indice des noms propres fournit une indication liminaire capitale, en révélant un point de vue original concernant H. Mais, en lui-même, cet indice relève de la déduction typologique et non des analogies scripturaires ou verbales qui font l'objet de notre enquête. Ce sont elles qui ont été méconnues. Lorsqu'elles correspondent à une exploitation oraculaire, elles deviennent particulièrement importantes pour l'alternative «empirisme ou méthode», parce qu'elles ne bénéficient pas d'un point de départ typologique qui pourrait, du moins dans une première estimation, passer pour être la seule et suffisante justification des changements textuels. Précisément c'est la typologie qui a détourné Seeligmann de déboucher sur la solution offerte par l'herméneutique méthodique. La typologie offrait un motif idéologique d'envergure, qui a paru à cet auteur justifier toutes les libertés chez G, et qui a renforcé sa conviction empiriste. Mais, en même temps, le degré de liberté qu'il a revendiqué pour G, à propos de tels textes, en aggravant l'empirisme, fait nettement apparaître l'incompatibilité de cette hypothèse avec les autres textes oraculaires (non typologiques), et, à travers eux, avec les autres modifications non accidentelles infligées à H par G[36].

Les textes d'exploitation oraculaire sans typologie, comme G 8, 14 (correspondant à H 8, 13-14), analysé dans la suite, au titre des analogies verbales formelles, ou comme G 9, 9 (infra, ch. IV) excluent radicalement l'empirisme[37]. Comment en effet ces textes auraient-ils encore eu la moindre vertu oraculaire, aux yeux des responsables de G les tout premiers, comment y aurait-il eu pour ces derniers découverte oraculaire et, à partir des premières découvertes, extension de la réflexion oraculaire sur les textes, si le contenu oraculaire avait été obtenu en déformant artificiellement le texte prophétique, de manière à y introduire des allusions contemporaines? Un tel procédé eût précisément été une renonciation à la relation prophétique entre les paroles d'Isaïe et les circonstances contemporaines (présentes, récentes ou encore à venir). Une actualisation des paroles d'Isaïe obtenue au prix de modifications uniquement inspirées par le spectacle de l'actualité eût été, en un mot, la perte pure et simple du principe oraculaire lui-même[38]. La récurrence des indices de changements textuels liés à l'obtention d'une prédiction contemporaine, et l'envergure idéologique des allusions que G a décelées démontrent éloquemment que si des indications prophétiques ont pu être tirées de modi-

---

[36] Nous devons considérer ici le bilan d'ensemble de *SVI*. Examen critique du détail des interprétations de Seeligmann, infra.

[37] Voir les analyses de ces textes, le Ier, IIe partie ci-après.

[38] L'hypothèse d'une fraude systématique des responsables de G est incompatible avec les conditions religieuses de l'élaboration.

fications textuelles, c'est que ces modifications étaient effectuées dans des conditions non seulement légitimes, mais *capables d'imposer leur autorité à l'égal du texte hébreu considéré dans son sens obvie*[39]. La chute de Carthage, la persécution d'Antiochus Épiphane, la déviation antilégaliste au sein de la communauté alexandrine (G 8, 14 et contexte, dont voir l'analyse), le schisme samaritain et son anathématisation (voir ci-après ch. IV) sont des circonstances d'une extrême gravité, qui garantissent absolument la valeur des procédés de modification textuelle employés pour obtenir leur prédiction et pour mettre cette prédiction sous l'autorité de l'ancien et illustre prophète Isaïe. Les modifications oraculaires décelables dans G Is livrent donc *la preuve cruciale* de l'application au livre d'Is d'une herméneutique méthodique. Nous pouvons déjà être assurés, après tout ce qui a été exposé antérieurement, que cette herméneutique méthodique a comporté l'emploi des emprunts scripturaires analogiques, qui ont donc été *une méthode* des analogies scripturaires. La IIe partie de la présente section montrera, en confirmation des anticipations déjà faites, que l'herméneutique ancienne a également comporté une seconde méthode analogique, celle des analogies verbales formelles. Ces méthodes analogiques n'ont pas été les seules, et il convient de tenir compte, à côté d'elles, d'une exégèse déductive, à caractère plus ou moins logique, dont la typologie est une application, une fois admis le principe des préfigurations dans le temps. L'exégèse logique des anciens a aussi été simplement soucieuse de dégager le sens obvie de l'hébreu. Mais, alors que la présence de cette exégèse directe ou de l'exégèse déductive a été reconnue sans difficulté, dans les versions antiques de la Bible et dans une partie des var., l'herméneutique analogique qui nous occupe est au contraire restée dans l'ombre. L'objet de notre enquête est de l'en faire sortir.

D) Les emprunts scripturaires dans G et dans l'exégèse rabbinique

5) Dans les §§ 3 et 4 qui précèdent, la perspective a été élargie, à l'occasion de la récusation de l'explication empiriste des emprunts scripturaires. Il a fallu en effet considérer des raisons cogentes, liées à des conditions générales de l'ancienne exégèse alexandrine, et ces raisons ne sont pas seulement

---

[39] On ne saurait objecter le cas des textes difficiles et incompris. Outre que la compétence hébraïque de G a certainement été beaucoup plus étendue que ce qu'on admet pour les besoins de la cause empiriste, il suffit que des modifications de H dans G aient affecté des emplacements textuels faciles, pour que l'objection s'effondre. Le vb de la création offre un ex. frappant (cf. IIe partie, ch. VI).

valables pour les phénomènes de variations textuelles déterminées par des emprunts, mais aussi, comme dit plus haut, pour les divergences par spéculations verbales. Nous devons, en terminant, tenir encore compte de la parenté organique entre l'herméneutique par analogies scripturaires dans la Septante et l'exégèse rabbinique. Cette tâche nous oblige à restreindre de nouveau notre champ aux seules analogies scripturaires. Non que les spéculations verbales (= la méthode d'exploitation textuelle par analogies verbales formelles) ne soient pas représentées dans l'herméneutique rabbinique. Elles y jouent au contraire un très grand rôle et ce rôle constitue également une confirmation de la nature méthodique des données détectables dans G, Qa et ailleurs. Mais il s'agit de faits différenciés par rapport aux analogies scripturaires. Par suite il n'est pas possible de les embrasser dans la même rubrique, même si l'on se contente d'une vue générale. Touchant ces matériaux, dans l'exégèse rabbinique, nous pourrons nous contenter d'indications sporadiques, à l'occasion des analyses relatives aux analogies verbales formelles, dans G et Qa.

Les analogies scripturaires, dans l'herméneutique rabbinique à partir de la Mishna, ne constituent qu'une confirmation externe et a posteriori. Elle est cependant singulièrement éloquente, malgré ce décalage chronologique. Elle aurait depuis longtemps attiré l'attention sur la nature méthodique des emprunts de G, si la critique classique n'avait frappé d'ostracisme la documentation utile, au nom d'une surestimation de l'argument chronologique[40]. L'herméneutique rabbinique serait probante, même entièrement postérieure, et contemporaine de la date des rédactions qui nous l'attestent. Mais, on le sait, elle a en réalité incorporé une masse de traditions plus anciennes, dont certaines peuvent remonter assez haut, c'est-à-dire, par rapport à notre problème de l'herméneutique alexandrine, plus haut que G. Cette considération renforce la légitimité du rapprochement entre l'usage de l'analogie scripturaire dans G et dans la littérature rabbinique. Hillel l'ancien (Ier siècle avant l'E.C.), sous l'autorité de qui a été placée la plus ancienne liste de règles herméneutiques connue (*middôt*) n'a fait que recueillir et sanctionner l'emploi de procédés déjà traditionnels à son époque. H. Strack observe, dans son exposé introductif à la question, que certaines des 7 règles de Hillel sont «probablement très anciennes»[41]. D'après l'indice que l'on peut recueillir de ce côté, une partie en tout cas des règles de Hillel peut être considérée comme ayant été en usage en Palestine, du temps de l'élaboration de G Is.

---

[40] Cette circonstance et l'importance de la documentation rabbinique nous amènent à négliger provisoirement les faits décelables à Qumrân. Ils auront leur place à propos de Qa, section II.

[41] *Einl. in Talmud u. Midr.* 99, fin § 2b.

C'est à cette source palestinienne qu'ont puisé les responsables de la Septante, en matière de méthodologie herméneutique et de traditions, comme ils l'ont fait en matière textuelle. Certes les influences hellénistiques et locales sont importantes dans G, et ces influences ont été en partie avivées par la conscience d'une grande mission religieuse, qui était de révéler le monothéisme aux *gôyîm*, aux «nations» de langue grecque[42]. Mais le fondement de l'entreprise et ses moyens ont été empruntés au Judaïsme palestinien, et la tâche immense et immensément difficile d'adapter en grec la littérature hébraïque ancienne serait incompréhensible et invraisemblable sans cet apport. La Lettre d'Aristeas contient un écho de cette situation, quand elle présente liminairement (§ 3) le grand-prêtre de Jérusalem comme l'instance à laquelle les Juifs de la diaspora, comme ceux de Palestine, devaient s'adresser. D'après l'interprétation probable du passage, qui reste discuté dans le détail, le grand-prêtre est désigné comme dépositaire de tout ce qui est «utile» à l'interprétation de la Loi. Cette utilité implique, par delà le sens littéral, le corps des traditions interprétatives, inséparables de la transmission du texte hébreu[43].

Or les règles de Hillel ne comportent que, d'une part, des procédés à caractère logique, d'autre part, des procédés d'analogies scripturaires. Leur silence sur les procédés d'analogies verbales formelles, qui ne sont codifiés que dans les 32 *middôt* attestées seulement plus tard[44], soulève un problème déjà signalé plus haut et qui doit être disjoint[45]. La classification attestée

---

[42] L'un des mérites de Ziegler, dans les *Untersuchungen*, est d'avoir mis en évidence les influences locales et hellénistiques, dans G Is; ainsi, magistralement, la confrontation de G 3, 18 s. avec les données des papyrus (*ZUI* 209 s.). Mais Ziegler a méconnu la finalité religieuse de G, comme mission monothéiste auprès des *gôyîm* de langue grecque (supra, sous B, c). Cette lacune est solidaire de l'erreur de l'auteur touchant la nature et la portée de la topographie des emprunts. Comme les emprunts n'étaient pour Ziegler que des produits empiriques, déterminés par des embarras du traducteur, ils ne révélaient aucun dessein. D'où la méconnaissance de l'idéologie.

[43] Lettre d'Aristeas § 3. Edition et bibliographie utile indiquées plus haut en n., au § 3. Il n'est pas nécessaire de discuter ici les problèmes de détail du passage. Il suffira de renvoyer aux notes d'Andrews, *APOT*, II, 94. Il est vraisemblable que le grand-prêtre et d'autres autorités palestiniennes aient été considérés par Aristeas comme les dépositaires des traditions indispensables à l'interprétation de la Loi.

[44] Strack, *o.c.* 100 s.

[45] Le silence des règles de Hillel sur les procédés d'analogies verbales formelles crée une apparence de postériorité pour ces derniers, qui sont en réalité beaucoup plus anciens, comme nous le préciserons ultérieurement. De toute façon les règles de Hillel ne sont qu'une liste occasionnelle, non forcément exhaustive. Mais il se pourrait que leur silence sur les analogies verbales soit en rapport avec la réaction, en cours à cette époque, contre les textes hébreux de vulgarisation, type Qa, qui contenaient des modifications textuelles (et non pas des exégèses simplement, comme on pourrait l'imputer à G et autres versions du fait qu'ils sont des œuvres d'interprétation et non des recensions hébraïques). Qb est un témoin de cette réaction

par la liste de Hillel n'est pas ce qui nous importe ici, mais uniquement le principe d'analogie scripturaire à l'œuvre dans une partie des règles. Il est illustré par les 2ᵉ, 3ᵉ, 4ᵉ et 6ᵉ règles[46]. Il faudrait ajouter le procédé de confrontation analogique *heqqēš*, qui avait aussi déjà cours du temps de Hillel, bien qu'il ne figure pas parmi les 7 règles[47].

Pour la confrontation avec G, c'est la 2ᵉ règle, la *gᵉzērāh šāwāh* qui mérite d'être considérée plus spécialement, parce qu'elle est caractérisée par le rôle qu'y jouent les jonctions verbales entre 2 textes dont l'un est interprété d'après l'autre, en vertu de la jonction[48]. C'est ce principe de la

---

et, plus tard, les versions hexaplaires l'attestent encore. Les règles de Hillel impliquent l'autorité exclusive de la teneur scripturaire, utilisée sous une forme normative. Les procédés d'analogies verbales formelles ont néanmoins continué à avoir cours, mais uniquement *dans l'interprétation* des textes et non plus, comme du temps de Qa, *dans leur modification*.

[46] Voir le détail de ces règles dans Strack, *o.c.*, qui donne des références aux sources, à titre d'exemples, ainsi qu'une bibliographie fondamentale.

[47] Strack, *o.c.* 99, sous b. Toutefois le *hifil* du vb correspondant (הקיש) peut aussi être appliqué au cas de la *gᵉzērāh šāwāh*, dans l'école d'Ismaël : Bacher, *Exeg. Terminol.*, I, 15.

[48] Sur la *gᵉzērāh šāwāh*, voir Bacher, *o.c.*, I, 13 s.; II, 27. Cependant Bacher est tendancieux, du fait qu'il est enclin à interpréter la g. š. d'après le sens qu'il attribue à sa dénomination rabbinique. Voir l'indication de son désaccord avec d'autres autorités en la matière (ibid. 14, n. 3). Mais il faut disjoindre le problème de la naissance, du développement et de l'autorité de la méthode, et l'origine de la désignation, ainsi que l'extension qui a été donnée en fait à cette désignation. Ce qui nous intéresse ici c'est uniquement le principe caractéristique qui a été à l'œuvre et qui est, comme dit plus haut, une analogie offrant généralement, mais non pas toujours, des aspects logiques, à des degrés variables et toujours, quand la part logique est réduite ou absente, une justification verbale. Notre point de vue historique ne peut correspondre exactement à celui de la scolastique rabbinique constituée, bien que celle-ci mérite la plus grande attention et soit constamment instructive. La savante étude de S. Lieberman sur les règles herméneutiques rabbiniques est un effort remarquable pour dégager la question des habitudes de pensée scolastiques et pour l'éclairer historiquement («Rabbinic Interpretation of Scripture», in : *Hellenism in Jewish Palestine*, 47 s.). Mais si le travail de Lieberman est riche et instaure des progrès dans le détail, l'ensemble a subi les effets d'une confusion analogue à celle de Bacher, entre dénomination et facteur historique, avec des conséquences cependant plus différentes. Lieberman tend à interpréter le facteur historique (à savoir la pratique herméneutique elle-même) d'après ses dénominations d'école. Comme il voit dans ces dernières des emprunts à la rhétorique grecque et hellénistique, il est enclin à comprendre l'essor de l'herméneutique rabbinique comme un effet de l'influence hellénistique, même s'il pose par ailleurs en principe que cette herméneutique est ancienne. En réalité, il importe de dissocier la question de *l'origine de la nomenclature* et celle de *l'origine des méthodes elles-mêmes*. L'origine ou l'influence hellénistiques ne sont pas exclues dans tous les cas, mais un contrôle historique est chaque fois nécessaire et Lieberman ne traite pratiquement que de l'origine de la nomenclature. Dans le cas de la g. š., Lieberman affirme «unhesitatingly» (*o.c.* 59) l'identité avec σύγκρισις πρὸς ἴσον «a comparison with the equal». Hypothèse brillante, mais même s'il convenait de la retenir, les origines de la méthode elle-même resteraient à élucider. Or, bien que Lieberman admette sans difficulté le principe de la parenté de l'herméneutique de G et de celle du rabbinisme (*o.c.* 50), il n'en tire aucune conséquence historique efficace et, dans le cas de la g. š., il ne va pas au delà de son hypothèse sur la dénomination, pour considérer les origines de cette méthode. Celles-ci remontent, comme nous le verrons encore, à une époque antérieure à la Septante, et il convient de les rattacher à la compilation littéraire des écrits

jonction verbale qui nous importe ici et que nous rattacherons en général à la désignation de la *gᵉzērāh šāwāh* (dans la suite : *g. š.*), sans tenir compte du détail des applications et classements pratiqués au cours de la période de la scolastique rabbinique constituée. La spéculation rabbinique a explicitement désigné comme *g.š.* telle ou telle opération exégétique, qui n'est parfois pas très éloquente, aux yeux d'un moderne, en ce qui concerne le principe de la jonction verbale à l'œuvre[49]. Inversement, elle n'a pas toujours précisé que certaines interprétations par combinaisons scripturaires (sans modifications textuelles comme dans G ou Qa, mais avec projection du sens d'un texte dans l'autre) relevaient de la *g.š.* L'histoire de l'usage de cette règle, de l'extension que cet usage a connu en fait, et de la manière dont ce même principe a été compris et délimité dans ses effets, l'origine de la dénomination aussi sont des questions que nous devons laisser de côté dans une enquête où il ne s'agit que de confronter l'herméneutique rabbinique considérée en ses principes inspirateurs, non d'en étudier spécialement le déploiement.

Les exemples relevés par Ziegler illustrent abondamment le recours aux jonctions verbales, et ce qui a été dit plus haut suffit à montrer l'importance du rôle de ces jonctions. Nous pouvons faire abstraction dans G des rares emprunts dénués de jonctions verbales, comme nous faisons abstraction, dans l'herméneutique rabbinique, des procédés classables dans une autre catégorie, apparentée à la *g.š.*, sans oublier que les cas d'application de cette dernière offrent parfois eux-mêmes matière à discussion.

Le rôle joué par les jonctions verbales, dans G et dans l'exégèse rabbinique, est très significatif et confirme la parenté organique de l'herméneutique de G avec celle du Judaïsme postérieur. Les jonctions verbales marquent en effet, à l'intérieur d'un *principe général d'inspiration logique*, appliqué dans le cadre scripturaire, *la présence d'un principe verbal*. Lorsque l'énoncé de base (celui du texte emprunteur) est en harmonie avec la teneur du texte d'emprunt (cas de G, qui a été affecté par des modifications textuelles) ou du texte de référence exégétique (cas de l'herméneutique rabbinique, sans modification textuelle), la spécificité du rôle de l'élément verbal n'apparaît pas. Il semble se confondre avec la logique commune aux 2 passages en combinaison. Mais l'élément verbal de jonction se détache lorsque les teneurs

---

bibliques, en considérant cette dernière dans sa phase la plus importante, lors de l'exil et de la haute période postexilique.

[49] Cf. par ex. l'instructive discussion de Td B Giṭṭîn 41 b (bas, à partir de la référence à Dt 24, 1) sur la valeur respective de l'analogie היקש (sans jonction verbale) et de la *g. š.* que l'on tente de fonder, dans le cas considéré, sur la seule préposition de destination avec suffixe féminin (לה).

respectives diffèrent logiquement. Or elles peuvent différer *jusqu'à ne plus offrir aucune analogie logique*, et même jusqu'à s'opposer. L'analogie scripturaire n'est plus alors soutenue que par la jonction verbale. Elle n'est plus du tout analogie logique ; elle est devenue analogie purement verbale [50]. Sous ce rapport elle rejoint alors le principe de la primauté des mots isolés sur les connexions syntaxiques, principe qui s'affirme, avec d'autres conséquences, non plus scripturaires, mais pseudo-lexicales, dans la méthode des analogies verbales formelles. Nous aurons à nous rappeler ultérieurement ce lien d'inspiration entre les 2 méthodes. La possibilité de réduction de l'analogie scripturaire au seul élément de la jonction verbale est illustrée dans les 2 domaines, Septante et littérature rabbinique, et c'est le trait original qui révèle le mieux la parenté des faits et par conséquent la participation de G à l'herméneutique méthodique du Judaïsme, telle qu'elle s'est perpétuée et systématisée dans la Mishna et postérieurement.

Les matériaux qui intéressent les analogies scripturaires peuvent être considérés comme connus ou aisément accessibles, d'une part, dans les *Untersuchungen* de Ziegler, pour ce qui est de G Is, d'autre part, dans les ouvrages introductifs à la Mishna, aux Midrashîm et aux 2 Talmuds. Nous serions donc en droit de faire l'économie d'exemples illustrant la confrontation et la parenté entre G et l'herméneutique rabbinique. Toutefois, le caractère insolite, pour un esprit occidental, des spéculations fondées sur les analogies scripturaires et leur aspect parfois labyrinthique invitent à concrétiser ce qui a été dit plus haut, à l'aide d'un minimum d'exemples.

E) Les deux pôles (logique et verbal) de l'analogie scripturaire. Textes G et rabbiniques

a) *Le pôle logique*

Le fait que l'analogie scripturaire oscille entre deux pôles, logique et verbal, permet de donner une idée du phénomène, en le considérant sous l'angle de ces deux extrêmes. La plupart des cas s'échelonnent dans l'entre-deux. Voici donc successivement (A), 2 exemples d'analogies scripturaires

---

[50] Définissant la *g. š.* dans le domaine de l'interprétation de la Loi (elle a été étendue en fait à l'ensemble du corpus biblique), Strack précise que la jonction verbale est l'élément déterminant, quelles que soient par ailleurs les différences des 2 passages considérés en eux-mêmes : «... wie verschieden sie auch an sich sind». De même Liebermann observe que la *g. š.* est «... a manner of comparison which sometimes appears to be without logical basis» (*o.c. sup.* 61).

à caractère nettement logique, le 1er tiré de G, le 2e de l'herméneutique rabbinique; puis (B), 2 autres exemples, l'un grec, l'autre rabbinique, dans lesquels l'analogie est réduite à une jonction verbale, tandis que les contextes sont sans compatibilité logique.

A (1) En G Is 4, 5 le vb σκιάσει, sans correspondant dans TM = Qa = H[51], provient d'un emprunt à G Ex 40, 29 (qui correspond à TM Ex 40, 35). La formule caractéristique est: ἐπεσκίαζεν ἐπ' αὐτὴν ἡ νεφέλη «la nuée la couvrait de son ombre» («la», αὐτήν = la tente du témoignage). Le vb de H Ex diffère sensiblement: שכן עליו «demeurait sur lui» (sur le tabernacle). Cette divergence de nuance montre que l'emprunt a été fait sur G Ex et non sur H. Le choix du vb ἐπισκιάζειν, dont découle le simple dans G Is, marque, par rapport à שכן «demeurer» de H Ex, un glissement de nuance, à la fois dans le sens d'une atténuation du réalisme anthropomorphique de «l'habitat», et dans le sens d'une indication providentialiste, comme le montrent les contextes d'emploi de σκιάζειν dans la Septante[52]. D'où la

---

[51] TM représente sur ce point certainement H. ענן y est objet du vb initial וברא, dont l'originalité en ce contexte indique déjà une *lectio difficilior*. Le substantif mentionné n'appelle donc pas un vb dont il serait sujet, comme l'est le correspondant grec νεφέλη pour le vb ajouté. Dans G cette nouvelle syntaxe est en rapport avec une 1re var. portant sur le vb initial, et qui est elle aussi certainement secondaire. Une justification de l'authenticité primitive de TM et de la secondarité de G nécessiterait une analyse détaillée, que nous devons réserver à une autre publication.

[52] En classique σκιάζειν et ses composés n'expriment pas par eux-mêmes l'idée de protection, mais seulement le fait de répandre de l'ombre. L'usage que G a fait du vb et de ses composés associe au contraire cette idée aux vocables, lorsque le vb décrit l'influence divine ou l'effet théophanique. Cf. avec σκιάζειν: Nb 9, 18. 22; 10, 34 (pour שכן); Dt 33, 12 (pour l'hapax חפף qui indique l'action de couvrir en protégeant. Avec ἐπισκιάζειν voir, à côté d'Ex 40, 29 mentionné supra, Ps 90 (91), 4 (pour סכך au *hifil*, qui a ici le sens «couvrir, abriter»); Ps 139, 7 (= H 140, 8) pour le même au *qal*, avec la même valeur). Il est clair que G Ex, suivi par G Is, a visé la nuance providentialiste et qu'il a dérogé par rapport à la valeur précise de שכן; ce n'est pas par incompréhension, selon le motif régulièrement imaginé par la théorie empiriste pour les divergences non imputables à des var. de H(G). Les textes illustrent d'ailleurs positivement la connaissance du vb hébreu: cf. G Gen 9, 27; 26, 2; Nb 23, 9 où l'on a κατοικεῖν. La traduction par κατασκηνοῦν est la plus fréquente; cf. HRd, Ccd, sous ce vb. Il spécifie le sens de l'hébreu, avec «camper», au lieu de «demeurer» en général, mais il constitue néanmoins une traduction qui, mise à part cette nuance, ne trahit pas la valeur fondamentale. Il est aussi appliqué parfois à la «résidence» divine; cf. Nb 35, 34; Ps 67 (68), 16; Joël 3 (4), 21. Dans ces cas G a préservé l'analogie anthropomorphique qu'il a fait disparaître ailleurs, à la faveur d'appuis contextuels. A. Geiger a allégué la traduction par ἐπικληθῆναι «être invoqué», comme illustration de la tendance de G à éviter le réalisme du vb hébreu, lorsqu'il concerne Dieu (*UUB*[2], 320). Mais l'exposé de Geiger est trop rapide et n'a pas poussé la question dans le détail. Les traductions de G sont en fait variées, en fonction des contextes, et le réalisme anthropomorphique persiste en certains textes. C'est le cas de l'emploi théologique de κατασκηνοῦν. Dans G Ex 24, 16 κατέβη (sujet ἡ δόξα τοῦ θεοῦ), toujours pour ce même vb, remplace un réalisme par un autre, qui provient d'un emprunt scripturaire à Ex 19, 18. Cet emprunt est un exemple d'analogie logique, et même d'analogie qui a valeur historique, puisque la description d'Ex 24, 16 s. n'est que la stylisation du phénomène évoqué par 19, 18.

préférence de G Is pour la forme grecque d'Ex, au lieu de H qu'il n'ignorait pas.

Le mot «nuée» a fourni la jonction entre le passage d'Ex et celui d'Is, tandis que les contextes respectifs livraient une analogie de situation : d'après TM Is, Yahvé «créera» la nuée sur la colline de Sion[53]; la nuée couvrira donc de son ombre protectrice la colline, comme elle couvrait le tabernacle, selon les récits d'Ex. À cela s'ajoute que, d'après le contexte du passage d'Ex, la nuée est associée, d'une part, à un feu qui se manifeste la nuit, également sur le tabernacle (TM 40, 38, suivi par G 40, 32). D'autre part, elle est associée à la Gloire, foyer de la théophanie, qui remplit le tabernacle (TM 40, 35, auquel correspond, avec la légère différence du passif pour l'actif, peut-être par atténuation, G 40, 29). Le feu et la Gloire sont également mentionnés dans Is 4, 5. La jonction et l'analogie offertes par Ex 40, 35, que G a utilisé sous la forme grecque, sont donc complétées par les 2 correspondances du feu et de la Gloire qui, dans le contexte du passage d'emprunt, constituent 2 autres jonctions très importantes avec Is 4, 5.

Ziegler a hésité sur la réalité d'un emprunt à Ex. Il a bien repéré G Ex 40, 29 comme source possible d'un emprunt, mais il ne s'est intéressé ni au détail des données en présence, ni au contexte, dont il a méconnu le dessein, et il est resté dans le doute touchant l'emprunt[54]. Mais celui-ci est assuré par les données que nous venons de relever et par la manière dont G a adapté l'ensemble de 4, 5-6. Il s'agit d'une conception concertée qui a évité l'association de la Gloire avec une «cabane» (סכה) — que l'on a dans H — manifestement par souci de prévenir une dépréciation de la Gloire divine, si étrangement mise en rapport avec un grossier abri champêtre. En réalité H repose sur une synthèse, à la fois hardie et profonde, entre la théophanie traditionnelle et la fête des Cabanes (*sukkôt*). Cette synthèse est liée à des motifs qui demandent à être étudiés en eux-mêmes[55]. G n'a voulu retenir que le motif théophanique, et cette conception trahit une préoccupation apologétique auprès d'un public qui n'était pas seulement celui de la communauté juive alexandrine, mais le public des «nations» de langue grecque. Dans son ensemble l'adaptation vulgarisante de G repose sur plusieurs justifications que nous n'avons pas la place d'examiner dans le présent exposé. L'emprunt méthodique à G Ex a été l'une de ces justifications. L'introduction du vb σκιάσει est en rapport avec la modification dans G

---

[53] Il convient de considérer le vb «créer», dans TM, comme primitif. Cf. avant-dernière note.

[54] «*Viell.* (= vielleicht, je souligne) ergänzt nach Ex 40, 29 (35); *ZUI* 62.

[55] L'examen de la question nous entraînerait hors des limites du présent exposé, et doit être reporté à plus tard.

du vb initial de H, mais par delà cet aménagement de détail, l'emprunt à G Ex contribue directement au dessein d'ensemble de l'adaptation, en exprimant à sa manière l'idée de protection providentielle sur Sion.

Le caractère logique de l'emprunt de G Is à G Ex est l'aspect qui nous intéresse particulièrement. La relation idéologique réelle entre les 2 textes est manifeste, si l'on prend soin de compléter le second par les passages associés, mentionnés plus haut, relatifs au feu et à la Gloire. Dans ce cas l'application de la règle d'analogie scripturaire ne diffère pas du *rapprochement* auquel pourrait procéder un critique moderne pour éclairer le passage d'Is par les données des textes d'Ex cités. Bien que les motifs pris en considération de part et d'autre ne coïncident pas (jonction verbale décisive à côté de l'analogie des teneurs, dans l'herméneutique ancienne; analogie des teneurs seule, dans l'exégèse moderne) et bien que les conséquences divergent, du fait de la modification textuelle pratiquée par G Is, la méthode de G préfigure néanmoins, en pareil cas, une réflexion littéraire comparative s'exerçant sur des parentés idéologiques réelles.

A (2) Le traité mishnique Arakhîn (ערכין «évaluations»[56]) 4, 4 établit une *gᵉzērāh šāwāh* (dans la suite *g. š.*) entre Lév 27, 5 et 27, 7, à l'aide d'une jonction verbale, le terme שנה dans les 2 textes, pour démontrer l'identité des relations de Lév 27, 5 et 27, 7 avec 27, 3. Le passage mentionne explicitement le recours à une *g. š.*[57]. C'est le 1ᵉʳ exemple donné par Strack, à propos de la 2ᵉ règle de Hillel, mais sa présentation, inévitablement schématique, ne permet aucunement de comprendre en quoi consiste exactement ici la *g. š.*, ni quelle est sa portée. Un esprit moderne sera, de prime abord, doublement dérouté par le texte mishnique. D'une part, la *g. š.* semble porter sur un principe en lui-même évident, et paraît donc superflue; d'autre part, l'interprétation de base sur laquelle la *g. š.* prend appui, celle de 27, 7 avec exclusion de la 60ᵉ année par rapport à la diminution de la taxe, n'est pas l'objet d'une justification explicite, alors qu'elle en aurait besoin. C'est justement le recours à la *g. š.*, là où nulle preuve ne paraît nécessaire, qui va être instructif pour notre sujet.

Pour saisir le fil du débat mishnique il est indispensable d'avoir présente à l'esprit la teneur des textes bibliques mentionnés. Les contextes peuvent être négligés ici pour la simplification. Rappelons qu'il s'agit, dans le passage de Lév, de l'évaluation des sommes à payer dans le cas où des personnes ont été l'objet d'un vœu qui théoriquement les mettrait dans la dépendance du

---

[56] La simplification de la transcription va de soi, pour la commodité typographique.

[57] Edition Albeck, *Séd. Qod.* 205, lgs 4 s. et voyez les notes d'Albeck et la traduction de Danby, *The Mishnah*, 547 et les n. La référence explicite à la règle se trouve lgs 8-9 : תלמוד לומר שנה שנה לגזרה שוה. Sur cette formulation cf. Bacher, *Terminologie*, I, 14.

sanctuaire. Le système des taxations, diverses selon les âges et les sexes, permettait de s'acquitter par paiement de l'obligation contractée à l'égard du sanctuaire. La fréquence des vœux, certainement très grande à une époque sans médecine efficace et sans sécurité dans les déplacements, notamment à travers les déserts, faisait des taxes de vœux un impôt religieux plus lucratif pour le sacerdoce que des corvées acquittées au bénéfice du sanctuaire[58].

Les 3 cas à retenir dans Lév sont énumérés dans le texte biblique non d'après le classement des âges, mais d'après l'importance de la redevance. (a) De 20 à 60 ans, 50 sicles (27, 3). (b) De 5 à 20 ans, 20 sicles (27, 5). (c) De 60 ans et au delà, 15 sicles (27, 7). Les prépositions employées pour indiquer les 2 limites d'âge sont, en (a) et (b) ועד.....מן «depuis...jusqu'à». En (c) la structure est ומעלה...מן[59] «depuis ... et au delà». Si l'on rétablit l'ordre de succession des âges, c'est-à-dire (b) (a) (c), il est clair que la valeur de la préposition «jusqu'à» est fixée en (b) et (a) par la préposition «depuis» des périodes qui suivent respectivement, c'est-à-dire (a) et (c). En d'autres termes, si l'on s'en tient strictement à la teneur du texte biblique, le cours de la 20ᵉ année ne peut être inclus dans la taxation (a) et «jusqu'à» de (a) ne peut porter que sur le seuil de la 20ᵉ année. Si l'on faisait valoir cette préposition au delà, on détruirait la préposition «depuis» de la période (a) qui suit. La 20ᵉ année entre donc dans la taxation forte (a). Pour la même raison «jusqu'à» de la période forte (a) indique le seuil de la 60ᵉ année et celle-ci fait, par conséquent, partie de la nouvelle taxation faible (c).

Or la Mishna, partant de la prescription de 27, 3 = (a), tire une conséquence inverse et pose en principe l'inclusion de la 60ᵉ année dans cette période de taxation, qui est la période forte : שנת ששים כלמטה ממנה «l'année des 60 ans est comme (les années qui sont) en-dessous d'elle»[60]; c'est-à-dire que le cours de la 60ᵉ année relève de la taxation forte, comme les années précédentes. Une telle interprétation entre en conflit avec la préposition «depuis» de la phase (c) qui suit, et l'invalide. On attendrait au moins une justification explicite. Le texte mishnique n'en donne aucune et c'est en cela que réside la première difficulté qu'il offre[61].

---

[58] Au sujet de la signification de la taxe des vœux, voir A. Bertholet, *Leviticus*, 97, et K. Elliger, *Leviticus* (1966), 386 s. Ces 2 auteurs laissent de côté l'apport de la Mishna à la question, apport intéressant pour l'histoire antérieure, dans la mesure où la Mishna reflète ici une part de traditions et d'usages bien plus antique que sa rédaction.

[59] מן chaque fois, devant בן «fils de», qui précède le chiffre cardinal de l'âge.

[60] Il convient pour le moment de considérer la formule citée, indépendamment du postulat d'analogie dont elle fait partie, postulat dont la validité est démontrée ensuite à l'aide de la g. š.

[61] Les gloses d'Albeck, qui sont d'ordinaire remarquablement adjuvantes pour l'intelligence de la Mishna, ne permettent pas, pour ce passage, de retrouver dans des conditions satisfaisantes les motifs du texte, faute de définir l'anomalie logique de son articulation.

L'inclusion de la 60ᵉ année dans la phase (a), au lieu de la phase (c), ne saurait s'expliquer par le souci de donner priorité aux intérêts du sanctuaire. En effet, s'il gagne la 60ᵉ année, il perd la 20ᵉ, comme le raisonnement mishnique l'établit plus loin, en vertu de la *gᵉzērāh šāwāh*, et sans se contenter de l'exigence logique qui résulte de la symétrie des cas. Ce point va être reconsidéré à l'instant. D'un autre côté la 60ᵉ année correspond à une phase où la survie devient incertaine, ce qui tourne au désavantage du sanctuaire dans l'interprétation mishnique des applications de la taxe. Si l'inclusion de la 60ᵉ année en (a) n'est pas imputable à une visée financière, il faut admettre qu'elle était simplement imposée à la Mishna par le souvenir de l'usage pratiqué à l'époque du second Temple. Cet usage lui-même a dû être motivé par une préséance qualitative attribuée à la 60ᵉ année. Peut-être est-il permis de songer à une influence du système sexagésimal dont l'ancienne métrologie israélite a conservé quelques traces[62]. Plus probable cependant paraît être la valorisation du plus grand âge au nom de la plus grande expérience.

Il est vraisemblable que l'on a cherché, dès avant l'époque de la Mishna, à justifier l'inclusion de la 60ᵉ année par des arguments tirés de la formulation biblique. D'une part, la prescription (a) occupe la 1ʳᵉ place dans l'énumération des taxes, ce qui a pu paraître justifier la priorité de son «jusqu'à» sur le «à partir de» de la période (c) = 27, 7. D'autre part, on a pu tenter d'exploiter pour les besoins de la cause l'adverbe «et au delà» (ומעלה) de 27, 7. En effet la formulation mishnique emploie, dans le passage cité et plus loin à propos de la *g. š.*, une expression prépositionnelle de sens opposé «en dessous de», c'est-à-dire chronologiquement «en deçà de» (מן למטה cf. Mishna, *loc. c.* lgs 6.7.11.12). Cette locution est employée avec une valeur technique pour exprimer l'inclusion dans la période précédente. Schéma : «la 60ᵉ, la 20ᵉ année sont comme (les années) en-dessous d'elles». Il est concevable que, par argutie spéculative, on ait allégué, en 27, 7, למעלה «au-dessus», comme indice d'exclusion de la 60ᵉ année pour cette période, et par conséquent comme impliquant l'inclusion en (a)[63]. Quoi qu'il en

---

[62] La mesure de capacité pour liquides, *hîn*, correspond à 1/60 de *kôr* (capacité pour liquides = *ḥomer* pour les matières sèches) et à 1/6 de *bath* (capacité pour les liquides = *'ēyphāh* pour matières sèches). Cf. Barrois, *Arch.*, II, 249. D'autre part, Ézéchiel emploie une mesure architecturale qui mesure 6 grandes coudées (la coudée étant alors = 7 palmes, au lieu de 6 pour la petite coudée ordinaire), *ibid.* 245. Enfin la mine vaut 1/60 de talent, et selon le système pondéral et monétaire préconisé par Ézéchiel, le sicle est 1/60 de mine, au lieu de 1/50 dans le système ordinaire; *ibid.* 255. Cependant ces relations sexagésimales n'ont nullement été systématisées et ne représentent que des usages et des commodités, à côté d'autres. Il est finalement peu probable qu'elles aient livré une idée applicable au cas de Lév 27, 3.

[63] Dans ce cas la copule de coordination *waw* devant l'adverbe de 27, 7 (ומעלה) aurait été

soit, ce qui reste frappant c'est que la Mishna n'avance aucun motif et ne fait que reproduire la tradition.

En revanche, concernant l'application du même principe d'inclusion à la 20e année (rattachement de la 20e année à la période précédente «b»), la Mishna recourt à une justification par g. š., ainsi qu'il a été dit plus haut. Ce besoin surprenant de fournir une preuve littérale pour une conséquence qu'impose la logique de la symétrie entre 27, 5 (b) et 27, 3 (a) contraste avec l'absence de preuve touchant l'inclusion de la 60e année en (a), qui en aurait eu théoriquement besoin. C'est le second aspect propre à dérouter un esprit moderne. En réalité la g. š. intervient après qu'a été posé le principe de la symétrie logique entre 27, 3 et 27, 5[64]. La g. š. est destinée à surmonter une objection qui peut paraître opposable à la dite symétrie : elle aboutit en effet à *aggraver* (להחמיר) la condition de la 60e année (50 sicles), tandis qu'elle *allège* (להקל) la 20e (20 sicles)[65]. La g. š. constituée par la présence du mot שנה dans chacun des 2 textes, 27, 3 et 27, 5, permet de surmonter l'objection[66]. Ce qui est donc caractéristique c'est que l'analogie logique, qui résulte pour 27, 5 du principe postulé pour 27, 3 (l'inclusion de la 60e année), ne suffit pas à assurer l'application de ce principe à 27, 5; il faut encore confirmer l'analogie logique par une jonction verbale. *L'autorité de l'élément verbal l'emporte sur l'autorité de la logique interne.* Le constat met en évidence l'inspiration de la méthode des emprunts scripturaires : quoi qu'elle soit

---

interprétée comme d'explicitation. De son côté la préposition initiale מן aurait été simplement reférentielle et non plus temporelle : «*concernant* l'homme de 60 ans : au-dessus (de cette année) ... ton estimation sera de 15 sicles». Interprétation évidemment abusive du point de vue de la cohérence contextuelle, mais non pas du point de vue du sémantisme théoriquement imputable à מן. Dans l'hypothèse considérée מן introduit en effet la distinction pratiquée spéculativement : «parmi les gens de 60 ans, c'est au-dessus (relief par *waw* d'apodose ou d'explicitation) ... que ton évaluation sera de 15 sicles». Si une telle interprétation n'a pas été pratiquée avant l'établissement de celle de la Mishna, elle devient en tout cas inévitable pour Lév 27, 7, comme conséquence du sens défini par la Mishna pour 27, 3 et 27, 5.

[64] Le principe de la symétrie logique est posé aux lgs 5-6 (formule מה... אף). La g. š. n'intervient qu'aux lgs 9-12, après la considération des lgs 7-8, relative à la différence de gravité des taxations respectives de la 60e et de la 20e année.

[65] Lgs 7-8 : «S'il (le texte scripturaire) a rendu l'âge (litt. l'année) de 60 équivalent à (ce qui est) en-dessous de lui, en aggravant (litt. pour aggraver להחמיר) (sous-ent. le cas), rendrons-nous l'âge de 5 et l'âge de 20 comme ce qui est en-dessous d'eux, en allégeant?».

[66] Le développement de la g. š. consiste à reprendre la formule d'analogie logique (מה... אף) des lgs 5-6, en y insérant l'indication de la mention du mot שנה dans chacun des 2 textes scripturaires en présence : «De même que (מה, littéralement «ce que») «année» (שנה) mentionnée dans l'âge (litt. l'année) de 60 (האמורה בשנת ששים) est comme ce qui est au-dessous d'elle, de même «année» mentionnée dans l'âge de 5 et de 20 (est) comme ce qui est en-dessous d'elle, soit en allégeant, soit en aggravant». L'expression בין ... בין qui accompagne les 2 infinitifs (= gérondifs) finaux, et qui signifie en hébreu biblique «entre ... et ...», prend la valeur du tour בין ש ... בין ש, usité en hébreu postérieur, au sens de «soit que ... soit que». Cf. la précision donnée à ce sujet par la n. explicative d'Albeck.

orientée vers l'exploitation d'analogies réelles, l'élément verbal joue un rôle de premier plan, même dans des cas où, comme dans Arakhîn 4, 4, la parenté logique semble s'imposer par elle-même.

b) *Le pôle verbal*

B) On se rappelle que le 2ᵉ type défini plus haut est caractérisé par *la disparition complète d'un rapport logique* entre le texte emprunteur et le contexte du passage emprunté. Le lien instauré par la méthode consiste alors uniquement en un élément verbal (mot ou formulation).

1) En Is 42, 13, TM = Qa porte l'expression מלחמות כאיש «comme un homme de combats» (au plur. en hébreu, là où une traduction française littéraire appelle un sing. synthétique: «homme de guerre»). Il s'agit de Yahvé comparé à un guerrier, d'après l'ancienne tradition de l'exode, au moment où il va libérer Israël de l'exil babylonien. La perspective est celle du renouvellement des circonstances du 1ᵉʳ exode hors d'Égypte, à l'occasion du nouvel exode hors de Babylonie. Précisément, comme il y a renouvellement, il y a oracle et le 1ᵉʳ exode préfigure mystérieusement le 2ᵉ, encore que le 2ᵉ en soit une amplification, et par là une transformation profonde. La valeur oraculaire confère à la littéralité de formules caractéristiques comme celle citée, une grande importance. Même s'il y a de fait un renouvellement des contenus et si la fonction métaphorique de la formule permet de faire sentir que son réalisme peut et doit être dépassé, la forme littérale n'en est pas moins mise au premier plan par la portée prophétique qui lui est attribuée.

Or G traduit d'une manière qui *inverse* le sens du texte, en introduisant exactement le contraire de la comparaison hébraïque. Yahvé n'est plus un guerrier prêt à engager des combats, car, est-il dit en grec, avec emploi d'un futur oraculaire de grande conséquence: κύριος ... συντρίψει πόλεμον «le Seigneur *brisera* la guerre» (la nuance du vb «briser» est importante, malgré la mauvaise compatibilité. de l'objet, comme il apparaîtra dans la suite)[67]. Déjà Schleusner avait noté la relation entre G Is 42, 13 et G Ex 15, 3[68]. Là pour H מלחמה איש יהוה «Yahvé est un homme de combat» (avec ce dernier mot au sing., à la différence de H Is), G porte κύριος συντρίβων πολέμους (plur.!) «Seigneur qui brise les guerres» (comme titre; cf. le contexte). La différence des nombres grammaticaux en hébreu et en grec livre le critère

---

[67] Absence de l'article, comme souvent en grec biblique devant des mots déterminés par les exigences du sens: Abel *Gr*. 124 s. § 30.

[68] *Thesaurus*, III, 202. Thackeray a refait le même constat dans son étude des affinités entre les livres grecs de la Loi et ceux des Prophètes, *JTS* 4 (1903) 583.

du processus probable de l'adaptation grecque. 1) Établissement de G Ex par passage au plur., au lieu du sg. de H, vraisemblablement sur l'autorité de H Is 42, 13, et dans une intention de majoration : le Seigneur «brise» (toutes) les guerres; c'est lui qui met fin aux guerres. 2) Établissement de G Is d'après G Ex, pour la transformation de la formulation, mais d'après le sg de H Ex pour le nombre grammatical du substantif : le Seigneur brisera (une fois pour toutes) la guerre[69]. L'oracle revêt une ampleur accrue par la promesse d'une ère de paix perpétuelle. G Is marque le point culminant de l'interprétation; G Ex est le tournant qui conduit du sens guerrier de H au sens pacifique des 2 adaptations grecques.

Dans G Ex, source de G Is par emprunt scripturaire, le sens de H a été modifié non pas en vertu d'une idée qui aurait moralisé le texte (Schleusner[70]) ou par souci d'éviter un anthropomorphisme (Thackeray[71]), encore que ces motifs aient certainement influé sur l'inspiration de G, mais au moyen d'un premier emprunt scripturaire fondamental, qui a été prélevé sur Ps 76, 4 et Os 2, 20. Ces textes contiennent en effet dans leur forme H la formule décisive. Ps 76, 4 ומלחמה ... שבר «il a brisé (...) et (aussi) la guerre». Os 2, 20 ומלחמה אשבר «(...) et la guerre je briserai». Les 2 textes ont probablement été considérés simultanément, si l'on en juge par l'érudition scripturaire dont témoignent une multitude de faits d'emprunts dans la Septante. Le premier texte cité livre une formulation à la 3ᵉ pers. qu'il n'y avait plus qu'à adapter au contexte, tel que l'a conçu G. Le passage pouvait cependant s'entendre restrictivement de l'interruption victorieuse d'une bataille. Le second texte, celui d'Osée, était moins proche littéralement, en raison de la 1ʳᵉ pers. Mais il exprimait clairement l'application de la formule à l'idée d'une ère nouvelle où règnera la paix, sens qui triomphe dans l'adaptation grecque, avec G Is.

Si les responsables de G Ex ont pensé d'abord à Ps 76, 4, ce passage n'a pu manquer d'appeler dans leur esprit Os 2, 20. Ottley avait rapproché, à côté de Ps 76, 4, Ps 46, 10. Mais outre que ce 2ᵉ texte n'a pas la formule «briser la guerre», Ottley s'était borné à signaler la parenté des thèmes, sans même

---

[69] En classique πόλεμος peut occasionnellement servir à désigner une bataille particulière, comme normalement μάχη. Dans la langue de G cependant, le mot sert systématiquement pour מלחמה, quelle que soit l'acception requise par le contexte. Ici la valeur la plus générale s'impose d'autant mieux que le sg de G Is se présente comme une retouche concertée du plur. de G Ex, dans les conditions dites supra.

[70] Schleusner, *ibid.*

[71] Thackeray, *ibid.* L'observation de Thackeray ne porte que sur l'emploi du mot «homme» dans H. Mais si G n'avait visé que l'anthropomorphisme, il aurait préservé le caractère guerrier de l'intervention divine.

[72] «For the idea ...» (lire 9 pour 10, aussi dans *ZUI*), *BIAS*, II, 308.

postuler explicitement une influence[72]. Ziegler estima ensuite que la relation entre G Is et G Ex n'était pas certaine; elle n'était qu'une probabilité[73]. Ziegler n'a pas davantage discerné l'importance décisive de Ps 76, 4 et Os 2, 20, et leur rôle exclusif pour la formulation en débat dans G Is et G Ex. Il a bien allégué les 2 textes, mais mêlés à d'autres, ce qui compromet la valeur du constat. Reprenant approbativement les rapprochements d'Ottley (dont l'un est superflu comme noté plus haut), Ziegler a ajouté pertinemment Os 2, 20, mais, parasitairement pour la question, 2 passages de Judith qui ne sont que des échos de G Ex 15, 3 et donc ne l'expliquent pas[74]. Malgré l'éloquence de la rencontre verbale des textes clefs, et malgré l'orientation générale des *Untersuchungen* vers un repérage systématique de la topographie textuelle des emprunts, Ziegler n'a pas vu dans ce cas qu'il s'agissait d'un emprunt caractérisé, et sa topographie, bien qu'elle comporte Ps 76, 4 et Os 2, 20, souffre d'être partagée entre ces 2 textes révélateurs et d'autres qui détournent l'attention du phénomène précis de l'emprunt. Ziegler a cru à une influence *diffuse* et ne s'est pas demandé en vertu de quel principe G Is et G Ex avaient pu remplacer le thème guerrier des textes H respectifs par un thème *exactement contraire*, dont l'idée était prise *dans des passages d'une logique opposée*: c'était là tout le problème, même considéré (inadéquatement) comme problème d'influence, au lieu d'emprunt. Dans la vue empiriste, G étant supposé avoir procédé en toute liberté, le problème de motif et de modalité ne se pose même pas, ce qui a empêché Ziegler de reconnaître la vraie nature des faits. C'est encore un exemple de l'action paralysante de la théorie empiriste sur l'analyse des données textuelles, et cet exemple est particulièrement frappant parce que, dans la perspective même des *Untersuchungen*, Ziegler aurait dû aboutir à une identification de l'emprunt. En réalité ce qui a été dit plus haut montre qu'il y a eu emprunt littéral à la formulation de Ps 76, 4 et d'Os 2, 20, et l'inversion de sens infligée à H dans G Ex et G Is met en évidence *la nécessité d'une méthode* capable de justifier un tel traitement. C'est donc que l'emprunt était l'application de cette méthode et c'est celle des analogies scripturaires. L'analogie a consisté dans le terme מלחמה, commun au texte d'emprunt et au texte emprunteur G Ex, dont G Is, à son tour, a emprunté la forme, avec la légère retouche mentionnée. La jonction est purement verbale et *elle a prévalu sur l'incompatibilité logique des contextes*. C'est un emprunt par

---

[73] «Scheint ...», *ZUI* 125.

[74] Rectifier chez Ottley et Ziegler 10 en 9 (Ps 46) et 4 en 3 (Ps 76). La formulation des passages de Judith (9, 7; 16, 2) reproduit celle de G Ex 15, 3 et la situation impliquée par le récit limite la portée de l'expression. Il ne s'agit plus de «briser la guerre», mais de «briser des batailles», en infligeant des défaites aux ennemis.

analogie scripturaire réduite à l'élément verbal, et l'on peut parler d'un emprunt par analogie scripturaire verbale, à la différence des analogies scripturaires comportant un élément logique.

L'importance de la nuance «briser» a été signalée initialement. Sa portée historique demanderait un développement qui déborderait le cadre du présent exposé. Bornons-nous à observer qu'il s'agit, dans G, de la remarquable survivance d'une terminologie dont l'origine remonte aux formulations des traités d'alliance politique, tels qu'ils étaient conçus au IIe et au Ier millénaire, dans l'aire proche-orientale. La prestation des serments d'allégeance s'accompagnait de rites qui préfiguraient magiquement le sort réservé au contrevenant. Ces rites comportaient *le bris* d'une ou de plusieurs armes[75]. C'était une anticipation de ce qui attendait au combat le violateur de l'obligation imposée par la contrainte d'un potentat. Le vb «briser» avait donc eu longtemps une valeur technique précise, avant d'être appliqué à la guerre elle-même, pour être retourné contre elle, par l'effet d'une géniale création prophétique. Elle mérite un examen disjoint, mais sa survivance dans l'herméneutique de G devait être signalée. La méthode des analogies scripturaires, considérée du point de vue de son pôle «B», c'est-à-dire dans sa réduction possible à une analogie purement verbale, comme dans G Ex 15, 3 et G Is 42, 13, aboutit à une véritable abrogation de sens. Mais c'est l'abrogation du sens d'un texte particulier (ici en réalité de 2 textes, H Ex et H Is), au nom d'un sens jugé prioritaire, qui est dégagé d'un autre passage (ici 2 passages, Ps 76 et Os 2), et donc de la source scripturaire considérée globalement. En d'autres termes, une donnée historique particulière est évincée au nom de l'homogénéité religieuse postulée pour les écrits, ce qui permet d'établir parmi les textes les hiérarchies utiles. Dans le cas que nous venons de considérer, la divergence textuelle instaurée par G (par rapport à H) est poussée jusqu'à l'inversion de sens, mais en même temps — et c'est ce qui est remarquable et qui montre la fécondité de cette herméneutique méthodique — le résultat auquel G aboutit est conforme à l'inspiration profonde,

---

[75] Parmi les textes probants, il suffira de citer les traités araméens de Sfiré et les traités de vassalité mède d'Assarhaddon. Textes dans : A. Dupont-Sommer et J. Stracky, *Les inscriptions araméennes de Sfiré* (= *Extrait des mém. présentés par divers savants à l'Acad. des Inscr. et BL*, XV), 18 et 21, Texte A (= pl. V et VI), lg 38 (où lire le 1er nom divin : Inurta = Ninurta, dieu mésopotamien de la guerre, avec les auteurs qui ont suivi; cf. J.A. Fitzmeyer, *The Aramaic Inscriptions of Sefire*, Rome, 1967, 54 s.; 121 s.); D.J. Wiseman, «The Vassal-Treaties of Esarhaddon», *Iraq* 20 (1958) 63-64, lg 453 (pl. 7, texte 27 + pl. 40, texte 50 N et 46 M) et 71-72, lg 573 (= pl. 39, texte 37). Même rite attesté dans le serment du soldat hittite : *ANET* 354 A, lgs 40 s., 50 s. Le code de Hammurapi mentionne par 2 fois le bris de l'arme, dans ses imprécations finales, R XXVII, 89; R XXVIII, 3-4. Cf. A. Finet, *Le code de Hammurapi*, Paris 1973, 144.

et à grande portée, de certains aboutissements du prophétisme et de la spéculation religieuse d'Israël. La méthode d'analogie scripturaire a assuré ici le lent et invisible, mais décisif travail d'*abrogation* d'une conception primitive (un dieu de la guerre), au profit d'une conception nouvelle et logiquement inverse (le dieu de la paix). Phénomène d'évolution inévitable qu'on retrouve dans d'autres courants religieux [76] : une conception devenue soit caduque, soit conflictuelle par rapport à des progrès postérieurs se trouve indélébilement fixée dans des écrits que la tradition a sacralisés, et le besoin se fait sentir de surmonter la lettre de ces écrits. Dans le Judaïsme la méthode herméneutique d'analogie scripturaire est un moyen d'abrogation particulièrement autorisé, car il prend racine dans l'autorité scripturaire elle-même. L'éviction du titre de « guerrier » dans H Ex et H Is, par celui, opposé, de « briseur de guerre », qui était chargé d'une puissante résonance traditionnelle (« briser » dans les textes d'alliance! cf. supra) est une illustration éloquente du phénomène.

2) Le Midrash Beréshît Rabba [77] donne pour un des motifs de la création du monde les 3 offrandes rituelles du gâteau, des dîmes et des prémices des fruits (I, 4) [78]. Cette assertion, à première vue quelque peu paradoxale, n'est en réalité pas dénuée de profondeur, si l'on se place dans la perspective des anciens. La relation établie entre l'offrande d'aliments tirés de la terre et la création du monde est une manière d'indiquer l'obligation de l'hommage et de la reconnaissance dûs au Créateur pour la subsistance qu'il dispense aux vivants, par le moyen des productions de la terre créée. Mais si l'idée ainsi exprimée repose sur une logique religieuse substantielle, en revanche les justifications scripturaires que le Midrash en donne n'ont plus rien de logique, si l'on considère la teneur des textes en présence. Elles tiennent uniquement à un terme commun auquel a été attribuée une valeur de jonction. Il s'agit du mot ראשית. Avec la préposition locale et temporelle, il prend le sens de « au commencement » dans l'énoncé de Gen 1, 1. Dans les 3 textes relatifs aux offrandes, dont le midrash cite le début, le même mot paraît

---

[76] Dans l'Islam le principe de l'abrogation (*nasḫ*) est clairement posé par le Coran (2, 100). Un nouvel enseignement peut rendre caduque une formulation antérieure et Dieu peut « faire oublier » ce qui a été révélé antérieurement. Opération providentielle, selon la pensée du Prophète, mais aussi indice que certaines de ses paroles étaient réellement tombées dans l'oubli, ce que confirme la tradition. Cf. R. Blachère, *Le Coran, Introd.*, 16-17, et Th. Nöldeke, F. Schwally, *Geschichte des Qurans*, 2te Aufl., I, 101 s. (groupement des témoignages de la tradition musulmane concernant Cor 53, 19, autre texte probant).

[77] Orthographe francisée pour la simplification (infra Ber R).

[78] Ber R, éd. J. Theodor, H. Albeck, I, 4 (p. 7, lgs 4 s.) = éd. rabbinique fol 8a : « le monde (העולם) a été créé en considération de (littér. à cause du mérite de בזכות) trois choses, en considération du gâteau d'offrande (חלה), des dîmes et des prémices des fruits ».

avec le sens de «prémices» (voir Nb 15, 20; Dt 18, 4; Ex 23, 19). Ce ne sont pas seulement les contextes respectifs des 3 textes d'offrande qui sont sans analogie logique avec Gen 1, 1, c'est le terme de jonction lui-même qui se présente, de part et d'autre, avec un sens différent. Néanmoins, il a suffi de sa présence pour fonder la déduction du midrash. Le texte ne mentionne pas explicitement le recours à une $g^e z\bar{e}r\bar{a}h$ $\check{s}\bar{a}w\bar{a}h$, comme c'était le cas de l'exemple A, 2, tiré de la Mishna et étudié plus haut.

On retrouve donc bien dans l'herméneutique rabbinique les deux pôles caractéristiques de la méthode des emprunts scripturaires par analogie, l'un logique, l'autre verbal. La seule différence est que l'herméneutique de G et, nous le vérifierons, celle de Qa étaient transformantes, tandis que celle de l'époque inaugurée par la Mishna ne l'était plus et consistait en pure exégèse distincte du texte. Les exemples cités sont des cas extrêmes et le grand nombre des emprunts se répartit dans l'entre-deux, avec gradations variées. La bipolarité commune à la Septante et à l'exégèse rabbinique confirme la parenté organique des méthodes, parenté qu'imposait déjà la considération des cas moyens ordinaires et celle des conditions historiques d'appartenance au même phénomène religieux du Judaïsme. En outre la relation entre l'herméneutique de la Septante et celle du Judaïsme mishnique et postérieur met en évidence la portée du phénomène que nous étudions. Il contribue à éclairer les développements postérieurs, et cela en fait déjà une donnée historique de très grande envergure, dont il restera à démêler les origines (IIe section, IIIe partie).

F) L'EFFICACITÉ LITTÉRAIRE ET HISTORIQUE DU CRITÈRE LIVRÉ PAR LA MÉTHODE DES ANALOGIES SCRIPTURAIRES

Il résulte des considérations exposées au cours des 5 §§ précédents que le phénomène des emprunts scripturaires décelables dans G Is ne peut s'expliquer comme le produit d'expédients laissés à la discrétion des responsables de l'adaptation grecque, mais correspond à l'application d'une méthode tout à la fois d'interprétation et de traitement du texte hébreu, méthode herméneutique en ce sens. Cette méthode possédait une autorité suffisante non seulement pour légitimer, mais pour accréditer divers changements apportés au sens de l'hébreu. En d'autres termes, elle était investie d'une autorité religieuse.

Au cours des §§ 3 et 4 il a été nécessaire de considérer des conditions culturelles générales (§ 3) et la particularité décisivement révélatrice de l'emploi oraculaire qu'ont parfois assumé les changements de sens par analogie scripturaire (§ 4). La nature des données a fait que ces 2 §§ se sont trouvés concerner du même coup l'autre catégorie de l'herméneutique analogique, celle qui sera étudiée dans la 2ᵉ partie de la présente section, et qui concerne les changements de sens par analogie verbale formelle. Il convenait d'indiquer dès ce moment et par anticipation l'existence de cette 2ᵉ catégorie, quitte à réserver à des analyses ultérieures la démonstration de cette existence et l'établissement de ses droits. L'élargissement momentané de l'horizon, rendu inévitable par le fait que la preuve cruciale par les textes oraculaires concerne les 2 catégories à la fois, nous a donné une première occasion de mesurer la portée du principe de l'exploitation textuelle analogique à l'œuvre dans les analogies scripturaires. Cette portée dépasse les seules analogies scripturaires et s'étend aux analogies verbales formelles qui, elles-mêmes, débordent le cadre de la littérature biblique et de sa tradition dans le Judaïsme, comme nous le verrons ultérieurement. Certes, dans le cas de la méthode scripturaire, ce principe est ouvert à des relations logiques et peut même se présenter en certains cas avec un caractère entièrement logique. C'est ce que nous avons constaté en parlant de pôle logique et en étudiant les exemples exposés au § 5, A, 1-2. Mais par son second pôle et par sa tendance générale à utiliser des mots de jonction, la méthode scripturaire revêt un caractère verbal qui peut être exclusif de toute logique. Le phénomène a été illustré par les exemples du § 5, B, 1-2, choisis à titre de cas extrêmes. Par ce côté et par la pratique des modifications de sens, la méthode scripturaire s'apparente clairement à la méthode verbale formelle. Les deux ont en commun une inspiration verbale. Celle-ci n'est que partielle dans les analogies scripturaires, lorsqu'elles comportent un aspect logique et se situent au delà du pôle B, en direction du pôle A. Mais en dépit de la restriction, la parenté avec les analogies verbales formelles, qui se définissent comme rupture avec la syntaxe de la phrase et par là avec sa logique obvie, n'est pas moins frappante.

La vue d'ensemble, en quelque sorte panoramique, que nous avons ainsi prise aux §§ 3 et 4 sur les 2 méthodes constitutives de l'herméneutique analogique, nous permettra de faire l'économie d'une introduction au moment d'aborder l'étude des analogies verbales formelles et de procéder à une série d'analyses textuelles, rendues indispensables par l'absence d'une topographie préparatoire. L'existence, dans les *Untersuchungen* de Ziegler, d'une topographie textuelle suffisamment représentative des emprunts, sinon exhaustive et exempte des défauts de l'empirisme, nous avait permis de considérer d'emblée ce phénomène sous l'angle d'une synthèse historique, sans passer par des identifications textuelles préalables.

Au terme de cette synthèse, et avec la certitude à laquelle nous sommes parvenu touchant l'existence d'une méthode herméneutique des analogies scripturaires derrière les emprunts de G Is, il conviendrait d'examiner une série d'exemples textuels non plus simplement d'un point de vue descriptif, mais pour mettre en évidence la différence d'appréciation résultant du constat de méthode et pour donner une idée précise de l'intérêt que l'explication par l'herméneutique méthodique peut offrir pour la critique textuelle et l'exégèse littéraire et historique de G et même parfois de H. Les conséquences du changement de point de vue sont en effet importantes et rendent à l'analyse une fécondité dont l'empirisme l'avait privée. Les emprunts par analogie scripturaire, du fait qu'ils ont été méthodiques, ouvrent l'accès à des voies nouvelles. Ils ont assuré jadis les conditions d'une édification dont les visées, dans la mesure où elles sont restituables, peuvent révéler à la prospection moderne tantôt des originalités littéraires et idéologiques instructives, tantôt — et c'est le plus important — des circonstances historiques et spécialement des situations et des facteurs religieux restés partiellement ou totalement dans l'ombre. Les emprunts, ayant été des recours à une méthode autorisée pour surmonter des problèmes d'époque, constituent à leur manière *des échos dont il devient possible de recueillir les enseignements.* Ceux-ci restent souvent discrets et parfois incertains, mais, dans les meilleures occurrences, ils se présentent comme des apports à la connaissance du milieu ou de la tradition. Dans ce dernier cas, les implications de l'emprunt permettent une certaine remontée dans le temps.

Nous en avons rencontré un exemple avec Is 42, 13, examiné au § 5, B, 1. La teneur de l'emprunt, le vb «briser» appliqué à la guerre, est une préservation littérale de la formulation des anciens traités proches-orientaux d'alliance politique, qui décrivait un rite magique destiné à renforcer la contrainte du serment d'allégeance. En outre l'inspiration du changement apporté par G Is 42, 13 à H rejoint, nous l'avons vu, un grand thème du prophétisme, celui de l'ère miraculeuse de paix perpétuelle.

En tel autre cas, la transformation de H par G, quoiqu'elle affecte, par définition, la teneur littérale, peut cependant remonter à l'inspiration originelle de H, obscurcie ou déformée dans TM. Ainsi en G Is 64, 1-2 (= H 63, 19-64, 1). Faute de place, nous devons reporter à une autre publication l'analyse des problèmes de G et H dans ce passage. Bornons-nous à dire qu'en cet endroit l'emprunt scripturaire, qui a porté sur Ps 68 (G 67), 3, quant à la formulation, et sur Ps 97 (G 96), 5 et Mi 1, 4, quant au thème (la «cire» de Ps 68, 3, mais dans un contexte théophanique)[79], bien qu'il

---

[79] Ziegler a identifié les 3 sources scripturaires de l'emprunt, mais, n'ayant vu, ici comme

ait perturbé la littéralité de H Is, a toutes les chances de *rejoindre l'inspiration primitive du texte*. C'est du moins le cas si l'on admet, comme nous le croyons nécessaire, que le vocalisme de TM *ḥᵃmāsîm*, pour המסים, est secondaire et résulte d'une application de la méthode d'analogie verbale formelle, et plus précisément du principe homographique (homographie consonantique de termes différents). Le sens postulable pour la leçon massorétique, d'après l'arabe (déjà rapproché par Abu 'l-Walîd), à savoir «brindilles, bois sec», paraît lexicographiquement assuré. Le terme a pu faire réellement partie de la langue[80]. Mais, du point de vue du contexte et de la tradition théophanique, il ne livre qu'un sens faible, soupçonnable de secondarité. Le dégagement des motifs respectifs de cette leçon et de celle conjecturable, sous la même forme consonantique, dans la rédaction originelle, dégagement qui exige une analyse assez longue et spécialisée, l'existence aussi d'une méthode d'analogie verbale formelle dans la tradition du Judaïsme ne laissent, à mon sens, aucun doute ici sur la secondarité de la leçon massorétique. Le grand intérêt de cette leçon est de représenter une application de la méthode non seulement dans la tradition textuelle hébraïque en général (qui comprend des textes de vulgarisation du type Qa), mais dans le courant qualitativement prioritaire de *la tradition normative* qui a été préservée dans TM. Ce type s'oppose par la haute qualité globale de sa conservation au type vulgarisé (retouché) de Qa. La retouche vocalique du terme de 64, 1 est un spécimen rare, mais non isolé, et très significatif de l'application d'une méthode herméneutique analogique à la tradition textuelle dont est issu TM. Nous pouvons signaler le phénomène dès maintenant, à l'occasion d'un problème soulevé par G, car il constitue une autre illustration de la portée des faits que nous étudions ici. Le mot primitif de 64, 1 était, conformément à une hypothèse déjà entrevue par la critique, mais qui était restée indémontrée, *hammassîm* (article *ha +* *massîm*, participe *qal* substantivé de *mss* «fondre»); littéralement «les choses qui fondent», c'est-à-dire «les écoulements». Il s'agit des terrains qui «fondent», phénomène volcanique qui s'explique par l'influence de la géographie du pays de Madian, au nord-ouest de l'Arabie, influence qui s'est exercée sur la scènerie des traditions théophaniques du Yahvisme, et qui est restée fixée dans des formulations devenues traditionnelles.

---

ailleurs, qu'un arrangement de fortune, il a borné son analyse à ce constat de topographie textuelle, en attribuant au substantif difficile de TM son sens conventionnel (*ZUI* 100).

[80] Le vocalisme et le sens attribué au mot de TM («bois sec») peuvent se justifier par un rapprochement arabe (en dernier lieu *KBL*³ 241, A). Mais la secondarité de la leçon n'en résulte pas moins de plusieurs indices convergents. Précisions dans une autre publication.

Si l'on croit pouvoir contester le bien-fondé de la reconstruction proposée, elle reste néanmoins en sérieuse concurrence avec l'interprétation ordinairement reçue, que l'on fonde sur la leçon massorétique insuffisamment contrôlée. Cette concurrence inévitable nous suffit et suffit à montrer l'intérêt qu'offre l'adaptation effectuée par G au moyen de l'emprunt scripturaire. Ajoutons que cette adaptation correspond, de manière frappante par son inspiration, à l'exégèse des grands docteurs de l'exégèse juive médiévale Rashi, Ibn Ezra et Qimḥi. Les trois interprètent la leçon de TM d'après la rac. *mss*, ce qui est le point décisif. Ibn Ezra mentionne en outre l'opinion qui rattache le passage à la théophanie du Sinaï, et Qimḥi préconise, pour sa part, ce rattachement[81].

La nécessité de ménager la place nécessaire aux analogies verbales formelles, dans le cadre d'un ouvrage dont le sujet est l'herméneutique analogique dans son ensemble, d'après G, Qa, accessoirement d'autres sources, nous oblige à laisser en suspens une révision en série des emprunts de G Is, dans le sens préconisé ici, en remettant à la critique exégétique ultérieure le soin de faire une application approfondie et systématique des principes qui ont été démêlés au cours de la présente synthèse historique. Les exemples déjà rencontrés et d'autres, qui seront signalés à l'occasion des analogies verbales formelles de G, ou des analogies des 2 types dans Qa, suffiront à donner une idée des profits que l'exégèse moderne peut espérer tirer de l'herméneutique analogique des anciens et, plus précisément, une idée des possibilités inédites de reconstitution historique qui se présentent sous cet angle, et que le préjugé empiriste avait empêché d'apercevoir. À côté des exemples dispersés qui ont été et seront proposés, une autre compensation intervient encore, après la restriction de principe qui vient d'être posée. Nous devons en effet encore examiner deux questions qui ne sauraient être négligées, avant d'aborder les analogies verbales formelles de G. D'une part, la répercussion de la conception empiriste sur l'établissement du texte de G, dans le cas particulièrement éloquent des emprunts; d'autre part, l'existence dans G Is d'un emprunt auquel ses implications historiques confèrent une portée exceptionnelle et qui se présente, de ce fait, comme un spécimen à lui seul suffisamment démonstratif, touchant l'efficacité historique d'une exégèse attentive aux méthodes des anciens. Cet emprunt, qui est celui de G Is 9, 10 (H 9, 9) exigera un chapitre distinct[82], et comme il est associé à une analogie verbale formelle originale et significative, il contribuera à nous acheminer vers l'examen de ce second type herméneutique, dans la IIe partie de cette section et de la suivante.

---

[81] Justification dans une publication ultérieure.
[82] Cf. ch. IV «La Tour de Babel dans l'Isaïe grec, et le schisme samaritain».

LES CONSÉQUENCES DE LA MÉTHODE DES ANALOGIES SCRIPTURAIRES POUR L'ÉTABLISSEMENT DU TEXTE G

A) LES EMPRUNTS SCRIPTURAIRES ET L'ÉTABLISSEMENT DU TEXTE G

L'édition critique de G Is, tome XIV de la Septante de Göttingen, que l'on doit à Ziegler, représente un énorme et patient travail servi par une imposante érudition. Pour ce volume et les autres qu'il a publiés dans la même série, l'auteur a largement droit à la gratitude de tous les exégètes bibliques. Cependant, estimer à sa juste valeur l'effort qui a été déployé pour mettre au point le texte et les apparats critiques, particulièrement copieux et complexes, c'est aussi se réserver le droit d'émettre des critiques. Le traitement de certains passages à emprunts dans G Is en appelle une fondamentale. Il s'agit de textes peu nombreux, il est vrai, mais très significatifs, dans lesquels, d'une part, l'emprunt scripturaire est bien attesté par les témoins manuscrits représentatifs de l'ancienne Septante (par opposition à la révision origénienne), d'autre part, cet emprunt se présente comme un appendice ou une incise non indispensable à la cohérence interne de la phrase. Un tel emprunt est théoriquement détachable, sans perte d'équilibre pour la phrase, mais non sans dommage historique.

Dans le cas des emprunts *amalgamés* à la phrase et par conséquent non détachables, ou encore des emprunts jugés pour quelque autre raison étroitement solidaires du contexte, Ziegler s'est conformé aux autorités manuscrites représentatives de l'ancienne Septante, sans recourir à une correction ou à une option en faveur de mss issus de la révision origénienne. Mais dans certains cas d'emprunts *en appendices aisément détachables*, il a profité de la possibilité purement stylistique de la suppression pour postuler une correspondance du texte grec original avec H, et pour corriger ou, selon les cas, opter en faveur de mss normalement secondaires. Il a alors relégué le surplus en apparat critique, contre l'autorité des mss normalement représentatifs de la forme préorigénienne primitive. La contradiction des traitements est flagrante. Il est clair que ce qui est caractéristique dans les emprunts c'est la retouche de H par addition ou éviction, au nom et par le moyen d'un autre passage scripturaire. La situation stylistique de l'emprunt en amalgame ou en appendice détachable n'importe pas. Cette différence n'est qu'un hasard sans portée historique. Ziegler n'a pu aller à l'encontre des données manuscrites, dans ce dernier cas, qu'en raison, d'une part, de sa minimisation des emprunts, comme produits empiriques et non méthodiques, d'autre part, en raison de sa conception de la Septante comme une *traduction* où les divergences sont surtout le produit d'embarras et d'ignorances. Or il s'agit en réalité d'un *targum* destiné à adapter le texte à l'intellection et à l'édification communautaire. Le lien de la «traduction» avec H étant préservable dans le cas des additions stylistiquement détachables, Ziegler a cru normal de traiter l'emprunt en apport secondaire dû à l'initiative subjective d'un réviseur. Mais cette appréciation est en régression par rapport aux résultats que l'auteur avait obtenus dans les *Untersuchungen* : puisque G Is était caractérisé par les recours à des emprunts scripturaires, c'était aller à l'encontre de ce constat des *Untersuchungen* que de corriger ensuite dans *SG Is* la donnée des mss, dans le cas des emprunts en addition stylistiquement détachable. La contradiction est déjà patente dans l'appréciation empiriste, c'est-à-dire à partir des *Untersuchungen* non rectifiées. Elle l'est a fortiori, une fois reconnue la présence d'une herméneutique méthodique derrière les emprunts. Le texte établi par Ziegler, dans ces cas, n'est pas celui de la Septante primitive, mais le produit d'une confusion avec la recension origénienne, ou, selon les cas, avec le principe fondamental de cette recension, qui est la recherche de l'accord avec l'hébreu, à travers les versions hexaplaires. La tâche essentielle d'établissement du texte G est de réaliser le départ entre la forme grecque primitive et la recension origénienne ou ses dérivations. Mais, si Ziegler a contribué ailleurs à l'application de ce principe général, dans le cas de plusieurs emprunts scripturaires stylistiquement détachables il l'a subordonné à la relation avec H, par préjugé sur la nature de G. En ces endroits, son texte ne peut que fourvoyer les utilisateurs qui font confiance à l'édition, sans avoir le temps de s'informer du problème impliqué, ce qui est le cas fréquent des biblistes. La gravité de la question, du point de vue des principes engagés, impose des constats détaillés qui ajouteront quelques exemples à nos spécimens d'emprunts scripturaires réévalués.

B) G 48, 21

En 48, 21, la plupart des représentants de G attestent, en fin de phrase, un surplus par rapport à TM (= Qa) καὶ πίεται ὁ λαός μου «et mon peuple boira». Seuls divergent, d'une part, le Venetus (V), où le surplus manque, d'autre part, le ms 88 de la Vaticane et la version Syro-hexaplaire (Syh), où il est obélisé. Dans son édition, Ziegler a placé ce surplus entre crochets.

La règle posée à cet égard par l'auteur est de laisser figurer dans sa reconstitution du texte primitif les matériaux qu'il estime, pour sa part, *secondaires*, mais qui sont attestés par tous les mss[1]. Ce n'est pas le cas du passage considéré : le surplus manque dans V et il y avait, dès lors, inconséquence, du point de vue de la règle posée, à le laisser dans le corps du texte. Ce n'est qu'une erreur de détail dans la technique de la présentation. Le point important est l'option même de Ziegler. Elle suppose que le texte primitif a été préservé par le Venetus, contre l'ensemble des autres témoins manuscrits (l'obélisation de 88 et de Syh n'étant qu'une indication ajoutée secondairement).

Cette reconstitution du texte primitif sous la forme courte se heurte à 3 objections successives, qui sont fondées : 1) sur les données manuscrites; 2) sur la tendance de G Is aux emprunts scripturaires; 3) sur le contenu littéraire.

1) La différence entre, d'une part, V et l'obélisation de 88 et Syh, d'autre part, le reste de la tradition manuscrite, ne peut s'interpréter que d'une seule manière. Elle signifie qu'à l'époque de la révision origénienne de la Septante, fondée sur les versions hexaplaires littérales, G était représenté par un texte long, tandis que les versions hexaplaires, donc le texte hébreu normatif de cette époque, n'avaient pas le surplus. D'où la réduction du texte long dans ces mss, par suppression ou obélisation. Mais, du seul fait que V, 88 et Syh sont des témoins de la révision hexaplaire, leur rectification du texte long plaide en faveur de ce dernier, bien loin d'être utilisable en faveur d'un texte court primitif. En ce sens ces données confirment indirectement le témoignage unanime de tout le reste de la tradition manuscrite en faveur d'un texte G long. L'éditeur du texte le savait mieux que personne, en spécialiste des mss de la Septante. Sa pensée n'a pas été de fonder l'hypothèse du texte court primitif à l'aide de témoins affectés par la recension hexaplaire, c'est-à-dire raccourcis secondairement. Les données manuscrites lui ont paru devoir céder à un motif plus contraignant.

2) Ce motif c'était, à ses yeux, le fait que le surplus reproduit la fin d'Ex 17, 6. L'identification était relativement aisée et avait été faite depuis longtemps[2]. Ottley l'a redécouverte indépendamment et n'y a vu qu'une simple réminiscence librement insérée par le traducteur[3]. C'est à Zillessen que l'on doit d'avoir établi l'emprunt avec exactitude[4]. Cet auteur attira

[1] *SG Is*, Einleitung 116, et les précisions, 26, où il convient de rectifier l'inexactitude touchant 48, 21. La 2ᵉ éd. de 1967 (zweite durchgesehene Aufl.) n'a pas été rectifiée.

[2] Middeldorpf, *Codex Syro-Hex.*, comm. 498.

[3] *BIAS*, II, 332.

[4] *ZAW* 22 (1902) 243-244.

l'attention sur le fait que l'emprunt avait été pratiqué sur la forme grecque
d'Ex, non sur l'hébreu. Pour la clarté, précisons sa remarque en observant
qu'effectivement le possessif («mon peuple») figure dans ceux des mss de
G Ex qu'il faut considérer comme reflétant le texte préhexaplaire, tandis
qu'il est absent de H Ex et des mss grecs qui ont été affectés par la révision
hexaplaire[5]. Ziegler, dans les *Untersuchungen*, s'est borné à noter que le
surplus d'Is venait d'Ex, et il a renvoyé à Zillessen, sans rappeler qu'il
s'agissait de G Ex[6]. Le point est cependant assez important, car l'indice du
possessif, dans G Ex et G Is, infirme l'hypothèse d'un surplus qui aurait
simplement reproduit la source hébraïque de G Is. Pareille hypothèse était
encore proposée par R. Kittel dans le fascicule d'Is de BH[3] paru en 1929[7].
Elle perd ses chances dès qu'on la confronte à l'indice de G Ex.

Si le surplus de G Is venait ainsi de G Ex et non de la source hébraïque
de G, c'est que cette dernière avait le texte court. Et telle est bien l'opinion
qui est sous-jacente à l'analyse des *Untersuchungen*. Cependant de ce que
H(G) était court et de ce que la leçon longue des mss s'expliquait par
emprunt à Ex 17, 6, Ziegler a conclu, dans son éd., que G primitif devait
être court lui aussi et que le surplus attesté par les mss était une dégradation
secondaire de la transmission grecque. Mais le surplus de G Is par rapport
à H n'est pas un emprunt qui serait dénué d'une justification contextuelle.
Il répond au contraire aux conditions de la méthode des analogies scripturaires. L'analogie consiste ici, d'une part, dans le thème commun aux
2 textes. Cette analogie résulte de l'intention de la rédaction primitive de
H Is, qui était de faire allusion à cet épisode de l'exode, et cela probablement
sur la base des formulations mêmes qui ont été en fait incorporées au livre
de l'Exode. D'autre part, les mots πέτρα et ὕδωρ assurent une jonction
verbale (correspondant à la *gᵉzērāh šāwāh* rabbinique) et il y a une analogie
manifeste entre les vbs respectifs d'accompagnement : G Ex πατάξεις, G Is
... σχισθήσεται; G Ex ἐξελεύσεται; G Is ἐξάξει ... ῥυήσεται.

Vouloir dénier à G Is 48, 21 originel l'emprunt à Ex, comme le fait
Ziegler, c'est faire de ce texte une exception par rapport à toutes les données
similaires relevées en nombre dans les *Untersuchungen*, et identifiées comme
des emprunts de G originel. La contradiction est flagrante et rend l'option
de l'édition *SG Is* intenable. En réalité, dans un cas comme celui-ci, qui n'est

---

[5] Cf. éd. Brooke-McLean. Le possessif figure dans B (ms de base de cette éd.), dans la
marge de M, donc ici secondairement (M = Coislinianus = X de Holmes-Parsons, VIIᵉ siècle;
cf. Kenyon, *BAM* 124) et dans les minuscules. Il manque par contre dans A, M, F
(Ambrosianus, Vᵉ siècle, Kenyon, ibid. 123).

[6] *ZUI* 75.

[7] Note 21 β du ch. 48.

pas isolé (cf. infra), Ziegler a reculé devant les conséquences des résultats auxquels il était lui-même parvenu dans les *Untersuchungen*. Il a profité de ce qu'en 48, 21 l'emprunt se présente comme un appendice, détachable sans dommage pour la cohérence de la phrase. Il a postulé l'équation G primitif = H (= TM). Mais cette solution n'est qu'une prudence moderne mal avisée, qui est liée à la conception que Ziegler s'est faite de G comme d'un effort de *traduction*, alors que G est un effort de vulgarisation religieuse, un *targum* au sens du Judaïsme, dans lequel la traduction est subordonnée à des retouches destinées à l'édification.

Il convient donc de rectifier la présentation du texte dans *SG Is*, en éliminant les parenthèses, qui impliquent la secondarité. Le surplus de G Is 48, 21 est clairement l'œuvre de G primitif et le contester serait revenir en deçà du bilan positif de topographie textuelle des emprunts, dressé dans les *Untersuchungen*.

3) Pour être complet il faudrait encore tenir compte du motif idéologique de l'emprunt. Nous avons noté plus haut que le passage d'Is fait réellement, dans sa forme H, allusion à l'épisode d'Ex 17. L'emprunt prolonge donc une relation littéraire *authentique* (soit avec la formulation même d'Ex, soit avec la tradition du même thème), si bien que G se présente comme un continuateur direct du Prophète. Les responsables de G visaient ainsi à faciliter l'identification de l'allusion contenue dans l'oracle d'Is (= II Is) et à souligner du même coup la relation Loi-Prophètes. Cette dernière semble avoir été à la base des plus anciennes formes de la liturgie synagogale, comme Thackeray l'a montré [8] : les extraits des Prophètes (*haftārôt*) illustraient et sanctionnaient l'accomplissement positif ou négatif de la Loi. L'emprunt à Ex 17 dans G Is 48, 21 a conféré une forme textuelle à la relation Loi-Prophètes. Le but parénétique de la modification comportait vraisemblablement encore une visée plus précise. D'une part, le miracle du rocher était de nature à frapper les esprits, en fournissant un exemple, à la fois pittoresque et heureux, de providence divine. D'autre part et surtout, sa résonance symbolique en faisait un thème de réflexion féconde, dans la communauté synagogale intéressée : de même que l'eau du rocher, la parole scripturaire et l'enseignement qui en dérive abreuveront le peuple.

La reconstitution du motif religieux qui vient d'être proposée paraît d'autant plus légitime qu'outre les indices internes qui la recommandent, elle correspond à l'inspiration d'un document qui se rattache à la même phase de l'histoire du Judaïsme, sinon au même milieu alexandrin. C'est le Document de Damas (CD), où l'on trouve une exégèse explicitement sym-

---

[8] H. St. J. Thackeray, *Sept. and Jewish Worship*, 43 s.

bolique de la quête de l'eau au désert et de l'abreuvement spirituel au puits :
« Le puits c'est la Tôrah » explique le texte, en se référant au creusement du
puits célébré par le couplet de Nb 21, 17 s. (CD, A, col. VI, lgs 4 s.) [9].
Dans les *Untersuchungen* la conception empiriste de Ziegler l'a empêché
de reconnaître la présence d'une méthode et d'un motif religieux d'envergure
derrière l'emprunt de G Is à Ex. Mais du moins il avait repéré cet emprunt,
à la suite de Zillessen. Dans l'édition du texte *SG Is*, Ziegler a renoncé à son
constat des *Untersuchungen*, régressant ainsi au stade antérieur à Zillessen,
et créant une illusion pour tous les usagers de son édition. La reconnaissance
de la nature méthodique de l'emprunt de G Is 48, 21 assure et la teneur
originelle de G et le motif qui l'avait inspirée.

C) G 29, 24

En 29, 24, tous les mss attestent un surplus final par rapport à l'hébreu :
καὶ αἱ γλῶσσαι αἱ ψελλίζουσαι μαθήσονται λαλεῖν εἰρήνην « et les langues
qui balbutient [10] apprendront à parler de paix » [11]. Le contexte précédent
dans H, suivi pour l'essentiel par G, est relatif à une délivrance (29, 22) accompagnée de renouvellement spirituel (29, 23-24). Obélisation normale dans
B, Q (ce dernier se classe, par son texte, rappelons-le, dans le groupe
alexandrin [12]), et des minuscules de la recension pseudo-lucianique. C'est,

---

[9] Ed. Zeitlin, A, VI = Rost 8, 6 s. (p. 14). L'interprétation du couplet de Nb 21, 17 s.
dans CD est fondée sur la même herméneutique analogique qui était en usage dans le milieu
de G et dans le Judaïsme postérieur. Précisions, IIe partie, ch. VI, D, b.

[10] Le vb grec s'applique dans la langue classique à toute élocution défectueuse : « proférer
des sons inarticulés, embarrassés ou hésitants ». Le contexte de Plat. *Gorg.* 485 b cité par les
dict., illustre bien cette valeur générale par l'exemple de l'enfant dont la parole est encore
maladroite, mais non pas anormale comme celle du bègue. Le bégaiement peut être visé, selon
le contexte, mais non nécessairement. Emploi similaire de τραυλίζω (absent de G et du NT).
L'adj. hébreu עלג correspond à un thème intensif à nuance passive, réservé aux particularités
physiques et infirmités (*BL* 477). Il ne paraît pas ailleurs et caractérise vraisemblablement
aussi toute espèce d'embarras de parole. Le sémantisme de la rac. apparentée לעג recouvre
toute forme d'élocution incompréhensible ou de moquerie exprimée par des sons vides de sens.

[11] Ou « dire la bienvenue » (littéralement, « dire : paix! »). Ainsi Ziegler, *ZUI* 121. Les
bègues deviendraient alors capables de ce minimum. Mais il semble préférable d'admettre que
lors du temps messianique annoncé, le moins aptes à la parole se feront éloquents en propos
pacifiques : le règne de la paix sera irrésistible, s'imposant même dans la bouche des inaptes.
S'il s'agissait de la simple bienvenue, on attendrait plutôt le discours direct et le nominatif,
comme dans le NT : Mt 10, 12, Lc 10, 5, Jn 20, 19 s. D'un autre côté le vb grec est attesté en
classique + accusatif, au sens de « parler de qc » (LdS § I, 2); Les textes de G Ps allégués par
Ziegler ne garantissent nullement la valeur qu'il postule ici, et ceux de Schleusner (*Thesaurus*,
I, 686-687) prouvent seulement que G connaissait l'emploi de « paix » pour la salutation.

[12] *SG Is*, Einl. 29.

comme dans le texte étudié précédemment et ailleurs, une confirmation de l'existence du surplus dans l'ancienne Septante préhexaplaire, c'est-à-dire en principe dans le texte grec primitif[13].

Le surplus est un emprunt à 32, 4. Dans les *Untersuchungen*, Ziegler s'est borné à observer, sans plus ample information, que c'est «une glose qui a pénétré» de 32, 4 en 29, 24[14]. Il convient de préciser que l'emprunt reproduit le texte grec de 32, 4, qui diverge sensiblement par rapport à H. Toutefois, comme 29 et 32 sont imputables au même interprète (individu ou groupe), dans l'hypothèse où le surplus faisait partie de G primitif, comme le suggèrent les mss, l'emprunteur n'a fait qu'anticiper sur sa traduction ou la reproduire. Il connaissait le texte hébreu. C'est seulement si l'adjonction a été portée secondairement dans G que l'on peut parler d'un emprunt pratiqué sur le grec, sans consultation de l'hébreu.

Ottley avait repéré la provenance du surplus[15], et l'on trouve le fait déjà signalé par Schleusner[16]. Ce dernier, sous l'influence de l'attraction exercée par la notion d'archétype hébreu et de ses rapports avec les versions, a inauguré la dépréciation du surplus de G en 29, 24. Les termes ajoutés sont «complètement étrangers» au contexte, écrit-il. Schleusner n'avait pas une connaissance de la tradition manuscrite comparable à celle qui est devenue possible dans la suite, et il ne bénéficiait pas du bilan des *Untersuchungen*, qui montre que les emprunts sont une caractéristique de G et qu'un surplus comme celui de 29, 24 a toutes les chances a priori d'avoir fait partie du texte primitif.

Par contre l'option de Ziegler en faveur d'un texte court primitif va, comme en 48, 21, à l'encontre de ses propres résultats antérieurs dans les *Untersuchungen*. La tradition manuscrite est ici unanime en faveur du texte long[17]. L'hypothèse de l'éditeur n'aurait pu triompher de cette double difficulté et se justifier que si l'emprunt à 32, 4 avait été dénué de tout rapport analogique avec le texte d'emprunt et s'il avait porté la marque d'une combinaison accidentelle qui serait passée dans toute la tradition manuscrite. Ce n'est pas le cas et les objections mentionnées contre le texte court pèsent, en conséquence, de tout leur poids.

---

[13] La formulation d'Ottley est propre à induire en erreur. Il écrit que le surplus «is marked as doubtful in B, Q» (*BIAS*, II, 252). Le surplus était «douteux» *du point de vue des réviseurs*, mais son appartenance à l'ancienne Septante se trouve par là confirmée!

[14] *ZUI* 69.

[15] Ottley, loc. c. sup.

[16] *Thesaurus*, I, 686.

[17] Comme vu supra, en 48, 21 la tradition manuscrite n'est pas unanime (V!), contrairement aux crochets de Ziegler.

L'analogie de thème entre 29, 22-24 et 32, 1-4 est immédiatement visible. Dans le 1ᵉʳ texte une restauration providentielle (29, 22) est suivie d'effets spirituels, notamment d'une conversion de l'erreur à «l'intelligence» (בינה, σύνεσιν) et d'une soumission à «l'instruction» (29, 24). Le 2ᵉ, plus précis, annonce un règne à caractère messianique (32, 1-2), également accompagné d'un renouvellement des esprits, dont l'évocation comporte entre autres une indication sapientiale proche de celle de 29, 24 : les cœurs seront adonnés à la connaissance (des volontés divines) selon H, ce que G rend en mettant l'accent sur l'audition attentive, c'est-à-dire pratiquement sur l'obéissance à la Loi. Cette transposition ne trahit pas l'esprit du texte, et devait sans doute permettre (aux yeux de G) une meilleure opposition littéraire à la catégorie des révoltés impies, mentionnés dans le contexte suivant. Significatif à cet égard est le choix du terme très général ἄνομα (32, 6) pour חנף «impiété», de nuance plus spécifiquement religieuse. La difficulté offerte par τῶν ἀσθενούντων (32, 4) a été négligée par les interprètes. L'influence possible de 40, 30-31 n'est pas la seule hypothèse à considérer, et la mention des «affamés» et des «assoiffés» de 32, 6b n'a guère pu jouer qu'un rôle complémentaire, sans être par elle-même explicative[18]. Le terme en question, de G 32, 4, prend en tout cas ici une valeur parénétique édifiante : en écoutant avec attention (ἡ καρδία ... προσέξει τοῦ ἀκούειν, sous-entendu l'instruction relative à la volonté divine exprimée dans la Loi), les «faibles» recouvreront l'énergie. En bref l'analogie des 2 formulations de 29 et 32 est nette. Elle est renforcée par la jonction verbale offerte par le substantif בינה commun aux 2 textes.

---

[18] Ottley, Fischer, Ziegler, Seeligmann ont successivement passé sur la difficulté. Le mot hébreu ainsi traduit par G est נמהרים qui désigne ceux qui «se hâtent», qui «sont pressés». Ce sont des «inconsidérés», qui procèdent sans «science», c'est-à-dire sans tenir compte de l'instruction divine de la Loi. À côté de l'hypothèse d'un emprunt à Is 40, 30-31, en vertu de la jonction décelable («ceux qui courent», 40, 31, «les empressés», 32, 4), une autre hypothèse est concevable, isolément ou combinée avec le dit emprunt. G pourrait dériver spéculativement d'une interprétation fixée en araméen, et utilisée aussi par Syr ולבא דסכל נסתכל ידעתא «et le cœur d'un insensé comprendra la science». Le vb *nestakal* «considérera, comprendra», qui suit l'hébreu, a fourni par homonymie des rac., l'adj. *sᵉkal* «insensé» (sur cette rac. distincte, voir Brockelmann, *LS* 473, tandis que *PSm* 2627 rattache encore l'adj. à la même rac. que le vb). Une spéculation herméneutique d'analogie formelle a pu passer, par calcul concerté, de *skl* à *śkl*, et de là, par métathèse et mutation de *ś* en *š* (homographie), à *kšl*. Dans une majorité de textes, G rend cette rac. כשל par ἀσθενεῖν, ce qui livre une solution pour le terme de G 32, 4. Cette équivalence s'explique par 2 sortes de données qui se complètent : d'une part, les valeurs sémantiques exposées ci-après, IIᵉ partie, ch. I, notes 4-5 ; d'autre part, l'existence probable (quoique non attestée ailleurs positivement) d'une valeur «être faible», en araméen. On en a vraisemblablement un répondant dans l'arabe *kasila*, qui dépeint un état de langueur, de paresse ou d'impuissance (en ce dernier cas : dans l'union charnelle) : *Lisān*, éd. Beyr. XI (47) 587 A, bas. Ces nuances correspondent bien à de la «faiblesse».

Il semble à première vue que l'emprunt ait simplement servi à une amplification littéraire, et celle-ci ne peut manquer de paraître naïve à un moderne. Pourtant un examen plus attentif permet de déceler derrière le surplus de G un intérêt idéologique fondé sur l'exploitation d'un thème traditionnel. Depuis le fameux oracle d'Is sur la cécité et la surdité surnaturelles du peuple rebelle (6, 10), l'oblitération des sens et telle autre infirmité éventuelle, en particulier les troubles de la parole, étaient devenus les signes concrets de l'errance spirituelle qui éloigne l'homme de Dieu et le précipite à sa perte. Inversement le salut divin et la rénovation spirituelle qui est un de ses effets, seront annoncés ou accompagnés par la disparition miraculeuse de ces mêmes infirmités, et les guérisons seront autant de signes d'un temps de faveur divine. Or telles sont bien les conditions évoquées par les 2 passages d'Is. Dès lors l'adjonction du surplus de 29, 24 dans G revêt une signification profonde. La guérison des langues embarrassées n'est pas un détail qui vaudrait par son étrangeté et son pittoresque, c'est, dans l'esprit de l'exégèse pratiquée par G, un signe qui indique le changement des temps et des cœurs[19]. Si cette reconstitution est correcte, le traitement du texte par G s'inspire d'un thème traditionnel dont il atteste la connaissance. G nous fait donc remonter ici dans le temps et s'avère à sa manière bon commentateur de l'ancienne prophétie. On voit combien le jugement négatif de Schleusner, quoique compréhensible à son époque et marquant une étape utile, était néanmoins propre à fourvoyer l'appréciation des vraies intentions de G. Le texte court adopté par Ziegler a résulté de l'orientation trop exclusivement et matériellement textuelle qui s'exprime dans le jugement de Schleusner et qui a dominé la critique.

Si l'on en juge par la convergence de tous les indices disponibles — mss, contenus littéraires, tendances idéologiques — le texte grec court n'a jamais existé. Comme dans le cas précédent, 48, 21, c'est le texte long qui possède le caractère primitif et c'est à lui qu'il convient d'accorder la priorité, à l'encontre de l'édition de Ziegler.

D) G 46, 11 ; G 44, 16 ; G 58, 11

En 46, 11, seuls ont un texte « court », correspondant à TM = Qa, des représentants des recensions secondaires par rapport à l'ancienne Septante, à savoir 3 témoins de la recension hexaplaire (V, 109, 736), l'ensemble des pseudo-lucianiques, le principal groupe des Catenae (qui, lorsqu'il se sépare

---

[19] Cette interprétation intéresse les guérisons miraculeuses des Évangiles et l'activité thérapeutique des Esséniens. Une herméneutique semble avoir accompagné et justifié cette croyance.

des 2 sous-groupes distingués par Ziegler, s'accorde toujours avec la recension hexaplaire[20]). Obélisation normale dans B, 88, Syh. Tous les autres témoins ont un surplus qui provient de la fin de 48, 15 : ἤγαγον αὐτὸν καὶ εὐόδωσα τὴν ὁδὸν αὐτοῦ. Cette formule diffère légèrement des textes hébreux de 48, 15 par le vb à la 1re pers. sg, au lieu de la 3e. La 3e pers. de TM = Qa est, selon toute vraisemblance, primitive. Le point est sans conséquence pour notre sujet. D'après le témoignage des mss, le texte de G préhexaplaire, qui est en principe le texte de G primitif, était donc le texte long. Ziegler a opté pour la forme courte qui s'accorde avec l'hébreu et il a rejeté le surplus dans l'apparat critique comme déformation du texte primitif. Une fois de plus cette interprétation est en conflit avec les données positives. Elle ne repose en définitive, selon ce qui a déjà été observé supra, sous B et C, que sur une impression subjective encouragée par le préjugé de l'empirisme des emprunts scripturaires. Le surplus est ici soutenu par les mss représentatifs de l'ancienne Septante et par la relation analogique entre 46, 11 et 48, 15. Les 2 textes annoncent la venue triomphale d'un envoyé providentiel (Cyrus). Ils ont de plus en commun les vbs «j'ai parlé et j'ai amené» (le 2e vb au futur dans H 46, 11). Cette jonction verbale suffisait à elle seule à justifier l'emprunt, du point de vue de G. L'emprunt était destiné non pas à surmonter *un embarras d'intellection, hors de propos ici,* mais à insister sur la réalisation temporelle concrète de la parole et de l'activité «formatrice» (H) ou créatrice (G) — 46, 11 bβ — de Dieu. L'intention édifiante ne paraît pas douteuse. Il convient donc de tenir le texte long pour primitif, à l'encontre de Ziegler.

Nous devons reporter à une autre publication l'examen des conditions assez complexes dans lesquelles se présente G 44, 16. Il s'agissait ici pour G d'aménager à l'intention de la lecture synagogale un texte quelque peu embrouillé, dans sa forme H. La reconstitution proposée par Ziegler est un assemblage composite qui se heurte à des objections du même ordre que celles illustrées par les exemples précédents. Le texte G primitif est représenté par A et le papyrus Chester Beatty. Il comportait une répétition par rapport à 15, mais une répétition utile à l'édification visée par G. L'examen de G gagnera à être entrepris dans le cadre d'une révision des problèmes exégétiques soulevés par H, dans l'ensemble de la péricope 44, 12 s.

En 58, 11, A, Q et les autres mss du groupe alexandrin (l'incomplet 710 étant exclu), c'est-à-dire les témoins habituellement représentatifs de l'ancienne Septante, dans le cas de G Is, divers autres témoins encore[21] ont, par

---

[20] Sur cette particularité, voir *SG Is, Einleitung*, 95.
[21] Voir le détail dans l'app. crit. de *SG Is*.

rapport à TM = Qa et au reste des mss de G, un important surplus final :
καὶ τὰ ὀστᾶ σου ὡς βοτάνη ἀνατελεῖ καὶ πιανθήσεται καὶ κληρονομή-
σουσι γενεὰς γενεῶν. Ottley, après avoir estimé que ce surplus de A
représentait comme un abrégé de 58, 11-12, avait plus correctement ajouté
qu'il avait été fabriqué à l'aide de 66, 14 et de 34, 17[22]. On retrouve effectivement la 1re proposition du surplus à la fin de 66, 14 (avec possessif à la
2e pers. du plur.), texte où G = TM. La dernière proposition du surplus
est très proche de la formulation de 34, 17, à condition de négliger la
césure propre à ce texte où εἰς γενεὰς γενεῶν se rattache au vb suivant
(= H), non au précédent retenu dans l'emprunt. Quant à πιανθήσεται, ce
vb est tiré du contexte précédent de 58, 11. Dans les *Untersuchungen*, Ziegler
a retenu avec raison les 2 textes identifiés par Ottley. Mais, pas plus
qu'Ottley, il ne s'est intéressé aux modalités de détail et à la portée du fait.
Il lui suffisait d'avoir établi par ce constat que le surplus provenait d'un
emprunt, non de H[23].

La répétition de πιανθήσεται dans G (A, Q etc.) pourrait être l'indice
d'une formulation constituée à partir des 3 passages 66, 14 + 34, 17 + 58, 11
(ce vb), en vue de quelque usage liturgique ou catéchétique. Une telle formule
a pu être portée en marge de 58, 11 ou directement insérée. Dans ce cas
πιανθήσεται, issu primitivement de 58, 11, aurait secondairement fait office
de jonction avec son propre texte d'origine. Quoi qu'il en soit de ce détail,
nous sommes de toute façon en présence de matériaux scripturaires, et ils
ont été incorporés d'après le principe analogique. La formulation de 66, 14
a été prélevée à partir de l'idée commune de prospérité végétale, et en vertu
du terme de jonction «os»[24]. L'emprunt à 34, 17 s'explique par l'analogie
contextuelle de 58, 12 (idée de nouvel habitat et de pérennité, avec jonction
verbale sur ce dernier point) et selon une relation générale antithétique : il
est question de promesse de prospérité à Israël, en 58, 11 s., de malédiction
éternelle du pays édomite, en 34, 17.

Le glissement de G 58, 12 dans le sens d'une pérennité future des
fondements, alors que H fait allusion aux «générations» du passé, indique
que l'emprunt a probablement été fait après fixation grecque tendancieuse
de 58, 12[25]. L'amplification a donc été effectuée dans les meilleures condi-

---

[22] *BIAS*, II, 360.

[23] *ZUI*, 78.

[24] «Tes os», 58, 11 ; «vos os», 66, 14 (G = TM = Qa).

[25] Celle-ci étant solidaire de 58, 11, le fait n'autorise aucune déduction dans le sens d'une
secondarité de l'emprunt. L'écart de la 2e proposition de 58, 12 par rapport à l'hébreu
(TM = Qa) paraît s'expliquer de la manière suivante : αἰώνια a été suppléé d'après le contexte
précédent pour obtenir une correspondance antithétique. Le vb ἔσται peut se justifier à partir

tions d'application de la méthode des emprunts scripturaires, en vertu d'une analogie littéraire renforcée par des jonctions verbales. L'intérêt littéraire et édifiant que l'amplification offrait pour le milieu synagogal de G n'est pas douteux. Le surplus est donc conforme aux phénomènes observables en série dans G Is, et caractéristiques de sa première élaboration, ce qui plaide pour son appartenance à G primitif, que recommande aussi la représentation manuscrite.

Ziegler a retenu le texte court des mss qui correspondent à TM. Mais ce texte court est le résultat de la révision hexaplaire et l'éditeur s'est mis une fois encore en conflit à la fois avec les meilleures données manuscrites et avec le constat général de la tendance de G aux emprunts, qu'il avait établie dans les *Untersuchungen* [26].

E) G 62, 8

62, 8 soulève un problème d'établissement du texte et d'influence scripturaire qui ne concerne qu'un terme, mais d'importance religieuse. Le passage est relatif à un serment divin de ne plus livrer le pays d'Israël à des ennemis. Selon TM = Qa [27] = H, Yahvé «a juré par sa droite et par le bras de sa

---

de la rac. *qwm*, mais il supposerait soit une perte du 2e *mem* de H, soit une négligence de cette lettre pour les besoins de l'interprétation et par «petite mutation». Cette seconde hypothèse me paraît assez plausible en raison de l'intérêt idéologique du glissement de sens par rapport à H.

[26] Dans son *Einleitung* de *SG Is*, Ziegler a cherché à justifier le type de traitement qu'il a appliqué à 58, 11 (*SG Is* 25). Il ne surmonte pas la difficulté de base que nous exposons, et il est amené à concéder la possibilité d'une leçon à emprunt imputable à G primitif : «Es ist nicht sicher zu entscheiden …». L'hésitation n'est que trop justifiée. Néanmoins l'auteur croit surprendre un indice à l'appui de son option en faveur du texte court (cf. «das letztere liegt näher …»). Mais cet indice n'est qu'un postulat allégué à l'encontre de ce qu'enseignent les *Untersuchungen*, et pour les besoins de la cause. Par contre Ziegler a négligé de tirer la conséquence d'un autre indice, positif celui-là et de poids. C'est le témoignage du papyrus Chester Beatty, en faveur de la forme textuelle à emprunt, en 44, 16. Je dois réserver à une autre publication l'examen de ce texte, important pour notre sujet, mais qui nous entraînerait trop loin, alors que la place est limitée. En tout cas le témoignage de pap. Chester B. (= 965 dans *SG Is*), à l'appui des formes textuelles à emprunt en 44, 16, se répercute sur le cas de 58, 11 (où le pap. est lacuneux), en faveur de la forme textuelle à emprunt attestée par les témoins normaux de l'ancienne Septante. L'indice, sans être décisif en lui-même, est cependant lui aussi défavorable à l'option de Ziegler. L'étude de 44, 16 allégué par Ziegler, dans son introduction, de pair avec 58, 11 (*SG Is* 25), montrera dans une publication ultérieure que la solution retenue par l'auteur soulève la même critique que celle exposée ici, et que sa reconstitution de G primitif, dans des conditions que la nature de la documentation rendait, il est vrai, difficiles, se heurte à d'autres objections encore.

[27] Le passage est assez difficile à lire dans Qa, en raison de l'empâtement des lettres, l'encre ayant fait des taches en plusieurs endroits de cette colonne et des suivantes.

force». Parmi les mss G, seuls V et B (mais celui-ci seulement à la suite
d'une correction) correspondent à la première expression hébraïque, avec
κατὰ τῆς δεξιᾶς αὐτοῦ. Tous les autres témoins portent κατὰ τῆς δόξης
αὐτοῦ. Le «Seigneur» a alors juré «par sa Gloire». Malgré la ressemblance
graphique des 2 leçons, surtout dans les mss onciaux, la 2ᵉ n'a guère de
chance d'être un produit accidentel : elle est littérairement cohérente et d'un
intérêt idéologique trop manifeste. Dans ces conditions, ce sont au contraire
les témoins généralement affectés par la révision hexaplaire, et ici en accord
avec TM, qui sont suspects d'être secondaires, en face du groupe alexandrin
suivi par tout le reste de la tradition manuscrite. Et c'est le cas d'autant
plus qu'il ne s'agit même pas de la leçon primitive de B[28].

Les données manuscrites se présentent donc, à peu de chose près, comme
en 48, 21[29] et plaident, directement par le groupe alexandrin et la majorité
des mss, indirectement par l'accord de données posthexaplaires avec l'hébreu,
en faveur de la divergence par rapport à l'hébreu, dans G primitif. Pourtant,
comme en 48, 21, l'éditeur a postulé, contre l'appréciation normale des
données manuscrites, un texte G primitif conforme aux témoins de la révision
hexaplaire et à TM. Cette solution ne serait recevable que s'il existait un
indice assez significatif pour l'emporter sur les données manuscrites. Dans
les *Untersuchungen* Ziegler mettait déjà la leçon B (corr.) en balance avec
celle de A et autres, malgré son caractère de correction secondaire[30]. Mais
à cette époque il dépendait encore des éditions antérieures, non de l'examen
critique de la grande majorité utile des sources manuscrites, qui est à la
base de l'édition de 1939. En particulier, l'édition du papyrus Chester Beatty
n'avait pas encore confirmé la supériorité du groupe alexandrin[31]. En
revanche Ziegler avait identifié un texte soupçonnable d'avoir exercé son
influence sur la leçon divergente. C'est 63, 12 où, notait-il, figurent les
2 notions de «la droite» et du «bras de sa Gloire». Ce sont là, en effet, des
matériaux propres à expliquer la modification du sens dans A etc. Ziegler
remarquait d'abord que «*peut-être* (je souligne) une glose ou une variante

---

[28] L'apparat de Ziegler indique O(Bᶜ). Comme O = B-V, il eût été plus clair de noter
V-Bᶜ, c'est-à-dire non pas B, mais seulement une correction apportée secondairement à ce ms.
[29] Cf. ci-dessus, § B. Dans les 2 cas V est le principal témoin. La différence ne tient qu'à
la correction secondaire de B en 62, 8 et à l'obélisation du surplus de 48, 21 dans Syh et 88.
[30] *ZUI* 171.
[31] Il est vrai que Ziegler faisait aussi valoir la leçon d'Aq (= TM), à côté de Bᶜ. Cette
donnée livre une raison de valoriser la correction de B à l'égal de B même, puisque, dans
son ensemble, ce ms a été affecté par la recension hexaplaire, dont Aq est une des sources.
Un accord Aq-Bᶜ = TM, contre une leçon des mss G qui diffèrent de TM, prouve, sauf
intervention d'un indice cogent opposé, que Bᶜ a été affecté par la révision hexaplaire et ne
peut donc contribuer à la restitution du texte primitif de G qu'indirectement et par différenciation.

provenant de 63, 12 figurait à 62, 8» (entendez : dans la source hébraïque)[32]. Il concluait ensuite sur un ton plus affirmatif, après avoir tenu compte de la divergence de Sym dans l'hémistiche suivant, que le texte (62, 8) est «un clair exemple qui prouve que des textes et tournures apparentés ont déjà figuré *comme variantes* (je souligne) dans la source de G»[33]. Mais la leçon de Sym n'intéresse pas la forme G en discussion et soulève une question à disjoindre. L'hypothèse d'annotations scripturaires en marge de mss hébreux est, comme déjà dit, légitime, quoique Qa invite maintenant plutôt à compter avec des modifications directes. Cependant dans le cas de G 62, 8, cette hypothèse n'a qu'une valeur théorique et ne permet pas de parler du «clair exemple» que Ziegler fait succéder à son «peut-être». D'un autre côté la formulation des *Untersuchungen* glisse insensiblement vers une conception moderne inadéquate, lorsque l'auteur allègue des «tournures apparentées» et des «variantes» dans la marge de H(G). Avec ou sans gloses marginales, il s'agit dans G de prélèvements effectués dans d'autres passages scripturaires et leur insertion était justifiée par analogie littéraire et, si possible, jonction verbale. L'examen du rapport de 63, 12 et de 62, 8 confirme l'hypothèse d'influence, mais non sous forme de «variante», ni même de glose scripturaire notée en marge. G 62, 8 suppose un travail de déduction exégétique et une incorporation directe sur la base de la double jonction constituée par «la droite» et «le bras», termes communs aux 2 textes. À partir de là on peut concevoir que 63, 12 fournissait l'équation utile : «la droite» = «le bras de la Gloire». Cette 2e expression, une fois introduite par substitution en 62, 8, était réductible à un seul terme, par souci de laisser toute sa majesté à la Gloire et aussi pour éviter que la mention du bras dans l'hémistiche suivant ne constitue une répétition (type de simplification fréquent chez G). La Gloire rendait le serment divin particulièrement convaincant et édifiant : Dieu jurant par sa propre Gloire! voilà qui devait frapper les esprits. Par ailleurs la leçon obtenue était conforme à la prédilection de G Is pour la notion de Gloire[34]. L'intérêt religieux de la modification pour le milieu de G est manifeste et la méthode d'analogie scripturaire scellait de son autorité l'écart par rapport à H.

La solution de Ziegler ne peut se réclamer que du présupposé de relation directe G-H et d'une certaine ressemblance matérielle qui permet de supposer

---

[32] «Viell. stand aus 63, 12 eine Glosse oder Variante zu 62, 8» (*ibid.*).

[33] «Diese Stelle ist wiederum ein deutliches Beispiel dass verwandte Stellen und Wendungen bereits in der LXX Vorlage als Varianten vorgelegen sind» (*ibid.*).

[34] Dans l'hémistiche suivant, «par la force de son bras», au lieu de l'inverse dans l'hébreu. Au contraire en 63, 12 G a pu garder l'allusion à «la droite» et au bras, car il s'agit de conduire providentiellement Moïse.

une altération de δεξιᾶς en δόξης. Mais suivre la première considération c'est perdre de vue le bilan des *Untersuchungen*, touchant la tendance aux emprunts. Quant à l'hypothèse d'altération, elle doit le céder à l'examen des contenus idéologiques. Le texte retenu par l'éditeur est en conflit avec les données objectives et il fait disparaître, comme dans les cas précédents, un indice herméneutique de l'œuvre de G.

F) G 1, 25

Avant de clore cet aperçu des problèmes textuels en rapport avec des phénomènes d'emprunts scripturaires, examinons encore le cas instructif d'un texte à emprunt, dont les attestations manuscrites se présentent comme dans les exemples précédents (c'est-à-dire en faveur de l'emprunt dans la forme G originelle), dans lequel le plus gros de l'emprunt se présente en appendice final, *stylistiquement détachable*, et pour lequel Ziegler a cependant retenu la solution opposée à la précédente, c'est-à-dire l'attribution de l'emprunt à G primitif. Il s'agit de G Is 1, 25. Sans nous arrêter à tous les détails de l'adaptation, qu'il conviendrait de discuter dans une analyse complète, bornons-nous au minimum requis pour la clarification (ci-après : 1), et portons notre attention sur la question centrale de la source et des modalités de l'emprunt. Il importe d'en avoir une vue exacte pour saisir la nature du problème d'établissement du texte (ci-après : 2).

1) G Is 1, 25 est caractérisé, en premier lieu, par une transposition des 2 références concrètes empruntées par H à la technique des fondeurs de métaux. סיגיך «tes scories» est rendu par τοὺς δὲ ἀπειθοῦντας «les rebelles» et כל בדיליך «tous tes déchets (de fonderie)» a pour correspondant πάντας ἀνόμους. On pourrait objecter que la transposition d'images dont nous venons de parler n'est qu'une apparence et qu'en réalité ce qui explique la teneur de G c'est une interprétation étymologique, dans un sens général, des 2 substantifs qui, dans H, revêtent une valeur spécialisée, par application à la technique métallurgique. Les valeurs propres des 2 rac. en cause (סוג «s'écarter, faire défection» et בדל «séparer, dissocier») se prêtent en effet à une telle exploitation, où la déduction n'est plus pratiquée à partir d'une métaphore, mais à partir de la donnée lexicale. Il faut reconnaître qu'une perte des sens techniques de H — donc des métaphores — est possible dans G. Toutefois une autre transposition, celle de 1, 22, où ἀδόκιμον rend לסיגיך, est plutôt en faveur de la connaissance de l'emploi métallurgique du 1er terme problématique de 1, 25. Mais la question de non intellection ne peut être tranchée avec certitude et la probabilité est plutôt l'intellection, d'une part, d'après l'indice de 1, 22, d'autre part, si l'on en juge par la

tendance aux transpositions d'images en catégories clarifiantes et édifiantes. Cette tendance est caractéristique de G et des targumîm en général. Par conséquent, en présence des termes de 1, 25 dûment compris, G devait être de toute façon porté à transposer. Il est remarquable à cet égard que T ait interprété ici selon le même principe. Ziegler en a pertinemment fait l'observation [35]. Peut-être faut-il dépasser l'hypothèse d'une simple affinité générale et pousser jusqu'à celle d'une tradition exégétique commune [36].

2) En second lieu, G 1, 25 a été affecté par un emprunt à H 13, 11. Cet emprunt a eu pour effet l'insertion de 2 surplus par rapport à H 1, 25.

a) ἀπολέσω, sans correspondant dans H, s'explique par le prélèvement du 1ᵉʳ vb de 13, 11 b : H והשבתי («je ferai cesser»), G καὶ ἀπολῶ [37]. Les analogies de justification sont les mêmes que pour l'emprunt principal (infra b) : d'une part, l'analogie générale de thème, une fois la déduction métaphorique ou lexicale (précisions supra) effectuée sur les 2 substantifs problématiques de 1, 25 ; d'autre part, le terme de jonction (ἀνόμους ; cf. en 13, 11 ὕβριν ἀνόμων) dégagé en grec par suite de cette déduction ; enfin l'analogie qui se présente entre les substantifs, si leur sens technique était perçu, et l'allusion à du métal précieux en 13, 12 (l'intellection essentielle est garantie sur ce point par τὸ χρυσίον 13, 12). La convenance de cette seconde considération pour rendre compte de l'emprunt constitue un indice

---

[35] *ZUI* 81. C'est un des rares cas où Ziegler a noté une relation entre G et T, alors que cette relation est en réalité plus fréquente que ne le suggèrent les faits relevés exceptionnellement dans les *Untersuchungen*. Il eût été souhaitable, en une telle enquête, de procéder à un relevé systématique qui aurait eu des chances d'attirer l'attention de l'auteur sur l'importance des affinités de G et de l'exégèse du Judaïsme, au lieu que Ziegler a cru à des raretés impuissantes à ébranler le principe opposé, celui d'une grande indépendance de G Is à l'égard de la pensée exégétique du Judaïsme.

[36] Il y a lieu en effet de se demander si, par delà le type d'interprétation commun à G et T, les leçons respectives de ces textes ne reflètent pas une tradition commune d'équivalences fixées en araméen, avant l'époque de G, utilisées par G et recueillies tardivement par T. Le 2ᵉ terme de G, ἀνόμους, représente une équivalence prédominante dans la Septante pour le subst. רשע ou pour les autres représentants de cette rac. Or T emploie un représentant araméen de cette même rac. pour le 1ᵉʳ terme hébreu en cause (T כל רשיעך). Si une interversion des subst. s'est produite à un stade quelconque de G ou T, ce qui est très admissible, on obtient une correspondance précise entre G et T. Si cette correspondance a été réelle, les 2 autres termes respectifs de G et T, quoique de nuance différente, pourraient dériver d'une même interprétation originelle, car un rapport s'établit entre eux, du point de vue de la logique de la culpabilité (G «les rebelles», littéralement «les désobéissants» ; T «tes coupables»)

[37] La différence morphologique des futurs montre que G 1, 25 n'a pas prélevé sur une adaptation grecque déjà fixée pour 13, 11 (antériorité en elle-même possible, vu le système des extraits prophétiques nécessaires au culte). L'emprunt a été fait sur l'hébreu, mais les responsables de G 1, 25 avaient déjà à leur disposition l'équivalence grecque qui devait leur servir pour le vb de 13, 11.

favorable à l'intellection des sens techniques en 1, 25, indice qui s'ajoute à ceux notés supra.

L'emprunt ἀπολέσω ne manque que, d'une part, dans 88 et 109, 2 représentants tardifs (X^e et XIIIe siècle) de la recension origénienne, d'autre part, dans C, groupe principal des Catenae (Xe s. et XIe s.)[38]. L'harmonisation par rapport à H, c'est-à-dire la suppression de l'emprunt, n'a donc même pas affecté les principaux représentants de la recension origénienne, B et V. L'emprunt appartenait donc bien à G primitif, d'après le témoignage des mss autres que ceux nommés, et notamment d'après les représentants du groupe alexandrin, dont l'autorité est en principe prioritaire, dans le cas de G Is. Ziegler a reconnu cette appartenance dans son établissement du texte[39]. Il s'agit d'un emprunt *amalgamé au contexte*, et c'est la seule différence, en réalité fortuite, par rapport aux exemples examinés précédemment, où Ziegler a opté pour la solution opposée, l'addition étant stylistiquement détachable.

b) En apparence le 2e emprunt à 13, 11 se présente comme une addition stylistiquement détachable. C'est, à la fin de G 1, 25 : καὶ πάντας ὑπερηφάνους ταπεινώσω, sans correspondant dans H. Ce membre provient de la fin de 13, 11, mais avec une retouche destinée à harmoniser sur le contexte de 1, 25. On a en 13, 11 ונאות עריצים אשפיל : καὶ ὕβριν ὑπερηφάνων ταπεινώσω. G 1, 25 a éliminé «l'orgueil» et ajouté «tous» pour réaliser une bonne correspondance avec les 2 catégories correspondantes de son contexte (où noter πάντας = H). Les légitimations analogiques sont celles mentionnées sous (a). Les attestations manuscrites établissent l'appartenance à G primitif[40]. Ziegler a fait figurer le surplus dans sa reconstitution du texte. Avec raison[41]. Mais l'utilisateur qui comparera les solutions opposées

---

[38] Ziegler a noté, à côté de 88, o II, c'est-à-dire le 2e groupe de la recension hexaplo-origénienne. Mais l'indication est fourvoyante, et, en toute rigueur inexacte, puisque o II = 109 et 736, et que G 1, 25 n'est pas attesté dans 736 (*SG Is, Einl.* 10), il ne reste que 109, qui devait être mentionné seul.

[39] Par contre il a méconnu que le vb grec est un emprunt à 13, 11 et l'a cru inspiré par le contexte de 1, 25 : *ZUI* 61.

[40] Le surplus manque complètement ou partiellement dans divers mss qui témoignent d'un travail secondaire d'alignement du texte de l'ancienne Septante juive sur la forme H (par l'intermédiaire des versions hexaplaires). Le processus confirme indirectement la présence de l'emprunt dans G primitif. Le surplus de G manque entièrement dans B et 410 (un minuscule du XIIIe siècle). V, le groupe principal des Catenae (C), 109 (recension origénienne), des minuscules «mixti» et la citation d'Eusèbe n'ont pas le vb final ταπεινώσω. La rectification seulement partielle de ces témoins s'explique, soit par une inconséquence, soit par un intérêt pour le trait apporté par l'adjectif.

[41] Opposer le texte de l'éd. Swete, qui reproduit la forme courte de B. La priorité de la forme longue avait été reconnue dans l'éd. de Rahlfs (1935).

retenues par le même auteur pour les problèmes textuels identiques de 48, 21 et autres, examinés supra, ne manquera pas d'être surpris par le maintien du surplus en appendice, qui pouvait être détaché, comme le montre l'édition de Swete. L'inconséquence est réelle sur le fond, mais le cas de G 1, 25 diffère par les conditions fortuites de l'emprunt. Nous avons vu qu'il se scinde en 2 éléments qui proviennent de 13, 11. Le 2ᵉ et le plus important, quoiqu'il constitue un appendice détachable, est solidaire du 1ᵉʳ qui, nous l'avons vu, est amalgamé au contexte. De plus ce 2ᵉ membre de l'emprunt a été retouché d'une manière qui témoigne d'un travail attentif d'harmonisation. Ziegler n'a pas fait explicitement état de ces indices et il n'a même pas reconnu en 13, 11 la source exclusive d'un emprunt caractérisé. Il s'est borné à parler d'une influence qu'il a cru venue de 13, 11 et 10, 33; mais ce second texte est sans valeur explicative ici[42]. Il est clair que ce sont les conditions d'*incorporation amalgamée*, si discrètes soient-elles dans le cas de l'élément final[43], qui ont dissuadé Ziegler de traiter G 1, 25 de la même manière que 48, 21 et autres, examinés précédemment. En réalité, comme déjà dit, la présence ou l'absence d'un amalgame est une circonstance fortuite qui n'affecte pas le principe à l'œuvre. La solution de Ziegler pour 1, 25 est la bonne, mais l'inconséquence par rapport aux autres textes où il a retenu la forme courte, contre le témoignage des mss, met en évidence l'incertitude et la contradiction issues du préjugé empiriste. Ce préjugé n'a pas seulement affecté négativement l'exégèse littéraire et historique; il a compromis la reconstitution du texte original de la Septante, en des endroits où cette reconstitution dépend de la manière dont on se représente le travail d'élaboration de G et ses conditions culturelles.

Conformément au programme tracé plus haut[44], il nous reste à présenter, concernant les phénomènes d'emprunts par analogie scripturaire, un spécimen propre à illustrer à lui seul l'efficacité historique d'une évaluation attentive aux conditions herméneutiques originales des anciens. C'est l'objet du chapitre suivant.

---

[42] *ZUI* 61. L'auteur se borne à parler de «glose formée d'après des textes à formulation analogue (nach ähnlich lautenden Stellen»); il renvoie à 10, 33 et 13, 11. Nous avons noté plus haut que Ziegler n'avait pas discerné la provenance empruntée du vb examiné sous (a). Dans l'ensemble on voit comment l'analyse, dans ce cas de nouveau, a été affectée par le préjugé empiriste, même au stade liminaire de la topographie textuelle.

[43] Nous avons vu que Ziegler avait méconnu l'emprunt (a), *ZUI* 61. Il est donc possible qu'au stade de *SG Is* il n'ait pas non plus considéré le membre final de G 1, 25 comme solidaire du vb de (a), à titre d'emprunt à 13, 11, et que donc l'amalgame avec ce vb n'ait pas compté dans l'appréciation du membre final.

[44] Voir ci-dessus ch. II, F, fin.

CHAPITRE IV

LA TOUR DE BABEL DANS L'ISAIE GREC ET
LE SCHISME SAMARITAIN

1) L'EMPRUNT À GEN 11

Saint Jérôme déjà avait remarqué que l'interprétation de G en 9, 10 (= TM 9, 9) rappelait l'épisode fameux de la Tour de Babel (Gen 11, 1 s.)[1]. La mention explicite de l'édification d'une tour, absente de l'hébreu, dans un texte relatif à des travaux entrepris par les habitants de Samarie, en un défi au ciel analogue à celui des constructeurs de la Tour de Babel (cf. H 9, 8-9; G 9, 9-10 et Gen 11, 4), est un trait qui ne laisse guère de doute sur la réalité de l'influence exercée par le récit de Gen 11 sur G Is. Pourtant lorsque la critique moderne commença à prêter attention à la divergence de G par rapport à H, en cet endroit, elle débuta par des hésitations. Ottley ne nota l'influence de Gen 11 qu'à titre de possibilité[2]. Il était inhibé par le tout puissant préjugé critique de son époque, en faveur des rapports de matérialité textuelle, qui portait à privilégier les explications par variante ou dégradation. Quant aux principaux critiques de H de la même phase, ils ont simplement ignoré la divergence de G. Leur manque d'intérêt est caractéristique d'un éclectisme largement pratiqué par le rationalisme dogmatisant du XIXᵉ siècle[3]. Dans ces conditions d'époque, ce qui mérite d'être retenu dans l'appréciation d'Ottley, ce n'est pas tant qu'il ait cru devoir mettre en balance une hypothèse de variante[4], mais qu'il ait été contraint par la teneur de G et son rapport frappant avec Gen 11 d'admettre le rôle possible

---

[1] *PL* XXIV, 130, 131.

[2] *BIAS*, I, 47: «... probably»; II, 156: «... seems to have been reminded».

[3] K. Marti, par exemple, passe sous silence la différence de G en 9, 9, mais veut corriger H d'après G, en 9, 10 (*Comm.* 97). Il est significatif que les auteurs des plus importants commentaires critiques de cette phase se soient complètement désintéressés de G 9, 10 (9). Ainsi, à côté de Marti, Duhm, Cheyne (dans *SBOT*), Gray et d'autres. En 1926, encore E. König et, en 1930, O. Procksch. Comparée à cette négligence générale, l'attention donnée par Wildberger au fait (dans *BK* cité ci-après) illustre un progrès. Par ailleurs l'appréciation de la divergence de G par le même auteur s'avère défectueuse sur le point essentiel, par suite de l'illusion empiriste, qui est restée jusqu'à présent au cœur des modes de pensée de la critique. Précisions ci-après.

[4] L'auteur (*ibid.*) a cherché à mettre «la tour» en rapport avec une déformation de l'avant-dernier vb de H (TM 9, 9).

de Gen 11. Il a réduit cette éventualité à une réminiscence passive, selon sa
théorie exposée plus haut, mais il n'a pu l'éviter[5].

Ziegler a refait le constat, cette fois sans réserve, en relevant des correspondances précises entre G Is et Gen 11[6]. Cependant, en premier lieu, il s'est
trompé sur un aspect essentiel des relations entre G Is et Gen 11, qu'il
convenait de relever dans une analyse descriptive. Il s'agit de l'appréciation
du vb «construire». Ziegler l'a englobé dans l'addition venue de Gen 11,
alors qu'en réalité, ce vb figure dans H Is. Bien que ce soit en début de
phrase et qu'il faille tenir compte d'un déplacement de vbs (par permutation
précisée infra), «construire» n'est pas une addition, mais une jonction, qui
importe à la détection du motif du changement.

Il faut, en second lieu, opposer à la présentation des faits par Ziegler une
autre critique plus grave. Nul passage peut-être, dans tout G Is, n'impose
plus clairement que G 9, 10(9) la question du motif. Que vient faire cette
Tour de Babel dans le livre d'Isaïe? L'inadéquation de toute hypothèse de
variante résultait déjà de l'analyse d'Ottley, quoique cet auteur se montrât
encore timide à cet égard. La mention de la tour, inspirée par Gen 11, n'est
pas non plus le produit d'une incompréhension, puisqu'elle est un surplus.
Un examen approfondi du détail, auquel Ziegler a négligé de procéder,
montre que G comprenait certainement l'hébreu et qu'il serait illusoire de
compter avec un embarras linguistique du traducteur, pour en faire le point
de départ de la transformation. Nous allons voir que Ziegler lui-même
présente les choses d'une manière qui implique l'intelligence de l'hébreu par
G, plutôt que l'incompréhension. Une initiative purement littéraire n'est pas
admissible non plus. Elle aurait correspondu à la vue générale qui a inspiré
les *Untersuchungen* (*ZUI* 7 s.), à savoir que G Is est l'œuvre personnelle d'un
adaptateur qui a ses originalités propres. Mais Ziegler a négligé de remarquer
qu'en 9, 10 G Is ne s'accordait justement pas avec cette conception. En
effet l'initiative prise ici par G Is projette sur le livre d'Isaïe la grande
ombre de l'antique Tour de Babel et de la déconvenue fameuse des nations,
lors de sa construction inachevée. Une telle transformation de la teneur
d'Is ne peut passer pour simple aménagement imputable à une retouche
esthétique ou à une réminiscence littéraire inspirée par le goût personnel

---

[5] Le caractère passif et fortuit de la réminiscence éventuelle admise par Ottley (aux
antipodes de l'hypothèse d'une méthode pratiquée par G pour exploiter H!) ressort non
seulement de sa présentation générale des réminiscences (*BIAS*, I, 47), mais encore du fait
qu'au lieu de songer à l'analogie des travaux, du défi au ciel et des jonctions verbales de détail
analysées ci-après, il n'a retenu que le détail des briques et celui du pronom réfléchi.

[6] *ZUI* 63 et 109. Dans le détail l'auteur n'a pas étudié ces correspondances d'une manière
satisfaisante. Précisions infra.

de l'adaptateur. L'initiative est trop audacieuse pour s'accommoder de telles explications. La recherche du motif s'impose donc. Mais au moment où le problème soulevé par G Is se noue, Ziegler nous abandonne et interrompt ses observations déjà trop schématiques. C'est une illustration frappante de la manière dont le préjugé empiriste a paralysé la réflexion historique de l'auteur.

Dans ces conditions défectueuses, il convient de reprendre au point de départ, d'un côté l'analyse des relations analogiques entre Is 9, 9 et Gen 11, 3-4 (infra, A), d'un autre côté, celle de l'amalgame textuel qu'a réalisé G Is (infra, B).

2) LES RELATIONS ANALOGIQUES ENTRE IS ET GEN ET L'AMALGAME RÉALISÉ PAR G IS

A — (1) Il y a analogie générale de situation entre les 2 textes, où des bâtisseurs décident de recourir à des matériaux qui, dans Gen, doivent servir à l'édification d'une ville et d'une tour, dans Is (compte tenu du contexte) sont destinés à la réfection et à la fortification de la ville de Samarie.

(2) La mention explicite des matériaux (briques et asphalte dans Gen, pierres de taille et cèdres dans Is) souligne le rapport de thème.

(3) Ces entreprises sont toutes deux inspirées par des dispositions contraires à la crainte de Dieu, ambition et démesure dans Gen (11, 4-6), orgueil dans Is 9, 8 (G 9)[7]. De part et d'autre l'entreprise de l'hybris humaine est mise en échec par une intervention divine (Gen 11, 7 s.; Is 9, 10). Quoique G diverge ici par rapport au détail de l'hébreu (G 9, 11; H 9, 10), ce thème apparaît nettement dans son adaptation.

(4) Dans les 2 textes les constructeurs s'expriment dans le même style direct, à la 1re pers. du plur. Dans Gen le discours revêt une nuance cohortative (particule cohortative initiale en hébreu; particule, puis subjonctif en grec). Dans Is les vbs sont simplement à l'impft-futur. La parenté de ton n'en est pas moins frappante, et c'est une analogie stylistique qui s'ajoute à celle notée plus haut (2).

---

[7] Dans Gen 11, 4 «faisons-nous un nom» indique l'ambition. «Une tour dont le sommet soit dans le ciel» (littéralement «une tour et sa tête (sera) dans le ciel») marque la démesure. Is recourt, d'une part, au terme habituel pour «l'orgueil» (גאוה rac. «être élevé»), d'autre part, à une expression qui équivaut, avec probablement une résonance plus concrète, proprement «grandeur de cœur». Il y avait, selon la pensée authentique du prophète, orgueil à vouloir décider de son destin, sans tenir compte des avertissements divins. G a rendu littéralement ce vocabulaire de l'orgueil.

(5) Le vb «construire» de H Is a son correspondant dans Gen[8]. C'est un terme clef. Dans Gen il figure après la phrase relative à la préparation des matériaux de construction, dans l'énoncé du programme des bâtisseurs, à savoir la réalisation de la ville et de la tour (11, 4a). Dans H Is le même vb figure dans la 1ʳᵉ moitié de la phrase (1ᵉʳ hémistiche), et il porte seulement sur l'un des matériaux de construction, la pierre taillée[9]. C'est une limitation apparente de l'analogie. Mais ce qui comptait c'était la présence d'un même terme dans 2 textes distincts, car il constituait une jonction, et elle était d'autant plus forte que c'était le terme en vue : dans Is il évoque, dans Gen il concerne directement le thème commun de l'activité édificatrice, qui est défi à l'égard du ciel. Le changement d'emplacement du vb «construire» dans G Is, par rapport à H Is, est traité ci-après, sous B, 2. «Construire» est la principale jonction entre les 2 textes, et ce vb aurait pu suffire à justifier leur combinaison[10].

(6) Le terme לבנים «briques» est également commun à Is et à Gen, et dans les 2 textes il se trouve, de plus, en rapport avec la mention de la pierre, celle-ci désignée par des termes différents, mais pratiquement synonymes, et selon une logique inverse. Dans Gen «la brique servit de pierre». Dans Is les briques sont remplacées par des pierres de taille que désigne collectivement le terme גזית. Littéralement «les briques sont tombées, nous construirons *en taillé*». La valeur propre «taillé» a produit, sous l'influence d'une technique essentielle de la vie citadine, les valeurs dérivées : «ce qui est taillé, pierre(s) de taille»[11]. Une revue de toutes les traductions de ce mot dans la Septante montre que le sens de la rac. était connu des interprètes grecs et qu'ils donnaient au vocable une valeur qualificative de participe passif «taillé»[12]. Mais comme le terme vise toujours des pierres de construc-

---

[8] Ce vb prend dans Gen la valeur cohortative, sous l'influence du terme précédent, impératif allongé en *āh* de finalité, qui équivaut pratiquement à une interjection. Proprement «donne!» (rac. *yhb*), d'où «va! allons!». Ici «allons, construisons!». G Gen, reproduit par G Is (cf. infra) a rendu correctement H par l'adverbe δεῦτε, normalement suivi d'un vb en grec, comme le requiert ici l'hébreu.

[9] Le terme pour «la pierre taillée» était compris par G : cf. infra.

[10] Méconnaissant ce rôle de jonction, Ziegler et sous son influence Wildberger, dans *BK*, ont traité le vb en addition.

[11] L'emploi du terme dans l'expression אבני גזית «pierres de taille» (I R 5, 31) a probablement encouragé un abrègement au profit du second terme. Ex 20, 25 utilise le vb «construire» + objet (pronom renvoyant à «pierres») + גזית indiquant le résultat, littéralement «édifier (les pierres) en taillé (sic)». Is 9, 9 peut aussi se justifier à partir d'un tel tour. I R 6, 36 atteste l'emploi collectif au sens «pierres de taille», comme dans Is. Sur le type nominal en *-it*, dérivé d'une rac. à 3ᵉ faible, avec maintien de la voyelle de la 1ʳᵉ syllabe (par opposition au type בכית, *bᵉkīt*), cf. *BL* 505-506.

[12] G Ex 20, 25 τμητούς; Ez 40, 42 (λίθιναι) λελαξευμέναι. Les autres textes concernés soulèvent des questions particulières, sans mettre en cause l'équation. Dans III R 6, 36

tion, dans des contextes dont la plupart sont clairs à cet égard, l'emploi dans Is 9 ne pouvait causer de difficulté à G. Une déduction élémentaire, comme G en pratique constamment, le conduisait de «taillé» à «pierre(s) taillée(s)». G Is a donc certainement été sensible à la correspondance du couple «brique + pierre» de Gen et du couple «brique» + un terme relatif au travail de la pierre, dans Is.

Les analogies que nous venons de relever sont thématiques — (1), (2), (3) —, lexicales — (5) et (6) —, stylistiques — (4). Dès lors que les interprètes ont donné leur attention à Gen 11, 1 s., comme ils le prouvent par leur amalgame d'Is 9, 10 (9), c'est qu'ils attachaient du prix aux relations analogiques que nous venons de détailler. D'après ce qui a été exposé antérieurement, de telles analogies fondaient une méthode autorisée d'exploitation textuelle. Nous pouvons pourtant momentanément oublier ce résultat pour nous en tenir à la considération isolée de l'amalgame réalisé dans G Is 9, 10. Dès le stade de l'analyse descriptive, cet amalgame plaide pour l'application d'une méthode, en raison de conditions plus éloquentes qu'ailleurs[13].

B — Les divers aspects de la transformation opérée par G se présentent comme suit.

(1) La tour, absente de H Is, a été introduite par G dans son texte, en vertu des analogies définies plus haut. Si l'on fait abstraction des détails mentionnés ci-dessus, sous A, 4, qui n'ont qu'une portée de confirmation stylistique, la tour constitue la seule addition véritable apportée par G à l'hébreu, contrairement à la description erronée donnée par Ziegler et, à sa suite, Wildberger (cf. ci-dessous B, 2). La «ville» mentionnée par Gen 11, 4 avec «la tour» a été négligée par G Is, à juste titre, puisqu'elle était superflue dans son contexte qui vise la ville de Samarie. L'introduction de la tour dans G Is a entraîné une manipulation et un aménagement des matériaux de H, mais non — mises à part les minuties stylistiques empruntées à Gen (4) — une autre addition. Le point est important pour la question de la jonction (2). La tour, en déterminant ainsi un changement de la structure de H, a usurpé le rôle principal dans la phrase. Accompagnée des indices thématiques mentionnés sous (2), qui sans être littéraux sont très significatifs touchant la provenance scripturaire, la mention de la tour a ainsi placé les constructeurs samaritains dans la situation des constructeurs de Babel.

_____

ἀπελεκήτων «non taillés à la hache» ne déroge qu'en apparence, car la valeur négative a été ajoutée secondairement, pour des raisons dogmatiques.

[13] Un examen précis des détails de la formulation est indispensable à la démonstration. Les lecteurs qui voudraient s'en tenir au bilan principal de l'analyse et à ses conséquences historiques pourront passer directement au § 3.

Leur orgueil a pris les proportions de l'hybris prométhéenne qui, à en croire la tradition biblique, s'était emparée des nations rassemblées à Babel par «une même langue» (Gen 11, 1) et un même dessein d'atteindre au ciel par le moyen de la tour (11, 4). De la sorte le changement opéré par G apparente les Samaritains de son époque au modèle typologique fourni par les constructeurs de la tour de Babel. Voilà le fait paradoxal, nécessairement lié à un motif de grande portée, *que la critique empiriste a totalement méconnu* et dont il va falloir rendre compte.

(2) Comme noté ci-dessus (A, 5), le vb «construire» de H 9, 9 a constitué la principale jonction avec Gen 11, 3-4. Par l'effet de l'amalgame avec l'emprunt à Gen 11, 4 et du réaménagement subordonné à cet emprunt, ce vb s'est trouvé reporté à la fin de la phrase grecque. Trompés par la modification de l'ordre des mots et la correspondance formelle avec Gen 11, 4, Ziegler et, sous son influence, Wildberger ont cru que le vb avait été ajouté, comme la tour, d'après Gen 11 [14]. C'est une erreur qui fausse toute l'appréciation en faisant disparaître *l'indice de la jonction*, lequel conditionne tout le progrès de l'analyse. Il y a dans G une donnée qui confirme que le vb «construire» a effectivement joué, aux yeux de G, ce rôle de jonction. C'est la permutation du vb «construire» et du vb final, par rapport à l'ordre de l'hébreu. Le vb «construire», en 2ᵉ position dans H, a fourni à l'adaptation grecque son dernier vb, le 4ᵉ, qui ne provient pas de Gen — à l'encontre de l'opinion de Ziegler et de Wildberger. Le 4ᵉ vb de H, évincé par l'opération, se retrouve dans le grec précisément à l'emplacement laissé vacant, c'est-à-dire en 2ᵉ position, où il est représenté par λαξεύσωμεν. Nous vérifierons ci-après (B, 3-4), d'une part, la correspondance lexicale de ce vb avec le 4ᵉ de H (interprété par G, d'après une rac. araméenne homonyme II חלף, distincte

---

[14] Pour Ziegler et Wildberger l'addition est constituée globalement par la dernière proposition de G 9, 10 : «Ebenso stammt *der Satz* (je souligne) ... aus Gen 11, 3-4», écrit Ziegler (*ZUI* 63). Revenant ailleurs sur le même point, il réitère l'erreur : «*Der Zusatz* (je souligne) der LXX «*Wir wollen* uns einen Turm *bauen* (je souligne)»» (*ZUI* 109). Faisant confiance à la description donnée par Ziegler, Wildberger a également inclus le vb «construire» de G dans l'addition : «... und *fügt* in Anlehnung an Gen 11, 3f. *hinzu* (je souligne)». Suit la citation du grec, à partir du vb qui précisément n'est pas ajouté (*BK*, X, 205). L'erreur de ces 2 auteurs a été encouragée par la correspondance formelle entre la fin de G Is 9, 10 (οἰκοδομήσωμεν ἑαυτοῖς πύργον) et Gen 11, 4, texte d'emprunt. La formulation de ce dernier reparaît certes dans G Is et l'influence du libellé grec de G Gen n'est pas niable : οἰκοδομήσωμεν ἑαυτοῖς (πόλιν καὶ) πύργον (l'élément négligé par G Is est en parenthèses). Mais la correspondance de ces formulations ne doit pas faire méconnaître que l'emploi de «construire», à la fin de G Is 9, 10, tout en reflétant le texte d'emprunt *recouvre la mention du même vb dans le Iᵉʳ hémistiche de H Is 9, 9*. La méconnaissance du fait s'est aggravée chez Wildberger dans la mesure où cet auteur a cru devoir affirmer explicitement la liberté «totale» de G : «G übersetzt *völlig* (je souligne) frei» (*ibid.*). La même erreur fondamentale a entraîné Seeligmann dans une déduction totalement inadéquate (précisions infra).

de la rac. hébraïque courante), d'autre part, la relation entre le 3ᵉ vb de G et le 3ᵉ de H. Ce qui importe pour le moment c'est que la permutation du 2ᵉ et du 4ᵉ vb, par rapport à H, démontre clairement que G, loin de perdre de vue le vb «construire» de H Is, pour prélever celui de Gen 11, 4, solidairement avec «la tour», s'est au contraire servi du 2ᵉ vb de H Is comme d'une *jonction* entre Is 9, 9 et Gen 11, 4. Le soin avec lequel G Is a réutilisé le vb évincé, en procédant à la permutation que nous venons de dire, est un indice de traitement attentif à la littéralité. De même que l'adjonction de la tour, il suppose, à l'origine de la transformation, un motif autre que subjectif, et il invite, lui aussi, à entreprendre l'identification de ce motif.

(3) Le traitement par G du 4ᵉ vb de H נַחֲלִיף, et sa représentation par λαξεύσωμεν, en 2ᵉ position dans G (cf. supra B, 2) non seulement s'accordent avec ce qui vient d'être dit touchant la jonction «construire», mais encore confirment que G a pratiqué en 9, 10 (9) une exégèse particulièrement précise et savante. Voici en quoi elle a consisté.

Le sens de «remplacer par des cèdres», dans H, ne saurait être mis en doute. Contrairement à une affirmation de G. R. Driver, ce sens est entièrement conforme au sémantisme de la rac. et aux indices lexicaux qui l'illustrent positivement et qui réfutent la vue de cet auteur, inspirée par une projection trompeuse de logique moderne[15]. D'un autre côté il serait

---

[15] Cf. G. R. Driver, *JTS* 34 (1933) 381. Contrairement à ce qu'affirme Driver, par l'effet d'une illusion linguistique (précisions infra), la valeur habituellement admise ne viole pas l'usage du *hifil* du vb. Ce ne serait le cas que si toutes les attestations étaient du type illustré par Gen 35, 2 «enlevez (הַחֲלִפוּ) vos vêtements». Dans cette tournure le vb indique l'élimination de l'objet mentionné (Lév 27, 10; Ps 102, 27) ou sa modification (Gen 31, 7), et il possède par conséquent la valeur du français «changer», qui est négative quant à l'objet. S'il fallait classer Is 9, 9 dans ce groupe, le sens deviendrait: «nous enlèverons les cèdres». Ce serait en effet incompatible avec le sens requis par la phrase, et il faudrait chercher une autre solution. C'est ce qu'a cru Driver, d'où son option pour la rac. homonyme attestée en araméen. Mais cette seconde rac. n'importe ici que pour éclairer la traduction de G (cf. la suite de l'exposé sur ce point). Il est erroné de la postuler pour l'hébreu et de contester le sens habituellement admis. D'autres emplois du *hifil* prouvent qu'il pouvait être utilisé dans des tours où l'objet mentionné représente, à la différence du cas précédent, l'innovation apportée par le changement. Le vb prend alors la valeur du français «substituer», qui s'emploie avec l'objet inauguré, par opposition à «changer», dont l'objet est l'élément modifié ou écarté. Ainsi dans Is 40, 31: «ils renouvelleront (יַחֲלִיפוּ) (leur) force». Cf. aussi la même expression dans Is 41, 1: «renouvelleront» correspond à une valeur logique «substituer» (de nouvelles forces aux anciennes épuisées). L'origine de ces deux types d'objets du *hifil* doit être cherchée dans le sens propre de la rac., qui est «succéder» (cf. Dhorme, *Job* 120). Le correspondant arabe *ḫalifa* s'emploie à la IVᵉ f. avec les 2 types d'objet définis supra: dans l'acception «changer, enlever» (objet éliminé) ou «substituer» (objet introduit). Voir Lane 2, 794 C, pour le 2ᵉ emploi. En Is 9, 9, après la proposition sur l'élimination des sycomores et le 1ᵉʳ hémistiche relatif à la substitution des pierres aux briques, il ne pouvait y avoir de doute sur la valeur du vb final. «Nous ferons succéder des cèdres» signifie nécessairement: nous ferons succéder des cèdres

illusoire d'attribuer à G une incompréhension de la valeur de H, préalablement à l'opération d'emprunt à Gen 11, et de chercher dans un embarras
linguistique l'origine de l'emprunt. À l'encontre d'une telle hypothèse, il
paraît significatif que G traduise, à plusieurs reprises, la rac. en cause
par le vb ἀλλάσσειν, et cela notamment dans le cas d'Is 40, 31 qui illustre
l'éventualité de «l'objet introduit», défini dans la note précédente, par
opposition à «l'objet éliminé», à partir de la valeur propre du *hifil* «faire
succéder». Le vb grec, sans avoir une acception synthétique aussi large que
l'hébreu, porte néanmoins sur un champ plus ample que le français «changer», puisqu'il peut signifier tantôt «changer», tantôt «échanger» notion
intermédiaire entre «changer» et «substituer», propre à l'hébreu. La traduction d'Is 40, 31 (et 41, 1) par ἀλλάσσειν, dans ἀλλάξουσιν ἰσχύν, a
donc été favorisée, dans une certaine mesure, par l'usage grec classique,
tout en constituant néanmoins un hébraïsme, du fait que l'objet grammatical
n'est pas l'objet «changé» ou «échangé», mais substitué, c'est-à-dire «introduit», selon l'une des 2 possibilités propres à l'hébreu [16]. Dans ces conditions
qui prouvent la connaissance de la valeur synthétique de la rac. hébraïque,
il est invraisemblable de supposer que G n'était pas capable de comprendre
le sens de H en cet endroit, surtout alors que le début de la phrase oriente
la compréhension, avec l'idée du remplacement des briques par de la pierre.

La traduction par λαξεύσωμεν «taillons (des pierres)» [17] du 4ᵉ vb de H
נחליף, déplacé en 2ᵉ position, s'explique par un recours à une rac. homonyme

---

aux sycomores : nous mettrons des cèdres à leur place. L'absence du rappel explicite des
sycomores est conforme à la tendance de l'hébreu à la concision, lorsque l'évidence du
contexte ou de la situation permet une économie. Le syriaque connaît aussi l'emploi des
2 types d'objet. Il est en outre significatif que Syr ait traduit H en conservant la même rac.
Avec la même construction elle avait la même valeur. La remarque vaut même si cette leçon
est due à une retouche secondaire et si la var. d'Éphrem est primitive : נצוב «nous planterons»
(cf. Diettrich, *App. crit.* 31 ; sur la non assimilation du *nun* 1ʳᵉ radicale, contre la règle, cf.
Nöldeke, *Gram.* 110 § 173 A). Mais c'est plutôt la leçon d'Éphrem qui est ici secondaire,
par aménagement littéraire. Wildberger a eu raison de rejeter l'hypothèse de Driver (*BK*, X, 205),
mais il ne l'a fait que par postulat et sans réfutation, ce qui la laisse subsister. De même
l'interprétation lexicale de *KBL*³ (et déjà *KBL*¹) est juste, mais cet ouvrage aurait pu citer
Driver pour le réfuter.

[16] L'emploi du même vb grec ἀλλάσσειν pour les 2 cas distincts recouverts par le *hifil*
hébreu, celui de Gen 35, 2 (changer = ôter) et celui d'Is 40, 31 (changer = produire qc de neuf)
n'est pas un indice d'application passive d'une équation lexicographique, mais au contraire
une raison d'estimer qu'en forçant l'usage grec (qui s'arrête à «échanger», à côté de «changer»)
et en introduisant un hébraïsme intelligible, G avait une vue claire du sémantisme propre
au *hifil* hébreu.

[17] Le vb λαξεύειν «tailler la pierre» est employé plusieurs fois par G (AT) et attesté par
Fl. Jos. Sa spécialisation technique est confirmée par divers substantifs ou adjectifs apparentés,
tous relatifs au travail de la pierre. Cf. *LdS* 1029 B, et notamment les attestations des papyrus
d'Égypte. «Hew wood» que *LdS* donne pour le seul G Is 9, 10 est une erreur par confusion

de la rac. courante en hébreu ancien qui figure dans H. Cette rac. II correspond au sens fondamental «couper». Elle est diversement attestée en araméen avec cette valeur[18]. L'emploi de la rac. II en hébreu ancien, avec une nuance différenciée «transpercer», est une rareté négligeable ici[19]. Un indice ugaritique donne à penser que le sens illustré par l'araméen a peut-être été pratiqué en hébreu dès une époque ancienne, en dépit de la nuance qui a prévalu dans la langue lyrique[20]. Quoi qu'il en soit, ce qui importe

---

avec la proposition suivante. Λίθους se justifie, pour le substantif hébreu, du point de vue d'une traduction littéraire, et sans rendre la nuance propre (précision lexicographique supra, en n.). Le mot grec a été emprunté à Gen 11, 3 et fait partie des détails stylistiques qui confirment l'emprunt.

[18] G. R. Driver a vu qu'il y avait un rapport entre la traduction de G et le sens araméen (*JTS* 38 (1937) 381). Mais il est tombé dans l'erreur d'une surestimation de la valeur de G comme témoin d'un sens hébreu, par suite de son erreur sur le sémantisme réel du vb de TM (cf. n. sur ce point supra). La justification de Driver pour le sens araméen n'est qu'une reprise de la notice comparative de *GB* 235 A, qu'il convient de compléter. En syriaque le vb est attesté au *paël* par la lexicographie indigène au sens de «couper, tondre» (*PSm* 1286). Au lieu de *ḏamma*, dans *PSm*, qui est hors de propos, il faut lire *ṭamma*, leçon donnée dans l'éd. R. Duval du lexique de BB (col 755, lg 13, non 15, coquille de Brockelmann, *LS* 237 A, bas). Ce vb arabe signifie, entre autres, «raser (le poil)». L'absence d'attestation littéraire, du moins d'après les matériaux groupés par *PSm*, s'explique vraisemblablement par le fait que ce vb appartenait au vocabulaire des éleveurs nomades, tandis qu'il avait peu d'emploi dans la langue littéraire. Il n'y a entre l'emploi syriaque de la rac. II et la valeur impliquée par G qu'une différence de spécialisation. Le vb syriaque reflète encore des conditions nomades; celui qu'a postulé G appartient à la vie citadine, en évoquant la taille de la pierre. La rac. II est encore documentée par des substantifs qui désignent des couteaux, en araméen, en hébreu de basse époque, par emprunt probable à l'araméen, et en arabe, là aussi avec emprunt araméen possible. Voir *PSm* 1288 et Brockelmann, *LS* 237. Un passage de la Mishna, Middôt 4, 7 atteste un subst. plur. חליפות et en donne l'équivalence סכינים «couteaux», terme authentiquement hébreu. La glose à valeur lexicographique et paraît confirmer la provenance araméenne du mot défini. Représentant ugaritique possible de cette rac.: Gordon, *UTB*, Gloss. nº 968. Kutscher, sans citer le terme mishnique, a allégué dans *KBL*[3] (308 B) la forme rabbinique חלפות (plur.), sans référence, bien que le mot ne soit pas relevé par Jastrow. Il vient de Tosefta, Zebaḥim 7, 1 (cf. Ben-Yehuda, *Thes.* II, 1589). Dans l'éd. Zuckermandel: 489, lg 16. Il est possible que le terme soit une variante formelle de celui de la Mishna, mais il y a aussi risque d'une simple négligence orthographique du *yod* de la forme mishnique, qui reste prioritaire, étant mieux garantie par l'autorité de la Mishna dans la tradition.

[19] Cf. les textes probants: Jug 5, 26; Job 20, 24. *KBL*[1-2] «zerschneiden» a été modifié dans *KBL*[3] par «durchschneiden» qui combine l'idée de «couper» et celle de «transpercer». En réalité, en hébreu ancien, il s'agit seulement de la 2ᵉ nuance. D'un autre côté il y a probablement affinité de souche entre II חלף et II חרף «être aigu». Cette dernière rac. a été employée métaphoriquement au sens «mépriser, vilipender» (*piël*), à partir de l'idée de la langue et de la parole «aiguës».

[20] Il est possible que le texte *PRU*, V, nº 50 (= catal. 2050) atteste en ugaritique un terme *ḥlpn* «couteau». Le texte est, d'après la lg 1, un «inventaire» (*spr*, trad. Virolleaud) d'objets désignés par le collectif *npṣ*. Parmi les noms qui désignent ces objets figure le duel *ḥlpnm*. Si on le rattache à la rac. I, il s'agit de vêtements, solution retenue par Virolleaud, premier interprète du texte. Cependant le mot pourrait aussi appartenir à la rac. II. Dans l'intitulé, *npṣ* paraît en faveur de la 1ʳᵉ solution, car il désigne ailleurs un vêtement (Gordon, *UTB*, *Gloss.*,

ici c'est la représentation araméenne du sens «couper», qui éclaire la traduction de G. Du point de vue de la documentation lexicale araméenne, l'exégèse de G une fois identifiée, sa traduction ajoute, par un effet de retour, une illustration non négligeable aux matériaux connus.

La traduction adoptée par G pour le vb de H semble, à première vue, être l'indice d'une méconnaissance du sens de H (précisé plus haut) par l'adaptateur grec : telle est l'appréciation empiriste[21]. Mais nous avons vu plus haut que les indices fournis par les traductions G d'autres textes où figure la rac. hébraïque I, confirment la connaissance de ce vb courant qui, au surplus, existait aussi en araméen, à côté de son homonyme de la rac. II. Ensuite le fait que l'option de G pour la rac. II est liée à l'emprunt pratiqué sur Gen 11 est une autre raison de penser que s'il a dérogé au sens H, ce n'est pas par incompréhension de ce sens, mais pour aménager son texte en fonction de l'emprunt à Gen. Le rapport analogique impliqué a été étudié plus haut (B, 2-3). Nous avons vu que le déplacement du vb «construire» de la 2e position (H) à la 4e (G) est un indice très significatif du soin avec lequel a été effectué l'aménagement : le texte G plaide pour la compétence des responsables, non pour le recours à un expédient.

Il existe un autre motif qui, s'ajoutant aux précédents, entraîne, je crois, la certitude quant à l'intellection de la rac. I de H par G. C'est un motif qui offrait un puissant intérêt pour son herméneutique. Le sens de la rac. I confirmait en effet la valeur oraculaire de l'amalgame d'Is et de Gen. En disant נחליף, dans H, les Samaritains pouvaient paraître avoir appelé prophétiquement sur eux, par la rac. I, en arrière-plan et doublure de la rac. II retenue par G, le *renouvellement* des circonstances de la construction de la Tour de Babel : «*nous renouvellerons*!» La rac. I a ainsi dû être pour G l'occasion d'une véritable découverte oraculaire qui ajoutait un renforce-

---

nº 1678; Aistleitner, *WUS*, nº 1824). Mais la présence d'objets d'une autre nature, dans la liste, oblige à élargir l'acception. Il y a des pinces (lg 3), un coffre avec une balance (lg 5), 2 lances (lg 7). La situation du mot *ḥlpnm* à la lg 6, entre la balance et les 2 lances, est plutôt en faveur de la rac. II, donc du sens «2 couteaux» (ou autres instruments tranchants). Gordon penche pour cette solution («seems rather to mean «2 knives»). L'acception du mot initial *npṣ* semble avoir subi une extension à partir de l'idée que *le vêtement était symbole de propriété*. L'arabe rapproché par Gordon ne limite pas l'orientation sémantique au vêtement, mais pourrait suggérer l'idée d'une sorte de paquetage d'objets personnels, d'après l'analogie de *minfāḍ*, notée par Al-Yasin (*Lex. rel. ug. ar.* 80).

[21] Ziegler n'a pas fait valoir explicitement la considération de la non intellection du vb de H par G, parce qu'il s'est contenté d'alléguer en gros l'influence de Gen 11, 3 s. (*ZUI* 109). L'élaboration de G ayant été, à ses yeux, empirique, il ne valait pas la peine de s'arrêter au détail du vb en question. De la sorte, Ziegler n'a même pas relevé l'aramaïsme de la traduction grecque par «tailler». Le point avait déjà échappé à Fischer (*SBI* 25), pourtant soucieux de repérer les aramaïsmes de G.

ment à la certitude qui lui venait des textes amalgamés. On peut dire que G repose sur une exploitation double du vb de H, l'une explicite, l'autre virtuelle, mais à ce titre singulièrement importante. L'homonymie des 2 rac. I et II est à la base de ce dédoublement, qui constitue une application de la méthode des analogies verbales formelles étudiée dans la 2e partie[22].

(4) La correspondance du 3e vb de G ἐκκόψωμεν «coupons, abattons», avec le 3e vb de H, vocalisé au *pual* passif dans TM גֹּדָעוּ «ont été abattus» (les sycomores) est manifeste[23]. L'actif dans G a été déterminé par l'adaptation à l'emprunt, qui a aussi entraîné la jonction syntaxique d'un 2e objet (les cèdres), dont le correspondant est solidaire du 4e vb dans H. L'actif dans G n'autorise nullement à déduire qu'il lisait un actif dans H(G). Le problème est le même que pour Qa, qui coïncide consonantiquement avec TM, sans que puisse être reconstituée de manière certaine l'interprétation qui était liée à cette orthographe[24]. La vraisemblance stylistique est en faveur

---

[22] Si la restitution de l'exégèse attribuée à G est correcte, ce type d'exploitation oraculaire par dédoublement homonymique est à rapprocher de la double valeur attribuée à la formule répétée d'Is 40, 6-8. Voir à ce sujet ma contribution qui n'a pu être jointe au présent ouvrage, faute de place, et qui paraîtra ultérieurement. G 9, 10 (9) suppose une attention à la valeur «nous renouvellerons», bien qu'elle ne soit pas explicitement traduite en grec. Ce vb a placé, pour les anciens, le passage d'Is dans l'ombre de Gen 11, et il a ouvert la voie à l'interprétation oraculaire ou a contribué à la confirmer. Dans H Is 40, 6-8, la formule «la parole de notre Dieu prévaudra toujours» joue un rôle comparable : elle affirme la validité renouvelée (par application à des circonstances nouvelles) de la formule répétée.

[23] Ailleurs on a pour גדע : ἐκκόπτειν, Dt 7, 5; 12, 3; κόπτειν, II Chr 31, 1; 34, 4.7; la leçon B et autres mss pour G Is 9, 10, par opposition à la leçon alexandrine ; παρακόπτειν, II Chr 34, 7; κατακόπτειν, II Chr *ibid.* L'usage de cette rac. dans G Chr dérive probablement de l'équation fixée dans G Dt, avec variation des particules préverbales.

[24] La tendance générale de Qa étant l'emploi de consonnes d'indication vocalique, les vbs de ce texte qui correspondent à des passifs dans TM et qui sont écrits défectivement sont suspects d'avoir été interprétés dans le milieu de Qa comme des actifs. Les premiers commentateurs du phénomène ont pensé à la probabilité d'une certaine perte de l'usage du passif (J. T. Milik, *Bca* 31 (1950) 212; M. Goshen-Gottstein, *Bca* 35 (1954) 55, n. 1; A. Rubinstein, *VT* 4 (1954) 319; P. Wernberg-Møller, *JSS* 3 (1958) 249, etc.). Kutscher, après avoir passé en revue les matériaux, admet un inachèvement du processus d'envahissement des graphies pleines (*LMY* 107; *LIS* 141 s.). Pour lui le phénomène serait lié à des incompréhensions fréquentes du texte biblique (*LMY* 108, 2e §; *LIS* 142, milieu); mais c'est une thèse qui en général soulève des difficultés, comme nous le constaterons dans la section II. Sans nier la possibilité de certaines incompréhensions de la part de Qa, je crois que le problème se pose autrement qu'en termes purement linguistiques et qu'il faut faire place à l'influence de la tradition et à des débats exégétiques d'époque. Certaines orthographes consonantiques ont pu être laissées intentionnellement imprécisées pour autoriser 2 interprétations, par l'actif et par le passif. Dans le cas de 9, 9 il est certain que Qa a pu interpréter par l'actif : «les briques sont tombées ... ils ont (= on a) abattu les sycomores». Mais le style est moins clair, moins aisé et en définitive moins probable. La rupture avec la tradition de lecture (le passif de TM est originel, d'après les observations faites plus haut) dans un énoncé aux allures de dicton comme celui-ci n'est pas aussi facile à admettre qu'il peut sembler à l'analyste moderne, enclin à des vues trop exclusivement linguistiques.

du vocalisme passif de TM. Ce qu'on peut dire c'est que si G a connu une telle valeur, la méthode des analogies verbales lui permettait de passer, par homographie, à l'actif, c'est-à-dire à l'impératif requis par son exégèse du passage : «abattez!» G pouvait alors passer de là à la 1re pers. que lui imposait son emprunt. D'où le subjonctif grec volitif.

(5) De même que G Is a imposé la 1re pers. à son 3e vb (B, 4), par nécessité de s'adapter à son emprunt, il s'est conformé au subjonctif volitif grec de G Gen. Ce dernier reflète la valeur que confère aux vbs suivants l'exclamatif verbal הבה. Les analogies de style relevées ci-dessus (A, 4) ont donc été renforcées. L'adverbe δεῦτε, qui rend l'exclamatif dans Gen 11, 4, est ainsi passé devant le 1er vb à la 1re pers. plur. de G Is 9, 10, c'est-à-dire le 2e vb de H. De même a été emprunté le réfléchi ἑαυτοῖς qui, à travers G Gen, vient de H (לנו). Ces petits détails offrent l'intérêt de confirmer l'emprunt et de révéler chez G la volonté de mettre en évidence la provenance des paroles attribuées aux Samaritains, dans l'adaptation grecque du Prophète : ils ont bien le langage et le ton des constructeurs de la Tour de Babel! L'écho de l'antique épisode, à coup sûr déjà fameux dans le Judaïsme de l'époque, retentissait ainsi sans équivoque, au beau milieu de l'adaptation grecque des prophéties d'Isaïe.

(6) L'influence de Gen 11 s'est encore exercée sur la suite, G 9, 11 (10)[25]. Elle apparaît clairement dans le choix du vb final διασκεδάσει «il dispersera», inspiré de Gen 11, 8 sous la forme H. G Gen emploie l'équivalent διέσπειρεν. Le sens emprunté à Gen a été substitué à celui du vb hébreu d'Is, et le fait illustre encore l'application de la méthode analogique. La traduction du même vb hébreu en 19, 2 (ἐπεγερθήσονται) montre que G connaissait, en tout cas approximativement, sa valeur lexicale. Il a donc traité le 2e vb de H 9, 10 en connaissance de cause.

Un soupçon d'embarras serait mieux motivé dans le cas du 1er vb de G 9, 11 ῥάξει «il abattra» (ceux qui se dressent contre le mont Sion). Mais l'hypothèse est loin de s'imposer et paraît moins probable qu'une autre[26] : l'interprétation de G pourrait s'expliquer à travers une valeur empruntée par l'araméen à l'accadien sakāpu «repousser, rejeter» (avec préservation de s et glissement de k à g et de p à b, par «petites mutations» fondées sur les parentés phonétiques)[27]. Avec ou sans intellection du vb, le motif qui a inspiré G

---

[25] Ottley n'a pas remarqué le rapport et Ziegler n'a pas tenu compte de ce texte, en ses relevés mentionnés ci-avant.

[26] G Is 2, 11, qui traduit le *nifal* par ὑψωθήσεται suffit à prouver la bonne connaissance de la rac. Il en résulte qu'en 9, 10, G devait être capable de discerner le sens réel de H. S'il a dérogé, c'est en raison de son herméneutique du passage.

[27] Le vb grec est la forme tardive qui correspond au classique ἀράσσειν. On ne le trouve

était l'adaptation à Gen 11. Si la supposition précédente est correcte, c'est l'araméen qui lui a fourni, par analogie verbale, le moyen d'accorder son interprétation à l'exigence prioritaire de satisfaire à l'analogie scripturaire avec Gen 11[28].

(7) Il convient enfin de rapprocher de G 9, 10 deux paraphrases inspirées par Gen 11, que l'on relève dans G Is 10, 9 et 11, 11.

(a) Dans le premier passage, la cité de כלנו de H (TM *kalnô*) est l'objet d'un commentaire révélateur : Χαλαννή οὗ ὁ πύργος ᾠκοδομήθη «Khalanné où la Tour fut édifiée». Vu l'usage que G fait par ailleurs de Gen 11, il ne peut s'agir d'une localisation qui prétendrait s'opposer à celle de Babel. C'est seulement une précision savante, qui vise un point du territoire de Babel. La source est une combinaison de Gen 10, 10 + 11, 2 avec Is[29]. Quoique la transcription grecque de ce nom de lieu ait sa physionomie propre, si l'on tient compte de l'importance des exploitations verbales chez

---

que dans quelques textes de G (AT) et pour des vbs hébreux qui expriment l'acte de jeter ou de laisser au sol (cf. Ccd). Dans G Is la nuance est plutôt «abattre» que «frapper», sens classique. L'esprit démoniaque mentionné dans NT Mc 9, 18 (avec la forme ionienne en η que *LdS* signale dans la koinè : ῥήσσει), quand il «saisit (καταλάβῃ)» l'enfant, «le jette à terre», où «il écume» etc. Cpr. Sap 4, 19, Dieu renversera (ῥήξει) «les impies face contre terre (πρηνεῖς)». Le vb accadien *sakāpu* (*AHW* 1011) «repousser, rejeter» possède une nuance qui, quoique distincte, offre un rapport sémantique assez étroit pour recommander l'hypothèse d'un emprunt araméen, sous une forme homonyme du vb hébreu (alors avec la palatale sonore *g*, au lieu de la sourde *k*, et de même la labiale sonore *b*, au lieu de la sourde *p*) ou apparentée (et alors égalée au vb de H par petite mutation herméneutique). Le dérivé accadien *sukuptu* «fait de jeter à terre» (*AHW* 1056) livre en outre un sens qui correspond exactement à celui que la traduction grecque suppose pour l'araméen. Par ailleurs une relation avec le vb araméen סגף (judéo-araméen, *paël* «maltraiter», syriaque, *paël* «endommager, léser») est possible, mais non assurée.

[28] Touchant le sens originel de l'hébreu, aucune raison de renier la rac. courante «être élevé». Il convient, je pense, d'entendre «il rendra élevés, redoutables», en notant l'emploi du dérivé nominal en *m*, dans le sens «lieu élevé, lieu de sécurité». Wildberger opte, touchant le *piël* de TM, pour une nuance plus proche du sens radical : «liess hochkommen» (*BK* 203). Avec raison il écarte l'hypothèse d'un sens arabe, de Driver (*JTS* 34 (1933) 378), non attesté ailleurs en hébreu et inutile ici (*BK* 205). L'objet grammatical, constamment corrigé (encore par Wildberger) s'explique par un effet verbal intentionnel, fondé sur une métathèse (את צרי רצין). Corriger c'est risquer de faire disparaître une spéculation d'époque. Le sens paraît être : «les ennemis de Reṣin» = les Assyriens. Le nom de Reṣin, ennemi d'hier, fournit une allusion aux ennemis communs d'aujourd'hui.

[29] La provenance de la notice de G Is 10, 9 est claire. Ziegler l'a notée à propos de 9, 10 (9) (*ZUI* 63). Mais il a ignoré le problème soulevé par la distinction Khalanné-Babylone, dans G. La clef en est la mention de Shinear, commune à Gen 10, 10 et 11, 2. Cette jonction a permis la relation des données contextuelles respectives, Khalanné (G 10, 10) et Babylone, et la localisation de la Tour à Khalanné, lieu qui est alors considéré comme une filiale de Babylone. Gen 11 situe la Tour à Babylone au sens large. L'adaptateur grec précise qu'il s'agit de la filiale Khalanné, vraisemblablement sous l'influence de l'homographie définie ci-après dans l'exposé.

G, on est en droit de penser que la raison pour laquelle la Tour est située à «Khalanné», en 10, 9 (comme pour apporter une précision à Gen 11) est que G a voulu profiter de l'homographie offerte par כלנו pour reconnaître, en doublure du toponyme, le pronom *kol* + le suffixe de la 1re pers. du plur. : *kullānû* = «nous tous». L'expression était alors comprise comme un «unissons-nous» de ralliement des nations. La Tour qui s'élevait sur le territoire de Babel et qui en portait le nom avait été édifiée à l'endroit précis où les nations avaient osé clamer, face au ciel : «nous tous!» Cette exploitation méthodique est à verser au dossier des analogies verbales formelles dans G (Ire section, IIe partie).

(b) En 11, 11, H «(provenant) de Shinear» a été rendu par ἀπὸ ἡλίου ἀνατολῶν. Cette divergence par rapport à H s'explique par une expression voisine de ce toponyme, dans Gen 11, 2. H מקדם; G ἀπὸ ἀνατολῶν. Cet écho de l'épisode de Gen 11 et celui que nous venons de relever dans G Is 9, 10 soulignent l'importance de l'influence que le passage de la Genèse a exercée sur l'élaboration de G Is.

3) LE MOTIF DU CHANGEMENT OPÉRÉ PAR G : LE SCHISME SAMARITAIN

Ces élucidations nous acheminent vers le dernier problème soulevé par le texte de G. C'est le principal, celui du motif historique du changement. Seeligmann a discerné l'existence de ce problème, à la différence de ses prédécesseurs. Malheureusement il l'a aussitôt banalisé et soumis à une projection typiquement moderne, orientée à l'opposé des indices. Cet auteur s'était donné pour tâche, concernant G Is, de mettre en évidence les rapports de G avec les circonstances contemporaines et de compléter en cela les *Untersuchungen* de Ziegler. Un tel programme aurait dû le mettre sur la voie d'une confrontation de G Is 9, 10 avec les données de l'époque, et le faire déboucher sur la solution que nous allons voir s'imposer. Mais Seeligmann a cru que le cas de ce passage de G relevait d'un genre d'inspiration exactement opposé à un intérêt pour l'actualité. Selon lui le texte témoignerait d'une curiosité de l'adaptateur grec pour certains spécimens d'antiquités offerts par les récits bibliques. L'adaptateur grec, loin d'appliquer le message prophétique à des circonstances contemporaines, aurait au contraire effectué une démarche inverse et serait remonté dans un lointain passé pour y puiser de quoi «donner de la couleur au contexte». En ce sens le passage d'Is aurait été «historicisé»[30].

---

[30] L'attitude des «inhabitants of Samaria», écrit Seeligmann, est «related to an event in remote antiquity i.e. the building of the tower of Babel» (*SVI* 47). Ce n'est pas pour éclairer

On ne pouvait commettre un contresens plus radical. «L'historicisation» de Seeligmann masque en réalité l'échec de l'exégèse empiriste, dans la détection du motif idéologique et des circonstances contemporaines qui ont entraîné le changement. Le problème du motif reste ouvert et il nous faut en démêler la solution.

L'invective de l'Isaïe authentique visait les habitants de la Samarie du VIIIe siècle et la situation créée par la menace assyrienne. Les travaux de réfection des fortifications, entrepris par les défenseurs de la capitale du nord étaient, au jugement du prophète, inspirés par un orgueil impie qui croyait pouvoir ignorer la volonté divine, mais qui ne changerait rien au plan providentiel, en vertu duquel une coalition d'ennemis dévorerait le pays «à pleine gueule» (9, 11). Ces circonstances d'époque ont été perdues de vue par G. Depuis le VIIIe siècle, les oracles d'Is, comme ceux des autres prophètes, avaient acquis une omnivalence temporelle qui permettait d'en tirer des enseignements applicables à des époques autres que celle de leur origine. Du temps de G ce que la mention de Samarie évoquait nécessairement dans l'esprit d'un juif, qu'il fût palestinien ou membre de la diaspora, c'était *le schisme samaritain*.

La connaissance approfondie de l'héritage scripturaire et des traditions, dans le milieu G, et ses liens organiques avec le Judaïsme palestinien garantissent que la pensée de ce schisme et le souci de le condamner ont dû être ressentis à Alexandrie aussi vivement qu'à Jérusalem. La présence d'éléments samaritains au sein même de la diaspora juive d'Égypte apporte une confirmation positive à cette évidence théorique et la circonstance a forcément donné au conflit un aspect concret; elle a contribué à l'exacerber localement [31]. La mission de propager le monothéisme parmi le monde

---

oraculairement les circonstances contemporaines de G, c'est seulement pour enrichir esthétiquement le texte avec des traits empruntés à un passé lointain. «Reminiscences such as these», ajoute-t-il à propos de 9, 10 (9) et de 10, 9 (précisions sur ce texte supra) et 11, 11, also seem to *give colour* to the context in which they occur» (je souligne); *ibid.* 78). C'est en ce sens que l'attitude des gens de Samarie est, selon Seeligmann, «historicized» (*ibid.* 47). Cette appréciation va à l'opposé de la détection d'une exploitation oraculaire dans G et de la restitution efficace de l'arrière-plan historique. G n'est plus ici pour Seeligmann qu'un amateur d'antiquités bibliques.

[31] J. A. Montgomery, citant le témoignage de Fl. Josèphe (A.J. XII, 1) relatif aux prisonniers faits par Ptolémée I à Jérusalem et au mont Garizim, résume la situation en ces termes : «The result of the Ptolemaic wars and conquests was the connexion made between Egypt and the Jews and the Samaritans which brought many of both sects, partly as captives, partly as willing immigrants to the flourishing land of the Ptolemies and its new metropolis Alexandria». L'auteur attire aussi l'attention sur un autre passage de Josèphe relatif à des levées de troupes en Palestine, par Alexandre, pour du service en Égypte : A.J. XI, 8, 7 (cf. J. A. Montgomery, *The Samaritans*, 75 s.). Montgomery rappelle encore l'existence d'un village samaritain en Égypte au IIIe s., d'après un papyrus (*o.c.* 151). Cf. à ce sujet la n. de R. Marcus, dans son

hellénistique, dont le Judaïsme alexandrin se sentait investi[32], lui imposait d'avoir, face à l'hérésie samaritaine, une attitude sans équivoque. Il apparaît donc, à tous égards, profondément engagé dans la querelle interne de son temps.

Or dans cette situation le passage d'Is en discussion offrait, déjà sous la forme H, la matière d'une application contemporaine aux Samaritains. La détermination et la morgue qui s'exprimaient dans le mot d'ordre des bâtisseurs (9, 9) étaient la peinture de l'insolence des schismatiques. L'intervention divine contre leur entreprise (9, 10) signifiait leur condamnation et la certitude de leur futur échec. Mais pour des interprètes qui pratiquaient la science des combinaisons scripturaires, l'allusion contemporaine, c'est-à-dire oraculaire, à l'hérésie samaritaine et le verdict divin qui la vouait à la ruine pouvaient être précisés et placés sous une lumière accrue, grâce à la découverte savante de l'analogie thématique et des jonctions verbales décelables entre Is 9, 9 s. et le récit de la Tour de Babel. L'intérêt offert par la combinaison des 2 textes pour des exégètes et des théologiens aux prises avec les problèmes et les luttes de leur temps, est frappant. D'une part, l'assimilation des Samaritains aux constructeurs de la Tour de Babel faisait apparaître en pleine lumière l'énormité de leur hérésie : elle était, comme la Tour dont «la tête» devait être «dans le ciel» (Gen 11, 4), une entreprise ouvertement dirigée contre ce ciel, un défi lancé à l'autorité divine, donc une abomination. D'autre part, la tentative des nations avait tourné court à Babel ; elles avaient été frappées de malédiction, sous la forme de la confusion des langues (Gen 11, 9). Semblablement une déconvenue guettait les Samaritains. L'amalgame d'Is et de Gen, en même temps qu'il permettait une connaissance oraculaire de la situation et de l'avenir, offrait le moyen de lancer contre l'hérésie ce dont l'orthodoxie avait besoin : *l'anathème*.

L'interprétation de G Is 9, 10 (H 9, 9) comme l'application d'une méthode herméneutique reçue, celle des analogies scripturaires, conduit donc à la reconstitution d'un arrière-plan circonstanciel, qui contribue à éclairer l'histoire du schisme samaritain et des réactions du Judaïsme de la diaspora égyptienne à son égard. L'herméneutique ouvre la voie de la solution historique. Elle avertit que la transformation méthodique du texte, étant donné les teneurs, doit nécessairement être en rapport avec un motif idéologique d'envergure. Cela oriente l'attention vers la recherche adéquate, au lieu que l'exégèse empiriste en détourne fatalement, puisqu'elle n'attribue

---

éd. de Josèphe (Loeb cl. libr.), A.J. VI, 481, n. d. Le point a cependant été contesté par Niese, cité par Marcus.

[32] Voir à ce sujet supra, ch. II, B, c.

à G que des expédients ou des motifs subjectifs. Le bilan négatif de la bibliographie du texte est significatif et met en évidence l'inadéquation de l'orientation empiriste en critique. Touchant un texte aussi important, la leçon de cet échec est particulièrement instructive.

En revanche, l'identification des circonstances historiques qui se cachaient derrière le passage de G Is apporte une confirmation non seulement de l'existence, mais de l'importance de la méthode appliquée et de son autorité souveraine. Nous avons vu précédemment que les exploitations oraculaires de H dans G livraient une preuve cruciale de la présence d'une méthode et de son autorité religieuse. La raison en était qu'une transformation textuelle arbitraire et sans justification cogente, pour l'obtention d'un effet oraculaire, aurait annulé cet effet. Parmi les exploitations oraculaires de H dans G, celle de 9, 9 (G 9, 10) est d'une portée majeure. L'indication oraculaire obtenue par la combinaison scripturaire concernait une concurrence religieuse menaçante qui constituait une prétention offensante et qu'il fallait réduire au silence. Au delà du présent, l'oracle promettait à la dissidence samaritaine une issue fatale, et invitait dès à présent à l'anathème.

De pareilles conditions constituent les plus fortes garanties concevables, touchant la validité de G dans le milieu intéressé. Il fallait que la combinaison scripturaire fût au dessus de toute discussion et de toute objection, notamment de la part des schismatiques eux-mêmes, pour emporter toutes les convictions, dans une crise aussi grave.

L'oracle antisamaritain que G a tiré d'Is 9, 9 est sans doute l'application de la méthode des analogies scripturaires la plus significative de tout G Is. Après les divers exemples qui ont déjà été présentés, au cours de l'élucidation historique générale de la question des emprunts, ce spécimen nous paraît illustrer et justifier définitivement les diverses propositions et la thèse fondamentale qui ont été exposées au cours des précédents chapitres.

VARIATIONS PAR
ANALOGIES VERBALES FORMELLES DANS G IS

CHAPITRE I

L'ADAPTATION DE G EN 3, 8 [1]

En 3, 8 G diverge fortement par rapport à TM, avec lequel s'accorde Qa, pour l'essentiel, mises à part 2 minuties sans conséquences pour l'appréciation de G [2]. L'analyse du détail montre, à l'évidence, que l'écart de G est secondaire et que TM (= Qa) = H. Ce qui intéresse notre enquête c'est l'identification des motifs de la variation de sens dans G.

1) En 8a ἀνεῖται «elle s'est relâchée» (Jérusalem) pour כשלה «elle a trébuché» ne soulève qu'une question de lexicographie générale dans G [3]. Une revue des traductions de כשל dans G montre en effet que les interprètes alexandrins ont oscillé entre 2 solutions. Tantôt ils ont opté pour le sens «tomber» ou analogues et dérivés (cf. en particulier la traduction par πίπτειν), tantôt, et c'est le cas le plus fréquent, ils ont retenu l'idée d'«être faible» (cf. très fréquemment ἀσθενεῖν [4]). Le vb de G en 3, 8a illustre cette

---

[1] L'introduction aux analogies verbales formelles dans G Is, objet de cette partie, est constituée par ce qui a été exposé dans la Iʳᵉ partie, ch. II, B, C.

[2] Qa porte על, au lieu de אל dans TM. La leçon de Qa paraît, à première vue, plus satisfaisante, puisqu'elle indique une nuance d'hostilité qui est appropriée, si l'on compte avec une symétrie de l'expression en 8b («leur langue et leurs agissements (sont) contre Yahvé»; puis, avec symétrie poétique et syntaxe circonstancielle : «pour désobéir aux yeux de sa Gloire», *sic* littéralement Qa). Mais une telle symétrie et la césure tranchée qu'elle implique ne sont pas certaines dans H et, dès lors, la préposition de TM pourrait être originelle. Le sens est alors : «leur langue et leurs agissements à l'égard de Yahvé (proprement «vers» = envers) (sont) pour désobéir, etc.», c'est-à-dire «vont à désobéir». L'ensemble de la phrase tend vers la finalité marquée par l'infinitif, et la préposition convient. G, en dépit de sa divergence, atteste clairement la lecture de la préposition de TM (cf. τὰ πρὸς κύριον et les précisions données plus bas). Étant donné que, d'une part, TM peut se justifier comme dit et que, d'autre part, Qa est soupçonnable d'avoir retouché la préposition pour clarifier le texte dans un sens édifiant (l'aggravation est édifiante par le blâme qu'elle implique), le témoignage de G prend valeur arbitrale en faveur de TM. L'orthographe pleine avec *yod* médian, dans Qa, עיני n'a aucune chance d'être originelle, d'après le principe de la *lectio difficilior*, qui est en faveur de l'orthographe défective de TM. Là aussi G implique la leçon TM, comme encore précisé plus bas. Cette orthographe est l'indice probable d'un certain motif. Le point est examiné plus bas. Une retouche secondaire dans Qa est conforme aux tendances de ce texte. Il faut donc encore donner la préférence à TM dans ce second cas.

[3] ἀνεῖται pft moy. pass. Le vb ἀνίημι sert plusieurs fois à rendre la rac. רפה «être faible», équivalence qui met en évidence l'originalité de la traduction de G ici, par rapport à la valeur du vb hébreu dans l'usage biblique «trébucher, chanceler». Toutefois cette originalité est conforme à une doctrine lexicographique de G, qui a des racines historiques, comme précisé ci-après.

[4] La traduction par πίπτειν n'est attestée que par 2 textes, Is 28, 13; 59, 10. Cette rareté

seconde valeur. Par delà le cas de G Is 3, 8, l'intérêt de G est d'illustrer largement, par la prédominance du 2ᵉ sens («être faible») sur le 1ᵉʳ («tomber») une option qui correspond, dans le principe (non dans le détail optionnel), à une orientation réelle du sémantisme de ce vb en hébreu [5]. Mais, en même temps, l'extension de l'option pour ce 2ᵉ sens, dans G, va bien au delà des indices rares de la littérature scripturaire, et comporte des applications à des textes plus naturellement interprétables par le 1ᵉʳ sens. C'est le cas de 3, 8. L'extension du 2ᵉ sens dans G, à une époque où l'araméen exerçait une influence prédominante, plaide pour une telle influence sur G Is 3, 8. L'analyse de la spéculation verbale sous-jacente à G Is 32, 4 (Iʳᵉ partie, ch. III, C, n. 18) a livré un autre exemple de la probabilité de

---

contraste avec la fréquence du principal représentant de l'autre valeur exploitée par G, ἀσθενεῖν, mais elle est probante quant à la connaissance du sens ordinaire de כשל en hébreu biblique. On peut estimer que les autres traductions de G qui procèdent directement ou déductivement de cette 1ʳᵉ valeur et qu'il convient d'ajouter à πίπτειν sont: ἀπολλύναι, κακοῦν, προσκόπτειν, πλανᾶν, σκανδαλίζειν, le subst. ὑποσκέλισμα («trébuchement», Prov 24, 17), ἐξουθενεῖν, le subst. σκῶλον, pour le dérivé nominal מכשול (Is 57, 14), τροποῦν («mettre en fuite»). L'autre valeur est représentée dans G avant tout par ἀσθενεῖν, largement prédominant avec plus de 30 attestations, ἀδυνατεῖν (Is 8, 15) ἀνίσχυες εἶναι (Is 40, 30), καταναλίσκειν «dépenser, user», au passif dans Is 59, 14, κοπιᾶν (Is 5, 27; 31, 3), παραλύειν (Is 35, 3), συντρίβειν. On vérifiera aisément dans la concordance de Hatch-Redpath, à l'aide de ces indications, les localisations textuelles et autres renseignements désirables.

[5] On trouve déjà en hébreu biblique, dans Lam 1, 14, un emploi de כשל qui rejoint la 2ᵉ valeur illustrée par G. L'expression הכשיל כחי, qui reste traduisible à l'aide de la valeur fondamentale ancienne («il a fait chanceler ma force») équivaut cependant à «il a affaibli ma force», entendu au sens «il a réduit ma force à la faiblesse». BDB 506 admet ce sens, à propos du dit texte: «make feeble, weak». G porte pour ce texte ἠσθένησεν ἡ ἰσχύς μου. Abstraction faite du passage à une valeur intransitive, au lieu du hifil hébreu, du point de vue purement lexicographique, cette traduction de G par la 2ᵉ valeur paraît assez légitime et pourrait correspondre à la manière dont le texte était senti, dès une époque plus ancienne (toujours en négligeant l'aspect grammatical et en ne considérant que le sémantisme). Un emploi postbiblique rabbinique signalé par Jastrow (DTM, I, 676) correspond à une acception juridique du sens «être faible». Le sens général «être faible» semble présent dans certains textes de Qumrân, où il convient mieux ou aussi bien que l'autre. Dans Hod 39, 36, l'expression להכשיל רוח ולכלות כוח indique l'épuisement des énergies de l'esprit et du corps, la réduction à un état de faiblesse extrême: «... pour faire défaillir l'esprit et épuiser la vigueur». De même paraît significatif, dans Hod 42, 36, l'emploi de לחיות (piël) «pour revivifier», en parlant de l'esprit des כושלים «de ceux qui défaillent» (cf. le mot עיף «épuisé», dans la suite, qui exprime la même idée à l'aide d'un emprunt à Is 50, 4). La confrontation de ces indices avec la 2ᵉ valeur admise, de façon prédominante, par G montre l'intérêt de son témoignage. La 2ᵉ valeur correspond à une extension de l'emploi du vb avec des sujets (qal) ou des objets (hifil) auxquels ne convenait plus la référence concrète à la marche interrompue par un trébuchement. Des notions comme l'esprit, la force, la vie, ont pu contribuer insensiblement à l'apparition de la 2ᵉ valeur. Cependant il faut ajouter à ces conditions internes de l'hébreu l'influence externe de l'araméen. La chronologie et les modalités des attestations de G plaident pour l'influence araméenne, comme indiqué dans la suite de l'exposé. Le développement sémantique dérivé en hébreu a constitué une condition favorable à l'exercice de cette influence et à l'interprétation prédominante de כשל à travers l'araméen dans G.

l'influence araméenne. Les interprétations de G dans le 2ᵉ sens constituent donc un indice très probable de l'existence du sens «être faible», en araméen, pour cette rac., et le sémantisme du correspondant arabe *kasila* paraît apporter à cette vue un élément de confirmation[6].

En 3, 8 la valeur retenue par G pour le vb en question contribue à l'orientation édifiante que G a donnée au passage. Au lieu de la catastrophe occasionnée par l'offense à la majesté divine (ainsi H), G attire l'attention sur le «relâchement» (le vb en discussion) qui s'est emparé de Jérusalem. La décadence a été causée par une ἀνομία et la désobéissance (ἀπειθοῦντες), deux traits qui visent la négligence à l'égard de la Loi juive. Le déclin (ἐταπεινώθη) présent (νῦν), que l'on peut donc espérer temporaire, de «la gloire» du peuple a pour origine cette négligence concernant la Loi, voilà la leçon que G a voulu dégager de sa source. C'est une leçon qui contient en germe une vigoureuse parénèse, puisqu'il suffit de tirer la conséquence du texte scripturaire ainsi interprété, pour en saisir la portée pratique : la «gloire» sera relevée par une plus stricte observation de la Loi. Le choix du vb introductif ἀνεῖται en 8a est donc très significatif pour la suite et nous avertit que l'écart de 8b par rapport à H n'a pas dû être laissé au hasard ou à l'improvisation, encore moins à l'ignorance et à l'incurie que supposent gratuitement les exégèses empiristes. L'indication révèle d'emblée le caractère réfléchi de l'exploitation de la source hébraïque. Les indices de 8b vont nous montrer que cette réflexion n'a pas improvisé librement, mais s'est appuyée sur les méthodes de l'herméneutique reçue.

2) En 8b TM porte «car leur langue et leurs agissements à l'égard de Yahvé (vont) à désobéir ...»[7]. G a placé la césure après les 2 premiers substantifs de l'hébreu et les a rendus par καὶ αἱ γλῶσσαι αὐτῶν μετὰ ἀνομίας. Il faut entendre vraisemblablement : «leurs langues sont en conformité avec l'injustice»[8]. L'expression μετὰ ἀνομίας provient manifestement de la première moitié du 2ᵉ subst. hébreu *ומעל. Il ne servirait à rien de supposer une var. de H (G). Une telle var. repousserait le problème de motif

---

[6] Sur la valeur arabe et sur la sous-jacence araméenne postulable en G Is 32, 4, voir Iʳᵉ partie, ch. III, C, n. 18.

[7] Pour la priorité probable de la préposition de TM sur celle de Qa, voir la note initiale.

[8] La nuance marquée par μετά est soit simplement celle de l'accompagnement (l'usage de leurs langues s'accompagne d'injustice); soit, plus probablement, celle de la conformité au principe de l'injustice : leurs langues sont d'accord avec l'injustice, ou du côté de, dans le parti de l'injustice. Un texte de Platon, signalé par les dictionnaires (Apol 32b) offre une illustration de cette valeur, qui mérite la confrontation avec G Is 3, 8 : μετὰ τοῦ νόμου καὶ τοῦ δικαίου ᾤμην μᾶλλον με δεῖν διακινδυνεύειν ἢ μεθ' ὑμῶν γενέσθαι μὴ δίκαια βουλευομένων «Je pensais devoir courir un danger en étant avec la loi et la justice (avec = en conformité avec), plutôt que d'être avec vous qui ne décidez pas des choses justes».

à ce stade, car elle serait liée au même motif idéologique que celui dont nous allons parler en l'imputant plus simplement à G. L'hypothèse de var. n'a ici aucune vraisemblance. Ce qui sera dit plus bas du traitement de la 2ᵉ moitié du mot hébreu confirmera qu'elle doit être exclue. Une ignorance de G concernant le sens du subst. de H מעלל «acte, agissement» est également exclue par la traduction correcte du mot dans le texte voisin 3, 10 (τῶν ἔργων). C'est la preuve patente qu'en 3, 8 l'interprétation de G résulte d'une spéculation réfléchie[9]. On en trouve une autre sur le même terme en 1, 16[10]. En 3, 8 G a interprété le *waw* de coordination comme l'équivalent d'une préposition, valeur forte qu'il peut parfois revêtir. Le subst. מעל «trahison» a inspiré le terme très général de G, qui joue évidemment un rôle central : l'anomisme, l'illégalité, l'injustice, c'est la non-conformité à la Loi donnée par Dieu à Israël, et c'est aussi la raison pour laquelle «la gloire a été abaissée», selon les termes de la dernière proposition. La portée éthico-religieuse du terme, le blâme aussi qu'il comporte pour Israël et qui n'était pas inhérent au mot de H (en lui-même moralement neutre) impliquent que l'interprétation de G devait trouver une justification positive dans l'homographie utilisée, autrement dit, que la lecture מעל était un droit de l'exégète ancien, droit fondé sur une méthode herméneutique reçue.

Cependant le fractionnement du mot hébreu et l'apparente négligence de sa 2ᵉ moitié semblent compromettre l'autorité du procédé. Mais la difficulté disparaît si l'on se place dans l'hypothèse d'une valeur attachée par les anciens aux aspects formels des textes, hypothèse que ne cessent de nous imposer les indices que nous rencontrons. En premier lieu, le subst. dégagé par G était l'élément qui comptait, en vertu de son sens particulière-ment éloquent pour le contexte de G. Au contraire la 2ᵉ moitié du mot

---

[9] Seeligmann, ayant relevé la différence de traitement du mot hébreu en 3, 8 et 3, 10, veut y voir l'indice d'une défaillance du traducteur (*SVI* 54). Cette appréciation est à tous égards intenable. D'abord G ne pouvait être embarrassé ou négligent en 3, 8, touchant un terme qu'il rend correctement en 3, 10. Ensuite le terme divergent qu'il a tiré de la matérialité de H (par homographie, comme précisé ci-après) possède un sens qui plaide clairement pour l'intention délibérée de l'adaptateur. Le jugement de Seeligmann illustre son préjugé fonda-mental au sujet de G, à qui il attribue négligences et incompréhensions, selon les besoins de ses hypothèses, et sans mesurer les invraisemblances qui en résultent.

[10] En 1, 16 רע מעלליכם «(enlevez) la malice de vos agissements» est rendu par G τὰς πονηρίας ἀπὸ τῶν ψυχῶν ὑμῶν «(enlevez) les méchancetés de vos âmes». Le substantif hébreu a été décomposé en complexe prépositionnel מעל et לכים (avec déplacement de *yod* censé vocalique) : «de dessus vous» = ἀπό etc. Traitement fondé sur une homographie et une métathèse mineure. Ce texte, comme 3, 8, pourrait donner l'impression d'une ignorance du substantif, de la part de G, si l'on négligeait de confronter 3, 10. La considération des 3 textes est instructive et montre que מעלל avait été repéré par G comme un terme qui se prêtait à des spéculations formelles.

pouvait être considérée comme de valeur secondaire, du fait de sa faible capacité expressive. Elle comportait, d'une part, une consonne répétée (*lamed*) éventuellement négligeable par réduction de 2 à 1 (principe familier à G[11]), d'autre part, un suffixe, élément servile qui n'affectait pas la teneur même du mot. En vertu de ces considérations et dans le cadre d'une exploitation formelle du texte, la 2e moitié du mot hébreu aurait pu, à la rigueur, être traitée en élément négligeable, sans que l'autorité de l'homographie utilisée dans la 1re moitié en fût compromise.

En second lieu cependant, il faut constater que le texte grec offre la possibilité d'une relation avec la 2e moitié du mot hébreu. L'expression τὰ πρὸς κύριον («les choses envers le Seigneur = les devoirs envers le Seigneur») peut en effet correspondre à מה אל יהוה. Cela suppose que le pronom indéfini *mh* a été tiré par métathèse du suffixe de la leçon hébraïque *hm*. L'embarras dû aux consonnes en surplus se trouve alors ramené à peu de chose, et ce reliquat lui-même est encore réductible, si l'on admet un passage de *yod* à *waw* et une 2e permutation produisant ולמה, interprétable «et pour (= au sujet de) ce qui est «vers» le Seigneur = ce qui concerne le S., les devoirs envers lui». Cette expression alambiquée était simplifiable et permettait de passer à l'article de G, dans τὰ πρὸς κύριον. Il semble donc légitime d'admettre que G a traité la 2e moitié de la leçon H à l'aide de 2 métathèses, qui s'ajoutent, en tant que procédés formels, à l'homographie dite plus haut. Nous devons donc conclure que l'exploitation de H par G a été vraisemblablement poussée dans les minuties et qu'avec une apparence de liberté, sur le point considéré, G a toutes les chances d'avoir été, à sa manière, très littéral. Un tel littéralisme n'a pas toujours été la règle de G ailleurs, mais sa trace mérite d'être relevée quand elle se présente, parce qu'elle révèle une tendance caractéristique.

Par delà ces détails, ce qui reste de toute manière le plus important c'est que l'homographie dont a été tiré le mot clef de G implique le recours à une méthode reçue et non pas l'utilisation fortuite d'une rencontre verbale. La portée idéologique du changement par rapport à H et le poids du mot grec, dans l'économie de la phrase obtenue par G, offrent à cet égard de sérieuses garanties, déjà isolément. La confrontation avec les phénomènes similaires d'exploitation formelle dans G lève tout doute qui subsisterait, compte tenu des spécimens qui ont valeur arbitrale.

---

[11] Le principe de réduction que l'on peut appeler de «un pour deux» est illustré avant tout par la fréquente suppression, dans G, de termes ou de membres qui peuvent être considérés comme des répétitions de l'idée exprimée. C'est souvent le cas des symétries de la poésie hébraïque. À partir de ce genre de simplification stylistique, des réductions de lettres ont pu être considérées comme licites, en cas d'opportunité.

3) Le participe ἀπειθοῦντες correspond clairement à למרות. G a placé une césure après l'infinitif hébreu. La structure est différente dans H où la césure précède l'infinitif. La différence tient à la transformation que G a fait subir à la fin de la phrase H. C'est une véritable inversion de sens. Elle est commandée par l'interprétation de עני (Qa עיני, mais nous avons vu, en note, que cette orthographe est secondaire). Dans TM, comme déjà dit, il s'agit des «yeux de sa Gloire», expression dont l'étrangeté appellera encore une élucidation ultérieure, mais qui, telle quelle, peut servir à la discussion de la leçon G ἐταπεινώθη : «leur gloire *a été abaissée*». La critique a reconnu que la leçon devait être en rapport avec le vb ענה, *qal* «être humilié, abaissé ou opprimé». Mais la manière dont cette relation a été appréciée est partout défectueuse. Ottley croyait à une var. ענה dans H (G), hypothèse de commodité qui est radicalement exclue[12]. D'une part la cohérence interne de l'hébreu s'y oppose, en un endroit névralgique du point de vue religieux, où une négligence n'est pas vraisemblable; d'autre part, le problème particulier que soulèvent la genèse de cette formulation et sa transmission jusqu'au stade G montre aussi qu'une hypothèse de var. est hors de propos. Ziegler estime que G «a pensé au vb ענה sous l'influence des nombreux textes qui parlent de l'abaissement de tous les orgueilleux»[13]. Mais c'est postuler la solution en inversant les données du problème. Toute la question est justement de savoir pourquoi G a songé au thème de l'abaissement documenté par de tels textes. Ils n'ont pu être qu'une illustration secondaire, un point d'arrivée, non un point de départ. Seeligmann, pour sa part, a reconnu que la lecture de G était un aramaïsme, עני étant la forme consonantique araméenne qui correspond à l'orthographe hébraïque ענה. Mais cette observation juste en entraîne une autre, qui est erronée : si G a opté pour ce vb araméen, c'est, pense Seeligmann, par l'effet d'une influence de la langue araméenne *passivement* subie[14]. On ne peut sans invraisemblance dénier à G la capacité de reconnaître dans la leçon TM = H la possibilité du substantif de la vocalisation TM[15]. Supposer qu'il a divergé

---

[12] *BIAS*, II, 116.

[13] *ZUI* 137. Suivent des références à ces textes. Ziegler est d'ailleurs si peu assuré de son hypothèse qu'il admet ensuite la possibilité d'une var. dans la source de G (le vb de 2.9.11.17), supposition à considérer aujourd'hui comme périmée.

[14] «We can only explain a translation such as that in 3, 8 (...) by the fact that the translator's thoughts were *intimately bound up* (je souligne) with the aramaic idiom» (*SVI* 50). La formulation est une illustration caractéristique du préjugé de l'auteur qui attribue à G une étonnante incompétence linguistique, chaque fois que le rapport G-H devient problématique.

[15] La secondarité de l'orthographe de Qa a été établie dans la note initiale, qui a indiqué par anticipation que G confirmait indirectement l'orthographe TM. La spéculation homographique et aramaïsante de G suppose en effet de préférence l'orthographe TM. Toutefois

parce qu'il ne comprenait pas l'expression hébraïque à l'état cs, serait méconnaître le champ du possible dans les représentations et imaginations religieuses au sein du Judaïsme. La présence du mot «gloire» invitait à accepter le mystère ou l'étrangeté d'une formulation telle que celle de H.

En réalité l'hypothèse d'incapacité de G, en cet endroit, méconnaît la présence d'un motif de changement qui avait un caractère contraignant et qui implique que G, loin de méconnaître le sens, le saisissait au contraire parfaitement. Ce motif c'est l'anthropomorphisme inhérent à la formule de H. Sa présence est justement rendue sensible par l'étrangeté de l'attribution des yeux à la Gloire, dans un texte où il est impossible de réduire la mention de la Gloire à l'équivalence d'une simple qualification adjectivale (hébraïsme de l'état cs pour l'adjectif). Après un vb comme «désobéir à» (proprement «se rebeller contre»), le mot Gloire revêt nécessairement sa pleine valeur théophanique et joue le rôle d'une entité directement représentative de la divinité[16]. Le préjugé de l'empirisme foncier constamment attribué à G a détourné les critiques de ce constat essentiel. Dans l'intérêt de son œuvre d'édification et pour couper court à des spéculations douteuses ou même dangereuses, qui pouvaient être fondées sur l'anthropomorphisme[17], G a dû chercher une solution au problème religieux soulevé. Il l'a trouvée dans le vb araméen homographe. Cette option était en outre combinable avec le traitement que G a fait subir au substantif examiné plus haut[18]. La gravité

---

cette spéculation serait restée possible avec une orthographe H = Qa, pleine. Alors il aurait suffi à G de négliger le *yod* orthographique médian, comme élément «léger» et omissible par «petite mutation», avec l'autorité de la méthode des analogies verbales formelles. Mais la supposition d'une orthographe pleine dans H(G) n'a qu'une valeur théorique. Dans l'ordre des faits elle est improbable, d'une part, en raison du principe de la *lectio difficilior*, d'autre part, en raison du motif révérenciel probable (cf. infra), enfin parce que l'orthographe défective était de nature à encourager directement une spéculation telle que celle décelable chez G.

[16] Avec une valeur adjectivale on aurait «les yeux de sa Gloire = ses yeux glorieux». Ce tour est exclu par le vb précédent, qui entraîne une nuance personnelle pour l'état construit, donc une valeur théophanique. Si néanmoins on s'obstinait à mettre ce point en doute dans H, il resterait incontestable, du point de vue de l'exégèse de G, en vertu d'un motif qui s'ajoute à l'autre: comme toute l'exégèse du Judaïsme antique, G était animé par la tendance à totaliser, le cas échéant, les valeurs possibles d'un mot (valeurs authentiquement sémantiques et valeurs dérivées des parentés formelles décelables). Le mot «gloire», considéré cette fois prioritairement dans son autonomie, était avant tout une référence théologique. C'est sur ce fond du problème soulevé par H du point de vue des critères d'époque, qu'il convient d'apprécier le travail d'adaptation de G.

[17] On pouvait par exemple déduire de la forme H du texte que la gloire, ayant les yeux, était une puissance céleste distincte de Dieu. Conséquence qui illustre l'inconvénient présenté par l'anthropomorphisme. Par principe celui-ci était susceptible d'être tourné, quoique ce ne soit pas régulièrement le cas dans G.

[18] Il est probable que le traitement de l'anthropomorphisme a été le point de départ de l'adaptation de 3, 8 dans G. C'est l'aspect le plus important du texte et les autres éléments lui ont vraisemblablement été subordonnés: l'abaissement de «leur gloire» a entraîné l'indica-

d'un changement qui transformait une expression théologique en proposition anthropologique suppose de nouveau que le recours à l'homographie était une méthode souveraine et indiscutable, propre à couvrir de son autorité une innovation aussi hardie.

Aucune difficulté dans l'interprétation du suffixe de כבודי par le plur. : «sa gloire» = celle du peuple = leur gloire. Exégèse déductive. La justification de διότι νῦν n'est plus qu'un détail d'importance secondaire par rapport à l'interprétation qui a produit le vb de G. Il serait concevable que les 2 particules aient été insérées en vertu du changement principal et pour assurer l'aménagement littéraire du texte. Il s'agit de toute façon d'éléments «légers» et non déterminants pour les valeurs clefs du passage (dans le cadre d'une herméneutique ouverte aux analogies formelles et non exclusivement soumise aux liens syntaxiques et aux valeurs lexicales qui en découlent). Mais il est intéressant d'observer que la 1re de ces particules se justifie certainement par כי du début de 8b, pour lequel manque un répondant au même endroit dans G. Cette conjonction a été déplacée pour les besoins de l'exégèse préconisée. Le procédé illustre bien la subordination des liens syntaxiques aux exigences de l'herméneutique analogique. Il s'apparente aussi, en tant que déplacement dans la phrase, au procédé de métathèse à l'intérieur d'un mot. Il y a donc eu scrupuleux littéralisme sur le point considéré, qui avait l'apparence d'une patente liberté dans G.

Reste le cas de νῦν. Il y a tout lieu de penser que cet adverbe a été ajouté au nom du droit du vulgarisateur à l'actualisation. Pour G en effet le texte prophétique était plein de mystérieuses indications oraculaires. L'application de 3, 8 aux conditions contemporaines correspond soit à des difficultés de la communauté alexandrine dans ses rapports avec le milieu ambiant, soit plutôt à l'idée générale, grosse d'une puissante finalité religieuse, que la vraie gloire d'Israël n'apparaissait pas encore dans son éclat; elle était provisoirement «abaissée», à cause de l'insuffisante observation de la Loi, situation dont il convenait de tirer la leçon.

Les conditions étant ce qui a été dit plus haut, l'interprétation de עני comme vb, en 3, 8, suffirait à elle seule à prouver l'existence d'une méthode d'exploitation herméneutique des homographies. Dans le contexte immédiat, cette donnée renforce la conclusion de l'analyse du détail précédent.

Cependant le traitement de la fin de 3, 8 dans G offre un autre intérêt, celui de se situer à l'extrémité d'une tradition spéculative d'inspiration continuement formelle, dont les origines remontent loin dans le passé. Quelle

---

tion explicite d'une raison, l'«anomie» fournie par la spéculation formelle sur le substantif discuté plus haut.

est, en effet, l'origine de l'expression de TM «les yeux de sa Gloire»? Comme
noté plus haut, il s'agit bel et bien de la Gloire comme référence théophanique,
et les indices que nous allons relever le confirment encore. Il faut partir de
l'orthographe défective de TM : elle a toutes les chances d'être une différenciation intentionnelle, inspirée précisément par la mention de la Gloire
divine et destinée à marquer une distance par rapport au sens anthropologique
ordinaire du mot «œil». Il s'agit alors, en somme, d'une précaution anti-
anthropomorphique[19]. Ce point étant admis, on peut se demander si la
mention des «yeux» n'a pas été ajoutée par scrupule religieux pour prémunir
«la Gloire» du contact direct avec un vb tel que «se rebeller» (למרות).
L'hypothèse est légitime, étant donné les scrupules extraordinaires du
Judaïsme dès qu'il s'agit des contacts verbaux auxquels peut être exposé le
Nom divin ou éventuellement un substitut. La Gloire divine est assimilable
au cas du Nom. Cependant cette considération n'implique pas nécessairement une insertion *secondaire* de עני, qui semble plutôt avoir des chances
de remonter à la rédaction première, contrairement aux hypothèses correctives proposées par les critiques à ce sujet[20]. Toutefois, pourquoi «les yeux»,

---

[19] Le scrupule qui s'est exprimé par le recours à une orthographe insolite est, en plus
discret, du même ordre que la «correction des scribes» dont la tradition orthodoxe a conservé
le souvenir pour Zach 2, 12. Là TM porte עינו «son œil», pour עיני «mon œil», comme cela
est reconnu dans la liste du Midrash Mekhilta (orthographe francisée) à propos d'Ex 15, 7
(éd. Horowitz, 135, haut) et dans la liste plus explicite du Midrash Tanḥuma, ou d'une notice
qui a été jointe à ce midrash par compilation et qui figure dans les éditions antérieures à celle
de S. Buber. La modification du problème textuel du M. Tanḥuma, telle qu'elle résulte de
l'édition Buber, n'importe pas ici. La teneur de la notice plaide pour son ancienneté et sa haute
valeur, mise en évidence par A. Geiger qui s'y réfère (*UUB*[2], 310). D'après la notice עיני était
la leçon originelle «mais l'Écriture l'a transposée (אלא שכנוהו הכתוב) ... car c'est une correction
des scribes, des hommes de la Grande Synagogue» (éd. Zundel, 89 a). Sur la portée de ces
sources voir l'exposé de Geiger, resté un classique de la question (*UUB*[2], 309 s.). Cf. aussi
ci-après, section II, IIIe partie, ch. II, 3.

[20] Sans tenir compte de la fonction religieuse du terme, telle qu'elle a été définie à l'instant,
certains auteurs ont cru pouvoir éliminer le mot comme superflu. Ainsi Procksch 74-75. Gray
notait que le mot était «a strange object for the verb» (*ICC* 67). BHS suggère encore la
possibilité de la suppression. D'autres ont préconisé la correction פני, donnée par Cheyne
comme ayant été préconisée par Graetz. Cheyne n'a pas précisé la référence, et son ouvrage
ne comporte pas de liste bibliographique qui permette de retrouver immédiatement la source,
aujourd'hui que Graetz est lointain. Il s'agit de *Emendationes in plerosque Sacrae Scripturae
Veteris Testamenti libros, fasciculus primus*, 2, n. 8. À cause de l'absence de *yod* médian dans
la leçon massorétique, Graetz la soupçonnait de provenir de la leçon mentionnée par Cheyne.
Ce que Cheyne ne dit pas c'est que pour Graetz cette leçon pourrait avoir été déjà une erreur
pour פי. C'est en effet ce dernier substantif qui forme, avec le vb du contexte, une expression
attestée ailleurs : Nb 20, 24; I R 13, 21; Lam 1, 18. Pourtant, de même que Cheyne, la critique
postérieure a retenu comme leçon originelle possible celle qui, au jugement de Graetz, risquait
d'être un premier stade d'altération. L'interprétation de Cheyne touchant la conjecture de
Graetz a encore été retenue dans BH[3], après BH[2], et Wildberger l'a notée comme une
possibilité, à côté de laquelle il voudrait considérer une 2e solution (*BK*, X, 117), à laquelle

en parlant de la Gloire? Comme l'ont reconnu ceux qui ont préconisé la correction, פני «la face de», à la suite de Graetz[21], c'est cette dernière leçon qu'on attendrait avec une notion telle que la Gloire. Les correcteurs vont trop loin en portant atteinte au texte, car ils risquent de faire disparaître un indice historique, mais leur hypothèse attire utilement l'attention sur la leçon qui serait théoriquement normale. Or si l'on considère la haute époque, il apparaît que la leçon de TM pourrait avoir été effectivement en relation avec celle préconisée par les correcteurs. Il s'agit de nouveau d'une relation fondée sur une analogie formelle, qui se présente dans les conditions suivantes.

À l'époque préisraélite, où l'écriture cunéiforme était d'usage courant dans les centres culturels de Canaan, comme le prouve en particulier et éloquemment la correspondance de Tell el-Amarna, «les yeux» et «la face» étaient en rapport de symbolisme verbal, du fait que les 2 termes pouvaient être représentés par le même idéogramme *IGI*. Ce signe possède en effet les 2 valeurs accadiennes *īnu* «œil» et *pānu* «face», qui correspondent exactement aux 2 termes hébreux en débat. Le signe *IGI* pouvait donc servir et a effectivement servi à indiquer l'une et l'autre valeur, en fonction des besoins contextuels ou de situation[22]. À partir de ce constat, fondamental pour la notation des mots en question au IIe millénaire dans les pays syro-cananéens, la formule énigmatique de 3, 8 s'éclaire d'un jour nouveau et une solution simple se présente, si l'on tient compte du fait que les anciens Israélites ont été largement héritiers des conceptions, formes et usages culturels du IIe millénaire. Le signe *IGI* était disponible pour la référence à «la face» de la divinité, dans les formulaires rituels ou liturgiques des sanctuaires. L'emploi religieux de ce signe une fois établi pour «la face», c'est-à-dire avant tout la présence de la divinité, il est apparu possible

---

il n'est cependant pas possible de reconnaître des chances sérieuses. Le problème soulevé par le mot litigieux se pose, à mon sens, autrement que l'ont pensé les critiques. Ils ont été fourvoyés par le soupçon qui a été entretenu, concernant la vraisemblance du terme dans le contexte. Ce soupçon est pour une large part lié à la méconnaissance du motif qui explique la divergence de G.

[21] Voir la note précédente.

[22] Pour *pānu* voir von Soden, *AHW*, 818. Pour *īnu*, ibid. 383, et *CAD*, VII, 153. J. Nougayrol a transcrit les attestations des textes de vocabulaires trouvés à Ras-Shamra en notant la valeur syllabique *ši* pour *IGI*; cf. *PRU*, III, 269-270, *Ugaritica* V, 236, nº 133, lgs 4'-5', et 342. Quelle que soit la convention de transcription notée, l'important est que la connaissance des valeurs accadiennes et de leur représentation idéographique commune est positivement attestée à l'ouest par ces documents. Dans la correspondance d'El-Amarna, d'après le répertoire d'Ebeling à l'édition Knudtzon, seul un texte (99, 17) atteste l'emploi de l'idéogramme dans le cas de *pānu* (*EA*, II, 1489). Toutefois la lacune de la fin de la lg en question entraîne une incertitude pour cette donnée (*EA*, I, 448, et voir la note i). Pour *īnu* l'emploi de l'idéogramme est normal dans les lettres de *EA* (*ibid.*, II, 1425).

d'utiliser également sa seconde valeur, en cas d'opportunité. Lorsque le Yahvisme a imposé sa représentation entièrement originale de la Gloire divine et que le développement de la spéculation religieuse a rendu parfois désirable une différenciation entre le vocabulaire admissible pour la mention de Dieu même, et celui qui convenait à la modalité théophanique de la Gloire, la seconde valeur de *IGI*, à savoir *īnu* = hébreu עין s'est imposée. Il n'a donc pas été question de la face de la Gloire, mais de ses yeux [23].

S'il en a été ainsi, la présence de עני apparaît assurée, conformément à la tradition préservée par TM, dès la rédaction première du texte d'Is. G n'a plus été conscient du motif qui avait entraîné l'utilisation du terme. C'est un nouveau problème qui s'est posé à lui. La formulation originelle avait évité le contact direct entre le vb «se rebeller contre» et «la Gloire»; précaution révérencielle. G a également été animé par un souci révérenciel, mais à son époque ce souci avait pris la forme d'une attention donnée aux risques d'anthropomorphisme, ce qui a entraîné pour 3, 8 la transformation de sens qui a été analysée plus haut. En dépit cependant de la distance temporelle et de la différence des teneurs entre la forme primitive et l'adaptation de G, du point de vue des moyens culturels mis en œuvre, l'inspiration est la même. De part et d'autre on est passé d'une certaine valeur verbale à une autre, non pas en vertu d'une relation logique, mais d'après un rapport formel. Il est dans les 2 cas du type homographique, compte tenu de la différence des conventions de l'écriture cunéiforme. L'homogénéité de la tradition culturelle qui apparaît ainsi, à travers la diversité des conséquences littérales, a une portée indicatrice générale. Finalement, le rayonnement babylonien du IIe millénaire sur le monde syro-cananéen nous apparaîtra comme l'origine historique des procédés herméneutiques d'analogies verbales formelles (non d'analogies scripturaires!) que nous proposons d'appeler globalement méthode des analogies verbales.

---

[23] La distinction des sources, qui forment le tissu d'Ex 33, entre la Face et la Gloire, illustre l'importance de ces notions comme substituts de la divinité elle-même. L'interprétation de cette compilation me paraît pouvoir bénéficier indirectement de la connexion préisraélite dégagée à propos d'Is 3, 8. Il s'agirait alors non plus des «yeux» et de la Face, mais du vb «voir», autre valeur de *IGI*, et il s'agirait de la Face en alternance avec la Gloire. Dans ce cas la relation fournie par l'idéogramme n'est plus l'objet d'une exploitation positive, mais au contraire d'une dénégation qui correspond à l'originalité du Yahvisme. Pour celui-ci la relation verbale a cessé en principe d'être vraie. Cette relation bénéficiait d'une autorité traditionnelle, et c'est sans doute pourquoi Moïse peut oser insister dans ce sens. Mais le développement vise à réviser la conception. L'étrange dialogue entre Moïse et Dieu s'éclaire s'il se situe dans la perspective de cette tradition religieuse, de sa garantie verbale, et de la nécessité yahviste de son abrogation. La phraséologie différente attestée par les Psaumes et le thème de «voir la Face» montrent que la tentative qui s'exprime en Ex 33 n'a pas réussi à s'imposer radicalement. L'usage de la formule «voir la Face», dans le Yahvisme, s'explique comme une persistance tolérée grâce à une interprétation métaphorique qui atténue le réalisme originel.

CHAPITRE II

L'ALLUSION ORACULAIRE AU LAXISME EN 8, 11-16

A) G 8, 14 (H 13) et contexte

A la fin de TM 8, 13 (= G 8, 14) והוא מערצכם (= Qa) «et lui (= Yahvé)
sera votre effroi»[1] a été rendu dans G par καὶ ἐὰν ἐπ᾽ αὐτῷ πεποιθὼς ἦς
«si tu es confiant en lui». Nous pouvons postuler dès le départ l'accord de
H(G) avec TM = Qa. Les critiques les plus liés au postulat de correspondance
littérale G—H(G) ne se sont pas arrêtés à l'hypothèse d'une var. H(G)[2].
Maintenant l'accord Qa-TM livre une donnée textuelle issue d'une époque
voisine de H(G), et qui est défavorable à une telle hypothèse — quoiqu'elle
ne puisse être absolument probante à cet égard. Mais surtout la solution
qui s'imposera plus bas excluera une var. H(G). Pour la simplification il
convient donc de considérer par anticipation comme assuré que G a lu la
leçon TM-Qa = H.

---

[1] Le vocalisme de TM suppose un participe *hifil*, dont le sens verbal propre serait ici
(à la différence de l'emploi des temps personnels qui revêtent une valeur dénominée à partir
de l'adjectif עריץ) : «celui qui vous cause de l'effroi». La valeur dénominée requise pour le
vb en 8, 12 et 29, 23 est exclue. Mais, si le vocalisme de TM est originel, il est probable que le
participe était substantivé dans l'usage (peut-être à la faveur de l'apparition d'un *hifil* dénominé),
d'où simplement le sens «votre effroi». Il se peut pourtant que le vocalisme de TM soit
secondaire et que le terme soit un substantif du type à préformante *m*, comme le suggère le
consonantisme sans *yod*. Duhm l'avait soupçonné dans la 1ʳᵉ éd. (1892) de son commentaire (61).
L'hypothèse a été reprise par Marti, 86, puis abandonnée par Duhm (4ᵉ éd. 83). Maintenant
Qa apporte un renouveau d'intérêt à cette vue, car il a l'orthographe sans *yod* (= le consonantisme de TM), ce qui est chez lui plutôt indice de lecture d'un substantif, tandis qu'une
orthographe défective pour le participe *hifil* ne serait pas conforme à ses tendances prédominantes. Une considération qui irait dans le même sens d'un substantif primitif en *m* est
la possibilité d'une harmonisation secondaire dans TM : on aurait vocalisé le substantif en *i*
pour rappeler le vb de même rac., au *hifil* en 12.
[2] Ottley n'a considéré l'éventualité d'une var. qu'à propos de la leçon du Sinaïticus qui,
pour le mot précédent φόβος, porte βοηθός. Ottley y a vu la possibilité d'un doublet issu du
dernier terme de H 8, 13, qui aurait été lu «as some form from the root עזר help». Toutefois il
ne tire pas de là une explication précise de la leçon G en discussion, dans laquelle il n'a vu
qu'une option empirique pour surmonter une difficulté, le vb retenu par G étant selon lui
«a stop-gap when in doubt» (*BIAS*, II, 149). L'intérêt de la leçon S(G) n'est vraisemblablement
pas d'attester l'existence d'une var. dans une recension hébraïque qui aurait influencé cette
recension de G. Le fait illustre plutôt une spéculation verbale, différente de celle qui a triomphé
dans G, mais de même inspiration. Précisions infra.

La connaissance de la racine à laquelle appartient le subst. hébreu est garantie par d'autres textes de G [3] et, dans le contexte qui précède immédiatement, par la traduction du *hifil* correspondant en 8, 12. G l'a rendu par οὐδὲ μὴ ταραχθῆτε [4].

L'intérêt idéologique qui a inspiré G en son interprétation de la fin de 8, 13 (= G début de 8, 14) est manifeste. Au lieu de suivre H pour le subst. de 13, et d'insister ainsi sur le thème de la crainte qu'exprime le terme précédent auquel G s'est conformé (καὶ αὐτὸς ἔσται σου φόβος), G a abouti à une invitation à la confiance en Dieu. Sa formulation est paraphrasante par rapport à la structure de H, mais cet aspect n'est qu'un détail d'importance secondaire, comparé à la gravité de la divergence lexicale. La paraphrase pouvait se justifier déductivement par rapport à la proposition nominale de H, et il convient d'y reconnaître une amplification légitime dans un texte de vulgarisation [5]. Au contraire le changement de sens du terme final constitue une rupture nette avec le sens de l'hébreu. La crainte révérencielle est présente dans G, avec le dernier terme de G 8, 13 φόβος = H, mais, au lieu d'être aggravée et de conduire à l'idée d'un Dieu qu'on «redoute» — comme dans H, où cette insistance est en rapport avec le

---

[3] Voir en particulier, pour le *hifil*, G Is 29, 23 φοβηθήσονται (construit avec l'acc. de relation, possible en grec avec le passif : τὸν θεόν, et cf. n. suiv.); pour le *qal* (intr.), Dt 31, 6 μηδὲ πτοηθῇς «ne sois pas effrayé», Dt 1, 29 μὴ πτήξητε (de πτήσσειν «se blottir de peur»), Jos 1, 9 μὴ δειλιάσῃς «ne sois pas peureux».

[4] La valeur propre du *hifil* aux temps personnels est vraisemblablement dénominée : «considérer comme redoutable» (mais cf. la n. initiale sur la valeur théorique du participe), pratiquement «redouter». Le vb grec s'emploie en général pour l'action de susciter de l'agitation et du trouble, et en particulier pour les troubles de l'esprit, dont la crainte. Ici : «ne soyez pas agités par la crainte». En hébreu la valeur transitive et donc le rapport avec l'objet sont très clairs, par suite du *hifil*. En grec l'acc. précédent joue le rôle d'acc. de relation avec l'autre vb au passif (φοβηθῆτε), construction attestée en classique (Platon, Prot. 360 b) et dans l'Ev. de Marc 4, 41 (*LdS* 1946 B, sous B, II, 1). Il paraît cependant peu probable que le 2e passif ait été solidaire de cette construction et que l'acc. de relation ait également porté sur lui, en dépit de la possibilité grammaticale théorique. Ici le 2e passif semble plutôt employé absolument, ce qui marque une différence avec H. Ce n'est qu'un détail sans conséquence pour la relation des valeurs lexicales, qui est nette, même s'il n'y a pas stricte coïncidence.

[5] La question majeure de la modification lexicale étant mise à part, l'interprétation de la proposition nominale (avec pronom pers. + substantif) par une conditionnelle est légitimable déductivement. Le substantif prenant le sens postulé par l'interprétation grecque (quelle qu'en soit la justification, point à discuter plus bas), la concision syntaxique de l'hébreu ancien et sa large indétermination étaient théoriquement compatibles avec une valeur conditionnelle imputable à une proposition nominale. Le sens littéral «et lui (est) votre confiance» pouvait donc autoriser la déduction «si lui est votre confiance», d'où «si vous êtes confiants en lui». Dans l'usage vivant, il aurait fallu que la logique du contexte ou la situation conduisît à une pareille valeur conditionnelle. Ce n'est pas le cas de H 8, 13. Mais les interprétations de G sont constamment spéculatives et le conduisent à l'écart des usages vivants de la langue, en fonction des critères savants et religieux de l'herméneutique.

contexte menaçant qui fait suite et qui a également été modifié par G[6] —, la crainte due à Dieu est compensée et limitée par la confiance en ses voies : ce dernier thème édifie en rassurant. Il marque, en cet endroit de G, l'éviction du *mysterium tremendum* par une foi religieuse sereine. La novation est radicale et ne signifie rien moins qu'une inversion de l'attitude religieuse. Un pareil changement de sens rend particulièrement pressante la question des modalités.

Nous avions remarqué plus haut par anticipation qu'il était inutile de laisser des chances à une explication de G par une var. H(G). Cette éventualité étant exclue d'une manière qui se confirmera encore plus bas définitivement, il reste à considérer l'alternative de la liberté ou de la méthode. Ottley et Ziegler ont cru à une difficulté d'intellection et à un expédient de G[7]. Mais cette explication empiriste pèche dès le point de départ par l'omission du contrôle indispensable concernant l'intellection de la rac. en cause, ailleurs dans G[8]. Nous avons vu plus haut que ce contrôle prouve l'intellection, d'où il résulte que G a divergé par rapport à H, non par embarras ou erreur, mais en connaissance de cause et de propos délibéré. Si donc il y a eu liberté, de la part de G à l'égard de H, cette liberté n'est pas le pis-aller d'un interprète incompétent — comme l'ont pensé Ottley et Ziegler, selon le préjugé régnant — mais une option délibérée. D'après ce qui a été dit plus haut cette option est singulièrement hardie. Seeligmann a expressément admis cette hardiesse, non seulement sur le point en débat, mais pour tout le développement G 8, 11-16[9].

En ce qui concerne l'identification de la situation et de l'idéologie qui ont inspiré ce passage dans G, la contribution de Seeligmann est certainement clarifiante. Il estime que le développement introduit par λέγοντες (8, 11, fin = TM-Qa)[10] contient, jusqu'en 8, 14 inclus, les propos d'un parti religieux soucieux de libéraliser le légalisme rigide du milieu juif. Seeligmann

---

[6] Le sens de H 8, 14 a été inversé dans G par insertion d'une négation. Voir à ce sujet l'analyse suivante (ch. II, B).

[7] Ottley, *BIAS*, II, 149, et voir les remarques à ce sujet ci-dessus en note. Ziegler, sans même s'arrêter à l'aspect lexical de la divergence qui nous occupe, s'est contenté de présenter la proposition conditionnelle de G comme un moyen de surmonter un embarras devant l'ensemble 8, 13(fin)-14. Il pose initialement en principe que G a divergé en 14 «weil er mit dem hebr. Text nicht zurecht kam». Ce serait l'origine du recours à une conditionnelle : «deshalb hat er den Bedingungssatz vorausgestellt», *ZUI* 95.

[8] Ce défaut est particulièrement frappant dans l'analyse de Ziegler, qui commence par postuler, sans la moindre vérification, que G était embarrassé par l'hébreu. Cf. la n. précéd.

[9] *SVI* 105 bas- 106.

[10] Le mot correspondant dans Qa (col. 8, fin de la lg 4) a été scindé par une fissure. Il faut rapprocher les 2 éléments de l'*alef*, dont la lecture est certaine. C'est un exemple d'écartèlement intéressant pour la paléographie du rouleau.

ne parle que d'une «distance» prise par G à l'égard des antilégalistes et d'une «polémique» dans ce sens[11]. Ce n'est pas assez dire. En effet, tout d'abord G a retrouvé dans le texte prophétique les termes mêmes du programme religieux de ce parti, ce qui suppose que, pour lui, le passage d'Is avait *une valeur oraculaire*. C'est un aspect essentiel que Seeligmann n'a pas signalé. Ensuite G a lu dans sa source non pas les raisons d'une simple réserve, mais à la fois la condamnation (a) de la dissidence antilégaliste, et l'annonce de l'issue fatale (b) providentiellement réservée au mouvement.

(a) La condamnation : τῇ ἰσχυρᾷ χειρὶ ἀπειθοῦσι ... λέγοντες : les gens de ce parti désobéissent à la volonté divine[12] «d'une main forte»[13], quand ils affirment ce qui est dit en G 8, 12-14, c'est-à-dire quand ils rejettent l'austérité légaliste (cf. σκληρόν 2 fois en 8, 12[14]), austérité qui est (prétendent-ils) un piège pour la maison de Jacob (8, 14), quand de plus ils préconisent en contrepartie une simple atttitude de confiance en Dieu (l'expression en débat de G 8, 14).

(b) L'issue fatale : διὰ τοῦτο ... πεσοῦνται καὶ συντριβήσονται (15). La forme donnée par G à 8, 16 confirme de manière frappante la situation religieuse créée par ces laxistes et les intentions de G à leur égard. «Alors (après l'accomplissement du jugement divin annoncé en 15) seront démasqués (φανεροὶ ἔσονται) ceux qui scellent la Loi *pour ne pas en être instruits*» (τοῦ μὴ μαθεῖν)[15].

Tout en ouvrant la voie à une identification du conflit religieux sous-jacent à G, Seeligmann n'a pas vu que cet arrière-plan historique excluait radicalement le libre empirisme qu'il attribue à G dans le traitement de l'hébreu[16]. Il a bien senti que G avait cherché à puiser dans la parole prophétique

---

[11] «One gets the impression that the translator is polemizing against a certain group» (*o.c.* 105 bas). Seeligmann poursuit : «The translator (...) explicitly desired *to distance himself* (je souligne) from those who spoke thus» (à savoir comme en 12-14. Cf. infra).

[12] Le vb grec est employé en classique, notamment pour la désobéissance à la volonté divine et aux lois, comme le montre bien le passage de Platon, Leg 741 d, cité par *LdS*.

[13] L'expression au datif citée est complément de modalité. Le complément du vb est le datif qui suit (τῇ πορείᾳ) : ils désobéissent à l'obligation de marcher dans la voie (littéralement : à la marche de la voie).

[14] La concision de l'expression concernant l'allusion à l'austérité de la Loi résulte de la relation avec l'hébreu. Précisions à ce sujet dans la suite de l'analyse. L'adjectif σκληρόν «dur, difficile» contient à la fois l'exigence des observateurs de la Loi et la critique des tenants du parti antilégaliste. Ces derniers, en recommandant de «ne pas dire : difficile!» (8, 12) sont censés déconseiller de vivre dans les difficultés engendrées par le souci d'observer la Loi.

[15] Examen de la nature de l'interprétation de G sur ce point, dans l'analyse suivante (fin).

[16] «... the translation here deviates considerably from the Hebrew original. Evidently the translator not only *struggled with the wording* (je souligne), but also with the theological signification of expressions such as 14 ...» *o.c.* 106 haut.

l'autorité nécessaire à l'allusion et à la censure contemporaines[17]. Mais sa remarque à cet égard ne fait que rendre plus apparente la contradiction dans laquelle il est tombé. Comment en effet G aurait-il pu emprunter à la parole prophétique une autorité réelle, s'il avait commencé par plier librement cette parole à ses propres vues? En réalité G n'a pu tirer de sa source un oracle qui, tout à la fois, annonçait et condamnait le mouvement antilégaliste contemporain, qu'avec la conviction que cet oracle et cette condamnation étaient réellement impliqués d'une certaine manière par le texte prophétique. Une déformation consciente de la source en fonction de l'expérience contemporaine, comme l'admet Seeligmann, eût été une renonciation à la valeur oraculaire du passage et à l'efficacité de la condamnation des antilégalistes. En bref c'eût été une renonciation à l'autorité de la parole prophétique elle-même. Cette invraisemblance est patente, alors qu'il s'agit d'écrits antiques et prestigieux, utilisés à des fins religieuses, dans un milieu profondément traditionaliste, même s'il était exposé à des influences hellénistiques. L'impasse de l'appréciation empiriste de Seeligmann est encore confirmée de manière décisive par le fait qu'une adaptation entreprise au gré des besoins de l'heure aurait été exposée à une réfutation, de la part des connaisseurs du texte. Ceux-ci auraient réagi, déjà dans le cercle même des responsables de G, mais aussi et surtout au sein de la faction visée par G. Une réfutation n'aurait en effet pas manqué de venir de ceux-là mêmes que G prétendait confondre, c'est-à-dire des antilégalistes, et cette réfutation aurait été triomphale. Elle aurait impitoyablement dénoncé la violation flagrante de la teneur de H, au nom de la parole authentique du prophète[18].

On parviendrait à la même impossibilité d'un traitement libre de H, dans G, si l'on voulait voir dans G 8, 12-14 non pas une adaptation due à G, mais la reprise par G d'une interprétation préconisée par les antilégalistes. Ces derniers se seraient réclamés du passage ainsi entendu, pour justifier leur point de vue. G se serait alors référé à leur exégèse, pour mieux les confondre à l'aide du contexte 8, 11 et 8, 16. Cela supposerait que G admettait la légitimité de l'exégèse en question et que celle-ci était, à ses yeux, autre chose qu'une déformation tendancieuse de H pour les besoins d'une cause. En

---

[17] «The translator, by invoking the authoritative voice of the prophets ...» o.c. 106.

[18] L'impossibilité d'un traitement empirique du texte et la nécessité d'une méthode sont des constats qui se présentent dans tous les cas d'exploitation oraculaire avec transformation de teneur. Voir à ce sujet Iʳᵉ partie, ch. II, C. Il convient en particulier de rapprocher l'herméneutique oraculaire dirigée par G en 8, 11 s. contre une tendance laxiste et fidéiste (confiance en Dieu, G 8, 14), et son interprétation antisamaritaine en 9, 10 (H 9). Dans les 2 cas, une herméneutique oraculaire méthodique (modalités précisées infra pour G 8, 14) sert à réfuter et condamner une déviation religieuse.

ce cas, du point de vue de G, 8, 12-14 aurait toujours encore possédé une valeur oraculaire. Les antilégalistes auraient reconnu l'annonce de leur doctrine dans l'enseignement du prophète, sans percevoir que cet oracle, dont ils voulaient se réclamer, se retournait contre eux, à travers le contexte (8, 11 et 16), ainsi du moins que G l'a interprété, c'est-à-dire, vu la situation, ainsi qu'il se sentait en droit de l'interpréter[19].

L'arrière-plan historique ouvert par la contribution décisive de Seeligmann à l'identification du conflit religieux sous-jacent à G 8, 11-16 est riche et, même si l'on peut hésiter entre les 2 hypothèses exposées, celle d'une adaptation de G en 12-14 et celle d'une exégèse antérieure préconisée par les antilégalistes eux-mêmes, l'une et l'autre éventualité aident à faire revivre un passé idéologique original. De toute manière, que l'aménagement de 12-14 ait été l'œuvre de G ou d'opposants, le traitement de H était, en vertu des 2 situations possibles, de nature à faire autorité. Il fallait donc que ce traitement fût conforme à une méthode accréditée, capable de s'imposer aux 2 partis en présence et de garantir l'exégèse retenue par G, non pas forcément comme la seule valable, mais, dans l'esprit de l'herméneutique plurivalente des anciens, comme un sens émanant avec d'autres d'un texte inépuisable.

Nous ne considérerons dans la présente analyse que la légitimation de l'expression initiale de G 8, 12 (H 8, 13), prise comme point de départ. On trouvera dans l'analyse suivante l'identification des spéculations méthodiques qui ont conduit G à son adaptation de la suite de 8, 14 (question des négation), de 8, 16 et de 8, 12.

Il existe entre la leçon G en débat («si tu es confiant …») et le terme de H une relation formelle qui n'a pas été remarquée, et qui s'impose à l'attention, une fois reconnu le caractère illusoire de l'explication par l'empirisme et la

---

[19] De même que Seeligmann n'a pas accordé d'attention au caractère oraculaire du passage dans G, il n'a pas considéré l'éventualité d'une utilisation de 8, 12-14 par le parti antilégaliste, antérieurement à l'élaboration de G. Dès que l'on admet que G est empirique, l'analyse des implications historiques est forcément compromise, puisque l'on suppose une réaction subjective de l'adaptateur ancien aux textes et aux situations. Dans le cas considéré l'hypothèse d'une exploitation antilégaliste antérieure à G, sans pouvoir s'imposer, me paraît devoir être prise en considération, notamment en raison de la tendance de l'herméneutique juive ancienne à exploiter des formulations ou des mots détachés de leur contexte. Il semble donc concevable que des antilégalistes se soient réclamés du prophète en 8, 12-14, notamment en raison du début de G 8, 14(H 8, 13), qui est le point de départ de cette analyse et auquel nous allons revenir. Dans cette hypothèse et compte tenu des critères d'époque, la réfutation de ce point de vue par G, à l'aide de 8, 11 et 16, et l'incorporation de l'exégèse antilégaliste attesteraient une singulière maîtrise, en présence d'une situation difficile. Dans l'autre hypothèse, la compétence et l'inventivité herméneutiques reviennent entièrement à G. Les situations sont de toute manière instructives.

liberté[20]. La relation apparaît si l'on tient compte de la rac. רחץ «avoir confiance», attestée dans plusieurs branches de l'araméen. Le pft *peal* possède en judéo-araméen un vocalisme statif *ē*, intéressant par rapport au sémantisme (*rᵉḥēṣ*)[21]. Les 2 gutturales *ḥeth* et *ʿayin* étaient proches, du point de vue phonique, et toutes deux étaient caractérisées par une même faiblesse à l'égard des sons vocaliques associés, avec lesquels elles tendaient à se confondre[22]. La leçon de Qa 54, 11 atteste le passage de *ʿayin* primitif (préservé par TM) à *ḥeth*[23]. L'important pour la leçon G en discussion n'est cependant pas que l'interchange des gutturales soit effectivement illustré. La métathèse qui caractérise par ailleurs la relation dont dérive G prouve nettement qu'il y a eu spéculation, et celle-ci exclut une confusion involontaire des gutturales. Ce qui comptait dans une telle spéculation c'était l'apparence d'une parenté réelle entre les 2 vbs, celui de H et celui supposé par l'interprétation de G. Le passage de *ʿayin* à *ḥeth* (חרץ), puis un traitement par métathèse permettaient d'obtenir le vb araméen רחץ «avoir confiance», à partir de la rac. ערץ de H. Les 2 procédés illustrent la même méthode générale des analogies verbales formelles, dont nous relevons des spécimens dans d'autres textes, avec des degrés variables de probabilité, dans les faits considérés isolément. L'exemple de G 8, 14(13) se classe parmi ceux qui, pris isolément, permettent de dépasser la simple concurrence de l'hypothèse d'empirisme et de celle de la méthode, et qui invitent à conclure nettement en faveur de cette dernière.

---

[20] Empirisme et liberté sont liés. L'empirisme est déjà une liberté par rapport à la teneur d'un texte. Mais cette liberté est plus ou moins hardie. La critique de l'état de la question soulevée par G 8, 14 (H 13), telle qu'elle a été présentée plus haut, a montré qu'Ottley et Ziegler ont plutôt attribué à G un empirisme tâtonnant, tandis que Seeligmann a poussé au delà de cette appréciation, jusqu'à l'idée d'une complète liberté de G dans le traitement de tout le passage 8, 12-15.

[21] Cf. Levy, *Wb Tg*, II, 417s., Dalman, *ANHW* 402. Cette rac. est encore attestée en araméen biblique (*hitpeël*), syro-palestinien, mandéen et araméen samaritain (cf. *KBL* 1124). Si la suite de notre analyse est correcte, la spéculation verbale analogique de G en 8, 14(13) est une attestation de la connaissance de la rac. araméenne, qui s'ajoute à la documentation, sans prouver l'appartenance à l'araméen d'Égypte, G ayant pu disposer d'une tradition érudite. Dans les targumîm la rac. sert à rendre, entre autres, l'hébreu בטח, de même sens (Dt 28, 52; Is 36, 5 *itpeël*). L'accadien possède 2 rac. homonymes *raḥāṣu*, dont l'une correspond à cette rac. araméenne (avec vocalisme u/u, en babylonien. Voir *AHW* 943 pour le vocalisme i/i en aAk et nA). L'autre rac. correspond, avec le vocalisme i/i, à la rac. hébraïque qui signifie «laver, rincer».

[22] Exemples relevés par Kutscher dans Qa : *LMY* 400; *LIS* 506-507.

[23] Fait relevé par Kutscher : *LMY* 401; *LIS* 507. Inversement *ʿayin* pour *ḥeth* en 37, 22 : *LMY* 400; *LIS* 507. Les confusions *alef-ʿayin* et *alef-hé* sont les plus fréquentes.

B) G 8, 14 (H 14) ET CONTEXTE

En 8, 14, à partir de ce qui correspond à TM ולאבן נגף (= Qa)[24], G porte des négations qui inversent le sens du membre affecté : καὶ οὐχ ὡς λίθου προσκόμματι ... οὐδὲ ὡς πέτρας πτώματι ... Le sens est, dans TM = H : «Il deviendra un sanctuaire, une pierre que l'on heurte (litt. de heurt) et un roc d'achoppement». Selon G, par contre : «Il deviendra pour toi un sanctuaire[25], et vous ne le rencontrerez pas comme un achoppement (causé par) une pierre (litt. d'une pierre), ni comme une chute (causée par) un roc (litt. d'un roc)»[26]. Avant d'examiner le changement principal dû aux négations dans G, il est utile de considérer l'aménagement du contexte.

L'inversion, par deux fois, du rapport génitival de H[27], et l'adjonction du vb συναντήσεσθε s'expliquent par le souci révérenciel d'éviter tout risque d'interprétation litholâtrique, à laquelle l'hébreu, pressé de trop près, pouvait donner prétexte, en raison de sa syntaxe prédicative (vb «être» + préposition *lamed* du devenir : «il deviendra ... une pierre»). L'introduction dans G des négations examinées plus loin coupait court en principe à cet inconvénient, mais à condition de tenir compte de toute la phrase. Or la formulation douteuse était isolable de son contexte et des négations, selon un usage constant dans

---

[24] Qa ne diffère de TM dans le contexte immédiat que par 2 minuties. a) La 2ᵉ main a ajouté un *yod* supralinéaire, après le *waw* du vb «être» initial, ce qui implique un passage du pft consécutif de sens futur (TM et Qa 1ʳᵉ main) à l'impft-futur coordonné. Simplification d'un tour propre à la syntaxe ancienne, que Qa tend à réviser selon l'usage de basse époque. Mais ici il est remarquable que la retouche n'intervienne qu'au stade de la 2ᵉ main. M. Martin croit reconnaître des traces de lettres effacées de part et d'autre du *yod* supralinéaire (*Scribal Char.* 500). C'est paléographiquement et textuellement possible, mais alors il y a peu de chances que ce soit «some sort of dittography» produisant le pronom. Il s'agirait d'une notation interlinéaire qui aurait proposé la répétition du pronom, qui figure déjà 2 fois emphatiquement en 13, et cela comme alternative, sans rayer le vb «être» de la 1ʳᵉ rédaction. Mais il faut alors supposer que postérieurement la 1ʳᵉ et la 3ᵉ consonne ont été effacées et que le *waw* du pronom supposé a pu être utilisé comme *yod*, grâce à sa situation à l'endroit voulu. Ces complications rendent l'hypothèse bien incertaine. Le point important est que la 1ʳᵉ main s'accorde avec TM (la différence orthographique d'*alef* final étant négligeable) et que le *yod* ajouté n'est pas nécessairement imputable à une révision effectuée par le scribe de la 1ʳᵉ main. Martin reconnaît : «but the author of the Yodh is hard to decide». b) L'orthographe défective ולצר correspond certainement au terme de TM.

[25] ἁγίασμα désigne «le sanctuaire» fréquemment dans G. Le mot correspond souvent aussi au subst. קדש «sainteté». Cette 2ᵉ valeur serait théoriquement concevable ici. Cependant, du point de vue du contexte qui suit (la «pierre» évoque une construction), et du point de vue de la compatibilité de la métaphore religieuse, c'est bien la 1ʳᵉ valeur qui est requise.

[26] Sens littéral, avec «achoppement d'une pierre», au lieu de «pierre d'achoppement». Ottley note que «the case-relation is reversed». Il ajoute : «but this affects the sense little» (*BIAS*, II, 149). Mais cette remarque minimisante a détourné l'attention d'Ottley du motif qui explique la tournure de G et qui est solidaire de l'adjonction d'un vb; cf. infra.

[27] Cf. n. précéd.

le Judaïsme. Il n'est pas étonnant que G ait poussé plus loin la transformation du texte. D'une part, il a suppléé son vb et un adverbe comparatif (ὡς),
remplaçant ainsi l'assimilation directe propre à H par une relation de situation
(la «rencontre») et de comparaison («*comme* une chute»). D'autre part,
G a procédé à l'inversion très caractéristique de la relation génitivale des
substantifs : «vous ne le rencontrerez pas comme un achoppement ...,
comme une chute ...»; c'est-à-dire : cette rencontre ne sera pas occasion
d'achoppement, etc. Le risque d'une association entre Dieu et la pierre est
ainsi également extirpé des compléments. La paraphrase a un caractère
religieux et déductif. Le raisonnement de G est que la formulation de H =
«il deviendra» doit être explicitée, au sens : «vous le rencontrerez». Déjà
à cet égard on ne peut parler de paraphrase *libre*. Mais il y a lieu de penser
en outre que le vb apparemment ajouté par G dérive directement de נגף et
constitue une 2ᵉ interprétation de ce terme, après προσκόμματι, selon le
principe des *traductions doubles*, lequel dérive directement de celui des analogies verbales[28]. On doit à Ottley d'avoir remarqué à propos du vb de
G Is 8, 14, que συναντήματα, parent nominal de ce vb, traduit dans Ex 9, 14
un dérivé nominal de la rac. נגף, celle du mot «heurt» dans H Is 8, 14, à savoir
מגפתי «mes fléaux»[29]. Ottley n'a pas vu la conséquence de son observation
et il est resté indécis sur la nature du rapport G-H. Son rapprochement
apparaît cependant décisif pour le vb de G Is 8, 14. Le mot grec d'Ex revêt
le sens requis par son contexte, mais c'est à partir de sa valeur étymologique,
qui conduit de la «rencontre» à la survenance d'un événement qui peut
être un événement fâcheux, comme dans Ex. Il résulte donc de la donnée de
G Ex 9, 14, passage de la Loi relatif aux plaies d'Égypte et assurément
familier dans le milieu de la synagogue alexandrine, que le vb de la paraphrase
de G Is 8, 14 constitue vraisemblablement un doublet de traduction. La
formulation de la paraphrase n'avait alors pas été laissée au choix de
l'adaptateur, mais était enracinée dans le littéralisme. Du point de vue de
la méthode herméneutique appliquée, le fait équivaut à une interprétation
par homographie, puisqu'il consiste dans un sens dérivé d'un même groupe
consonantique, en marge du sens obvie.

---

[28] Dans les changements habituels par analogie verbale, l'adaptateur (G. Versions) ou
le recenseur (Qa) retient un sens dérivé du sens normal par relation formelle. Dans les
interprétations doubles, les 2 valeurs sont inhérentes — ou censées inhérentes par raison
spéculative — à un même terme. La polyvalence est tirée d'un mot unique, au lieu d'être
obtenue à l'aide de parents formels, homographes ou dérivés à l'aide de petites mutations
diverses. L'interprétation double est un phénomène à lui seul très démonstratif, en ce qui
concerne l'existence chez les anciens d'une herméneutique méthodique fondée sur la forme.

[29] Ottley, *loc. c. sup.* Il s'agit des «plaies d'Égypte» lors de l'Exode.

Il paraît d'emblée clair que l'introduction dans G de 2 négations absentes de H doit procéder d'une inspiration religieuse analogue à celle de la paraphrase analysée à l'instant. Cette fois il s'agit d'une modification radicale qui amène une antithèse par rapport à la dureté de la proposition de H. L'accommodation religieuse du texte par le moyen des négations semble une intention si évidente dans G que même les adeptes convaincus des explications par les variations matérielles de l'hébreu ont fait place, dans ce cas, à l'hypothèse d'une initiative de G. Il est significatif que la suggestion de Scholz de reconnaître dans la 1re négation de G l'effet d'une var. de H(G) n'ait pas trouvé de crédit[30]. Ottley l'a encore mentionnée, mais en observant que des différences G-H touchant la négation se retrouvent ailleurs; c'était suggérer l'éventualité d'un facteur de divergence autre que la matérialité textuelle[31]. Fischer a reconnu, d'après le contexte d'Is, auquel il se réfère, que l'introduction de la 1re négation de G devait résulter d'une exégèse propre à G. Il a en outre estimé que cette exégèse avait un appui littéral dans les 2 premières consonnes de לאבן : «le traducteur s'est considéré comme étant en droit de répéter les consonnes לא pour les besoins du sens, et il a obtenu ainsi une négation»[32]. C'est en effet un processus que l'on peut soupçonner chez G, bien qu'il convienne de préférer une autre solution également fondée sur la littéralité, et qui est exposée plus bas. Mais Fischer n'a pas vu que si G «s'est considéré comme étant en droit» d'utiliser de la sorte le littéralisme, c'est que devait exister une méthode qui fondait

---

[30] *AUI* 31. Scholz a simplement reconverti le grec en hébreu, ce qui l'a amené à introduire la particule comparative dans sa formule. Mais si l'on s'en tient, avec Scholz, au point de vue de la seule matérialité du texte, ce détail (+ *kaf*) prive la suggestion de vraisemblance. Ce qui aurait été admissible de ce point de vue — par ailleurs cependant inadéquat ici! — c'est une dittographie des 2 premières consonnes de לאבן produisant la négation.

[31] *BIAS*, II, 149. Pour Ottley un tel facteur n'aurait pu être que la liberté de l'adaptateur à l'égard de sa source. Concernant la question de la négation, Ottley renvoie à ses matériaux groupés *ibid*. I, 52. Il est impossible, faute de place, de passer en revue ici des matériaux dont chacun soulève un problème particulier. Bornons-nous à observer que la question est dominée par la tendance de G à des paraphrases exégétiques fondées, autant que possible, sur des justifications analogiques. Dans le cas de 1, 6, seul ex. cité par Ottley à propos de 8, 14, dans *BIAS*, II, la différence de G par rapport à H est due à une propagation analogique des 2 négations qui figurent effectivement dans H. Le cas de G 8, 14 et celui de 8, 16, élucidé plus bas par la même occasion, sont des illustrations importantes de l'exploitation d'indices formels et de la justification des changements de sens par leur moyen.

[32] *SBI* 23. Les expressions significatives sont, en allemand: «... hielt sich um des Sinnes willen ... für berechtigt». La référence au contexte reste schématique chez Fischer (cf. sa parenthèse: «vgl. den Zus. in LXX», entendez «den Zusammenhang»); mais cette référence est essentielle, car elle montre que l'auteur a eu conscience de la solidarité de la divergence de G avec son contexte. L'analyse précédente (ch. II, A) a dégagé la ligne de la transformation du sens de 8, 12-16, en fonction d'une situation de conflit idéologique dont on doit l'identification à Seeligmann.

ce droit. Enfermé dans le conceptualisme reçu, le critique n'a fait que frôler la détection de l'arrière-plan culturel qui explique la possibilité de l'inversion du sens de H en 8, 14 et de bien d'autres changements dans G Is. Fischer a cru que G s'arrogeait un «droit» *abusif*, sans remarquer que le procédé supposé (à savoir l'hypothèse du dédoublement de לא) dénote, si on l'admet, la recherche très significative d'une proximité littérale et d'un lien avec la teneur *matérielle*, c'est-à-dire formelle de la source. Cette recherche suppose que le lien littéral devait en quelque mesure constituer une justification du changement.

Ziegler a fait sienne l'hypothèse de Fischer concernant un dédoublement de l'élément לא, produisant la négation : TM «offrait un appui» (à savoir cet élément) à la conception que G s'est faite du texte (c'est-à-dire à l'insertion des négations) [33]. Mais, pas plus que Fischer, Ziegler n'a aperçu la conséquence qu'entraîne toute hypothèse de ce type. Cela a été d'autant moins le cas que, méconnaissant la cohérence et l'orientation de tout le passage de 8, 12-16 dans G, Ziegler a trop vite admis que la divergence de 8, 14 et l'introduction des négations résultaient d'un embarras de G à l'égard de sa source [34]. L'utilisation de «l'appui littéral» en question n'est pour Ziegler qu'un expédient fortuit, non l'indice d'une recherche de justification par la forme. En revanche Ziegler a fait progresser la question sur un autre point, quand il a noté l'influence de 28, 16 sur l'interprétation de G en 8, 14. Le texte 28, 16 concerne la pierre angulaire de choix, qui servira de fondation à Sion, et à laquelle on pourra se fier. Ce thème constitue une antithèse de celui de H 8, 14, et il a dû contribuer à encourager le changement opéré par G, sans toutefois suffire à l'expliquer, comme ce serait le cas s'il y avait eu application de la méthode d'analogie scripturaire, dans des conditions qui s'imposent [35].

Fischer et Ziegler ont admis que la négation de G provenait des consonnes לא du 3e mot de 8, 14. Dittographie accidentelle plus ou moins favorisée par une complicité empiriste, dans l'exposé ambigu de Ziegler [36]. Chez Fischer

---

[33] *ZUI* 95.

[34] «Le traducteur a conçu le vt 14 d'une manière divergente par rapport à TM, parce qu'il était embarrassé par le texte (weil er mit dem hebr. Text nicht zurecht kam)», *ibid.*

[35] Ziegler est très affirmatif quant à la réalité de l'influence de 28, 16. Il en fait un facteur explicatif à côté de l'empirisme appuyé sur le prétexte littéral que nous discutons. L'influence de 28, 16 ne peut guère se ramener à un emprunt scripturaire. Malgré la présence de la jonction théoriquement possible «pierre», le passage n'offre pas l'occasion d'un emprunt précis qui expliquerait la suppression de la négation de 8, 14. Une certaine influence reste possible, mais elle a dû être combinée avec un motif plus contraignant, c'est-à-dire répondant à l'application d'une méthode précise. C'est le cas du motif dégagé ci-après.

[36] «Für diese Auffassung (à savoir l'assertion négative introduite par G) bot der MT eine Stütze (= l'appui littéral en discussion), der leicht infolge Dittogr. als לא אבן gelesen

l'inadéquation de l'explication apparaît *e silentio*, à propos de la 2ᵉ négation[37]. En fait un passage aussi important n'a pas pu être laissé à l'inattention et aux expédients. Les 2 prépositions de destination ל, qui figurent devant les 2 substantifs, ont fourni à G ses 2 négations, par dissociation d'avec les substantifs et par abréviation supposée, c'est-à-dire d'après l'analogie des abréviations : ל = לא. La pratique des abréviations est bien attestée dans des documents divers[38]. Un parallèle de l'obtention herméneutique d'une néga-

---

werden konnte» (ibid.). La formulation est applicable à 2 situations complètement différentes, et l'exposé de Ziegler devient par suite ambigu. Que signifie «leicht»? S'agit-il d'un accident de lecture qui pouvait survenir *aisément*, ou d'une lecture tendancieuse à laquelle l'interprète pouvait procéder *aisément*. D'après le reste de l'exposé, Ziegler s'est orienté vers cette seconde éventualité. Cf. «c'est pourquoi (parce que G était embarrassé par H) ... il a inséré la double négation». Mais il fallait alors préciser que cet «aisément» avait le même sens que chez Fischer le «droit» (d'exploitation de l'indice littéral dédoublé), ce qui impliquait l'existence d'une méthode. Le vague de l'exposé de Ziegler montre qu'il n'a pas soupçonné cette conséquence et qu'il n'a vu dans le traitement de H par G que le recours à des expédients pour surmonter un embarras.

[37] Fischer a négligé le cas de la 2ᵉ négation, qui ne se prête pas directement à l'explication par le dédoublement de l'élément fourni par H dans le 1ᵉʳ cas. Ziegler a vu la difficulté : «Diese Möglichkeit (le dédoublement) ist beim zweitem Gliede nicht so leicht gegeben». Il admet pourtant une contamination, la 1ʳᵉ négation, avec appui textuel, entraînant la 2ᵉ, sans appui textuel. Théoriquement ce serait possible, mais c'est une complication qui s'ajoute à celle du dédoublement, tandis que le rapport littéral est direct et précis dans l'explication proposée ci-après, qui s'avère par là préférable.

[38] Dans la pratique des abréviations il faut distinguer entre, d'une part, des faits spontanés de diction, qui peuvent donner naissance à des abréviations rédactionnelles, d'autre part, des conventions nées des besoins de la vie, notamment dans le commerce et l'administration. La 1ʳᵉ catégorie est représentée par des abréviations minimales. Le phénomène est étudié à propos de certaines var. de Qa, dans la IIᵉ partie de la IIᵉ section, 8. La seconde catégorie comporte des suppressions plus importantes, et même parfois la réduction à la consonne initiale. L'initiale suffit alors souvent à suggérer le mot que les marchandises manipulées ou les instructions prodiguées dans telle situation rendent évident. Ainsi le bath (*bat*), mesure de capacité pour les liquides (environ 40 litres) est indiqué par son *beth* initial, suivi il est vrai d'un trait d'abréviation, sur des ostraca d'Arad, relatifs à des livraisons ou rations alimentaires. Cf. Y. Aharoni, *Kᵉtobôt* ..., 12, nº 1, lg 3 ; 15, nº 2, lg 2 ; 18, nº 3, lg 2 ; 20, nº 4, lg 3 ; 23, nº 7, lg 5, etc. ; A. Lemaire, *Inscriptions* ..., 155 ; 161 ; 163 ; 166 ; 168, avec les mêmes documents en traduction et avec commentaire. L'initiale *šin* sert à désigner le sicle sur l'ostracon nº 16, lg 5 d'Arad (Aharoni 32 ; 33 ; Lemaire, 172 ; 173). De même sur les épigraphes araméens de documents mésopotamiens (L. Delaporte, *Epigraphes* ..., 12, et là les références textuelles) et dans la documentation araméenne d'Égypte (A. Cowley, *AP* 311, et là les références textuelles). La technique divinatoire des *Urîm* et des *Tummîm* suppose, comme l'a montré R. Dussaud, les 2 abréviations par les initiales de ces mots, *alef* et *taw* (*Origines cananéennes* ... 46). Cette explication très clarifiante invite à compter avec l'emploi d'abréviations dans le domaine religieux et par conséquent dans celui de l'herméneutique. Un excellent exemple d'exploitation du principe dans l'herméneutique de la Septante est celui de G Nb 23, 3, donné par G. R. Driver, dans une étude où il a groupé diverses observations et hypothèses relatives au principe des abréviations : *Textus* 1 (1960) 112s., spéc. 131. Dans TM Jér 7, 4 le pronom pers. final de la 3ᵉ pers. plur. המה a toutes les chances de cacher l'abréviation originelle de המקום הזה. L'hypothèse remonte à H. Torczyner, auquel se réfère W. Rudolph. Ce dernier

tion à partir de ל est offert par Sym Is 28, 13, où cette version a procédé exactement comme G Is 8, 14. Sym a rendu צו לצו קו לקו par ἐντολὴ οὐκ ἐντολὴ προσδοκία οὐ προσδοκία. Les 2 particules ל préfixées aux substantifs ont été traitées en négations. La donnée montre la vraisemblance du processus herméneutique dégagé à propos de G 8, 14. La spéculation est encore soulignée en 8, 14 par le contraste avec le traitement de la même préposition (devant le 1er substantif de H 8, 14) qui a été interprétée avec sa valeur normale, dans εἰς ἁγίασμα.

Les intérêts idéologiques engagés en 8, 14-16 et le conflit religieux sous-jacent au passage, et qui a été défini dans l'analyse précédente[39], garantissent que l'insertion des négations de G 8, 14, à partir des 2 prépositions hébraïques, était conforme à une méthode reçue, capable de faire autorité. Cette évidence est particulièrement frappante dans le cas d'un changement aussi radical que le passage du positif au négatif par insertion de négations. La transformation de 8, 14 dans G est donc fortement probante quant à l'existence de la méthode. Il s'agit ici, dans le cadre du principe homographique, d'une exploitation analogique des licences d'abréviation.

Il convient encore de tenir compte de données contextuelles qui constituent d'autres cas de recours à des procédés méthodiques d'analogies formelles dans le traitement de l'hébreu, en G 8, 12-16. Ces données renforcent les observations précédentes, en montrant que l'herméneutique d'analogie formelle a encore servi en d'autres endroits du même passage, et qu'elle a ainsi joué un rôle primordial dans l'interprétation de toute la péricope. Vu les intérêts religieux engagés, il fallait que cette herméneutique fût une source d'autorité.

En G 8, 12 il est clair que σκληρόν «dur», qui inaugure un sens complètement différent par rapport à H קשר «conjuration», constitue un mot clef et une notion essentielle pour la manière dont G a interprété l'ensemble du

---

hésite cependant encore, sous l'influence de l'explication de E. König par la pluralité des corps de bâtiment du Temple (Rudolph, *Jeremia* 44, n. 4a, et là les références utiles). Mais l'explication de König (également suivie par P. Volz, *Comm.* 88, n. h) est factice. Ce qui est probable c'est que, dans l'esprit des massorètes tibériens, le pronom pluriel se justifiait par la triple mention de la formule «Temple de Yahvé». Ces mêmes massorètes étaient peut-être encore conscients de la valeur d'abréviation, en doublure du vocalisme qu'ils ont retenu. Alors leur exégèse du passage était plurivalente. Dans la 1re rédaction du texte, le recours à l'abréviation n'a rien que de très plausible, dès lors que le principe des abréviations avait cours. La seule question sur laquelle il est légitime d'hésiter est de savoir si l'occasion a été simplement une commodité pratique ou, dès l'origine, la recherche d'un effet en doublure de l'abréviation, comme dans l'intellection double attribuée ci-dessus hypothétiquement aux massorètes.

[39] Voir ci-dessus ch. II, A, début, les observations relatives à la situation impliquée, dont on doit l'identification historique essentielle à Seeligmann.

passage. Comme noté à propos de l'analyse précédente (en profitant de l'apport d'histoire circonstancielle de Seeligmann), l'adjectif grec contient une allusion à l'austérité de la vie sous le joug de la Loi : elle est «dure, difficile!» En dépit de la divergence logique par rapport à H, ce sens a été obtenu, non pas en traitant librement, c'est-à-dire arbitrairement l'hébreu, comme l'a cru Seeligmann, mais en l'exploitant à l'aide de l'herméneutique d'analogie verbale formelle.

Deux justifications sont concevables. La première consiste à admettre que le terme hébreu קשר a été mis en relation avec l'araméen קרס, grâce à une métathèse à laquelle s'est ajoutée une mutation de š en s, via ś, homographe de š, en écriture consonantique nue. Le tendance à écrire s pour ś, à basse époque, annulait la différence phonétique des 2 consonnes en cause et ramenait la relation formelle à une métathèse. La rac. araméenne obtenue est attestée en syriaque et en judéo-araméen occidental. Elle illustre, à travers diverses acceptions, l'idée générale d'«être dur»[40]. Cela suffit à étayer l'interprétation de G, bien que fasse jusqu'à présent défaut une illustration en araméen d'Égypte. Une interprétation de H קשר par קרש = קרס pris comme adjectif (le vocalisme probable étant alors qarîs) a donc pu fournir le grec σκληρόν.

L'autre hypothèse concevable serait une décomposition de קשר en קש compris comme orthographe abrégée de קשה, lu comme adjectif = «dur» + ר

---

[40] Fischer avait cru pouvoir expliquer le terme de G comme confusion avec une rac. en rapport de métathèse (*SBI* 23). L'hypothèse de confusion est périmée et la justification lexicographique de Fischer, par une rac. hébraïque postbiblique, indigente. Mais il garde le mérite d'avoir ouvert la voie, en repérant le principe d'une relation possible avec une rac. en rapport de métathèse. En réalité la valeur araméenne de קרס est bien illustrée : syriaque, *paël* «rendre dur», adjectif «aride, rude, dur» (cf. Brockelmann, *LS* 698); en judéo-araméen, le targum de Job 6, 12 emploie l'adjectif קריס, dans l'expression «est-ce que ma chair est *dure* comme l'airain?» (H : «Est-ce que ma chair est en airain?») (Il faut suivre pour ce texte la leçon donnée par l'éd. de Lagarde et retenue par Jastrow, qui la cite, *DTM*, II, 1421, contre la leçon visiblement altérée de l'éd. rabbinique). En hébreu postbiblique le vb קרש paraît être, à l'évidence, un correspondant en š de la rac. araméenne, avec le même sens (quelle que soit l'explication de la différence š/s). Il figure dans Y Ber I, 2c, où il est question des «cieux humides» du 1er jour de la création, qui durcissent le 2e jour (éd. de Krotochine, fol. 2b, 9e lg avant la fin de la 1re col.; éd. de Petrokov, fol 5a, lg 8 s. : ובשני קרשו «et le 2e jour ils (les cieux) se sont durcis»). Le correspondant arabe *qarasa* signifie «geler» (eau et autres); 4e forme «rendre rigide par le gel» (Lane 7, 2513). Touchant la différence du s araméen et du š, dans l'hébreu rabbinique mentionné, comparer la rapport analogue entre l'arabe classique *qarasa*, cité supra, et l'arabe syro-palestinien *qrîše* «lait caillé» («durci»). Le terme est relevé par C. Denizeau, d'après M. Feghali, dans *Dict ... de Syrie ...*, 412. En vertu des faits qui viennent d'être relevés, la probabilité du processus noté à titre de 1re hypothèse ci-dessus constitue une donnée qui intéresse à sa manière l'illustration du dossier de la rac. araméenne. C'est un des exemples de la contribution que G pourrait apporter au lexique araméen, contribution qui mériterait d'inspirer une enquête systématique à travers toute la Septante.

tiré de *resh* par paragraphisme. Une interprétation littérale «ne dites pas *que* (ד) c'est difficile» aurait alors conduit, par légère simplification, au style direct exclamatif de G. Cette hypothèse aurait pour elle la grande fréquence de l'emploi de קשה, circonstance qui était de nature à attirer prioritairement l'attention des interprètes grecs[41].

Cependant, comme les indices généraux de G invitent à admettre que derrière G se cachait un cercle d'érudits dépositaires de traditions exégétiques et lexicographiques, hébraïques et araméennes, l'hypothèse précédente conserve tout son poids. Il serait en définitive très vraisemblable que G ait été conscient de la possibilité des deux justifications, celle par l'araméen et celle par l'hébreu (avec complément araméen) et qu'il ait vu dans cette convergence, pour lui singulièrement frappante, une légitimation renforcée de son point de vue sur les laxistes, et par conséquent une condamnation radicale (après μήποτε εἴπητε!) de leur tendance.

En 8, 16 τοῦ μὴ μαθεῖν s'explique par une exploitation de H analogue à celle qui a déterminé l'adjonction des négations en 8, 14. Là encore G a dégagé de H une négation en profitant des analogies orthographiques compatibles avec l'homographie. Le *yod* final de la leçon TM = Qa = cer-

---

[41] L'interprétation G de H קשה (dans l'expression «sa dure épée» = son épée implacable) en 27, 1 pourrait s'apparenter à celle discutée à propos de 8, 12, et cela selon un processus inverse, qui constituerait une sorte de réciproque, et par là un élément de confirmation. En G 27, 1, G porte ἁγίαν «sainte» (épée) pour l'hébreu cité («dure»). Cette interprétation s'éclaire si l'on admet une sous-jacence araméenne (glose, traduction targumique fragmentaire ou simplement interprétation araméenne de relai, émanant de G lui-même), dans les conditions suivantes. G aurait interprété le mot hébreu par l'araméen קרסא. D'où la possibilité de glisser à קרשא et de là à קדשא (paragraphie *resh-daleth*). Ce dernier mot a été considéré comme équivalent à l'adjectif hébreu fém. קדושה, que traduit alors l'adj. grec de 27, 1. Le sens auquel a abouti G en 27, 1 diffère de ceux qui interviennent en 8, 12 (G ou H), mais le terme de relai qui paraît expliquer son cheminement est le même que celui supposé par son exégèse de 8, 12, dans la 1ʳᵉ exégèse exposée plus haut. L'indice serait en faveur de cette exégèse (qui n'exclut cependant pas une combinaison avec l'autre; cf. la suite). Le cas de 27, 1, rapproché de 8, 12, semble aussi témoigner soit d'une systématisation, au cours de l'élaboration de G Is, soit d'une tradition exégétique antérieure, qui aurait porté sur les relations (formelles! mais, aux yeux des anciens, utilisables exégétiquement) entre קשה, קרס, קדש et קשר (le mot de H 8, 12). Il se pourrait qu'une telle tradition éclaire le problème de תקדישו en 8, 13. On sait que de nombreux auteurs admettent que la leçon primitive était תקשירו. Si c'était le cas, on pourrait apprécier sous l'angle fourni par les observations précédentes l'apparition de la leçon secondaire (alors = TM), comme une retouche à caractère herméneutique et méthodique. Mais peut-être n'est-il même pas nécessaire de supposer TM secondaire. Il a pu conserver une leçon qui aurait été inspirée, dans la rédaction primitive, par le même rapport. Autrement dit, le mot de 13 (rac. קדש) aurait été tiré du terme de 12 (קשר), selon le même principe d'une analogie verbale formelle légitimante. On voit par cette remarque que l'herméneutique des versions permet de remonter vers des problèmes qui intéressent la rédaction originale de l'hébreu.

tainement H[42] a été lu *waw* (paragraphisme) et placé devant *daleth* (méta-thèse), de manière à fournir un infinitif. La négation בל a été détachée, en supposant un *lamed* à valeur double, d'après l'analogie orthographique courante des nombreux cas de redoublement. D'où בל למוד interprété comme un infinitif final : τοῦ μὴ μαθεῖν[43].

Le processus qui a conduit G à τότε φανεροὶ ἔσονται est problématique, mais des hypothèses de justifications formelles peuvent être proposées, ce qui suffit à rendre improbable une liberté de G à l'égard du littéralisme, étant donné par ailleurs l'importance du débat idéologique dans lequel G était engagé. Le terme צור semble avoir été rattaché à la fin de 15, et avoir donné lieu à une paraphrase, à partir d'une interprétation comme substantif, «rocher» (alors que c'est un vb dans H). D'où, par transposition de la métaphore supposée, et par paraphrase, ἄνθρωποι ἐν ἀσφαλείᾳ ὄντες.

De תעודה G a tiré par exploitation double, d'une part, עתה = τότε, d'autre part, selon toute apparence, un *hofal* du vb ידע. Le *taw* était éliminable comme déjà exploité pour l'adverbe. Il est même concevable qu'il ait été considérable à lui seul comme abréviation de l'adverbe. Ce qui restait a été lu הודע et ce mot a été interprété comme un parfait prophétique «seront connus», soit qu'on ait vocalisé *û* final, en supposant une écriture défective, soit qu'on ait postulé une valeur collective du singulier. D'où la formule de G[44]. Autre explication possible : G a pu tirer du substantif hébreu, par réaménagement de l'ordre des consonnes (anagramme), un *hitpaël* התידע, et ce vb a alors été vocalisé ou interprété déductivement au pluriel, comme dans l'hypothèse précédente.

חתום a été lu avec métathèse חותם «celui qui scelle = ceux qui scellent» = οἱ σφραγιζόμενοι. «Sceller» signifie clairement ici dans G «empêcher» (l'observation de la Loi). Le caractère méthodique du traitement des détails

---

[42] L'authenticité du suffixe de la 1ʳᵉ pers. dans TM-Qa est garantie par le changement de style et de situation (à l'égard du contexte précédent) : la formulation reflète une situation historique originale et porte ainsi la marque de l'authenticité.

[43] Fischer voudrait que *yod* ait été négligé et que *beth* initial ait été lu *mem* par accident (d'où la négation en grec). Cf. *SBI* 23, fin de l'anal. de G 8, 16. Cette hypothèse d'altération, déjà peu convaincante en elle-même, perd de vue l'orientation générale de 11-16, qui témoigne d'une réflexion exégétique, à l'encontre de l'éventualité d'un accident. Ce dernier est exclu, dès lors qu'il est possible de parvenir à une justification de G par une herméneutique précise mise au service du dessein qui s'affirme dans toute l'adaptation de 8, 11-16.

[44] On pourrait aussi songer à l'exploitation d'un subst. en *taw* préformant supposé dérivé de la même rac. À partir d'une valeur nominale, G aurait déduit la valeur verbale nécessaire à son texte. Fischer n'a voulu reconnaître dans G que le produit d'une altération accidentelle, mais il a discerné la possibilité d'une relation de G avec le *hofal* de ידע et il le cite à ce propos, avec raison, la justification que fournit G Is 64, 1(2). Par contre l'autre hypothèse du même auteur (rac. עוד) n'est pas vraisemblable.

de 8, 16 dans G est garanti par les mêmes intérêts idéologiques et la même situation religieuse que dans le cas des négations de G 8, 14 et des autres aspects de G 8, 11-16. L'ensemble de ce passage constitue, semble-t-il, l'une des illustrations les plus probantes, à l'état isolé, de l'emploi par G d'une méthode herméneutique d'analogie verbale, souveraine en matière de vulgarisation du texte biblique.

L'intérêt qu'offre G Is 8, 11-16 pour la reconstitution de l'herméneutique antique du Judaïsme tient à la qualité de la teneur et de l'arrière-plan historique du passage, non pas au nombre des retouches par analogie verbale. Il vaut pourtant la peine d'observer en terminant que, si l'on compte toutes les modifications de sens par analogie verbale identifiées au cours de cette analyse et de la précédente, le bilan n'atteint pas moins de 10 traitements par herméneutique verbale analogique. Rappelons-les à titre récapitulatif.

1) ויסרון 8, 11 : paragraphisme produisant *waw* pour *yod*; métathèse; rattachement à la rac. סור, avec connaissance probable du sens préservé dans TM (cf. l'analyse de Qa 8, 11, dans la section II).

2) קשר 1° et 2ᵉ : interprétation par l'araméen קרס ou par l'hébreu קש + ר araméen, ou encore par la convergence de ces deux solutions d'analogies formelles. D'où σκληρόν.

3) Début de G 8, 14 (fin H 13) traité au cours de l'analyse précédente. מערצכם a conduit à πεποιθὼς ἦς. Du point de vue de la rac., métathèse et parenté des gutturales assurant le passage à רחץ; du point de vue de l'adaptation stylistique, déduction permettant le passage du subst. à un vb.

4) 1ʳᵉ négation introduite par G en 8, 14 par homographie, avec abréviation supposée (ל pour לא) et éventuellement séparation du *lamed* (facultatif) : cf. présente analyse.

5) 2ᵉ négation : idem.

6) Adjonction paraphrasante de συναντήσεσθε en 8, 14, sur le fondement d'une 2ᵉ traduction de נגף (supposé alors équivaloir à un infinitif) : homographie.

7) Adverbe τότε tiré du 2ᵉ mot hébreu de 16, soit par traduction double des consonnes correspondantes, soit par détachement de *taw*, considéré comme abréviation : homographie.

8) φανεροὶ ἔσονται (ibid.) tiré de עודה ou de התידע par permutation de l'ordre des consonnes : anagramme (extension du principe des métathèses).

9) οἱ σφραγιζόμενοι (ibid.) tiré de חתום par métathèse produisant le participe hébreu, avec déduction allant du sg au pluriel, d'après l'analogie des valeurs collectives ou distributives.

10) τοῦ μὴ μαθεῖν (ibid.) tiré de בלמדי principalement par homographie, sur la base de l'écriture unique d'une consonne supposée répétée (*lamed*); accessoirement par paragraphisme produisant *waw*, et par métathèse produisant l'infinitif.

CHAPITRE III

G IS 26, 9, G JER 10, 13-14 ET LE THÈME DE LA LUMIÈRE

En 26, 9 b, pour la conjonction temporelle כאשר de TM = Qa, G a la leçon φῶς, dans un contexte qui donne à cette var. une envergure certaine. H : «car lorsque (כי כאשר) tes jugements (s'exercent) sur la terre (littér. «(sont) pour la terre») les habitants du monde apprennent la justice». G : «tes commandements (τὰ προστάγματά σου[1]) sont *une lumière* sur la terre. Apprenez la justice, vous qui habitez sur la terre». Le contexte précédent exprime dans H, d'une part, une nostalgie qui s'adresse à Dieu, d'autre part, la préoccupation des jugements divins (26, 8 a. 9 b) et de la voie droite qui est celle du juste (26, 7). La confrontation de 26, 7-9, dans TM, Qa et G, fait apparaître non seulement des variations de teneur dans G, et une var. importante dans Qa («ta Loi», en 8 b, au lieu de «la mention de toi», dans TM[2]), mais des divergences de césures qui affectent aussi les sens respectifs[3]. Un examen précis de ces variations, pour lequel la place nous manque ici, montrerait qu'elles sont moins les effets d'hésitations ou de confusions sur le sens, que les résultats d'efforts pour exploiter le texte, efforts qui témoignent d'un intérêt particulier porté à ce passage. Il était en effet de nature à inspirer et exalter, tout à la fois, l'oraison, la méditation des voies divines et la pensée de la Loi. Les divers milieux qui ont mis au point les recensions et versions parvenues jusqu'à nous ont, selon toute vraisemblance, considéré le morceau comme éminemment édifiant et ils y ont probablement aussi puisé la matière d'emplois liturgiques. La var. de Qa mentionnée paraît un indice éloquent. L'incorporation de 26, 9-20 dans les «Odes» de l'Église chrétienne, comme «Prière d'Isaïe»[4] illustre le même type d'intérêt et pourrait avoir été influencée par une tradition liturgique juive plus ancienne.

---

[1] Dans la langue de G ce terme correspond généralement à חק ou חקה, et non pas au mot de H, habituellement rendu par κρίσις. L'option de G correspond à l'infléchissement de toute la phrase vers une édification légaliste, que fait immédiatement apparaître l'impératif.

[2] Cf. cette var. parmi les analogies scripturaires de Qa, section II, Ire partie, ch. II, 5.

[3] D'après le blanc qui suit משפטיך en 26, 8 dans Qa (il a été décalé par erreur dans la transcription de l'éd. Burrows), il paraît clair que cette recension rattachait ce mot et les 2 précédents à 26, 7, au lieu qu'ils font partie de la 1re phrase de 26, 8 dans TM. Dans G, en 8 et 9, les césures diffèrent par rapport à TM, non sans répercussion sur le sens.

[4] Référ. à l'éd. Rahlfs dans l'app. crit. de Ziegler. Cf. *SG*, X, 2 352, n° 5. Cette pièce commence à ἐκ νυκτός, qui marque le début de la phrase dans G 26, 9.

La leçon φῶς de 26, 9 se situe donc dans un ensemble significatif, et elle y prend une place de premier rang. L'introduction de «la lumière» pour qualifier les «commandements» divins, non seulement contribue à la conversion de la phrase en parénèse légaliste (tandis que dans H elle célèbre théologiquement les jugements divins qui régissent le monde[5]), mais encore elle élève le passage à la hauteur de la grande proclamation universaliste du Second Is, relative à la Loi «lumière des nations». Dans ces conditions il est évident que les modalités d'introduction de la var. revêtent une portée notable pour l'inspiration de G et la nature de ses procédés. S'il apparaissait que le changement a été le résultat d'une initiative libre, la var. prouverait non pas sans doute — après tout ce qui a été constaté dans nos analyses antérieures — le règne exclusif de la liberté chez G, mais du moins son intervention à l'origine d'une leçon ambitieuse. Au contraire, si la var. se révélait liée à des modalités propres à la justifier, elle apporterait une sérieuse confirmation à la thèse selon laquelle ce qui a prédominé chez G c'est le souci de légitimer les modifications qu'il estimait nécessaires à l'exploitation et à la vulgarisation du texte[6].

Ottley suppose tour à tour la possibilité d'une var. H(G), d'une conjecture et d'une influence venue de certains textes scripturaires. Ce ne sont là que les suppositions vagues d'un auteur indécis[7]. La négligence de Fischer et surtout celle de Ziegler, à l'égard de la leçon en débat, surprennent mais s'expliquent par le point de vue fondamental de ces auteurs, qui ont cru G partout animé par une tendance à diverger librement, au gré de ses préférences et de ses commodités. Même un changement aussi hardi que celui-ci n'était

---

[5] Dans H «les habitants du monde apprennent» quelle est la justice de Dieu, à travers les événements qui manifestent ses jugements, et non pas dans la lettre d'une loi qui énumère des commandements à observer, ce qui est le point de vue de G. Une note précédente a signalé l'originalité et l'orientation légaliste du mot grec pour les «commandements», et l'effet parénétique décisif introduit par l'emploi de l'impératif final, au lieu du pft dans H.

[6] Les autres éléments étant considérés par G comme subordonnés et pouvant par conséquent donner lieu à des paraphrases ou à des abréviations qui confèrent souvent à l'adaptation grecque l'apparence — illusoire — d'une grande liberté.

[7] *BIAS*, II, 229. a) L'hypothèse de var. H(G) demanderait une analyse qui manque chez Ottley. Un accident n'étant pas probable, vu l'importance religieuse du passage et la cohérence des 2 leçons, il faudrait expliquer comment la leçon supposée originelle a donné naissance à l'autre, ce qui ne peut aboutir qu'à la secondarité de la leçon supposée dans H(G), d'où résulte le même problème de motif que pour G : la question est repoussée à un stade antérieur, mais reste identique. En fait, l'hypothèse d'une var. H(G) est éliminée par les motifs internes décelables dans G, à commencer par *son intérêt pour le motif de la lumière* (cpr. G 53, 11). b) L'hypothèse d'une «conjecture» (*guess*) est une manière de postuler un complet empirisme. C'est justement ce qu'il y a lieu de mettre en question. c) Les 3 textes auxquels a songé Ottley, Ps 19, 9 (au lieu de 8), Ps 119, 105 et Prov 6, 23 reposent sur la comparaison de la Loi ou des commandements avec une lumière et ont certainement pu encourager, à titre accessoire, la leçon de G. Ils ne livrent cependant pas les conditions de l'emprunt précis qui l'expliquerait.

a priori pas problématique pour ces auteurs. Mais en nous demandant d'accepter sans sourciller un écart semblable, l'empirisme exige trop et devient par là même suspect. Seeligmann, héritier du bilan laissé par Ziegler, touchant G Is dans son ensemble, en a tiré ici, comme régulièrement ailleurs, la conséquence logique lorsqu'il a postulé pour G un plein droit à l'innovation idéologique. Son exposé suppose en effet qu'à ses yeux la teneur riche de l'idée inaugurée par G constituait la justification du changement, autrement dit, que ce changement avait été librement imposé à l'hébreu, sans égard aucun à la littéralité[8]. Mais la portée même que Seeligmann attribue à la var. de G implique, au contraire, que la liberté, loin de s'imposer, est ici problématique. Seeligmann est enclin à reconnaître dans la var. une inspiration déjà conforme au thème gnostique de «la lumière de la connaissance», τὸ τῆς γνώσεως φῶς[9]. Il discerne dans d'autres textes, G Os 10, 12 et G Jér 10, 13-14, des indices analogues, de nature à confirmer l'appréciation de G Is 26, 9. Dans le cas de G Os, l'hypothèse paraît légitime. Ce texte met nettement la lumière en rapport avec «la connaissance» (γνῶσις), dans des conditions qui cependant n'impliquent nullement la liberté qu'admet tacitement Seeligmann, mais bien plutôt une justification qui paraît être ici de nature paragraphique, ce qui ramène secondairement le cas à une homographie[10].

La relation de la «lumière» et de la «connaissance» est, à première vue, moins évidente dans G Jér, où l'on a curieusement pour רוח («esprit» et, dans ce contexte, «vent») φῶς dans G. Ce texte nous oblige à une courte digression, qui sera utile à notre sujet, car il contient une spéculation verbale caractéristique. La mention de la lumière (G Jér 10, 13) et celle de la connaissance (10, 14) sont éloignées et associées à des thèmes différents[11].

---

[8] *SVI* 108.

[9] Seeligmann rappelle, avec cette formule, le jugement de Reitzenstein sur sa valeur exemplaire dans le gnosticisme (*ibid.*).

[10] Dans G Os φῶς a été tiré de ניר (en réalité, dans ce texte «friche»), en supposant soit le mot attesté *nîr* (I R 11, 36), soit une orthographe pleine pour נר «lampe» : homographie, dans les 2 cas. Le vb de même rac. qui précède, a été traité identiquement : φωτίσατε φῶς γνώσεως. Le dernier terme cité correspond évidemment à ועת («et (il est) temps», dans H). Il semble, à première vue, violer manifestement la littéralité de l'hébreu. Mais, dans l'élaboration de G, il faut tenir compte des parentés et équivalences qui ont pu être suggérées par l'écriture araméenne pratiquée en Egypte au cours des périodes perse et hellénistique. Dans plusieurs types de cette écriture la forme de *waw* se rapproche de celle de *daleth* au point de se confondre. Cf. les tables paléographiques de Rosenthal, dans *AF*. La ressemblance est frappante dans les spécimens où la corne de droite du *daleth* n'est pas accusée. En transcrivant le texte dans une telle écriture, ou simplement au nom de cette proximité des formes, il était donc possible de lire, pour les besoins de la cause, mais aussi en vertu du principe reçu relatif aux parentés de forme, דעת, d'où G.

[11] Jér 10, 13 concerne les orages et les pluies suscités par Dieu. En 10, 14 changement de thème, il s'agit de la stupidité des idolâtres, de leur manque de «connaissance».

Néanmoins, si une spéculation précise a relié les termes, l'hypothèse de Seeligmann, relative à une influence venue de la notion de «lumière de la connaissance», a des chances de correspondre à la réalité. Seeligmann a discerné l'influence possible de G Is 33, 6, qui mentionne comme Jér 10, 13 les θησαυροί divins, en rapport avec la «sagesse» et le «savoir». Les trésors de G Is 33, 6 ont pu encourager une relation antithétique entre les «trésors» de Jér 10, 13 et l'absence de «connaissance» de l'idolâtre de Jér 10, 14. Mais ce rapprochement ne fournit, en dépit du mot commun, qu'une certaine orientation idéologique, non la matière d'un emprunt[12]. La mention de la lumière manque dans Is 33 et le thème des contextes respectifs diffère. La donnée alléguée par Seeligmann n'explique donc pas l'éviction d'un terme aussi chargé de valeur religieuse que רוח et cet auteur est, en fait, de nouveau obligé d'admettre tacitement que le texte a été sacrifié à l'idée, et à une idée importée de l'hellénisme dans le Judaïsme. La difficulté est d'autant plus sensible que la provenance est étrangère. En réalité l'inspiration idéologique en question s'est exercée tout autrement que l'a cru Seeligmann. Elle a été justifiée par une spéculation verbale sur la forme du mot hébreu. De רוח G est passé à la rac. araméenne חור «être blanc, être brillant», qui conduisait tout naturellement à φῶς[13]. La relation est frappante. Le processus ne peut être douteux, et il ajoute un exemple très probant à tous ceux que nous groupons dans les présentes analyses.

Il résulte de ces observations que G Os 10, 12 et G Jér 10, 13, au lieu d'illustrer des changements librement pratiqués pour servir le prestige du thème de la lumière, constituent au contraire des applications de la méthode des analogies verbales formelles. C'est sous le couvert de cette méthode que le thème de la lumière a été introduit.

Le cas de G Is 26, 9 se distingue des textes rapprochés par Seeligmann en ce qu'il s'agit des commandements divins et non de la «connaissance» prise en elle-même. L'assimilation de ces commandements à «une lumière sur la terre» et l'invitation à «apprendre la justice», adressée aux habitants de cette

---

[12] D'autres passages scripturaires susceptibles d'avoir influé sur la formation d'une idée directrice chez G appellent les mêmes remarques. Ps 36, 10 fait de «la lumière» la source de la vie et Ps 104, 30 attribue à l'esprit divin de faire naître la vie. La combinaison des 2 textes a pu contribuer à orienter G vers l'idée de lumière, à partir de la mention de l'Esprit, mais il ne s'agit toujours que d'une orientation, non d'une justification méthodique des changements par analogie ou déduction, le contexte de Jér 10, 13 et l'importance du mot רוח s'y opposant.

[13] Araméen d'empire חורי «blanc» (Driver, Aramaic Doc. 20, n° 6, 3, adj. qualifiant la farine); judéo-araméen חור «être blanc, brillant»; syriaque, le même attesté avec le sens intransitif au paël (sens B «laver»); adj. חורא (ḥēworō) «blanc»; mandéen, paël «laver» (MD 137). En hébreu biblique cette rac. est attestée quoique rare, cf. le vb dans Is 29, 22 («pâlir») et les dérivés nominaux, Est 1, 6; Gen 40, 16 etc. Arabe ʾaḥwaru «blanc brillant», notamment en parlant des yeux, selon les lexicographes cités par Lane (2,666 C).

terre, correspondent à la doctrine de «la loi, lumière des nations» chez le
Second Is. Une influence directe est certainement venue de là. Elle a pu se
combiner avec l'attrait qu'a éventuellement exercé une mystique hellénistique
de «la lumière de la connaissance», et celle-ci a pu encourager l'intérêt de
G pour le thème de la lumière, encore attesté ailleurs[14]. Mais, dans un cas
comme dans l'autre, l'influence ne fournit qu'une orientation idéologique,
non une justification textuelle. La liberté de traitement textuel qu'admet
Seeligmann est d'autant plus problématique que l'auteur impute l'inspiration
du changement à l'influence exclusive d'une gnose hellénistique naissante.
Mais, s'il a surestimé ce facteur et s'il faut donner la priorité, dans ce cas,
à l'influence scripturaire du Second Is, exclusive ou combinée avec l'autre,
la question de la nature du procédé reste posée et la liberté est d'autant moins
vraisemblable que le terme introduit par G renouvelle le texte par son
importance.

Or il est possible de déceler entre la leçon de TM = Qa = H כאשר et la
divergence de G φῶς *deux* relations formelles, dont il y a lieu de penser
qu'elles ont toutes deux constitué, aux yeux des responsables de G, une
justification du changement de sens.

a) כאשר était décomposable en élément conjonctionnel כש (conjonction
še renforcée par *kaf* circonstanciel) + אר interprétable comme orthographe
défective de אור = φῶς «lumière». La suppression du 1er élément, après la
conjonction כי rendue par διότι, se justifiait, du point de vue des principes
en vigueur chez G, aussi bien comme réduction de deux à un, que comme
négligence d'une particule jugée d'importance mineure (élément «léger» du
texte).

b) Une autre justification formelle se présente à partir de אשר, le *kaf*
initial étant éliminable par la même raison qu'en (a). אשר pouvait être lu
par métathèse שאר. En tenant compte de la parenté phonique des gutturales
et de la similitude de leur comportement phonétique, G a pu passer de

---

[14] Cf. la présence du mot «lumière» dans G Is 53, 11 (alors qu'il manque dans TM, mais
figure dans Qa = G). Ce texte est capital. Cependant si le rapprochement de G 26, 9 et G 53, 11
paraît à première vue éloquent, touchant l'attrait de G pour le thème de la lumière, il n'est
nullement assuré que les faits reflètent une influence externe hellénistique. Nous venons de
noter que 26, 9 pourrait se ramener exclusivement à l'influence du Second Is. L'appréciation
de G 53, 11 est délicate et dépend de la manière dont on apprécie TM. Mais le fait que Qa
s'accorde avec G montre qu'il s'agit d'une leçon diffusée dans le Judaïsme, et non particulière
à G. Voir à ce sujet l'analyse de la var. Qa, IIe section, Ire partie, ch. II, 10. Il s'agit d'un
emprunt scripturaire méthodique. D'un autre côté, l'exploitation du thème de la lumière
remonte à une tradition proche-orientale antique; c'est seulement «la lumière de la connaissance» qui est hellénistique. Ce qui serait concevable c'est qu'un thème hellénistique de la
lumière ait contribué à ranimer la tradition d'origine mésopotamienne relative à la lumière
de la justice et d'autres bienfaits divins.

alef à *ḥeth* et de שאר à שחר «aurore», par «petite mutation»[15]. De l'aurore on pouvait aisément déduire la «lumière» φῶς, en parlant des commandements de Dieu. L'influence de la doctrine du Second Is relative à la Loi «lumière des nations» et celle d'autres textes, qui comparent la parole (Ps 119, 105), le commandement (Ps 19, 9) ou la Loi (Prov 6, 23) à une lumière, apportent à cette déduction déjà légitime par elle-même un ample soutien scripturaire.

Cette seconde spéculation formelle peut paraître, au premier regard, moins assurée, en raison de la complication entraînée par le changement de gutturale et par la déduction nécessaire pour passer du terme hébreu obtenu à celui de G. Mais il y a lieu de penser qu'au contraire, pour les anciens exégètes qui ont élaboré G, cette seconde justification importait plus que la précédente, en raison de la présence, dans le contexte immédiat, du vb שחר, homographe du substantif et probablement apparenté par le sens et senti comme tel par les anciens («chercher, être en quête de», l'aurore étant «ce que l'on attend, ce que l'on guette»). Cette présence d'un mot parent dans le contexte a dû être interprétée comme une indication en faveur d'une lecture spéculative שחר, d'où l'on pouvait passer déductivement à «lumière».

La dualité de la justification, qui pourrait paraître incertitude de la solution, d'un point de vue moderne, a probablement été pour les anciens, tout à l'opposé, un renforcement. Si l'on fait effort pour retrouver les conditions de l'herméneutique ancienne, en écartant les projections explicatives modernes qui font illusion, ce renforcement apparaît une garantie supplémentaire du caractère méthodique de la leçon G, auquel chacun des motifs (a) et (b), pris isolément, imposerait déjà de conclure.

Le même texte de G repose sur une autre métathèse, qui se cache dans le vb ὀρθρίζει (... πρὸς σέ) «(mon esprit) s'éveille au matin (en pensant) à toi». Ce vb correspond par le sens à אשחרך, qui suffirait à l'expliquer. Mais il n'est pas douteux que le subst. hébreu précédent a été inclus dans la valeur du grec, sous la forme בבוקר «au matin», lecture qui a été tirée, par métathèse et paragraphisme (*waw-yod*) de H בקרבי «en mon sein».

Au total l'analyse de G 26, 9 et la discussion des 2 textes rapprochés par Seeligmann nous livrent donc 4 nouveaux spécimens de modifications de sens par analogie verbale, dont le principal de 26, 9 et celui de G Jér 10, 13 apparaissent particulièrement probants.

---

[15] Le passage d'une gutturale à l'autre, combiné avec une métathèse, constitue ici un processus qui correspond exactement à celui relevé en 8, 13 (G 14), où il nous a paru solidement assuré.

CHAPITRE IV

G IS 32, 1-10, NID DE VARIATIONS
PAR HERMÉNEUTIQUE ANALOGIQUE

L'adaptation de 32, 1 s. dans G contient, à partir de 32, 2, de nombreuses divergences par rapport à l'hébreu, tel qu'il est représenté par TM et par la confirmation que lui apporte, dans l'ensemble, et mises à part quelques var., Qa[1]. G donne, à première vue, l'impression d'une grande liberté. La critique l'a apprécié sous cet angle. Mais un examen attentif aux raisons

---

[1] En 32, 2, selon la transcription de Burrows, Qa lit וסתרם (avec *mem* final, en surplus par rapport à TM). Telle était en effet certainement la 1ʳᵉ rédaction, avec un sens qui entraînait une autre césure : «et chacun (des princes nommés avant? ou des membres du peuple?) sera comme un lieu protégé du vent (interprétable activement ou passivement; cf. parenthèse précédente) *et il les abritera*. L'averse (sera) comme des ruisseaux (littéralement : des ramifications) d'eau dans des lieux arides» (le dernier terme de Qa = un équivalent pluriel de TM sg). Mais un réviseur a placé entre *resh* et *mem* de cette leçon 2 points disposés verticalement (à la manière des «2 points» du français). Kutscher a interprété ces 2 points comme une annulation (*LMY* 499, bas; *LIS* 559). Mais ailleurs, dans Qa, les annulations ont été pratiquées par rature ou grattage. Martin (ignoré par Kutscher, qui aurait dû l'incorporer à *LIS*) a la bonne explication : les 2 points indiquent ici le rattachement de *mem* au mot suivant (*Scr. Char.* II, 531; l'auteur renvoie pour un parallèle à son t. I, sans pagination. C'est I, 164 où la fonction séparatrice des 2 points verticaux est établie par rapprochement avec le même signe en 15, 5 = col. XIII, 12). Dans la nouvelle lecture *mem* devient la préposition qui précise simplement l'état cs de TM = H. Littéralement Qa : «abri par rapport à (*min* d'éloignement) l'averse»; TM : «abri de l'averse» (= contre l'averse). Cette interprétation de la 2ᵉ main devait être celle de la source H(Qa). Mais Qa 1ʳᵉ main ne s'est pas nécessairement trompé. Il a pu inaugurer une lecture et une interprétation originales. La lecture de la 2ᵉ main (*mem* préposition) est une minutie, mais intéressante. 1) Elle vise à préciser le sens de la formule (peut-être contre une exploitation qui faisait de וסתר un vb, comme dans la 1ʳᵉ main, mais sans suffixe). 2) Elle se fondait sur un emprunt scripturaire à 25, 4 (מחסה מזרם), la jonction étant assurée par la synonymie du 1ᵉʳ terme avec סתר. Cette hypothèse est d'autant plus légitime qu'une autre influence de 25, 4 est soupçonnable dans בצל, qui suit en Qa 32, 2, au lieu de TM = H כצל. Dans ce cas Qa n'a pas reproduit la leçon de 25, 4 qui emploie צל sans préposition. Mais l'important est la présence du mot : c'est, en 25, 4, comme dans les Psaumes, une métaphore de la protection divine. Qa 32, 2 lui a restitué cette fonction littéraire, par le changement de préposition, pour éviter l'emploi profane d'une métaphore qui est ailleurs employée pour parler de l'action divine. C'est une minutie, dans ce cas encore, mais dont le motif religieux est bien perceptible et a inspiré le recours à une petite mutation méthodique. Remarquable est l'accord de Qa avec TM pour la leçon difficile ולשרים (32, 1). Vu le contexte, la critique a suspecté une répétition mécanique de la préposition. Mais H a pu compléter intentionnellement la cadence en ל, qui caractérise 32, 1. La valeur de la préposition est alors celle d'une simple référence : «quant aux princes, ils exerceront leur autorité selon le droit». G ne saurait justifier une correction, car il a procédé par petites mutations (cf. δίκαιος, sans tenir compte de la même préposition).

imputables aux anciens doit réviser ce jugement. S'il y a eu des aménagements qui peuvent passer pour des libertés, c'est dans certains détails secondaires et subordonnés, sur les confins de l'adaptation grecque et dans la dépendance de var. significatives quant à la méthode. Des libertés de détails ne sont ici qu'adaptation littéraire, non inspiration. Cette dernière s'avère à nouveau caractérisée par l'application de méthodes analogiques.

1) Pour רוח «vent» (dans ce contexte), 32, 2a, G porte τοὺς λόγους. On doit à Ziegler d'avoir observé que cette «équivalence» est fréquente dans T Is, dont il mentionne des passages probants[2]. L'indication est précieuse, mais Ziegler a ensuite méconnu la conséquence de la confrontation. G n'est pas une «libre interprétation», comme il le voudrait[3]. La liberté est exclue à un double point de vue. En premier lieu, si l'équivalence en question se retrouve dans T, c'est que T a incorporé une interprétation qui possédait un caractère traditionnel dans le Judaïsme. Elle n'a vraisemblablement pas été inaugurée par G, mais devait déjà être diffuse avant lui, qui s'est alors conformé à une tradition venue jusqu'à lui. En second lieu, cette tradition elle-même n'est pas née d'un simple désir de variation littéraire. Elle a comporté une justification agréée. L'attestation de l'équation dans un passage unique, mais significatif, de la Tôrah livre probablement la solution. Ziegler a négligé d'en tenir compte, parmi les références targumiques qu'il donne, parce qu'il ne s'est pas interrogé sur l'origine d'une interprétation qu'il avait décrétée libre. Pour H Ex 15, 8 אפיך ברוח «par le souffle de tes narines», T Ok porte פומך במימר «par la parole de ta bouche». Il s'agit de l'accumulation miraculeuse des eaux par l'effet du souffle, c'est-à-dire ici du vent providentiel, lors du passage de la mer, après la sortie hors d'Égypte. À en juger par ce texte, l'origine de l'équation en débat est avant tout le souci révérenciel de transposer un anthropomorphisme, le vent présenté comme «le «souffle des narines»[4]. La transposition a un caractère dogmatique; elle a la portée d'un *theologoumenon*. Elle pouvait se réclamer en outre de l'autorité scripturaire. Is 11, 4 b était de nature à fonder l'équation targumique : «avec le souffle de ses lèvres il fera mourir le méchant». Il s'agit du roi messianique et «le souffle des lèvres» évoque ici clairement les paroles, c'est-à-dire les ordres et les jugements du roi[5]. Un passage d'un Hymne

---

[2] ZUI 84 : pour H רוח, T emploie souvent מימרא, ou le synonyme מלא «parole».

[3] «Freie Deutung», *ibid.*

[4] De même T Ok Ex 15, 10. En 15, 8, T Ps Jonathan transpose de même, mais non en 15, 10 où il conserve le mot de H (éd. Ginsburger).

[5] Ottley avait très judicieusement pensé à 11, 4, à propos de la leçon G (BIAS, II, 263). Mais il avait cru à une analogie de sens isolée, alors que 11, 4 importe par rapport à une équation targumique établie.

de Qumrân établit également une connexion étroite entre «les paroles» et «le souffle» (désigné par le même terme רוח que «l'esprit») que Dieu «a créé sur la langue» pour produire ces paroles, ainsi que les sons musicaux qui servent à le louer (Hod 35 = I, 27-29). Il convient de mettre cette doctrine en rapport avec l'équation utilisée par G et T. La confrontation invite à penser qu'il s'agit probablement d'un thème commun, et l'équation de G et T suggère qu'il a une origine scripturaire, ou qu'il s'est développé à la faveur de la donnée scripturaire. À partir du texte normatif de la Loi, Ex 15, 8, l'interprétation s'est propagée à des textes divers. Son attestation dans G Is 32 est un indice de soumission à une tradition, fondée elle-même sur un principe théologique d'inspiration scripturaire[6].

2) G a paraphrasé זרם par l'expression ὡς ἀφ' ὕδατος φερομένου. Cette formule ne permet pas de conclure à l'incompréhension et à l'empirisme, contrairement au soupçon qu'a éveillé Ziegler et qui encourage le même type d'appréciation dans les contextes[7]. L'examen des interprétations de G dans les textes où figure le même terme hébreu, et la confrontation des indices lexicaux disponibles montrent que la paraphrase de G, qui se retrouve, avec variantes de détail, en 28, 2 et 30, 30, se justifie par adaptation déductive aux contextes et que G y a exploité à sa manière une valeur assignable au terme[8]. Le recours au participe grec ne doit pas donner le change sur la compétence de G. C'est une déduction qui s'explique par l'adaptation de l'état construit hébraïque de 28, 2. H «comme une averse (זרם) de grêle» a été rendu par ὡς χάλαζα καταφερομένη «comme une

---

[6] L'homme «dissimulera ses paroles» semble un trait destiné à dépeindre la prudence qui gagnera chacun devant le renouveau inauguré par le règne d'une justice sans défaut (32, 1) : dans ces conditions chacun retiendra les paroles légères ou venimeuses qu'il avait coutume de proférer (cpr. 32, 6-7 et la référence péjorative aux ἀνθρώποις en 32, 3).

[7] «Der Js-Übers. kannte die eigentliche Bedeutung (...) nicht», *ZUI* 143.

[8] Les 2 autres textes où figure le mot hébreu dans Is, à savoir 4, 6 et 25, 4 soulèvent dans G des questions à disjoindre. En 4, 6 σκληρότητος ne prouve pas une ignorance. À côté de la mention de «la pluie», qui succède (G = H), il n'est pas étonnant que G ait évité un sens synonyme ou proche, conformément à sa tendance fréquente en pareil cas. Sa traduction pourrait être en rapport avec une valeur attestée en arabe pour *razama* (vb en relation de métathèse phonétique). Ce vb peut en effet dépeindre «l'âpreté» (c'est le sens du mot grec) de l'hiver. Voir l'expression probante dans Lane 3, 1077 B (sur l'autorité de TA). Le *Lisān*, autorité prioritaire, signale cet emploi et l'explique par le vb *barada* «être froid» (éd. Beyr. XII (50), 240 A, milieu). G Is 4, 6 a donc des chances d'attester la connaissance d'une rac. homonyme, vraisemblablement araméenne. L'indice livre, dans ce cas, un témoignage qui manquait dans la documentation de cette langue. En 25, 4, G a procédé spéculativement. Il a interprété זרם comme le pluriel de זר «étranger», d'où, par déduction adaptée au contexte, ἄνθρωποι. L'examen du passage et de ses analogies avec 28, 2 et 28, 15 montre que G ne pouvait se tromper sur l'identification fondamentale du terme hébreu. Mais il l'a égalé à זרים de 25, 2 et 5, pour les besoins de son exégèse tendancieuse du passage, en se fondant sur le principe homographique, combiné avec une possibilité d'orthographe défective.

grêle précipitée». L'emploi d'un vb était normal dans une équivalence littéraire et non littérale. À partir de 28, 2 cette équivalence a été propagée aux autres passages, ce qui a entraîné des aménagements secondaires et ce qui a finalement produit l'impression d'une incertitude lexicographique de base. En réalité le vb grec, qui s'applique à des averses ou à des cours d'eau, convient à la paraphrase du substantif. La mention complémentaire de l'eau, en 30, 30 et 32, 2, précise pertinemment cet emploi[9]. En 28, 2 (pour la 2ᵉ mention de זרם) et en 30, 30, le participe grec est renforcé par βίᾳ. En 32, 2 l'emploi avec ὕδατος, sans autre précision, laisse supposer qu'il s'agit d'une masse d'eau «emportée», d'une inondation plutôt que d'une précipitation. Il y a donc partout l'idée d'un cataclysme liquide violent. Or cette nuance de violence se retrouve dans l'apparenté arabe *razama* (en rapport de métathèse phonétique). La 4ᵉ forme de ce vb, *'arzama*, s'emploie pour le roulement du tonnerre[10]. Le substantif dérivé *razim* désigne «une pluie accompagnée d'un tonnerre incessant»[11]. Il y a donc un dénominateur commun à l'interprétation de G et aux emplois arabes mentionnés, et le constat montre que les paraphrases de G, dans les textes cités, n'ont pas été inspirées par un empirisme subjectif, mais par la connaissance d'une tradition lexicale positive[12].

---

[9] En 32, 2, malgré l'apparence littérale, cette mention de «l'eau» ne provient probablement pas du mot hébreu qui figure en 2b. Ottley, plus judicieux sur ce point que Ziegler cité infra, avait pressenti une telle éventualité (*BIAS*, II, 263). L'état cs du début de 2b a vraisemblablement été traité synthétiquement et déductivement, ce qui a produit ποταμός, sous l'influence probable de Gen 2, 10 (où voyez l'analogie de vocabulaire). Le fleuve qui apparaîtra à Sion, selon G, rappellera celui du paradis. Cette correspondance G-H se confirme encore par le traitement des 2 mots qui suivent «Sion» dans H. Ils n'ont pas été négligés par G, si notre hypothèse exposée ci-après est légitime (infra, sous 3). Indépendamment de ce dernier point, la correspondance G-H proposée par Ziegler (*ZUI* 142) ne peut être retenue. L'auteur a d'ailleurs senti lui-même la difficulté en marquant une exclamation concernant la 2ᵉ correspondance qu'il a notée. Voudrait-on néanmoins supposer une influence rétrospective de מים de 2b, tout en acceptant la rectification des correspondances G-H, le problème de la valeur de זרם pour G n'en serait pas modifié. Le fait important est que G a associé explicitement «l'eau» à sa paraphrase en 32, 2 et 30, 30. Les 2 textes se confirment mutuellement sur ce point.

[10] *Lisān* XII, 238 A, haut, avec définition du *maṣdar* de la 4ᵉ forme comme signifiant «la voix du tonnerre». Le même cite à ce propos un vers de Labîd, *Mu'allaqa* 5, où il est question du grondement du tonnerre que répercutent les nuées.

[11] Lane 3, 1078 A, haut.

[12] La traduction de זרם par σκορπίζων, dans G Hab 3, 10 apporte un élément de confirmation, touchant la valeur de l'information de G. Il a lu le mot hébreu en cet endroit avec un vocalisme de participe (appliquant, vraisemblablement de propos délibéré, la méthode homographique). Mais le sémantisme qu'il a admis a une valeur positive. Dieu «disperse» de tous côtés «les eaux du passage», c'est-à-dire celles de la mer, lors de la sortie miraculeuse d'Égypte. L'action s'apparente à celle de «répandre» la pluie. De la sorte G Hab illustre l'existence du vb que seule atteste en hébreu biblique, avec certitude, Ps 77, 18.

L'équivalence donnée par Aq pour le même mot hébreu en 28, 2 mérite d'être relevée à l'occasion de l'examen de G. Elle contribue en effet à illustrer l'étendue de l'information lexicographique des anciens, au sein du Judaïsme, et elle invite par là à la prudence en matière d'ignorances apparentes. Aq porte en 32, 2 et 28, 2 (son texte n'est pas préservé en 30, 30) ἐντίναγμα «secousse». Sym, Théod ont la même traduction en 28, 2, ce qui montre qu'elle a eu un certain crédit. Du point de vue de la teneur réelle des textes, cette traduction est inadéquate, mais elle offre néanmoins l'intérêt d'attester la connaissance d'une rac. homonyme de celle du terme d'Is. On ne saurait en effet expliquer Aq comme une déduction obtenue à partir de la valeur normale. Il s'agit donc d'une autre rac. Elle a des chances d'être, avec rapport de métathèse phonétique, la même que celle qui a donné en arabe le sens «enfanter», ce sens pouvant être une spécialisation de «être secoué» (en ce cas : par le travail de l'enfantement)[13].

3)[14] En 32, 2 b, à première vue, G semble avoir négligé l'expression כצל סלע, et avoir suppléé φανήσεται pour les besoins de son texte[15]. Il conviendrait certes d'apprécier les données en ce sens, si G était une version au sens moderne et si ses critères étaient exclusivement de lexicographie historique et de logique syntaxique ou déductive. Mais ce n'est pas le cas et le rôle que jouent, à tout moment, les spéculations formelles, dans G comme plus tard dans l'exégèse rabbinique, invite à compter avec une possibilité qui se présente ici, et qui, sans pouvoir s'imposer absolument, en raison de la nature de la documentation, ne peut pas non plus être éliminée et paraît sérieusement vraisemblable, dès lors que l'on a présente à l'esprit la manière de G ailleurs.

Dans une herméneutique attentive aux analogies formelles, le groupe צלסלע pouvait être mis en rapport avec la rac. סלל «tracer une route», en vertu

---

[13] Dans l'expression *razamat bihi* «elle l'a mis au monde», Lane 3, 1077 B.

[14] Pour situer les remarques précédentes et celles qui vont suivre, il convient de noter la différence d'orientation générale de G par rapport à H. Les métaphores de H en 32, 2 évoquent la protection (images de l'abri et de l'ombre) et le bienfait (image des courants d'eau) qui résulteront du pouvoir royal et de celui des princes de l'ère promise (32, 1). G a tiré de איש (dans H, référence à ces gouvernants) une opposition. Il s'agit chez lui de «l'homme» en général, gouverné par ces autorités. D'où l'interprétation des 2 termes métaphoriques de 2a (H «comme un courant ... et un cache») par des vbs grecs qui dépeignent non plus une protection accordée, mais une précaution prise en face de ce pouvoir renouvelé par la justice. Apparemment G a entendu 32, 2 en un sens hyperbolique, destiné à rehausser l'idée de 32, 1 : le règne de la justice en imposera au point qu'il incitera à des précautions (la prudence en paroles ; cf. supra sous 1), et sera même comparable à une inondation menaçante. L'adaptation de G semble s'apparenter au thème de la panique qui saisit les hommes pécheurs, soit devant la théophanie (Is 2, 9s.), soit devant le jugement divin (Os 10, 8). La citation d'Os 10, 8 dans Luc 23, 30 et Apoc 6, 16 illustre la fortune du thème auquel G semble faire écho en 32, 2.

[15] Cette apparence a fourvoyé Ziegler, selon ce qui a été signalé dans une n. précédente.

de la parenté phonétique entre *ṣadé* et *samech*, et à condition de traiter
ʿayin en consonne vocalique insérable en 4ᵉ position (convention orthographique pour le son *a* et métathèse). Entendu comme un passif (type
pulpal, passif du *pilpel*, conjugaisons propres aux vbs concaves et géminés),
le vb ainsi obtenu était applicable à un fleuve, dont le lit est assimilable à une
route. «Un fleuve a été tracé» conduisait à la déduction : «un fleuve est
apparu», et par adaptation contextuelle «apparaîtra», au futur oraculaire
(cf. 32, 1) : φανήσεται ἐν Σίων ὡς ποταμός.

Dans le cadre des conceptions de G, le processus que nous venons de
supposer, bien qu'il reste une hypothèse, paraît beaucoup plus probable que
la négligence des 2 mots de H. Ici, comme en de nombreux cas, le recours
à une méthode reçue est aussi rendu vraisemblable par l'opportunité d'assurer
l'autorité de l'adaptation. Il s'agit alors d'une spéculation phonique et
orthographique et d'une métathèse, le tout complété par une déduction
d'herméneutique logique. Pour ce qui est du traitement analogique, il a été
fondé sur une parenté postulée à partir d'une petite différence, ou, ce qui
revient au même, sur une petite mutation. Petite différence ou petite mutation
implique l'existence d'une ressemblance formelle suffisante pour qu'un terme
(ou un groupe) de base puisse faire penser à un autre (ou à un groupe).

Le fait que le mot ציון (*ṣāyôn*) a été interprété par G comme allusion à
Sion, en 32, 2 et 25, 5, pourrait théoriquement résulter d'une méconnaissance
du mot de TM. Mais cette hypothèse est loin d'être assurée. Dans les 2 textes,
d'une part, le contexte hébreu suggère nettement la valeur notée par TM,
d'autre part, l'option pour Sion était édifiante, deux motifs qui donnent
des chances à l'hypothèse d'un traitement méthodique par homographie.
Qa a lu en 32, 2 בציין (cf. la photo, en rectifiant la lecture de Burrows), ce qui
implique un pluriel araméen dérivant de la rac. qui a fourni l'hébreu ציה
(*ṣiyyāh*) «terre aride». En 25, 5 Qa porte בציין. Il semble avoir fait une
différence entre les 2 passages, et pourrait avoir compris 25, 5 comme allusion
à Sion = G 25, 5 et 32, 2. Dans cette hypothèse le fait intéressant est que,
pour éviter une équivoque, Qa a retouché 32, 2 par l'aramaïsme. Ce serait
une preuve qu'il était capable d'identifier le mot de TM, si sa source était,
comme probable, = TM sur ce point. L'indice apparaît favorable à la
connaissance du mot par G, donc favorable à une homographie herméneutique dans ce texte.

G a vraisemblablement songé en 32, 2b, d'une part, au fleuve paradisiaque
de Gen 2, 10[16], d'autre part et plus particulièrement, à la rivière miraculeuse
d'Ézéchiel, qui sort du nouveau temple de Sion (Éz 47, 1 s.). Mais il n'y a

---

[16] Probabilité signalée supra en n., à propos du «fleuve» de G et de la correspondance G-H.

pas eu emprunt. Il y a eu seulement une influence encourageante de ces textes.

4) Pour le 1ᵉʳ hémistiche de 3a, G porte καὶ οὐκέτι ἔσονται πεποιθότες ἐπ᾽ ἀνθρώποις «ils ne seront plus confiants dans les hommes». Une incompréhension de עיני ראים «les yeux de ceux qui voient» étant exclue, il est clair que sur ce point, G s'est intentionnellement écarté du sens obvie de sa source. L'écart est solidaire de celui qui a affecté le vb. Le seul fait que G n'a pas tenu compte de la préformante *taw*, qui imposait l'accord féminin avec «les yeux de ...», montre que, sur ce point aussi, G a opté pour un sens en marge de ce que commandait la syntaxe. Dès lors l'aptitude de G à comprendre ce vb, soit dans le sens secondaire impliqué par la vocalisation de TM (rac. שעה «regarder»[17]), soit dans le sens de la correction vocalique préconisée avec raison par les modernes (rac. שעע «être enduit» ou «englué»; ainsi peut-être la lecture de Qa[18]) devient une question d'importance secondaire. Le point décisif est le suivant : avec intellection de sa source, dans l'un de ces 2 sens, ou sans intellection, G a-t-il procédé empiriquement ou en vertu d'une règle reçue qui justifiait son interprétation? Avant de considérer cet aspect du problème, il vaut la peine de noter que, d'après les indices disponibles, G était certainement capable d'identifier l'une et l'autre possibilité mentionnée. Ses traductions pour Gen 4, 4, d'une part, pour Is 6, 10, d'autre part, le prouvent et le contexte de 32, 2, qui invite nettement à lire l'un de ces 2 vbs, confirme encore ces constats[19].

G a manifestement vu dans H l'occasion d'une exploitation édifiante. «Ils ne mettront plus leur confiance dans les hommes», c'est la réciproque de

---

[17] Le vocalisme de TM est manifestement secondaire, comme l'ont reconnu les critiques. Il implique le sens «les yeux de ceux qui voient ne regarderont pas». Mais on aurait tort d'y déceler une absurdité, qui manifesterait une incompréhension dans la tradition suivie par les massorètes. Cette tradition est sans aucun doute le produit d'une spéculation qui isolait ראים pour en faire des «voyants», des prophètes : les yeux des voyants n'auront plus besoin de regarder; sous-entendu : car la lucidité sera générale dans l'ère messianique. Dans H il s'agit manifestement d'une allusion à Is 6, 10. Les yeux de ceux qui étaient aveugles par endurcissement, de ceux qui, voyant, ne voyaient pas, ne seront plus «englués». Le vb de 6, 10 a été repris dans H 32, 3. Cette relation s'ajoute au contexte pour garantir la leçon. C'est bien שעע. Mais à l'encontre de l'appréciation par la confusion, il faut voir dans le vocalisme de TM une exégèse spéculative fondée sur une exploitation, légitime aux yeux du milieu intéressé, par homographie. C'est, au stade du vocalisme de TM, une application de la même herméneutique que celle dont nous constatons la présence dans G.

[18] תשענה. La rac. à laquelle Qa rattachait cette leçon reste indécise, car la forme requise par le vocalisme de TM pouvait être écrite défectivement sans *yod*. Mais le rattachement de la leçon Qa à la rac. géminée paraît le plus probable. Qa a par conséquent des chances d'avoir préservé la leçon primitive.

[19] Gen 4, 4 ἐπῖδεν garantit l'aptitude à reconnaître la possibilité du vb de TM (vocalique). G Is 6, 10 ἐκάμμυσαν «ils ont fermé (leurs yeux)», malgré le caractère approximatif de cette traduction montre que G pouvait aussi identifier l'autre rac.

l'annonce d'une conversion religieuse généralisée. L'ambition du texte est donc considérable. Pour tirer ce sens de H(G), l'adaptateur a procédé à une double spéculation formelle. En premier lieu, il a rattaché le vb à la rac. שען et à la conjugaison *nifal* «s'appuyer sur». L'équation est illustrée par la traduction G de ce vb hébreu, en 10, 20. Cette dérivation suppose que la forme a d'abord été traitée en 2ᵉ pers. masc. sg + *hé* final d'allongement (qui se rencontre parfois en dehors du cas du cohortatif) : «tu t'es appuyé = tu as mis ta confiance (en)». De ce style direct G est passé au style indirect, avec changement de nombre : «ils ne s'appuieront plus». En second lieu, ראים a fourni אדם. G est passé de *resh* à *daleth*, proche par la forme et souvent confondu (paragraphie); le *daleth* a été déplacé (métathèse) et le *yod* a été négligé ou, à la rigueur, traité en indice de pluriel[20].

Reste עיני qui semble faire difficulté dans cette interprétation et qui pourrait même inciter à penser que G a rattaché le vb précédent à la rac. de TM vocalique, en déduisant sa traduction de : «les yeux regarderont» (עיני étant alors censé être non pas l'état cs pluriel, mais le pluriel absolu, avec abréviation par suppression du *mem*[21]). Mais une telle supposition sacrifierait les critères précis, livrés par les termes prioritaires, à un mot qui ne joue qu'un rôle subordonné dans les 2 hypothèses en présence[22]. Ce sont ces critères précis, dégagés plus haut, qui l'emportent, et la difficulté de עיני se résout, si l'on admet que G en a tiré déductivement sa préposition (dans ἐπ' ἀνθρώποις) : «avec regards sur les hommes» (à partir de l'état cs et d'une fonction d'accusatif censé indiquer la modalité); d'où simplement la préposition grecque d'application[23].

G a donc recouru à des exploitations formelles, en rejetant sciemment, d'une part, le sens obvie de l'expression facile עיני ראים, d'autre part, l'orientation générale qui en résultait pour le vb, quelle que fût l'option précise à

---

[20] Fischer a cru que sur ce point G s'expliquait par une erreur de lecture (*SBI* 49). L'hypothèse est en elle-même dénuée de vraisemblance. L'auteur n'a pu l'avancer qu'en ignorant des critères essentiels : celui que fournit la qualité du texte obtenu par G (laquelle exclut d'emblée l'accident fortuit); celui que constitue, d'autre part, la récurrence de traitements semblables de H dans G.

[21] Telle est l'interprétation supposée par l'équivalence retenue dans la concordance de Hatch-Redpath. Fischer a également postulé le vb de TM vocalique, à l'origine de la traduction G (*SBI* 49). Son exposé est d'un extrême schématisme, bien éloigné d'une discussion approfondie des possibilités à considérer.

[22] Si l'on voulait cependant conserver des chances à l'hypothèse selon laquelle G s'est fondé sur le vb de TM vocalique, la conclusion essentielle resterait la même concernant l'exégèse pratiquée par G en 3a. L'interprétation de ראים par un procédé formel suffirait à prouver le caractère spéculatif du texte de G.

[23] Celle-ci est un renforcement non classique avec ce vb, qui se construit simplement avec le datif de la pers. ou de la chose sur laquelle on fonde sa confiance.

ce sujet, enfin la relation thématique avec l'hémistiche suivant, qui comportait lui aussi une nette indication. Cette renonciation à un sens clair dans l'ensemble, et qui pouvait être éloquent, et cette option pour des cheminements recherchés impliquent déjà que les moyens mis en œuvre devaient faire autorité. Si G s'est astreint à maintenir, par des moyens formels, des liens avec la littéralité, alors qu'il était décidé à diverger par rapport au sens logique — le cas de 3a le montre clairement — c'est que ces liens constituaient une garantie de validité et correspondaient à l'application d'une méthode établie. Si l'on considère la qualité édifiante du texte obtenu par G, on aboutit à la même conclusion. Elle demandait également à être étayée par des procédés capables de faire loi.

5) L'interprétation de H נמהרים, en 32, 4, par G (dans τῶν ἀσθενούντων) a été étudiée antérieurement [24].

6) En 32, 5 ἄρχειν s'explique comme déduction destinée à simplifier le texte, tout en respectant son thème [25]. Il convient aussi de reconnaître dans οἱ ὑπηρέται une déduction effectuée à partir d'une interprétation du mot qui figure dans TM sous la forme ולכילי, à l'aide du terme courant כלי : «les instruments», dans l'ordre social, ce sont «les serviteurs», à l'extrémité inférieure de la hiérarchie dont l'infinitif précédent évoque le sommet avec l'idée de «gouverner». L'antithèse a dû influer sur le choix du substantif. La perte de la valeur de H est possible, comme le suggère aussi le traitement des 2 termes du début de 32, 7. Elle n'est pas certaine. Dans TM la différence orthographique entre le terme difficile de 32, 5 cité et celui sans *yod* interne de 32, 7 (différence effacée dans G et Qa par harmonisation) correspond probablement à des différences de sens. Que G ait encore connu le sens du terme rare de 32, 5, et celui du parent formel sans *yod* interne en 32, 7, ou qu'il les ait ignorés, il a en tout cas harmonisé le terme de 32, 5 sur celui de 32, 7 (emprunt, petite mutation) et exploité l'homographie du mot courant ou cru à la présence de ce mot courant en 32, 7 [26].

---

[24] Ire partie, ch. III, C, n. 18; IIe partie, ch. I, n. 3 et n. 4.

[25] Le terme de H, traduisible par «noble», implique le droit à une certaine autorité, comme le montre, entre autres, Nb 21, 18. De ce point de vue la déduction opérée par G n'était pas sans légitimité.

[26] En 32, 7, G a manifestement tiré βουλή du vb de l'hémistiche suivant. Toutefois il reste possible que, ce faisant, G ait néanmoins pensé pouvoir fonder sur l'hébreu topographiquement correspondant une déduction combinable avec le sens du vb. La base d'une telle déduction a peut-être été fournie par une interprétation : «l'instrument (כלי avec le vocalisme *keli*) qu'ont parachevé (כליו compris = 3e plur. pft *piël* de כלה, avec *yod* radical préservé, comme dans les 2 vbs de TM Is 21, 12 b q.v.) les méchants»; d'où — le vb suivant = H aidant — «le conseil (la réunion) des méchants». En 32, 5, G ὑπηρέται s'explique comme dit plus haut par le même terme hébreu que celui admis à l'instant pour 32, 7. Ou bien H(G) 32, 5 portait ce mot avec l'orthographe sans *yod* interne de TM 32, 7, ou bien G a harmonisé dans ce sens (emprunt

7) À la fin de 32, 5, σίγα «tais-toi» pourrait avoir été obtenu par un passage de שוע à שאו rattaché à la rac. qui signifie «être ruiné, désolé», d'où

---

contextuel, petite mutation). Qa a harmonisé dans le sens inverse. Il a orthographié avec *yod* interne en 32, 7, d'après 32, 5 (où il est = TM) : וכילי כליו (en notant bien qu'il s'agit du 1ᵉʳ terme de 32, 7, non du second). Dans Qa la confirmation orthographique du mot rare et difficile de TM 32, 5 est remarquable, vu la tendance de Qa à retoucher dans le sens du plus simple et du plus courant à son époque. Apparemment Qa assignait donc un sens à ce terme, et il apporte un précieux témoignage en faveur de l'authenticité du mot de TM 32, 5. La portée de Qa, en de tels cas, n'apparaît pas dans l'enquête de Kutscher dont la préconception dominante (Qa, un texte dégradé) serait trouvée démentie. Outre la valeur positive du témoignage de Qa sur ce point, le fait de son harmonisation (32, 7 d'après 32, 5) et, de même, l'harmonisation inverse déductible de G (32, 5 d'après 32, 7) sont des traitements qui, confrontés, plaident aussi en faveur de l'authenticité originelle de l'orthographe différenciée dans TM. Ce constat, sans être décisif, s'oppose plutôt à l'identité des 2 termes de 32, 5 et 7, admise par les modernes. *KBL*[1] 433, à la suite de *GB* 344, rattache le terme, *supposé unique*, à la rac. *nkl* «être rusé» (hébreu, et accadien, dans la valeur relevée en *AHW* 717, G, 3, b par von Soden); nous allons voir l'intérêt de cette étymologie pour l'un des 2 termes. *KBL*[3] 450 adopte à présent pour les 2 termes, toujours ramenés à un, le sens *Schurke* «fripon», à la suite de *BL* 502. Ce 2ᵉ sens est conjecturé par *BL* d'après le contexte et en supposant une valeur primitive de nom propre en -*ay* (ou une formation sur le modèle de tels noms propres), avec renonciation à une justification étymologique. L'hypothèse d'une valeur originelle de nom propre, suivie d'un emploi d'adjectif (comme le français fait d'un nom propre un nom commun dans «faire le jacques» ou «un harpagon») est vraisemblable, avec cette désinence, mais ne dispense pas de la justification étymologique. Le sens conjecturé d'après le contexte n'est pas satisfaisant : il s'agit d'une malfaisance qui se donne des apparences, plutôt que d'un travers grossier et patent. Wildberger a pourtant retenu la solution *BL-KBL*[3], tout en citant le jugement sceptique de Duhm (cf. de ce dernier, *Comm.*[4] 235, et Wildberger, *BK*, X, 1250). Mais Duhm est hâtif et fourvoyant. Il n'allègue l'exégèse rabbinique que d'après le *Thesaurus* de Gesenius, sans le citer et sans tenir compte du contexte de Gesenius, qui exclut cette généralisation (*Thesaurus*, II, 886). Gesenius n'a voulu qu'opposer une opinion rabbinique à celle de saint Jérôme, et il allègue Saadya. Contrairement à ce que donnent à penser Duhm et Wildberger, Raši, principale autorité rabbinique, interprète le mot de 32, 5 comme signifiant רמאי נוכל (*rammay*) «trompeur, fourbe». Cette donnée est justement de grande importance pour le débat, parce qu'elle rejoint une convergence décelable, par ailleurs, entre l'étymologie par *nkl* et Sym (négligé par *GB* et *KBL*[1] ; cf. supra), touchant le terme de 32, 5 qu'il rend par δολίῳ «au rusé». Texte non préservé pour 32, 7, mais il y a des chances pour que Sym ait, lui aussi, harmonisé. Vg, largement influencé par Sym, en général, est une raison de le penser : 32, 5 *fraudulentus*, 32, 7 *fraudulenti*. Le témoignage de Sym vaut donc, en fait, seulement pour l'un des 2 termes. C'est alors כלי de 32, 7, par meilleure convenance à la fois morphologique et contextuelle, et vu que 32, 5 se résout autrement (infra). 32, 7 : «Quant au rusé, ses ruses sont méchantes» = il exerce le mal. Sur la spéculation, cf. encore infra. Pour כילי de 32, 5 la suggestion de J. Barth oriente vers la solution (*Nominalbildung* 379 § 231 g). Barth a, lui aussi, simplifié en admettant un mot unique en 32, 5 et 7, et il a songé à la rac. כלא «retenir», dont la 3ᵉ faible serait représentée dans -*ay*. La 1ʳᵉ syllabe longue invite plutôt à rattacher à l'apparenté כול «contenir», avec au *hifîl* une nuance parfois proche de כלא (ainsi Jér 6, 11). Cela conduit à «l'avare» : en thésaurisant il s'efforce de «contenir» et «retenir». Ce sens est celui de Saadya, auquel se réfère Gesenius (o.c.). Cf. le texte de Saadya dans l'éd. Derenbourg, *ZAW* 9 (1889) 63 : בכיל (*kaf* pointé) = *baḫil*. «Avare» s'oppose excellemment à «généreux» qui suit et dont le sens est assuré par certaines des valeurs dérivées de l'arabe *wasiʿa*. Saadya סכיא (*kaf* pointé, *tašdîd* du *yod*) = *saḫiyyan* «généreux». Ces interprétations lexicographiques des termes problématiques peuvent être renforcées par une considération qui nous ramène aux par déduction «être silencieux»[27]. Si c'est le cas, l'ignorance possible de G a été surmontée par recours à une variation fondée sur la ressemblance formelle des 2 rac. (exploitation de la parenté phonétique des 2 gutturales, métathèse et passage déductif au sg).

8) Dans l'avant-dernier hémistiche de 32, 6 להריק a pour correspondant dans G διασπεῖραι[28]. H «... pour *laisser vide* l'âme de l'affamé»; G «... pour *disperser* des âmes affamées». Il s'agit du but poursuivi par l'insensé ou de la conséquence de son comportement[29]. G suppose manifestement

---

analogies verbales formelles. La composition est passée de «l'avare» de 32, 5 au «rusé» de 32, 7, en vertu de la ressemblance formelle des 2 termes (de rac. différentes!), donc par emploi de la méthode des analogies verbales formelles, dans l'élaboration même du texte. La relation formelle — pour les anciens, une parenté réelle — conférait une signification profonde à l'association des 2 catégories, ce qui ne va pas sans comporter ici une certaine vérité psychologique. Les 2 dispositions ont des apparences qui trompent sur leur malfaisance, et, d'autre part, l'avarice mène facilement à la fourberie.

[27] Une telle interprétation pourrait avoir été encouragée chez G par l'antithèse de la 2ᵉ rac. שאה «produire une rumeur».

[28] La lecture διαφθεῖραι de A et autres (cf. *SG Is*, apparat critique) est secondaire, comme l'avait reconnu Ottley (*BIAS*, II, 264). Cependant, à l'encontre du jugement de cet auteur, ce n'est pas une erreur mécanique due au vb analogue de 7, mais le résultat d'une réflexion sur la leçon originelle de G, préservée par la majorité des mss. Cette leçon originelle a semblé peu claire et elle a été alignée sur l'infinitif de 7, par emprunt contextuel réfléchi. La leçon retouchée par A a en effet de quoi surprendre, mais son authenticité est assurée par son lien avec l'hébreu, qui a en réalité été l'objet d'une exploitation par analogie verbale formelle, comme précisé ci-après.

[29] TM «son cœur fait (יעשה) l'iniquité pour ...». Qa «son cœur médite (חושב) l'iniquité». G (au futur, conformément au style oraculaire adopté d'après 32, 1) «son cœur méditera (νοήσει) des choses vaines (μάταια) ...». L'accord de G et Qa est frappant et la priorité semble revenir au sens qu'ils donnent, c'est-à-dire à la leçon de Qa, face à une leçon TM qui paraît peu appropriée et qui anticipe sur l'infinitif suivant. La présence de ce dernier semble une anomalie décisive contre la leçon TM. Kutscher passe sous silence cette circonstance contextuelle, dans sa tentative d'établir la priorité de TM, à la suite d'Orlinsky qu'il cite (*LMY* 181 + complément, 482; *LIS* 239). À cette négligence s'ajoute le fait que l'argumentation étymologique de Kutscher appelle la critique. Il croit justifier TM par une parenté de חשב avec l'accadien *epēšu*, qui signifie fondamentalement «faire». Mais, même s'il y avait relation originelle des 2 vbs, celui de l'hébreu apparaît partout nettement différencié par rapport au sens accadien. De plus, on ne peut reporter sur le vb hébreu une valeur déduite d'une connexion qui n'aurait au mieux qu'une portée prélittéraire. Ce n'est pas parce que le vb hébreu «penser» peut se relier par cette hypothèse à l'idée de «faire» que le vb hébreu «faire» devient susceptible d'acquérir le sens de «penser». La priorité de Qa-G n'est donc pas réfutée et paraît donner raison à la correction proposée depuis longtemps par la critique (Cf. BH²⁻³). Néanmoins il reste possible que, pour d'autres raisons que celles de Kutscher, Qa et G soient le produit de retouches destinées à clarifier le texte. Ces retouches étaient aisément légitimables par emprunt scripturaire (cf. par exemple l'association de «cœur» avec le vb «penser» de Qa, dans Ps 140, 3, ou celle de «penser» avec le même terme «iniquité» qu'en Is 32, 6, dans Mi 2, 1). Or la difficulté de TM devient surmontable si la rédaction originelle a utilisé *à dessein* une formulation traditionnelle figée, où figurait le vb «faire», dans un emploi psychologique réaliste : son cœur fait = élabore l'iniquité. Ce serait une citation tirant son autorité de sa provenance traditionnelle. Alors l'infinitif suivant, au lieu d'être une difficulté, jouerait le rôle d'une

une lecture להדיק, de la rac. דקק, dont le *hifil* signifie «pulvériser». De cette valeur pouvait se dériver l'idée de «disperser», par adaptation à l'objet (les âmes), et par référence scripturaire à la connexion «pulvériser» (même vb au *qal*), «disperser» de l'important oracle Is 41, 14-16. Mais cette lecture hébraïque est-elle le résultat d'une erreur ou d'une exploitation délibérée de la ressemblance de *resh* et *daleth*, qui différencient les 2 leçons en présence? Ces 2 consonnes revêtent des formes voisines dans divers types d'écritures araméennes (devenues hébraïques) de basse époque. La proximité est en particulier frappante dans plusieurs phases de l'écriture araméenne d'Égypte antérieure à G. Dans une herméneutique spéculative, cela autorisait à lire ici *daleth* pour *resh*, en connaissance de cause, au nom de l'analogie des formes (paragraphisme).

Mais les critiques modernes ne se sont pas arrêtés au rapport G-H qui nous occupe[30]. Il est clair que les modes d'appréciation reçus ne peuvent conduire qu'à une explication de G par erreur de lecture[31]. Pourtant l'analyse des teneurs et la considération des intérêts imputables à G invitent à rejeter cette hypothèse pour retenir la 2e éventualité, celle d'une exploitation spéculative. On ne peut soupçonner G de ne pas avoir compris le vb de H, ou de ne pas avoir été capable d'en discerner la présence dans un pareil contexte, en cas d'incertitude dans la lecture du *resh*. Divers textes attestent la bonne connaissance de cette rac. (vb ou adj.)[32]. Le contexte qui suit en apporte la confirmation, car il n'est guère douteux que G s'est inspiré du vb du 1er hémistiche, lu = TM, pour le substituer à l'expression du 2e, certainement comprise, mais jugée moins éloquente[33]. Par là même la lecture de la leçon TM se trouve attestée. S'il en est ainsi, il y a eu double interprétation du vb du 1er hémistiche, avec report de la 2e valeur (qui correspond au sens authentique!) sur le 2e hémistiche.

En second lieu la leçon de G en débat trahit un double intérêt : exploiter le texte en substituant une variation à une répétition d'idée (tendance

---

reprise : «son cœur élabore l'iniquité, en sorte qu'il pratique (effectivement) l'impiété» (littéralement, les 2 fois, vb «faire»). La leçon TM pourrait donc être, en dépit des apparences, une *lectio difficilior* prioritaire. Mais ce n'est qu'une hypothèse et les 2 possibilités restent en présence.

[30] Ottley s'est borné à noter la secondarité de la leçon A, sans examiner l'origine de la divergence G-H (*o.c. sup.*).

[31] Si l'on suppose une erreur de lecture au stade H(G), on repousse le même problème à un stade antérieur, selon l'observation faite à diverses reprises.

[32] Cf. G Gen 42, 35 (κατακενοῦν); Jug 7, 16 (κενός); IV R 4, 3, id.

[33] κενὰς ποιῆσαι correspond exactement à להריק. La répétition de τὰς ψυχάς confirme que G a utilisé le 1er hémistiche pour rendre le second, dont il n'a gardé que l'allusion à l'assoiffé (H sg, G plur.).

fréquente de G devant les symétries de l'hébreu); introduire une allusion édifiante. Peut-être le vb de G vise-t-il, au sens «dissiper», le désordre de l'âme, par opposition à l'obéissance à la Loi[34]. Le terme reste édifiant si G n'a visé que l'idée de «disperser les âmes». C'est une bonne contrepartie du rassemblement de la communauté religieuse soumise à l'instruction de la Loi. Le vb de G résulte donc d'une option en faveur d'une leçon très proche graphiquement de la leçon H. La valeur religieuse requise pour l'adaptation implique que ce lien de ressemblance formelle constituait la justification de l'interprétation. Comme dit plus haut, le lien est une paragraphie. La leçon secondaire est une petite mutation. Elle s'accompagne d'une 2ᵉ interprétation, non spéculative, reportée sur le contexte comme il a été indiqué.

9) À la fin de 32, 7, pour משפט אבין ובדבר «alors que l'indigent expose sa cause», G porte καὶ διασκεδάσαι λόγους ταπεινῶν ἐν κρίσει «et disperser les paroles[35] des humbles, lors du jugement». L'expression «disperser les paroles» est à considérer comme un hébraïsme littéraire qui équivaut à «rendre vaines, annuler»[36]. Le tour adopté par G s'explique par une double interprétation de דבר. C'est évidemment de ce terme qu'ont été tirées «les paroles». Une 2ᵉ valeur a été obtenue à l'aide d'une métathèse qui a fourni le vb araméen בדר «disperser» attesté en araméen biblique (Dan 4, 11) et bien documenté en judéo-araméen, en syro-palestinien et en syriaque[37]. Ziegler a discerné la possibilité d'une traduction double et celle d'une relation établie par G avec le vb araméen cité. Mais il est resté hésitant sur la validité de ces constats et les a laissés en concurrence avec des hypothèses inappro-

---

[34] Ce sens est signalé par *LdS* 412 B pour un texte d'Épicure.

[35] Négligence de l'article dans un cas de détermination évidente, comme il arrive ailleurs dans la langue de la Septante.

[36] Sous l'influence de la métaphore de la dispersion au vent, qui est d'origine agricole et provient du dépiquage, lors de la moisson. Cf. Is 40, 24; 41, 2; 41, 16; Jér 13, 24. L'emploi de διασκεδαννύναι avec pour objet grammatical l'alliance, des paroles etc. est fréquent dans la Septante avec cette valeur. Ce vb sert notamment à rendre le *hifil* de פרר «rompre» (l'alliance etc.), équivalence très caractéristique. Par ailleurs il n'est pas impossible que G se soit plu à reconnaître dans le thème de la «dispersion» un trait significatif de ce que l'on pourrait appeler la stratégie des méchants. Il y avait alors, dans l'esprit de G, une certaine connexion entre «la dispersion des âmes», dont il avait été question plus haut, à propos de 32, 6, et «la dispersion (au vent)» = l'invalidation, l'annulation des «paroles des humbles» — c'est-à-dire avant tout de leurs droits et justifications. Le sous-entendu serait qu'en «dispersant» ainsi («les paroles ...»), les méchants préparent leur propre condamnation : ils seront eux-mêmes voués à «être dispersés» au vent, selon les formulations scripturaires rappelées.

[37] Sur ce vb voir la notice de W. Baumgartner, et les dictionnaires des idiomes mentionnés : *KBL* 1056. Le vb est notamment d'un emploi fréquent dans les targumîm, au *paël*. C'est le vb de la dispersion des nations à Babel : T Ok Gen 11, 8.9. Les dispersés d'Israël sont les מבדרי ישראל (participe *paël* passif), T Is 11, 12.

priées. Il tient pour possible que la leçon originelle de H (et non pas seulement celle de la source de G) était ce vb araméen, sous la forme לבדר [38]. Le silence de Ziegler quant aux conséquences du constat de traduction double avec traitement par métathèse, et son indécision, qui fait perdre à ce constat sa valeur indicatrice, résultent de sa conception générale du travail de G : une traduction parsemée d'ignorances et de tâtonnements, hors de toute prévalence de la tradition (Il ne note qu'exceptionnellement la possibilité d'influences traditionnelles). Le procédé très caractérisé qui se dessine en 32, 7 ne pouvait trouver dans cette conception la place qui lui revient. Mais la confrontation des multiples indices de spéculations formelles repérables dans G et celle des procédés semblables épars dans l'exégèse rabbinique ne peuvent laisser de doutes sur la nature de l'exégèse pratiquée par G en cet endroit. Elle se détache sur le fond des indices de même inspiration comme un spécimen particulièrement révélateur, en raison du dédoublement de l'interprétation. Ce dédoublement livre en effet la preuve patente d'une lecture de la leçon consonantique de TM (= Qa) [39], et d'une opération de dérivation formelle effectuée à partir de cette leçon, et qui a produit la 2ᵉ interprétation de G.

L'intérêt de la teneur obtenue par G, pour l'imagination religieuse et pour une parénèse d'inspiration à la fois morale et oraculaire [40], implique que l'interprétation reposait sur une base solide, donc que les 2 procédés, celui du dédoublement et celui de la métathèse, complémentairement aussi le recours à l'araméen, étaient légitimes, en d'autres termes qu'ils étaient

---

[38] *ZUI* 69. Ziegler hésite entre des hypothèses qu'il juxtapose sans les arbitrer. À côté de l'influence du vb araméen, il compte avec celle du vb hébreu rare de Ps 68, 31 בזר, supposition rendue inutile pour G par l'existence du vb araméen courant, dont les consonnes correspondent, avec métathèse, à celles de la leçon de H. Procksch (*Comm.* 412) avait supposé que G lisait לבדר dans sa source, hypothèse que Ziegler a prolongée en l'appliquant dubitativement à H. C'est vouloir corriger inutilement un texte cohérent, à l'aide d'un vb araméen qui n'est pas attesté en hébreu biblique. Les 2 auteurs ont méconnu le processus qui explique la forme G du texte, processus qui confirme au contraire TM et un état H(G) = TM = Qa.

[39] Le passage du vb de H à un substantif dans G et l'interprétation de ce substantif par le pluriel ne sont que des détails d'adaptation contextuelle, à côté du fait prioritaire de la fidélité au sémantisme de la rac. de H. Le pluriel pouvait en outre se justifier par l'analogie des collectifs.

[40] G a fondé son adaptation sur la même opposition que H entre malfaisants (7) régis par la déraison (6), et humbles en but à des oppressions. Mais G a renforcé et stylisé l'opposition, notamment à la fin de 32, 7 et en 32, 8 (discuté infra). À l'aggravation de la situation des humbles (7) s'oppose le triomphe du «conseil» (= projet, plan) des hommes pieux qui «ont pris des résolutions intelligentes» (συνετά; cf. infra sous 10). L'adaptation de G conserve l'inspiration sapientiale de H, mais en l'orientant vers l'idée de la faveur providentielle aux pieux = la communauté religieuse juive ou ses dirigeants. La ligne édifiante de G garantit le caractère méthodique des retouches de H. Judicieuses observations de Ziegler sur le contraste «impies, pieux» (*ZUI* 148 s.). Mais il en a déduit trop vite que G a adapté «librement». Une telle liberté aurait enlevé toute portée, toute autorité et efficacité édifiante à G.

conformes à des méthodes reçues. Le dédoublement n'est qu'une conséquence du principe homographique et ne diffère des exploitations homo-
graphiques habituelles en herméneutique ancienne, que par la préservation
d'une interprétation conforme à H, à côté de celle qui est dérivée de *la
forme* écrite. Nous allons retrouver en 32, 10 deux autres cas d'interprétations
doubles, accompagnées de spéculations formelles, qui illustrent l'emploi
systématique du même procédé. Ce seront des confirmations du caractère
méthodique, et les explications fournies pour 32, 7 nous permettront d'abréger
ces constats, qui seront les derniers relatifs au passage.

10) En G 32, 8 οἱ εὐσεβεῖς a le caractère d'une déduction simplifiante,
adoptée pour les besoins de la conception que G s'est faite du passage[41].
Le terme problématique est συνετά pour נדיבות. Fischer croyait à une var.
נבונות de H(G)[42]. Hypothèse du type classique en critique, qui consiste à
reconstituer l'équivalent hébreu littéral, en supposant que les éléments de
ressemblance des leçons en présence témoignent d'une altération accidentelle.
Mais les données graphiques ne sont même pas en faveur de cette conjecture
et l'auteur fait bon marché de la réflexion imputable à G et des motifs qui
ont pu l'inspirer. La pensée exégétique des anciens est purement et simplement
supprimée au profit du jeu des aspects matériels du texte écrit, selon l'invraisemblance qui grève partout ce genre d'explication. Or la leçon H se
prête à une relation avec celle de G, qui est stricte dans l'ordre des spéculations
formelles et qui paraît de la sorte sérieusement vraisemblable. Le terme
נדיבות (orthographe consonantique de TM = Qa) était décomposable en
particule relative et génitivale araméenne ד + בינות. Le subst. était alors le
plur. de «intelligence» et il était interprétable comme pratiquement équivalent : «ce qui était de l'intelligence = des choses, des décisions intelligentes»
= συνετά. Décomposition avec métathèse et aramaïsme. Là encore la teneur
implique la légitimité du procédé, ce qui nous ramène au règne de la
méthode[43].

---

[41] La traduction de G Nb 21, 18 par βασιλεῖς a, elle aussi, un caractère déductif (dans
le sens emphatique) et montre que G connaissait l'application possible de נדיב à la désignation
d'un haut rang dans la hiérarchie sociale. De même Ps 46 (TM 47), 10, ἄρχοντες. La généralisation, dans ces équivalences et en G Is 32, 8, ne prouve pas une méconnaissance du terme, mais
peut se comprendre comme adaptation contextuelle et dessein de vulgarisation.

[42] *SBI* 49. L'auteur écarte à ce propos (avec raison, mais trop timidement) l'altération par
transcription supposée par Wutz.

[43] La fin de 8 est une paraphrase simplifiée, déduite du sens obtenu pour la proposition
précédente. Parler de liberté est fourvoyant, en faisant croire à une négligence de la littéralité.
G a subordonné sa paraphrase à des aspects littéraux considérés par lui comme déterminants
pour le sens édifiant actualisé qu'il voulait dégager.

11) En 32, 9 πλούσιαι provient d'un emprunt à Am 6, 4-6, par analogie scripturaire accompagnée de déduction. Ce texte évoque le luxe et l'insouciance des Jérusalémites et des Samaritains et conduit directement à la déduction de l'adj. «riche». La jonction a été assurée par les termes d'Am 6,1 הבטחים ... השאננים identiques à ceux qui figurent (au fém.) dans Is 32, 9[44]. L'application de la méthode des analogies scripturaires en 32, 9 méritait d'être signalée, dans le contexte des analogies verbales qui nous occupent principalement dans les présentes analyses. Le fait contribue à mettre en évidence le caractère de l'adaptation de G, par opposition à l'hypothèse d'un empirisme prévalent.

12) En 32, 10, pour le seul vb תרגזנה («vous tremblerez»), G a une formulation développée : μνείαν ποιήσασθε ἐν ὀδύνῃ. La relation est confirmée par la correspondance des mots précédents et du suivant, de G à H. Il convient d'entendre l'expression citée de G non pas au sens classique normal «faire mention de», mais selon la valeur requise par le contexte et qui est propre à la langue de la Septante «se souvenir» (propr. «faire le souvenir»)[45]. Donc G signifie ici «souvenez-vous dans la douleur (durant les jours de l'année»; cf. contexte précédent). Il s'agit manifestement dans G de se rappeler «mes paroles» de 32, 9. Scholz croyait que G avait lu le vb זכר dans sa source[46]. Ottley s'est rallié à cette opinion[47]. Il est vrai qu'il y a un rapport entre le vb et l'objet de G, d'une part, ce vb hébreu, de l'autre. Mais ce n'est pas un rapport d'altération accidentelle, qui aurait produit une var. dans H(G). C'est un rapport d'analogie formelle. G a tiré de la leçon H par redistribution des consonnes (anagramme), תזגרנה qui a été égalé au vb «se souvenir», en vertu de la parenté phonétique gimel-kaf. Qu'il y ait eu spéculation herméneutique sur la forme de la leçon H, et non pas confusion accidentelle, est prouvé par le fait que le sémantisme de la leçon H se retrouve dans le complément ἐν ὀδύνῃ. Le vb hébreu indique en effet soit une agitation, un tremblement physique, soit un trouble moral. C'est cette

---

[44] Ziegler n'a pas relevé cet emprunt scripturaire. À propos de 11 il a estimé que l'absence d'équivalent dans G pour שאנות était l'indice d'une glose dans TM, d'après 9 (ZUI 54). Hypothèse excessive touchant TM (maintenant confirmé par Qa). De plus le remplacement de ce mot en 9 par un emprunt peut avoir favorisé une simplification en 11. Cette dernière entre de toute manière dans le cadre des schématisations fréquentes dans G.

[45] μνείαν ποιεῖν correspond au vb זכר dans G Job 14, 13, et au substantif de cette rac. dans Ps 110 (111), 4. Rappelons que μνεία a les 2 sens de «souvenir» et «mention». La langue de G, dans les textes cités, a reporté sur le 1er sens l'expression usitée en classique avec le 2e.

[46] Scholz, AUI 27, n° 7.

[47] BIAS, II, 265. Ziegler n'a vu là qu'une simple amplification de G par rapport à H (ZUI 59).

dernière valeur que G a exprimée dans ἐν ὀδύνῃ (sous forme nominale, par adaptation à l'autre interprétation qui est verbale). La traduction du même vb hébreu en 11, où il est à l'impér. λυπήθητε «soyez affligées», confirme la relation G-H de 10 : l'affliction de 11 précise la nature de la «douleur» de 10[48]. L'ensemble de l'expression employée par G est donc fondée sur une double interprétation du vb hébreu, l'une qui reflète son sémantisme et atteste par là sa lecture, l'autre qui résulte d'une spéculation formelle garantie par ce dédoublement même. Le cas est identique à celui étudié supra, sous (9), et il appelle les mêmes remarques.

13) En 32, 10, on a dans G πέπαυται ὁ σπόρος pour le seul terme אסף de H. Ce dernier est vocalisé comme un *qutl* dans TM (*ʾosep̄*) et figure avec la même orthographe consonantique, c'est-à-dire défectivement, dans Qa. Cette orthographe peut recouvrir aussi bien le vocalisme TM qu'un type vocalique variant, mais correspond de toute façon à un nom d'action de même sens, proprement «amassage, rassemblement» et, dans ce contexte, «récolte». Ziegler a cru évident que le subst. de G avait été suppléé, et il a soupçonné une influence de G Lév 26, 5, où l'on trouve, comme dans le passage d'Is, le couple τρυγητός «vendange» (ou récolte des fruits en général) et σπόρος, pour l'hébreu בציר ... זרע[49]. L'auteur a admis tacitement que le vb grec correspondait aux consonnes de H. Une déduction de nuance n'est pas inconcevable, car l'hébreu signifie aussi, par dérivation, «enlever, soustraire, supprimer». Toutefois il y a difficulté à l'admettre. D'une part, le vb de G ne correspond jamais ailleurs à cette rac. hébraïque et la différence des valeurs reste nette. D'autre part, après l'allusion agricole des termes précédents, l'abandon par G de la valeur agricole normale de la rac. hébraïque surprend. Loin de conduire à l'équation supposée par Ziegler, cette particularité la rend au contraire suspecte. L'observation de cet auteur touchant l'influence de Lév 26, 5 sur le choix du subst. mérite, par contre, d'être retenue, à condition d'être rectifiée par la considération d'un emprunt scripturaire méthodique *éventuel*, alors que pour Ziegler il ne s'agit que d'une manifestation de liberté de G Is à l'égard de son texte. Cependant l'hypothèse de substitution par analogie scripturaire (en vertu alors du terme symétrique de jonction) est finalement invalidée par un examen lexicographique plus attentif. Le terme σπόρος désigne la semence ou l'ensemencement[50], mais il peut s'entendre dans un sens élargi, et désigner la moisson,

---

[48] G a spécifié dans le sens de la douleur morale le vb hébreu qui a une valeur générale. En araméen la valeur diffère : «être irrité» (Esd 5, 12, et cf. *KBL* 1122).

[49] *ZUI* 69.

[50] G Lév 26, 5 illustre ce sens. Cf. encore Dt 11, 10. G Dt 11, 10.

même en classique[51]. Dans la Septante, qui a subi en général l'influence des tendances synthétisantes de l'hébreu (association fréquente de l'origine et de l'effet, de l'acte et de la conséquence) il ne faut pas s'étonner de rencontrer cette 2ᵉ valeur élargie du mot grec. Elle est positivement illustrée par l'emploi du mot, dans le contexte même du passage de Lév cité, en 26, 20, pour l'hébreu יבול «produit, rapport». Il faut donc constater que σπόρος d'Is 32, 10, tout en ayant subi l'influence probable de G Lév 26, 5, du point de vue du choix lexicographique, était concevable, au sens élargi, comme équivalent de אסף «récolte». Cette considération s'ajoute à la difficulté signalée plus haut, concernant l'équation admise par Ziegler pour le vb, et la balance penche, dès lors, pour la correspondance du terme de H avec le substantif de G et non pas avec le vb.

Il n'en résulte pas qu'il convienne de retenir l'hypothèse d'une libre addition, en la faisant porter sur le vb (et non plus sur le substantif, comme le faisait Ziegler). Le vb grec gecèle lui aussi un rapport avec le consonantisme de l'hébreu. Ce rapport ne relève plus, cette fois, d'une lexicographie logique (synonymique ou déductive), mais d'une herméneutique formelle, fondée sur le postulat de parentés réelles assurées par des ressemblances formelles. Les consonnes de H fournissent une correspondance précise avec G si on les lit, avec métathèse, אפס. Cette rac., attestée comme vb par quelques textes et fréquemment comme subst., signifie «prendre fin», localement ou temporellement. C'est bien le sens du vb grec ici. Ottley avait entrevu la possibilité d'un tel rapport à l'origine de G, mais il n'y avait vu que l'indice d'une var. hébraïque dans H(G), c'est-à-dire le produit d'une altération accidentelle, et il était d'ailleurs resté hésitant sur le rôle de la rac. en question[52]. En réalité il s'agit d'une exploitation justifiée par la méthode des analogies verbales. Le dédoublement de l'exploitation du terme hébreu constitue de nouveau une garantie à cet égard, dans les mêmes conditions que pour les 2 cas précédents exposés ci-dessus, sous 9 et 12. Cette fois-ci la teneur obtenue par ce traitement n'a qu'une modeste portée littéraire et, à lui seul, ce passage de G n'impliquerait pas une autorité religieuse de la méthode appliquée. Toutefois ce qui compte ici c'est le recours au même procédé savant que plus haut : interprétation double dont l'un des produits dérive d'une herméneutique formelle. Il est clair que, dans ce dernier cas, nous sommes en présence d'une extension dans l'application de la méthode et de son usage, au bénéfice d'un petit effet littéraire d'insistance, qui aurait pu être obtenu à l'aide d'une paraphrase déductive dénuée de liens littéraux

---

[51] *LdS* 1630 A, sous II, 2, où voyez les textes probants.
[52] *BIAS*, II, 266.

aussi précis. Mais justement G a saisi l'occasion d'une exégèse subtilement fondée sur la littéralité, comme dans les cas où un intérêt idéologique de grand poids rendait une justification indispensable. L'intérêt pour la littéralité de la source est significatif et cet exemple s'ajoute à tous les autres indices de méthode que nous recueillons.

D'après les analyses qui précèdent, l'ensemble de l'adaptation de G en 32, 2-10 se présente comme un véritable nid d'indices qui illustrent le recours à une herméneutique analogique méthodique, scripturaire en 2 cas (supra 1 — là avec un élément déductif, dans une exégèse passée en tradition — et 11), verbale formelle ailleurs. Tous ces indices n'ont pas la même valeur et plusieurs ne correspondent qu'à des possibilités, à côté d'autres qui ne peuvent pas être exclues avec certitude. Cependant la nécessité de compter, dans ces cas, avec des hypothèses d'herméneutique analogique, que l'on avait négligé de considérer, suffit déjà à modifier les conditions de la réflexion critique. À cela s'ajoute que les 3 cas d'interprétation double, exposés sous (9), (12) et (13), permettent de dépasser le stade de l'hypothèse et livrent, pour les raisons exposées plus haut, des spécimens assurés de spéculations formelles méthodiques. Ces cas font pencher la balance dans le même sens pour le gros des indices disponibles, l'exception restant concevable pour tel ou tel détail. L'enseignement que recèle la hiérarchie des faits décelables dans la péricope de G en 32, 2-10 est ainsi, dans un cadre textuel limité, à l'image de ce qu'enseigne le relevé que l'on pourrait faire dans l'ensemble de G Is, et pour lequel la place manque ici, sans que cette limitation quantitative soit un inconvénient, du point de vue démonstratif. Dans l'ensemble de G Is, une majorité de faits impose une probabilité générale et quelques données plus éloquentes que les autres confirment la validité de l'hypothèse de probabilité pour le gros des indices, tout en laissant place à des possibilités de dérogation dans le détail, et en des endroits qui restent subordonnés.

CHAPITRE V

L'INTERPRÉTATION DE H «PEUPLES» PAR G «GOUVERNEURS» TRADITION LEXICALE ET SPÉCULATION HERMÉNEUTIQUE

Dans plusieurs textes de la seconde moitié du livre d'Is, G rend לאמים «peuples» par ἄρχοντες, terme que l'on peut traduire, d'après les contextes d'emploi de G, par «gouverneurs». Ces textes sont les suivants : 34, 1 (en symétrie avec גוים = G ἔθνη); 41, 1 (symétrique איים = G νῆσοι); 43, 4 (symétrique אדם = G ἀνθρώπους πολλούς); 43, 9 (comme 34, 1). Le terme hébreu en cause est relativement fréquent et, en d'autres endroits d'Is, G l'a correctement rendu par ἔθνη [1]. C'est la preuve que G connaissait parfaitement la valeur du mot. D'un autre côté, G ne pouvait être induit en erreur par les contextes, puisque, comme le montrent les données rappelées à l'instant, le sens est au contraire chaque fois recommandé par le terme symétrique, synonyme ou, en 43, 4, logiquement proche. Le soupçon d'un contresens sur la formulation est exclu, comme l'est celui d'une ignorance du terme. Fischer avait cru pouvoir avancer l'hypothèse d'une variante par altération dans H(G) [2]. Mais outre que celle qu'il suppose, à savoir «rois», dans H(G), n'a aucune vraisemblance graphique [3], et qu'elle n'est pas non plus recommandée par l'équivalence postulable à partir du mot grec [4], elle est exclue par la répétition de la même variation dans plusieurs textes [5].

---

[1] Cf. G 17, 12-13; 49, 1; 55, 4; 60, 2.

[2] *SBI* 51.

[3] Fischer suppose dans H (G) une altération en מלאכים terme qui aurait été égalé à מלכים. On peut toujours postuler des accidents, mais à l'encontre de la présentation de Fischer, celui-là n'aurait en tout cas nullement été favorisé par des conditions graphiques propres à tromper l'œil d'un copiste. La conjecture ne repose pas sur un indice positif et s'avère arbitraire. L'altération supposée par Fischer aurait d'ailleurs conduit à une traduction par βασιλεῖς. Il est vrai qu'on trouve cette équivalence en 51, 4, où TM a le mot hébreu en question. Mais justement la différence par rapport aux autres textes souligne l'incompatibilité de l'hypothèse avec le cas de ces derniers. La leçon de 51, 4 ne s'explique pas par une var. hébraïque, mais représente une évolution secondaire dans le sens de ce qui deviendra l'interprétation de T examinée plus bas.

[4] Théoriquement l'équation supposée par Fischer n'est pas exclue, et l'auteur aurait pu invoquer en sa faveur G 8, 21, qu'il a négligé (*SBI* 51). Mais le cas de ce dernier texte est spécial et doit être disjoint. La lecture conjecturée par Fischer n'est pas «recommandée» par les équivalences prévalentes dans la Septante (cf. *Ccd*), à l'encontre de la donnée isolée de G 8, 21. Il y a donc sur ce point, au lieu d'un indice positif, une invraisemblance qui s'ajoute à la difficulté de la conjecture en elle-même.

[5] Fischer a cru pouvoir présenter la répétition de la même divergence dans G comme

Plus judicieusement, Ottley, constatant la récurrence de la divergence de
G, avait évité de formuler une hypothèse de var. hébraïque et s'était borné
à enregistrer cette particularité de G[6]. Mais elle demande à être élucidée.
Ziegler a négligé la question. La lacune est sérieuse[7]. Elle n'est cependant
pas étonnante, car elle résulte de la conception empiriste commune à l'auteur
et à la critique établie. Le cas de la traduction en discussion s'est aisément
confondu avec d'autres, où Ziegler admet que G a librement improvisé une
variation de sens par rapport à l'hébreu. La détection du motif de la
variation ne devient une nécessité qu'à partir du moment où l'on met
l'empirisme en question, hypothèse qui est étrangère à la perspective concep-
tuelle de Ziegler.

Quant aux commentateurs du texte hébreu, qui ailleurs prélèvent volontiers
dans G pour des corrections qui leur paraissent littérairement adaptées, dans
le cas présent, ils ne signalent même pas la leçon divergente, bien loin de
s'embarrasser de savoir comment G a pu interpréter ainsi un mot dont il
connaissait pourtant le sens normal. Un exemple parmi beaucoup de l'é-
clectisme avec lequel a procédé ce genre de critique[8].

Cependant certains auteurs, plus attentifs aux problèmes de lexicographie
historique et à ceux de G, se sont arrêtés à la singularité de la traduction G
divergente et ont pensé pouvoir y retrouver la trace d'une antique tradition
qui aurait préservé un sens authentique, à savoir «prince, gouvernant» ou
analogue. Ce sens serait alors celui d'un homonyme du mot hébreu courant

---

l'indice de la facilité avec laquelle la même erreur se serait reproduite et aurait eu ainsi un
caractère quasi inéluctable : «Diese beiden Termini wurden wegen Ähnlichkeit des Wortbildes
gern (je souligne) verwechselt» (*loc. c. sup.*). Cette manière de raisonner repose sur une illusion.
L'auteur a tenté de donner corps à son hypothèse graphique, en alléguant la répétition,
parce que, au point de départ, cette hypothèse était déjà défectueuse et rendait souhaitable
une confirmation. Mais la confirmation ne peut venir de la même interprétation appliquée
ailleurs et l'addition de suppositions foncièrement douteuses ne peut produire une probabilité.
Le raisonnement de Fischer est un exemple frappant de méconnaissance des données, sous
l'influence du préjugé selon lequel les textes auraient évolué, avant tout, en fonction de la
matérialité de l'écriture.

[6] *BIAS*, II, 275, à propos de 34, 1.

[7] Cf. les textes dans l'index de *ZUI*. Les commentaires de 41, 1 et 43, 4 portent sur d'autres
points. Dans des textes aussi importants, une particularité aussi originale devait être signalée,
même si l'auteur n'avait pas d'explication à proposer.

[8] Il est notable qu'aucun des grands commentaires critiques de H ne signale la divergence
de G en 34, 1 ou 41, 1, textes dont dépendent les autres dans G. Voir Duhm[4] 248. 301;
Cheyne 129; Marti 243. 278; Buhl, II, 442. 519; Volz 15; Bentzen, I, 280; Elliger 104-105.
Il est évident que pour ces interprètes la divergence de G n'était qu'une curiosité dénuée d'intérêt
pour l'appréciation de l'hébreu. Dénuée d'intérêt direct, oui, mais non d'intérêt indirect, qui
est considérable par ses conséquences. Par opposition aux auteurs cités et à d'autres, Seeligmann,
Driver et Gray, cités plus bas, ont eu le mérite de prêter attention au cas de G. Précisions dans
la suite.

«peuple». G aurait confondu ici les homonymes, en optant pour celui qui était inapproprié, en pareils contextes, mais il offrirait l'intérêt d'avoir, à la faveur de cette confusion, transmis un vestige lexical ancien.

Seeligmann a fait valoir l'existence d'une tradition lexicographique antérieure, qui aurait attribué au terme hébreu le sens donné par G dans les passages cités. Il en voit la preuve dans l'interprétation targumique de divers passages de Gen et Is, dans une notice talmudique (B Abodah Zarah 2b), enfin dans le fait que le sens «princes», c'est-à-dire le terme II homonyme en question, convient mieux que le sens courant (le terme I «peuples»), dans Ps 148, 11, et doit par conséquent être considéré comme le terme et le sens originels[9].

En ce qui concerne les deux premiers points, les indices targumiques et la notice talmudique, il convient de rectifier la manière dont Seeligmann a présenté les choses. En effet l'équivalent targumique (d'ailleurs avancé sans références textuelles précises) ne correspond pas exactement à G. T Ok Gen et T Is ont traduit par מלכותא (avec variation des formes, abs. ou indét., point négligeable) «royaume»[10], et non par מלכא «roi», mentionné par Seeligmann (acception qui correspondrait, à une nuance près, à la traduction grecque problématique)[11]. La notice talmudique de B Ab Zar 2b s'accorde avec la traduction targumique et la complète simplement par une confirmation didactique. Sous l'influence de son imprécision, qui rend T plus proche de G qu'il ne l'est en réalité, Seeligmann a négligé de tirer la conséquence de la différence entre l'interprétation de T et Ab Zar, d'une

---

[9] *SVI* 51.

[10] Cf. T Ok Gen 25, 23 (3 emplois); 27, 29; T Is 34, 1; 41, 1; 43, 4.9. G diverge pour ces textes, et ils livrent donc un intéressant rapport *de parenté, non d'identité* entre T et G. En 49, 1, T diverge de même, alors que G suit H. En 51, 4, où G diverge dans le même sens général, avec «rois», T a une interprétation déductive qui lui est propre («mon assemblée»); son sg s'explique par la tradition TM, avec laquelle Qa s'accorde. La question de la secondarité possible de ce sg doit être disjointe. Les leçons targumiques portent tantôt l'état absolu, tantôt l'état indéterminé du plur. araméen. En 34, 1, les mss ont tantôt le sg (ainsi Or 2211 adopté par Stenning et Sperber comme texte de base), tantôt le plur. (cf. les app. crit. de ces éd.). Le sg est certainement là, par rapport à H, une interprétation secondaire, en relation avec Édom, destinataire de l'oracle. Sans valeur pour H originel, le sg de T offre un intérêt par lui-même. Il est exégétique et la leçon est probablement originelle dans T. Il ne faut pas la corriger comme propose Stenning (cf. son app. crit.). Le plur. dans les mss T est vraisemblablement le résultat d'une leçon H originelle. La divergence des interprétations de T et G en 49, 1 et 51, 4, alors qu'ils s'apparentent ailleurs, illustre l'évolution de T, en ces endroits, par rapport à l'exégèse plus ancienne représentée par G.

[11] La rectification est nécessaire en elle-même, et elle importe aussi parce que l'interprétation par «royaume» constitue l'indice d'une évolution secondaire par rapport à l'herméneutique de G. Il faut éviter une confusion du cas de T avec celui de G 51, 4 («rois»), qui représente un premier stade évolutif, plus proche de la divergence de G dans les autres textes.

part, celle de G, d'autre part. Il a au contraire sollicité la notice talmudique, en lui attribuant d'avoir mis le mot hébreu «tacitement» en rapport avec «le concept de roi»[12]. C'était perdre de vue un indice qui révèle le caractère secondaire du stade exégétique illustré par T et Ab Zar. L'interprétation par «royaume» résulte d'une conciliation opérée entre la forme la plus ancienne de cette tradition, celle de G, et le sens normal dans les contextes bibliques (sauf exceptions possibles et rares, examinées *infra*). La combinaison de «gouverneurs» (G) avec «peuples» (H) a conduit à la notion de «royaumes»[13]. La tradition exégétique attestée par T et Ab Zar ne livre donc pas l'origine de l'interprétation de G; elle n'en est qu'une dérivation secondaire, intéressante à ce titre, mais non clarifiante pour les origines.

En revanche la meilleure convenance de l'homonyme II, dans Ps 148, 11 («princes», au lieu de «peuples»), 3e indice de Seeligmann, est indéniable, quand on se place à un point de vue purement littéraire (logique interne et harmonie stylistique; cf. les symétries dans ce texte). Cet indice pourrait illustrer l'existence antique de la valeur attestée par G à basse époque. L'argument mérite l'attention.

Tout en ignorant la contribution de Seeligmann, G. R. Driver a également plaidé en faveur de l'homonyme II («prince» ou analogue). À côté de Ps 148, 11, Driver a allégué d'autres matériaux: 1) Ps 7, 8; 2) l'existence supposée du terme II en ugaritique; 3) l'accadien *līmu* «éponyme annuel» (von Soden), c'est-à-dire dignitaire qui donnait son nom à l'année en cours chez les Assyriens. En se référant à l'opinion de Driver, J. Gray a réaffirmé l'existence du terme en ugaritique[14].

---

[12] La définition du sens, que donne la notice talmudique est la suivante: אין לאם אלא מלכות (Ab Zar 2 b) «le mot *lᵉom* ne signifie rien d'autre que royaume». Cette explication est donnée à propos d'Is 43, 9 «que les peuples (ce terme) s'assemblent». Le sens «royaume» est postulé par la notice talmudique avec référence (שנאמר) à Gen 25, 23. Cependant ce dernier texte ne contient aucune justification de l'équation. Celle-ci remonte à une tradition plus ancienne, *mais qui a évolué*, comme précisé dans notre exposé. Seeligmann commente la notice talmudique en écrivant que «the concept» king «is silently assumed to be the meaning of לאם». En réalité la notice talmudique n'admet pas «tacitement» le sens «roi»; elle postule explicitement la valeur «royaume» qui, pour être apparentée, n'en est pas moins différente, et cette différence est ici essentielle: elle révèle la secondarité de cette forme de la tradition, par rapport à la forme G (avec la leçon «gouverneurs» prédominante, ou la leçon unique de 51, 4 «rois»).

[13] Quant à la traduction G isolée par βασιλεῖς, en 51, 4, c'est une emphatisation secondaire, mais qui reste encore proche de l'interprétation principale par ἄρχοντες. Cette dernière est primitive, dans G et par rapport à T, comme cela va se confirmer encore par la suite.

[14] G. R. Driver, in *Analecta Lovaniensia Biblica et Orientalia*. Sér. II, fasc. 18 = Extrait de *Ephemerides Theologiae Lovanienses* 26 (1950) 346. J. Gray, *The Legacy of Canaan*, VTS 5, 2ᵈ ed. (1965) 40, n. 8 et 271.

Les arguments de Driver n'ajoutent rien de décisif à Ps 148, 11, qui reste l'indice le plus sûr. Ps 7, 8 est moins probant[15]. L'existence du terme II n'est pas assurée en ugaritique, et le débat sur ce point reste ouvert[16]. Enfin, d'après le dernier état autorisé de la lexicographie accadienne, l'origine de *līmu* doit être considérée comme inconnue, et par conséquent sa parenté avec le terme soupçonnable à l'ouest reste incertaine[17]. Néanmoins l'éventualité d'une telle parenté n'est pas non plus exclue et la possibilité d'un correspondant ugaritique doit toujours être considérée[18]. Il en résulte tout

---

[15] Driver (*o.c.* à la n. précéd.) affirme que Ps 7, 8 est le plus sûr témoin textuel de l'homonyme II. Mais la présence du terme soupçonné est moins bien assurée que dans Ps 148, 11, car l'hypothèse n'a pas l'appui de la symétrie comme dans ce dernier texte. Dans Ps 7, 8 c'est seulement une considération idéologique qui suggère, sans l'imposer, un sens originel (mais à un stade cananéen, précisions *infra*) «princes» ou analogue. Cela viserait les membres de la cour céleste (les fils d'Élohim, Gen 6, 2, ou les fils *des dieux* ou d'El, Ps 29, 1, où le terme est au plur. et interprétable dans les deux sens, en ce qui concerne l'origine). Cependant le terme I est vraisemblable aussi dans Ps 7, 8 : les «peuples» peuvent être censés entourer le trône divin, d'où tombera la décision ou le verdict divin qui les intéresse. Ainsi M. Dahood, pourtant enclin à faire une large part aux valeurs ugaritiques et cananéennes dans les rédactions bibliques, admet ici le terme I et non pas le terme II de Driver (*Psalms*, I, 44, avec là référence à J. H. Patton). Je suis porté à penser, pour les raisons précisées plus bas concernant l'adaptation israélite de modèles cananéens, qu'ici c'est bien le terme I qui a correspondu à la rédaction israélite originelle, mais que cette rédaction a adapté, par homonymie concertée, une formulation préisraélite cananéenne. En ce sens l'hypothèse de Driver conserve un intérêt heuristique.

[16] Depuis les contributions de Driver et Gray, favorables à l'existence du terme en ugaritique, le problème lexical s'est compliqué et le débat a continué sans réussir à être conclusif. M. Dahood n'admet pas le terme II en Ps 7, 8 et en Ps 148, 11 (compte tenu néanmoins de la possibilité ugaritique). Cf. *Psalms* I, 44 et III, 354. Devant l'incertitude du lexique ugaritique, A. Caquot, M. Sznycer, A. Herdner ont renoncé à traduire la formule cruciale *ybmt l'imm*, qui qualifie la déesse Anat (dans *CTA* 4, II, 15-16 ; 17, VI, 19 etc.). Cf. à ce sujet les précisions introductives, dans *Textes Ougaritiques*, I, 90 s., de ces auteurs. Sur l'incertitude lexicale ugaritique voir aussi les observations de E. Kutsch, dans *TWAT*, III, 395 (article *ybm*).

[17] L'étymologie à laquelle songeait A. Ungnad, dans *RLA*, II, 412 s. (*lawû* «entourer», d'où aurait été tirée une valeur nominale «ronde, cercle», évoquant la récurrence annuelle) est périmée. D'après W. von Soden, le terme *līmu* est «u.H.» (= unbekannter Herkunft), *AHW* 554. En assyrien le terme désigne soit l'éponyme annuel, soit la fonction elle-même (von Soden, ibid.). De l'incertitude actuelle sur l'origine ne résulte pas nécessairement que soit exclue toute possibilité de rapport avec un terme correspondant, à l'ouest. Ce serait l'homonyme II en discussion. Mais, d'une part, l'existence de ce terme reste problématique, d'autre part, même si l'on admet cette existence, une connexion reste indémontrée et la ressemblance des formes risque d'être à cet égard fourvoyante.

[18] Si II לאם a existé en cananéen, il est concevable, mais non vérifiable actuellement par un indice positif, que sa valeur «prince» ait dérivé d'un sens premier «mille», attesté par l'accadien II *līmu* (*AHW* 553) et par l'utilisation ugaritique du même mot comme qualificatif divin, dans la formule «les mille dieux», protecteurs du roi d'Ugarit (*PRU* IV, 216, n° 1783, 6 ; 132, n° 17.116, 4′, etc.) ou garants des conventions écrites (ibid. 43, n° 17.227, 49 ; 65, n° 17.237, 9′-10′, etc.) = *li-im DINGIR MEŠ*. Le dieu *Lim* de l'onomastique amoréenne paraît n'être qu'une synthétisation de la notion collective. Cf. E. Dhorme, *Recueil* 760, et H. B. Huffmon, *Amorite Personal Names in the Mari Texts* 226. Le «prince» pourrait avoir été originellement «chef de mille» (cf. cette formule dans Nb 1, 16). De toute manière l'homonyme II,

au moins des chances de renforcement de l'indice le plus solide, qui reste le texte qu'invoquait Seeligmann, Ps 148, 11. Cela suffit à rendre frappante la rencontre de sens avec G ἄρχοντες. Cette rencontre invite à considérer l'hypothèse d'une utilisation par G d'un terme ancien et rare, II לאם, homonyme du mot hébreu courant I, «peuple».

Cependant, même si l'on admet l'existence de l'homonyme II, il n'en résulte pas que sa relation avec la rédaction originelle de Ps 148, 11 (et autres textes possibles, dont Ps 7, 8) ait été celle postulée par Driver, c'est-à-dire la présence de l'homonyme II, dans la rédaction israélite originelle, et la perte ultérieure du sens, par confusion avec le mot usuel I. Tout d'abord la rédaction hébraïque originelle n'a pas nécessairement obéi à la loi stylistique de la symétrie stricte, qui appelait en Ps 148, 11 un terme tel que l'homonyme II («princes»). Ce terme pourrait en effet se situer dans une formulation plus ancienne et cananéenne. Le passage de ce terme II à l'homonyme I («peuples») coïnciderait alors avec la rédaction israélite originelle elle-même, au lieu de lui succéder. Dans cette hypothèse, loin de correspondre à une confusion des termes II et I, le changement aurait été intentionnel et aurait fait partie de *l'adaptation israélite* d'une donnée littéraire cananéenne. L'adaptation aurait visé, pour des raisons idéologiques, un élargissement de l'audience («peuples», au lieu de «princes»), et cela *sans égards à la perte de symétrie*. Le point remarquable serait que le changement de sens aurait été fondé sur l'homonymie des termes I et II. L'homonymie est l'un des aspects que revêt la méthode des analogies verbales formelles (le plus légitime, du point de vue d'une rationalité moderne, mais non pas pour les anciens, qui reconnaissaient, le cas échéant, une valeur oraculaire aux indices voilés, comme déjà signalé antérieurement). La rédaction première de Ps 148, 11, au lieu d'avoir conservé un sens cananéen et d'avoir été méconnue par la tradition postérieure, comme l'a cru Driver, aurait au contraire inauguré, en connaissance de cause, et *sur l'autorité de l'homonymie*, la rupture avec le sens cananéen. La tradition postérieure se serait fidèlement conformée à ce sens, au lieu de perdre le fil de l'intention primitive. La rédaction originelle serait donc un exemple d'application de la méthode des analogies verbales formelles à *la rédaction*

---

en discussion, a pu être valorisé par le souvenir de son application aux dieux, ce qui contribuerait à justifier son emploi possible en Ps 7, 8 (en confirmation alors de l'hypothèse Driver citée supra). D'un autre côté, la valeur «peuple» dérive vraisemblablement de «mille». Les deux termes homonymes I et II pourraient donc n'être que des différenciations sémantiques (en fonction de déterminismes socio-culturels) d'une même souche de base. Mais ce n'est qu'une vue théorique non démontrable, dans l'état présent de la documentation, et il faut en rester aux homonymes.

originelle de l'hébreu. Cette explication par une herméneutique méthodique appliquée à une formulation supposée préisraélite n'est, elle aussi, qu'une hypothèse, mais elle entre en concurrence avec l'autre, qui ne peut plus prétendre à l'évidence et à l'exclusivité. Et l'hypothèse herméneutique apparaît préférable, en ce qu'elle est conforme à des conditions culturelles qui ont régné dès avant l'époque israélite, comme nous le préciserons dans la IIIe partie de la IIe section[19].

---

[19] En faveur de l'existence de l'homonyme II («prince») en cananéen, il convient peut-être d'ajouter aux indices précédents une implication déductible de Dt 32, 8. D. Barthélemy a démontré définitivement, dans *VTS* 9 (1963) 285-304, avec une importante clarification chronologique, que la leçon TM «fils d'Israël» résulte d'une correction concertée, exécutée à basse époque. Le texte primitif portait «fils d'Élohim», conformément à la leçon préservée dans G et apparue maintenant dans la documentation de Qumrân. TM offre ici un cas exemplaire d'«abrogation» (sur cette notion, voir infra, IIe section, IIIe partie, 3, C). Barthélemy a résolu le problème textuel de TM, en établissant, avec de nouveaux moyens, la secondarité que la critique avait depuis longtemps soupçonnée dans TM, sur la base de G. Mais la forme H ainsi restituée soulève encore 2 autres problèmes, l'un relatif à la formation littéraire du passage, l'autre qui concerne la justification de la modification textuelle qui a produit TM. a) L'idée d'un être céleste affecté à chaque peuple ne pouvait pas, dans le yahvisme, découler simplement du polythéisme. On doit se demander si la conception qui s'exprime dans H Dt 32, 8 n'a pas été fondée sur un motif spéculatif précis, susceptible de faire autorité en milieu israélite. Avant qu'Élohim (*'ĕlohîm*) ne devînt, dans ce milieu, un pluriel de majesté monothéiste, au stade cananéen, les *'ĕlohîm* étaient des *'ēlîm*. Cette dernière désignation a été préservée par Ps 29, 1, texte au sujet duquel M. Dahood renvoie à UT 51 (= II AB) III, 14 (*Psalms*, I, 175). Là il est question de *p[h]r bn ilm* «l'assemblée des fils des dieux = des dieux». On passait de *'ĕlohîm* à *'ēlîm* par une petite mutation que légitimait aisément, aux yeux des anciens, la faiblesse phonétique de *hé* et les analogies de son apparition et de sa disparition dans les flexions et conjugaisons. Le *hé* était la seule différence entre les 2 termes en écriture consonantique. En orthographe défective, sans *yod*, le mot *'ēlîm*, אלם, offre une analogie formelle de métathèse avec לאם «peuple». On peut donc supposer que la relation entre «les fils d'Élohim» appelés antérieurement «fils des *'ēlîm*» avec «les peuples», en Dt 32, 8, est venue de là : les *'ēlîm* offraient, de cette manière formelle, un rapport avec la notion de «peuple». On pouvait en déduire (en passant au pluriel «peuples», par petite mutation + *m*, en orthographe défective) que chaque peuple avait son «fils des *'ēlîm*», et que le dieu suprême avait distribué les territoires des peuples, suivant le nombre de ces fils des *'ēlîm*, ainsi que l'enseigne H Dt 32, 8, avec adaptation israélite et rétrogradation des fils des *'ēlîm* au rang de simples fils d'Élohim du type angélique. Mais, sous cette forme, la spéculation est plus relâchée que si a existé un homonyme II לאם «prince», par lequel elle serait passée. La probabilité de l'existence de cet homonyme se trouve renforcée par la considération de la vraisemblance de ce processus. Dans cette hypothèse, la métathèse aurait conduit de *'ēlîm* à II לאם «prince», et non pas directement à I לאם, comme dans l'hypothèse précédente. Du terme II, pris au pluriel, on sera passé à l'homonyme I «peuples». Les *'ēlîm* étaient, en vertu de la métathèse, des «princes» (terme II) et à chacun de ces princes correspondait un «peuple», en vertu de l'homonymie. L'homonymie fonde donc l'idée de correspondance répétée et de dénombrement, qui fait l'originalité de H Dt 32, 8. Le terme II convient bien à cette spéculation, ce qui plaide pour la réalité de son existence, au stade cananéen, et de sa connaissance, au stade de l'adaptation israélite. b) À basse époque, la modification du texte par substitution des «fils d'Israël» aux «fils d'Élohim» a toute chance d'avoir été justifiée par une spéculation fondée sur les mêmes matériaux formels que la précédente, mais les conditions diffèrent, du fait que le souvenir du

Il est clair que si le passage d'un homonyme à l'autre a été une opération herméneutique qui coïncidait avec la rédaction originelle de l'hébreu et si la tradition du sens de Ps 148, 11 (et de tel autre possible) a conservé le bon (l'israélite, le terme I, avec renonciation à la stylistique cananéenne de la symétrie), l'hypothèse de Driver concernant la préservation de l'homonyme II par G, à partir de cette lointaine origine, perd son principal appui, qui était déjà précaire, étant donné la rareté des textes et leur antiquité. La tradition censée relier G à l'homonyme devient bien incertaine. puisque cet homonyme n'a pas existé en hébreu, mais en cananéen, et qu'il faut supposer une tradition lexicale remontant de G au stade préisraélite.

Le motif littéraire qui se dégage des contextes du terme de G en débat, et dont Driver n'a pas tenu compte, livre une autre raison de soupçonner que l'origine de la traduction grecque est ailleurs que dans une connexion avec un terme hébreu ancien perdu, ou (en rectifiant dans le sens indiqué plus haut), dans une donnée cananéenne. En effet l'ambition de G, dans les passages en cause, est considérable. G a remplacé «peuples» par «gouverneurs» dans des textes dont 3 sont des appels à l'attention adressés à tout l'univers, au nom du message prophétique et monothéiste d'Israël : les gouverneurs sont apostrophés comme ceux qui président aux destinées politiques des nations, et G revendique par là même une autorité supérieure à la leur, supérieure à celle des plus grands rois de la terre[20]. L'un des textes de G contient même l'idée que des «gouverneurs» (H : «des peuples») ont été livrés pour le rachat d'Israël (43, 4 b). La gravité menaçante de l'assertion

---

terme II («prince») s'était vraisemblablement perdu. Les «fils d'Élohim» ont été interprétés comme «fils d'Élim» (entendu comme pluriel de majesté monothéiste), ou bien on a procédé directement à la petite mutation de la suppression du hé, pour permettre la métathèse qui conduisait à I לאם «peuple». Le processus est alors אלהים = אלים = אלם = לאם. Or «le peuple» par excellence, c'était Israël. Les «fils du peuple» étaient bien les «fils d'Israël». Le changement par abrogation qui s'est imposé dans la tradition normative du TM n'a donc pas été inspiré simplement et *librement* (sans intervention de l'herméneutique méthodique!) par l'idée nationale et religieuse du peuple élu. Le changement a été fondé sur les matériaux verbaux dérivés de la donnée de base, Élohim. L'enchaînement s'apparente de près à celui qui avait inspiré le texte original, mais n'utilise plus le chaînon de II לאם («prince»). La basse époque pouvait se contenter, pour l'abrogation, de la parenté formelle de métathèse entre Élohim-Élim et lᵉʾom «peuple», dont se déduit, par exégèse cette fois logique, Israël. La spéculation qui va se dégager plus bas pour G s'apparente à celle de la naissance du texte, et également à celle de l'abrogation effectuée dans TM, mais les modalités en ont été différentes, du fait de la perte quasiment certaine de la valeur II לאם (à l'encontre de l'hypothèse de Driver). Cette différence constitue d'ailleurs un motif précis qui tend à confirmer la perte du terme II, à basse époque. Ce qui a été décisif, dans la spéculation de G («gouverneurs» substitué à «peuples»), c'est l'intervention d'un facteur externe original, qu'il s'agit de mettre en évidence.

[20] Sur la mission monothéiste de G auprès des nations (c'est-à-dire auprès des populations de langue grecque, à l'époque hellénistique), voir ci-dessus Iʳᵉ partie, ch. II, B, c.

ajoute à la solennité de la convocation exprimée par les 3 autres textes, un avertissement aux grands. La situation de l'adaptateur grec dans les 4 textes où il a opté pour les «gouverneurs» est donc celle d'un prophète qui interpelle les rois et autres grands, de la part de Dieu. G aurait-il fondé une telle prétention sur l'érudition lexicale dont nous venons de préciser les conditions, et qui apparaît, en mettant les choses au mieux, ténue et lointaine? Il n'est pas encore exclu que ce soit le cas, mais cela devient de plus en plus douteux. L'ambition de l'adaptation effectuée par G invite bien plutôt à chercher dans les modalités habituelles de son herméneutique analogique ou déductive, et dans un enchaînement mieux assuré, le motif de son option pour les «gouverneurs». dans les passages incriminés. La contribution de Seeligmann, Driver et Gray conserve une portée heuristique, mais elle soulève des difficultés qui conduisent à de nouveaux problèmes que ces auteurs n'ont pas soupçonnés, et qui laissent entrevoir la probabilité d'une autre origine pour la traduction problématique de G. Si une justification fondée sur des données mieux assurées et plus proches des conditions générales de G était décelable, elle annulerait définitivement les faibles chances de l'autre hypothèse et mériterait la priorité. Or une telle justification se dessine, dès que l'on tient compte à la fois des méthodes analogiques de G et du contexte historique de la notion de «gouverneurs», telle qu'elle devait apparaître à la communauté juive de l'époque de G, en fonction de ses traditions les plus récentes. Comme nous allons le voir, les gouverneurs de G sont bien, d'une certaine manière, en rapport avec le terme accadien mentionné plus haut, *līmu* «éponyme annuel», mais au lieu que ce soit selon une filiation conforme aux exigences de la philologie moderne, ainsi que le pensaient Driver et Gray, il s'agit d'une spéculation formelle analogique, et au lieu d'une tradition censée remonter à une phase très antique, éventuellement pré-israélite, de la langue, nous allons constater que G est tributaire d'un passé politique récent, dont il était normal que les vestiges n'aient pas tous disparu.

Une confrontation de tous les textes susceptibles de contenir des indices utiles à la question livre les éléments d'une première réponse, qui n'est pas encore la principale, mais qui rend justice à un motif d'analogie scripturaire que l'on peut soupçonner d'avoir exercé une certaine influence préparatoire ou complémentaire par rapport à l'herméneutique principale.

Le mot hébreu לאמים en discussion est déjà rendu par ἄρχοντες dans G Gen 27, 29. Les traductions de G Is par le même mot pourraient donc résulter d'un emprunt à la forme grecque de Gen 27, 29, sur le fondement de l'analogie contextuelle constituée par la vision d'une pluralité de peuples considérés comme subordonnés. La symétrie «nations ... peuples», qui figure dans H Gen est identique ou, compte tenu de variations du vocabulaire en certains endroits, analogue à celle qui caractérise les textes d'Is, ce qui livre en outre une jonction verbale. Le problème de l'origine de la divergence se trouve alors reporté sur Gen 27, 29. Là, une nouvelle combinaison textuelle ramène à Is et permet d'expliquer le changement de G Gen par une autre influence scripturaire. En effet Is 49, 7 offre par rapport à H Gen 27, 29, d'une part, une analogie thématique, d'autre part, un terme commun propre à retenir l'attention et à constituer une jonction précise. a) Les 2 textes contiennent la promesse prophétique d'un destin extraordinaire, en contraste avec l'insignifiance (Gen) ou l'asservissement (Is) du présent. En vertu de ce destin futur, les descendants du patriarche Jacob, dans Gen, le peuple d'Israël du temps de l'exil, dans Is, exerceront une suprématie, qui sera politique dans le premier cas, spirituelle dans le second. b) Chacun des 2 textes a des termes propres pour évoquer cette suprématie. Dans Gen, «des peuples (עמים) te serviront»; dans Is, «des rois (te) verront et se lèveront» (en signe de respect). Mais les 2 textes se rejoignent verbalement par l'emploi du même vb «se prosterner», qui fournit une jonction caractéristique, dans le cadre de la méthode des analogies scripturaires[21]. Dans H Gen, le sujet est לאמים «des peuples»; dans H Is, le sujet est שרים «des princes», habituellement traduit par ἄρχοντες dans G (ainsi G Is 49, 7). G Gen 27, 29 pourrait donc s'expliquer par un emprunt du terme d'Is 49, 7, pratiqué sur la base de l'analogie thématique et du terme de jonction «se prosterner».

Il conviendrait de considérer comme satisfaisant l'enchaînement qui va d'Is 49, 7 à G Gen 27, 29 et de là à ἄρχοντες dans les textes de G Is en débat, si un autre processus plus contraignant n'apparaissait. Celui-là s'impose prioritairement, en raison des conditions historiques. L'emploi du groupe consonantique לאם, homographe du mot hébreu d'Is 34, 1 et autres, au sg, est attesté au VIIᵉ siècle, en langue araméenne (ce qui importe par rapport à G) et en Assyrie, au sens d'«éponymat». C'est, comme déjà noté plus

---

[21] וישתחוו, futur coordonné, avec postposition de *waw*, par rapport au sujet. La suggestion de A. Gelston, qui voudrait déplacer ce *waw* d'après Syr (dans *VT* 21 (1971) 522), ne saurait être retenue. L'auteur méconnaît à la fois la possibilité de la postposition de mise en relief, et les tendances de Syr qui, en pareil cas, adapte le style de l'hébreu à la vulgarisation de basse époque, et ne le reflète pas littéralement. L'orthographe de la leçon citée est celle de TM Is et de Gen Qr. Gen Kt n'a qu'un *waw* final, sans doute par alignement sur le traitement ordinaire des vbs à 3ᵉ faible. On peut hésiter sur la lecture de Qa, dont la 1ʳᵉ lettre pourrait passer pour un *yod*, ce qui supposerait une forme insolite, avec préservation du *hé* à l'impft. Mais la transcription de Burrows והשתחוו est vraisemblablement la bonne. Le *waw* initial revêt une forme négligée, comme le *hé* suivant, et le contexte en plusieurs endroits. Mais, à la différence des *yod* voisins, l'élément de droite de la 1ʳᵉ lettre du vb en débat s'incurve vers la gauche, suivant un tracé courbe caractéristique de *waw*, dans Qa. Ce détail donne raison à Burrows et invite à reconnaître dans le vb de Qa un pft consécutif, à valeur de futur, comme l'est le vb précédent dans TM et Qa.

haut, l'une des 2 valeurs possibles du mot assyrien correspondant, *līmu*, dont le mot araméen cité a été tiré[22]. On se rappelle que l'autre sens de *līmu* vise l'éponyme lui-même[23]. L'orthographe לם, plus proche de la forme assyrienne est également attestée[24]. Le fait rend la préservation de l'orthographe avec *alef*, importante pour notre problème, d'autant plus remarquable. Il résulte de l'assyrien que le terme araméen (qui est simplement un emprunt) a pu revêtir, lui aussi, la seconde valeur, lorsque le contexte l'exigeait. C'est pur hasard si les documents araméens retrouvés n'attestent que le sens «éponymat». Ce sens suffirait d'ailleurs à conduire à l'hypothèse d'une relation avec la traduction de G par ἄρχοντες, pour l'hébreu לאמים. Avec la 2e valeur assyrienne rappelée («éponyme»), la relation devient directe. L'éponyme, dépositaire de l'autorité sur des populations nombreuses, appartenait bien à la catégorie générale que vise ἄρχοντες.

Certes la dernière période de l'empire assyrien, à laquelle appartiennent les documents en question, est séparée de l'élaboration de G par un laps de temps qui reste important, même si l'on fait remonter les premières ébauches de l'adaptation grecque de la Bible dès le début de la phase hellénistique. Mais le minimum de 3 siècles avec lesquels il faut compter ne crée nullement une invraisemblance pour la survie d'un terme tel que celui-là, qui appartenait au vocabulaire administratif. En premier lieu, les efforts des derniers monarques assyriens, pour implanter dans leurs plus récentes conquêtes le même système administratif éprouvé que dans le reste de l'empire, avaient été tenaces. Sans doute, l'Égypte qui entre plus directement en ligne de compte pour le problème de G, ne fut-elle qu'imparfaitement englobée dans l'empire assyrien, pour peu de temps, et au prix d'expéditions qu'Assarhaddon, puis Assurbanipal durent renouveler, après la conquête initiale et le sac de Memphis par le premier de ces rois. Mais, bien que de peu antérieures à l'effondrement spectaculaire de l'empire assyrien, ces campagnes témoignent de la continuité de la politique assyrienne à l'égard de l'Égypte. D'après un passage des annales d'Assarhaddon, dès la 1re campagne, ce roi établit dans

---

[22] Pour les attestations araméennes sur documents assyriens rédigés par ailleurs en cunéiformes, voir M. Lidzbarski, *Altaramäische Urkunden aus Assur* = WVDOG 38, 17, n° 4, lg 8, avec la copie de L. (Sur la pl. II, 4, cette lg n'est pas lisible); Donner-Röllig, *KAI*, n° 236, Rv 1, comm., II, 292s.; *CIS*, Pars II, t. I, fasc. 1, n° 38, 6 = L. Delaporte, *Epigraphes araméens*, 39, n° 21. Dans les deux cas le mot est écrit לאם, et sa valeur est garantie par le contexte et par le texte assyrien d'accompagnement. Au lieu de la formule assyrienne («éponymat de N»), l'usage babylonien était d'employer *šanat (MU)* «année de» devant la mention d'un événement notoire ou de l'année de règne d'un roi (cf. A. Ungnad, in *RLA*, II, 412s.).

[23] *AHW* 554; *CAD*, 9, 194s.

[24] *CIS*, *o.c.*, n° 39 = Delaporte, *o.c.* 42, n° 23. L'orthographe précédente semble témoigner d'une certaine attaque vocalique après la 1re syllabe (*li* ou *le*). La seconde orthographe reflète la forme assyrienne.

le pays des gouverneurs et fonctionnaires[25]. Ce document montre que les conditions de propagation de la terminologie administrative assyrienne étaient remplies.

En second lieu, la diffusion de l'araméen dans tout le Proche-Orient, à la même époque[26], a créé des conditions favorables à une préservation de notions dont l'usage avait été généralisé et enraciné par une pratique administrative systématique. Enfin il faut tenir compte de la grande commodité pratique de la notion de *līmu* pour les références chronologiques, aussi bien, dans la vie publique que dans la vie privée. Cet ensemble de conditions rendent compréhensible et vraisemblable une prolongation du souvenir de *līmu*, après le brusque effondrement de l'empire assyrien, et la constitution d'une tradition qui a préservé la connaissance du terme pendant un certain temps. Il est concevable aussi que les textes du Second Is qui appellent à l'attention les «peuples» aient très tôt été l'objet d'une herméneutique qui exploitait l'homonymie et discernait une allusion aux «gouverneurs», en doublure des «peuples». G aurait alors simplement recueilli cette tradition exégétique et l'aurait mise à profit, en parfaite connaissance de cause, ce qui permet de parler de reprise de la méthode analogique homonymique, après une première initiative au stade araméen antérieur.

Que G ait été atteint par une tradition lexicale ou par une tradition exégétique, il a donc consciemment utilisé une homonymie récente, qui correspond à l'homonymie plus antique des termes I et II discutés plus haut. C'est cette homonymie récente, autrement dit la méthode des analogies verbales formelles, qui a conféré à son interprétation l'autorité nécessaire pour requérir l'attention des «gouverneurs», fonctionnaires provinciaux ou rois eux-mêmes. Le cas est de ceux qui, pris isolément, suffiraient à prouver qu'il devait exister une méthode analogique formelle souveraine, qui était capable d'assurer aux adaptations de vulgarisation édifiante, comme G, l'autorité religieuse indispensable.

---

[25] Assarhaddon rapporte qu'après avoir pris Memphis, il établit sur tout le pays d'Égypte «des princes (*šarrāni*), des préfets (*pāḫāti*) et des gouverneurs (*šaknūti*). Texte dans: R. Borger, *Die Inschriften Asarhaddons ...*, *Afo, Beih.* 9, 99.

[26] La lettre du prince asiatique Adon au Pharaon (papyrus de Saqqara) est une illustration éloquente de la diffusion de l'araméen jusqu'en Égypte, à la fin du VIIᵉ ou au début du VIᵉ siècle. Cf. A. Dupont-Sommer, *Semitica* 1 (1948) 43s.; Donner-Röllig, *KAI*, I, n° 266; II, 312s.

CHAPITRE VI

«DIEU A FAIT VOIR LE MONDE». UN THÈME HELLÉNISTIQUE JUSTIFIÉ PAR L'HERMÉNEUTIQUE VERBALE ANALOGIQUE

A) LES TEXTES ET L'ACCEPTION DU VB DE G

On trouve en plusieurs endroits de G Is 40s., pour le vb hébreu de la création ברא, et une fois pour יצר («modeler, former», employé en alternance avec le précédent, dans un sens cosmologique), le vb καταδεικνύναι, dont la valeur fondamentale est un renforcement du vb simple δεικνύναι «montrer», mais avec des applications et dérivations qui demandent un examen particulier. L'emploi de ce vb grec soulève un problème de motif. On ne saurait alléguer une ignorance ou une négligence de l'adaptateur. D'une part, la connaissance de ברא est solidement assurée par d'autres textes de G, où l'on trouve ποιεῖν et des synonymes plus ou moins proches. La seule considération de G Gen 1 suffirait à offrir la garantie souhaitable. D'autre part, καταδεικνύναι revêt, dans les contextes où G Is l'a employé, une valeur recherchée. La traduction en question est restée limitée à une minorité de textes, mais ces textes représentent toutes les catégories discernables dans l'ensemble des passages où figure ברא (actes divers de création ou interventions providentielles). Ces conditions confirment l'importance de la question soulevée.

L'ignorance de G étant exclue, une variante accidentelle de sa source l'est aussi, puisqu'il s'agit d'une interprétation qui reparaît dans des textes différents. La divergence par rapport à l'hébreu n'a pu résulter ni d'un tâtonnement empirique, ni d'une initiative irréfléchie. L'importance idéologique du terme hébreu garantit que le choix d'un vb grec de sens différent a nécessairement résulté d'une mûre réflexion. Dès lors il faut démêler quel a été le motif qui a inspiré cette réflexion et quelle a été la modalité de l'option. S'agit-il d'une innovation introduite librement, en fonction d'une certaine visée idéologique ou pratique? Ou bien la modification de sens introduite par G cache-t-elle la conformité à une règle herméneutique reçue, selon la tendance que nous constatons ailleurs? Les conditions dans lesquelles se présente le changement de sens considéré en font un indice d'une grande portée, dans l'une comme dans l'autre hypothèse. S'il y a eu initiative sans norme, le cas prouverait incontestablement que le recours à des libertés dans l'adaptation n'a pas seulement joué un rôle dans les aspects mineurs des divergences, où des libertés sont incontestables, mais non significatives, parce que subordonnées (aménagements de détail, amplifications paraphrasantes, abrègements des symétries et redites)[1]. La liberté aurait, à propos du vb hébreu de la création, et par suite vraisemblablement en d'autres cas d'importance comparable, affecté les foyers mêmes de l'interprétation. Son rôle aurait donc été qualitativement — et quelle que soit la fréquence ou la rareté des textes probants — aussi important que celui de la méthode. Cette dernière — dont nous avons constaté la présence en d'autres endroits — aurait été concurrencée par un principe opposé, au lieu d'avoir régné exclusivement, aux points névralgiques des divergences. Mais, inversement, s'il apparaissait que l'éviction du vb de la création par celui de G mentionné a été opérée en conformité à une norme herméneutique reçue, et qu'elle a été justifiée par elle, le rôle de la méthode se trouverait illustré par un exemple probant qui situerait l'emploi de cette méthode au cœur d'un dogme religieux fondamental, et par conséquent au plus haut niveau idéologique.

Les représentants de la théorie empiriste accréditée en critique n'ont pas attaché d'importance à la divergence de G, pourtant remarquable. Ottley a cru la justifier en parlant simplement de «paraphrase». C'était postuler la liberté de l'adaptateur[2]. Fischer, Ziegler et Seeligmann ont successivement passé la question sous silence[3]. La prétérition est considérable. Pourtant elle ne doit pas s'entendre comme la négligence volontaire d'une donnée dans laquelle on aurait reconnu une difficulté pour la théorie critique admise, celle de l'empirisme et de la liberté de G. L'inattention au problème posé par la divergence de G sur le vb de la création est en réalité conforme à la perspective qui résulte de cette théorie : puisque la liberté de l'adaptation passe pour une évidence, qui n'a pas besoin d'être démontrée et que ne menace aucune explication concurrente, la divergence de G sur le vb hébreu

---

[1] Notre enquête porte en principe sur des aspects textuels de G qui ont été des foyers de ses interprétations. C'est en de tels endroits que se manifestent ses méthodes analogiques. Les aménagements complémentaires de toutes sortes qui ont accompagné les options principales peuvent donner parfois des impressions de libertés, mais il s'agit alors de commodités littéraires qui ont été *subordonnées* et qui ne caractérisent pas les orientations dominantes de l'exégèse de G. Pas plus que nous ne contestons la possibilité de var, dans H(G), et de dégradations accidentelles, nous ne nions ces libertés subordonnées. Mais, à en juger par tout ce que nous avons constaté jusqu'à présent, ces libertés ne correspondent pas à l'inspiration de G et ne l'expliquent pas. L'intérêt de la traduction grecque divergente pour le vb de la création est de remettre en question la méthode. Nous verrons que ce sera pour la confirmer.

[2] *BIAS*, II, 300.

[3] Aucun des textes témoins ne figure dans l'index de *ZUI*. Seeligmann a traité d'un des textes témoins, mais sous un autre angle (43, 15 : *SVI* 112). L'article consacré à ברא dans *TWAT* a également ignoré la question, dans la partie qui traite des équivalences contenues dans la Septante (I, 774).

de la création ne soulève aucun problème crucial de remise en cause; elle ne fait qu'illustrer la vue établie et n'appelle, tout au plus, qu'un examen de détail qui ne s'impose pas. En fait les auteurs mentionnés ne se le sont pas imposé, et ils sont restés en cela entièrement conséquents avec leurs présuppositions. Mais leur absence d'intérêt illustre une fois encore, et à propos d'une donnée particulièrement importante, la manière dont le préjuge empiriste et l'hypothèse de la liberté ont détourné la réflexion des critiques de la voie utile. Une analyse attentive aux faits, et exempte de préjugé, non seulement oblige à conclure à l'application d'une herméneutique méthodique, mais encore s'ouvre sur un arrière-plan idéologique de grande envergure, dont la critique d'inspiration empiriste n'a pas soupçonné la présence.

Pour une clarification de la question il faut commencer par passer en revue les textes témoins,

(a) 40, 26. H : «qui a créé (ברא) ceux-ci?» (= les astres); G τίς κατέδειξε πάντα ταῦτα : «qui a fait voir (précisions ci-après sur la nuance) toutes ces choses?»[4].

(b) 41, 20 (en conclusion d'un passage relatif au miracle de la transformation du désert en oasis). H : «afin qu'ils voient ... que la main de Yahvé a fait (עשתה) cela et que le Saint d'Israël l'a créé (בראה); G : «... que la main du Seigneur a fait (ἐποίησε) toutes ces choses et que le Saint d'Israël les a fait voir (κατέδειξεν)»[5].

(c) 43, 15. H : «... votre Saint, le Créateur (בורא) d'Israël, votre roi». G : «votre Saint qui a fait voir (ὁ καταδείξας) Israël, votre roi» (βασιλέα ὑμῶν, à l'acc., donc pas en apposition au sujet comme dans H, le sens étant : «... Israël qui est votre roi». G semble avoir songé à un titre d'honneur décerné à l'ancêtre Israël, c'est-à-dire Jacob. Une autre interprétation consisterait à admettre que la formule s'adresse aux nations: Israël qui est votre roi, à vous nations. Alors on aurait un universalisme religieux avec prééminence d'Israël. Mais un tel titre royal risquait d'être blessant pour les nations, et la 1re interprétation paraît, sous ce rapport, plus probable)[6].

---

[4] Noter la majoration par rapport à l'hébreu, marquée par l'adjonction de πάντα dans G. Le constat s'oppose à une hypothèse avancée par Seeligmann, à propos de 4, 5, d'après laquelle il y aurait eu une leçon hébraïque originale dans des cas analogues (*SVI* 62, n.). Le texte suivant, G 41, 20 (= b) appelle la même remarque.

[5] Pour l'adjonction du pronom, voir la n. précéd.

[6] Une autre interprétation concevable consisterait à reconnaître dans «Israël» du texte grec un datif. Le sens deviendrait alors «... qui a fait connaître *à Israël* votre roi». Il faudrait comprendre : qui a fait connaître à Israël, tout au long de son histoire, celui qui est votre roi, à vous Israélites présentement apostrophés. Le roi serait alors Dieu lui-même. Mais G ne lisait pas dans H la préposition qui eût été nécessaire pour justifier un tel datif, et en grec on attendrait l'article au datif, en pareil cas (l'emploi de l'article est irrégulier devant Israël,

(d) 45, 18. H : «... Yahvé qui a créé (בורא) les cieux ..., qui a formé (יצר) la terre et l'a faite (ועשה). G : «... le Seigneur qui a fait (ὁ ποιήσας) le ciel ..., qui a fait voir (ὁ καταδείξας) la terre et l'a faite (καὶ ποιήσας αὐτήν)».

Observons que (a) et (d) visent la création proprement dite, celle du ciel (a) et de la terre (d). (b) concerne un prodige particulier, la métamorphose du désert. Celle-ci est à bon droit assimilable à un acte créateur, en tant qu'elle affecte la nature. En tant qu'elle s'inscrit dans le cours de l'histoire d'Israël, c'est une intervention providentielle. Création et providence illustrent ici le même agir divin. Enfin (c) représente le type même de l'intervention divine providentielle dans le cours des événements. Cette fois il ne s'agit plus d'un bouleversement spectaculaire, comme dans l'action précédente (b), mais d'un dessein qui suppose certaines fins. Le concept de création, tel qu'il est exprimé par le vb hébreu ברא est appliqué dans ce dernier cas à une action typiquement providentielle.

Le vb hébreu et, sous son influence, la traduction grecque qui nous occupe sont donc employés avec une valeur synthétique originale. C'est seulement par clarification analytique secondaire que nous distinguons entre acte proprement «créateur» et intervention providentielle, là où l'hébreu recourt au même vb (ou, en 45, 18 = (d), dans le 2ᵉ cas, à un synonyme). De même, l'utilisation du vb grec ne concerne donc pas seulement des textes cosmogoniques. Pour notre sujet, l'important est que, s'il y a des emplois relatifs à l'activité divine providentielle (emplois que l'on peut qualifier de «providentialistes»), les illustrations cosmogoniques restent néanmoins les plus caractéristiques, en raison du contenu même des textes. Ce sont celles-là qui sont prioritaires dans le groupe, en ce qui concerne le problème du motif, et il est légitime d'aborder sous l'angle de l'idée de création l'examen de la divergence de G.

La valeur admise plus haut pour le vb de G, dans les passages cités, n'est pas évidente et le terme est déjà problématique par l'acception précise qu'il convient de lui donner dans ses 4 contextes d'utilisation. Dans son sens

---

mais intervient quand c'est utile au sens, comme ce serait le cas ici). Aussi convient-il d'opter pour l'interprétation du 1ᵉʳ type (avec ses 2 possibilités). Seeligmann a admis, mais par postulat sans justification, qu'Israël était l'objet, «votre roi» étant apposition (l'une des 2 interprétations du 1ᵉʳ type) : *SVI* 112. Israël serait «roi» des nations. C'est une audace par elle-même tout à fait improbable. Je pense qu'Israël est bien l'objet, avec «roi» en apposition, mais le nom propre désigne l'ancêtre, non le peuple. Le titre royal est reporté de David sur Jacob-Israël. Dieu l'a suscité au fond des âges avec sa lignée. Il a donné son nom au peuple et c'est sans doute une raison de son titre royal. Peut-être cette conception a-t-elle pris appui sur l'élément *śr* tiré d'Israël et interprété vocaliquement *śar*, d'où «prince» et, par majoration ou emprunt au sens accadien de *šarru*, «roi». La spéculation a même pu interpréter ישר + אל, compris comme un *hifil* de שרר, + Jacob = «Dieu fait régner Jacob». Avec Jacob-Israël le principe royal fait son apparition dans l'histoire du peuple : Dieu l'a «fait voir».

fondamental, qui résulte de la nuance ajoutée par le préverbe κατα au vb simple, le terme de G exprime l'idée de «faire voir complètement»; d'où celle d'«enseigner» et de «faire connaître (en prouvant ou en innovant)»[7]. Ces valeurs ont aisément conduit à l'idée de découverte et d'invention et, à partir de là, à celle de création. La considération des acceptions diverses fournies par la langue classique et hellénistique invite à se demander laquelle était visée par G, dans les passages où il a ainsi rendu le vb hébreu de la création.

(1) G a-t-il voulu attirer l'attention sur le fait que la création pouvait être comprise comme une exhibition : Dieu *a fait voir* le monde? (2) Ou bien G a-t-il voulu présenter la création comme une «invention»: Dieu *a inventé* le monde? (3) Ou bien encore G a-t-il profité de ce que le sémantisme du vb grec pouvait conduire jusqu'à l'idée de «création», à partir de celle d'invention ou d'innovation? La 3e hypothèse peut paraître, de prime abord, la plus séduisante, étant la plus simple. Puisque la gamme des valeurs présentées par le lexique grec offre une jonction avec l'hébreu, ne convient-il

---

[7] LdS (888 B) distingue, d'une part, les valeurs «découvrir et faire connaître», d'autre part, celle d'«inventer, enseigner et inaugurer (introduce)». Il s'agit de «faire voir et enseigner», soit à la suite d'une découverte de ce qui existait déjà, soit à la suite de l'invention d'une technique auparavant inconnue. Parmi les références de *LdS*, relevons les 2 textes suivants qui font bien ressortir l'idée d'innovation liée soit à une découverte, soit à une invention. Hrdt I, 163 : οἱ δὲ Φωκαιέες ... τόν τε Ἀδρίην ... οὗτοί εἰσι οἱ καταδέξαντες : «Les Phocéens ... ce sont eux qui ont révélé l'existence de l'Adriatique». La découverte d'une région inconnue par des navigateurs est suivie d'information; on peut traduire par «faire connaître», mais en notant que, dans ce cas, la nouveauté de la découverte est l'aspect essentiel. Dans Plat., Rép. 407 d, on a la coïncidence de l'enseignement et de l'invention de la médecine : φῶμεν καὶ Ἀσκληπιὸν ... τούτοις ... καταδεῖξαι ἰατρικήν «disons qu'Asclépios a inventé l'art médical pour ceux-là». Schleusner avait reconnu l'intérêt de la nuance illustrée par le texte cité d'Hrdt et par d'autres pour l'élucidation des emplois de G Is (*Thesaurus*, II, 168-169). Mais il s'est contenté de la clarification logique fournie par la nuance concomitante, en ignorant le problème historique soulevé dans les conditions qui vont être précisées plus bas. Le défaut est analogue dans l'article du dictionnaire de Kittel qui touche à la question. Cet ouvrage fait valoir la possibilité d'une acception «créer», à propos de textes du NT : *Th Wb z. NT*, II, 261. Mais il omet de préciser que la nuance admise colore le sens de base et ne le supplante pas. Dans le principal exemple fournie par le NT, I Tim 6, 15, il s'agit de l'«épiphanie du Seigneur» (son retour) et la valeur «montrer, faire apparaître» reste fondamentale, tandis que celle de «susciter, créer» est déduite. Dans G Nb 16, 30, également allégué par le dict. de Kittel, à l'appui d'une valeur «créer», il est vrai que δεικνύναι traduit ברא, ce qui paraît justifier le sens imputé au grec, mais, d'une part, le sens fondamental reste «montrer» et l'idée de réalisation créatrice n'est qu'une concomitance, d'autre part, le vrai problème soulevé par ce texte G est de savoir pourquoi l'interprète a dérogé par rapport à l'équivalence fixée par G Gen 1 (ποιεῖν) ou un synonyme. Ce problème n'a pas été signalé dans l'ouvrage en question. Précisions à ce sujet plus bas. L'application de δεικνύναι à des actions interprétables comme des réalisations ou des créations est attestée déjà en classique et a probablement influé sur le sémantisme du composé καταδεικνύναι, qui comporte les valeurs «découvrir, inventer», précisées ci-après.

pas de reconnaître dans cette jonction l'équivalence qui explique le choix de G? Cette justification serait satisfaisante si elle ne négligeait le fait que la nuance dérivée en question reste étroitement solidaire du sens grec fondamental et ne saurait être admise que dans des cas compatibles avec ce sens fondamental. Autrement dit, la possibilité de tirer du vb grec l'acception «créer» est indissociable de la valeur de base «montrer» et le prétexte apparent fourni par la rencontre avec l'hébreu n'est qu'une justification partielle qui ne supprime pas la perspective résultant de cette valeur. Il reste donc toujours à expliquer pourquoi G, qui disposait d'équivalences claires et accréditées pour un vb d'importance religieuse primordiale, dans le credo monothéiste opposé à tous les polythéismes d'époque, a dérogé et a présenté l'idée de création sous l'angle original d'une exhibition ou d'une invention.

B) Le thème hellénistique du monde spectacle

L'une ou l'autre de ces 2 dernières valeurs a été visée par G, même si l'on admet qu'il a senti et voulu faire sentir la nuance de jonction avec l'hébreu, ce qui reste en définitive incertain. L'hypothèse (3) ramène inévitablement aux hypothèses (2) et (1). Un sens «inventer» (2) serait recommandé par l'intérêt théologique de l'idée et par l'appui d'un texte G qui illustre cette valeur dans des conditions techniques et artisanales nettement spécifiées. C'est Gen 4, 21 où καταδεικνύαι est employé pour «l'invention» des instruments de musique par un descendant de la lignée de Caïn. L'hébreu n'a pas ici le vb de la création et l'interprétation grecque repose sur une déduction qui s'éloigne de la littéralité [8]. Mais les modalités de la correspondance n'importent pas pour notre sujet. Ce qui compte c'est l'illustration frappante de l'emploi du vb grec au sens «inventer», dans la langue de la Septante. L'argument a du poids pour l'appréciation du sens valable dans les passages d'Is cités plus haut. L'idée d'invention du monde offre un thème d'édification religieuse, puisqu'elle ajoute à la pensée de l'œuvre divine dans la création celle d'une innovation sans pareil, d'une originalité grandiose:

---

[8] Le vb de G Gen 4, 21 résulte d'une déduction faite sur l'ensemble d'une expression hébraïque considérée globalement et simplifiée, selon un procédé typiquement targumique. Si une correspondance littérale est susceptible d'avoir influé sur l'option de G, c'est à אבי «père de» qu'il faut songer, comme l'avait reconnu Schleusner (*Thesaurus*, II, 168 B), non au participe voisin que voudraient retenir Hatch et Redpath (*Ccd*). Ottley, le seul commentateur de G Is qui ait présenté des observations utiles à l'élucidation de καταδεικνύαι dans G Is, a relevé G Gen 4, 21 avec l'appréciation: «a paraphrase = invent» (*BIAS*, II, 300). Il ne s'est pas prononcé concernant le motif du vb de G Is, qu'il s'est contenté de traduire «show forth» (= show out), *BIAS*, I, 221 etc.

belle matière à développement pour le lyrisme religieux. S'il fallait en juger uniquement par des considérations de langue et de teneur littéraire, il faudrait, semble-t-il, retenir ce 2ᵉ sens comme le plus vraisemblable pour les 4 textes d'Is mentionnés.

Mais une autre considération l'emporte sur les chances du sens (2) et impose de retenir, sans hésitation possible, le sens (1) : Dieu *a montré* le monde, il l'*a fait voir* aux hommes. Cette proposition correspond au thème du *monde-spectacle*, répandu dans le monde hellénistique par la philosophie stoïcienne. Épictète enseigne, dans un passage célèbre de ses «Entretiens» que Dieu a introduit (εἰσήγαγεν) l'homme dans le monde pour qu'il soit «son contemplateur et un contemplateur de ses œuvres (θεατὴν αὑτοῦ τε καὶ τῶν ἔργων τῶν αὑτοῦ) et non seulement leur contemplateur, mais leur interprète» ἀλλὰ καὶ ἐξηγητὴν αὐτῶν[9]. D'après un mot attribué à Diogène, chaque jour est une fête, parce que, commente Plutarque qui rapporte le propos, «le monde est le temple le plus saint et le plus digne d'un dieu (θεοπρεπέστατον). L'homme y est introduit (εἰσάγεται, même vb que dans le passage d'Épictète cité), spectateur (θεατής) (...) des imitations (μιμήματα) sensibles des essences intelligibles (τῶν νοητῶν)». La réflexion s'oriente dans un sens platonisant, mais c'est bien le thème du monde spectacle qui est central[10]. Les matériaux groupés par H. Lietzmann, à propos de Rom 1, 20 sont encore plus directement probants, concernant la déduction qui conduit du spectacle du monde à la certitude d'un auteur du monde[11]. D'après le Ps. Aristote, dans une formulation volontairement paradoxale citée par Lietzmann, Dieu, tout en étant «invisible» (ἀθεώρητος) peut (néanmoins) «être contemplé d'après ses œuvres mêmes» (ἀπ᾽ αὐτῶν τῶν ἔργων θεωρεῖται). Philon a exploité le thème, tout en subordonnant la connaissance de Dieu dérivable de ses œuvres à une connaissance supérieure fondée sur les idées (conformément à sa conception, platonisante sur ce dernier point)[12]. Dans Sap Sal 13, 1-9, la certitude de la présence du Créateur, qu'impose de même le spectacle du monde, conduit à l'affirmation de la culpabilité des hommes, qui ne cèdent pas à cette vérité ou la déforment. Dans le raccourci de Rom 1, 20, cette culpabilité devient la caractéristique dominante de la connaissance naturelle de Dieu que le spectacle du monde impose avec évidence à l'homme : sous l'influence de la tradition juive, la réflexion dis-

---

[9] Épictète, *Entretiens*, Texte établi et traduit par J. Souilhé, Belles-Lettres, I, Paris, 1948, 26.
[10] Plutarque, *Œuvres Morales*, Texte établi et traduit par J. Dumortier et J. Defradas, Belles Lettres, Paris, 1975, Traité 30, 477 C.
[11] H. Lietzmann, *An die Römer*, 4ᵗᵉ Aufl., Tübingen, 1933, 31 s.
[12] Philon, *Opera*, (éd. Loeb) III, *Legum Allegoria*, 97 s. Référence à ce passage de Philon dans Lietzmann, *o.c.*

cursive sur le sujet, à la manière hellénistique, est supplantée par une intuition religieuse immédiate qui ne laisse place qu'à l'obéissance ou à la rébellion. Le monde n'est plus simplement l'occasion d'une réflexion qui aboutit déductivement à une certitude théologique; il est une révélation élémentaire et, de la sorte, un solennel avertissement du Créateur, auquel l'homme ne saurait se dérober[13].

A la différence de Sap Sal et de Rom, qui orientent la théologie naturelle du monde-spectacle dans un sens propre au Judaïsme, le vb utilisé par G, dans les textes relevés plus haut, garde un caractère général, grâce auquel il correspond remarquablement à la forme hellénistique du thème. Il exprime d'un point de vue théocentrique ce que les philosophes avaient l'habitude de formuler du point de vue de la connaissance humaine. Il livre ainsi une proposition théologique fondamentale dont l'autre formulation n'était que la conséquence: si l'homme peut contempler dans la création la marque de la présence du Créateur et de sa perfection, c'est que Dieu «a fait voir» le monde à l'homme et qu'il s'est par là même désigné comme son auteur.

Le vb de G introduit donc dans l'adaptation grecque d'Is à la place d'un équivalent direct de l'hébreu, une doctrine de grande envergure et cette doctrine rejoint la théologie naturelle préconisée par les esprits cultivés dans le monde contemporain de G, c'est-à-dire, du point de vue juif, parmi «les nations». Autrement dit, en employant son vb, G a parlé le langage des nations, au lieu de parler celui de sa source hébraïque.

Cette initiative se justifie-t-elle uniquement par un motif idéologique et par le désir d'illustrer l'accord entre le message religieux d'Israël et la pensée

---

[13] Bien que la formulation de Rom 1, 20 fasse une place à la réflexion (cf. νοούμενα), il s'agit d'une réflexion sapientiale qui exclut le doute, l'objection et les mérites d'un progrès noétique. La pensée, dans la mesure où elle est autorisée à raisonner, ne fait que développer une évidence acquise et indiscutable dès le point de départ. À cet égard la proposition de Rom 1, 20 se situe aux antipodes d'une entreprise raisonnée comme celle du Timée: τὸν μὲν οὖν ποιητὴν καὶ πατέρα τοῦδε τοῦ παντὸς εὑρεῖν τε ἔργον «trouver l'auteur et le père de ce Tout est un travail» (28 b). Dans Sap Sal et Rom, l'expression porte la marque de l'influence hellénistique, mais l'inspiration reste proche de la notion sémitique de signe et d'avertissement. Le monde n'est pas matière à des exercices de pensée et à des diversités d'interprétations; il est un signe qui avertit l'homme de la présence du Créateur. La prédication coranique illustre de manière frappante l'application de la notion de «signe» aux phénomènes naturels. En dépit des différences notables par ailleurs, elle mérite d'être rapprochée. Les phénomènes de la nature sont des signes qui «avertissent» les humains, tout comme l'ont fait les prophètes et les interventions d'Allah (histoire des Israélites, destruction des Thamoud etc. ...). «Un signe ('ayatun) pour les humains est la terre morte que Nous avons fait revivre, dont Nous avons fait sortir du grain dont ils mangent» (Sour. 36, 33; trad. Blachère, Le Coran, II, 33). Voir encore Sour. 26, 6-7 (la terre est «un signe» en ce qu'elle produit une végétation utile); 3, 187 (les cieux et la terre, la nuit et le jour, dans leur alternance, sont des «signes»). Le terme arabe 'ayatun, qui correspond à l'hébreu אות a été spécialisé secondairement pour désigner les vts du Coran qui sont autant de «signes» = révélations.

philosophique contemporaine? L'idée dégagée aurait exercé une attraction, à la fois par sa compatibilité avec la tradition d'Israël et par son prestige favorable au rayonnement du Judaïsme, et G se serait senti *libre à l'égard de la littéralité* de sa source hébraïque. C'est ce qu'un esprit moderne sera tenté d'admettre. Cependant, se contenter de cette explication serait oublier que G ne soulève pas uniquement, dans les textes cités, un problème d'assimilation d'une idée neuve, mais un problème de traitement textuel, qu'il est impossible d'éluder en parlant simplement de liberté. L'hypothèse d'assimilation ne serait satisfaisante que s'il s'agissait d'une nouvelle composition littéraire, liée peut-être dans une certaine mesure à la tradition, mais libre de contraintes littérales. Ce n'est pas le cas de G qui, en règle générale, a subi prioritairement la loi de sa source. Lorsqu'il a dérogé, c'est ordinairement d'une manière qui est problématique pour l'observateur moderne. S'il est permis alors de songer à d'éventuelles libertés, c'est à titre d'hypothèse qu'il importe de contrôler. Il n'est pas possible de procéder par postulat. Or, dans le cas considéré, les indices immédiatement apparents s'opposent plutôt à une telle liberté. D'une part, le changement affecte une conception spécifique et essentielle de la tradition d'Israël, celle relative à la capacité divine de créer le monde, en son double aspect terrestre et céleste, capacité qu'exprime le vb théologique spécialisé ברא. D'autre part, le changement s'opère au profit d'une doctrine qui, pour être imposante, n'en était pas moins étrangère. Il n'est pas vraisemblable que G ait usé de liberté pour substituer à un tel vb hébreu un produit d'importation, même si l'attrait idéologique défini plus haut était fort. Il fallait qu'à côté de cet attrait G disposât d'une justification indiscutable, émanant du texte même et propre à légitimer l'éviction d'une donnée essentielle du credo d'Israël, au profit d'un thème hellénistique.

C) La spéculation verbale de justification

La question s'éclaire si l'on observe que le vb ברא présente un rapport formel remarquable avec un vb qui correspond à l'idée générale de «montrer» qu'exprime le vb καταδεικνύναι dans les passages cités de G. C'est באר, inusité au *qal*, mais attesté au *piël* (*bē'ēr*). Par rapport à ברא, ce vb est en relation de métathèse, avec l'ordre *alef, resh*, au lieu de l'inverse. Le *piël* de באר figure au début de Dt (1, 5), dans un important passage de la tôrah, qui suffisait à mettre ce terme en vue, bien qu'il soit par ailleurs rare dans la Bible. «Dans le pays de Moab» et donc postérieurement à la législation du Sinaï, Horeb dans Dt, Moïse est censé «exposer clairement» la Loi à Israël. Il convient d'ajouter l'adverbe «clairement» en traduction, car la nuance impliquée déborde le simple fait de la communication. Il s'agit d'une mise en évidence de la Loi, quant à sa teneur, sa fonction et son autorité. G s'est efforcé de faire droit à la nuance originale en traduisant Dt 1, 5 par διασαφῆσαι «montrer clairement, rendre clair». Dans Dt 27, 8 et Hab 2, 2 le même vb hébreu indique les modalités d'une rédaction qui doit «présenter clairement» une certaine teneur : dans ces cas la matérialité de l'écriture devient le moyen d'une communication assurée[14]. Il est significatif que l'hébreu postbiblique emploie le vb dans le sens «expliquer». C'est une spécialisation, mais elle est en germe dans la valeur synthétique illustrée par Dt 1, 5. Cette valeur est encore perceptible dans un emploi mishnique du passif correspondant (*pual*) : «Les sages dirent : le cas se présente (littéralement «est présenté») clairement» מבאר הדבר (*mᵉḇoʾar*; Yad, III, 1[15]). L'accadien correspondant *bâru* signifie à la 2ᵉ forme (= D) «rendre clair, établir exactement, démontrer», en diverses acceptions[16].

Les emplois hébraïques mentionnés ne sont que des spécifications de l'idée générale de «montrer», principalement lorsque cette idée s'applique à un document dont le contenu est mis en évidence et transmis sans équivoque possible. C'est bien aussi l'idée d'une présentation claire, sans subterfuge possible pour les destinataires, qui est inhérente à l'emploi de καταδεικνύναι, dans les textes de G cités, où ce vb signifie que Dieu «a fait voir» aux hommes le monde, par l'acte de la Création. Dans ces passages le monde joue, peut-on dire, le rôle d'un document qui révèle, sans équivoque possible, la présence du Créateur : Dieu «fait voir» le monde pour que l'homme y lise l'évidence de Sa présence. La rencontre entre la valeur du piël de באר et celle du vb de G est manifeste, et cette rencontre prend la portée d'une indication décisive, en raison des intérêts idéologiques engagés, qui ont été précisés plus haut. G est allé de ברא à באר, d'où découlait directement καταδεικνύναι. Ce vb est proche de διασαφῆσαι qui traduit באר dans Dt 1, 5, et cette proximité confirme la convenance de l'explication proposée pour le vb de G Is. La différence des vbs grecs est seulement une question d'adaptation contextuelle.

G a donc appliqué au vb hébreu de la création une permutation qui, tout en entraînant, du point de vue logique, un changement de rac. et de sens, préservait matériellement les consonnes radicales et pouvait être considérée, sous un angle formel, comme le passage à une forme apparentée. Étant donné qu'une ignorance, une erreur ou une var. sont exclues, la portée idéologique et les attaches respectives des leçons en présence, celle de l'hébreu

---

[14] L'emploi de l'adv. σαφῶς pour Dt 27, 8 et Hab 2, 2 dérive de la traduction de G pour Dt 1, 5.
[15] Edition Albeck, Sed. Ṭehorôt 480.
[16] Cf. W. von Soden, *AHW* 168s.

et celle de G, invitent à reconnaître dans cette métathèse la justification littérale du changement de sens. Par conséquent ce procédé était une méthode reçue et propre à faire autorité. La nécessité de justifier vis-à-vis du Judaïsme l'adoption et l'utilisation religieuse d'un thème issu de la pensée philosophique des «nations» fournit une garantie solide de la réalité et de la souveraineté de la méthode appliquée.

Nous pouvons donc considérer les passages de G Is discutés comme livrant, à eux seuls, une preuve cruciale de l'existence d'une méthode herméneutique des métathèses. Les textes témoins prennent une portée générale. Ils n'autorisent pas seulement une extrapolation, ils l'imposent. À eux seuls en effet ils suffisent à mettre en évidence l'existence, dans l'herméneutique des anciens, d'un principe qui avait été négligé, celui des analogies verbales formelles. La modalité est, dans le cas considéré, la métathèse, mais si elle a été valorisée au point d'être investie d'une autorité religieuse, toute autre relation d'identité ou de ressemblance formelles avait nécessairement pour les anciens la même portée. La métathèse n'est qu'une possibilité parmi d'autres, de même inspiration formelle. Elle joue ici le rôle d'un révélateur touchant un intérêt général pour les parentés verbales formelles. La préservation des consonnes d'un mot dans le même ordre (homographie) et toute espèce de ressemblance susceptible de faire penser à un mot à partir d'un autre (variation de l'ordre des consonnes, c'est-à-dire métathèse ou anagramme, variation orthographique en fonction des possibilités défective et pleine, abréviation conventionnelle, petite mutation fondée sur une paraphonie, une paragraphie ou un autre écart mineur) étaient donc des modalités qui fondaient, aux yeux des anciens, des relations réelles, et ces relations étaient exploitables par l'herméneutique, selon les opportunités de l'édification, dans les conditions du moment. Voilà tout ce qu'il est légitime de déduire de l'interprétation du vb de la création dans les textes étudiés ci-dessus. La certitude d'une métathèse herméneutique, dans ce cas très net et totalement exempt du soupçon d'accident matériel ou d'incompréhension (soupçon dont a vécu la critique accidentaliste et empiriste), en outre les intérêts idéologiques engagés, qui sont essentiels, garantissent, à l'origine des faits considérés, l'existence d'un principe herméneutique d'inspiration formelle, qui a embrassé, à côté des métathèses, les homographies et petites mutations de tout genre.

Ce n'est pas tout. L'extrapolation nécessaire s'accompagne d'un arbitrage. Selon l'argument qui a déjà été exposé antérieurement[17], l'existence d'une seule donnée d'herméneutique méthodique bien assurée et de grande envergure idéologique fait basculer du côté de la méthode quantité de faits

---

[17] Cf. ci-dessus la conclusion du ch. IV de cette partie.

pour lesquels l'explication accidentalo-empiriste reste en concurrence avec la méthode, selon des chances variables. Le fait étudié dans les pages qui précèdent possède donc une portée générale et il a une valeur arbitrale. Il confirme tout ce que nous avons constaté depuis le début de cette 2ᵉ section sur l'herméneutique d'analogie verbale formelle.

D) Exploitations verbales directement apparentées
dans le Judaïsme

a) *G Nb 16, 30*

La spéculation verbale sur ברא et באר n'a pas été confinée aux textes cités. Il est possible d'en déceler des traces ailleurs, non seulement dans la Septante, mais encore dans la littérature postérieure à la Bible. Les combinaisons mises en œuvre et les valeurs exploitées diffèrent, mais la réflexion et l'ingéniosité se sont exercées sur les mêmes *souches verbales*, avec les mêmes moyens méthodiques.

1) Dans Nb 16, 30, le vb ברא est employé pour indiquer que Dieu suscite un miracle, qu'il le «crée». G a rendu le terme par δεικνύναι, c'est-à-dire le vb simple correspondant à celui que G Is a utilisé avec le préverbe. Le vb hébreu est suivi du subst. בריאה, dérivé de la même rac., et qui désigne ici le miracle en question. Il s'agit du prodige de l'ouverture du sol pour l'engloutissement du groupe d'opposition à Moïse. H : «Si Yahvé opère un prodige (יברא בריאה) et que le sol entrebâille sa bouche etc.» G : ἀλλ᾽ ἢ ἐν φάσματι δείξει κύριος «... mais si (alternative dépendant des conditionnelles qui précèdent) le Seigneur fait une démonstration (propr. «montre») dans une apparition (prodigieuse), et que la terre, ayant ouvert sa bouche, etc.» Concernant le subst. de G, la critique a cru qu'il s'expliquait par une var. de H(G), et elle a en outre compté avec la possibilité d'une leçon primitive χάσματι dans G. Voir à ce sujet les apparats critiques des éd. successives de BH et encore celui de BHS[18]. En réalité G a interprété le subst. hébreu

---

[18] Après des contributions critiques classiques comme celle de Holzinger, qui se réfère à la leçon hébraïque variante supposée par Grätz (Numeri 65), les apparats critiques des éditions successives de BH, jusqu'à BHS compris ont supposé une var. H(G). La var. grecque χάσματι (χάσμα «bâillement, ouverture»), également relevée par la critique comme pouvant prétendre à la priorité, n'a aucune chance. Son caractère secondaire est manifeste. Elle est attestée par le Colberto-Sarravianus (= «G», dans Brooke-Mc Lean, oncial du Vᵉ siècle, caractérisé par la révision hexaplaire) et par 3 minuscules. Il s'agit simplement d'une correction de la leçon ancienne et authentique de G, d'après le contexte qui permet en effet de déduire le sens «bâillement», puisque le sol doit s'ouvrir pour engloutir la voix de l'opposition. Il est illusoire de laisser une chance de priorité à cette leçon. L'ancienne leçon grecque ne livre pas non plus la var. hébraïque que l'on croit y trouver, car la leçon G est un produit spéculatif.

mentionné en le décomposant en préposition *b* + subst. rattaché à la rac. ראה[19]. Ce subst. a été obtenu, soit par métathèse de *yod* et *alef*, soit en admettant pour les besoins de la cause une orthographe reflétant une prononciation simplifiée par suite de la faiblesse phonétique d'*alef*. Ce traitement est spéculatif. D'une part, on ne peut soupçonner G d'avoir été embarrassé par le subst. hébreu, après l'indication fournie par le vb de même rac.[20]. D'autre part le sens retenu par G convient à son interprétation spéculative du vb. Les 2 traitements, celui du subst. et celui du vb sont solidaires. Le traitement du subst. à l'aide des principes d'analogie verbale définis ci-dessus a été subordonné à l'interprétation du vb au moyen d'une équation à peu près identique à celle des textes de G Is étudiés plus haut.

Théoriquement on pourrait songer à une équation mise au point pour G Nb et empruntée par G Is au texte grec de la Loi. Mais la confrontation des motifs en présence montre qu'un tel processus n'est pas vraisemblable. Si l'on partait de G Nb, il faudrait supposer que G a inauguré l'emploi de δεικνύναι pour ברא en fonction du choix de φάσμα, qui aurait été adopté d'après une certaine conception du prodige relaté dans le passage. Mais la supériorité de la notion d'«apparition» sur celle de «création» pour le bénéfice de la vulgarisation relève d'une considération de détail. Elle apparaît bien faible pour inaugurer le traitement spéculatif d'un vb aussi important que celui de la création. S'il y a eu influence de G Nb sur l'interprétation du vb de la création dans G Is, elle a seulement orienté l'attention de G Is sur l'intérêt que présentait pour ses textes cosmologiques et providentialistes

---

[19] Les autres emplois de φάσμα dans G sont très rares. On notera que dans G Is 28, 7 φάσμα a toutes les chances de rendre ראה, d'accord avec le vocalisme massorétique qui fait de ce mot un subst. G semble avoir négligé les 2 derniers termes de 28, 7 et avoir interprété בראה comme une sorte de glose isolée du contexte précédent. Littéralement «en vision», c'est-à-dire, semble-t-il : tout cela est en vision = est une vision : τοῦτ᾽ ἔστι φάσμα. Il faut aussi noter qu'en plusieurs cas le vb apparenté φαίνω traduit le *nifal* de ראה, circonstance qui, avec G 28, 7, est favorable à l'interprétation préconisée ici pour Nb 16, 30 (voir les ex. dans Hatch-Redpath, *Ccd*).

[20] Cela est vrai, bien que ce subst. ne paraisse pas ailleurs dans la Bible hébraïque canonique (cf. Sir, ci-après). C'est une formation féminine du type *qatil*, et ce dernier peut revêtir des valeurs tantôt actives, tantôt passives assez variées (Brockelmann, *VG*, I 354s.; *BL* 470-471; Barth, *Nominalb.* 187; ce dernier auteur donne explicitement cet exemple). Ici il s'agit d'une désignation du résultat concret de l'action, auquel on peut supposer une valeur originelle aussi bien active que passive (cpr. le cas de עלילה «action, haut fait»). Comme le vb correspondant est réservé à l'action divine, la définition paraphrasante de Gesenius reste excellente «res creata, a Deo producta, spec. nova, inaudita» (*Thesaurus*, I, 237 A). Tardivement le mot sert à désigner (au plur.) «les créatures» (pour «les humains»). Ainsi Sir 16, 14 (éd. Lévi), avec perte de l'*alef* dans l'orthographe. Le mot est passé dans la littérature postérieure, avec différenciation vocalique pour le 2e sens, selon la tradition juive (*DTM*, I, 193). Il serait invraisemblable de supposer que G n'a pas été capable de rattacher le terme de Nb 16, 30 à la rac. très connue qui était la sienne.

une équation verbale établie par l'herméneutique antérieure. Le recours à cette équation dans G Is n'a pas tiré son autorité de G Nb, mais bien de la relation d'analogie verbale formelle elle-même, c'est-à-dire de la métathèse באר-ברא. Au lieu d'une influence de G Nb sur G Is, le processus inverse est d'ailleurs également concevable, car l'interprétation grecque des passages d'Is a pu, vu leur importance, être fixée oralement dans une liturgie, avant la traduction grecque continue de la Loi.

Le passage de G Nb illustre l'extension de l'analogie verbale en question hors des limites de G Is, et livre accessoirement, avec son substantif discuté ci-dessus, un autre spécimen de spéculation verbale, qui consiste en homographie (cf. la préposition) compliquée d'une métathèse ou d'une utilisation de la variation orthographique possible.

b) *Le puits et la Loi dans l'Écrit de Damas*

Dans un passage de l'Écrit de Damas (CD), bien connu de tous ceux qui se sont occupés des textes de Qumrân, le «Chant du puits» de Nb 21, 18 est interprété comme une allusion à l'étude de la Loi (texte A, éd. Schechter 6, 3 s. = éd. Rost, 8, 5 s.). CD identifie explicitement le puits à la Loi[21]. Cette équation a pour appui verbal immédiatement visible le double sens de מחוקק (participe *poël* de חקק, proprement «qui prescrit») : a) «Chef, législateur» (Jos 5, 14; Is 33, 22); b) «bâton de commandement» (propr. «commandeur»); Gen 49, 10[22]. Dans le contexte de Nb 21, 18, ce bâton de chef sert à creuser un puits, à la manière nomade. Dans CD, l'autre valeur permet une allusion au «législateur», qui est «celui qui scrute et explique (דורש) la Loi» (6, 7 = 8, 8), et qui permettra aux adeptes de «tailler» le puits (= de le creuser à leur tour)[23], avec «les préceptes qu'a promulgués

---

[21] «Le puits c'est la Loi» (6, 4 = 8, 6).

[22] Le mot hébreu est un participe *poël* dont la valeur verbale première a aisément livré un sens substantivé lorsque le mot a désigne le «(bâton) commandeur». Évolution conforme à une psychologie très répandue concernant les symboles du pouvoir : le bâton qui prolonge la main, organe d'action chargé de prestige lorsque c'est la main d'un dieu, d'un roi ou d'un chef quelconque, prolonge par là même le personnage du dépositaire de l'autorité. Le bâton pourra donc être lui-même dépositaire de cette autorité et devenir «sceptre». L'hébreu livre ici un intéressant processus sémantique : le «commandeur» (participe *poël*), qui est d'abord un homme, devient très normalement le «bâton» qui est l'insigne de cet homme. Le symbolisme exploité par CD prolonge curieusement des données authentiques de la vie nomade préservées par le couplet de Nb 21, 18 (A ce sujet voir A. Musil, *Ar. Petr.* I, 298 et III, 259, et mes remarques dans *RHR* 164 (1963) 24, n. 2).

[23] Vb כרת «découper», à cause de son emploi spécialisé en parlant de la conclusion d'une alliance, à laquelle il est fait du même coup allusion.

le législateur» (6, 9 = 8, 9; les 3 derniers termes sont des formes de la rac. חקק «prescrire, légiférer», et illustrent le rapport avec la Loi)[24].

Le sens symbolique donné au puits découle clairement de la seconde valeur du mot qui désigne le bâton, et des termes apparentés employés dans la dernière formule citée. L'action de «creuser», explicitement mentionnée par Nb 21, 18, se prêtait à une exploitation figurée, dans le sens requis, surtout en hébreu où le vb de l'étude et de l'explication דרש signifie proprement «chercher». Creuser et chercher peuvent tous deux s'entendre dans l'acception de «fouiller», qui leur est commune. Le creuseur du puits pouvait donc être une allusion au «chercheur» (du sens) de la Loi[25]. Il est clair aussi que le puits visité par les altérés dans le désert offrait une puissante image de l'édification par la Loi, qui étanche la soif spirituelle. Dans G Is 48, 21, à l'encontre du texte court retenu par Ziegler, la forme primitive de G comportait un emprunt à G Ex 17, 6, et ce recours scripturaire témoigne d'une interprétation symbolique de l'abreuvement au désert compris comme une édification spirituelle, au moyen de la liturgie et de l'instruction du culte synagogal[26]. La donnée est à rapprocher du passage de CD.

Mais, à côté du motif du bâton et des compatibilités symboliques dont nous venons de parler, l'interprétation de Nb 21, 18 préconisée par CD a certainement aussi subi l'influence du vb באר «présenter clairement», et par suite «expliquer», terme qui est l'homographe du mot hébreu pour «puits». Ce vb permettait de justifier la relation puits-Loi, grâce à l'autorité du Dt où il joue, nous l'avons vu, le rôle d'un terme introductif de grande portée[27].

---

[24] Le terme traduit par «préceptes» est le participe *poal* (passif) dont la forme active sert dans Nb 21, 18 pour le bâton «commandeur». Le sens est proprement «les choses commandées, prescrites». La formulation illustre la volonté d'insister sur le vocabulaire de la législation, à partir du prétexte verbal fourni par la mention du bâton dans Nb 21, 18. Au lieu du participe *poal* employé intentionnellement en raison de l'homographie par rapport au participe *poël* de Nb 21, 18, le terme courant des textes législatifs est חקות (*ḥuqqôt*).

[25] CD a, en fait, appliqué cette conséquence aux «convertis d'Israël». Ils ont creusé le puits de la Loi avec l'aide du «bâton», c'est-à-dire sous la direction du «législateur» (2ᵉ sens du mot!) capable de les instruire.

[26] Voir Iʳᵉ partie, ch. III, B.

[27] O. Betz a attiré l'attention sur l'intérêt qu'offre le texte I Q 22 (*DJD*, I, 93s. et pl. XVIII) pour le passage de CD (*Offenbarung u. Schriftforschung ...* 28). I Q 22 se présente dans un état très morcelé et lacuneux. Ses bribes dispersées ont été laborieusement et méritoirement regroupées et complétées par D. Barthélemy et J. T. Milik, les éditeurs du document. Bien que le résultat reste sur plusieurs points hypothétique, il ne paraît pas douteux qu'en II, 8 figure l'infinitif לבאר, avec le même sens qu'en Dt 1, 5 «expliquer», en parlant de l'explication de la Loi par les compétences. Celles-ci seraient, d'après la reconstitution inspirée avec vraisemblance par Dt 1, 13, des «sages», capables d'assumer cette responsabilité. Le document livre donc une illustration de l'emploi du vb qui, dans CD — mais non plus dans I Q 22 — est implicitement en relation avec «puits». I Q 22 est aussi une illustration de la même situation religieuse d'une communauté instruite dans l'interprétation de la Loi par quelques-uns. On

Le passage de CD ne livre qu'un témoignage implicite, touchant les souches verbales qui nous occupent, et ce témoignage ne porte que sur l'exploitation de l'homographie entre le subst. pour «puits» et le vb «présenter clairement», tous deux exprimés par le consonantisme באר. Mais, même si le vb ברא n'a pas de place dans cette spéculation, elle intéresse la tradition herméneutique étudiée à propos des passages de G Is. Elle met en évidence une réflexion exégétique d'inspiration analogique et formelle, qui s'est exercée sur l'une des 2 souches exploitées dans cette tradition. L'orientation de la spéculation vers une relation homographique, au lieu de la métathèse exploitée par G Is n'est qu'une circonstance due aux conditions contextuelles. Ce qui importe c'est, d'une part, le recours à l'une des souches de base, d'autre part l'application de la même méthode générale des analogies verbales. L'interprétation de Nb 21, 18 dans CD peut être considérée comme se rattachant au même foyer herméneutique que les textes de G Is étudiés plus haut.

c) *Y Sôṭah II*

3) Dans une notice du traité Sôṭah du Talmud de Jérusalem (= Y) (II, 10b, bas), l'expression בוראך «ton Créateur» est l'objet de 2 exploitations par analogie verbale, qui permettent de passer à באר «puits» et à בור «fosse». Le passage talmudique concerne la sentence de Mishna, Abôt 3, 1, dont

---

doit encore à Betz d'avoir excellemment dégagé le rapport, de nouveau implicite, qui explique la formulation de CD 6, 6-7 (Rost 8, 7-8): «Dieu les a tous appelés princes parce qu'ils l'ont cherché, et leur dignité (פארתם, c'est-à-dire leur dignité princière) n'a pas été récusée par la bouche de personne». Le passage n'avait pas été compris par Charles (*APOT*, II, 812), qui corrigeait, tandis que d'autres, sans corriger, n'ont pas perçu la sous-jacence spéculative qui explique la formulation du texte. «Leur dignité» (פארתם) fait allusion à «leur explication» (בארתם), c'est-à-dire leur explication de la Loi, leur enseignement auprès de la communauté (Betz, *ibid.* 29). Le terme פארה n'est pas attesté ailleurs au sens de תפארת, requis ici (il faut sur ce point préciser l'exposé de Betz), mais ce sens est assuré par la rac. commune et par la logique de la spéculation verbale sous-jacente. Celle-ci repose sur l'allusion à בארתם (leur explication), terme qui n'est pas non plus positivement attesté ailleurs en ce sens, mais dont la valeur est encore assurée par la rac. et la spéculation. Le titre de «prince», dans le même passage de CD, vient de Nb 21, 18 où il se justifie par l'ethnographie nomade (*RHR* 164 (1963) 24). Il y a donc, dans CD, 2 exploitations implicites d'analogies verbales, très importantes pour le thème du texte: l'allusion à «expliquer», en doublure du «puits», et l'allusion à «leur explication», en doublure de «leur dignité». L'extension de la spéculation verbale, de באר à פאר, par delà le champ des textes de G dont nous étions parti, illustre la fécondité du principe de parenté verbale formelle, dont G s'est servi avec d'autres conséquences. Chez Betz les données relevées font plutôt figure de singularités de la secte. L'auteur n'a pas considéré le principe d'analogie verbale formelle en lui-même, ni par conséquent le problème de l'autorité que le procédé implique, ni enfin sa valeur traditionnelle dans le Judaïsme et dans des milieux historiques voisins.

traitent encore, dans le même sens, et avec diverses variations de détail, deux notices midrashiques manifestement secondaires par rapport à Y Sôṭah. Ce sont Wayyiqra R, 18, 1 et Kohélét R 12, 1 [28]. Le texte mishnique mentionne successivement l'origine séminale de l'homme, le terme vers lequel il va, la mort, enfin sa destination dans l'au-delà, qui est de «rendre compte devant son Créateur» [29]. Le précepte de Koh 12, 1, «souviens-toi de ton Créateur»,

---

[28] La notice la plus concise et certainement la plus ancienne est celle de Td Y Sôṭah (II, 10b, dans l'éd. de Pétrokov; fol 18a, lgs 29s., dans l'éd. de Krotochine). Sur le point qui importe à notre sujet, ce texte a le caractère d'une véritable glose du terme de Koh 12, 1, sur lequel porte le débat talmudique, à savoir «ton créateur». On a dans Sôṭah, littéralement: «... ton créateur: ton puits, ta fosse, ton créateur». Ce sont des termes d'exploitation spéculative, qui ont été simplement juxtaposés. Suivent de courtes formules explicatives, qui relient chacun des 3 termes aux propositions de la Mishna. Il est indispensable de la consulter pour comprendre le passage de Y Sôṭah. En voici la traduction (texte dans l'éd. Albeck, *Sēder Neziqîm* 363 = Abôt 3, 1). «Aqabya ben Mahalaleël disait: Réfléchis (proprement «considère» הסתכל) à trois choses, et tu ne tomberas pas au pouvoir (littéralement «dans les mains») de la transgression. Sache d'où tu es venu, où tu vas et devant qui tu es destiné (עתיד, proprement «prêt») à donner justification et compte. D'où es-tu venu? D'une goutte corrompue (cf. infra précision sur l'expression). Et où vas-tu? Vers le lieu de la poussière, des vers et des larves. Et devant qui es-tu destiné à donner justification et compte? Devant le Roi des rois, le Saint béni soit-il». Le dictionnaire talmudique médiéval *Aruch* mentionne le passage mishnique, à propos de la souche בר. L'éditeur moderne de l'*Aruch*, A. Kohut, a relevé à ce propos le passage de Y Sôṭah, et c'est ce qui m'a permis de le repérer (II, 168 A et n. 1). Dans Y Sôṭah, la Mishna est commentée ainsi, après la formulation laconique qui tire de Koh 12, 1 les 3 valeurs verbales mentionnées plus haut: «Ton puits: le lieu dont tu viens (littéralement «du (*min*) lieu dont ...», par reprise de la préposition de provenance de la Mishna; de même ensuite la préposition de destination (*l*) devant «fosse»); ta fosse: le lieu (littéralement «vers le lieu») où tu vas; ton créateur: (celui) devant qui tu es destiné à donner justification et compte». M. Schwab a supplée pour clarifier: «Akabia a déduit les trois sujets d'un seul et même verset (Ecclésiaste XII, 1): Souviens-toi de ton créateur; ce dernier terme peut (dans le texte hébreu) être lu de 3 façons: 1° «ta source», d'où tu viens; 2° «ta fosse», où tu vas; 3° «ton créateur», celui à qui tu rendras un jour compte de ta conduite» (*Le Talmud de Jérusalem traduit ... par Moïse Schwab, IV, 2ᵉ partie, Nashim* 247). Dans les midrashîm indiqués plus haut, variations secondaires diverses. Dans l'éd. rabbinique de Wayyiqra R, Aqabya devient Aqiba, par suite d'une évidente confusion (fol 24 b). Dans Koh R «ta fosse» figure en 1ʳᵉ position, visant la naissance par permutation avec «ton puits», peut-être sous l'influence d'Is 51, 1-2. Les 2 midrashîm emploient le mot ליחה «sève», dans leur explication destinée à établir la relation du mot clef avec la proposition mishnique. C'est une atténuation de la formule mishnique. Elle est appropriée au thème, car le mot concerne «la sève» qui donne vigueur aux végétaux et, par analogie, aux humains. Dans l'expression mishnique מטפה סרוחה «d'une goutte corrompue», le 2ᵉ terme est attesté dans la Bible (Jér 49, 7, où il est question de «sagesse corrompue»). D'après les données du syriaque et de l'arabe (rappelées dans la notice de *KBL* sous ce mot), cette valeur semble être le résultat d'une dérivation à partir du sens «découper», appliqué à de la chair, d'où l'idée de corruption rapide. Le thème de l'origine séminale (comprise comme une minimisation) se retrouve dans le Coran. Cf. en particulier Cor 80, 17, où il est suivi de l'allusion à la tombe, comme dans le passage mishnique.

[29] Aqabya ben Mahalaleël, à qui la Mishna attribue la sentence, est une autorité du Iᵉʳ siècle de l'ère chrétienne (Danby, *Mishnah*, 449, n. 9). L'aménagement tripartite est un procédé didactique qui se retrouve dans Abôt 2, 1, rapproché par Albeck.

sert de foyer scripturaire à la spéculation de Sôṭah. Le «puits» est censé évoquer «le lieu dont tu viens», c'est-à-dire l'origine de l'homme : c'est une «goutte» (séminale). L'analogie peut paraître lointaine à un occidental, mais elle se justifie à plusieurs points de vue. D'abord simplement par l'importance du puits pour la vie quotidienne, importance particulièrement manifeste dans les régions palestiniennes souvent éprouvées par la sécheresse et dans les zones désertiques voisines, où les points d'eau se raréfient et s'appauvrissent. Dans de telles conditions géographiques, le rôle du puits pour l'entretien de la vie a été fortement senti par les populations et le puits a pu fournir une métaphore de l'origine de la vie. Il se peut encore que la relation en cause ait été fondée plus précisément sur le spectacle offert par les points d'eau des campagnes et des confins désertiques, en temps de sécheresse. Alors en effet on voit de minces filets d'eau alimenter une flaque au fond d'un trou d'eau, ou bien des gouttes perler le long des parois[30]. Enfin, à côté des justifications tirées de l'expérience concrète, la relation instaurée par Sôṭah a peut-être été justifiée aussi par un motif d'ordre scripturaire et verbal. Le terme בור «fosse», qui est proche à la fois de באר et de ברא formellement, et qui offre une proximité de sens avec le 1er de ces termes, dûment vocalisé, sert à évoquer métaphoriquement l'origine maternelle des Israélites dans Is 51, 1. Sarah, épouse d'Abraham (51, 2) est «la fosse d'où vous avez été tirés», manière de dire : d'où vous avez été *créés*. Ce passage était de nature à légitimer scripturairement, et grâce à la jonction assurée par le rapport de parenté formelle et de proximité de sens des termes mentionnés plus haut («fosse» et «puits»), l'interprétation que Sôṭah donne du trait mishnique concernant l'origine de l'homme[31].

La relation exploitée par Sôṭah entre ברא «créer» et באר vocalisé au sens «puits» (*beʾēr*) correspond exactement, du point de vue consonantique, à la métathèse utilisée par G Is dans les textes cités initialement. Seuls diffèrent les sens auxquels ont respectivement abouti Sôṭah et G Is, mais ces sens, qui sont recouverts par l'homographe consonantique commun, ne sont que des

---

[30] Les puits aux confins des déserts, et plus encore dans les déserts mêmes, étaient souvent de simples trous où l'eau, au lieu d'offrir de la profondeur, ne faisait que suinter et perler avec lenteur. Instructifs matériaux d'illustration dans l'enquête de lexicographie arabe de R. Braünlich, relative au vocabulaire des puits (*Islamica* 1 (1925) 41 s.; 288 s.; 454 s.). Par rapport à l'exégèse préconisée par Sôṭah, l'eau qui perlait ainsi dans une aiguade rudimentaire du désert offrait une analogie assez éloquente avec la référence d'Abôt.

[31] Dans le détail de l'application, l'interprétation talmudique diffère de la donnée scripturaire, puisque le substantif d'Is 51, 1, «fosse», y est mis en rapport avec la mort, et non plus avec la naissance, comme dans l'assimilation de Sarah à une «fosse» d'où seraient nés les Israélites. Mais, étant donné la présence du mot «puits» et sa proximité formelle en hébreu, par rapport à «fosse», ce qui compte ce n'est pas la correspondance littérale avec le terme d'Is, mais sa relation avec le groupe des mots formellement apparentés qui ont servi à commenter la Mishna.

choix sémantiques déterminés par l'adaptation aux contextes respectifs. Le processus herméneutique de base et sa justification sont identiques. Le fait illustre la perpétuation de cette herméneutique depuis la Septante jusque dans l'exégèse rabbinique.

La seconde spéculation verbale exploitée par Sôṭah a consisté à justifier la 2ᵉ proposition mishnique, et sa référence à la mort, par la relation formelle entre ברא et בור, qui est cette fois la fosse mortuaire, conformément à l'emploi illustré par les Psaumes, et à la différence de la fosse natale d'Is 51, 2. Du point de vue de la ressemblance des mots, la spéculation est du même genre que celle relevée à propos de la référence implicite probable de Sôṭah à Is 51, 2. Il s'agit à nouveau d'une paronomase[32]. Il convient de préciser en outre que les 2 termes en cause ont en commun l'élément *br*, qui apparaît comme fondamental, vu la faiblesse phonétique d'*alef* et *waw* et vu les variations de l'orthographe à leur sujet[33].

d) *Bilan d'application de la méthode des analogies verbales formelles. Souches verbales traditionnelles*

Ainsi l'interprétation adoptée par G pour Nb 16, 30, l'exploitation de Nb 21, 18 dans l'Ecrit de Damas, enfin la notice de Y Sôṭah illustrent sous des formes diverses la diffusion dans le Judaïsme d'une spéculation formelle

---

[32] Si l'on se place au point de vue de l'herméneutique du Judaïsme antique, la désignation de paronomase, utilisable dans la description historique, correspond à une variante par «petite mutation» ou par parenté fondée sur une ressemblance formelle. Lorsque 2 termes *restent en présence* (au lieu qu'une retouche *évince* une leçon originelle), comme c'est le cas ici, on parlera plus volontiers de paronomase. Mais lorsqu'une interprétation suppose une leçon hébraïque différente et se substitue à H, sous le couvert de l'herméneutique formelle, il est préférable de parler d'interprétation par petite mutation. Du point de vue critique moderne, il y a alors pratiquement changement textuel. Du point de vue des anciens, ce changement, étant couvert par la méthode, était une interprétation légitime. Si l'on considère non plus l'éviction mais la confrontation de la leçon H évincée, avec la leçon introduite secondairement (méthodiquement et pour l'édification), on pourra continuer à parler de paronomase. Comme nous le verrons (IIᵉ section, IIIᵉ partie), les catégories à l'aide desquelles le critique moderne doit analyser l'herméneutique des anciens (homographies, petites mutations, etc.) ne sont qu'une nécessité descriptive moderne. Elles n'avaient pas une valeur particulière aux yeux des anciens, c'est-à-dire n'étaient pas pour eux hiérarchisables. Elles relevaient toutes du principe de participation ou de parenté, et leurs différences de modalité n'ont pas été objet de spéculation. Les *middôt* elles-mêmes, qui apparaissent tardivement dans des listes rabbiniques, ne sont essentiellement que des classifications rendues nécessaires par le besoin de clarification.

[33] Le vb qui sert, dans Y Sôṭah, à exprimer l'opération de dérivation verbale à partir de Koh 12, 1, est דרש. Ce vb a la valeur générale et courante «expliquer un passage scripturaire» (W. Bacher, *Exeg. Term.*, I, 25). Son emploi dans Sôṭah illustre «l'explication» à l'aide de dérivations formelles. Ici בורא conduit à באר et בור. Application de la méthode des analogies verbales formelles, avec dégagement de 3 valeurs. C'est une frappante illustration du principe de plurivalence qui est l'inspiration profonde de cette herméneutique.

sur le vb de la création. G Is ou une exégèse orale plus ancienne née des mêmes textes a inauguré cette spéculation dans des passages de très grande envergure théologique. G Is a incorporé et adapté une théologie naturelle hellénistique, en vertu de l'autorité souveraine d'une méthode herméneutique reçue. G Nb 16, 30 contient, à côté de la spéculation qui intéresse le vb de la création, une seconde spéculation par analogie verbale, relative au substantif étudié plus haut. Dans l'Écrit de Damas, la spéculation implicite sur le vb de la création s'accompagne d'une exploitation du double sens du participe de Nb 21, 18, en vertu d'un principe qui équivaut à l'homonymie (association de sens à l'intérieur d'une même racine). Dans la notice de Sôṭah, le vb de la création fournit 2 relations formelles spéculatives (באר et בור). Il faut ajouter la relation suggérée par Is 51, 1, entre בור et ברא, s'il est vrai que ce texte a servi à étayer implicitement la formulation de la Mishna, comme l'hypothèse en a été formulée plus haut. Celle-ci étant admise, si l'on compte les 4 passages de G Is cités initialement, le total des spéculations verbales identifiables dans l'ensemble des matériaux examinés s'élève à 11, dont 8 portent sur le vb de la création.

Il est vrai que tous ces exemples n'appartiennent pas à la même phase du Judaïsme, mais, s'il convient de dissocier à cet égard les 3 données de Sôṭah, en revanche ces dernières mettent particulièrement bien en évidence une parenté organique dont nous rencontrons d'autres illustrations au cours de nos analyses, à savoir l'emploi de procédés formels identiques dans l'herméneutique de G (nous pourrons bientôt ajouter l'herméneutique de Qa) et dans celle de l'exégèse rabbinique. Ce n'est pas la preuve que l'herméneutique de G a purement et simplement coïncidé avec l'herméneutique rabbinique. En fait celle-ci a connu des développements et des systématisations, par rapport aux phases antérieures. L'exégèse de G, de son côté, conserve des traits distinctifs conformes à sa situation historique. Mais la confrontation des données de Sôṭah avec celles qui ont été étudiées plus haut, dans G, fait clairement apparaître la continuité du recours au même principe fondamental des parentés formelles. La méthode générale qui correspond à l'application de ce principe a donc été traditionnelle jusqu'à la phase rabbinique, au cours de laquelle s'est développée une exégèse extraordinairement vivace et détaillée.

L'intérêt des exemples examinés était d'illustrer à la fois une tradition méthodologique — celle des analogies verbales — et une tradition thématique, celle qui est définie par les souches verbales exploitées, et avant tout par le vb de la création. Ailleurs, dans la majorité des cas, il faut se contenter de constater l'application de la méthode verbale ou de la méthode scripturaire à un texte donné, sans que la documentation fournisse le moyen de vérifier si l'exégèse en cause est passée dans la tradition, soit à titre de thème, soit en une formulation précise. Des segments de traditions n'apparaissent que là où il est possible de découvrir des relations entre, d'une part, les sources relativement les plus antiques, G et Qa, d'autre part, les données du Judaïsme postérieur, T, parfois des vestiges targumiques sous-jacents à Syr, enfin la littérature rabbinique.

La spéculation sur le vb de la création, dans les matériaux étudiés, répondait à cette dernière condition, et livre un exemple d'une tradition portant sur un terme d'une envergure religieuse exceptionnelle, le vb de la création, foyer d'associations verbales formelles diverses. L'importance du terme, le nombre de ses satellites herméneutiques, et la continuité de la spéculation à l'aide de la même méthode d'analogie verbale formelle sont autant d'illustrations éclatantes de l'existence de la méthode et de son autorité.

CHAPITRE VII

NÉCESSITÉ DE PROLONGER L'ENQUÊTE
HORS DES LIMITES DE G

Les analyses qui précèdent avaient pour objet de mettre en évidence le rôle d'une herméneutique analogique méthodique dans l'élaboration de G Is, et d'établir par là même l'existence de ce phénomène resté méconnu. L'herméneutique analogique n'est pas la seule qui a inspiré G Is. Les interprétations qui reflètent directement le sens, sans transpositions, c'est-à-dire les traductions proprement dites, prédominent dans G Is, comme dans les autres parties de la Septante. Certaines variations textuelles s'expliquent fréquemment par des déductions, et peuvent être considérées comme des dérivations plus ou moins légitimes du point de vue logique. Enfin, en marge de tout ce qui est imputable à l'interprétation, au sens le plus général de ce terme, il faut toujours compter aussi avec les altérations accidentelles qui ont pu se produire en divers moments de la transmission hébraïque ou grecque. Elles ont donné naissance à des divergences qui ont été, en règle générale, accommodées au contexte, dans le travail d'adaptation grecque. Cette catégorie ne représente plus comme les précédentes des produits qui ont été dérivés de la source hébraïque originelle, d'une manière consciente et réfléchie, mais des ruptures fortuites, dues aux divers facteurs de dégradation spontanée (accidents de copie des différents types, etc.). Ces cas sont ceux qui ont principalement occupé la critique moderne, mais ils ne témoignent plus d'un effort herméneutique en relation de continuité avec la forme originelle du texte hébreu.

Toutefois, malgré le contraste entre, d'une part, la continuité (dans les traductions proprement dites et les déductions), d'autre part, la rupture (dans les altérations accidentelles), ces 3 catégories de relations entre G et H(G) (littérale, déductive, dégradée par accident) ont une caractéristique commune : elles se prêtent à des constats simples qu'impose directement soit l'équivalence, soit la divergence des sens, à l'exclusion d'autres critères que cette égalité ou cette inégalité obvies. Il en va tout différemment pour les divergences de sens dues à l'intervention de l'herméneutique analogique. Leur nature ne s'impose pas directement, et n'apparaît qu'au prix d'analyses appropriées, qui visent à restituer des motifs d'arrière-plan, par l'examen de conditions littéraires et historiques plus ou moins complexes, et par la synthèse des observations localisées. Cette synthèse elle-même ne peut être suscitée que par la découverte de cas révélateurs privilégiés. Ceux-ci se situent, dans la hiérarchie des indices, au-dessus de cas moins nets qui, même en séries, laissent subsister des incertitudes. Ziegler a procédé à des repérages d'emprunts scripturaires. Il a abouti à une *série* de constats. Pourtant il n'a fait que les juxtaposer, sans parvenir à les synthétiser dans leur spécificité méthodique, parce que, malgré la répétition des faits, il n'a pas soupçonné qu'ils cachaient un principe herméneutique original. On peut en dire autant d'un certain nombre d'observations effectuées par Ottley et Fischer, concernant des divergences de sens dans G. Ces auteurs ont occasionnellement repéré des cas de proximités verbales formelles, mais ils n'ont aucunement soupçonné l'intérêt que présentaient en elles-mêmes ces parentés formelles. Eux aussi ont juxtaposé des constats qui sont demeurés stériles. Ils ne se sont pas doutés de la nécessité de les synthétiser et de traiter cette synthèse comme un problème historique nouveau. Il s'ouvre sur une perspective inédite qui, d'une part, oblige à réviser le conceptualisme empiriste reçu en critique, d'autre part, donne accès à un arrière-plan qui était resté dans l'ombre.

Les faits d'herméneutique analogique restent donc invisibles et ils se confondent avec les altérations accidentelles ou empiriques, tant que leur inspiration méthodique n'a pas été identifiée. C'est bien ce qui s'est produit en critique. Les faits herméneutiques ont été purement et simplement confondus avec les faits de dégradations par accidents, par méconnaissance du sens ou par modification librement introduite dans le texte.

Il est vrai que si l'on considère l'évolution des questions depuis la fin du XIXe siècle, une part grandissante a été faite à la réflexion et aux initiatives des anciens interprètes. De plus en plus fréquemment les critiques modernes ont parlé d'une exégèse à l'œuvre. Le crédit de mieux en mieux affermi de cette conception marque un contraste avec la prédominance des explications par les accidents. Cette appréciation par l'exégèse reconnue aux anciens peut paraître proche de la conception herméneutique préconisée ici, et mériter d'être considérée comme préparatoire. En réalité l'exégèse que l'on a de plus en plus volontiers concédée aux anciens ne diffère des dégradations accidentelles que de manière relative et se classe avec ces dernières dans une même opposition à l'herméneutique méthodique analogique mise en évidence au cours de nos analyses. L'exégèse à laquelle on a fait place en critique, jusqu'à l'actuelle vogue pour la notion de «relecture»[1], est en

---

[1] Le terme de «relecture» appliqué à ce qui est en réalité une *interprétation* présente l'inconvénient de confondre en une même catégorie une lecture pure et simple et un effort spécial et élaboré d'interprétation. On pourra évidemment toujours prétendre qu'il n'y a pas de lecture sans interprétation, et c'est vrai. Mais mêler les interprétations spontanées, essentiellement subjectives et particulières à des individus, ou conventionnelles (et dues alors à

substance la même que celle dont Abraham Geiger avait tenté en 1857, dans son *Urschrift*, de définir le statut et de dégager l'influence[2]. Étant donné les moyens de son époque et l'état de la critique d'alors, Geiger avait procédé magistralement, et c'est à lui que revient notamment le mérite d'avoir montré, à l'encontre des explications accidentalistes trop systématiques, que les variations de l'hébreu et des versions anciennes témoignaient avant tout d'une *réflexion religieuse des anciens* sur le texte biblique. Mais cette exégèse ancienne postulée par Geiger comme facteur primordial, admise ensuite sporadiquement, puis de manière plus continue, notamment dans les *Untersuchungen* de Ziegler, n'est qu'un pur empirisme. Elle est abandonnée à des expédients. Elle est avant tout une liberté consciente à l'égard du texte hébreu de base. Elle est par conséquent, aux endroits qu'elle a affectés, une rupture avec ce texte. En cela elle équivaut aux dégradations accidentelles, bien qu'elle soit concertée, alors que ces dernières sont involontaires.

Les derniers travaux dont G Is a été l'objet sont particulièrement révélateurs de la perte du lien avec la source hébraïque, qui caractérise l'exégèse empirique attribuée aux anciens, comme elle caractérise les accidents de transmission. Le bilan des emprunts scripturaires dressé par Ziegler pour G Is aurait théoriquement pu conduire à la découverte de l'existence d'une méthode. Mais Ziegler lui-même ne l'a pas discernée. Il a apprécié le phénomène comme un recours empirique occasionné, en règle générale, par des incompréhensions. Après lui, et sous son influence, Seeligmann a poussé la théorie empiriste jusqu'à une conséquence extrême en l'appliquant à des passages où G a adapté H à des fins oraculaires. Seeligmann n'a pas vu que, ce faisant, il aboutissait à une contradiction interne qui rend la théorie intenable et en manifeste l'inadéquation foncière. Nous avons vu que précisément les exploitations oraculaires inaugurées par G livrent une preuve cruciale d'une méthode investie d'autorité[3].

Par opposition à l'exégèse empirique, l'exégèse impliquée par l'herméneutique analogique et méthodique, dont nous avons préconisé ici l'existence, est caractérisée par sa volonté d'être en relation organique avec la source

---

l'influence sociale), avec des interprétations qui constituent des initiatives spécifiques et des efforts d'objectivité (notions qui soulèvent elles aussi des problèmes de relativité, mais distincts des précédents) c'est introduire la confusion et entraver l'effort de réflexion critique, au lieu de le servir. La conséquence la plus fâcheuse de cette confusion verbale est de ravaler les enquêtes historiques (qui sont des efforts critiques d'objectivité) au rang de «lectures», comme si elles étaient régies par l'absence d'information et la subjectivité. La confusion est du même ordre que celle qui consiste à parler de «discours» là où il n'y a nul discoureur, mais seulement des phénomènes culturels diffus et considérés sous leur aspect impersonnel.

[2] *UUB* (1857) 2ᵉ éd. 1928, préfacée par P. Kahle : *UUB*².
[3] Cf. Iʳᵉ partie, ch. II, C.

hébraïque. Elle l'est précisément par l'analogie, et selon les 2 modes de l'analogie scripturaire et de l'analogie verbale formelle. La méthode des analogies scripturaires assure la relation avec le texte de base par l'idée d'une *participation réciproque des textes* d'un même corpus érigé en autorité souveraine. La méthode des analogies verbales assure la relation par l'idée d'une *participation réciproque des termes* offrant une parenté de forme, indépendamment d'un rapport sémantique.

La relation avec le texte de base, objectera-t-on n'a été qu'une pseudo-relation, une illusion des anciens, tout comme est illusoire l'exégèse que leur prête la théorie empiriste, de sorte que pour le bilan historique moderne touchant le texte hébreu, le résultat est pratiquement le même. Justement ce n'est pas le cas. L'exégèse empirique supposée par la théorie empiriste perd tout rapport avec la source. L'herméneutique analogique reste double-ment en rapport avec le texte de base. En premier lieu, étant méthodique, elle est par là même dans un rapport réglé avec sa source, et la connaissance de la méthode peut contribuer à l'identification du processus qui a été à l'œuvre, et donc de la leçon H originelle. C'est ainsi que l'existence de la méthode des analogies scripturaires contribuera, par convergence avec d'autres critères, à nous persuader, dans la section suivante, qu'en Is 53, 11 le surplus de G et Qa par rapport à TM (+ «la lumière») est secondaire, tandis que TM a gardé la forme originelle, qui se justifie non par l'hypothèse Driver-Thomas à ce sujet (cf. BHS), mais par une relation d'analogie verbale avec une formulation prélittéraire plus ancienne[4]. La même méthode d'ana-logie verbale nous obligera à l'option inverse en 1, 13, où G a gardé la leçon primitive et où TM dérive, par synonymie, d'une spéculation homo-graphique sur cette leçon[5]. Nous avons noté précédemment qu'en 64, 1 le traitement par analogie scripturaire appliqué par G à H, quoique littéralement divergent par rapport à H, ramène cependant à la tradition du sens authen-tique, tandis que ce sens a été perdu dans TM, par l'effet d'une modification homographique (changement de vocalisme)[6].

En second lieu — et c'est peut-être le plus important — l'herméneutique analogique appliquée dans les interprétations secondaires reste en relation culturelle avec *le texte hébreu considéré dans son ensemble*. Sans doute ne s'agit-il pas là, en général, d'une relation précise entre un passage déterminé et l'interprétation correspondante. Mais l'herméneutique analogique prati-quée par G n'en contribue pas moins à attirer l'attention sur l'existence du

---

[4] Cf. section II, Ire patie, ch. II, 10.
[5] Cf. section II, IIIe partie, ch. II, 4.
[6] Cf. Ire partie, ch. II, F.

même facteur et sur son rôle *dans la transmission* de H (cf. supra les exemples de 64, 1 et 1, 13) et *dans son élaboration* même (supra TM 53, 11).

Il résulte des remarques précédentes diverses conséquences pour l'appréciation des textes. La plus importante est la possibilité de repérer des spéculations scripturaires (dans les compilations qui ont abouti à la constitution du texte hébreu actuel) et surtout des spéculations verbales qui se cachent derrière certains textes et qui permettent d'en élucider les difficultés, sur lesquelles l'exégèse moderne avait achoppé. De tels exemples ne pourront être exposés que dans des publications ultérieures. Mais déjà les faits relevés dans le présent volume plaident pour une extension qui déborde le cadre de G Is et de G dans son ensemble. D'une part, les rapports avec l'herméneutique du Judaïsme rabbinique nous sont apparus par plusieurs exemples [7]. D'autre part, en ce qui concerne les époques plus hautes, les analogies verbales impliquent par leur nature même une origine très ancienne. En fait elle est préisraélite, et nous le vérifierons de manière plus précise en recherchant les origines des méthodes herméneutiques (IIe section, IIIe partie, ch. 1).

G Is peut donc être considéré comme *le révélateur d'un phénomène qui le dépasse* et qui dépasse la Septante elle-même. Une fois les certitudes fondamentales acquises, il est clair que la tâche prioritaire est de progresser dans l'exploration du domaine qui se dessine ainsi. L'étape suivante est constituée par l'examen des var. révélatrices de Qa. Les problèmes de TM et de H en rapport avec des spéculations herméneutiques pourront ensuite être abordés efficacement. Étant donné cette perspective générale, il fallait éviter de freiner le développement de la question en s'attardant à dresser un inventaire complet des faits herméneutiques inhérents à G Is. Leur repérage a fait partie du travail préparatoire à cet ouvrage, mais leur valeur démonstrative est très inégale, et la place manquait pour la présentation de ces matériaux, avec les commentaires indispensables à leur élucidation. Surtout il ne fallait pas perdre de vue l'obligation de dégager les dimensions réelles et la portée de la question, qui intéresse une documentation et une aire plus larges que G Is et que son milieu d'origine. Il convenait donc de s'en tenir au minimum démonstratif indispensable, dans chaque documentation particulière (G et Qa, accessoirement les autres versions anciennes), pour déboucher de là sur les problèmes de H, incontestablement les plus urgents par leur importance intrinsèque, parfois leur gravité, et par l'intérêt que leur portent non seulement les biblistes, mais aussi les représentants des autres disciplines de l'ancien Proche-Orient.

---

[7] Cf. Ire partie, ch. II, E; IIe partie, ch. VI, C.

LE TÉMOIGNAGE DU ROULEAU ANCIEN DE QUMRÂN I Q IS a, L'ORIGINE DES MÉTHODES HERMÉNEUTIQUES ET LA TRADITION TEXTUELLE NORMATIVE

PREMIÈRE PARTIE DE LA DEUXIÈME SECTION

LES EMPRUNTS SCRIPTURAIRES DE Qa

LES EMPRUNTS SCRIPTURAIRES DANS Qa ET LE CARACTÈRE HERMÉNEUTIQUE DE CE TEXTE[1]

La présence d'emprunts scripturaires dans le grand rouleau de Qumrân I Q Is a, en abrégé Qa, n'a pas tardé à être décelée, mais la nature du phénomène et son intérêt pour l'appréciation de cette source et pour l'ensemble de la tradition textuelle et herméneutique d'Is ont été méconnus. Cette erreur d'orientation est, en grande partie, une conséquence du bilan critique concernant G, et un effet du préjugé empiriste régnant. Les emprunts scripturaires de G Is ayant été considérés par Ziegler, à la suite de la critique antérieure, comme des produits empiriques, il a paru légitime de mettre simplement les emprunts de Qa sur le compte de la même explication. Lorsque P. W. Skehan groupa les emprunts scripturaires les plus visibles dans Qa, il fit pertinemment le rapprochement avec les faits similaires de G[2]. Il nota aussi, sans autre précision, mais avec plus de netteté que Ziegler en ses analyses des textes G, que Qa avait été affecté par une exégèse : «Entre autres choses que le rouleau de la grotte I illustre pour nous, il y a un *processus exégétique* à l'œuvre dans la transmission du texte lui-même» (je souligne)[3]. La relation du phénomène des emprunts dans Qa et dans G et l'existence d'un travail exégétique accompagné de modifications de l'hébreu (alors qu'une telle exégèse aurait dû apparemment être cantonnée dans les versions!) sont, chez Skehan, des constats très lucides et utiles au progrès de la prospection historique. Encore fallait-il tenir compte des conséquences impliquées et s'engager dans la voie ainsi ouverte. Quelle était donc cette «exégèse»? Quels étaient ses modalités et motifs? Et si, au lieu d'être particulière à Qa, elle était commune à Qa et à G, au moins dans son principe, sinon dans le détail de la topographie textuelle, que penser de cette extension et quelle était sa portée pour la tradition exégétique et textuelle du Judaïsme? Au lieu de chercher à définir le problème soulevé, Skehan n'invoqua G et l'élément exégétique que pour clore la question des emprunts dans Qa, en se reposant sur les *Untersuchungen* de Ziegler, concernant la nature du

---

[1] La conclusion de la section précédente doit être considérée comme introductive à celle-ci. Voir aussi, pour l'introduction à Qa, section I, ch. II, passim.

[2] *VTS* 4 (1957) 152. La n. 1 donne une liste de textes de Qa où figure un emprunt, ainsi que les textes où ont été opérés les prélèvements.

[3] *Ibid.* 151.

phénomène. C'était admettre que l'existence des emprunts dans Qa s'explique par les mêmes conditions empiriques que celles tenues pour évidentes par Ziegler, concernant G Is. Finalement, pour Skehan, Qa n'apporte rien de fondamentalement nouveau à la question des emprunts.

Une revue détaillée des matériaux révélateurs et une réflexion d'ensemble sur la question nous conduiront à une solution différente, que recommande déjà le simple constat de parenté entre Qa et G, touchant le phénomène des emprunts. Si, conformément à nos analyses précédentes, les emprunts scripturaires pratiqués dans G sont l'application d'une méthode faisant autorité, comment le même procédé dans Qa correspondrait-il à autre chose, dans le cadre commun du Judaïsme et vers la même époque?

La seule appréciation textuelle particulière que Skehan ait formulée, touchant les var. de Qumrân, en plus de sa liste de références purement topographiques, nous montre le préjugé empiriste paralysant la détection d'un emprunt scripturaire. Or celui-là n'est pas un simple détail dans la masse textuelle. C'est au contraire un fait qui se détache, une modification de grande portée, dans un texte en vue qui concerne des notions capitales du Judaïsme. Il est vrai qu'il s'agit, dans ce cas, non pas de Qa, mais d'un fragment de la IVᵉ grotte, qui atteste une forme variante de 42, 6. C'est IV Q Is h, et l'on doit à Skehan d'en avoir révélé l'existence, avant l'édition définitive. La suite va montrer que la var. de IV Q Is h est du type des phénomènes repérables dans Qa, et donc qu'elle est instructive pour Qa.

Sur le fragment IV Q Is h figure, à la fin de 42, 6, la leçon divergente עולם (après ברית), au lieu de עם dans TM = Qa[4]. Il est compréhensible que, dans une première divulgation de cette variante, Skehan n'ait pas relevé la correspondance, pourtant remarquable, avec deux leçons attestées dans les collations de Kennicott[5], et utilement signalées depuis par K. Elliger[6]. Ce sont Kenn 109 et 129[7]. Le premier de ces mss figure dans le groupe des quelques mss distingués, sous toute réserve, par M. Goshen-Gottstein, comme méritant prioritairement une enquête, ce qui souligne l'intérêt de la rencontre[8]. Elle montre que les variantes médiévales de Kenn en question

---

[4] *O.c. sup.* Qb vacat.
[5] Dans la suite Kenn pour Kennicott.
[6] *BK*, XI, 234.
[7] L'identification de ces mss dans le catalogue de Kenn est à revoir, comme tous les matériaux de la collation. Kennicott les datait du XIIIᵉ siècle (*VL*, I, 80-81).
[8] *Bca* 33 (1954) 434 = *Text and Language* ... 56. Déjà Kenn avait signalé dans son catalogue : *Plurimas habet codex variationes*, par quoi il faut entendre des variantes réelles, à la différence des variations de l'orthographe consonantique, qui n'impliquent généralement pas des divergences de sens (*VL*, 80). Le groupe des mss distingués, provisoirement et sous toute réserve, par Goshen-Gottstein mérite l'attention de ceux qui allèguent les matériaux de

ont toute chance d'être la perpétuation d'une exégèse antique, dont IV Q Is h nous apporte maintenant la précieuse attestation. Toutefois la confrontation des mss de Kenn n'est encore qu'un détail. En revanche l'emprunt qui est à l'origine de la variante est un fait essentiel, et il a échappé à Skehan, comme ensuite, sous son influence, à Elliger, tandis que Kutscher a ignoré la contribution de Skehan et, du même coup, le fragment.

La variante de IV Q Is h est un emprunt à 55, 3, en vertu de la jonction offerte par le mot ברית «alliance», jonction très forte : il s'agit, avec ce mot, d'une notion scripturaire fondamentale du Judaïsme. Les deux passages 42, 6 et 55, 3 ont, en tant que propositions encadrant le mot clef, une importance religieuse manifeste. Dans le premier «l'alliance» et «la lumière des nations» sont des thèmes d'envergure, qui deviennent des fonctions dévolues au destinataire du discours, lequel, dans l'état compilé actuel, paraît être le Serviteur (42, 1). Le terme עם, qui détermine ברית, est ambigu en pareil contexte («peuple» d'Israël ou «peuple» issu de la création, 42, 5, donc humanité?). Cette imprécision ne pouvait être sentie par les anciens que comme un mystère invitant à la spéculation.

Le second texte, 55, 3, annonce la conclusion d'une «alliance perpétuelle» (עולם «de perpétuité», le terme du prélèvement). Cette alliance est encore rehaussée lyriquement par la référence aux «fidèles bienveillances (חסדי) envers David». La notion d'«alliance perpétuelle» a été prélevée en 55, 3 par les responsables de IV Q Is h pour être insérée en 42, 6. La retouche suppose, d'une part, un repérage de 55, 3 et une mûre réflexion sur ce texte et sur 42, 6, d'autre part, le recours à une norme incontestée. C'est une nécessité qui se dégage très nettement dans ce cas. Un texte comme 42, 6 se détachait pour la pensée religieuse; sa teneur devait être gravée dans beaucoup d'esprits. Il n'était guère possible de le modifier que sous le couvert d'une autorité égale à celle du texte original. L'utilisation de la jonction verbale fournie par le terme «alliance» commun aux 2 textes, et l'emprunt consécutif, étaient donc l'application d'une méthode souveraine. Elle a permis au milieu responsable de résoudre le problème soulevé par עם. La solution ne constitue pas une équivalence ou une déduction logique, et elle n'est pas une interprétation au sens moderne. Mais elle est une substitution qui a été jugée clarifiante et édifiante, et qui relevait d'une herméneutique d'exploitation religieuse reçue au sein du Judaïsme de cette phase[9].

Kenn. Elliger n'en a pas tenu compte, dans ses références aux mss Kenn. Pourtant, dans le cas présent, son rappel de la correction Lowth, fondée sur les deux mss cités, aurait gagné en intérêt, à travers l'enquête de Goshen-Gottstein (*BK*, XI, 234; Lowth, éd. all. Koppe, III, 230).

[9] Nous n'insisterons pas sur des hypothèses auxquelles on pourrait songer, concernant des motifs complémentaires qui ont pu influer sur IV Q Is h. Elles restent incertaines et, en

Le fragment de la IVe grotte de Qumrân démontre donc éloquemment l'emploi d'une méthode identique à celle que nous avons vue à l'œuvre dans G Is. Mais G n'est qu'un témoin indirect du texte, et par nature une œuvre d'interprétation, où il est moins surprenant que se soit exercée une certaine herméneutique transformante. Le fragment de IV Q Is h est au contraire *un témoin direct* de la tradition textuelle, et là l'intrusion de l'herméneutique est inattendue. Le fragment atteste le phénomène avec force, vu la portée du passage, et c'est ce qui fait l'importance de ce document. Nous allons retrouver le même chef d'intérêt global dans les emprunts similaires qui ont été pratiqués dans Qa, avec des degrés variables de complexité et d'importance religieuse ou littéraire.

Comme les emprunts scripturaires de Qa avaient retenu l'attention de Skehan, il aurait dû être mis sur la voie de la détection de l'emprunt dans IV Q Is h. Mais l'habitude de distinguer entre l'authentique et le secondaire et de n'attacher une valeur qu'à la première catégorie, en considérant l'autre comme produit fortuit de l'empirisme — c'est-à-dire déchet ou curiosité sans importance historique — a détourné l'attention de Skehan et l'a empêché de discerner l'intérêt du document qu'il avait en main. Son jugement est que «since the reading is quite impossible we have no reason to be grateful»[10]. On ne pouvait méconnaître plus complètement le document. Outre que la soi-disant «impossibilité» d'une authenticité primitive de la leçon est un jugement trop hâtif qui méconnaît que précisément cette lecture avait été proposée par Lowth, d'après la var. des mss de Kennicott[11], la critique a au contraire toute raison d'être «grateful» pour la découverte du précieux fragment. Il livre une illustration très éloquente, vu la portée du texte, de la pénétration de la méthode des emprunts scripturaires dans la tradition textuelle de l'hébreu. Cette intrusion est par elle-même un phénomène de première importance pour l'histoire de la transmission du texte biblique[12]. La contribution de Skehan, dont nous avons dit les mérites positifs, d'ordre topographique, offre, par sa méconnaissance de IV Q Is h, une occasion de constater une fois encore l'inadéquation de l'interprétation empiriste qui tient pour évident que le texte a été livré aux improvisations libres ou aux routines exemptes de norme. La persistance opiniâtre de cette conception

---

mettant les choses au mieux, elles ne concernent que des aspects secondaires, subordonnés à l'analogie décisive établie entre 42, 6 et 55, 3. Influence complémentaire possible de l'expression עם עולם (TM = Qa) en 44, 7. Possibilité d'une spéculation sur Jos 24, 25 ויכרת ברית לעם : «en faveur du peuple» (לעם) a-t-il été le prétexte d'un passage à עלם (analogie verbale, métathèse), d'où une lecture = עולם?

[10] *VTS, o.c.* 151.

[11] Elliger, *o.c. sup.* l'a pertinemment rappelé. Référence à Lowth en n. supra.

[12] Cette assertion ne préjuge pas de la qualité de TM (cf. section III, ch. II, à ce sujet).

inadaptée, la difficulté même de prendre conscience du caractère problématique de l'empirisme sont des dispositions qui ne s'expliquent pas simplement par des erreurs de jugement individuel. Elles résultent d'habitudes de pensée propres à la rationalité occidentale, mais que celle-ci a les moyens de rectifier pour accéder à plus de rigueur objective.

Chez Kutscher le présupposé empiriste est le même que chez Skehan, en ce qui concerne les variantes de Qa dues à des emprunts scripturaires. On lui doit d'avoir appréciablement enrichi le repérage des matériaux relatifs à la question. Alors que Skehan s'en était tenu à une liste représentative, mais sommaire, la contribution de Kutscher est un produit de l'érudition. Mais, outre que cette érudition n'est pas exempte d'erreurs[13], les conséquences de la conception empiriste se sont nettement aggravées. En ce qui concerne la nature et la portée historique du phénomène, Kutscher non seulement n'a pas progressé par rapport à Skehan, mais encore il faut dire qu'il est en recul. Alors que Skehan avait mis en évidence les emprunts de Qa comme un phénomène global qui se détache dans ce texte et qui a son répondant dans G, Kutscher a ignoré l'apport de son prédécesseur[14], et il a présenté les emprunts comme des dégradations parmi d'autres, et sans intérêt particulier. Il n'a établi, au cours de ses analyses, aucune relation entre les emprunts consistant en *additions* et ceux qui se traduisent par des *substitutions*[15]. Il s'est contenté de juxtaposer des allusions à ces phénomènes, dans une synthèse historique introductive qui fait de l'une et de l'autre catégorie uniquement des manifestations de la dégradation du texte[16]. Les faits du premier type (additions) ont été mêlés dans les analyses à d'autres sortes d'amplifications textuelles. Les emprunts de cette catégorie restent cependant assez nombreux et par eux-mêmes assez caractéristiques pour attirer l'attention, et les notices récapitulatives qui leur sont consacrées contribuent à cet effet[17]. Pourtant ces notices se ressentent elles aussi de l'erreur inhérente à la conception empiriste, et au lieu d'aboutir à un classement synthétique satisfaisant, au

---

[13] Justification passim dans les analyses de Qa qui suivent.

[14] Cette lacune bibliographique surprend dans un ouvrage qui paraît reposer sur un dépouillement exhaustif des débats sur Qa.

[15] Cette distinction ne joue aucun rôle dans la liste de Skehan, qui n'a qu'une portée introductive et provisoire. En revanche, dans une enquête qui vise à être exhaustive, comme celle de Kutscher, elle devient importante pour la question des emprunts. Cet auteur a été amené, par la nature des faits qu'il a relevés, à faire la distinction, mais il devait complémentairement mettre en évidence la parenté des 2 catégories et le caractère révélateur de cette parenté, tandis qu'il a dispersé les faits, et n'en a proposé une synthèse que dans les conditions radicalement négatives du «texte populaire». Cf. infra.

[16] *LMY* 54s.; *LIS* 73s. Précisions sur cette synthèse, infra.

[17] *LMY* 435-436, notices 3 à 5; *LIS* 545-546. Voir aussi les notices 8 à 11, mais là se manifeste la tendance à une dispersion et une imprécision nuisibles à la question.

moins pour la catégorie des additions, elles proposent des distinctions inutiles et ajoutent ainsi de nouveaux motifs de dispersion à ceux des analyses[18]. Les notices devaient au contraire dépasser les critères purement formels des analyses, pour aboutir à un regroupement historique efficace, qui aurait mis en évidence l'homogénéité du phénomène des influences scripturaires, ce qui aurait conduit l'auteur à soupçonner la présence d'un problème historique s'ouvrant sur une voie nouvelle. Mais il n'a vu dans les faits qu'une singularité (la modalité *scripturaire* de la dégradation), à l'intérieur d'une catégorie stérile, celle des altérations. Par suite l'auteur a cru la question épuisée par la topographie textuelle. Les identifications définissent au contraire ce problème et n'en sont que l'énoncé, bien loin d'en marquer l'aboutissement. La même remarque vaut pour le traitement réservé par Kutscher aux emprunts par substitution, avec la circonstance aggravante d'une perte de netteté, par rapport à la catégorie des additions. Les faits de substitution, d'origine scripturaire, ont été complètement noyés dans une foule de variantes appartenant à d'autres catégories[19]. En outre la notice récapitulative ne fait plus état que de probabilités qui ne reçoivent aucun secours des faits d'addition[20]. Ceux-ci sont en effet traités dans un chapitre éloigné, et la relation, en elle-même évidente, entre ces données n'est prise en considération, comme déjà dit, qu'en termes vagues, dans l'introduction historique qui liquide l'ensemble des emprunts et des autres variantes secondaires comme des faits de dégradations[21]. Le concept historique qui a servi de couvert à cette liquidation est celui de «texte populaire». Il convient de l'examiner de plus près, pour libérer d'une lourde équivoque les analyses textuelles qui restent à entreprendre. Avant les découvertes de Qumrân cette équivoque exerçait déjà une influence fourvoyante sur la critique. Elle a ensuite pesé sur plusieurs des premières appréciations dont Qa a été l'objet, et l'ouvrage de Kutscher l'a aggravée, en lui apportant la caution de l'érudition.

---

[18] Cf. la n. précédente.

[19] Dans le ch. consacré aux «changements de racines», le plus important de tout l'ouvrage, en ce qui concerne les var. de portée littéraire : *LMY* 164s.; *LIS* 216s.

[20] *LMY* 240, § 27; *LIS* 312.

[21] Les notices de groupement mentionnées plus haut n'ont qu'une valeur récapitulative. La synthèse historique proprement dite, concernant les faits d'emprunts scripturaires doit être cherchée en un tout autre endroit, au début de l'ouvrage : *LMY* 54s.; *LIS* 73s. L'auteur, sous prétexte de rigueur linguistique, s'est enfermé dans des catégories purement formelles (surplus par rapport au TM, changements de racines). L'orientation qui résulte de ce classement et la tendance dogmatique à identifier TM et archétype ont empêché l'auteur de déboucher sur un conceptualisme historique efficace.

L'examen critique qui s'impose en ce point n'intéresse plus seulement les modifications par emprunts scripturaires, mais l'ensemble des modifications concertées de H, qui comportent encore, comme dans G, des modifications fondées sur des analogies verbales, objet de la 2ᵉ partie de la section II. Cet élargissement de perspective, rendu nécessaire par la manière dont Kutscher a présenté Qa, nous permettra de préparer le terrain, simultanément, à l'examen des emprunts scripturaires (qui s'avèreront méthodiques, comme dans G) et à celui des retouches fondées sur des ressemblances verbales formelles (selon la même méthode encore que dans G).

La distinction entre textes «populaires» et textes normatifs, dont TM serait le représentant, n'est pas en elle-même illégitime[22]. Mais une clarification est nécessaire, car l'épithète de «populaire», au lieu d'être immédiatement clarifiante et résolutive, est au contraire problématique[23]. Elle introduit dans l'appréciation du détail et de l'ensemble une grave équivoque, si l'on ne prend pas garde aux possibilités impliquées. Il est essentiel de faire la clarté sur ce point.

Que faut-il entendre par «populaire»? Ce caractère résulte-t-il de ce que le texte est tombé entre des mains inexpertes et a été remanié par incompréhension et, accessoirement, par maladresse et incurie? Ou bien le texte

---

[22] Pour TM, Kutscher emploie dans *LMY* l'expression למופת, prise en son acception moderne «pour exemple, pour modèle», donc «exemplaire, normatif»: *LMY* 57, sect. XVI. La traduction anglaise rend par «model texts», *LIS* 77 («texts», une pluralité, mais pratiquement TM). Au lieu de «populaire» (עממי, *LMY* 57), l'auteur a employé dans un titre de section de l'éd. anglaise «vernacular» (*LIS* 77, sect. XVI). C'est un glissement qui ne peut qu'être source d'équivoque supplémentaire. Le terme de l'éd. hébraïque est une qualification sociale et culturelle, «vernacular» une indication plus strictement linguistique. Dans le 1ᵉʳ cas, un texte «populaire» ou «vulgaire» est un texte adapté ou dégradé à un tel niveau. Dans le 2ᵉ cas, il s'agit d'un texte rédigé dans la langue «indigène» d'une région. Les deux nuances ne s'opposent pas, elles peuvent même plus ou moins se recouvrir, selon les cas, et l'auteur était en droit d'estimer que Qa est un tel cas. Mais l'adjectif hébraïque entraîne pour Qa une dépréciation, tandis que l'adjectif anglais reste descriptif et oriente l'appréciation dans un sens purement linguistique. Or en fait cette orientation n'est pas exclusivement celle de la synthèse de Kutscher (*LMY* 57 s.; *LIS* 77 s.), où entre la considération capitale de l'incompétence et des traitements artificiels qui en résultent, aux yeux de l'auteur, ce qui dépasse la catégorie linguistique et concerne un phénomène culturel. C'est donc la qualification de l'éd. de 1959 qui exprime le mieux la pensée de l'auteur et qui permet de comprendre son point de vue, tandis que l'éd. anglaise marque un glissement. Le même terme hébreu de l'éd. de 1959 est rendu normalement par «populaire», dans le corps du développement de cette même sect. XVI (par. ex. *LIS* 78, début du § 2, «popular texts»; cpr. *LMY* 58 haut). On se demande pourquoi l'auteur a dérogé dans son titre. Dans l'ensemble il faut observer que la traduction anglaise est souvent rapide, parfois loin du texte de 1959, et malheureusement non exempte d'erreurs, qui rendent parfois l'argumentation incompréhensible. La consultation de *LMY* est indispensable aussi à cause de l'index, qui manque dans *LIS*.

[23] Ici encore, comme à propos de la topographie textuelle des emprunts, Kutscher a pris pour solution ce qui est énoncé du problème.

a-t-il été adapté aux capacités et aux besoins d'un large public par les soins de spécialistes avertis? Dans le premier cas l'élément «populaire» est le responsable de remaniements qui ne peuvent avoir été qu'incompétents, quelle que soit la gravité de cette incompétence. L'intérêt historique n'est pas nul, puisque le processus de modification reflète, pour une part, la situation linguistique du milieu et contient donc d'utiles renseignements. Mais au delà de ce champ linguistique, les modifications supposées produites par l'influence «populaire» ne constituent plus que des ruptures du lien avec le sens primitif, et des phénomènes négatifs, sans aucun enseignement.

Dans le second cas, il est clair que la situation est différente. L'élément populaire est *le destinataire*, non plus *le responsable* des remaniements. Le texte a été modifié par des gens qualifiés, du point de vue des critères de l'époque, et selon des modalités, des motifs et peut-être une finalité générale, dont l'ensemble constitue *un phénomène culturel positif*, qui intervient à côté du document comme un fait nouveau et une donnée historique originale, et qui appelle un examen particulier. Comme il s'agit, dans cette seconde éventualité, d'une vulgarisation réalisée en connaissance de cause par des spécialistes, il est conforme aux conditions générales du traditionalisme juif d'admettre a priori que ces spécialistes, alors même qu'ils modifiaient le texte, disposaient d'un legs d'informations plus anciennes sur le sens, et que, loin de procéder par improvisation, ils pratiquaient des méthodes reçues pouvant remonter haut dans le passé. Oublions un instant les résultats de nos analyses sur G, et les déductions que nous ont déjà imposées la relation Qa-G et l'examen de la variante de IV Q Is h, en 42, 6. Tenons-nous en aux possibilités historiques enveloppées par le concept de «populaire» entendu au second sens, c'est-à-dire comme qualifiant une vulgarisation compétente. Une enquête sur un tel phénomène de vulgarisation, supposé attesté par Qa, dans les conditions très particulières et à un stade antique du Judaïsme, a toutes les chances d'intéresser un champ historique plus large que celui délimité par le document lui-même et par son milieu d'origine et d'emploi. Cette plus grande extension pourrait, à cause de la force prédominante de la tradition, et d'une tradition religieuse, permettre une certaine remontée dans le passé, tout au moins en ce qui concerne les conditions culturelles. Peut-être pourrait-on alors retrouver, à partir du phénomène secondaire de la vulgarisation, quelque chose du rayonnement du texte primitif, au sein des traditions apparues dans son sillage. Au lieu de la rupture pure et simple par rapport aux origines, comme dans l'hypothèse précédente, on voit se dessiner tout au moins la possibilité de certaines continuités organiques et la probabilité de conceptions et usages culturels débordant le cadre du seul document considéré.

Kutscher a négligé de procéder à la clarification préalable du concept qu'il a utilisé. Cette imprécision est un héritage de la critique antérieure et du conceptualisme reçu, que Kahle a contribué à accréditer[24]. Cependant, en ce qui concerne l'influence de Kahle sur ce point, il faut observer que les temps et les problèmes n'étaient pas les mêmes, si l'on considère la première et la plus importante phase des travaux de ce savant, celle qui remonte au début du siècle. Les conséquences de l'imprécision, touchant le concept de «texte populaire», n'étaient pas encore actives. La question des conditions culturelles était un champ encore inexploré, mais ce champ restait ouvert. Les contributions de Kahle ne diminuaient pas les chances d'en découvrir l'accès, en dépit de certaines thèses contestables de l'auteur, et malgré sa négligence de la tradition religieuse comme facteur historique positif, négligence qui est manifestement le point faible de ses théories et de la phase de la critique à laquelle il se rattache pour l'essentiel[25]. À partir de Kahle il était

---

[24] Kutscher s'est explicitement réclamé de Kahle, à propos de la notion de texte populaire, et plus précisément à l'occasion du rapprochement entre le caractère des var. de Qa et celui des var. du Pentateuque samaritain : *LMY* 54, sect. XV; *LIS* 74. Au stade des recherches de Kahle, le problème de la valeur positive éventuellement assignable à des processus de vulgarisation et celui des traditions solidaires n'avaient guère de chances d'affleurer, étant donné les questions prioritaires résultant des mémorables découvertes de ce savant. Néanmoins il est certain que l'une des possibilités qui découlaient de l'emploi indifférencié de la qualification de «populaire» chez Kahle est celle que l'on trouve exagérément grossie chez Kutscher. D'un autre côté, dans le développement mentionné et dans la sect. XVI qui suit, Kutscher a présenté le rapport des vues de Kahle avec celles de Gesenius, d'une part, celles de Geiger, d'autre part, d'une manière tendancieuse, propre à engendrer des confusions. Le jugement de Kahle touchant les points en discussion a été déterminé par l'étude de mss hébreux et samaritains encore inconnus du temps de Geiger, et non pas par Geiger. Ce qui est vrai c'est que Kahle a reconnu l'importance des vues de Geiger, à la lumière des nouveaux matériaux. Concernant la position de Gesenius (*LMY* 54; *LIS* 74), il faut observer que cet exégète traitait de l'infériorité de Samar, par rapport à H primitif. Kahle songeait à la valeur de Samar, par rapport à l'histoire générale du texte hébreu, et spécialement celle de son vocalisme, indépendamment de l'existence de var. secondaires dans Samar. La formulation trop hâtive de Kutscher ne permet pas de saisir la nature de ces apports respectifs et donne le change. L'éd. anglaise aggrave la déformation des idées de Kahle, lorsqu'elle traduit : «Even Kahle who disagreed with Gesenius was nevertheless *forced by* (je souligne) Geiger to admit etc.»; l'éd. de 1959 porte : «est obligé lui aussi d'admettre à la suite de Geiger». C'est à l'autorité des textes que Kahle s'est conformé, non à celle de Geiger, qui l'avait précédé d'une génération et qui ignorait les nouveaux matériaux.

[25] La négligence du rôle de la tradition religieuse comme facteur de continuité relative (non infaillible!) est une tendance générale que l'on peut reprocher à Kahle. Elle lui a inspiré une déduction injustifiée, concernant la genèse et la fixation du texte hébreu. On ne peut lire le jugement que Kahle a porté sur la question, dans un ouvrage publié en 1961, sans avoir l'impression d'une imprudence de formulation, quand il en vient à écrire, après référence au colophon de Moshe ben Asher, dans le Codex des Prophètes du Caire : «So sprechen nicht Leute, die es bei der Arbeit am Bibeltexte als ihre Aufgabe betrachten, *alles beim alten zu lassen* (je souligne). So sprechen Leute, die davon überzeugt sind, dass sie etwas *wesentlich Neues* (je souligne) geschaffen haben ...» (*Der hebräische Bibeltext seit Franz Delitzsch*, 66). Une

possible de déboucher sur la question des conditions culturelles des textes.

Au contraire dans la perspective tracée par Kutscher, sur la base de la donnée nouvelle de Qa, le conceptualisme du texte «populaire», au lieu de rester heuristique, se fige en une dépréciation systématique. Il en résulte certes la possibilité d'une exploitation linguistique (Qa = reflet d'usages de basse époque), mais, hors de ce champ, la vue est historiquement (touchant les conditions culturelles) stérilisante. Or dans l'ouvrage de Kutscher, la tension interne inhérente au concept de «texte populaire» appliqué au Judaïsme antique parvient au point de rupture : toute l'enquête de l'auteur est grevée par une contradiction flagrante, qui est le symptôme d'une erreur d'orientation dans l'appréciation de Qa et, par contre-coup, de l'ensemble de la tradition textuelle. C'est ce qu'il convient de préciser.

Dans la mesure où Kutscher a considéré la valeur de Qa par rapport à la forme textuelle primitive, il a eu besoin de l'acception péjorative, la 1re définie plus haut : Qa est alors «populaire» par suite des détériorations infligées par un milieu inapte. Son intérêt est, d'une part, de livrer quelques particularités linguistiques de ce milieu, d'autre part, de manifester le triomphe de TM et sa régulière coïncidence avec l'archétype, à quelques très rares exceptions près. L'illustration de ces 2 chefs d'intérêt étant l'objet même que s'est proposé l'auteur, tout son ouvrage est dominé par l'acception péjorative de la terminologie adoptée.

Mais, dans la mesure où Kutscher a considéré Qa indépendamment de TM, suivant la vraisemblance de sa genèse, et selon ses conditions historiques propres, il a été amené à utiliser plus ou moins nettement la seconde acception définie plus haut, celle qui fait place à un travail de vulgarisation qualifié. Le passage révélateur se trouve dans la section introductive consacrée à la distinction entre «textes populaires» (עממיים, non «vernacular» du titre de ce développement, dans l'édition anglaise, que contredit l'exposé *ibid.*) [26] et textes «modèles». Je me réfère à l'éd. de 1959, en indiquant une différence

---

telle formulation implique des innovations qui constituent des ruptures dans la tradition, phénomène qui paraît en contradiction avec tout ce que nous savons du Judaïsme, considéré en ses différentes périodes. Même limités à des détails de vocalisme et d'accents, les termes sont excessifs. Ils encouragent l'idée d'innovations affectant le texte en profondeur. En son étude intitulée «The rise of the Tiberian Bible Text», M. Goshen-Gottstein s'est élevé contre les vues de Kahle. Quoi qu'il en soit du détail de l'argumentation de cet auteur, qui me semble minimiser quelque peu les contributions positives de Kahle, il me paraît avoir raison de plaider pour la continuité de la tradition : «Where he (Kahle) sees abrupt changes (...) I see live tradition, endless toil for safeguarding a sacred text, and gradual development (*Mél. N. N. Glatzer*, 1963, 79 s.).

[26] *LMY* 57 s.; *LIS* 77 s., et le titre de la sect. XVI. Voir supra la n. relative à la confusion introduite sur ce point par l'éd. anglaise.

essentielle de l'éd. anglaise. «Bon gré mal gré[27], nous devons distinguer entre textes populaires[28], dont on se servait *probablement* (je souligne; cette nuance dubitative disparaît dans l'éd. anglaise[29]) pour l'étude et aussi pour la lecture à la maison et peut-être aussi à la synagogue, et (d'autre part) un texte à la préservation duquel on veillait minutieusement[30]. C'était le texte qui était préservé dans le Temple et *probablement* (je souligne; disparaît dans l'éd. anglaise)[31] aussi en d'autres lieux, en particulier dans les synagogues, du moins celles des centres d'étude»[32].

Donc, de l'aveu même de l'auteur, les «textes populaires», dont Qa est un exemplaire, servaient à l'étude, et étaient même employés dans certaines synagogues. Cette double assertion, qui n'était encore qu'une probabilité dans l'éd. de 1959, est devenue pour l'auteur, dans l'éd. de 1974, une certitude présentée sans restriction. L'évolution de la formulation, d'une éd. à l'autre, et l'affermissement de l'opinion de l'auteur concernant l'emploi des «textes populaires» pour l'étude, en particulier dans ces centres d'étude qu'étaient les synagogues, méritent d'être soulignés et montrent que Kutscher a senti le besoin de préciser la raison d'être de textes du type Qa, au sein du Judaïsme. Cette raison d'être ne peut que résulter des conditions internes propres au Judaïsme, lesquelles ont imposé à Kutscher son interprétation positive, dans l'éd. anglaise, par delà le flottement encore perceptible dans l'éd. de 1959. Avec le recul, il a mieux apprécié la nature de Qa et sa vraisemblance historique propre, indépendamment de la question d'infériorité textuelle par rapport à TM. Dans l'éd. de 1959, la perspective trop exclusivement «archétypique» entravait encore l'interprétation historique et la maintenait dans l'hésitation. Le jugement qui s'exprime dans l'éd. de 1974, à savoir que Qa est positivement (par delà le «probablement» de 1959) *un texte d'étude* revêt la portée d'un aveu. Cet aveu a d'autant plus de poids

---

[27] Je rends ainsi בעל כרחנו. L'éd. anglaise tourne les choses autrement : «A clear distinction *must be made* between …» (je souligne).

[28] Ici l'éd. anglaise renonce à «vernacular» du titre : «popular texts».

[29] *LMY* מן הסתם. La disparition de cette nuance importante dans l'éd. anglaise indique une opinion plus arrêtée chez Kutscher. Cette évolution est légitime et nous allons voir qu'il faut approuver l'auteur sur ce point. Mais la contradiction qui affecte tout l'ouvrage s'en trouve d'autant plus accusée.

[30] Noter le passage au singulier, après le pluriel du titre. En fait il s'agit bien du texte par excellence, en tant que normatif, c'est-à-dire, du point de vue de Kutscher, à la fois archétypique et préservé sans changement jusqu'aux mss témoins de TM.

[31] Cette seconde suppression par rapport à l'éd. hébraïque confirme l'évolution de l'auteur vers une opinion plus arrêtée.

[32] Littéralement «des centres de la Loi» = où l'on étudie la Loi. Le passage cité figure au début du 2e § de la sect. XVI.

qu'il émane d'un auteur porté par ailleurs à limiter l'intérêt de Qa à un champ purement linguistique, sans apport historique proprement dit.

Si Qa est un texte «populaire *pour l'étude*», alors «populaire» est pris dans une acception qui ne s'accorde plus avec les dégradations pures et simples, par ignorance et retouches empiriques, sans principes ni influence directe ou méthodologique de la tradition, ainsi que l'auteur les a régulièrement admises au cours de son ouvrage, partout où Qa diverge par rapport à TM. Un texte qui servait à l'étude ne pouvait être abandonné à l'incompétence «populaire», dans les conditions très particulières du Judaïsme, que souligne la localisation dans les synagogues, admise par Kutscher. Ces conditions étaient déjà originales et exigeantes, dès la phase ancienne, celle du Second Temple[33].

Un texte «d'étude» utilisable dans les synagogues, loin d'être livré à l'incompétence «populaire», était une source destinée à éduquer cette incompétence et à lui offrir une édification religieuse qui prétendait réglementer tous les aspects de la vie individuelle et sociale, aussi bien que stimuler la piété et la spéculation théologique et scripturaire. Les conditions diffèrent profondément de celles que l'on trouve dans les faits de transmission textuelle de l'antiquité classique. L'analogie que Kutscher a tenté d'instituer avec le cas des papyrus littéraires hellénistiques reste lointaine et inopérante, ces documents étant profanes et leur utilisation n'ayant pas des caractéristiques comparables au phénomène que l'on trouve dans le Judaïsme[34]. Là

---

[33] L'ancien Judaïsme de cette époque n'avait pas encore atteint la rigueur littéraliste du nouveau Judaïsme, postérieur à la catastrophe de 70 de l'E.C. Mais l'orientation vers des normes, en matière textuelle et herméneutique, existait déjà, et c'est l'intérêt de documents comme G et Qa d'en révéler la réalité et le développement.

[34] *LMY* 57; *LIS* 77-78. L'analogie porte sur l'infériorité des mss antiques (Qa, d'une part, papyrus littéraires hellénistiques, d'autre part) comparés aux mss médiévaux (représentants de TM, d'une part, mss médiévaux des œuvres littéraires grecques, d'autre part), en dépit de la date beaucoup plus tardive des seconds. Outre la nécessité de tenir compte de la distinction du profane et du religieux, négligée par Kutscher, il faudrait approfondir les choses en ce qui concerne les matériaux allégués, où figurent entre autres des exercices scolaires, dans lesquels la dégradation est un phénomène normal. La confrontation avec le Judaïsme ne serait instructive que pour aider à spécifier et différencier les matériaux. Kutscher, si pointilleux touchant les prérogatives de TM, a ici curieusement cédé à la tentation d'une analogie avec des phénomènes de transmission littéraire bien différents de la transmission biblique. Il a cru renforcer ainsi sa dépréciation de Qa, en dehors du champ linguistique. Il n'a pas pris garde qu'il renonçait alors à tout ce qui fait l'originalité de la transmission biblique, et que c'était perdre du même coup les chances de comprendre historiquement et donc de justifier cette haute valeur de TM, à laquelle l'auteur est si attaché. L'assimilation de TM au cas des mss classiques médiévaux instaurerait un large droit à la correction et marquerait le retour aux pratiques de la critique biblique du XIXe siècle. Le cas de TM diffère, dira-t-on, et l'analogie porte surtout sur Qa. Mais ce serait reculer sur un point essentiel, et que resterait-il alors en fait de similitude réellement clarifiante entre Qa et les papyrus littéraires grecs? En réalité l'analogie n'a pour

l'étude se confondait avec l'édification religieuse, qui était édification (au sens étymologique du terme) concrète de la société. Les textes utilisés à une telle fin étaient nécessairement solidaires de normes qui garantissaient leur validité didactique et leur assuraient le degré d'autorité souhaitable. Et cela est vrai a fortiori si l'emploi était particulier à un courant, à une école ou, comme c'est le cas de Qa, à une secte. Alors en effet la concurrence, les débats et les conflits rendaient la légitimation des retouches textuelles d'autant plus nécessaire. Dès lors un texte «d'étude» est un texte qui recèle dans ses variantes des indices culturels et traditionnels. Il doit contenir ainsi un apport historique positif, et non pas seulement linguistique comme l'a cru Kutscher pour Qa.

Mais, objectera-t-on, ce qui est décisif pour le problème ne doit-il pas être cherché dans les analyses textuelles elles-mêmes, plutôt que dans des considérations historiques générales? Étant admis que Kutscher est entré en contradiction avec lui-même, lorsqu'il a classé Qa parmi les textes «pour l'étude», tandis qu'il croyait ne devoir reconnaitre dans le détail de Qa qu'une dégradation généralisée, avec apport linguistique, mais non historique, ne faut-il pas renoncer à l'hypothèse du texte d'étude et donner priorité aux appréciations de détail, qui elles reposent sur des faits précis? Il est vrai que le verdict appartient aux textes et que la question reste en suspens tant que ces textes n'ont pas été examinés de près. Nous allons y arriver et relever, à propos des emprunts scripturaires — catégorie particulièrement révélatrice — des indices qui montrent clairement que c'est l'interprétation de Qa comme texte «pour l'étude» qui est dans le vrai, tandis que l'interprétation de son détail comme autant de déchets historiques, sans intérêt autre que linguistique, fait apparaître, au moins dans les cas les plus révélateurs, une véritable stérilisation de l'analyse et, par conséquent, l'inadéquation de ce second point de vue, en contradiction avec le premier. Mais pour en venir là dans les conditions de clarté et d'efficacité requises, il est encore indispensable de compléter brièvement les vues précédentes, en dissipant l'équivoque sur la théorie et les faits, qui ne manquerait pas de se produire, au point où notre exposé est parvenu. La contradiction que Kutscher n'a pas perçue et dont il a été la victime ne se situe pas entre, d'une part, ses considérations historiques introductives et, d'autre part, ses analyses textuelles; elle ne peut être résolue à l'avantage de ces dernières, sous prétexte d'une priorité des «faits» sur la théorie. La contradiction est au cœur des considérations historiques elles-mêmes, et c'est là qu'elle a rendu possible l'erreur fonda-

---

elle qu'une apparence superficielle, et il faut l'abandonner dès que l'on considère la spécificité de chaque documentation.

mentale de perspective dans laquelle sont venues ensuite s'inscrire les analyses du détail textuel. Celles-ci ont, par voie de conséquence, subi un
appauvrissement fatal. La place faite par Kutscher à la notion de texte
d'étude n'est qu'un moment de lucidité passagère, qui s'est exprimée en
quelques endroits de son exposé, mais qui a été aussitôt suivie par un
retour à la conception, partout active dans l'ouvrage, d'un texte dégradé en
dehors de toute norme, sous l'effet du seul empirisme[35]. Le contexte immédiat de la proposition visée plus haut, sur le texte d'étude, la contredit et
donne la note dominante en faveur de l'empirisme[36].

La démarche de l'auteur et le conflit inhérent à son exposé s'expliquent
par un usage insuffisamment critique de la notion d'archétype et par l'influence du préjugé empiriste. Dans la mesure où Kutscher a considéré le
rapport TM-Qa, qui est le sujet central de son livre, il a été porté à présenter
Qa comme défectueux, face à un TM triomphant. Il n'a pas cherché si, au
delà de la secondarité de Qa, des enseignements historiques étaient à recueillir.
Il ne pouvait dès lors relever que des dégradations, et c'est ce constat qui est
inlassablement répété tout au long de l'ouvrage, à l'occasion de l'analyse
des «faits» textuels. Mais dans la mesure où l'auteur a bien été obligé, pour
étayer son exposé, d'accorder une attention à la vraisemblance historique
et aux conditions dans lesquelles un texte comme Qa a pu faire son apparition
au sein du Judaïsme, sa pensée s'est infléchie dans un autre sens, sous la
pression de l'évidence, et sans qu'il se rendît compte de son propre changement de point de vue. Tout en qualifiant Qa de «texte populaire», il a été
amené à lui concéder une fonction de «texte d'étude», en raison de l'orien-

---

[35] À côté des section XV et XVI de la partie introductive, qui nous occupent plus
spécialement dans l'ouvrage de Kutscher, touchant le point en débat (*LMY* 54 s.; *LIS* 73 s.), la
notion de texte d'étude joue encore un rôle à la fin de la section XIV, relative à l'utilisation
pédagogique (ou de vulgarisation) des modifications orthographiques. Mais la lucidité de
l'auteur à ce propos est de nouveau momentanée et ne suffit pas à contrebalancer la conception
empiriste, qui enlève à Qa tout intérêt autre que linguistique.

[36] L'empirisme est si bien la dominante que c'est cet aspect qui a été retenu par M. Dahood,
en son compte rendu de l'éd. anglaise de l'ouvrage de Kutscher, paru dans *Bca* 56 (1975)
260-264. Dahood n'a pas prêté d'attention au conflit entre la notion de texte d'étude et les
appréciations dont Qa est par ailleurs l'objet dans l'ouvrage de Kutscher. Il approuve la
conception selon laquelle la transformation du texte primitif observable dans Qa se serait
faite «souvent inconsciemment», selon les termes de *LIS* 17. Concernant l'empirisme attribué
également à G et à Qa, Dahood a cru devoir approuver les vues de Kutscher. Il caractérise
pour sa part les choses dans les termes suivants: «Both (à savoir Qa et G) display an
uninhibited attitude toward the canonized text and consciously edit it according to their
grammatical and lexicographical ability» (*o.c.* 262). C'est la définition même d'une appréciation
empiriste de G et Qa. Elle est conforme à la critique reçue. Les analyses qui précèdent (G)
et celles qui vont suivre (Qa) dégagent les raisons qui obligent à tenir ce point de vue pour
illusoire et stérilisant en matière de prospection exégétique.

tation profonde et originale du Judaïsme, dès cette époque, vers un enseignement communautaire intense, précis et régi par la norme religieuse toute
puissante[37]. Cette caractéristique s'impose si bien que Kutscher, nous
l'avons vu, est allé jusqu'à reconnaître aux textes «populaires» du type Qa
un emploi dans les synagogues[38].

Mais le glissement de Kutscher vers la conception empiriste l'a empêché
de tirer de son observation pertinente sur l'emploi *nécessairement didactique*
d'un «texte populaire», dans le Judaïsme, les conséquences utiles. L'erreur
empiriste de Kutscher a été si complète qu'il l'a étendue, par delà Qa, au
Samaritain et à la Septante, croyant trouver dans ces textes des confirmations
de l'appartenance de Qa au genre des «textes populaires», dégradés par
simplification et incompétence, en dehors de toute norme[39]. Nous pouvons
laisser de côté ici le cas du Samaritain, qui s'accorderait avec ce qu'enseigne
la Septante, mais qui appellerait un surcroît de précisions, vu la manière dont
se présente sa tradition textuelle. La confrontation de la Septante est à elle
seule décisive, après le bilan de nos analyses précédentes. Justement la
Septante n'est pas un «texte populaire», dans la première acception définie
plus haut, à laquelle Kutscher revient, pour les besoins de sa thèse, et sous
l'influence empiriste de Ziegler, dont il se réclame[40]. La Septante était
destinée à une vulgarisation édifiante (cf. section I), et elle n'a pu remplir
cette fonction que parce qu'elle était fondée sur des méthodes herméneutiques
propres à assurer son autorité, tandis que les vues personnelles d'un traducteur
(thèse Ziegler) auraient, dans les conditions religieuses du milieu, ruiné cette
autorité. Si les var. de Qa offrent des similitudes avec les interprétations de G,
c'est que Qa a été traité à l'aide de la même herméneutique et que ses var.

---

[37] Ce didactisme, autrement dit cette vulgarisation autorisée, était devenu un trait spécifique
après l'exil, mais le phénomène a des racines plus anciennes, comme le montrent les textes
deutéronomiques (cf. Dt 6, 6-9; 6, 20; 8, 5; 11, 19; 13, 1). Il n'est pas douteux que le culte non
sacrificiel, qui a été imposé à la communauté exilique par la destruction du Temple et la
déportation, a joué un rôle important dans l'orientation de la vie religieuse vers une vulgarisation éducative, fondée sur des normes bien définies. Voir à ce sujet les pages classiques de
J. Wellhausen *Israel. u. Jüd. Gesch.* 8te Aufl., 141 s. et mes remarques dans *Mél H.C. Puech*,
42 s. La grande scène de l'assemblée du peuple, à la fête des Tabernacles, telle que la rapporte
Néh 8s., atteste clairement l'institutionalisation définitive des fonctions didactiques dans le
Judaïsme (Cf. 8, 3.5.8). Quels que soient les problèmes soulevés par le livre de Néh et par ce
texte, c'est un témoignage essentiel pour la phase postérieure, et pour la discussion de la notion
de «texte populaire pour l'étude».

[38] Nous avons vu plus haut que de l'éd. de 1959 à celle de 1974, l'opinion de l'auteur s'était
affermie sur ce point, comme sur le principe de l'usage pour l'étude.

[39] *LMY* 54 s.; *LIS* 74 s.

[40] Il cite explicitement Ziegler, *LMY* 55 haut; *LIS* 74 (la n. 3 néglige de préciser qu'il s'agit
des *Untersuchungen*, ce qui n'est pas évident pour qui n'est pas familiarisé avec la bibliographie
de G).

étaient, au moins en partie, justifiées par les mêmes méthodes. Le recours à la Septante se retourne contre la thèse de Kutscher, et la relation entre Qa et G, au lieu de renforcer le constat négatif de la dégradation, impose au contraire d'examiner comment l'inspiration herméneutique commune à Qa et à G a été spécifiée dans Qa.

Nous avions dû considérer les 2 catégories, scripturaire et verbale formelle, pour discuter le concept de «texte populaire». Après cet élargissement momentané de l'horizon, revenons aux seuls changements textuels d'origine scripturaire. On ne peut s'attendre à trouver dans Qa, qui est une recension hébraïque, une application de ce procédé aussi fréquente que dans G, qui est un texte d'interprétation. Il serait déjà très remarquable, et historiquement significatif pour les rapports du texte et de l'interprétation, que le procédé des emprunts soit attesté dans Qa par quelques données, même de portée religieuse limitée ou simplement littéraire. L'important resterait l'attestation de la même méthode que dans G. S'il y avait baisse de qualité, elle s'inscrirait dans la tradition de cette méthode, et non à l'opposé, dans la ligne d'une inspiration empirique.

En fait les emprunts de Qa dépassent en nombre et en portée tout ce qu'on aurait pu attendre théoriquement d'un texte hébreu, une fois admise une certaine pénétration de l'herméneutique dans la tradition textuelle. Dans l'ensemble, les emprunts de Qa s'élèvent à une cinquantaine environ, sans compter des faits de nature incertaine et d'autres qui se cachent peut-être encore derrière certaines variantes. Sans doute tout un groupe se réduit à des harmonisations contextuelles qui peuvent sembler un phénomène mineur. Mais, dans un texte religieux et tenu pour oraculaire en de nombreux endroits, certaines de ces harmonisations d'apparence modeste pouvaient néanmoins avoir du poids. Dans ces cas le rattachement à une méthode autorisée devient plus manifeste, tandis qu'à l'autre extrémité de cette catégorie des harmonisations, le caractère herméneutique se perd dans un processus plus banal de nivellement stylistique.

En revanche un bon nombre d'emprunts ont, à un titre ou à un autre, et quelle que soit leur importance formelle dans le texte, une réelle envergure. Les emprunts de cette série non seulement plaident éloquemment en faveur de l'existence d'une méthode souveraine, mais encore livrent divers renseignements sur les champs d'intérêt du milieu d'utilisation et, dans les meilleurs cas, sur certains aspects idéologiques et traditionnels qui dépassent le cadre de la communauté de Qumrân et concernent plus généralement le Judaïsme de l'époque. Les textes de ce type démontrent, croyons-nous, l'efficacité historique d'une analyse attentive à la présence du facteur herméneutique méthodique, tandis qu'il faut bien constater qu'une analyse inspirée par la vue empiriste, comme c'est le cas de celle de Kutscher, ne peut conduire qu'à une simple topographie textuelle, qui n'est même par toujours sûre d'elle-même.

CHAPITRE II

TEXTES SPÉCIMENS

1) La variante Qa 1, 7 et la relation de la Loi et des Prophètes

En 1, 7 b, au lieu du substantif ושממה de TM, Qa lit le vb de même racine
ושממו, accompagné d'un complément prépositionnel de motif עליה. Dans TM
la mention de la «désolation» se prête à des interprétations diverses, mais le
sens naturel est une simple reprise de l'indication initiale «votre pays est
désolation». En revanche, dans Qa la «désolation» devient psychologique :
«ils ont été désolés à son sujet (du pays)». Cette désolation est la stupeur
médusée qui frappe les populations devant les grandes catastrophes suscitées
par Dieu, selon le thème biblique connu. Le trait pourrait être général : «on
a été désolé». Mais le mouvement de la phrase invite plutôt à établir une
relation avec «les étrangers» dévastateurs, de l'hémistiche précédent. Dès
lors on peut comprendre que les ennemis eux-mêmes ont été affectés de
«désolation», à la vue des ravages qu'ils ont commis. Non qu'ils les aient
regrettés, mais ils en ont été étonnés, et cet étonnement constitue un signe
surnaturel. L'insertion de la var. de Qa en ce contexte ajoutait ainsi au
tableau du châtiment divin une notation psychologique d'une profonde portée
religieuse. Cela suppose une grande attention donnée à la parole prophétique, et l'utilisation de Qa comme «texte pour l'étude», selon la définition
que Kutscher lui-même a été forcé d'admettre, en sa synthèse historique[1].
Au contraire le remaniement de Qa exclut un expédient pour surmonter en
1, 7 une incompréhension, selon la conception empiriste qui a inspiré les
analyses du même auteur, et qui est en contradiction avec la précédente.

Skehan, en sa liste citée supra[2], avait proposé de reconnaître dans Lév
26, 32 et dans Is 52, 14 l'origine de la leçon de Qa. Le 1er texte contient
l'expression qui fait la divergence de Qa, et il offre d'autres jonctions que
nous allons préciser. C'est de là que vient l'emprunt responsable de la var.
Le 2e texte allégué par Skehan n'a, au mieux, qu'une valeur complémentaire.
Mais, ici comme dans les autres cas, par delà la topographie textuelle, qui
n'est même pas assurée en l'absence de précisions, tout reste à faire en
matière de modalités et de motifs.

---

[1] *LMY* 57 s. ; *LIS* 77 s. Précisions à ce sujet supra, ch. I.
[2] *VTS* 4 (1957) 152, n. 1.

De son côté, la contribution de Kutscher souffre des mêmes lacunes qu'aggrave l'indécision de l'auteur touchant la réalité de l'influence venue de Lév 26, 32[3]. Il a bien constaté ce que suffit à enseigner, dans le cas considéré, un simple coup d'œil dans la concordance, à savoir que la formule de Qa figure, identique, dans Lév 26, 32. Il cite, comme Skehan encore, et sans remarquer la différence avec Lév, Is 52, 14, qui emploie la même expression — à la personne du suffixe près —, mais qui n'offre pas d'analogie contextuelle comme Lév. Mais il demeure perplexe et irrésolu, quant à l'influence de ces textes. Son embarras a pour origine l'impossibilité d'invoquer une incompréhension de Qa à l'égard de sa source, supposée avec raison = TM : comment se fait-il que Qa ait retouché un texte qu'il comprenait nécessairement, soit qu'il ait vocalisé שממה comme substantif $š^e m \bar{a} m \bar{a} h$ (= TM), soit qu'il ait lu dans les mêmes consonnes un vb, ainsi que l'a fait G ($š \bar{a} m^e m \bar{a} h$; G ἠρήμωται)?[4]. Dans la conception empiriste, selon laquelle les retouches sont essentiellement déterminées par des difficultés d'intellection, la var. reste forcément énigmatique, puisqu'elle ne s'accorde pas avec la théorie. Kutscher a été contraint de reconnaître que la leçon lui paraissait «surprenante»[5]. Cet aveu pèse plus lourd que les observations faciles éparses dans les analyses d'autres textes, concernant les apparentes incompréhensions et les prétendus expédients des responsables de Qa, par rapport à la source H(Qa)[6].

Une fois débarrassée des préjugés arbitraires, tenacement entretenus par la conviction empiriste, la var. s'éclaire et il devient possible de démêler l'idée religieuse que l'a inspirée. Elle est d'envergure. Nous avons vu que Lév 26, 32 contient, exactement sous la même forme, la formulation divergente de Qa. Cet endroit de Lév et son voisinage offrent en outre des analogies avec le passage d'Is, qui ne laissent aucun doute sur la réalité de l'emprunt. À

---

[3] La var. de 1, 7 a été traitée avec les changements linguistiques : *LMY* 164s.; *LIS* 216s.; *LMY* 242s.; *LIS* 315s. Le renvoi nécessaire manque dans la partie sur les accroissements textuels : *LMY* 428s.; *LIS* 536s.

[4] Pour la .1ʳᵉ mention du même groupe consonantique, G porte ἔρημος, ce qui paraît garantir que G était conscient des 2 vocalismes possibles, à moins qu'il ne s'agisse d'une variation stylistique opérée en grec, hypothèse moins probable. Dans cette mesure il semble légitime d'attribuer à Qa également la capacité de discerner les 2 lectures possibles de l'homographe. Kutscher ne mentionne G que pour son accord consonantique avec TM, c'est-à-dire à la différence près du vb pour le substantif. Il fallait tenir compte des 2 traductions successives de G : *LMY* 245; *LIS* 319.

[5] *LMY* 245, nº 15; *LIS* 319, nº 17 («perplexing»).

[6] L'existence de motifs autres que l'incompréhension ne prouve naturellement pas qu'il y ait eu intellection de la source, partout où elle a été modifiée. Il convient de laisser une part aux ignorances et aux confusions possibles, mais elles sont beaucoup moins fréquentes que le postule Kutscher. Toutefois, ce qui est décisif pour notre problème, ce n'est pas même l'intellection, mais le traitement infligé au texte. Il est méthodique, non empirique. Cf. la suite.

l'incendie des villes dans Is («vos villes sont consumées par le feu») correspond, dans Lév. leur ruine («vos villes deviendront des ruines» 26, 31-33)[7].
La désolation du pays est évoquée dans les 2 textes à l'aide de la même
expression ארצכם שממה; c'est une jonction littérale importante, qui fait
sonner dans les 2 textes le même glas du jugement divin sur le pays[8]. Ce n'est
pas tout. Dans Is les envahisseurs responsables du ravage sont désignés, par
deux fois, comme des «étrangers». Le motif exact du recours à ce terme,
qui semble une atténuation surprenante en pareille situation, reste, à mon
sens, problématique, mais la question doit être disjointe[9]. Ce qui importe
ici, c'est qu'aux «étrangers» d'Is correspondent «vos ennemis», dans Lév.
En outre, dans Lév, ce sont ces ennemis qui sont frappés de stupeur, au sujet
du pays. Or nous avons vu plus haut que c'est précisément à ce sens que
conduit Qa, si l'on suit son cheminement le plus probable. L'emprunt à Lév
une fois reconnu, il se confirme que ce sont bien «les étrangers», les ennemis,
qui sont frappés d'une stupeur surnaturelle[10]. La correspondance des
«étrangers» d'Is et des ennemis de Lév s'ajoute aux autres analogies, et ces
relations intertextuelles sont renforcées par le thème commun de la désobéissance d'Israël à la volonté divine et du châtiment qui en résulte.

D'un simple point de vue littéraire moderne, la relation entre les 2 passages,
celui d'Is et celui de Lév, est manifeste et elle incite à penser que l'emprunt
pratiqué par Qa n'a pas été une simple réminiscence de hasard ou une
initiative subjective prise hors tradition par un scribe : c'était clairement
une modification réfléchie et témoignant de la recherche d'une légitimité
tirée de l'autorité scripturaire. De fait, si l'on tient compte du détail, l'emprunt
à Lév 26, 32 se présente comme l'application d'une analogie scripturaire
particulièrement forte. L'emprunt est étayé par la pluralité des jonctions
et analogies thématiques détaillées plus haut. Ces relations de parenté, qui
étaient aux yeux des anciens valides par elles-mêmes et indépendamment
des contextes respectifs, sont ici d'une validité accrue par la portée idéologique et religieuse des éléments de la relation et du thème commun à Is et

---

[7] Singulier en hébreu; littéralement «deviendront ruine».

[8] Lév ne diffère que par l'emploi du vb והיתה, au pft consécutif (inversif) = futur, conforme
à la visée du texte. Is décrit une situation présente. Lév: «votre pays deviendra désolation»;
Is : «votre pays (est) désolation».

[9] Comme le mot est logiquement compréhensible en ce contexte, des commentateurs
l'acceptent sans sourciller. D'autres corrigent. En réalité le problème n'a pas été résolu. J'en
traiterai ailleurs.

[10] La considération de l'ensemble de la phrase dans Qa serait en faveur d'une valeur
générale du vb : «on ...». Mais ce qui est déterminant ici, c'est le recours à une formule
caractéristique d'un passage capital de la Tôrah, Lév 26 et ses solennels avertissements sur
l'observation de cette Loi.

Lév, à savoir le châtiment par suite de désobéissance à la volonté divine. Il s'agit de la vie et de la mort du pays et de l'accomplissement d'un jugement divin qui, sans être le jugement dernier des conceptions postérieures, devait cependant posséder, pour l'utilisateur juif de l'époque, une tonalité du même genre.

Mais il faut pousser plus loin pour découvrir ce qui était au cœur de la var. de Qa, dans les conditions du Judaïsme de cette phase. La remarque va encore nous éloigner de nos habitudes littéraires modernes qui nous inclineraient à penser qu'il ne faut pas exagérer la portée d'une var. comme celle-là, somme toute minime : elle est sans différence logique essentielle par rapport à H primitif = TM. Précisément il n'en allait pas de même pour les anciens et *la retouche avait beau n'être qu'un détail, elle introduisait dans le texte d'Is le rappel de la Loi.* Voilà sa vraie portée pour le milieu et l'époque d'utilisation. L'apostrophe d'Is était ainsi mise en relation avec les avertissements solennels de la Loi. Du même coup le bilan tragique dressé par le prophète devenait une illustration de cette Loi. La Loi était le critère de l'interprétation dont le Prophète était l'objet, et inversement le Prophète offrait une application de la Loi. La var. de Qa, avec son apparente modestie de détail sans grande importance littéraire, nous met au cœur de conceptions fondamentales du Judaïsme, qui ont joué un rôle essentiel dans l'organisation du culte de la Synagogue[11] : la Loi est le fondement et, par suite, la clef des Prophètes et les Prophètes sont l'application et, en ce sens, le commentaire de la Loi.

Il est évident que le poids des valeurs impliquées par la var. de Qa exclut qu'il s'agisse d'une improvisation. L'autorité, donc la règle, est impliquée par un changement de cette sorte. Le cas se présente dans des conditions qui plaident dans le même sens que le constat de l'existence d'emprunts en séries, dans G et Qa : elles démontrent que le procédé des emprunts scripturaires analogiques était une méthode souveraine d'herméneutique religieuse.

2) LA VARIANTE Qa 1, 15 : LA CULPABILITÉ DES DOIGTS

Qa 1, 15 comporte par rapport à TM une proposition (= ici un hémistiche) supplémentaire : «... vos doigts (sont pleins ; cf. vb précédent) de culpabilité». Sous une première apparence de simple détail littéraire, la formule concerne la question de la souillure par le sang et de la culpabilité qui en résulte. Question capitale dans le Judaïsme.

---

[11] Dans le culte synagogal ce rapport correspond à la distinction entre la lecture de la Tôrah et celle appelée *haftārāh* : I. Elbogen, *Jüd. Gottesdienst*, 155s., 174s.

L'amplification de Qa 1, 15, par rapport à TM, résulte d'un emprunt scripturaire dont la provenance est aisément identifiable. C'est 59, 3, comme l'ont noté successivement Skehan et Kutscher. Mais, comme déjà dit, Skehan n'a publié qu'une liste de première heure, et Kutscher s'est borné à noter l'accord des versions avec TM contre Qa[12]. Pour lui la dépendance de Qa 1, 15 par rapport à 59, 3 prouve que la var. est une dégradation, ce qui clôt le débat.

Nous devons le rouvrir, en commençant par un détail linguistique négligé par Kutscher. L'invective de 1, 15 exprime le refus divin de voir les mains qui se tendent dans le geste de la prière. La raison en est que : «vos mains sont pleines de sang» (fin de la phrase dans TM). Le surplus prélevé par Qa en 59, 3 a pour origine formelle évidente la présence, dans ce dernier texte, d'une proposition presque identique à celle citée de 1, 15 : «vos paumes sont souillées de sang» (TM = Qa)[13]. La proposition s'accompagne, en 59, 3, d'une autre, symétrique : «et vos doigts de culpabilité» (Qa=TM)[14]. Qa a fait passer la formule en 1, 15 (sans le *waw* de coordination explicite, qui n'est pas indispensable en hébreu). Dans la combinaison, Qa n'a pas tenu compte de l'adaptation syntaxique requise par le nouveau contexte. En 59, 3 la préposition *b* est amenée, devant le substantif, par le vb נגאלו («sont souillées par»). Dans le nouveau contexte résultant de l'incorporation en 1, 15, cette préposition est non seulement superflue, mais en conflit avec la syntaxe normale du vb מלא. Le *qal* de ce vb, employé en 1, 15, exclut en effet l'emploi de la préposition, en hébreu ancien et encore postérieurement,

---

[12] Skehan, liste, dans *VTS* 4 (1957) 152; Kutscher *LMY* 428 et 436 haut; *LIS* 536 et 545, II, 4 (en rectifiant l'erreur de la phrase introductive, qui rend incompréhensibles les références de cette catégorie. Il ne s'agit pas comme en II, 3 d'emprunts prélevés «dans le voisinage» du texte bénéficiaire, mais au contraire d'emprunts qui ne sont pas dans le voisinage (ainsi *LMY* correctement).

[13] Le texte consonantique suppose le pft *nifal*. Le vocalisme de TM suggère un *qᵉrēy* différent, non explicitement relevé dans les annotations massorétiques. La forme impliquée est alors le *pual* (cf. les apparats de BH³ et BHS). Le pft hébreu prend ici une valeur de présent de l'état durable résultant d'une action passée. Le vb se situe syntaxiquement, de par le contexte, dans une sphère stative qui privilégie une certaine extension temporelle, au détriment du passé proprement dit.

[14] Le mot עֲוֹן signifie, au sens le plus général, «faute» (Dhorme, *Job* 99), mais, comme on sait, l'hébreu ancien a exprimé dans un vocabulaire synthétique ce que les langues modernes tendent à analyser selon les indications des contextes : acte fautif, culpabilité ou châtiment qui en résulte. Si l'on voulait conserver ici la notion de «faute», il faudrait, soit employer le plur. pour le sg hébreu, soit paraphraser «... (sont souillés) par un *état* fautif (ou par les traces des fautes)». Les doigts sont réellement imprégnés par la culpabilité (état concret et effet qui en résulte, non abstraction!), comme les mains sont censées être tachées par le sang. Cette inspiration réaliste importe à l'appréciation de la retouche de Qa.

dans la mesure où l'on est resté fidèle à la langue classique[15]. Je ne crois pas que soit douteuse pour autant la manière dont l'insertion a été comprise dans le milieu de Qa. L'évidence résultant de la 1re proposition a dû imposer le sens de la formule ajoutée, malgré le vice de construction, et cela d'autant plus facilement que le *piël* du même vb admet l'emploi de la préposition *b*, à côté de la construction plus courante avec 2 accusatifs. Le sens a donc bien dû être pour le milieu de Qa : «... vos doigts (sont pleins) de culpabilité»[16].

Le maintien de la préposition *b* dans l'amplification de Qa 1, 15 n'est qu'un détail mineur, mais il est révélateur de la priorité qui revenait aux combinaisons de l'herméneutique sur les lois de la langue et du style. La retouche pratiquée par Qa n'est pas de celles que l'on peut soupçonner d'avoir été provoquées par une difficulté d'intellection. Elle se situe dans un texte facile, du point de vue linguistique, et l'emprunt à un texte éloigné prouve une science scripturaire déjà poussée. On ne peut pas non plus prétendre que la construction avec la préposition *b* résulte de la contamination d'un usage de basse époque, par opposition à un style ancien tombé en désuétude, selon l'argument prédominant de Kutscher, que dément ici Qa. L'emploi du vb avec l'accusatif de l'objet qui emplit est si fréquent dans les textes bibliques qu'une insensibilité à la construction normale n'est pas imputable aux spécialistes des écrits scripturaires, qui ont mis au point Qa pour l'usage de la secte. À leurs yeux la petite dérogation stylistique dont nous venons de parler n'a donc pas compté, face à l'autorité de l'emprunt. Le procédé appliqué a sanctionné la formulation adoptée en Qa 1, 15, avec son vice de construction. Nous avons là un excellent exemple de la formation d'un style spéculatif, qui avait sa raison d'être en dehors des lois strictes de la langue. Le cas montre combien risquent d'être illusoires, en certaines occurrences, les corrections modernes exclusivement fondées sur des considérations linguistiques.

Par delà ce détail, la question essentielle soulevée par la var. de Qa 1, 15 concerne son motif. Au stade où nous en sommes dans l'examen de ce texte, il ne peut plus être question de songer à la possibilité d'une priorité de la forme Qa. L'accord des versions avec TM, noté avec raison, mais sans plus,

---

[15] Une construction du *qal* avec la préposition *b* est inconnue de la langue classique, dont la syntaxe semble s'être maintenue sur ce point, en tout cas pendant les premières phases de l'hébreu post-biblique.

[16] En stricte grammaire classique, il faudrait comprendre Qa : «(vos mains sont pleines de sang) et vos doigts (sont) *dans* la culpabilité». Mais il est clair que la pensée des anciens, dans le milieu Qa, a subi la contrainte du contexte.

par Kutscher, n'est en lui-même pas décisif pour la priorité[17]. En revanche la tendance générale de Qa aux emprunts plaide, à elle seule, pour une addition secondaire, tandis qu'une omission dans la tradition textuelle représentée par TM et les versions serait une hypothèse arbitraire[18]. L'anomalie de la construction avec *b*, discutée à l'instant, est à elle seule révélatrice : la préposition ne peut se justifier par 15 b ; elle vient nécessairement de 59, 3 et garantit ainsi l'emprunt, en confirmation des autres critères.

Pourquoi cette addition dans Qa? Un esprit moderne sera porté à n'y reconnaître qu'une simple harmonisation littéraire. Il songera soit à un souci esthétique de symétrie[19], soit à une recherche purement formelle de correspondance entre 2 textes, soit encore à une priorité donnée occasionnellement à la teneur la plus explicite. Dans tous les cas, la retouche atteste une certaine érudition scripturaire, mais elle ne trahit apparemment aucune réflexion approfondie, aucun cheminement exégétique particulier.

Mais, comme nos remarques initiales l'avaient déjà indiqué, on ne peut s'en tenir à l'idée d'une harmonisation littéraire sans portée que si l'on isole la var. des conditions qui régnaient dans le Judaïsme. Dès qu'on l'y replace, on mesure l'intérêt qui s'attachait nécessairement à l'emprunt pratiqué par Qa. Le sang sur les mains, en 1, 15, n'était pas pour les anciens une simple image littéraire. C'était une allusion d'une gravité extrême, aussi bien par la référence au sang que par la mention des mains. Comme on sait, le sang, siège de «l'âme de la chair» (Lév 17, 11)[20], était une substance mystérieuse et redoutable, susceptible soit de souiller, soit de purifier[21]. Sa manipulation, dans les rites sacrificiels, exigeait les plus minutieuses précautions. Son effusion dans les circonstances profanes entraînait culpabilité et châtiment

---

[17] Du point de vue méthodologique il est nécessaire de soulever la question de priorité. La négligence de Kutscher sur ce point résulte de son a priori en faveur de TM.

[18] Même la considération de la symétrie des hémistiches, chère à certains amateurs de corrections textuelles, n'a pas été invoquée par les auteurs de la période critique la plus soupçonneuse à l'égard du texte reçu. Au contraire Duhm a explicitement noté que 15 b avait pour hémistiche correspondant les 2 premiers vbs de 16 (*Comm.* 30). Cette observation a prévalu, avec raison (malgré la relative asymétrie introduite par les 2 vbs en 16), à l'encontre de tout soupçon de perte d'un hémistiche rigoureusement symétrique, comme celui qu'atteste maintenant Qa (cf. aussi, dans le même sens, la remarque de Procksch 42, haut).

[19] Le texte serait alors une curieuse application tardive du principe de symétrie stricte que certains auteurs croient avoir été la règle dans la poésie hébraïque ancienne. Hypothèse illusoire, mais il serait piquant de déceler un souci de symétrie stricte dans une retouche tardive. Cependant le motif de Qa est différent.

[20] «La *nepeš* (âme végétative, principe vital) de la chair est dans le sang», Lév 17, 11. Comparer l'interdiction de consommer le sang «âme de la chair» : Dt 12, 23 ; Gen 9, 4.

[21] Sur le principe de ce double pouvoir, voir en dernier lieu l'instructive contribution de Kedar-Kopfstein, in *TWAT*, II, 261. Sur la culpabilité par le sang dans les relations sociales et dans l'ordre juridique, *ibid.* 256.

suprêmes[22]. Quant aux «mains», organes par excellence de l'action, la pensée hébraïque ancienne les associait au pouvoir et à la responsabilité, selon une connexion immédiate et concrète[23].

La teneur d'Is 1, 15 incitait donc les utilisateurs anciens à une attention particulière, en raison du poids des termes et de la gravité de l'accusation exprimée. Nous avons la confirmation du soin que l'on a porté anciennement aux mentions scripturaires du sang, dans la manière dont l'exégèse targumique a paraphrasé divers passages de la Loi. Dt 22, 8, par exemple, prescrit, dans l'hébreu : «Tu ne mettras pas de sang dans ta maison» (c'est-à-dire : tu éviteras que ta maison ne soit (accidentellement) tachée de sang et ne devienne ainsi occasion d'une culpabilité). Le targum d'Onkelos (T Ok) a transposé et explicité la mention du sang : «tu ne mettras pas *la culpabilité d'un meurtre* (חובת קטול) dans ta maison[24]. De façon analogue, cette fois avec préservation du mot «sang», Dt 21, 8 (H : «ne mets pas du sang innocent au milieu de ton peuple») est rendu par T Ok «ne mets pas la culpabilité d'un sang innocent»[25].

---

[22] Gen 9, 5; Nb 35, 16s.; Dt 19, 11s.

[23] Contentons-nous de rappeler que «étendre la main» c'est, en certaines circonstances déterminées, orienter une influence dans une direction voulue : Ex 14, 26-27; Jos 8, 18 (la main est prolongée par un javelot); Éz 4, 7 (la main oriente la puissance de la parole prophétique en direction de Jérusalem, aux fins de réalisation de la parole); l'extension de la main accompagne en particulier les serments : Gen 14, 22; Ex 6, 8. On «remplit la main» pour investir d'une fonction, Lév 8, 33; Ex 28, 41. Le même réalisme qui «remplissait les mains» d'une fonction ou d'un pouvoir, les remplissait aussi d'un crime. Le symbolisme du sang s'adapte parfaitement à cette logique.

[24] La formule plus ample et compliquée du targum de Ps J dérive manifestement de l'autre. D'après le texte de l'éd. Ginsburger, le sens serait : «Vous ne ferez pas en sorte que survienne (littéralement : vous ne provoquerez pas la survenue d') une culpabilité (au sujet) d'un homme (victime) de meurtre». Dans la citation donnée par Levy, *Wb Tg*, II, 185, ר devant le dernier substantif, tandis que cette particule manque chez Ginsburger. L'état cs double (littéralement «une culpabilité d'homme de meurtre») provient probablement d'un classement juridique en deux temps. Mais il convient aussi de se demander si אדם «homme» n'est pas une dérivation secondaire issue d'une leçon primitive דם «sang», qui serait plus proche du type d'Onkelos, dans Dt 21, 8, allégué ci-après. Les formulations targumiques qui visent à préciser la signification du «sang» par l'adjonction de חובת «culpabilité de» ou de חייב «coupable» (ainsi T Lév 20, 9, dans l'acception «passible de»; cf. n. suiv.) ont peut-être inspiré la tournure employée dans I Cor 11, 27 ἔνοχος … αἵματος «coupable de sang», au sens «coupable comme s'il avait versé le sang». Ce serait alors une pièce supplémentaire au dossier.

[25] Voir encore, de même, T Ok Dt 19, 10 («la culpabilité d'un jugement de meurtre» = entraînant un jugement pour meurtre, pour rendre «sang» de H), et Lév 20, 9 («il est passible de mort», pour H «son sang est sur lui»). La précaution prise par G en Dt 21, 8 est d'un autre type, mais elle atteste aussi, à sa manière, l'attention qui a été donnée à ce genre de textes dans le Judaïsme, et elle procède de la même inspiration fondamentale que T. Comme la requête de Dt 21, 8 est adressée à Dieu, pour éviter la pensée d'une effusion de sang innocent attribuée à Dieu, G a remplacé la tournure de H («ne mets pas …») par ἵνα

Les adaptations targumiques précisent donc la portée de la mention du sang à l'aide de formulations paraphrasantes, dont l'élément caractéristique est le substantif araméen qui désigne la «culpabilité», ou l'adjectif apparenté. Ces termes correspondent remarquablement à la mention de la «culpabilité», dans le membre emprunté par Qa 1, 15 à 59, 3. Du point de vue de la précision apportée à la signification du «sang», les textes targumiques se présentent donc comme l'addition de Qa à H 1, 15, autrement dit comme l'emprunt scripturaire. On peut dire que, de part et d'autre, «sang» est commenté par des gloses de même inspiration idéologique, et cela à des fins de précision édifiante. Les textes targumiques éclairent ainsi le surplus de Qa, en confirmant l'importance de l'attention donnée à la question du sang. En même temps ils nous montrent que l'exégèse attestée par Qa était passée en tradition. Elle était peut-être déjà traditionnelle du temps de Qa.

La correspondance illustre le rapport organique entre tradition interprétative et tradition textuelle. Les targumîm sont par nature des interprétations de l'hébreu, tandis que Qa est une recension hébraïque. La parenté idéologique des données targumiques avec la leçon de Qa en 1, 15 met en évidence la relation de cette recension avec l'effort d'interprétation qui a accompagné la transmission du texte biblique dans le Judaïsme.

À côté de la précision sur le «sang», le recours à 59, 3 a encore permis à Qa d'introduire une distinction entre la paume de la main et les doigts. C'est bien la paume (כפיכם «vos paumes sont souillées»), non la main elle-même, que mentionne l'hémistiche parallèle, en 59, 3. Ne doutons pas que, déjà dans la rédaction originelle, la distinction «paume, doigts» avait une fonction didactique précise et que la correspondance des hémistiches n'était pas sentie comme une pure et simple équivalence. Tout le passage est une mercuriale qui date de la période de réorganisation postexilique, et qui vise à démasquer, derrière les pratiques religieuses formalistes (impliquées par 59, 1!) et les comportements sociaux fondés sur l'hypocrisie (3s. et 13s.), les forces malfaisantes à l'œuvre. Les images de 4 à 6 tendent à dénoncer l'origine cachée et les apparences initiales rassurantes des maux qui rongent la communauté. Les conditions dans lesquelles se situe le texte nécessitaient des précisions de langage, des précautions pour prévenir les déformations, des distinctions destinées à réveiller les esprits ou à réfuter les sophismes. L'atmosphère favorisait une certaine casuistique, chez les critiqueurs comme chez les critiqués, tentés de se soustraire en recourant à des justifications

---

μὴ γένηται αἷμα ἀναίτιον. Par contre en Dt 22, 8, où il ne s'agit plus de Dieu, G a transposé «sang» en φόνον qui correspond au 2ᵉ terme de la formule de T Ok, avec le même dessein de clarification édifiante.

verbales. Telle est la perspective dans laquelle la différenciation des paumes et des doigts prend sa signification qui a, sans nul doute, été nettement sentie dans les interprétations et les exploitations postérieures. La paume n'était pas nécessairement l'organe de l'action et donc le siège de la responsabilité. Elle laissait une possibilité de se disculper et, de même, la main, si on l'interprétait au sens de creux de la main, ce à quoi invitait, en 1, 15, la présence du mot «paume» dans le contexte immédiatement précédent (15 aα «quand vous étendez vos paumes» (dans l'imploration). C'étaient les doigts, non la paume, qui étaient les agents proprement dits de l'action, les vrais responsables. En 59, 3 la formulation a pris soin de préciser qu'eux aussi étaient «souillés» par la culpabilité, pour couper court à toute échappatoire.

Quantité de discussions rabbiniques nous garantissent que les subtilités de ce genre avaient bien cours dans le Judaïsme et y étaient traditionnelles. Elles n'ont pas fait leur apparition tout à coup, lors de la constitution des écrits du nouveau Judaïsme, à partir de la période mishnique. Elles sont évidemment plus anciennes et, par delà le témoignage des Évangiles, très probants à cet égard, en dépit de leur rupture avec le Judaïsme, l'utilisation de 59, 3 par Qa 1, 15 en est un indice certain. À côté de la vraisemblance qui se dégage de toutes ces données, un passage de la Mishna confirme positivement que la distinction de la paume et des doigts a bien joué un rôle dans la pensée didactique du Judaïsme. Le traité Menaḥôt stipule, à propos des offrandes de farine, qu'il y a lieu d'éviter l'invalidité par excès ou insuffisance (1, 3)[26]. Les doigts ne font plus fonction ici de responsables, par opposition à la paume, mais *ils en sont distingués* comme susceptibles de limiter l'offrande en dessous du requis, par prélèvement «du bout des doigts» (cf. בראשי אצבעותיו, fin du §), tout en passant néanmoins pour satisfaire à la prescription de la «poignée» de farine. C'est à quoi remédie la proposition corrective finale[27]. La situation diffère de celle qui a préoccupé Qa, mais l'inspiration et le détail des distinctions sont les mêmes.

Toutes ces données montrent que l'emprunt de Qa à 59, 3, au profit de 1, 15, ne peut être considéré comme une simple harmonisation littéraire imputable à la réminiscence fortuite ou au goût personnel d'un scribe. La retouche répondait à une préoccupation profonde, justifiée par des conditions d'époque et conforme à l'esprit du Judaïsme. Le poids des motifs suffit déjà à démontrer la nécessité d'une norme de soutien. Précisément parce que la question soulevée par le texte H était grave, il fallait que sa solution fût

---

[26] Ed. Albeck, *Qodashîm*, pp. 63-64. Voir la trad. Danby 491.

[27] L'offrande valide est celle que l'intéressé présente en «étendant (פושט) ses doigts sur la paume (פס) de sa main», c'est-à-dire avec les doigts refermés sur le creux de la main, ce qui exclut une quantité infime prélevée avec l'extrémité des doigts seulement.

garantie par une autorité incontestable. Nécessité d'autant plus contraignante que le texte avait une large application et pouvait jouer un rôle dans les controverses. La retouche de Qa 1, 15 se situe dans la catégorie des var. où les motifs des changements textuels sont liés à des intérêts idéologiques importants, ce qui les rend, à l'état isolé, démonstratifs concernant l'emploi d'une méthode souveraine, nantie d'une valeur religieuse capable d'accréditer la modification du texte de base, à des fins pédagogiques et édifiantes.

Les modalités du changement de Qa 1, 15, considéré isolément, suffiraient donc à définir la méthode appliquée. Elle repose, d'une part, sur l'équivalence logique des propositions en 1, 15 (proposition finale) et 59, 3 aβ, d'autre part, sur la jonction verbale constituée par le mot «sang», commun aux 2 textes, et complémentairement sur la présence voisine de l'expression «vos paumes» (1, 15 aα et proposition de base en 59, 3). L'analyse de Qa 1, 15 permet d'affirmer que ces caractéristiques définissaient la méthode employée, et cette conclusion ne fait que rejoindre ce qui a été constaté à propos de G Is (Ire section, Ire partie) et, pour Qa, déjà en 1, 7, dans l'analyse précédente.

3) MAJORATIONS NATIONALISTES ET RELIGIEUSES EN Qa 14, 2

On lit en Qa 14, 2, après עמים = TM, + רבים : «peuples *nombreux*». Les versions s'accordent avec TM. L'hypothèse de perte dans TM, théoriquement toujours possible, doit le céder à la plus grande probabilité d'une amplification secondaire dans Qa. À première vue on pourrait croire, dans Qa, à une simple addition littéraire inspirée par la qualification que l'on trouve souvent avec le terme de 14, 2 ou avec le synonyme גוים «nations». Ce serait alors une association amenée par une réminiscence spontanée et sans réflexion sur les textes. Kutscher a allégué un texte en particulier, Is 2, 3, mais pour une raison purement matérielle qui n'est certainement pas valide, à savoir que ce texte correspond à la dernière rencontre de l'expression en cause (référence de *LMY*, omise dans *LIS*[28]). Une telle réminiscence, si elle était passive comme le croit Kutscher, serait trop éloignée pour pouvoir l'emporter sur le poids de la phraséologie courante des écrits bibliques, c'est-à-dire sur une influence d'ordre simplement stylistique.

Cependant contre l'hypothèse d'une telle réminiscence stylistique (sans référence à un ou des textes particuliers), il faut observer que 14, 2 avait une portée certaine pour le milieu d'utilisation et que c'est une raison de soup-çonner une justification précise (à en juger d'après ce que nous constatons

---

[28] *LMY* 429. La référence a disparu dans l'édition de 1974 : *LIS* 537.

ailleurs). La var. trahit la réaction d'une sensibilité nationale et religieuse, dont l'originalité et l'exacerbation, en cette phase du Judaïsme, sont connues par ailleurs. Impossible que les utilisateurs aient été insensibles au fait que les peuples providentiellement chargés de ramener les Israélites dans leur patrie (littéralement «dans leur lieu») étaient, d'après la leçon Qa, «nombreux»[29]. Ce ne sont pas deux ou trois peuples seulement qui sont mis au service d'Israël! La fierté nationale et, plus profondément, le besoin de compensation et le soulagement amené par un juste retour des choses, après tant de «tumultes de peuples nombreux» (cpr Is 17, 12) envahisseurs, trouvaient dans le qualificatif ajouté à H = TM de quoi se satisfaire.

Selon les conceptions en vigueur dans le milieu, la retouche pouvait prétendre à l'autorité, parce qu'elle se justifiait par des textes en relation d'analogie avec 14, 2. Ce sont ceux dans lesquels la formule «peuples nombreux» figure dans un contexte où les peuples, au lieu de représenter une menace pour Israël, comme le plus souvent, apparaissent dans un rapport d'infériorité, de soumission ou, comme en 14, 2, de service. Tel est l'oracle d'Is 2, 1 s., qui annonce le pèlerinage de «peuples nombreux» à Sion (2, 3). Ce texte a influé sur 14, 2, non parce que la formule en débat y précède 14, 2, comme l'a cru Kutscher, mais parce qu'il offre l'analogie décisive de la subordination des nations à la religion d'Israël.

Deux autres textes doivent être considérés, à côté de 2, 1 s. En 52, 15 «des nations nombreuses» sont concernées par un oracle énigmatique, qui annonce, de toute manière, un renversement de situation en faveur d'Israël[30]. Zach 8, 22 a aussi pu contribuer à la légitimation de la var. de Qa 14, 2. D'après ce texte, et selon une inspiration directement apparentée à Is 2, 1 s., «des peuples nombreux et des nations puissantes viendront chercher Iahvé des armées à Jérusalem». D'autres textes, démunis de la qualification de «nombreux» (dans TM et Qa) s'accordent avec 14, 2 pour annoncer que des peuples seront mis au service d'Israël et chargés de le rapatrier : cf. 49, 22 et 60, 9.12. Dans ces cas Qa n'a pas ajouté l'adjectif comme en 14, 2. Mais en 49, 22 il a préfixé devant עמים l'article, absent dans TM. L'intention de généralisation n'est pas douteuse, même si l'emploi de l'article en hébreu ancien ne correspond pas exactement à la notion de détermination propre

---

[29] Ce thème, déjà présent dans le recueil du Second Is, joue un rôle essentiel dans celui du Troisième Is, sous une double forme : d'une part, les nations sont mises au service d'Israël pour le rapatrier : 49, 22 ; 60, 9, 12 ; d'autre part, les nations se rendront en pèlerinage à Sion, lieu d'adoration du Dieu unique, et elles feront affluer là d'abondantes richesses apportées en offrandes pour le culte jérusalémite et pour l'entretien du peuple d'Israël devenu peuple sacerdotal, à l'égard des nations : 60, 3.5-7.16 ; 61, 5-6.

[30] Voir à ce sujet la publication ultérieure de ma communication au Congrès de Vienne d'août 1980.

à d'autres langues[31]. Quant à 60, 12, ce texte doit être considéré comme justifiant le principe d'une généralisation de la subordination des nations à Israël, car il stipule que «la nation et le royaume qui ne te serviront pas périront et les nations seront vouées à la ruine»[32].

L'adjonction de אל אדמתם, après le 2e vb de 14, 2 («et ils — les peuples nombreux — les amèneront *sur leur sol* et en leur lieu») est un emprunt contextuel à 14, 1, fondé sur le rapport direct entre les situations impliquées par 1 et 2. L'addition se justifie encore par l'emploi du même mot dans la suite de 14, 2[33]. Il s'agissait de préciser, à l'encontre de toute contestation ou de tout doute, touchant l'interprétation de «leur lieu», que cette expression désignait bien «le sol» de 14, 1, c'est-à-dire la patrie. La méthode des emprunts analogiques se confond ici avec une simple déduction contextuelle, mais n'en conserve pas moins sa validité propre. Ce qui est instructif c'est le scrupule avec lequel les responsables ont ajouté la précision. C'est l'indice d'une exégèse attentive aux mots et aux segments de phrases, isolables de leur contexte pour la pensée de l'époque. Aux yeux des anciens, l'insertion du mot tiré du contexte n'était pas une superfluité, mais une indication topique et une retouche légitimée par les rapports dits plus haut.

4) La variante de Qa 20, 6 : une clarification littéraire

Qa 20, 6 substitue נסמך «nous nous appuyons» (*nifal*)[34] à TM נסנו «nous avons fui». Il s'agit de la quête d'une aide égyptienne contre le danger assyrien. Kutscher a été contraint de reconnaître que le changement de Qa par rapport à TM (= H d'après la supériorité du style, l'accord des versions et les considérations qui suivent, concernant Qa) ne pouvait s'expliquer par

---

[31] L'article possède souvent une valeur démonstrative plus ou moins emphatique. D'un autre côté son emploi, déjà en général «assez flottant» (Joüon) devient «très libre» en poésie (id.; cf. *Gram.* 421). Dans le cas de TM 49, 22 on peut estimer que la détermination est impliquée par la situation. L'intention de Qa a, en tout cas, été de préciser explicitement cette détermination, ce qui a pour conséquence de rejeter dans l'indétermination le mot «nations», qui précède et que Qa a laissé démuni de l'article.

[32] La 2e proposition a été inspirée par la proche parenté phonique entre עבד «servir» et אבד «errer, dépérir, périr». La ressemblance est proche de l'homophonie, vu la faible différenciation de *'ayin* et *alef* en hébreu ancien, avant même la basse époque où l'indifférenciation s'est accentuée. Il n'est pas douteux que la parenté formelle des 2 vbs, ainsi définie, a contribué dans l'esprit des anciens, à fonder la vérité de l'oracle : il a donc été composé à l'aide de la même méthode des analogies verbales formelles que nous étudions dans G, Qa, et occasionnellement d'autres documents secondaires par rapport à H. Le cas est un exemple de l'usage de cette méthode au stade de la rédaction hébraïque originale.

[33] La topographie textuelle a été notée par Kutscher, *LMY* 429; *LIS* 537.

[34] Le *qal* est exclu par le sens. L'impft a ici valeur de présent duratif, requise par le contexte.

l'ignorance, vu la fréquence du vb נוס dans le langage biblique[35]. Il en conclut avec raison, quoiqu'encore trop timidement, que le changement «semble» être *exégétique* (je souligne). Concession importante de la part d'un auteur qui se montre partout persuadé de l'insuffisance des connaissances de Qa, touchant la langue ancienne. Kutscher a formulé la même hypothèse «exégétique» timide, en quelques autres cas qui imposent cette appréciation, mais qui restent exceptionnels dans son exposé où l'explication empiriste est la règle. Il n'a tiré aucune conséquence d'un cas «exégétique» comme celui-ci. S'il y a eu exégèse ici, l'exégèse a dû être active ailleurs, et cette déduction eût été définitivement établie si Kutscher avait rapproché ses considérations introductives signalées plus haut, selon lesquelles Qa appartenait à la catégorie des «textes pour l'étude». Mais l'auteur s'est montré inconséquent et ses analyses en ont pâti.

La var. 20, 6 répond à un souci de précision, inspiré par le vb «fuir», considéré en lui-même et isolé du contexte, selon une tendance fréquente de l'exégèse des anciens. Dans la rédaction originelle, les populations menacées par l'Assyrien songent à l'Égypte non pas d'abord comme lieu de fuite, mais comme allié politique capable d'apporter une aide militaire efficace. Le sens littéral de l'expression de TM = H est «nous avons fui là pour de l'aide». Le contexte et la situation montrent que l'emploi est rhétorique et que c'est le substantif «aide» qui fixe le sens de la proposition. Mais, dès qu'on considère la valeur du vb en elle-même (sans cette relativisation contextuelle), c'est-à-dire dès qu'on prend le vb au propre et non plus au figuré, le texte paraît faire allusion à une fuite réelle en Égypte. Outre l'opportunité de clarification littéraire, le point intéressait le milieu d'utilisation, en raison du souvenir récent d'une fuite en Égypte déclenchée par la persécution d'Antiochus Épiphane[36].

Le fait caractéristique est que Qa n'a pas été traité au moyen d'une retouche quelconque, pratiquée d'autorité, comme l'imaginerait un moderne, mais à l'aide d'un emprunt qui se localise en 36, 6[37]. Ce texte fait, comme 20, 6, allusion à la confiance mise en l'Égypte devant la même menace

---

[35] *LMY* 202; *LIS* 268s., dans une rubrique distincte de celle des emprunts par addition, avec l'inconvénient déjà signalé.

[36] Écho de la circonstance en G Is 10, 24, comme l'a montré Seeligmann, dont toutefois les observations historiques ont été compromises par le préjugé de l'empirisme attribué à G (dans *SVI* 85s.). Examen de la question dans une publication ultérieure.

[37] Ce passage a été noté par Kutscher du point de vue de la fréquence générale d'emploi du vb de substitution et de sa présence dans le livre d'Is, à cet endroit, en connexion avec l'Égypte. Mais ce n'est pour lui qu'une *occasion* favorable à la substitution. Il n'a pas vu — et ne pouvait voir, dans sa perspective empiriste — que l'analogie entre 36, 6 et 20, 6 fournissait la justification de la retouche en vertu d'une méthode établie.

assyrienne. De part et d'autre aussi la protection égyptienne s'avère illusoire. À ces analogies de situation il faut ajouter des analogies d'expressions : en 20, 6 מבטנו «notre espoir» (proprement «l'objet de nos regards»); en 36, 6 בטחת על «tu t'es fié à», pour évoquer la confiance en l'Égypte, avec un rapport assonantique qui fournit un élément de jonction · verbale; en 20, 6 «nous avons fui pour de l'aide»; en 36, 6 «... qui s'appuie sur lui». Le vb נסמך «s'appuyer», de l'emprunt, étant en 36, 6 solidaire de l'image du roseau qui transperce la main de quiconque s'y appuie, l'intention de Qa semble avoir été de rappeler cette connotation, de mettre en garde contre toute confiance en l'Égypte et d'empêcher qu'on se réclamât du texte (dans sa forme H = TM) pour justifier une «fuite en Égypte», comme lors de la persécution d'Antiochus. L'insertion du vb de 36, 6 devant l'adverbe de lieu de 20, 6 entraîne dans Qa une certaine lourdeur de style[38]. Mais ce n'est qu'un aspect mineur[39]. L'emprunt repose sur une relation textuelle recherchée et savante. Cette caractéristique signale la présence d'une méthode qui conférait au changement sa légitimité.

5) LA VARIANTE Qa 26, 8 : L'INVOCATION ET LA LOI

En 26, 8, au lieu de TM ולזכרך, Qa porte ולתורתך. Dans TM le sens de la proposition est littéralement : «vers ton Nom et vers ton invocation (= l'invocation de toi), le désir de l'âme» (= se porte le désir de l'âme). Dans Qa «ta loi» remplace «ton invocation». Cette var. présente un intérêt pour la discussion relative à l'établissement de la forme textuelle de G Is 42, 4. Bornons-nous à indiquer que le rapport entre le terme litigieux de G Is 42, 4 (mss!) ἐπὶ τῷ ὀνόματι et TM correspondant («sa Loi»)[40] est identique, à une nuance près, au rapport entre TM 26, 8 et la var. Qa citée.

---

[38] Kutscher estime que l'adverbe שם est «difficile à expliquer», en connexion avec le vb de Qa (LMY 202; LIS 269). Jugement excessif, car le vb סמך, au qal («soutenir, appuyer») et, comme ici, au nifal («s'appuyer») appelle un complément de lieu que peut théoriquement suppléer un adverbe de lieu. Néanmoins, pour autant qu'il soit possible d'en juger en hébreu ancien, le style de la combinaison n'est pas fluide.

[39] En 20, 6 il ne s'agit que d'une baisse de niveau stylistique, non d'un style franchement anormal et frisant l'incompréhensible, comme l'admet Kutscher. L'indice mérite d'être rapproché du phénomène du «style spéculatif» signalé à propos de Qa 1, 15.

[40] Ottley avait fait observer qu'en G 42, 4 «ὀνόματι is possibly corrupted from νόμῳ», et il avait noté l'accord de G avec la citation du passage dans l'Evangile de Matthieu 12, 21 (BIAS, II, 307). L'hypothèse a été reprise par Fischer (SBI 13, toutefois sans référ. à Mt, ni à Ottley). L'argument de la citation de G dans Mt est très convaincant. Il est conforme à la vraisemblance qu'une exégèse chrétienne ait remplacé la mention de la Loi (juive) par une allusion au «Nom» (du Messie). Il serait normal que cette leçon secondaire soit passée dans tous les mss G préservés. Dans le papyrus Chester Beatty, cet endroit manque malheureusement.

Kutscher estime que la var. a été occasionnée par une incompréhension du texte originel = TM. (a) Qa, sous l'influence de la langue de basse époque, aurait compris «ton souvenir», au lieu de «la mention de toi, ton invocation». (b) Il aurait, par suite, modifié le texte en s'inspirant du contexte. À partir du «chemin de tes jugements» (8 a), il aurait déduit «ta Loi»[41]. Le motif (a) soulève des difficultés et ne paraît pas pouvoir être retenu, comme nous allons le préciser. Le recours au contexte (b), en revanche, apparaît possible, mais s'il a joué un rôle, ce n'est guère qu'à titre secondaire. Nous allons voir que, si l'on tient compte de la pratique des emprunts scripturaires dans Qa, la var. de 26, 8 s'explique avec le plus de vraisemblance par un tel emprunt.

(a) Il est improbable que le sens «mention, invocation» du substantif en débat n'ait plus été perçu par les responsables de Qa et même, plus généralement, par le milieu d'utilisation. Ce sens est illustré par plusieurs textes qui étaient nécessairement importants, dès cette époque, pour l'idéologie et le culte, au sein du Judaïsme. Ainsi Ex 3, 15, instruction de Yahvé à Moïse, touchant l'emploi du nom divin auprès des Israélites, et par conséquent texte capital, qui établit clairement la valeur en question[42]. Celle-ci résulte encore de Ps 6, 6; 97, 12; Os 12, 6[43], tandis que d'autres textes laissent

---

Ziegler, après avoir penché en faveur d'une var. de H(G) (*ZUI* 141) a finalement adopté la solution suggérée par Ottley, et il a opté, dans *SG Is*, en faveur d'une correction de la leçon des mss grecs, d'après l'indice fourni par Mt. Cette solution a pour elle la plus grande probabilité, mais chez les auteurs cités la leçon secondaire imputable aux mss G se présente comme le résultat d'un *acte arbitraire*, dicté par le seul intérêt religieux du Christianisme naissant. Je crois qu'il convient au contraire de reconnaître dans la correction chrétienne (préalablement admise) une lecture légitimée par l'herméneutique transformante qui avait cours dans le Judaïsme, et à laquelle les correcteurs chrétiens se sont simplement conformés. 1) La nouvelle lecture se dérivait *en grec* par petite mutation; elle était donc justifiée par la méthode des analogies verbales formelles. 2) Le changement était encore justifiable comme emprunt à 26, 8 (le «Nom»), en vertu de la jonction assurée par les 2 vbs de sens à peu près équivalent «espérer» (26, 8) et «attendre, compter sur» (42, 4). 3) Enfin la var. de Qa 26, 8 invite à admettre la possibilité d'une tradition exégétique qui autorisait la substitution de la Loi au Nom (ou équivalent, comme en 26, 8) et inversement. Cette tradition était alors fondée sur la légitimation scripturaire que nous allons dégager dans la suite de l'analyse, en l'imputant à Qa. Elle pourrait remonter plus haut et il est vraisemblable qu'elle se soit perpétuée. Qa en est une application; G (mss!) 42, 4 en est l'application inverse, trois siècles plus tard ou plus. La leçon chrétienne, loin d'être un changement arbitraire, du point de vue des critères de l'époque, était fondée sur l'herméneutique et sur la tradition juives, ce qui lui permettait d'affronter la discussion avec le Judaïsme: une contestation juive était réfutable par les moyens de l'herméneutique reçue dans le Judaïsme.

[41] *LMY* 221, n° 221 (sic); *LIS* 295, n° 232.

[42] Le passage suit la révélation du nom de Yahvé à Moïse (3, 14) et montre que זכר prend un sens équivalent à שם.

[43] Ps 97, 12 et Os 12, 6 emploient זכר comme un véritable équivalent de שם, qui serait substituable. Citant ces 2 textes, Ben-Yehuda note avec raison que le mot est employé là «à la

place à l'une et l'autre nuance qui sont plus ou moins associées[44]. La variété des textes bibliques représentés dans la collection des manuscrits de la secte de Qumrân et la multitude des réminiscences scripturaires dans divers écrits de Qumrân, en particulier dans les Hymnes, prouvent une connaissance très poussée de l'hébreu ancien et ne permettent guère de douter qu'une nuance aussi importante et bien documentée que celle du terme de 26, 8 ait été perçue par les utilisateurs[45].

Une autre considération s'oppose encore à l'explication de Kutscher. Si l'on se place dans l'hypothèse où Qa n'aurait plus saisi l'acception authentique de H à cet endroit, et aurait compris «ton souvenir», il avait moins de raisons d'infliger un changement au texte qu'avec le sens «ton invocation». Le souvenir dont Yahvé aurait été l'objet aurait impliqué le souvenir de ses hauts faits, de ses délivrances passées, et cette évocation aurait été en place à côté de «ton Nom»: après l'allusion à la personne divine, la référence à son action providentielle[46]. Au contraire, le sens originel pouvait offrir une occasion de retouche textuelle à un interprète préoccupé d'édification, comme l'était Qa. Après «ton nom», la mention pratiquement équivalente de «l'invocation de ton Nom» était une répétition éventuellement remplaçable par une autre notion, avec le gain d'un nouvel apport. Il est donc clair que le fait même de la retouche, bien loin d'impliquer une ignorance, comme l'a trop vite admis Kutscher, suppose une perception exacte du sens authentique.

(b) Comme il n'y a pas eu nécessité de tourner le texte par suite d'incompréhension, mais intention délibérée, et que cette intention s'adressait

---

place de: nom» (*Thesaurus*, II, 1338). Dans Ps 6, 6 c'est la symétrie qui plaide pour la valeur «invocation».

[44] Dans plusieurs textes qui annoncent l'abolition du זכר des méchants ou des ennemis, les 2 valeurs «souvenir» et «mention» se mêlent: on ne se souviendra plus d'eux parce qu'on ne les mentionnera plus, et inversement.

[45] Analogue à l'association hébraïque entre «souvenir» et «mention» est celle qu'atteste l'accadien *ḥissatum* «intelligence» ou «souvenir» et «mention»: *AHW* 348; *CAD* 6, 202. L'arabe *ḏikr* a les 2 sens «souvenir» et «mention» (spéc. dans la louange de Dieu): Lane 3, 969. Dans le Judaïsme l'évolution de la langue de basse époque n'a pu oblitérer une association comme celle-là, qui était au foyer de la vie religieuse. L'invocation était l'aboutissement concret et solennel du souvenir de Dieu, et ce souvenir risquait d'être une pensée vaine et même répréhensible s'il ne culminait pas dans l'invocation (en vertu du commandement d'Ex 20, 7). Importante bibliographie touchant le substantif en cause et le vb, dans *KBL*[3] 259. L'apparition d'un vocabulaire spécialisé (הזכרה et אזכרה) pour désigner la mention et l'invocation, dans la langue rabbinique, a répondu à des besoins didactiques. Cf. par exemple l'expression הזכרת השם, tantôt «l'invocation du Nom (divin)» (Td B, Ber 13 a), tantôt «la mention du Nom» faite en vain et digne du bannissement (ibid. Ned 7 b). Les 2 textes sont donnés par Ben-Yehuda, *Thesaurus*, II, 1065.

[46] C'est, par exemple, le thème de Ps 77 (cf. 6 et 13).

à des utilisateurs qu'il s'agissait d'édifier, la var. suppose une justification. L'hypothèse de Kutscher d'un recours au contexte et d'une déduction (à partir de «chemin de tes jugements») est une possibilité qu'il convient de considérer. Le contexte est la source première et naturelle de l'exégèse et il est certain qu'il a tenu en général une large place dans la réflexion des reponsables de Qa. Mais dans le cas de 26, 8 et d'un changement délibéré portant sur des termes religieux de première importance, on doit se demander si une déduction de cette sorte pouvait suffir à justifier la substitution. L'hypothèse de la déduction contextuelle perdrait toute chance de priorité s'il était possible de détecter un cheminement conforme aux caractéristiques de Qa, et qui livrerait le terme même de la substitution, c'est-à-dire le mot Loi.

Or si l'on tient compte de l'emploi d'une méthode analogique des emprunts scripturaires dans Qa, l'explication de la var. 26, 8 par un tel emprunt devient la plus probable. Un texte s'impose à l'attention par les analogies et jonctions verbales qu'il offre avec Is 26, 8 et contexte. C'est un passage de Ps 119, composition qui se présente, par sa teneur, comme la grande méditation modèle concernant la Loi, dans la piété du Judaïsme postexilique. Ps 119, 55 contient 3 jonctions verbales avec Is 26, 8-9, et livre également le terme qui constitue la var. de Qa, avec le même suffixe : «ta Loi». Le contexte immédiat de Ps 119, 55 contient en outre des analogies avec les thèmes d'Is 26, 7-10. Les jonctions verbales sont : le vb זכר, qui correspond, dans H Is, au substantif écarté par Qa, mais lu dans sa source ; שמך «ton Nom», référence religieuse capitale ; בלילה «pendant la nuit» (Is 26, 9), détail typique dans les évocations de la piété légaliste exemplaire, à partir, semble-t-il, de l'époque exilique : «... il médite Sa Loi jour *et nuit*» (Ps 1, 2). Dans son zèle, le juste élève sa pensée vers Dieu par la méditation de la Loi divine même la nuit[47]. Ps 119, 55, avec les termes mentionnés : «je me remémore pendant la nuit ton Nom». Quant aux analogies de thème entre Is et le Ps, elles sont manifestes, en dépit des différences. Les 2 développements évoquent le zèle de la piété. Celle-ci est étroitement associée à la pensée des jugements divins et du droit chemin du juste, dans Is, à celle de la Loi et de ses commandements, dans Ps 119; de part et d'autre aussi, le juste (Is) et l'homme pieux (Ps 119) se heurtent aux méchants qui font diversement contraste, et méritent le mépris et l'indignation dans le Ps (cf. 42.51.53), le feu dévorant dans Is (26, 11).

---

[47] Une attestation exilique de cette piété nocturne, et peut-être sa source littéraire première, se trouvent, je crois, dans le 1er poème du Serviteur de Yahvé. Justification dans *VT* 18 (1968) 159s., à compléter par *Mélanges H. C. Puech*, 50, et infra, IIe partie, 9 (début).

Dans le cadre de ces analogies et en vertu des jonctions verbales mentionnées, Qa pouvait légitimement — au gré des conceptions en vigueur dans le Judaïsme de l'époque — emprunter «ta Loi» à Ps 119, 55, et substituer ce terme à celui de sa source pour obtenir une indication édifiante supplémentaire, au lieu d'une répétition. Par le moyen de l'emprunt scripturaire à Ps 119, 55, Qa proposait à la communauté intéressée une forme textuelle de vulgarisation pleinement investie d'autorité.

La manière dont se présente le cas de 26, 8 ne permet pas d'aboutir à un constat d'emprunt aussi indiscutable qu'ailleurs. Le critique moderne sera sans doute tenté d'abréger la question, en postulant soit une influence contextuelle, comme Kutscher, soit un changement dogmatique pratiqué d'autorité, c'est-à-dire en l'occurrence sans autorité. Mais si l'on accepte de confronter le fait avec les conditions culturelles originales de Qa, qui comportent la règle des emprunts, les intérêts en jeu pour les anciens, en 26, 8, retrouveront leur vrai poids, et la nécessité d'une justification méthodique, pour un changement de cette importance, s'imposera et conduira à la source scripturaire indiquée plus haut.

La valeur édifiante de l'introduction de la Loi dans la recension Qa du passage est manifeste. Au lieu du Nom + l'invocation (du Nom), l'association du Nom et de la Loi reflète la succession de deux moments constitutifs du culte. Le souci d'instruire la communauté religieuse est patent, et il trahit une inspiration légaliste qui est bien conforme à l'orientation prédominante du Judaïsme, à partir de la fin de l'exil. Il est probable que le souci légaliste s'est combiné avec une réaction contre une interprétation trop mystique, qui aurait tiré de l'espérance («nous espérons») en «ton Nom et ton invocation» l'idée d'une relation avec Dieu, plus ou moins dégagée de l'assujétissement à la Loi et aspirant à devenir directe. Cette éventualité pourrait avoir procédé d'une influence hellénistique libéralisante quant à la Loi. Dans ce cas on pourrait comparer l'idéologie discernable à l'arrière-plan de G 8, 11 s., d'après l'analyse faite antérieurement à ce sujet (Iʳᵉ section, IIᵉ partie, ch. II, A). Qa se serait opposé à l'interprétation tendancieuse.

Quoi qu'il en soit de cette hypothèse, la préoccupation légaliste est vraisemblablement aussi responsable de la césure propre à Qa, qui a manifestement rattaché le début de 8 à 7, et amorcé une nouvelle phrase avec le nom divin. Dans cette présentation «le chemin de tes jugements» (8 a) précise la métaphore du chemin prescrit au juste en 7[48]. Cette particularité

---

[48] Le blanc de séparation a été mal placé dans la transcription de Burrows. Qa suppose une reprise de «la voie du juste» (7 b) par le début de 8 «aussi la voie de tes jugements» (אף étant à comprendre comme impliquant une nuance de majoration). Le sens était pour Qa, vraisemblablement (en laissant de côté la question de la fonction de ישר, isolé comme une exclamation

est elle-même liée à l'absence de suffixe qui caractérise, tout au moins dans l'état actuel de Qa, et peut-être par suite de retouche, le vb de 8 a[49]. G s'accorde avec Qa sur ce point, tout en divergeant pour le reste, par rapport à Qa et par rapport à TM[50]. Qa et G attestent un intérêt particulier des anciens exégètes pour le passage[51]. Pour ce qui est de Qa les détails que nous venons de relever doivent être considérés comme subordonnés à la var. principale et légitimés par elle. De son côté celle-ci tenait son autorité de la méthode scripturaire dont elle est l'application.

6) Les variantes de Qa en 30, 6 et l'étude de la Loi au désert

En 30, 6 Qa comporte, par rapport à TM, 2 var. notables. (a) וציה, en surplus, entre צרה et וצוקה, qui se suivent dans TM. (b) ואין מים, au lieu de מהם qui présente dans TM une certaine difficulté, source de discussion. Le sens devient dans Qa: (a) «... dans un pays d'angoisse, d'aridité[52] et d'accablement»; (b) «de lionne et de lion, et sans eau» (littér. «et pas d'eau»). Le sens visé par TM pour le membre correspondant à (b) est: «la lionne et le lion (sont) parmi elles» (à savoir: parmi les bêtes (sauvages) mentionnées au début. La relation entre le pronom («parmi *elles*») et le substantif initial («les bêtes») n'est pas douteuse dans TM, en dépit de l'absence d'accord féminin du pronom[53]. Les chances d'authenticité primi-

---

par le *zāqēf gādōl*, dans TM): «tu frayes la voie du juste (qui est) aussi le chemin de tes jugements». À l'origine ישר s'explique probablement par le chiasme et qualifie normalement le substantif suivant. Avec cette mise en relief d'origine prosodique, le sens était: «droite est la voie du juste, que tu (lui) frayes»; plutôt que «tu frayes la voie droite du juste». L'accent massorétique est une interprétation secondaire, née de la particularité du chiasme.

[49] Le problème paléographique soulevé par le 1ᵉʳ vb de 26, 8, dans Qa, a été négligé dans l'enquête de M. Martin (*Scr. Char.*). Une trace en forme de circonflexe renversé est visible entre *waw* apparemment final du vb et *lamed* qui suit. Ce tracé ne paraît pouvoir s'expliquer que comme le haut d'un *kaf* final. Il semble donc qu'en 1ʳᵉ main, Qa était = TM et que le suffixe a ensuite été annulé, peut-être sous l'influence de l'exégèse qui plaçait la césure devant le nom divin. G s'accorde avec ce 2ᵉ état actuel de Qa. La lecture תאית préconisée, probablement avec raison (malgré la confusion *yod-waw* fréquente dans Qa), par Kutscher (*LMY* 220, n° 218; *LIS* 294, n° 229) ne suppose pas une erreur, comme l'admet Kutscher, mais représente une variante dialectale.

[50] G pourrait avoir procédé par déduction. De «ton chemin (déplacement tendancieux du suffixe!) est jugement, ô Seigneur», G a pu glisser à: «le chemin du Seigneur est le jugement».

[51] L'impératif final de G est révélateur d'un souci d'édification: δικαιοσύνην μάθετε «apprenez la Justice, vous qui habitez sur la terre!». Sur l'interprétation de כאשר dans G, voir section I, IIᵉ partie, ch. III.

[52] Rappelons que le mot ציה sert à désigner tantôt une terre aride (Ps 78, 17; Is 35, 1, là, à côté de «désert»), tantôt l'aridité elle-même, notamment en complément d'état cs, après ארץ (Is 41, 18; Jér 2, 6).

[53] Étant donné l'éloignement du pronom par rapport à l'antécédent, l'absence d'accord

tive d'un tel texte prêtent cependant à discussion et il conviendra de revenir sur ce point plus bas.

Kutscher a rapproché Ps 63, 2 des 2 var. de Qa, mais en ajoutant qu'un tel assemblage de termes n'est pas attesté dans la Bible[54] et en excluant ensuite 30, 6 de la liste des var. de Qa imputables à des emprunts scripturaires[55] : c'était renoncer à toute valeur explicative du rapprochement avec Ps 63, 2. En fait ce texte contient bien le terme ציה de la var. (a) et une expression qui équivaut à la var. (b), בלי מים, mais comme ces données correspondent à la matière même de l'emprunt, il fallait expliquer comment les responsables de Qa avaient pu songer à elles, à partir d'un texte de base H(Qa) où elles ne figuraient pas. Kutscher n'a détecté entre les contextes aucune relation propre à justifier l'utilisation de Ps 63 par Qa.

Tout en ignorant la contribution de Kutscher, L. Laberge a fait progresser la question. Renonçant avec raison à une vue de S. Talmon[56], il a songé à une influence combinée de Ps 63, 2 (le texte rapproché évasivement par Kutscher), d'une part, et de Dt 8, 15, d'autre part[57]. C'est la bonne solution du problème de topographie textuelle soulevé par l'emprunt. Cependant pour assurer cette solution, il fallait définir avec précision les titres de chacun des 2 textes à une influence sur Is 30, 6; il fallait en outre dégager le processus de leur utilisation et surtout identifier les intérêts impliqués. Laberge est resté enfermé dans le conceptualisme empiriste, qui a visiblement été encouragé chez lui par l'influence de Ziegler, acceptée partout sans aucune critique[58]. En conséquence il n'a vu dans les var. de Qa par emprunts scripturaires que *des expédients* destinés à surmonter un embarras d'inter-

---

n'est pas surprenante et ne constitue pas une difficulté grammaticale qui autoriserait à mettre le texte en doute, quoi qu'en aient pensé les commentateurs. Exemples divers de dérogations à l'accord, dans *GKC* 465 s., § 145 c et s. On sait qu'en arabe classique le phénomène a pris une large extension.

[54] *LMY* 429; *LIS* 538. La remarque sur l'assemblage vise évidemment le trio qui résulte de l'insertion de la var. (a).

[55] *LMY* 436; *LIS* 545.

[56] S. Talmon, *Textus*, 4 (1964) 113. Cet auteur a proposé de reconnaître dans la var. (a) une variation pour l'un des 2 termes voisins, éventuellement («possibly») née d'une confusion graphique. Talmon attribue à Kutscher d'avoir fait de la var. (a) une dérivation erronée de la var. (b) («parched land» spuriously arose under the influence of ...»). Mais c'est là une déduction erronée ou une confusion de la part de Talmon, car l'exposé de Kutscher ne contient, ni n'implique rien de tel à la page de la référence donnée par Talmon. Laberge, cité ci-après, semble avoir été dissuadé de consulter Kutscher, sous l'influence de cet exposé erroné.

[57] L. Laberge, *Isaïe 28-33, Étude de la tradition textuelle d'après la Pešiṭṭo* ... Dans l'ouvrage dactylographié consulté en bibliothèque (cf. Bibliographie, sous Laberge), l'exposé en question est pp. 83-84. Dans l'ouvrage du même auteur, qui a été extrait de celui sur microfiches, *La Septante d'Isaïe 28-33*, voir 41, n. 80.

[58] Précisions dans mon compte rendu du 2e ouvrage de Laberge mentionné à la n. précédente, qui doit paraître dans *RHR*.

prétation. Cet embarras apparaît alors comme le seul motif de la divergence, et c'est aussi lui qui a poussé Qa vers la quête tâtonnante d'une solution de fortune[59]. La solution est scripturaire, et c'est beaucoup de l'avoir reconnu[60], mais elle n'en est pas moins improvisée, dénuée de normes, bref empirique.

Conformément à ce que nous avons régulièrement constaté dans la critique reçue relative à G et à Qa, telle que la représentent exemplairement Ziegler et Kutscher, le préjugé empiriste a bloqué, chez Laberge aussi, la recherche de tout motif, au delà de l'embarras, supposé seul déterminant dans la divergence[61]. L'empirisme a également masqué, comme ailleurs, le problème de l'autorité, dans la retouche du texte hébreu. Or, comme vérifié dans nos analyses, les motifs révèlent souvent l'arrière-plan circonstanciel, qui est l'aspect le plus intéressant des divergences textuelles. Quant à l'autorité, elle est l'aspect culturel qui permet de comprendre la légitimité des divergences. Le préjugé empiriste a paralysé l'analyse de Laberge sur ces 2 points, et il a entraîné l'auteur dans l'imprécision et même la contradiction, alors que l'identification des textes d'emprunts ouvrait la bonne voie.

L'influence de Dt 8, 15 est déclarée prioritaire par Laberge, avec raison dans le principe, cela se confirmera plus bas, mais en même temps l'auteur a rendu son affirmation douteuse. D'une part, il a présenté l'absence de ציה dans Dt 8 comme un inconvénient à surmonter, alors qu'il s'agit du jalon de la 2e phase du processus d'emprunt scripturaire suivi par Qa[62]; d'autre part, il a dégagé une relation de Qa 30, 6 avec Ps 63 qui, dans les conditions

---

[59] «... l'influence combinée du Dt 8 et du Ps 63 indique pour le texte de Qumrân, une exégèse provenant d'un milieu utilisant spontanément les textes bibliques similaires *susceptibles d'éclairer les difficultés d'un texte obscur*» (*o.c.* supra en microfiches; dactylographie 84. J'ai souligné les termes significatifs touchant l'embarras comme unique motif à considérer pour rendre compte de la divergence).

[60] Le progrès réalisé en cet endroit par Laberge est, comme en général l'apport de Ziegler dans les *Untersuchungen*, d'ordre topographique et son utilité fondamentale mérite d'être soulignée. Mais en même temps Laberge illustre l'inconséquence intenable qui caractérise les *Untersuchungen* : continuer à apprécier les choses dans la ligne de la critique empiriste reçue, qui ne reconnaît aux anciens que le droit aux accidents et aux incompréhensions, sans apercevoir que la détection du procédé des emprunts scripturaires révèle au contraire l'existence d'une érudition scripturaire et d'une méthode autorisée.

[61] La formulation citée à l'avant-dernière note attribue à Qa une «exégèse». À la même page Laberge attribue à Qa de «commenter» sa source («Il était tout naturel à qui cherchait à *commenter* (je souligne) Is 30, 6 de faire appel à un texte etc.»). La tendance à reconnaître aux anciens une «exégèse» est en progrès par rapport aux explications par les accidents et les incompréhensions. Cette tendance est assez générale en critique actuellement, mais elle ne voit dans une telle exégèse antique que liberté et expédients empiriques, ce qui a pour effet de paralyser partout l'efficacité de l'exploitation historique.

[62] «Le mot ציה n'y est pas» (*o.c.* 85). Suit, comme considération de compensation, ce qui est plutôt un postulat qu'une démonstration précise de l'influence combinée de Dt 8 et Ps 63.

de l'exposé de l'auteur, suffirait à accréditer l'influence exclusive de Ps 63. L'intitulé du Ps localise en effet la prière attribuée à David «dans le désert de Juda»[63]. Laberge a vu dans la notice la possibilité d'une relation avec le «Négueb» d'Is 30, 6a, en tant que les deux déserts sont méridionaux. Notation legitime, mais de portée marginale, tandis que Laberge a négligé de relever le point essentiel : la notice du Ps établit explicitement une relation entre le désert comme paysage, et le désert comme métaphore de l'état de l'âme «altérée» dans sa quête de Dieu, ce qui est le thème de Ps 63, 2. La relation interne au Ps, entre 63, 1 et 63, 2 permettait, dès lors, de relier Is 30, 6 (désert géographique, comme Ps 63, 1) à Ps 63, 2 (désert comme métaphore de l'état d'âme). C'est cette relation que Kutscher n'avait pas aperçue, ce qui avait privé d'efficacité le rapprochement avec le Ps, qu'il avait déjà proposé. Mais, une fois reconnue la portée de Ps 63, 1 pour l'emprunt, dans la perspective de l'appréciation empiriste, Ps 63, 2 suffit à expliquer les var. (a) et (b) de Qa : il livre le terme de (a) ציה et l'expression בלי מים qui correspond approximativement à (b) ואין מים. Comme on est dans l'empirisme, «approximativement» n'est pas une difficulté. Qa a retouché la formule sans attacher d'importance au littéralisme. Il est dès lors superflu d'alléguer encore Dt 8. Laberge ne peut plus être convaincant quand il veut faire place à ce texte, au nom d'analogies thématiques avec Is 30, 6. Encore moins est-il en droit de postuler une priorité d'influence[64]. D'un autre côté cependant, le rapport analogique détectable dans le Ps («dans le désert de Juda», 63, 1) n'est pas tel que l'emprunt puisse paraître absolument assuré, et le détail de la variation stylistique sur (b) ajoute aux raisons d'hésiter. L'appréciation empiriste laisse flotter la confusion et le doute.

Les choses s'éclairent si, à côté des analogies de thèmes, on tient compte, avec plus de précision, des jonctions verbales qui se présentent entre les textes. Dt 8, 15 offre, en premier lieu, les 2 analogies thématiques d'un désert inquiétant et des animaux redoutables qui s'y rencontrent. Les termes qui évoquent le désert diffèrent par rapport à ceux d'Is 30, 6, mais l'analogie n'en est pas moins frappante : dans les 2 cas un désert particulièrement

---

[63] «Il était tout naturel (...) de faire appel à un texte parlant lui aussi d'un désert du sud» (o.c. 84).

[64] «Il est cependant un autre passage plus important encore» (ent. que Ps 63) «et qui à lui seul explique les additions etc» (o.c. 84-85). Que le texte Dt 8, 15 puisse expliquer à lui seul les var. de Qa en Is 30, 6 est inexact, puisque ce texte ne fournit pas ציה qui vient de Ps 63. Pour présenter les choses ainsi, il faut déjà attribuer à Qa une pratique assez libre permettant de suppléer le terme en question. L'adoption par Laberge d'une explication par l'influence combinée de Dt 8 et Ps 63 contredit en fait l'affirmation «à lui seul», réservée à Dt.

redoutable[65]. Il y a aussi des différences entre les animaux mentionnés par les 2 textes. Dt n'a pas les lions d'Is 30, 6. En revanche נחש «serpent» de Dt 8, 15 et אפעה d'Is 30, 6, que l'on traduit d'ordinaire par «vipère», mais dont l'identité est discutée, illustrent une même catégorie[66]. Enfin et surtout שרף, qui figure dans les 2 textes, constitue une jonction verbale précise. La qualification de מעופף «volant», dans Is (TM = Qa) implique un animal fabuleux, un «dragon volant». Évocation frappante pour l'imagination, et par là jonction propre à retenir l'attention. En vertu de ces relations, Qa a emprunté à Dt אין מים et a substitué cette expression à מהם. Il a vraisem-blablement reconnu dans la rencontre assonantique entre מהם et מים une relation complémentaire, en faveur de la modification du texte[67]. Il n'est pas vraisemblable de supposer que le motif de l'emprunt a été une incapacité de rapporter מהם à son antécédent normal du début de 30, 6. Par contre l'emprunt trahit un souci de rehausser la peinture du désert par un trait topique, que renforce encore la seconde var. (a). Il faut préciser le chemine-ment qui y a conduit, avant de se prononcer sur le motif et sa portée réelle.

Une fois incorporé à Is 30, 6, l'emprunt à Dt 8, c'est-à-dire la var. (b), constitue pour son nouveau contexte une jonction avec Ps 63, 2 où בלי מים «sans eau» ne diffère qu'à peine, par la préposition, et correspond pour le sens[68]. Cette jonction s'ajoute à celle qui résulte de la mention du «désert de Juda» (63, 1), valable dans les conditions précisées plus haut. Sur la base de cette double relation, Qa a emprunté à Ps 63, 2 le terme ציה «aridité». Il renforce la portée de l'emprunt précédent, car il s'oriente logiquement dans la même direction, tout en introduisant une variation de forme.

---

[65] Dt 8, 15 : «Dans le grand et effrayant désert». H Is 30, 6 = H(Qa), antérieur à la retouche de Qa : «dans un pays d'angoisse et d'accablement». Le terme rare צוקה rendu ici par «accablement» ne reparaît que dans Is 8, 22 et Prov 1, 27. Malgré sa rareté, Qa ne l'a pas retouché, ce qui vaut la peine d'être noté, à l'encontre des soupçons d'ignorance des mots rares dont Kutscher en particulier a abusé touchant ce texte, sans procéder à la contre-épreuve. Le mot se rattache à une rac. qui au propre signifie «être étroit», d'usage courant en arabe (*ḍāqa*, rac. *ḍyq*).

[66] Voir les hypothèses sur l'identification du second de ces termes, dans *KBL*[3] 77 A.

[67] Il est vraisemblable que la ressemblance n'a pas passé inaperçue et qu'elle présentait une valeur positive aux yeux des anciens. Toutefois elle ne fait que s'ajouter fortuitement aux autres motifs, sans être nullement nécessaire au changement.

[68] À l'inverse des conditions à considérer dans une hypothèse d'emprunt de (b) à Ps 63, la variation des 2 formules n'est plus une difficulté dans l'hypothèse de *jonction*. Dans l'hypothèse d'emprunt empirique, considérée et récusée plus haut, la variation stylistique aurait supposé une inattention au littéralisme, anomalie acceptable dans la vue empiriste, mais par déficience de cette dernière. Dans l'hypothèse de jonction, la ressemblance entre les 2 formules, sans coïncidence littérale stricte, crée une affinité entre les 2 textes et c'est cette affinité qui compte pour la jonction.

Le cheminement de Qa a donc consisté à *puiser d'abord dans la Loi, pour aller de là au Ps.* La complication de ce processus, le soin et la science scripturaire qu'il nécessitait, sont des indices de soumission aux exigences d'une méthode. Ils impliquent en outre que, du point de vue idéologique, les retouches ont été inspirées par un motif qui importait, aux yeux des responsables de Qa. Par delà les modalités méthodiques de la retouche de 30, 6, c'est ce motif qui fait le principal intérêt historique de la transformation textuelle, intérêt que l'appréciation empiriste des faits empêche d'apercevoir.

Il est clair que les 2 var. introduites par Qa dans le texte ont été dictées par un intérêt spécial pour le thème du désert. L'importance attribuée à ce paysage n'a rien à voir avec une préoccupation d'exactitude géographique ou d'animation esthétique ou dramatique : ce seraient là des points de vue modernes qu'il serait illusoire de projeter sur la pensée des anciens. Il faut éclairer les faits par les conditions propres au milieu d'utilisation de Qa. Le mot d'ordre qui a dominé la constitution et la vie de la communauté de Qumrân a été celui de *la retraite au désert.* Le Rouleau de la Règle (Sigle reçu S, mais ici S(Qm)[69]) en contient un témoignage direct d'autant plus significatif qu'il est mis sous l'autorité d'un dire prophétique et qu'il se présente ainsi comme l'interprétation et l'accomplissement d'un oracle.

La Règle prescrit en effet de «se séparer des hommes pervers pour aller au désert»[70]. Cette instruction est justifiée scripturairement : כאשר כתוב «comme il est écrit». Suit la citation d'Is 40, 3, à partir de «dans le désert ...» Cela suppose une césure conforme à celle du texte originel («dans le désert frayez ...»), à l'encontre de celle qui a été introduite secondairement dans la tradition recueillie par TM («une voix proclame *dans le désert* ...»[71]). La césure déplacée a aussi été exploitée par les Évangiles pour tirer du passage une allusion oraculaire à l'activité de Jean-Baptiste «au désert»[72]. Dans TM le rattachement du «désert» à «la voix qui proclame» procède manifestement d'une inspiration légaliste : la voix dans le désert rappelle

---

[69] Pour différencier de S, utilisé dans la section I pour le Sinaïticus de la Septante, tandis que la version syriaque est désignée par Syr, au lieu de l'ordinaire S.

[70] S(Qm) VIII, lg 13 : «Ils se sépareront du milieu de l'habitat des hommes pervers pour aller au désert pour y frayer la voie de Lui» (= de Dieu). Sur cette dernière désignation, voir la judicieuse note de A. Dupont-Sommer, dans *Les Ecrits Esséniens ...* 107, n. 3.

[71] Cf. dans TM l'accent *zāqēf gādôl.*

[72] L'exploitation oraculaire est introduite dans Marc (1, 2) et Luc (3, 4) par une formulation qui correspond exactement à celle de S(Qm) : καθὼς (Luc ὡς) γέγραπται. C'est une clause qui appartient à la technique des citations. Elle est remplacée dans Matthieu par un énoncé plus ample destiné à expliquer que Jean-Baptiste est le prophète visé par l'oracle d'Is : οὗτος γάρ ἐστιν ὁ ῥηθεὶς διὰ Ἡσαΐου τοῦ προφήτου λέγοντος; suit la citation d'Is. Le démonstratif désigne Jean-Baptiste dont l'intervention *oratoire* (κηρύσσων, inspiré de «la voix» d'Is 40, 3) *au désert* (d'après la suite d'Is 40, 3) précède immédiatement (Mt 3, 1 s.).

celle de Moïse, lors du premier exode, tandis que le tracé de la route de Dieu, c'est-à-dire alors l'accomplissement de sa Loi, n'est pas une entreprise reléguée dans le désert, mais une obligation valable en tout lieu[73]. Dans les Évangiles la même césure a été évidemment inspirée par une perspective messianique. À la différence du point de vue que reflète la tradition de TM, pour la communauté de Qumrân, qui a rompu avec le Judaïsme officiel, c'est précisément dans le désert, devenu un refuge, que se situent l'étude et l'accomplissement authentiques de la Loi. La suite du texte de la Règle indique explicitement que l'ordre de frayer la route dans le désert concerne «l'interprétation de la Loi»[74]. Tout ce passage de la Règle constitue donc une véritable charte de la mission de la communauté de Qumrân, sur la base de l'oracle scripturaire tiré d'Is 40, 3 : *la communauté était vouée à la méditation studieuse de la Loi au désert*. Il résulte de ce programme que l'étude de la Loi et la vie au désert sont étroitement associées.

Le métaphorisme du puits exploité par l'Écrit de Damas (= CD) illustre la même conception. La citation de Nb 21, 18 est interprétée là dans un sens qui fait du puits creusé dans le désert une image de la Loi et de son étude. À côté des données explicites de cette interprétation dans CD, il faut tenir compte de la spéculation verbale implicite qui relie par homographie באר «puits» au vb באר «expliquer»[75]. L'explication métaphorique et légaliste du puits dans le désert, dans CD, procède de la même inspiration que le passage du Rouleau de la Règle examiné à l'instant, et confirme l'importance de la méditation symbolisante consacrée à la relation désert-Loi, dans un milieu qui avait fait du désert son cadre de vie matérielle, et de la Loi son idéal spirituel.

Il faut replacer les var. de Qa 30, 6 dans les conditions originales du milieu qui les a inspirées, pour mesurer leur vraie portée et saisir la signification particulièrement profonde et enrichissante des rapports qu'elles instaurent

---

[73] La césure massorétique est une allusion légaliste éloquente. Cependant Rashi paraît avoir encore eu connaissance de la césure originelle. Il a en effet remarquablement discerné dans Is 40, 3 l'allusion au retour d'exil qui y est réellement contenue. Par suite il a défini «la route» comme étant «la route de Jérusalem», c'est-à-dire celle qui mène à Jérusalem, ce qui suppose qu'il rattachait «dans le désert» au tracé de la route, plutôt qu'à «la voix qui proclame». La glose de Rashi pour קול «la voix», savoir «l'Esprit de sainteté», paraît aussi mieux compatible avec la césure originelle qu'avec la massorétique.

[74] היאה מדרש התורה : «c'est l'interprétation de la Loi». Le pronom féminin initial se rapporte à מסלה «la chaussée» (proprement : le remblai) de la suite de la citation de 40, 3. Comme דרך «route» est aussi un féminin, ce sont les 2 substantifs qui sont pratiquement concernés. La glose explique le thème de la route comme allusion à l'étude et à l'interprétation de la Loi. Le mot מדרש signifie proprement «recherche», et ici la recherche du sens, l'interprétation comme tâche jamais équisée.

[75] Voir les précisions sur cette herméneutique section I, IIe partie, ch. VI, D, b.

avec Dt 8, 15 et Ps 63, 1-2. Les contextes originels des éléments empruntés projettent en Is 30 leur résonance propre et constituent des prolongements révélateurs, dans l'exploitation qumrânienne de l'oracle d'Is 30, 6. Celui-ci s'éclaire alors globalement. L'oracle des «bêtes du Négueb» (30, 6a) était bien fait pour retenir particulièrement l'attention des responsables de Qa. Non seulement il s'agissait d'un désert aux limites extensibles, auquel on pouvait associer la région de Qumrân, mais encore l'allusion de la fin de 30, 6 à des transports de richesses à travers le désert (à l'origine, des cadeaux diplomatiques pour acheter le secours égyptien) semblait décrire — et donc *prédire* et en même temps prescrire — le dépôt des biens par les membres de la communauté. Le Rouleau de la Règle fait mention de l'obligation de mettre les biens personnels à la disposition de la communauté[76]. Les notices de Philon et Flavius Josèphe attestent la même pratique chez les Esséniens. La convergence de ces témoignages est l'un des éléments qui établissent l'identité essénienne de la communauté de Qumrân, identité dont A. Dupont-Sommer a donné la démonstration historique[77]. Le complément final de 30, 6 «à cause d'un peuple qui n'est pas utile» pouvait s'entendre des «hommes pervers» que mentionne la Règle, dans le passage cité supra. De ces hommes pervers les nouveaux adeptes de la secte se séparaient. Le texte d'Isaïe contenait donc, sur ce point aussi, une prédiction contemporaine extrêmement frappante pour les gens de Qumrân. On notera que, dans le titre de l'oracle, le mot בהמות pouvait être mis au service d'une telle actualisation du morceau. Il suffisait pour cela de lire dans les consonnes du texte reçu la préposition ב + המות compris comme infinitif de המה «être en agitation ou en rumeur». Exégèse consciemment fondée sur l'homographie consonantique et donc application de la méthode des analogies verbales formelles. Il fallait alors entendre : «Oracle : *Quand le Négueb* (= le désert méridional) *est en rumeur*». Cette rumeur qui agitait le désert méridional, c'était l'afflux des nouveaux adeptes qui venaient se joindre à la communauté de Qumrân et, par la même occasion, y déposer leurs biens. La comparaison de G (qui traduit le terme par τῶν τετραπόδων) confirme que la tradition du sens premier («les bêtes») devait être connue à Qumrân, et que l'autre lecture (s'il est vrai qu'elle ait été exploitée, comme la vraisemblance invite à le penser) était bien une spéculation tendancieuse, au service des intérêts du milieu.

---

[76] S(Qm) VI, 17s. Comparer Év Mc 10, 22 et parallèles.

[77] Les notices de Philon et de Flavius Josèphe relatives à la cession des biens propres par les Esséniens sont citées par A. Dupont-Sommer, dans : *Les Écrits Esséniens* ..., 33 § 85; 35 § 4; 38 § 122. Voir en outre les élucidations historiques de l'auteur, 56s.

Le trait relatif au transport des richesses en plein désert devait donc nécessairement paraître justifier l'application de l'oracle à la situation des gens de Qumrân. Les 2 var. (a) et (b) de Qa rehaussaient la peinture du désert et de son austérité : le manque d'eau était une menace permanente que les 7 grandes citernes et l'aqueduc bâtis à Qumrân ne conjuraient pas de manière assurée[78]. La relation de (b) avec Dt 8, 15 et de (a) avec Ps 63, 1-2 associait en outre à l'oracle de grandes pensées propres à exalter les zélateurs de l'étude de la Loi au désert. L'emprunt à Dt rappelait l'épreuve d'Israël dans «le grand et terrible désert», et aussi la fonction providentielle de ce lieu déshérité : c'est dans ce cadre, semblable à celui de Qumrân (du moins pour l'imagination religieuse du milieu), que la Loi avait été révélée et donnée à Israël ; c'est là aussi que les altérés avaient langui, dans l'espoir d'une intervention divine secourable (thème que rejoint Ps 63, mais en le dépassant, comme nous allons le préciser); c'est là enfin qu'ils avaient été abreuvés par le miracle de l'eau jaillie du rocher (Ex 17, 6 ; Nb 20, 8 s.). Ces thèmes devaient être étrangement éloquents pour les volontaires du retour au désert : ils leur imposaient une typologie envoûtante. La redécouverte studieuse de la Loi au désert renouvelait les conditions de jadis. Celles-ci montraient (par Dt et Ps 63) que le désert n'était pas seulement un lieu favorable à l'étude (ce qu'il est dans S(Qm) cité plus haut), pas seulement un refuge, à l'écart des hommes pervers (Is 30, 6, proposition finale) et un lieu de dépouillement des biens terrestres (trait déductible d'Is 30, 6 bβ). Le désert était en outre *le lieu de l'attente d'une nouvelle révélation.* Déjà la citation d'Is 40, 3 dans S(Qm) ajoute au thème de l'étude la référence à une «voix». Celle-ci place le «tracé de la route au désert» (= l'étude authentique de la Loi) sous l'autorité d'une injonction divine *présente,* et constitue par là une actualisation qui oriente l'attention vers la possibilité d'une nouvelle intervention de la «voix». Mais la combinaison de Dt et Ps 63 est plus précise. Dans Dt le désert est le lieu d'une grande théophanie, qui coïncide avec le don de la Loi. Dans Ps 63, le désert est le lieu d'une attente nostalgique de Dieu : «Mon âme a soif de toi, ma chair pâlit (sic, nuance : pâlit de nostalgie[79]) pour toi (littéralement : vers toi), dans une terre d'aridité ...»[80].

---

[78] Sur ces installations, dont les vestiges ont été retrouvés parmi les ruines de Qumrân, voir J. T. Milik, *Ten Years of Discovery* ..., 48 (avec le plan annexé), et la révision archéologique approfondie récente de E. M. Laperrousaz, *L'établissement essénien des bords de la Mer Morte,* 33 s. et 107 s. Selon cet auteur il y avait, pendant la principale période d'occupation «une douzaine de bassins et de citernes de toutes tailles» (35).

[79] Le vb כמה, non attesté ailleurs en hébreu, a pour sens propre, en arabe et en syriaque, «être aveugle». La valeur transitive alléguée par *KBL*[3] comme sens dérivé, en arabe («Gesichtsfarbe *verändern*», je souligne), mérite d'être précisée pour éviter que le sémantisme propre ne soit compris à partir de l'idée de «changer», qui n'a qu'une valeur

Combiné avec Dt, un pareil texte tendait à orienter la méditation de la Loi vers un avenir théophanique, et introduisait ainsi dans l'inspiration légaliste des gens de Qumrân une attente susceptible d'être spécifiée, à partir de l'idée théophanique, dans un sens eschatologique ou messianique. La retraite de la secte au désert faisait ainsi planer sur la communauté, grâce à une intense méditation scripturaire, le mystère au plus haut point solennel d'une révélation divine imminente. La typologie scripturaire et le métaphorisme du paysage conspiraient à redonner au passé un pouvoir de présence et, tout à la fois, de préfiguration de l'avenir, en faisant revivre dans le désert de Juda le surnaturel et la précision législative concrète de l'événement sinaïtique[81].

---

explicative. *WKAS*, I, 367 fournit la donnée probante. C'est l'emploi illustré par la citation d'Asās *kamiha lawnu`l-`insāni* «le teint de l'homme a pâli» (cette valeur est expliquée par la glose *taġayyara* «a changé», au sens intransitif français). Sens premier en arabe «être aveugle». L'aveugle ne perçoit plus la diversité des couleurs; cette perte de la perception des couleurs a donné naissance au sens «pâlir», par passage de la subjectivité à un point de vue objectif. Dans le Ps, le sujet «chair» répond bien au «teint (de la peau)» de la formulation arabe citée. Le contexte du Ps ne laisse pas de doute sur la signification de cette pâleur : «vers toi» (= vers Dieu). Il s'agit d'un désir nostalgique. La traduction ordinaire par «languir» ne donne pas la nuance exacte. La rac. כסף fournit une association comparable. Elle signifie en hébreu postbiblique «être clair ou incolore», ce qui a des chances d'avoir été le sens propre; d'autre part, ce vb est employé en hébreu ancien avec la valeur «désirer». L'association de ces sens intéresse l'élucidation de l'autre vb. Gesenius l'avait discerné dans son *Thesaurus* (II, 692, en se fondant là, pour l'arabe, sur le *Qāmūṣ*, source insuffisamment sûre, en général, mais dont la notice était ici pertinente).

[80] Le modèle originel de la formulation était vraisemblablement «pâlit (ou vb de sens analogue) ... comme une terre ...», et non pas «dans». Les critiques l'ont en général reconnu (cf. BH², BH³, BHS). Mais ils sont allés trop loin lorsqu'ils ont voulu corriger le texte. Les mss médiévaux allégués sont secondaires sur ce point (par simplification spontanée ou par analogie scripturaire; cf. Ps 143, 6). Ils sont secondaires aussi pour le féminin de l'adjectif qui suit, au masculin dans TM, ועיף (la var. médiévale, de même, d'après Ps 143, 6). Sur les 2 points la forme TM correspond au stade où la formulation a reçu son intitulé, qui l'attribuait à David «quand il était dans le désert de Juda». On a alors interprété «*dans* une terre», et l'adj. עיף a été rapporté à David, d'où le masculin : c'est lui qui était, dès lors, «épuisé, sans eau». Il s'agit de retouches par «petites mutations» (branche des analogies verbales étudiées dans la IIᵉ partie de la section I et la IIᵉ partie de la section II). Ces retouches sont éloquentes concernant le travail israélite d'adaptation d'un modèle littéraire plus ancien. Elles sont fondées sur la même herméneutique verbale méthodique que celle dont nous relevons des traces dans G et Qa.

[81] Les grands thèmes religieux que révèlent ainsi les var. de Qa 30, 6 présentent un intérêt manifeste pour l'étude des plus anciennes conditions de la naissance du Christianisme. La prédication de Jean-Baptiste au désert et l'application à cette circonstance de l'oracle d'Is 40, 3 cité par S(Qm) — cf. Mt 3, 1 et parallèles — illustrent des affinités avec le milieu essénien de Qumrân. L'orientation légaliste de ce milieu n'y contredit pas, comme le montre, entre autres, la déclaration de Jésus relative à l'accomplissement de la Loi, par opposition à son abolition (Mt 5, 17). L'atmosphère d'attente théophanique et de tension eschatologique qui est perceptible à Qumrân, et qu'illustrent les conditions de l'étude de la Loi au désert, constitue une donnée qui mérite également l'attention des historiens des origines chrétiennes.

Ainsi les var. introduites par Qa en 30, 6 éveillaient des échos scripturaires amplifiés, qui montrent l'importance de ces changements textuels. Nous sommes loin des petites variations de détail, livrées à l'improvisation de scribes dont les compétences auraient été limitées, variations qui ne constitueraient en définitive que des minuties sans portée pour le sens. Par opposition à ce genre d'appréciation stérilisante à laquelle la théorie empiriste condamne la critique, une analyse attentive aux conditions d'époque aussi bien qu'à l'ensemble des modalités textuelles débouche sur un arrière-plan qui nous découvre dans leur originalité la pensée et l'expérience vécue des anciens. La haute qualité religieuse des thèmes, la profondeur et le caractère brûlant de l'expérience garantissent, tout comme la science scripturaire mise en œuvre, que les var. de Qa 30, 6 étaient couvertes par une méthode souveraine. Elles ajoutent à l'illustration de l'herméneutique d'analogie scripturaire des spécimens éloquents et démonstratifs.

Il reste à éclaircir le cas de מהם dans TM. La leçon est prioritaire par rapport à Qa qui l'a lue, à n'en pas douter, dans H(Qa). Mais est-elle originelle? Longtemps les critiques ont adopté la correction נהם, vocalisé au participe «rugissant», leçon qui se recommandait pour le lion, et que paraissait justifier la ressemblance *mem, nun,* en écriture hébréo-phénicienne[82]. Cependant le fait que le pronom se justifie dans TM, comme renvoi aux «bêtes», rendait la correction douteuse. G. Fohrer y a renoncé dans son commentaire bref de 1962, où il a suivi TM[83]. Dans BHS, D. Winton Thomas a adopté la lecture vocalique qui avait été proposée par S. Grünberg, à savoir *mēhēm* (2 *ṣéré*), au lieu de *mēhem* (*ṣéré* + *ségol*) de TM[84]. Au lieu de la préposition *min* + pronom personnel, il s'agit alors du participe *hifil* de *hāmam,* rac. apparentée à *hāmāh,* dont il a été question plus haut. Le *hifil* n'est pas attesté dans la Bible, mais cette circonstance est simplement imputable au hasard des textes, et ne constitue pas une difficulté réelle. Le *qal* du vb signifie «mettre en mouvement, en émoi». Le *hifil* prend une valeur causative, qui tend plus ou moins à se confondre avec celle du *qal,* comme en d'autres cas d'indistinction du *qal* et du *hifil.* Il faut alors comprendre «pays ... du lion qui cause de l'émoi». L'hypothèse de S. Grünberg retenue

---

[82] Ainsi encore BH³ (mais avec?; également O. Kaiser, *ATD,* 18 (1960) 228, A. Penna (1964) 276).

[83] *Comm.* II, 88.

[84] Cf. S. Grünberg, in *Festschrift zum 50 jährigen Bestehen des Rabbinerseminars zu Berlin,* 1873-1923. Berlin, Vienna, 1924, 68-70. Cette référence est donnée par J. A. Emerton, dans *VT* 22 (1972) 509, d'après l'indication de D. Winton Thomas, qui avait repéré cette source, à l'occasion de la préparation de l'apparat critique du fascicule d'Isaïe de BHS. Je remercie M. le Prof. Emerton d'avoir attiré mon attention sur la vraie source de la correction, que j'avais attribuée à l'auteur de l'apparat critique.

par Winton Thomas est excellente, car, en dépit de la petite différence
vocalique, les formes en présence pouvaient aisément être prises pour des
homophones, et le glissement de la leçon rare (supposée ici originelle) à la
leçon facile et parfaitement compréhensible, dans ce contexte, de TM, était
quasiment fatal. C'est un cas où le risque de simplification en cours de
transmission devait, semble-t-il, l'emporter sur la tradition conservatrice,
fût-elle aussi vigilante que celle du Judaïsme.

La réserve que l'on pourrait faire valoir à l'encontre de la correction
vocalique tient à la rareté du *hifil*, non attesté ailleurs pour cette rac., dans
la Bible. Cependant cette rareté même, et donc la recherche stylistique qui
a conduit à l'emploi de ce participe *hifil* (si on l'admet), pourraient bien
constituer au contraire un indice de nature à renforcer la légitimité de la
solution Grünberg. C'est le cas si les ressemblances formelles décelables
entre les mots avaient, aux yeux des anciens, la valeur positive que nous
croyons nécessaire de leur reconnaître, non seulement à un stade herméneutique secondaire, mais déjà dans les élaborations originelles. מהם participe
hifil faisait assonance avec [בהמ[ות. Il est vraisemblable d'admettre que la
composition première a décelé une affinité pleine de sens entre les 2 termes,
et que cette affinité a dicté son choix. Peut-être peut-on même aller plus
loin. L'affinité suggère, à partir du participe reconnu originel (*mēhēm*) la
préposition + pronom pers. plur. de TM (*mēhem*), à la faveur de l'homographie. Si on isole, dans le substantif initial de 30, 6, les 3 premières
consonnes *bhm*, ce groupe peut s'entendre comme préposition *b* + pronom
pers. plur. Il ne diffère de la leçon *mēhem*, en discussion dans TM, que par
la préposition, ce qui peut être considéré comme simple variation. Dès lors
il devient possible que ce groupe *bhm* et la leçon consonantique *mhm*, lue
avec le vocalisme de TM, aient servi de chaînons spéculatifs intermédiaires
entre le substantif initial בהמות et le participe *hifil* reconnu originel. La
leçon de TM aurait alors été considérée par la rédaction originelle, en
doublure du participe. En d'autres termes, la liaison verbale qui a inspiré
la rédaction originelle se serait accompagnée d'une dualité de valeurs, pour
le groupe *mhm*. TM aurait recueilli la valeur la plus simple, qui ne jouait
qu'un rôle auxiliaire d'arrière-plan. Mais, de la sorte, il représenterait pourtant un élément authentique de l'élaboration originelle, et ne serait pas à
considérer comme une dégradation due à une incompréhension postérieure.

Nous concluerons que la vraisemblance de la solution Grünberg, adoptée
par Winton Thomas, peut être renforcée par la considération des modalités
verbales du passage. Celles-ci offrent un exemple de recours à la méthode
des analogies verbales, dès le stade de la composition hébraïque.

7) Qa 34, 4 et 51, 6 et les croyances astrologiques à Qumrân

En 34, 4, Qa présente une importante divergence par rapport à TM. Pour des raisons qui se dégageront plus bas, il faut considérer TM comme prioritaire et = H originel, cela en dépit de BH³ et BHS (cf. les apparats critiques), et malgré Kutscher lui-même, qui a mis TM en doute, et qui renvoie à la correction proposée dans BH³ comme à une possibilité. C'est une frappante dérogation à son ordinaire conservatisme. Elle s'explique par une impuissance à résoudre le problème exégétique de H. En réalité les doutes sur TM résultent d'une insuffisance exégétique. Sous réserve de justifications ultérieures, nous pouvons partir de l'équation H(Qa) = TM = H[85]. La var. Qa est une modification infligée à H(Qa), et elle résulte d'un emprunt à Mi 1, 4, comme suffit à le montrer une confrontation des textes. C'est par ce constat assuré qu'il faut commencer l'appréciation des faits.

En TM 34, 3-4, on lit : ונמסו הרים מדמם (4) ונמקו כל צבא השמים «les montagnes ruisselleront de leur sang (4) et toute l'armée des cieux (= les étoiles) se décomposera» (proprement «pourrira»)[86]. Qa est identique à TM

---

[85] Il n'est pas douteux que TM, que nous affirmons dès le départ être = H, soulève un problème d'authenticité et de motif. La solution n'est pas la correction qui a été admise par BH³ et encore par BHS, à la suite de nombreux travaux antérieurs, correction qui consiste à remplacer «toute l'armée des cieux (= les astres) se décomposera» (littéralement : pourrira) par «les collines (en parallèle avec «les monts» qui précèdent) se décomposeront». En dépit de l'apparente supériorité littéraire du texte obtenu, il faut partir du fait que TM a une *lectio difficilior*, par rapport à la phraséologie traditionnelle dans les théophanies ou les interventions divines. La vraie question, éludée prématurément par les correcteurs, est de déterminer comment et pourquoi s'est formée cette variation dans la tradition théophanique. Précisions infra.

[86] «Ruisselleront de leur sang», du sang des victimes mentionnées en 2.3a.5.7. L'oracle mentionne en 2a «les nations» et semble d'abord avoir une portée générale, mais il vise en réalité le seul Édom. La mention des nations est un rappel introductif conventionnel, sous l'influence d'une tradition littéraire fixée par Ézéchiel. C'est celle du jugement et du châtiment des nations sur les montagnes d'Israël qu'elles ont «outragées» (Éz 36, 6), en cherchant à s'en emparer, à la faveur de l'affaiblissement et de la chute de Juda, lors de l'invasion néo-babylonienne (chaldéenne) du début du VIᵉ siècle. Cela ne fut en réalité le cas que de certains voisins, dont Édom, mais la tradition a extrapolé, et elle a ainsi créé un thème compensatoire de renversement de la situation, par rapport à la catastrophe nationale. Dans l'oracle d'Is 34, 1s., ce thème est une convention obligée, qui répond à la logique de l'époque, vue sous l'angle israélite. La dialectique sous-jacente est : aussi vrai que les nations seront châtiées sur les montagnes d'Israël, Édom, agresseur qui a suscité la haine la plus tenace, subira une destruction particulièrement terrifiante et exemplaire. Le «sang» devient, dans cet oracle antiédomite, un trait central, par suite d'une spéculation sur le nom d'Édom. Précision infra. Le caractère spéculatif du passage est confirmé par la manière dont ce thème central, qui a été tiré du nom d'Édom, a déterminé une modification de la tradition littéraire d'Ézéchiel (au lieu des monts d'Israël, les monts d'Édom), et de la tradition théophanique elle-même (au lieu de *fusion* des monts, monts *ruisselants* de sang), non sans résurgence du thème primitif du ḥērem ou extermination par interdit (cf. le vb correspondant, en 34, 2b).

en fin de 3 cité, si l'on fait abstraction d'une minutie, la présence d'un article qui manque dans TM devant הרים[87]. Au début de 4, Qa diverge : והעמקים יתבקעו וכול צבא השמים יבולו «et *les vallées se fendront* et toute l'armée des cieux (les astres)[88] se flétrira» (en italique la var. principale). Avant d'examiner la var. principale, réglons la question de la var. secondaire qui a affecté la 2ᵉ proposition, par contre-coup de l'autre. La perte d'un vb pour «l'armée des cieux» a été compensée par emprunt à la suite de la phrase, dans la partie commune à Qa et TM. Là le vb «se flétrir», appliqué à «l'armée des cieux», s'éclaire par la comparaison végétale qui fait suite à celle du rouleau écrit (= du «livre») qu'on enroule : «les cieux seront enroulés comme un livre, et toute leur armée se flétrira comme se flétrit le feuillage sur la vigne». Qa a emprunté à cette fin de phrase (4bα) le vb dont «l'armée des cieux» a été privée au début.

La répétition qui en résulte n'est pas un indice de négligence, mais trahit au contraire le souci d'observer une norme dans la transformation du texte. a) Du point de vue littéraire cette répétition peut se justifier comme une reprise destinée à préciser la 1ʳᵉ mention du vb, à l'aide de la comparaison végétale. b) Il est remarquable que la répétition dans Qa ne fasse qu'amplifier une répétition déjà observable dans H = TM, en 4b, où le vb «se flétrir» figure 3 fois ; la 3ᵉ, au participe féminin qui décrit l'état de la figue «flétrie», c'est-à-dire desséchée avant terme. Qa = TM dans ces 3 cas, mise à part la minutie négligeable du participe, au lieu de l'infinitif de TM, dans le 2ᵉ cas. Avec ses 4 mentions du vb «se flétrir», Qa ne fait donc que pousser plus loin une insistance qui caractérise déjà TM = H. Dans la forme originelle (TM), la récurrence, au lieu d'être un défaut stylistique, comme elle peut le paraître aux yeux d'un moderne, pourrait bien avoir eu une valeur fonctionnelle et avoir correspondu à une exploitation de la relation analogique formelle décelable entre *nābēl* «être flétri» et *bābēl* «Babylone», sous l'influence d'une tradition venue de la gôlah exilique. Un indice qui tend à confirmer cette hypothèse est la comparaison des cieux avec «un livre» (un rouleau écrit) (34, 4aβ). Ce trait vient de la gôlah exilique, comme nous allons le préciser plus loin. Je dois disjoindre la question de la spécula-tion sur le thème de la flétrissure de la végétation, pour la traiter ailleurs, à propos de la parole sur l'herbe, Is 40, 6-8, originellement lamentation (sur

---

[87] Le fait que l'article (devant «montagnes») corresponde dans Qa à TM Mi, alors qu'il est absent de TM Is, semble indiquer que Qa a suivi le texte d'emprunt, touchant ce détail de la formule de jonction, tout en se conformant à H(Qa) = TM pour le mot suivant («de leur sang»). Le détail confirme l'emprunt à Mi.

[88] L'armée des cieux est constituée par les astres, d'après Gen 2, 1 et Is 40, 26.

la chute de Jérusalem), puis, par refonte, oracle de libération[89]. Il suffira de dire ici que l'oracle contre Édom (cf. la mention explicite en 34, 5b) a utilisé des matériaux venus de la communauté d'exil : le rôle des astres dans la théophanie, la comparaison du livre, le thème de la flétrissure. c) Enfin et surtout le recours à 4b pour donner un nouveau vb à «l'armée des cieux» de 4aα, à la place de celui de H évincé par l'emprunt scripturaire principal, ce recours constitue un autre emprunt scripturaire, contextuel celui-là, et moins important que l'autre, mais néanmoins conforme à la méthode reçue. «L'armée des cieux» y a fait office de jonction justificatrice. Le voisinage de l'emprunt ne doit donc pas faire illusion et suggérer un aménagement contextuel empirique. Il s'agit bien de la même méthode analogique des emprunts scripturaires, qui était nantie d'autorité et que nous étudions ailleurs, à propos de textes éloignés.

«L'armée des cieux» se flétrit donc comme la végétation (40, 6-8) : signe dans le ciel, mais non disparition du firmament par «décomposition», comme dans la formulation originelle de H = TM = H(Qa), que Qa a évitée au début de 4. L'intérêt pour les signes du ciel et la répulsion pour l'idée d'une élimination du firmament sont des indices qui vont nous aider à identifier, d'abord hypothétiquement, puis positivement, le motif de la transformation du passage dans Qa. Auparavant des considérations techniques sont indispensables pour assurer les bases textuelles de l'accession aux arrière-plans historiques, celui de Qa, notre sujet prioritaire, et, à cette occasion aussi, celui de H, dont le rapport d'identité avec TM pourrait être mis en doute et mérite l'attention en 34, 4 aα. Ces arrière-plans vont nous apparaître finalement assez riches pour justifier l'effort préparatoire.

L'expression qui constitue la var. principale de Qa a été tirée, comme dit, de Mi 1, 4. Là elle figure juste après ונמסו ההרים תחתיו «et les montagnes fondront sous lui». Le vb et le substantif de cette proposition sont ceux d'Is 34, 3 (fin), cité supra. Même vb מסס au *nifal*, pour «fondre» (Mi) et «ruisseler» (Is), et les 2 textes ne diffèrent en cet endroit que par le complément employé dans Is («de leur sang») et par la préposition dans Mi («sous lui»). En fonction du contexte, les mots נמסו (ה)הרים prennent dans Mi le sens : «les montagnes *fondront*». Dans Is, la modification contextuelle («de sang») entraîne la nuance : «les montagnes *ruisselleront*». Mais ce qui importe c'est que figurent matériellement dans les 2 textes les 2 mêmes

---

[89] La question a été méconnue jusque dans les dernières contributions à l'élucidation de ce passage, y compris celles spécialement consacrées à l'examen des 2 mains rédactionnelles discernables dans Qa, en cet endroit. Un nouvel examen à la fois de Qa et du problème littéraire et historique du passage est nécessaire, mais n'a pu être joint au présent ouvrage, en raison des limites spatiales à observer.

mots, qui ont évidemment constitué la jonction entre le passage d'Is et celui de Mi, permettant ainsi l'emprunt d'Is à Mi.

Ainsi la transformation de H dans Qa a ramené dans la ligne de la scènerie théophanique traditionnelle une formulation qui s'infléchissait vers l'innovation de la «décomposition de l'armée des cieux» (TM 4a = H). Lorsque l'on considère l'ensemble du passage dans la forme Qa, la seule divergence qui persiste par rapport à la théophanie traditionnelle est le ruissellement sanglant des monts, au lieu de leur fusion, dans la phraséologie reçue, telle qu'elle est attestée par Mi 1, 4 et Ps 97, 5. Cette variation par rapport au tableau plus ancien mérite un instant d'attention, car elle a obéi à une exploitation de la tradition antérieure par analogie verbale formelle. Il faut partir des thèmes littéraires légués par Ézéchiel. «Les nations» qui ont ravagé le territoire d'Israël, lors de l'invasion babylonienne, et qui ont cru pouvoir s'en emparer seront à leur tour châtiées «sur les montagnes d'Israël», qui ont subi leur «outrage» (Éz 36, 6). Le principe est posé par Éz 36, 1 s. et appliqué à diverses nations en particulier. Éz 25 mentionne les voisins immédiats, Ammon, Moab, Édom, les Philistins[90]. Édom est visé, avec une insistance spéciale, en 25, 12-14 et 35, 1 s., et en 36, 5 Édom est mentionné en association avec les «autres nations», exactement comme dans l'oracle d'Is 34 (cf. 34, 2, anathème contre les nations; 34, 5, anathème contre Édom). On trouve déjà aussi chez Ézéchiel la mention du «sang sur les monts» (32, 5). Mais ce trait n'est là qu'un détail dérivant simplement du thème de l'extermination des nations «sur les montagnes», tandis qu'en Is 34, 3 il subit un grossissement et une stylisation. Non seulement le sang devient un thème dominant (de l'effusion du sang sur les monts, d'Ézéchiel, on passe aux monts entièrement ruisselants), mais encore il est rattaché au vb théophanique מסס, et par là aux modalités de la théophanie. Le sang, devenu paysage en sang, est intégré au tableau traditionnel des modalités cataclysmiques qui accompagnaient les manifestations ou les interventions divines.

La clef de cette transformation de la phraséologie théophanique dans TM = H, et dans la partie conservée par Qa (où les 2 premiers termes font jonction avec Mi, pour l'emprunt), est la combinaison d'une spéculation sur le nom d'Édom, avec le tableau théophanique reçu (la «fusion des monts»). Bien que l'oracle annonce l'anathème contre les nations, sous l'influence de l'héritage littéraire d'Ézéchiel, l'application effective concerne le seul Édom, même s'il n'est mentionné qu'à partir de 34, 5. Les nations ne sont qu'un cadre introductif et emphatisant. La perspective se restreint

---

[90] II R 24, 2 ne mentionne que les ravages causés par les Araméens, les Moabites et les Ammonites.

ensuite sur le cas particulier d'Édom, et c'est lui seul qui est visé, après le rappel du principe de retournement de la situation exilique, au détriment des nations qui ont attenté au territoire d'Israël. Le nom d'Édom se rattache à la rac. *'ādam*, qui signifie «être rouge», et il s'apparente formellement au mot *dām* «sang». À l'origine la dénomination d'Édom a toutes les chances d'avoir été inspirée par les zones de roches rougeâtres que l'on rencontre dans le pays; la région fameuse de Pétra en est un exemple : la nécropole nabatéenne est située «dans un site rouge» (Abel[91]). Cette particularité géographique a dû encourager la spéculation. Mais la relation décisive est celle qui a été établie par la spéculation ominale entre Édom et *dām* «sang», en vertu de la ressemblance formelle. Celle-ci avait une valeur positive, c'est-à-dire signifiante, pour les anciens[92]. Par suite le thème traditionnel de la fusion des montagnes a donné lieu à un ruissellement de sang. Dans le tableau traditionnel, fondé sur le volcanisme du Pays de Madian et, en partie, sur des traditions madianites, les roches en fusion «comme de la cire» (Mi 1, 4; Ps 97, 5) évoquaient des teintes ignées variables[93]. Elles ont inspiré

---

[91] Cf. F.M. Abel, *Géographie de la Palestine*, I, 284. Pour apprécier l'origine de la dénomination d'Édom, il convient de tenir compte de la psychologie des nomades. Il est conforme à leur genre de vie mobile et à leur vocation d'observateurs qu'ils aient eu tendance à désigner les régions à travers lesquelles ils se déplaçaient, d'après la diversité des teintes prédominantes. Le besoin pratique de différenciation a de plus entraîné un grossissement. Les teintes rougeâtres que l'on rencontre en Édom sont bien éloignées du rouge des teintures d'étoffes, mais l'impression visuelle a été accrue par le contraste avec d'autres paysages. De façon analogue, l'Iraq a été désigné par les nomades du désert arabe comme le pays «noir», *sawād*, proprement «noirceur», à cause de la teinte de ses régions agricoles, dont la verdure, aperçue de loin sous le soleil, paraît sombre, et contraste avec la couleur claire éclatante des parties ensablées du désert. Voir Lane, 4, 1462 B. Exemple de cet emploi dans un propos du Caliphe Omar, rapporté par Ibn Ḥaldûn, *Muqaddima* (*Ta'rîḫ*, t. I, éd. Dār al-Kitāb, Beyrouth, 1960), 228, lg 7, et voir Lane, 8, 2759 C, bas, sur le mot *nabaṭun* pour désigner la population agricole de l'Iraq.

[92] La ressemblance est appréciable comme une homographie entre *dām* (דם) «sang» et la 2ᵉ syllabe d'Édom, lorsque le nom est écrit défectivement (אדם), c'est-à-dire dans son orthographe ancienne. Lorsque Édom est écrit avec l'orthographe pleine, avec *waw* d'indication vocalique (אדום; ainsi TM et Qa en 5 et 6), la relation formelle avec «sang» résulte de l'identité des consonnes principales de la 2ᵉ syllabe, *daleth* et *mem*; *waw* n'est alors qu'une différence mineure, puisqu'il est vocalique et facultatif; il était réductible à la fois orthographiquement et par «petite mutation».

[93] L'objection à l'explication volcanique, qui consiste à invoquer une secondarité supposée de la comparaison avec la cire, dans la tradition israélite (ainsi E. Zenger, *Die Sinaitheophanie*, Würzburg, 1971, 259, n. 47) n'est pas pertinente. En premier lieu, la comparaison avec la cire peut venir de la tradition madianite et être authentiquement ancienne dans la tradition israélite, qui l'aurait empruntée. Le miel et donc la cire sont en effet bien connus des nomades du désert syro-arabe, comme l'atteste la poésie arabe ancienne du désert, qui est préislamique dans ses parties les plus anciennes. Voir par exemple, dans le recueil de Abu Ḍu'aib (J. Hell, *Der Diwan des Abu Ḍu'aib*, Hannover, 1926), XII, 5 et 10s. (Hell, pp. XVIII-XIX, texte, et 31, traduction) et XXII, 3s. (Hell, XXVs., texte, et 38, traduction). Ce poète appartenait à

dans la scène stylisée d'Ex 24, 10 la comparaison avec le *sappîr*, identique, selon *KBL*, au lapis lazuli, pierre bleue à reflets dorés. Sous l'influence du nom d'Édom, et par l'effet de la participation verbale due à la ressemblance dite plus haut, la luminosité éclatante de la scène théophanique traditionnelle s'est assombrie, ses teintes ont viré sinistrement, et des fleuves de sang se sont mis à couler sur les pentes montagneuses du pays «rouge».

L'adaptation de la phraséologie théophanique au pays d'Édom, dans Is 34, 3, constitue une éloquente illustration de la méthode des analogies verbales formelles (objet des 2es parties de nos sections I et II). Elle a été appliquée, dans ce cas, à la tradition antérieure à la rédaction du texte hébreu. Le cas met en évidence l'intervention de l'herméneutique verbale, analogique et transformante, dès la phase d'élaboration du texte hébreu[94].

Revenons à la transformation du texte hébreu dans Qa, par analogie scripturaire, objet prioritaire de cette 1re partie des analyses consacrées à Qa. Étant donné qu'il s'agit d'un texte théophanique, l'exemple est particulière-

---

la tribu de Hudayl, qui nomadisait au VIIe s. entre Médine et Taïf. Il était contemporain du Prophète, mais sa poésie ne comporte aucune trace d'influence venue de l'Islam. Voir à ce sujet R. Blachère, *Hist. de la littér. arabe*, II, 281-282. En second lieu, même si la comparaison de la cire avait fait son apparition secondairement dans la tradition théophanique israélite, ce qui reste possible, cela ne l'empêcherait pas d'avoir été inspirée par un souvenir précis des phénomènes éruptifs, et d'avoir été adoptée pour sa convenance. L'emploi de la même comparaison pour d'autres situations ne dément nullement la possibilité d'un tel processus.

[94] Le dernier état de l'exégèse de l'oracle sur Édom, dans le commentaire de Wildberger (*BK*), montre la méconnaissance du motif verbal qui est à la base de cet oracle et qui assurait son autorité, aux yeux des anciens. Cette méconnaissance a entraîné Wildberger dans la voie d'une interprétation quelque peu romantique: «dem Verfasser liegt daran, ein möglichst grauenvolles Gemälde zu produzieren» (*BK*, X, 1342). En fait le surréalisme du tableau qui nous présente des montagnes rouges de sang n'a pas une origine psychologique, comme le croit Wildberger. Sa source première est la spéculation verbale analysée ci-dessus. Celle-ci a eu pour effet secondaire de réveiller le vieux thème guerrier primitif de l'extermination par *hèrem* (cf. le *hifîl* du vb correspondant, en 34, 2) et le tout a été animé par la rancune antiédomite qui est née des circonstances de la catastrophe nationale. Cependant c'est déjà beaucoup que l'origine première du tableau ne soit pas l'ivresse sanglante que sont obligés d'admettre les exégèses qui ignorent le motif verbal de l'oracle. Bien que la spéculation soit l'occasion d'un oracle d'extermination, elle constitue aussi tout au moins le début d'une certaine sublimation de l'instinct de destruction: ce n'est pas lui qui prend l'initiative, et il doit le céder à une autre norme, dont l'inspiration est totalement différente et ouvre d'autres possibilités, même si, comme ici, elle est occasionnellement mise au service de conceptions archaïques. Quant à l'interprétation d'Ex 24, 10 préconisée plus haut, elle est naturellement liée à des groupements que je crois légitimes et même nécessaires, mais elle pourra paraître contestable à certains lecteurs. Il est inévitable que les exégèses morcelées des textes afférents aux questions sinaïtique et théophanique rendent ceux qui les préconisent réticents à l'égard de la localisation du Sinaï en Madian, et surtout du volcanisme qui en résulte fatalement. Mais ils ne considèrent pas l'invraisemblance foncière de ce morcellement même. Toutefois ceux qui préféreront, dans cette ligne, récuser la référence à Ex 24, 10 pourront le faire sans que cela affecte le reste du présent exposé.

ment probant concernant la méthode, ses modalités et sa portée religieuse. Skehan avait reconnu le fait de l'emprunt et en avait noté la topographie dans sa liste[95]. Kutscher qui, on se le rappelle, a ignoré la liste de Skehan, s'est au contraire montré indécis sur la réalité d'un apport venu de Mi. Il en a bien vu la possibilité théorique, mais il est resté hésitant à ce sujet, et l'ensemble de son analyse est une illustration frappante de la manière dont le préjugé empiriste a fourvoyé l'auteur. D'ordinaire, s'il a ignoré le problème des motifs et de l'autorité, il a du moins reconnu quelle était la topographie des emprunts. Celle-ci n'est même plus assurée dans son appréciation du cas présent[96]. Kutscher affirme, dans *LMY*, que le scribe de Qa a changé נמקו en עמקים à cause du parallélisme, «vallées» convenant après «montagnes». Dans *LIS* ce n'est plus qu'une question que l'auteur se pose[97]. Même sous cette forme atténuée, l'explication pèche à la base, en ce qu'elle commence par isoler arbitrairement, dans la formulation divergente de Qa, le substantif (עמקים), comme si celui-ci avait été introduit seul et dans un premier temps, à la place du vb de H(Qa) = TM, alors que ce substantif est indissociable du vb qui l'accompagne, les deux conduisant nécessairement à Mi 1, 4[98]. Le processus réel ayant été faussé par le morcellement en deux

---

[95] *VTS* 4 (1957) 152.

[96] Il faut tenir compte de l'analyse (dont cf. la référence dans une note précédente) et des remarques récapitulatives : *LMY* 240 § 27 = *LIS* 312 § 27. Là, après quelques exemples de substitutions dues à des influences scripturaires, Kutscher se demande si ces exemples «donnent droit à cette hypothèse» pour le cas offert par 34, 4 (texte anglais : «do these examples justify the suggestion of this hypothesis for ...»). Nous n'avons pas à considérer ici les exemples en question chez Kutscher, qui comptent parmi des substitutions que nous ne pouvons discuter dans le cadre du présent ouvrage, par nécessité spatiale et démonstrative de nous limiter à un choix d'exemples essentiels. Ce qui est en cause c'est le principe de l'emprunt, dans le cas particulièrement clair et probant de 34, 4, et là justement Kutscher se montre irrésolu. Dans le chapitre consacré aux surplus de Qa par rapport à TM, l'auteur cite encore 34, 4, en renvoyant à son étude des substitutions, et sans mentionner Mi 1, 4 : *LMY* 430 (haut); *LIS* 538.

[97] Dans *LMY* l'assertion est positive. Seule est interrogative la parenthèse qui suit, et qui est relative à l'influence de Mi. Dans LIS, le tout devient interrogatif : *LMY* 206; *LIS* 273.

[98] Dans la mesure où l'appréciation de Kutscher a été influencée par la présence de 2 lettres communes dans les 2 mots débattus, on peut dire qu'il a appliqué à Qa les principes de la critique matérielle et accidentaliste, que l'exégèse rationaliste appliquait à TM. Seul diffère le texte hébreu. Kutscher a été persuadé qu'en traitant Qa en produit de dégradation, comme la critique classique avait tendance à traiter TM, il servait les intérêts de TM et contribuait à l'identifier à l'archétype. En réalité l'illusion méthodologique est la même. L'exemple considéré montre combien la ressemblance des 2 mots hébreux (celui de Qa et celui de TM, au début de 34, 4), due aux 2 lettres communes, est trompeuse. Il est certain que le changement dans Qa ne vient pas de cette ressemblance, mais de l'emprunt à Mi. La considération isolée du vb de TM et du substantif qui le remplace dans Qa est une faute qui a été fatale à l'analyse de Kutscher. Wildberger a reconnu, dans *BK*, la provenance de la divergence de Qa, à savoir Mi 1, 4 (*BK*, X, 1326, note b). Mais il suppose gratuitement que le changement par emprunt a été déterminé par une difficulté de lecture, dans la source H(Qa). C'est faire disparaître

phases, l'auteur n'est plus sûr que «les changements supplémentaires» (*LMY*) soient dûs à l'influence de Mi.

À côté de l'hypothèse d'un changement par influence du parallélisme contextuel, dans Qa, Kutscher considère, concernant TM, la possibilité de la correction proposée dans BH³, c'est-à-dire הגבעות «les collines». Mais si la forme primitive de H était, au début de 4, «les collines se décomposeront», alors il y avait une bonne symétrie par rapport à la fin de 3 («les montagnes ruisselleront de sang») et l'initiative de Qa ne peut plus se justifier par une intention d'établir une relation contextuelle entre «montagnes» et «vallées», comme le suppose Kutscher (à moins d'imaginer H(Qa) déjà tributaire de la déformation supposée passée dans TM, circonstance qui ne correspond pas à l'hypothèse la plus naturelle, dans cette perspective). L'acceptation de la correction notée dans BH³ donne à la question soulevée par Qa un nouvel aspect, qui appelait des précisions et une nouvelle solution que l'auteur ne donne pas. Kutscher en est resté à une juxtaposition d'hypothèses dont il n'a pas sondé les implications et qu'il n'a pas cherché à coordonner. Visiblement la question de la genèse de la divergence de Qa n'avait plus, à ses yeux, une grande importance, dès lors que ce texte s'avérait secondaire, soit par rapport à la forme TM, soit par rapport à la forme postulée par la correction BH³ = BHS. Qa est secondaire d'une certaine manière, peu importe laquelle, voilà le bilan des observations schématiques, éparpillées et finalement inadéquates de Kutscher sur la question[99].

Cette appréciation est légitime dans là vue empiriste. Qu'importent le détail et la nature précise des démarches de l'adaptateur, puisqu'il est censé avoir traité son texte par improvisations et sans norme qui aurait fait autorité et qui aurait été un facteur historique autonome étudiable! Mais dans le cas de Qa 34, 4 la théorie empiriste aboutit à une véritable impasse,

---

le problème soulevé par Qa et se priver de tout l'arrière-plan historique riche, sur lequel ce problème débouche.

[99] Outre qu'elles sont schématiques, et par là confuses, les observations de Kutscher sont éparpillées. Il faut les chercher 1) dans l'analyse des faits de substitution : *LMY* 206, *LIS* 273; 2) dans les remarques conclusives de ce chapitre : *LMY* 240 § 27; *LIS* 312, avec là l'introduction d'une considération nouvelle, celle de quelques substitutions par emprunts, qui cependant n'ont pas mis Kutscher sur la bonne voie, touchant l'emprunt de Qa Is 34, 4 à Mi 1, 4; 3) dans le ch. des surplus de Qa par rapport à TM : *LMY* 430 (haut), *LIS* 538; il ne s'agit alors plus d'une substitution, mais d'une addition. Kutscher n'a finalement pas tranché entre les 2 catégories, et il est resté prisonnier de son classement formel. Qa 34, 4 lui a paru se prêter à une première explication par substitution, puis à une seconde par addition. Il a fait valoir les 2 appréciations, sans percevoir la nécessité d'un traitement global de la var., et sans remarquer que son système de classification le mettait, dans ce cas, en conflit avec l'évidence de l'emprunt à Mi.

qui en fait apparaître clairement le défaut. Les constats descriptifs élémentaires ont été paralysés, alors qu'il s'agit d'une divergence textuelle particulièrement éloquente, touchant son origine dans Mi 1, 4, et alors que le texte affecté, étant théophanique, est d'une importance qui rend a priori improbable tout traitement empirique.

Pour assurer l'appréciation de la variation de Qa, il importe de vérifier encore que TM représente bien la forme primitive en 4a. Nous venons de voir que même un conservateur comme Kutscher avait fait place à l'éventualité d'une leçon originale «les collines», à la place de «l'armée des cieux» de TM, conformément à l'hypothèse critique passée dans les apparats de BH³ et BHS, et adoptée par Wildberger, dans BK[100]. La formulation proposée, «toutes les collines se décomposeront» serait en effet conforme au tableau théophanique traditionnel, où l'on voit les montagnes «fondre» (Mi 1, 4; Ps 97, 5), «s'effondrer» (Nah 1, 5), «voler en éclats» et «s'affaisser» (Hab 3, 6; Is 40, 4a). La variation introduite par le vb מקק, nifal «se décomposer, pourrir» procède de la même inspiration générale que ces autres textes, et convient ainsi au répertoire théophanique. Pourtant dans cette tradition, il n'a pas été inspiré directement par la réalité géographique (c'est-à-dire le volcanisme du Pays de Madian), mais a été dérivé secondairement, et *par analogie verbale formelle* du vb מוג qui, à travers ses diverses conjugaisons, dépeint tantôt une agitation, tantôt un effondrement ou une liquéfaction. Certainement ancien dans la tradition théophanique, ce vb convenait à la fois aux phénomènes sismiques et aux phénomènes volcaniques. La spéculation verbale en a dérivé מקק. Les 2 palatales *qof* et *gimel* qui distinguent les 2 rac. sont proches phonétiquement; les proximités de formes entre vbs concaves et vbs géminés favorisaient aussi le rapprochement et l'idée d'une parenté réelle autorisant le glissement de l'un à l'autre. Le vb מקק est surtout attesté au *nifal* (ainsi Is 34, 4); cette conjugaison met précisément en évidence la relation formelle entre les 2 vbs : נמק (*nāmaq*) נמוג (*nāmôg*). Il faut noter aussi la proximité formelle du *polel* מוגג et du réfléchi correspondant, par rapport à מקק[101].

---

[100] *BK*, X, 1326.

[101] Une analyse détaillée des emplois montrerait que le vb מוג dont a été dérivé, dans la tradition théophanique מקק, a servi, à la fois, pour évoquer des phénomènes sismiques et pour dépeindre des faits éruptifs. Les deux applications n'ont probablement pas été toujours nettement distinguées et ont dû donner lieu à une représentation mixte, comme cela a aussi été les cas pour les «orages volcaniques» et les «éruptions orageuses» (cf. *RHPR* 44 (1964) 215s.). Sur la question de l'influence de la géographie du Pays de Madian et de l'influence des traditions madianites sur les Israélites, synthèse brève, postérieure à mes articles de 1963s. et à mon ouvrage sur *Le site de al-Jaw dans l'ancien Pays de Madian*, dans : «Les indices volcaniques ... Bilan et problèmes», in : *Le Feu dans le Proche-Orient antique*, 80s.

On peut donc tenir pour certain que la tradition théophanique a effectivement comporté, dans sa phraséologie reçue, le *nifal* de la rac. מקק «pourrir,
se décomposer», employé par Is 34, 4. Par conséquent une formulation du
type postulé par la correction notée dans BH³ et BHS a dû exister. Néanmoins, malgré ce constat, il faut maintenir qu'en Is 34, 4, TM a préservé
correctement le texte originel. Celui-ci a différé du modèle plus ancien livré
par le répertoire, et cette différence s'explique. Elle correspond en effet à
une évolution idéologique qui s'est produite dans le Judaïsme au moment
de l'exil, et qui est attestée par la prophétie du Second Is. Sous l'influence de
la confrontation avec le panthéon babylonien et avec ses dieux astraux, la
théophanie yahviste a élargi son tableau traditionnel. Au lieu d'affecter
principalement la terre et ses montagnes, et de ne comporter, dans le ciel,
que l'obscurcissement momentané de quelques astres (Is 13, 10), cette
variation théophanique d'exil a entraîné un véritable cataclysme céleste.
Pour réfuter la conception babylonienne et pour dissiper le prestige de ses
divinités astrales, il fallait que la multitude des étoiles qui scintillaient au
firmament fût balayée devant la manifestation du Dieu d'Israël, Dieu unique.
Ce moment essentiel de la réaction israélite au milieu babylonien environnant
s'exprime dans l'oracle d'Is 51, 6 : «Levez vos yeux vers les cieux ..., car les
cieux se disloqueront (proprement : seront mis en charpie) comme de la
fumée!» (Ainsi TM; l'instructive divergence de Qa est examinée plus bas)[102].

La situation d'exil, qui est une situation de confrontation idéologique,
permet de saisir sur le vif la nécessité d'une extension du tableau théophanique. Cette extension ne s'est pas arrêtée là. Elle a abouti à un abandon
du thème cataclysmique, au profit du thème lumineux, aspect central de la
tradition théophanique, puisque défini par la Gloire divine. Cette évolution
n'est intelligible historiquement que comme l'aboutissement du processus
schématiquement retracé à l'instant[103]. Quoi qu'il en soit de cette phase
postérieure à celle de 51, 6, c'est l'influence de la prophétie exilique anti-
babylonienne qui explique que le vb מקק d'Is 34, 4 (TM = H) ait pu être
appliqué aux astres («l'armée des cieux»), alors que dans le cadre de la scène
théophanique traditionnelle, il convenait aux montagnes, et qu'une formulation fondée sur ce vb a dû réellement exister, bien qu'elle n'ait pas été
préservée dans la littérature antérieure.

La correction de TM est donc une erreur. Les correcteurs se sont mépris
sur la vraie portée de la formulation à laquelle ils avaient abouti. Elle ne

---

[102] Sur la confrontation du yahvisme exilique avec le panthéon babylonien, voir : *RHR* 173
(1968) 1 s. et 133 s. Le développement qui concerne 51, 6 se trouve pp. 29 s.

[103] *RHR, ibid.*, spécialement 40 s., 136-139. 163.170-172.

représente pas H, mais un modèle phraséologique du répertoire théophanique, antérieur à H = TM Is 34, 4. Le fait intéressant pour notre enquête
sur l'herméneutique et sur les traditions qui en sont indissociables, c'est que
TM = H se présente à nouveau comme une retouche concertée de la tradition théophanique antérieure. L'application du vb מקק (lui-même issu d'une
analogie verbale formelle, à un stade prélittéraire) à «l'armée des cieux»
résulte d'une herméneutique déductive, avec amplification. Elle est fondée
sur l'obscurcissement des astres, aspect théophanique traditionnel (Is 13, 10),
qui a été poussé à la limite (tous les astres), et qui s'est aggravé en
«décomposition» (en 51, 6 c'est une dissipation dans la fumée), sous l'influence du débat idéologique d'exil, face au panthéon astral babylonien.

La divergence de Qa 34, 4 n'a pas eu pour origine une incompréhension
de la rac. מקק. La connaissance de cette rac. dans le milieu de Qa est assurée
par divers indices, et d'abord par le fait que Qa ne varie pas pour le dérivé
מק de 3, 24 et 5, 24[104]. C'est au contraire la compréhension précise du vb
de H qui a provoqué la divergence de Qa. Celle-ci a consisté en un retour
à la conception et à une formulation traditionnelles dans les évocations
théophaniques, grâce à l'emprunt à Mi 1, 4, pour éviter l'idée selon laquelle
«l'armée des cieux» était promise à la décomposition. L'intention était donc
de préserver une vision du monde dans laquelle les astres appartenaient à
un ordre supérieur aux choses terrestres, et inaccessible à la destruction.

Le souci de Qa d'exploiter les données de H par les moyens de l'herméneutique transformante, dans un sens qui ménage les astres (c'est-à-dire
dans le sens d'une croyance à leur importance, et peut-être à leur fonction,
point a préciser plus bas) apparaît encore en un autre endroit du texte.
Qa paraît, à première vue, s'accorder avec TM touchant le vb de 4aβ,
parce qu'il a les mêmes consonnes ונגלו. Mais s'agit-il d'une identité ou d'une
homographie que Qa aurait exploitée éventuellement, dans un sens divergent?
Cédant à cette première apparence, et sans procéder à la moindre vérification,
Kutscher n'a vu dans cette leçon Qa qu'une orthographe consonantique
défective attestant le même vb que dans TM, c'est-à-dire, d'après le vocalisme
de ce texte, le *nifal* de נלל[105]. Mais, puisqu'il s'agit dans TM d'un géminé, il
fallait tenir compte des tendances orthographiques de Qa, concernant cette

---

[104] Une bonne connaissance de מקק, dans le Judaïsme de la phase à laquelle appartient
Qa, est prouvée par les interprétations de G, même si elles offrent des fluctuations littéraires.
Pour la valeur «pourrir», cf. en particulier G Ps 38, 6 (ἐσάπησαν). L'emploi du vb hébreu dans
un texte de la Loi aussi important que Lév 26, 39, et son attestation répétée dans des passages
d'Ézéchiel utiles à l'édification, sont autant de garanties. Mais la preuve décisive de l'intellection
du vb de H par Qa réside dans le fait même du changement, car c'est à partir de cette
intellection que la var. s'éclaire.

[105] Cf. *LMY* 104 haut (fin du § *gimel*); *LIS* 137 haut.

catégorie de vbs. Or pour l'impft *qal*, qui est ici en cause, et dans les cas assurés de lecture d'un vb géminé, Qa tend à recourir à l'orthographe pleine, indicatrice, c'est-à-dire à *waw*, après la 1re radicale[106]. La confrontation avec le cas du vb de Qa 34, 4 en discussion était une précaution indispensable, que Kutscher a négligée. Mais ce qui oblige à rejeter définitivement son classement c'est que ונגלו est une homographie consonantique interprétable soit comme le *nifal* de גלל, en orthographe défective (ainsi TM), soit comme le *nifal* de גלה. Or ce dernier vb est beaucoup plus fréquent que l'autre dans la littérature biblique et le critère statistique, que Kutscher préconise ailleurs, mais qu'il a négligé ici, s'ajoute à l'autre en faveur du *nifal* de גלה. Cette interprétation de Qa s'impose d'autant plus qu'il en résulte un sens éloquent et en accord avec l'inspiration de la modification principale par emprunt à Mi, emprunt qui, nous l'avons vu, permet d'éviter la «décomposition» des astres. Le sens devient en effet dans Qa : «les cieux seront dévoilés comme un livre». Pour des utilisateurs dont la pensée était animée par un intérêt spécial pour les astres (ce que met indirectement en évidence l'emprunt à Mi), il est clair que «le dévoilement» des cieux comme un livre, au lieu de leur enroulement (livre étant = rouleau), était un trait particulièrement digne de retenir l'attention : les cieux dévoilés «comme un livre», au lieu des cieux enroulés (TM = H), c'était la possibilité retrouvée *d'y lire des signes*. Nous avons vu plus haut, à propos du rapport de H 34, 4 avec 51, 6, que le sens originel de 34, 4 était la fin de «la lecture» des cieux comme un livre. Si Qa a conservé la flétrissure de l'armée des cieux (pareille à celle de la végétation), en y insistant même, dans les conditions dites plus haut, cela ne compromettait pas l'existence des astres et ne démentait pas «le dévoilement» des cieux. Cette «flétrissure» des astres n'était pas leur disparition et constituait au contraire un éloquent signe céleste, une annonce

---

[106] Voir l'orthographe pleine des vbs géminés, par opposition à l'orthographe consonantique défective dans TM, dans les textes suivants, auxquels le lecteur pourra aisément se reporter, sans qu'il soit nécessaire de reproduire dans cette note les orthographes consonantiques respectives de Qa et TM : 8, 9*; 10, 2*; 24, 14*; 27, 11; 28, 27; 30, 18; 30, 19; 33, 2; 38, 13; 42, 11*; 44, 23*; 57, 14; 61, 7; 62, 10*; 66, 11*. Le cas de 11, 14 est spécial. Le *zaïn* est répété, au lieu d'être redoublé. L'orthographe de répétition indique soit une conjugaison simplement forte, soit un procédé d'écriture pour suggérer le redoublement, en écrivant deux fois la consonne. Les autres exemples cités montrent que la confrontation entre Qa et TM est éloquente. Elle met en évidence le souci d'indication explicite du vocalisme, dans Qa, souci conforme au caractère général de ce texte. La liste de Kutscher (dans *LMY* 104 c. *supra*, et *LIS* 136 bas-137) ne donne qu'une partie de ces références, celles marquées ici d'un astérisque. La raison en est que le classement adopté par l'auteur répond à un autre critère que la catégorie des géminés. Ce critère (la voyelle longue accentuée) est, du reste, contestable. La note *LMY* 102, n. 21, *LIS* 135, n. 1, fait apparaître l'inconvénient du classement. Concernant les géminés en particulier, il en résulte un défaut qui a été fatal à l'appréciation du vb de Qa 34, 4 en discussion.

de calamités futures, qui confirmait la possibilité de lire le ciel «comme un livre».

L'interprétation du groupe consonantique en cause comme un *nifal* de גלה ne résulte bien entendu pas, dans Qa, d'une erreur par méconnaissance de la langue, selon l'argument ordinaire de l'empirisme. À la lumière convergente de tous les indices, le vb de Qa s'avère être le produit d'une application de la méthode des analogies verbales formelles, et c'est un spécimen de plus qui illustre les faits étudiés plus spécialement dans la 2ᵉ partie de la présente section de notre enquête. Il convenait de le relever, à l'occasion de l'emprunt par analogie scripturaire, qui est notre sujet principal ici, parce que l'importance idéologique évidente du thème du dévoilement des cieux contribue à éclairer l'intention et la portée de l'emprunt à Mi. Qa devient de plus en plus soupçonnable d'avoir été inspiré par une croyance astrologique, cette astrologie que la prophétie exilique avait au contraire rejetée, au cours de sa polémique anti-babylonienne.

Le soupçon gagne en consistance si l'on observe qu'en 51, 6, Qa varie également par rapport à TM = H. Nous venons de voir que H 51, 6 est une réfutation et en même temps une conjuration effective de la religion astrale babylonienne et de l'astrologie, par le moyen de la tradition théophanique yahviste. Dans Qa la formulation de H relative aux cieux disloqués (mis en charpie) comme de la fumée, tandis que la terre est mise en lambeaux, a été remplacée par une autre proposition. Au lieu de «car les cieux se disloqueront comme de la fumée et la terre sera mise en lambeaux comme un vêtement», on a dans Qa : «et voyez (en coordination avec le 1ᵉʳ impératif «levez les yeux» = TM) qui a créé ceux-ci (les astres)?». C'est un emprunt à 40, 26, dont le 2ᵉ hémistiche est constitué par cette formule. Qa l'a légèrement retouchée en ajoutant, en 51, 6 devant l'objet, la particule d'accusatif (את) qui possède une valeur emphatisante. Ce n'est qu'un détail, mais significatif. Qa a ainsi rehaussé l'allusion aux astres, par rapport au tour plus simple de 40, 26. La formulation du 1ᵉʳ hémistiche de 40, 26 correspond à celle du 1ᵉʳ hémistiche de 51, 6, à cette différence près qu'au lieu de la mention des cieux (ainsi 51, 6), 40, 26 emploie מרום, proprement «le lieu élevé». C'est un synonyme. «Levez vos yeux en haut» (40, 26); «levez vos yeux vers les cieux» (51, 6). Le 1ᵉʳ hémistiche de 40, 26 a ainsi servi de jonction entre les deux textes, ce qui a permis d'opérer la substitution. C'est une nouvelle application de la méthode des analogies scripturaires.

La topographie textuelle de l'emprunt qui explique Qa 51, 6 a été relevée par les représentants de l'exégèse empiriste, mais n'ayant pas reconnu l'application d'une méthode dans les emprunts scripturaires, ils n'ont pas vu et ne pouvaient voir le motif du changement, ni son arrière-plan historique[107]. En réalité la transformation de 51, 6 dans Qa est inspirée par la même idéologie que le changement de Qa 34, 4. Les responsables de la recension se sont ingéniés à tourner, *sous le couvert des méthodes de l'herméneutique*, des formulations qui annonçaient la destruction des puissances célestes, parce que cette idée heurtait les conceptions qui avaient cours à Qumrân. Étant donné les intérêts idéologiques primordiaux engagés, les changements textuels de Qa 34, 4 et 51, 6 par application de la méthode des analogies scripturaires constituent des spécimens particulièrement probants de l'emploi de cette méthode et de son importance dans le milieu de Qa : pour accréditer de tels changements, et les prémunir contre les contestations, il fallait évidemment l'autorité d'une méthode souveraine.

En complément de tout ce qui vient d'être dit, et avant d'en revenir à l'astrologie du milieu qumrânien, il convient encore de relever, dans la tradition G du passage, des indices qui procèdent de la même orientation caractérisée par un intérêt pour les astres et leurs signes. La proposition 34, 4aα (celle qui a été affectée dans Qa par l'emprunt à Mi) manque dans G. Les équivalences adoptées ailleurs par G pour la rac. מקק n'étaient pas compatibles avec la croyance astrologique[108]. La négligence de la proposi-

---

[107] Skehan, *VTS* 4 (1957) 152; Kutscher, *LMY* 433.441; *LIS* 542.552.

[108] Les traductions de G, dans d'autres textes, pour le même vb hébreu montrent qu'il en percevait bien la valeur négative, incompatible avec une croyance astrologique, quel que fût son degré d'élaboration. On a le vb τήκειν «fondre, dissoudre», au passif, dans Lév 26, 39, pour la 2ᵉ mention de מקק en ce texte, τακήσονται, proprement «ils seront dissous», interprétable métaphoriquement «ils seront consumés, ils dépériront», selon une dérivation attestée en grec classique (cf. *LdS* 1787, sous ce vb, § II, 2). Pour Lév 26, 39, 1°, G porte καταφθαρήσονται «seront détruits, seront réduits à néant», déduction qui s'éloigne de la valeur concrète de l'hébreu, mais qui est légitime en traduction littéraire. La variation de G en Lév 26, 39, pour le même vb hébreu, provient de la tendance générale de G à éviter les répétitions. Cette tendance elle-même, qui apparaît inévitablement à un esprit moderne comme étant d'ordre esthétique, est en réalité inséparable du principe de la plurivalence, qui est inhérent à l'herméneutique juive antique, et dont la méthode des analogies verbales formelles est une illustration : un même terme peut avoir réellement, dans cette herméneutique, deux valeurs ou plus, en un même contexte. Dans Lév 26, 39, comme souvent ailleurs, l'effet se confond avec une simple variation stylistique (esthétique), et c'est ce qui fait illusion pour un moderne. Même vb grec (au passif) pour le même vb hébreu dans Zach 14, 12 (2 fois), Éz 4, 17; 33, 10, ainsi que dans la révision origénienne d'Is 34, 4, dont le principal représentant est le Vaticanus (B), et dans le groupe pseudo-lucianique. Il faut observer à ce propos que G emploie aussi τήκεσθαι pour rendre מסס, *nifal* «fondre» (Ps 67 (68), 2; 96 (97), 5 et autres) et מוג (précisions supra sur ce vb) (Ex 15, 15; Ps 74 (75), 4; 106 (107), 26). Cette identité de traductions, pour des vocables différents, d'un point de vue abstrait, illustre la relation que G établissait entre eux, légitimement, quoiqu'au prix d'un effacement des nuances concrètes, si importantes en hébreu. La correspondance de τακήσονται «fondront» et de יתבקעו «se fendront» (sujet «les vallées», dans les 2 textes) ne doit pas faire illusion. Lexicalement le vb grec s'explique par le *nifal* de מסס qui précède (H «les montagnes fondront»); herméneutiquement, G a substitué cette valeur à celle du vb hébreu du 2ᵉ hémistiche, par droit de permutation des mots, à partir du principe formel du respect de la matérialité du texte, la

tion de 34, 4aα peut être mise sur le compte du procédé d'abrègement «un pour deux», fréquent dans G, où il est fondé sur l'économie de la répétition des hémistiches symétriques et constitue une convention de traduction, plutôt qu'une herméneutique proprement dite. Ici cependant la convention a recouvert un abrègement dont la parenté avec l'inspiration astrologique ne paraît pas douteuse. L'interprétation du 3ᵉ vb de H = TM 34, 4 par «tomber» est l'effet d'une petite mutation (une branche de la méthode des analogies verbales formelles). Pour יבול (rac. נבל) G est passé d'une labiale à l'autre, d'où יפול, πεσεῖται. L'interprétation de «leur armée» par τὰ ἄστρα (sujet du vb «tomber») trahit le souci de préciser le sens de la référence et confirme que G a porté un intérêt spécial au thème des astres. Que ces astres «tombent» ne s'oppose nullement à l'inspiration astrologique (contrairement à ce qui était le cas du vb de H 34aα évité par G). Comètes et étoiles

---

permutation de mots jouant alors le même rôle que la permutation de consonnes, dans les métathèses des analogies verbales. G a procédé ainsi pour obtenir une logique plus aisée, avant la comparaison de la cire qui fond au feu et celle de l'eau coulant sur une pente. L'apparente comparaison de la scission des vallées avec la fusion de la cire, qui fait la difficulté de l'hébreu, en cet endroit, est ainsi évitée. Dans G c'est la manifestation d'un souci de clarification à des fins de vulgarisation édifiante, et non pas le signe d'une gêne d'un traducteur embarrassé (comme le pense B. Renaud, en considérant G Mi 1, 4 isolément, sans tenir compte du lexique de G ailleurs, et de ses méthodes herméneutiques. Cf. B. Renaud, *La formation du livre de Michée* (1977), 13). Les motifs de H, encore méconnus jusque dans l'exégèse la plus récente, sont différents et appellent un examen disjoint, capable de dégager de façon précise la logique interne à la structure A, B, a, b, qui caractérise le passage. Quant à σαλευθήσεται («seront ébranlées», sujet : les montagnes), dans la 1ʳᵉ proposition de G (au lieu de H «fondront»), ce vb grec résulte évidemment d'une substitution, qui complique la permutation dite à l'instant, et qui a été opérée en vertu de la méthode des analogies scripturaires, d'après les textes qui mentionnent l'ébranlement de la terre ; cf. l'ébranlement des fondements des montagnes, Ps 17 (18), 7. Phénomène inverse dans Ps 74 (75), 4, où la nuance retenue par G est «fondre» (sujet : la terre), au lieu de H «vaciller» (nuance de מונ ici). Dans ce passage, G a retenu de préférence l'idée de fusion, en raison de l'apposition au 1ᵉʳ sujet, «et ses habitants», afin d'obtenir un effet édifiant, d'après l'analogie scripturaire de la «fusion des cœurs», hébraïsme pour l'épouvante (II Sam 17, 10 ; Ps 21 (22), 15). À relever encore, concernant les interprétations de G pour מקק, G Ps 37 (38), 6 ἐσάπησαν «pourrirent» et G Is 3, 24 κονιορτός «poussière, détritus», pour le dérivé nominal מק. Ces interprétations de G et leur lien herméneutique avec le thème de la fusion (par analogie de sens et par analogies scripturaires) aident à apprécier l'absence, dans G, d'une équivalence de la 1ʳᵉ proposition d'Is 34, 4 : G a évité de livrer les étoiles à la fusion-décomposition, qui était le sort des montagnes, de la terre (G Ps 74 (75), 4) et des cœurs des humains, lors des interventions divines. Les astres fournissaient des signes aux hommes, même lorsqu'ils tombaient comme ils le font, d'après G, dans sa 2ᵉ proposition de 34, 4 ; ils ne périssaient pas par le feu ou la décomposition en pourriture. D'un autre côté, il faut tenir compte de l'éventualité d'une interprétation provisoire, dans G, avec suspension de l'option à retenir pour la 1ʳᵉ proposition de H 34, 4. Les responsables de G se réservaient peut-être de revenir sur ce passage pour interpréter la 1ʳᵉ proposition de H, à l'aide d'un emprunt scripturaire, ou par un autre procédé. Le provisoire serait devenu définitif, jusqu'à ce que la révision origénienne comble la lacune, avec recours à l'équivalence dite supra pour le vb.

filantes étaient des signes du plus haut intérêt pour l'astrologie. Il convient de reconnaître dans ce vb obtenu par méthode herméneutique d'analogie formelle, et dans la clarification explicite «astres» (herméneutique déductive) deux modifications qui confirment l'orientation astrologique de l'exploitation de H par G. Les changements ne correspondent pas littéralement à ceux de Qa, mais l'inspiration est la même et c'est l'aspect important, qui illustre la diffusion de la pensée astrologique [109].

Dans les retouches apportées au texte grec par les révisions de l'ancienne Septante juive, d'après l'hébreu et avec un souci de correspondance littérale, il faut relever la leçon de 46, 534, Bo ἀποκαλυφθήσεται. Quoique ce vb figure, dans ces textes, au début de 34, 4, c'est-à-dire à l'endroit de la lacune de G (ce qui le fait correspondre topographiquement au vb ונמקו du début de H 34, 4), son sens indique qu'il provient de ונגלו. Ces témoins grecs ont donc la même interprétation par homographie consonantique (analogie verbale formelle) que Qa (rattachement à la rac. גלה). La rencontre montre qu'une tradition s'était formée touchant ce vb : elle s'ajoute aux autres indices astrologiques. Enfin notons le vb σαλευθήσονται de la citation de 34, 4a dans l'évangile de Mt (24, 29) «seront ébranlés»; sujet «les puissances des cieux», ainsi Mt pour H «l'armée des cieux». Le vb de Mt s'explique par une interprétation de נמקו par glissement à נמגו = נמוגו (rac. מוג). Petite mutation fondée sur la parenté phonétique des 2 palatales (méthode des analogies verbales formelles). Ce vb hébreu peut évoquer une agitation spasmodique, et il est parfois rendu dans G par le vb de Mt (cf. G Ps 45(46) 6; G Am 9, 5; G Nah 1, 5). Il s'agit de nouveau d'une atténuation, dans le sens astrologique d'un signe du ciel. En outre il est intéressant de constater que le vb de la citation de Mt constitue une réciproque du processus étudié

---

[109] La manière dont Kutscher a présenté G et son rapport avec TM et H repose sur une méconnaissance complète de la valeur de ce témoignage. L'auteur n'a pas aperçu la possibilité d'un rapport exégétique général avec Qa. Dans son analyse de *LMY* 206 et *LIS* 273, Kutscher a simplement noté la lacune de G par rapport à TM, sans s'interroger sur les motifs possibles. De plus, Kutscher n'a pas clairement reconnu la priorité du texte grec court (celui avec lacune, par rapport à TM), dans sa confrontation avec les formes postérieures, qui dérivent de la révision hexaplaire, ou de recensions comparables, tardives par rapport à l'ancienne Septante, et plus ou moins alignées sur l'hébreu, notamment à travers le littéralisme des versions hexaplaires dont s'est servi Origène, dans sa révision du texte de l'ancienne Septante juive. Les observations de *LMY* 430 et *LIS* 538 supposent que la forme courte était l'une des formes qui «circulaient» (ainsi *LMY*), alors qu'en réalité la confrontation des familles de manuscrits oblige à tenir cette forme courte pour un texte qui a longtemps existé seul, et qui représente l'ancienne Septante juive, par opposition aux formes qui reflètent une source hébraïque = TM, et qui ont produit la Septante chrétienne. La référence à l'apparat critique de Ziegler montre qu'ici comme parfois ailleurs, quand il invoque Origène à l'appui de TM, Kutscher a méconnu la signification historique de la différence entre les mss du type hexaplaire et les autres.

plus haut touchant l'obtention du vb de H 34, 4aα, à partir du vb de la tradition théophanique antérieure. La donnée invite à tenir pour probable qu'il existait dans le Judaïsme une tradition de lexicographie herméneutique relative aux vbs et à leur substitution réciproque. Le choix du 1er vb de 34, 4 montre, d'après ce qui a été dit plus haut sur son origine dans la phraséologie théophanique, que la tradition en question devait déjà exister avant l'époque de la rédaction de H.

Les indices nettement astrologiques qui se dégagent des var. de Qa en 34, 4 et 51, 6 sont confirmés par des documents qui ont été retrouvés dans la IVe grotte de Qumrân. Il s'agit de fragments hébreux et araméens. Les documents hébreux sont rédigés de manière cryptique. Ils ont été publiés et interprétés par J. M. Allegro. La partie araméenne a été publiée et élucidée par les soins de J. Starcky[110]. On doit à ces auteurs d'avoir identifié le genre de ces textes et d'avoir surmonté pour l'essentiel leurs notables difficultés. En ce qui concerne l'éclaircissement des documents d'Allegro, des progrès divers ont été réalisés ultérieurement, en particulier par J. Carmignac et A. Dupont-Sommer. Ce dernier auteur a notamment précisé l'inspiration astrologique des documents[111]. Ces contributions apportent à l'exégèse des divergences textuelles de Qa en 34, 4 et 51, 6 un précieux complément externe qui assure la restitution de l'arrière-plan idéologique des modifications. Inversement ces variations de Qa constituent pour l'élucidation et l'appréciation historique de la portée des fragments astrologiques de la IVe grotte une illustration scripturaire qui vérifie le crédit de l'astrologie dans la secte. La science des signes du ciel a rejailli sur la science des Écritures. Cela n'a pas été sans le contrôle des normes propres à l'herméneutique de ces Écritures, et les leçons de Qa confirment encore sous un autre angle la haute autorité de la méthode mise en œuvre. Les responsables de Qa devaient prémunir leur recension contre toute contestation interne ou externe, concernant les changements opérés en 34, 4 et 51, 6. Sur un sujet tel que l'astrologie, et étant donné la réprobation scripturaire du culte des astres (Dt 4, 19), il y a des chances que se soient élevées des discussions et que se soient manifestées

---

[110] J. M. Allegro, dans *JSS* 9 (1964), 291-294, et planche I; J. Starcky, dans *Mémorial du cinquantenaire de l'École des langues orientales anciennes de l'Institut catholique*, Paris, 1964, 51-66 et 2 pl.

[111] Voir J. Carmignac, «Les horoscopes de Qumrân», dans *RdQm* 5 (1965), 199 s.; A. Dupont-Sommer, dans *Comptes rendus de l'Académie des Inscriptions et Belles Lettres*, 1965, 239 s. On notera en particulier l'explication proposée par Dupont-Sommer concernant l'expression difficile dont le sens littéral est «la deuxième colonne». L'auteur y reconnaît une «division du cercle céleste», en relation avec le taureau mentionné par le texte, et qui est précisément le 2e signe du zodiaque (*o.c.* 241-242). Voir encore les diverses précisions d'astronomie historique apportées par M. Delcor, dans *RdQm*, 5 (1966) 521 s.

des oppositions, au moins parmi les adversaires de la secte. À l'intérieur même de la communauté de Qumrân, une fois l'astrologie admise et cultivée, il était indispensable d'assurer son prestige de façon incontestée, en la justifiant scripturairement. Il fallait pouvoir s'appuyer sur une autorité absolue, en matière de retouches textuelles. Cette autorité est, dans les changements majeurs infligés à 34, 4 et 51, 6, celle de la méthode des analogies scripturaires. Complémentairement ont également joué un rôle la méthode des analogies verbales formelles et l'herméneutique déductive. Il a paru approprié d'en tenir compte dans le même exposé, bien que l'étude des analogies verbales formelles dans Qa soit une anticipation sur la 2e partie de la présente section. Dans un texte tel que 34, 4, les deux méthodes analogiques sont inséparables, dès lors qu'il s'agit de restituer l'arrière-plan idéologique qui a inspiré les responsables de la recension.

A l'occasion de l'examen de Qa, il convenait aussi d'indiquer que l'herméneutique analogique transformante a affecté (par analogie verbale formelle) la formation originelle de 34, 4 et même la tradition phraséologique antérieure. Observations semblables concernant la Septante et certaines variations de ses témoins. La longue période jalonnée par tous ces faits, depuis la tradition antérieure au texte jusqu'à l'interprétation grecque (elle-même partagée entre ancienne Septante juive et recensions postérieures révisées) montre que Qa n'est qu'un moment dans une continuité culturelle qui est celle de la tradition des méthodes herméneutiques. C'est, à propos des textes qui ont été examinés dans ce chapitre, 34, 4 et 51, 6, un constat qui préfigure l'une des conclusions générales auxquelles nous aboutirons, au terme de notre enquête.

Les variations de Qa en 34, 4 et 51, 6, la formation du texte hébreu de 34, 4 et les indices des représentants de la Septante livrent ainsi les matériaux d'une petite synthèse qui nous prépare au dégagement (dans la 3e partie de la IIe section) du phénomène remarquable de la continuité de la tradition culturelle qui a présidé à la transmission et à l'interprétation des textes. On peut grouper les faits de la manière suivante :

A) Méthode des analogies scripturaires.

1) Modification de 34, 4 par emprunt à Mi 1, 4.

2) Modification de 51, 6 par emprunt à 40, 26.

3) Emprunt contextuel du 2e vb de Qa 34, 4 (cf. début de l'exposé).

B) Méthode des analogies verbales formelles.

4) Au stade de la rédaction de H, formation de l'oracle sur Édom par spéculation verbale sur la ressemblance, en hébreu, entre Édom et «sang», avec influence complémentaire du vb «être rouge».

5) À un stade antérieur à la composition de H 34, 1 s., obtention du vb מְקַק à partir de מוג, par changement de palatale (petite mutation paraphonique).

6) Dans Qa, rattachement de נגלו au vb, גלה par homographie. La même spéculation verbale se retrouve dans des témoins des révisions de la Septante.

7) Passage du vb hébreu «se flétrir» (cf. יבול) au vb «tomber» (יפול), dans l'interprétation G du 3ᵉ hémistiche de 34, 4.

8) Interprétation de מקק par מוג, dans la citation d'Is 34, 4 de Mt 24, 29. Processus analogue à celui de ci-dessus (5), mais en sens inverse.

8) De 35 à 50 : emprunts mineurs

L'objet de notre enquête étant, en cette partie, de démontrer l'existence dans Qa de variantes dues à une méthode de traitement des textes par analogie scripturaire, mais non pas de faire un relevé exhaustif des faits de cet ordre, qui sont d'inégale valeur probante et dont l'exposé excéderait la place disponible, nous devons laisser de côté diverses retouches mineures imputables à des emprunts, qui peuvent être relevées entre les ch. 36 et 51. Il ne s'agit que de petits détails dont la plupart se présentent comme des harmonisations internes, en rapport avec des passages rapprochés. Ils ne donnent pas en eux-mêmes une idée suffisante de l'envergure de la méthode et de son autorité. Il suffira de renvoyer aux matériaux repérés par Skehan [112], en leur restituant leur caractère de traitements méthodiques, solidaires de champs d'intérêt originaux, dont cet auteur, victime du préjugé empiriste, n'a rien soupçonné.

Même réduits à de modestes harmonisations pratiquées d'après des passages voisins ou parfois des contextes immédiats, les emprunts de cette sorte laissent généralement percevoir quelque chose du souci de vulgarisation édifiante que nous avons régulièrement décelé dans d'autres var. En 40, 18, par exemple, Qa n'a fait qu'ajouter au vb un suffixe, d'après 40, 25 et 46, 5, mais ce suffixe, à la 1ʳᵉ pers., est important, car il représente Dieu. Le discours direct met les humains en présence du Dieu unique lui-même et fait sentir l'offense à sa majesté que serait une comparaison, quelle qu'elle

---

[112] *VTS* 4 (1957) 152. La contribution de Kutscher à ces repérages est rendue confuse par le fait que l'auteur n'a pas systématiquement groupé les modifications d'après leur origine scripturaire, comme Skehan a eu le mérite de le faire. La dispersion en des rubriques distinctes, répondant à d'autres chefs d'intérêt, masque le phénomène historique important et rend l'ouvrage peu utilisable sur ce sujet.

soit : Dieu est incomparable. Dans TM la même pensée s'exprime moins fortement, en une affirmation au sujet de Dieu, désigné à la 3ᵉ pers.[113]. Le gain de qualité édifiante n'a pas été obtenu, dans Qa, par une retouche introduite dogmatiquement, sous le couvert de l'idée religieuse impliquée, pourtant hautement légitime. Le changement a été opéré sur l'autorité des 2 textes apparentés, et c'est la quête de l'autorité scripturaire qui est l'aspect significatif de la var.

Dans le groupe considéré, l'intérêt historique de la var. principale de Qa en 36, 11 mérite d'être signalé brièvement, au passage. Dans TM «ne nous parle pas en judéen» (יהודית, c'est-à-dire en hébreu) est la contrepartie de «parle à tes serviteurs en araméen», requête des parlementaires d'Ézéchias auprès du représentant de l'armée assyrienne. Le peuple ne doit pas comprendre ce qui se dira. À l'époque de Qa la situation linguistique avait changé. «Judéen» équivalait à araméen, et le texte biblique pouvait paraître contradictoire. Théoriquement il aurait suffi de remédier en supprimant «en judéen», la requête portant alors sur la discrétion du ton. Mais Qa a substitué une formule, empruntée à 36, 12 את הדברים האלה : «(ne dis pas) ces paroles (aux oreilles des gens …)». L'analogie de justification est logique, puisqu'il s'agit en 11 et 12 du discours de l'Assyrien, et le vb דבר fait office de jonction verbale.

Observons enfin, avant de passer aux derniers spécimens importants qui nous restent à examiner, que la singularité des conditions de l'emprunt effectué en 47, 12, à partir de Jér 3, 25, se justifie dans le cadre de l'application de la méthode des analogies scripturaires. Apparemment il y a eu *perte de tout un membre*, en même temps qu'emprunt d'une locution à Jér. A partir de l'expression de jonction מנעורינו «depuis notre jeunesse» (avec suffixe à la 1ʳᵉ pers. plur. dans Jér, à la 2ᵉ pers. sg dans Is), Qa a incorporé ועד היום «et jusqu'à ce jour» (article à valeur démonstrative, seul retenu par Qa; Jér porte encore explicitement le démonstratif de renforcement). Les allusions de Jér 3, 23s. à la tromperie idolâtrique permettent en outre une analogie avec Babylone d'Is 47. L'emprunt a été substitué aux 2 propositions qui suivent la jonction dans Is + encore le 1ᵉʳ vb de 47, 13. Cet abrègement important n'est pas accidentel, mais réfléchi. Qa a manifestement voulu éviter le risque de troubler les esprits par la pensée du pouvoir attribuable à Babylone, d'après H, dès lors qu'on le prenait à la lettre, en perdant de vue son ironie originelle : «peut-être pourras-tu être efficace; peut-être provoqueras-tu l'effroi!».

---

[113] Il faut comprendre Qa : «À qui me comparerez-vous, (Moi) Dieu?».

G a aussi omis cette 2ᵉ proposition, et la rencontre sur ce point avec Qa prouve qu'il a existé une tradition exégétique qui visait à éviter la pensée d'une Babylone redevenue redoutable. Qa n'a probablement pas inauguré ce courant. Sa solution, en tout cas, a consisté à se mettre sous le couvert de l'autorité de Jérémie.

9) La variante Qa 52, 8 et le Šᵉmoneh ʿEsrēh

A la fin de 52, 8 Qa porte un mot absent de TM : ברחמים. Les guetteurs censés postés dans «les ruines» (9) de Jérusalem «voient Yahvé revenir à Sion (fin de la proposition dans TM) *avec compassion*» (ainsi Qa)[114]. Le surplus de Qa est certainement secondaire, d'après l'ensemble des considérations qui vont suivre. La première est que ce surplus s'explique par un emprunt à Zach 1, 16. On trouve dans ce texte une formulation analogue à celle d'Is, à la 1ʳᵉ pers., avec Jérusalem au lieu de Sion, et avec le substantif qui caractérise le passage dans Qa : «Je retourne à Jérusalem *avec compassion*»[115]. La source de la var. a été identifiée par Kutscher[116]. Skehan avait noté le texte de Zach et lui avait adjoint à tort Is 54, 7, où l'on a bien le substantif de Qa, mais où le contexte n'offre aucune analogie, ce qui élimine cette supposition[117]. Qb s'accorde avec TM[118]. Son témoignage

---

[114] C'est certainement Yahvé qui revient à Sion, conformément à la valeur intransitive de שוב, à l'imagerie de 40, 10-11, et à la fonction de Sion dans la prophétie de fin d'exil, où ce nom ne désigne pas la *gôlah* exilique. La plupart des auteurs sont d'accord sur le vb intransitif. North fait encore place à l'hypothèse d'un sens transitif, sans la retenir pour sa part (*Comm.* 222). Mais admettre la possibilité est encore aller trop loin. L'emploi transitif du *qal*, dans Ps 85, 5 allégué par North, est isolé et se rattache vraisemblablement à la tournure transitive שוב שבות qui s'explique par une autre rac. Dans Ps 85, 5 le pronom suffixe peut remplacer le substantif de l'expression citée, parce qu'elle figure dans le contexte (85, 2). L'interprétation d'Is 52, 8 par une valeur transitive (ainsi Knabenbauer, *Comm.* 304) est un héritage de Sym, Vg (*cum converterit Dominus Sion*) et Syr (*afel* + acc.). L'exégèse de ces versions ne s'explique ni par une valeur transitive de l'hébreu, ni par une autre lecture (au *hifil*), mais elle procède du souci d'éviter l'anthropomorphisme. La justification était certainement l'analogie de la tournure transitive citée plus haut.

[115] Dans la formulation de Zach le complément de lieu («à Jérusalem») est accompagné de la préposition ל, à la différence d'Is 52, où l'on a l'accusatif local (Joüon, *Gr.* 380 126 h), certainement encouragé ici par le style lyrique. Dans Zach, le style oraculaire, et non spécialement lyrique, a pu encourager l'explication par la préposition, un tel style comportant, le cas échéant, des précisions, à côté d'éventuelles allusions énigmatiques.

[116] *LMY* 433; *LIS* 543.

[117] Elle montre ce que confirment les indices relevés au début de cette partie, concernant la contribution de Skehan, à savoir que, pas plus que Kutscher, il n'a soupçonné dans les emprunts qu'il a relevés l'application d'une règle précise, caractérisée par le recours à des relations analogiques entre les textes.

[118] Édition Sukenik, pl. 10, lg 2. La lg 1 de la photo est très lacunaire et la transcription de Sukenik excède manifestement ce qu'il est possible de lire sur la photo.

est ici spécialement important, parce qu'il est le seul qui soit d'accord avec TM. Les versions en effet ont toutes visé, d'une manière ou d'une autre, à éviter l'anthropomorphisme du retour de Yahvé en personne à Sion, sous l'œil des guetteurs, et donc du retour conçu de la manière la plus réaliste[119]. C'est précisément ce motif qui est aussi l'origine idéologique de la var. de Qa, comme nous allons le vérifier avec plus de précision. Kutscher a commis des erreurs, sous l'effet de son préjugé empiriste et de sa conception trop étroite de la notion d'archétype. À part le repérage de Zach 1, 16 et la référence à la prière des «Dix-huit paroles», d'après H. L. Ginsberg, point sur lequel nous revenons plus bas, son analyse des faits a été malheureuse sur les autres aspects de la question. Non seulement il n'a pas plus soupçonné ici qu'ailleurs le problème essentiel des motifs, et il s'en est tenu à des observations schématiques de matérialité textuelle, mais sa description des faits est erronée et constitue un exemple frappant de paralysie de l'analyse, dès le stade de la description.

D'une part, Kutscher a négligé de tenir compte de Qb, d'autre part, il s'est trompé sur le cas des versions, en les classant du côté de TM, alors qu'elles témoignent au contraire, hexaplaires comprises, d'une exégèse qui tournait délibérément le sens obvie de H = TM. Ce sens ne pouvait échapper, vu l'extrême fréquence du vb hébreu qui est au nœud de la question, שוב, avec son sens intransitif au *qal*. L'erreur de Kutscher saute aux yeux dans le cas de G. G a interprété par ἐλεήσῃ, selon la leçon de B et autres, retenue par Ziegler, ou ἐλεήσει, selon A, S et autres : «... chaque fois que le Seigneur aura pitié de Sion»[120]. Ce sens rejoint celui de Qa et suppose soit une

---

[119] Dans l'hébreu l'anthropomorphisme est souligné par l'emploi de l'expression עַיִן בְּעַיִן, littéralement «œil dans l'œil», c'est-à-dire comme quelqu'un qui peut regarder un autre dans les yeux, un hébraïsme pour dire «face à face» (Nb 14, 14). Une évocation lyrique comme celle de 52, 7s. pouvait risquer ce «face à face» théophanique, dont la justification est dans la qualité dramatique du tableau obtenu : après avoir vu *les coureurs*, qui précèdent le cortège, apparaître au sommet de chaque colline («qu'ils sont beaux sur les montagnes *les pieds* du messager ...!» 52, 7), les guetteurs voient à présent, du milieu des ruines (9) «face à face, Yahvé revenir à Sion» (8). Volz a bien mis en évidence, d'une part, l'aspect visuel impliqué (émergence sur les collines, disparition dans les vallées), d'autre part, l'émotion qui anime le texte avec la répétition en 7 aβ «die dreifache Wiederholung malt die Erregung, auf jedem Gipfel ertönt ein neuer Ruf» (*Comm.* 122). L'exploitation du passage dans le sens d'une «intronisation eschatologique» (Begrich, *Studien* ... 50, avec la référence à Gunkel-Begrich, *Einl. z. d. Psalmen*) ne paraît comporter une certaine légitimité que pour restituer une résonance diffuse, venue d'une tradition plus ancienne. Le passage reste prioritairement déterminé par les conditions du retour d'exil et par le lyrisme concret et concis qu'elles ont inspiré. Le point important pour notre sujet est que le face à face théophanique dépeint originellement par le texte ne pouvait que soulever des difficultés pour l'utilisation du texte dans le Judaïsme. D'où l'apparition partout, sauf dans Qb, d'interprétations qui visent à tourner l'anthropomorphisme. Précisions infra.

[120] Après ἡνίκα ἄν, le subjonctif est normal dans la *koinè* biblique, comme en grec classique

interprétation d'une leçon = Qa, à l'aide du vb grec cité, soit une exégèse orientée dans le même sens que la var. Qa, à partir d'un texte H(G) = TM. Dans cette seconde éventualité, une combinaison d'Is 52, 8 avec Zach 1, 16, suivie d'une simplification littéraire (1 vb grec pour vb + substantif de Zach) devient probable. Il faut alors songer à une même tradition herméneutique qui aurait influé, d'une part, sur Qa, d'autre part, sur G. Kutscher s'est laissé fourvoyer par l'aspect purement formel des textes, et il a conclu à un rapport G-TM, du fait que ces 2 textes n'emploient qu'un vb là où Qa porte un vb + un substantif. Si l'on ne ferme pas les yeux sur la teneur de G, le rapport avec Qa est patent, et il faut conclure que G s'accorde *exégétiquement*, quoique non littéralement, avec Qa. L'anthropomorphisme du retour du «Seigneur» en personne à Sion disparaît dans G, pour être remplacé par le mouvement de la pitié divine en faveur de Sion. Le littéralisme de Qa étant différent, sa réduction de l'anthropomorphisme est moins apparente et pourrait même paraître douteuse. Elle va se vérifier plus bas. Pour le moment le point important est l'évidence du rapport G-Qa. Les autres versions ont résolu la difficulté de l'anthropomorphisme en interprétant le vb hébreu comme un transitif : dans Aq, Théod, Sym, Vg et Syr, Dieu ramène Sion, il ne revient pas lui-même à Sion. Cette interprétation pouvait se justifier du point de vue des anciens, par l'analogie scripturaire, en réalité fallacieuse, de l'expression שוב שבות, comme indiqué dans une note précédente [121]. Quant à T, il paraphrase également à partir d'une interprétation transitive du *qal*[122].

La méconnaissance de l'exégèse des versions par Kutscher et, avant tout, son erreur concernant G sont d'autant plus surprenantes que par ailleurs

---

(Abel, *Gram.* 355 § 79 x), mais avec des dérogations possibles (cf. ci-après). Le sens de la conjonction est, avec le subjonctif, «toutes les fois que». La nuance est importante pour l'interprétation que G a donnée de l'hébreu. Les guetteurs ne voient pas seulement une fois, comme dans H (globalement et abstraction faite de la modalité perceptive discontinue, précisée dans la note précédente). Ils voient chaque fois qu'à des intervalles de temps éloignés «le Seigneur a pitié de Sion». En d'autres termes, la scène de H et son anthropomorphisme sont remplacés dans G par l'idée qu'en dehors de toute vision réelle, des inspirés ou des guides spirituels avertissent la communauté «toutes les fois que le Seigneur a pitié de Sion». Il n'est cependant pas exclu que la var. de A, S et autres puisse être primitive, justement en raison de son anomalie par rapport à la langue classique. Il existe une certaine tendance de la *koinè* à négliger le subjonctif en faveur de l'indicatif. Abel la signale avec ὅταν (*ibid.* 296 § 68 c). Mais il serait excessif de voir dans l'indicatif, en ce cas, la recherche d'une nuance orientée vers «l'affirmation adoucie»; c'est simplement un relâchement de la langue tardive.

[121] Voir supra la 1re note relative à la var. de Qa 52, 8. Kutscher a consulté trop hâtivement l'apparat critique de *SG Is*, complexe ici, et il a cru à une donnée imputable au seul Sym. Cf. aussi Field, II, 532.

[122] Sur les versions autres que G, la présentation de Kutscher est trompeuse, en ce qu'elle implique que ces versions offrent le même sens que TM, alors que c'est en réalité un sens différent, sur un point névralgique.

l'auteur rappelle une relation remarquable signalée par H. L. Ginsberg, entre la leçon de Qa et un passage de la prière dite des «Dix-huit paroles», le Šᵉmoneh ʿEsrēh[123]. C'est une composition très antique, dont on admet l'antériorité par rapport à la naissance du Christianisme[124]. Kutscher s'est borné à mentionner la formulation en question, sans référence, ni indication d'édition : בשובך לציון ברחמים. D'après l'éd. de Staerk, le passage est à la strophe 17 de la recension babylonienne, tandis qu'il manque dans la recension palestinienne[125]. Il faut tenir compte du contexte précédent de la prière : ותחזינה עינינו «et nos yeux verront *ton retour à Sion avec ta compassion*» (sens littéral; précisions infra). La formulation complète ne laisse aucun doute sur la réminiscence d'Is 52, 8. Il est clair que la prière des «Dix-huit paroles», tout en adoptant la 2ᵉ pers. sg requise par le contexte, a puisé dans une recension d'Is qui avait la leçon de Qa[126]. Cette correspondance ne doit pas être appréciée seulement du point de vue de la matérialité textuelle. Confrontée avec Qb, en accord avec TM, et avec G, en accord de sens avec Qa, la leçon des «Dix-huit paroles» prend toute sa signification, et témoigne de l'extension d'une exégèse religieuse du passage d'Is, qui visait à esquiver l'anthropomorphisme du tableau lyrique primitif. Le rapprochement que l'on doit à Ginsberg est instructif et aurait dû attirer l'attention de Kutscher sur le caractère traditionnel de la var. de Qa et donc aussi sur la vraie nature de la leçon G. Kutscher en a été réduit à avouer son étonnement devant la rencontre entre Qa et la prière des «Dix-huit paroles». «The similarity (...) is astounding», écrit-il (*LIS*). «Stupéfiant», c'est aussi le terme de *LMY*. Comment en effet un texte comme Qa, qui n'est aux yeux de Kutscher qu'une adaptation empirique,

---

[123] Kutscher n'a donné que la page, en négligeant d'indiquer l'année du périodique «*Israël*» où figure l'article de Ginsberg (*LMY* 433, n. 12, non rectifié dans *LIS* 543, n. 1). Je n'ai pu me reporter à l'article de Ginsberg. La donnée décisive transmise par Kutscher suffit cependant ici.

[124] W. Staerk, *Altjüdische liturgische Gebete*, 9 s. L'auteur observe que cette prière «a passé par une longue histoire» et que, dans sa forme primitive, «elle remonte probablement jusque dans la période préchrétienne du Judaïsme». Sur la prière des «Dix-huit paroles», voir : I. Elbogen, *Der jüdische Gottesdienst*, 27 s., et la bibliographie, 27 et 41. Le texte de la Geniza publié par S. Schechter (*JQR* 10 (1898) 654 s.) représente la recension palestinienne (Staerk, *o.c.* 10). Voir aussi la bibliographie donnée par E. Schürer, *Geschichte des jüdischen Volkes* ... II, 538 s., et voir l'exposé de Strack-Billerbeck, riche de nombreux matériaux rabbiniques (*Komm. z. N.T.*, IV, 1, 208 s.).

[125] Staerk, *o.c.* 18. Comparer la recension palestinienne, 14.

[126] Telle est, d'après la note de Kutscher, l'interprétation de Ginsberg, en son article pratiquement inaccessible, vu la lacune de la référence de Kutscher. Cf. *LMY* et *LIS*, *loc. c. sup.* Pour sa part, Kutscher a cru devoir s'abstenir de tout jugement touchant le rapport manifeste entre la prière des «Dix-huit paroles» et Qa. Il présente la conclusion de Ginsberg sur ce point comme affaire d'opinion et non comme constat.

due aux initiatives personnelles d'un scribe, pourrait-il présenter un rapport avec une composition liturgique aussi importante et profondément enracinée dans la tradition religieuse juive que les «Dix-huit paroles»? La relation ne peut apparaître que comme une anomalie dans la conception que Kutscher s'est faite de Qa. Mais il a négligé de se demander si cette anomalie ne serait pas le signe d'un défaut de cette conception. Si une var. comme celle de Qa 52, 8 s'avère traditionnelle, à travers le témoignage de la prière des «Dix-huit paroles», c'est bien que Qa doit être apprécié comme un texte influencé par la tradition et ses normes.

L'emprunt à Zach nous avait déjà montré que la var. s'explique par l'application d'une norme, celle des analogies scripturaires. Le fait que la var. soit passée dans la tradition pour prendre une place aussi importante que celle qu'elle occupe dans la prière des «Dix-huit paroles» constitue une illustration explicite de ce que nous sommes partout obligé d'admettre à titre d'implication nécessaire, à savoir l'autorité que la norme a conférée à la var.

La var. de Qa et la formulation des «Dix-huit paroles» dérivent donc d'un emprunt scripturaire méthodique. Il reste à donner des précisions sur le motif idéologique du changement. Nous avons dit plus haut, à propos du rapport G-Qa, que le motif était le souci d'éviter l'anthropomorphisme théophanique. Dans G c'est clair. Dans Qa on pourrait encore hésiter : si Yahvé *revient* avec sa compassion, cela n'implique-t-il pas qu'il revient en personne? L'anthropomorphisme n'est-il pas toujours présent dans Qa? Apprécier la var. de la sorte serait oublier une tournure très vivante en hébreu et en arabe, qui consiste à employer un vb intransitif de mouvement avec la préposition *b* (*bi* en arabe) d'accompagnement, pour signifier le déplacement de la chose (parfois de la personne) désignée par le complément. Dans ce tour la préposition donne au vb une valeur pratiquement transitive, et l'on dit «venir avec» pour signifier «apporter»[127]. Dans Qa l'adjonction de «la compassion», comme complément d'accompagnement du vb de mouvement, sollicite l'attention en faveur de ce complément, tandis que le sujet, Yahvé, paraît moins se déplacer lui-même que déplacer cette «compassion». Étant donné la portée de cette notion pour la piété, il est clair que

---

[127] Cf. Lév 16, 3 ; Ps 66, 13. En arabe des vbs de mouvement comme ʾatā et ǧāʾa «venir», *ḏahaba* «sortir», *sāra* «partir en voyage» se construisent couramment avec *bi* de la chose que l'on transporte et qui, avec fonction de complément d'accompagnement, équivaut au complément d'objet d'un vb transitif exprimant le transport. Cf. *BDB* 89 B et la référence à Wright-Caspari, *Arabic Gram.* II, 172. Illustration dans Lane 1, 15 C; 2, 492 A, etc. Voir aussi Reckendorf, *Syntaktische Verhältnisse* ... 243 s. : «Mit dem Objektsakkusativ berührt sich (*bi*) in einer Reihe von Konstruktionen».

la représentation lyrique et anthropomorphique de H (la marche divine à la tête du cortège de retour) fait place à l'idée que Yahvé ramène à nouveau «sa compassion» à Sion, qu'il assure de nouveau Sion de sa compassion. L'attribut divin occupe le premier plan et la logique syntaxique en vertu de laquelle Yahvé se déplace est suffisamment estompée pour que l'anthropomorphisme puisse être considéré comme surmonté. À cet égard encore la confrontation des «Dix-huit paroles» est éloquente. L'attention s'y est concentrée sur l'attitude divine compatissante, et l'expression inspirée d'Is «nos yeux verront» sert, dans la liturgie, à renforcer l'assurance religieuse à ce sujet, au lieu de contribuer, comme dans H Is, à l'évocation réaliste du pèlerinage du retour sous la conduite de Yahvé, tel que l'a imaginé le lyrisme de fin d'exil. L'emprunt à Zach 1, 16, en vertu de la méthode des analogies scripturaires, a donc servi, dans Qa, à résoudre avec autorité la difficulté soulevée par l'anthropomorphisme de H. La var. de Qa éclaire ainsi la formulation des «Dix-huit paroles» et les interprétations des versions antiques. Elle fait apparaître entre tous ces témoins une parenté organique, celle d'une réflexion religieuse commune suscitée par l'anthropomorphisme de H. Face à ces interprétations secondaires, la préservation de H dans TM est particulièrement remarquable et illustre la fonction normative de ce texte.

10) Qa 53, 11 : «Il verra la lumière»

En 53, 11, dans Qa, le 1er vb («il verra») est accompagné d'un complément d'objet אור «la lumière», dont il est anormalement démuni dans TM. Qb s'accorde avec Qa[128]. Ce dernier témoignage a du poids, puisqu'ailleurs Qb est généralement du côté de TM, lorsque Qa varie. La leçon en question était connue par G où δεῖξαι αὐτῷ φῶς avait depuis longtemps suggéré la correction de TM par adjonction de ce complément[129]. Quelles que soient par ailleurs les originalités de l'interprétation attestée par G (lecture hébraïque au *hifil* pour le vb cité; divergence en 53, 10, sur laquelle voir la note finale),

---

[128] Le mot et les précédents en 11 sont très lisibles dans Qb (éd. Sukenik, pl. 10, lg 22). Déchirure à partir du vb suivant, dont seuls subsistent le *yod* initial et la moitié droite du *śin*, ce qui suffit à assurer la lecture.

[129] Cf. cette correction dans les éd. successives de BH. Ziegler hésite entre cette solution et celle d'une glose marginale de H(G), destinée à suppléer le complément absent (*ZUI* 77). Il s'agirait alors d'une libre initiative. Mais cette conception empiriste de Ziegler sur la var. G méconnaît les conditions méthodiques de la leçon. Ce sont les mêmes que celles dégagées infra, à propos de Qa. Ziegler a été fourvoyé à la fois par sa conception de G comme d'une œuvre empirique, et par l'exégèse hébraïque régnante, dont il était dépendant.

avant les découvertes de Qumrân, la présence du complément paraissait impliquer effectivement une leçon H(G), plutôt qu'une modification exégétique d'un texte = TM. L'apparition de la leçon dans Qa et Qb apporte à l'hypothèse une confirmation et l'accord des 3 témoins paraît renforcer la légitimité de la correction [130].

Cependant la meilleure allure littéraire de la leçon Qa-Qb-G ne suffit pas à prouver qu'elle est originelle et que TM a subi une perte accidentelle en cet endroit. En premier lieu, la secondarité de TM n'est pas aussi évidente que le suggère la première apparence littéraire (l'emploi absolu du vb «voir»). G. R. Driver, puis, sous son influence, D. Winton Thomas ont pensé qu'il était possible de confirmer l'authenticité primitive de la forme TM, en posant que le vb ראה «voir» a été pris comme équivalent de רוא = רוה «être abreuvé», sens qui s'associe excellemment à celui du vb «être rassasié», qui suit [131]. Sous cette forme, l'hypothèse se heurte à l'objection de l'emploi courant du vb «voir», qui appartient au stock élémentaire du vocabulaire de la langue. L'orthographe appelait *nécessairement* le sens «voir», surtout à l'époque de l'exil, qui est tardive, et cela d'autant plus que le même vb «voir» précède en 53, 10, avec la même orthographe : cette dernière circonstance paraît dirimante, à l'encontre de l'hypothèse Driver-Thomas. Toutefois cette hypothèse n'est pas sans valeur, si on la modifie sur un point essentiel. Au lieu de nous livrer le sens de la 1re rédaction d'Is 53, 11, ne nous livrerait-elle pas un modèle traditionnel dont 53, 11 aurait été dérivé au moyen d'une retouche destinée à l'adapter au thème du Serviteur souffrant? S'il en était ainsi, TM aurait préservé la forme H. Il en résulterait que la leçon Qa-Qb-G serait secondaire.

L'hypothèse qui vient d'être esquissée, touchant une authenticité possible de TM, demande à être examinée de plus près. Elle est encouragée liminairement par un constat simple qu'appelle la leçon Qa-Qb-G. Cette leçon est d'emblée soupçonnable d'avoir été suppléée à partir de sources = TM, par application de la méthode des analogies scripturaires. Is 9, 1 «le peuple qui marchait dans les ténèbres a vu une grande lumière» livrerait en effet une solution pour 53, 11. Il y a analogie de situation : l'épreuve du Serviteur

---

[130] Plaidoyer en faveur de la correction de TM d'après G-Qa, à l'encontre de la solution = TM, par homographie, proposée dans l'apparat critique de BHS (précisions infra), chez A. Gelston, *VT* 21 (1971) 524 s., spéc. 526. Mais cette contribution fait aussi apparaître le risque de projection moderne inhérent à l'argument de supériorité littéraire de la leçon G-Qa. Tout le monde s'accordera à reconnaître que «il verra la lumière» est plus satisfaisant, dans le contexte considéré, que la leçon TM, selon nos canons littéraires. Mais les conceptions et motifs des anciens étaient-ils les nôtres? Telle est la question à examiner.

[131] Voir l'apparat critique de BHS et *Ephemerides theologicae Lovanienses*, XLIV, fasc. 1, 1968, 79 s., et là les autres références utiles.

d'Is 53 est assimilable à une «marche dans les ténèbres». Le texte apparenté, 50, 10 b, contient une formulation qui a vraisemblablement servi de chaînon entre 9, 1 et 53, 11 : «... son serviteur, qui a marché dans les ténèbres». Le rôle complémentaire de 50, 10 est d'autant plus probable que ce texte contient aussi, sous forme négative, le thème de *la clarté* : «... dans les ténèbres, sans aucune clarté» (littéralement «et pas de clarté pour lui»). Sur ce point il y avait donc une 2ᵉ relation avec 9, 1, cette fois fondée sur une synonymie et une antithèse, ce qui renforçait la fonction de 50, 10 comme un intermédiaire entre 9, 1 et 53, 11. À cela s'ajoute la jonction verbale fournie par le vb «voir», commun à 53, 11 et 9, 1, et pris, de part et d'autre, dans une acception religieuse qui le valorise. La différence du sujet collectif en 9, 1 (le peuple) et du sujet individuel, ou apparemment individuel par personnification, en 53, 11, ne s'oppose pas à l'hypothèse d'emprunt. La méthode autorisait un prélèvement, à la condition d'une analogie, en dépit des différences de contextes, de situation et de logique. Le Serviteur de 53 était, de plus, en relation de situation avec «le peuple» mentionné en 53, 8 b, et peut-être ses aspects collectifs étaient-ils perçus par les auteurs de la combinaison. «Le peuple» de 9, 1, bien loin d'être une difficulté pour l'emprunt, a donc des chances d'avoir fourni une analogie de plus, à l'appui de l'amalgame.

Cependant la réalité d'un emprunt scripturaire à 9, 1 dépend de la solution adoptée pour H. L'emprunt ne serait assuré que s'il était possible d'établir l'authenticité originelle de TM, alors que ce dernier paraît avoir contre lui la première apparence littéraire. Kutscher a confronté TM et la var. Qa-Qb-G, en négligeant de contrôler TM, comme si ce dernier n'était pas problématique et comme si sa priorité s'imposait de toute manière[132]. Kutscher s'est borné à postuler la secondarité de la var. Qa-Qb-G, d'après une étude de I. L. Seeligmann. Celui-ci a vu dans la leçon en question un apport secondaire venu d'influences hellénistiques, sans discerner qu'en cas de secondarité la possibilité de rattacher la var. à un emprunt scripturaire l'emporte sur toute autre hypothèse, étant donné que 9, 1 et, complémentairement, 50, 10 sont disponibles pour l'emprunt, et étant donné la fréquence du procédé, dans G et Qa. D'un autre côté, la conception que Seeligmann se fait de 53, 11 est solidaire d'une correction arbitraire venue d'A. B. Ehrlich, et elle ne s'accompagne d'aucune contribution exégétique propre à justifier 53, 11 par rapport à l'ensemble de la composition, dont le caractère énigmatique

---

[132] *LMY* 433; *LIS* 543. Dans *LIS* l'attribution à Qa d'une lecture du vb au pft avec *waw* de coordination (pour *yod* dans TM) est une erreur. La lecture du vb avec *yod* est certaine d'après la photo, et elle est correcte dans *LMY*.

est pourtant bien connu [133]. La contribution de Seeligmann esquive les vrais problèmes textuels et littéraires du passage, et l'incapacité de Kutscher à la dépasser est une manifestation d'échec, dans le cas d'une des var. de Qa les plus importantes, sous le rapport religieux [134].

L'interprétation de 53, 11 et la possibilité de considérer TM comme originel dépendent d'abord de l'idée que l'on se fait de l'ensemble du 4e poème du Serviteur, 52, 13-53, 12. Si l'on y cherche une cohérence littéraire et une logique conformes aux canons en vigueur à partir de l'antiquité classique, il devient inévitable de recourir à une correction ou à la solution homographique de Driver et Thomas, dont nous venons de noter la difficulté. Mais en réalité le 4e poème du Serviteur a un caractère spéculatif qui invite à compter avec des formulations fondées sur des raisons autres que purement littéraires. S'il en est ainsi, l'hypothèse esquissée plus haut d'une retouche pratiquée, lors de la composition, sur une formulation traditionnelle, mérite d'être considérée. Cette formulation était alors, avec orthographe consonantique normale (celle que Driver et Thomas avaient cru remplacée dans TM par une homographie du vb «voir») ירוה ישבע «il sera abreuvé, il sera rassasié». D'après l'usage religieux de ces vbs, surtout du second, pour indiquer l'effet de la faveur divine, et d'après le principe bien attesté du rétablissement du Juste dans la prospérité, après une période d'épreuves, on est en droit d'admettre que la formule du rassasiement et de l'abreuvement pouvait servir à l'expression de ce principe, notamment dans le langage oraculaire. Les éléments d'une telle formulation sont attestés ailleurs, à l'état dispersé [135]. La sous-jacence prérédactionnelle soupçonnable derrière 53, 11 en représente la synthèse [136].

---

[133] I. L. Seeligmann, *Tarbiz* 27 (1957-1958) — et non pas 17, erreur de référence dans *LMY*, répétée dans *LIS* —, 127s., spéc. 132.

[134] Kutscher présente Qa comme secondaire, en se référant à Seeligmann cité. Mais ce dernier dépend de l'arbitraire d'Ehrlich. Kutscher s'appuie donc sur une interprétation qui est solidaire d'une pratique corrective conjecturale qu'il réprouve. C'est une inconséquence. De toute manière il est impossible ici d'apprécier Qa sans élucider le cas problématique de TM.

[135] Rassasiement par Yahvé: Dt 6, 11; 8, 10; 11, 15; Ps 63, 6; 65, 5; 145, 16; Joël 2, 19. 26. Avec un synonyme: Jér 31, 25. Abreuvement d'origine divine: Jér 31, 14.25. Principe du rétablissement du Juste après l'épreuve: Ps 34, 20; Prov 11, 8; Job 42, 10.

[136] La situation du Serviteur du 4e poème était bien celle d'un Juste souffrant. Elle l'était même de manière éminente par son caractère d'épreuve collective, à la fois personnifiée (par la figure du Serviteur) et exemplaire. Exemplaire, car, à l'encontre de la thèse collective *extensive*, qui identifie le Serviteur au peuple d'Israël, il ne peut incarner qu'une collectivité *restreinte*, comme plusieurs auteurs l'avaient depuis longtemps soupçonné. Je crois cette identification du Serviteur démontrable par l'analyse historique, et je crois aussi qu'il est possible de préciser les choses et de reconnaître dans cette collectivité restreinte, non seulement une *élite* dirigeante (donc initiatrice et, par là aussi, exemplaire), mais plus précisément une

La question de savoir si la césure massorétique, qui coupe la phrase après ישבע «il sera rassasié» (accent *zāqēf qāṭon*), est originelle ou secondaire n'est pas essentielle pour le problème en discussion[137]. Notons cependant au passage les points suivants. L'usage de la langue (construction courante du vb avec *b*) et l'équilibre le plus naturel, à la fois de ce membre et du suivant (commandé par le vb «il justifiera») plaident fortement pour la secondarité de la césure massorétique. La teneur première était alors : «il sera rassasié par sa connaissance»[138]. Il convient d'entendre la formule au sens : il sera rassasié par la connaissance qu'il aura du sens providentiel de l'épreuve exilique et de la restauration finale. Secondairement, et peut-être très tôt, la césure a été déplacée là où elle est dans TM[139], pour indiquer que le bénéfice procuré par le Serviteur, d'après la suite du texte, sera lié à «la connaissance» *qu'on aura de lui*, c'est-à-dire à la reconnaissance de son autorité : «par sa connaissance mon Serviteur juste rendra justes les nombreux» (= le gros du peuple d'Israël, par opposition à l'élite exilique dirigeante, «la Synagogue d'exil» personnifiée par le Serviteur)[140].

véritable institution exilique, la *Synagogue d'exil*, qui est l'origine de l'institution synagogale postérieure. Justification dans : *Mél. H.C. Puech*, 33 s. C'est donc l'épreuve de la Synagogue d'exil (dont est solidaire la communauté juive exilée, mais dont elle est aussi distincte) qui est dépeinte comme celle d'un Juste souffrant. Le 4e poème du Serviteur se présente, à cet égard, comme une expression singulièrement originale (en raison de l'expérience exilique vécue depuis la catastrophe initiale) d'un thème général qui n'était pas particulier à l'ancien Israël. Sur les illustrations mésopotamiennes, voir R. Labat, *Textes ... babyloniens*, 320 s. et les exposés synthétiques de W. von Soden, *MDOG*, 1965, 41 s., et J. Bottéro, *Annuaire EPHE*, IVe section, 1966-1967, 100 s.

[137] Sur cet accent massorétique, voir G. Bergsträsser, *Hebr. Gram.*, I, 75, § g; 76 § h; *GKC* 60, no 4 b; *BL* 148, nos 4 et 5, et là la précision sur l'équivalence des 2 séquences *zāqēf* + *rᵉbīʿa*, en tradition textuelle dite babylonienne, = *zāqēf qāṭon* + *zāqēf gādôl*, dans le système tibérien. Rappelons qu'en ce dernier cas, à l'encontre de l'apparence suggérée par les adjectifs, «petit» *zāqēf* et «grand» *zāqēf*, c'est le «petit» qui marque la césure la plus importante (cf. ce rapport dans TM Gen 1, 14, souvent cité en exemple). Pour l'accent *rᵉbīʿa* sur un mot isolé (c'est-à-dire sans antécédence d'un ou plusieurs accents conjonctifs, ou *servi*), voir W. Wickes, *A Treatise on the Accentuation ... 93* (in : *Two Treatises ...*, II).

[138] L'hypothèse de D.W. Thomas qui consiste à interpréter le mot hébreu דעתו «sa connaissance», par un homonyme supposé exister en hébreu, et qui signifierait «son humiliation», d'après une rac. II tirée de l'arabe, appellerait déjà une discussion, du seul point de vue philologique et historique. Mais, en outre, elle se heurte, en 53, 11, à des raisons littéraires qui résultent des 2 étapes du sens du passage, telles qu'elles sont dégagées dans l'exposé (en fonction des 2 césures successives). Cf. Thomas in : *Donum Natalicum ... J. Coppens*, I, 119 s.

[139] Le déplacement de la césure primitive ne doit pas être apprécié comme le résultat d'une erreur en cours de transmission. La nouvelle césure a été le produit d'une réflexion herméneutique attentive et informée, et elle a certainement été justifiée, dans l'esprit des responsables, par le principe formel de préservation des éléments matériels du texte, principe que l'on voit à l'œuvre dans les déplacements de consonnes à l'intérieur d'un mot (métathèses et anagrammes), et parfois dans les déplacements de mots à l'intérieur de la phrase.

[140] Sur l'identification du Serviteur et la notion de Synagogue d'exil, voir la n. 136. La

L'hypothèse de la sous-jacence prérédactionnelle en 53, 11 gagne en probabilité si l'on observe qu'une référence à un grand principe sapiential et à sa formulation bien ancrée dans la tradition pouvait servir à éclairer oraculairement les circonstances du présent. Ce qui était en cause, d'après 53, 10, c'était le retour du Serviteur, Juste souffrant, à la prospérité, et c'était en particulier sa perpétuation par une descendance. Or, par rapport à la promesse formulée en 53, 10, l'énoncé de 53, 11 peut se comprendre comme une réitération destinée à apporter une confirmation. La répétition de יראה «il verra», en 10 et 11, est significative à cet égard : (10) «il verra une descendance; (11) il verra (effectivement, sous-entendu : cette descendance) et sera rassasié par sa connaissance» (secondairement le dernier mot a été disjoint dans TM, comme dit plus haut).

Pour que 11 confirme ainsi la promesse de 10, il fallait que la variation par rapport à la formulation traditionnelle (à savoir l'introduction du vb יראה «il verra», à la place de ירוה «il sera abreuvé») fût non seulement légitime, mais couverte par une autorité incontestable. C'est celle de la méthode des analogies verbales formelles. Elle a consisté ici à exploiter la proximité des formes des mots pour passer d'un vb à l'autre, par «petite mutation». Les consonnes *waw* et *alef*, qui font la ·différence des 2 vbs, de part et d'autre en 2ᵉ syllabe, sont des consonnes faibles, susceptibles de perdre leur qualité consonantique première, et elles ne dégagent pas des sons fortement différenciés. En outre elles ont joué un rôle variable et facultatif dans l'orthographe pleine, comme indices vocaliques. Pour les anciens il en résultait que les 2 vbs devaient être considérés comme des parents réels. C'est ainsi que la ressemblance formelle a justifié le remplacement d'un vb par l'autre, en vertu de cette parenté, qui permettait de postuler une participation réelle de l'un à l'autre[141].

Ce n'est pas tout. La répétition du vb «il verra», qui a résulté de la modification par analogie verbale formelle, à partir de la tradition, a fourni une jonction entre la formulation de 10 et celle de 11. Cette jonction a constitué une justification de l'assemblage des 2 énoncés. La justification

---

désignation énigmatique des «nombreux» soulève un problème que je dois disjoindre pour le traiter ailleurs.

[141] La réalité de la relation formelle en cause est encore illustrée par les oscillations de l'orthographe entre *alef* et *hé*. Cf., dans Prov 11, 25, le *hofal* de forme insolite du vb «être abreuvé». Cf. *BL* 444, auquel renvoie *KBL*. Cf. aussi, pour l'illustration des rencontres orthographiques entre les 2 rac. distinctes, le cas du dérivé nominal qui se cache probablement sous l'orthographe רי, dans ברי de Job 37, 11. Ce serait le terme ראי de Sir 34, 28, interprétable là, à propos du vin, au sens «abreuvement» (= רוי; comparer l'adjectif רוה *rāweh* «abreuvé»). Le sens de la proposition de Job est alors : «la nue se charge d'humidité» (proprement «d'abreuvement»). Cette interprétation est suggérée, avec raison, par *KBL*, tandis que E. Dhorme suivait encore la correction proposée antérieurement par la critique (*Comm.* 515).

n'était pas indispensable à la constitution du texte, mais il n'est guère douteux que, dans l'esprit du milieu d'élaboration, la jonction par «il verra» a revêtu une valeur positive qui scellait l'amalgame de 10 + 11. Ainsi ce qui paraît à un esprit moderne plutôt un défaut de style, la répétition du vb en 11, après 10, avait au contraire pour les anciens une signification méthodologique et spéculative. C'est un cas d'application de ce qui est devenu la méthode des analogies scripturaires, et cela au stade de la formation du texte, de sorte que l'on peut parler d'analogie préscripturaire. L'exemple paraît significatif, du point de vue de la constitution de la méthode, car celle-ci a pris son essor postérieurement, à l'occasion des problèmes posés par les compilations finales de la littérature traditionnelle, ainsi que nous le verrons ultérieurement (IIe section, 3e partie, ch. 1).

En définitive le processus de formation à considérer pour H = TM 53, 11, à partir de l'arrière-plan fourni par la tradition est le suivant.

1) Une promesse de rétablissement du Juste souffrant, inspirée de la tradition et incorporée en 53, 10 : «il verra une descendance, il prolongera ses jours».

2) Une 2e promesse de la tradition, concernant le Juste souffrant («il sera rassasié, il sera abreuvé»), a été exploitée par analogie verbale formelle. «Il sera abreuvé» (ירוה) est devenu «il verra» (יראה). La transformation a été occasionnée par le besoin d'adapter la formulation traditionnelle à celle de 53, 10, et elle a visé à confirmer que le Serviteur «verra» effectivement une descendance. Une fois l'analogie verbale formelle exploitée, «il verra» a constitué une jonction entre 2 énoncés issus de la tradition du Juste souffrant (méthode d'analogie scripturaire, à un stade préscripturaire).

3) Grâce à la modification par analogie verbale formelle, et à l'amalgame par analogie préscripturaire, l'ensemble 10 + 11 a été constitué et l'enseignement de la tradition sur le Juste souffrant a renforcé de son autorité la promesse de 53, 10, à travers 53, 11.

Vu l'importance religieuse du passage, dans une composition elle-même de très grande envergure, dès sa formation dans le milieu de la communauté exilique, vu aussi, plus précisément, le caractère oraculaire de 53, 10-11, il est clair que le procédé appliqué à la phraséologie de la tradition, à savoir l'analogie verbale formelle, devait posséder une autorité absolue. Il faut en dire autant de l'amalgame de 53, 10 et 53, 11 par analogie préscripturaire.

Il était nécessaire de procéder à l'examen des modalités de la formation de H 53, 11, pour contrôler la réalité du phénomène herméneutique qui concerne Qa, en 53, 11. Nous avions vu que le cas dépendait précisément de l'authenticité primitive de TM, laquelle était très problématique. Mais, avant de pouvoir conclure touchant Qa, il convient encore de remarquer que l'association du vb «voir» et du vb «être rassasié», tout en étant en 53, 11 le produit d'une spéculation verbale, à elle seule décisive pour la formation du texte, correspondait cependant aussi à une phraséologie contemporaine de l'élaboration du 4ᵉ poème du Serviteur.

Cette phraséologie est attestée par la stèle de la mère du dernier roi babylonien, Nabonide. Elle dit *avoir vu* quatre générations de ses descendants et *être rassasiée* d'âge (c'est-à-dire être comblée par le grand âge qu'elle a atteint) : «... j'ai vu et je suis rassasiée d'âge» (Stèle de Harrân, texte H¹ B, col. II, lg 34) [142]. Les 2 vbs se suivent, comme dans le texte biblique. Il est vrai qu'en Is 53, 11, le 1ᵉʳ vb n'a pas de complément d'objet explicite, comme son correspondant babylonien de la stèle (ibid. lg 33, mention des descendants, qui sont l'objet grammatical de «j'ai vu», lg 34) [143]. Mais cette lacune, qui fait la difficulté du texte biblique, résulte, nous l'avons vu, de la reprise spéculative d'un modèle plus ancien, et elle est compensée par la référence de 11 à 10, au moyen de la jonction «il verra». Il en résulte, pour le 1ᵉʳ vb de 11, un objet implicite qui est, comme dans le texte babylonien, la descendance. La seule différence véritable entre le passage de la stèle et celui d'Is 53 n'affecte pas le point qui nous occupe; elle réside dans le complément du 2ᵉ vb, «être rassasié» : c'est «le grand âge», dans le texte babylonien, «la connaissance», dans le texte biblique (dans la forme H, la césure de TM étant secondaire). Il est possible que la phraséologie d'époque, illustrée par la lg 34 de la stèle de Harrân (l'association des 2 vbs), ait encouragé la spéculation d'Is 53, 11, en lui fournissant un modèle stylistique. En tout cas elle donnait à H = TM une résonance littéraire d'époque, qui est un motif complémentaire de récuser le soupçon de secondarité dont TM avait été l'objet. C'est bien la forme textuelle de Qa-Qb-(G), plus littéraire au gré du goût moderne, qui est secondaire dans l'histoire du texte.

---

[142] C. J. Gadd, *Anatolian Studies* 8 (1958) 50. Les 2 vbs importants pour la comparaison du texte biblique sont coordonnés : *a-mur-ma áš-ba-a* «... j'ai vu et j'ai été rassasiée...». Le 1ᵉʳ vb est précédé par un complément d'objet, dont la présence constitue une différence par rapport à la formulation d'Is 53, 11, où «voir» est employé absolument. Sur ce complément, voir la note suivante. Le 2ᵉ vb est suivi par un complément de modalité qui reparaît à la lg 38. Gadd, à qui l'on doit l'édition princeps, avait commencé par interpréter ce complément par «progéniture» (I am fulfilled (with) offspring»). Il convient maintenant de rectifier d'après les travaux lexicographiques parus postérieurement. W. von Soden définit le sens de *littūtu* «langes, erfolgreiches Leben» (*AHW* 557 A; le fascicule est paru en 1965). Il s'agit alors d'une «longue vie comblée». Définition moins extensive dans *CAD* 9 (1973) 220 A «extreme old age». Le passage est cité et traduit *ibid.* : «I have had the satisfaction of growing very old».

[143] Le complément d'objet du 1ᵉʳ vb est écrit idéographiquement. Le signe *DUMU*, 4 fois répété, que Gadd lisait *TUR* (= *ṣiḫru* «petit, jeune, enfant») prend le sens «petit fils» : *CAD* 10, 259.

En ce qui concerne le complément circonstanciel initial de 53, 11, la construction avec la préposition *min* d'origine conduit nécessairement, avec le vb «voir» et en pareil contexte, à l'idée de la cause. Mais son emploi est recherché et difficile. Il s'explique s'il est un vestige des affinités du vb de la formulation traditionnelle «être abreuvé», qui se construit couramment en hébreu avec cette préposition[144]. La subtilité a alors consisté à conserver avec le vb de la substitution «voir» une construction à laquelle on avait attribué une valeur double avec le vb «être abreuvé». D'une part, selon la valeur normale de la construction, «il sera abreuvé de la peine de son âme» (au stade de la formulation prérédactionnelle de base); d'autre part, selon un dédoublement de sens qui apporte une compensation à la 1re assertion, et qui prend valeur oraculaire, «à cause de la peine de son âme, il sera abreuvé». C'est cette 2e valeur qui est passée dans la tournure qui a été retenue dans la rédaction H de 53, 11.

Il résulte des considérations qui précèdent que l'éventualité d'un emprunt de Qa à Is 9, 1 se trouve confirmée par la priorité de TM = H en 53, 11. Cependant, même si elle a produit un texte secondaire, la modification de Qa n'en a pas moins une indéniable portée religieuse. Elle correspond au souci d'aboutir à un texte aisément vulgarisable, en place d'un énoncé énigmatique. Le mot «lumière», employé en un tel contexte, y introduit un thème religieux riche. Dans les écrits bibliques, «la lumière» peut représenter simplement, en un sens restreint, celle de la vie[145]. Mais l'acception s'est aussi élargie et spiritualisée[146]. La prophétie de fin d'exil marque une étape essentielle dans la valorisation du symbolisme religieux de la lumière, avec l'oracle qui fait de la Loi «la lumière des nations» (en 51, 4 directement; par l'entremise du Serviteur qui apporte la lumière, en tant qu'il est le messager de la Loi d'Israël auprès des nations, en 42, 6 et 49, 6). Cette valeur est particulièrement importante pour la var. de Qa-Qb-G en 53, 11, parce qu'elle est représentée dans des contextes peu éloignés. La leçon de ces témoins en 53, 11 implique une plénitude de vie illuminée par l'instruction et la bénédiction divines, thème éminemment adapté à l'effort de vulgarisation édifiante qui se manifeste avant tout dans Qa et G et ici, assez exceptionnellement, dans Qb (recension par ailleurs caractérisée par un retour à la forme normative).

Pour un esprit moderne la tentation d'admettre une liberté, de la part de Qa, est particulièrement forte en un cas comme celui-ci. «Lumière» est

---

[144] Cf. Jér 46, 10; Ps 36, 9. Construction directe sans préposition: Jér 31, 14; Lam 3, 15.
[145] Ps 56, 14; Job 3, 20; 33, 28. Cf. *TWAT*, I, 172 = II, 2b de l'article de S. Aalen.
[146] Étude du symbolisme de la lumière: *TWAT*, I, 174s.

si aisément suppléable après «voir» qu'il est séduisant d'admettre une retouche libre dans Qa. Mais les données des textes, dûment replacées dans le cadre des conditions culturelles de l'époque, conduisent dans une autre direction et montrent que la solution facile par la liberté ne serait qu'une illusion moderne fallacieuse, qui méconnaîtrait le soin que les anciens ont apporté au traitement des textes, particulièrement aux endroits importants du point de vue idéologique. La profonde résonance symbolique de la leçon innovée par la vulgarisation garantit son importance et suppose qu'elle a été étayée par une justification valable. L'emprunt décrit plus haut répondait donc à une méthode autorisée, qu'établit par ailleurs la série des faits d'emprunts scripturaires analogiques décelables dans G et Qa. Vu la portée religieuse du passage, Qa 53, 11 serait probant isolément [147].

Les faits relatifs à la constitution de H montrent à quel point l'herméneutique pratiquée dans les versions antiques, dans l'exégèse rabbinique et dans les retouches de recensions hébraïques comme Qa, est enracinée dans une tradition culturelle plus ancienne que ces documents. Elle remonte à la constitution littéraire de l'hébreu, et même à la tradition antérieure. Elle justifie la perspective qui s'est peu à peu dégagée, au cours de nos analyses, celle d'une unité organique des conditions qui ont présidé à l'élaboration, à la transmission et à l'interprétation des textes, en dépit des différenciations qui caractérisent par ailleurs les œuvres et les époques. De cette continuité organique résulte la possibilité d'une remontée vers les origines, au moins dans un certain nombre de cas, et d'une élucidation de leurs énigmes persistantes.

---

[147] Précisons en terminant qu'à l'encontre de l'apparence de liberté, l'interprétation de G en 53, 10-11 repose en particulier sur 2 applications de la méthode des analogies verbales formelles. a) En 53, 10, G ἀφελεῖν provient certainement d'un traitement de יצלח par métathèse, qui a fourni יחלץ. Ce vb peut revêtir la valeur «enlever», comme dans Is 20, 2, où G l'a rendu par ὑπόλυσαι (il s'agit de «détacher ses sandales»), en symétrie avec ἄφελε (τὸ σάκκον), qui est, en ce contexte, synonyme du précédent, ce qui vérifie indirectement l'équation postulée pour 53, 10. Ce texte prend dans G le sens : «le Seigneur veut» (βούλεται pour חפץ, pris, non par erreur mais intentionnellement, comme vb) «enlever la peine de son âme» = soulager la peine de son âme. L'anomalie de la tournure grecque s'explique à partir de l'hébreu et ne peut s'entendre en suppléant pour l'objet la personne, comme avait tenté de le faire Ottley («The Lord desireth to take (him; je souligne) away from the trouble of his soul», *BIAS* I, 279). b) En 53, 11 ישבע a également été traité par métathèse accompagnée d'une substitution de consonne phonétiquement proche (petite mutation) : יעצב > יעשב d'où πλάσαι, selon la même équivalence qu'en G Job 10, 8. Après «... lui montrer la lumière», l'objet sous-entendu n'est pas douteux, c'est le Serviteur : «... et le former par l'intelligence».

11) LA VARIANTE Qa 62, 10 ET LE THÈME DE LA ROUTE À FRAYER

Nous terminerons ce choix de var. de Qa dues à des emprunts scripturaires par l'examen de Qa 62, 10. Là Qa porte, en surplus par rapport à TM, הגנף après מאבן : «débarrassez (la chaussée) des pierres (singulier collectif en hébreu) (= TM) *de heurt* = que l'on heurte» (Qa). C'est un emprunt à 8, 14. Kutscher a noté ce texte d'origine, mais il a ignoré, comme ailleurs, la question de modalité et de motif, et il a méconnu la signification de la confrontation avec T, qui révèle l'existence d'une exégèse commune, dans Qa et T, et donc la diffusion de l'exégèse attestée par Qa, dans le Judaïsme[148].

Si l'on confronte les 2 passages 8, 14 et 62, 10, ils offrent une véritable antithèse. En 8, 14 Yahvé lui-même devient «une pierre de heurt et un roc d'achoppement pour les deux maisons d'Israël»[149]. En 62, 10 retentit l'appel à «débarrasser des pierres» la chaussée que l'on doit tracer, suivant une formulation très proche de 57, 14, où il est question «d'enlever tout obstacle» (littéralement «levez l'achoppement») sur la voie à frayer. Dans le premier cas, le destin d'Israël est barré par le dieu d'Israël lui-même, pareil à un obstacle sur lequel nombre de gens trébucheront pour leur perte : «beaucoup trébucheront, ils tomberont et se briseront» (8, 15). Dans le deuxième cas, Israël reçoit l'ordre de déblayer sa route. Les pierres ne sont plus des métaphores oraculaires négatives, comme en 8, 14 : elles sont devenues occasion d'un motif d'action et d'un mot d'ordre éthico-religieux. Yahvé ne fait plus opposition à son peuple engagé sur la voie néfaste de la désobéissance; il lui confie une mission de bonne volonté et d'édification : épierrer la route qui, dans le désert du retour d'exil, avait une puissante résonance typologique : elle annonçait la grande tâche d'épierrer la «route» de l'observation de la Loi. Après l'épreuve exilique, tournant de l'histoire politique, mais aussi religieuse d'Israël, les conditions ont changé. Au temps des échecs et des ruines a succédé le temps de la restauration. Voilà la puissante antithèse que résument les 2 textes considérés, celui de la var. de Qa et celui de l'emprunt. Le mot prélevé évoquait nécessairement cette antithèse, par delà la précision édifiante qu'il apportait à la formulation de 62, 10. Vouloir réduire le fait aux dimensions d'un simple détail d'expression littéraire, sans portée idéologique particulière, selon l'appréciation empiriste à laquelle sera enclin un esprit moderne, et qui est impliquée par le silence

---

[148] *LMY* 435; *LIS* 544. Précisions infra. Le cas n'a pas été relevé par Skehan, en sa liste de *VTS* 4 (1957) 152, n. 1.

[149] Le problème exégétique de 8, 14 (motif de la métaphore, relation contextuelle) appelle encore une élucidation, dans l'état présent de la question. Je reviendrai sur ce texte dans une autre publication.

de Kutscher sur les motifs, c'est aller contre les indices qui garantissent l'intérêt du Judaïsme postexilique pour le thème de la route. Ces indices sont les suivants.

1) Le thème de la route, inauguré par l'oracle fondamental de l'abaissement des montagnes et de l'exhaussement des vallées devant Yahvé, libérateur de son peuple exilé (40, 3-5), est repris et réadapté au cours de la haute période postexilique, dans 2 formulations qui ont été incorporées au livre d'Isaïe. La teneur de 57, 14 est la plus proche de l'oracle 40, 3-5, auquel elle se réfère clairement par le rappel du mot d'ordre פנו דרך «tracez une route!». La route *n'est plus* «la route de Yahvé» au sens de 40, 3, où la manifestation théophanique a la priorité (40, 5). Mais, en tant que «route de mon peuple», elle est encore conforme à l'imagerie lyrique de 40, 3-5, qui prépare la vision du pèlerinage de retour d'exil, sur la voie tracée pour le passage de Yahvé. En 57, 14 aussi, l'impératif «levez (tout) obstacle» reste assez proche des représentations et du vocabulaire de 40, 3-5, où les montagnes sont des obstacles à niveler, et où les vallées sont «exhaussées» (*nifal* de נשא «soulever, porter», proche du *hifil* «élever» de רום, employé en 57, 14). En 62, 10, dans la forme TM (= H, puisque Qa s'explique par un prélèvement secondaire), le glissement vers une exploitation religieuse parénétique s'accentue, par rapport à 57, 14. Il est marqué par l'ordre d'épierrer la route : סקלו מאבן «débarrassez (la chaussée; cf. contexte) des pierres»[150]. Il ne s'agit plus d'obstacles comparables aux montagnes de 40, 3-5, mais d'une pierraille qui évoque les précautions multiples requises par l'observation de la Loi. Même impératif caractéristique «levez» qu'en 57, 14 où il vise les achoppements à «enlever».

En 62, 10 ce vb est donc hérité de la terminologie associée au tracé de la route. Mais, sous l'effet de l'adaptation du texte aux devoirs du jour, qui sont ceux d'un Judaïsme en plein essor et conscient d'avoir à proclamer la vérité monothéiste et légaliste face aux nations, le terme a été l'occasion d'un retour à la vieille phraséologie du signal *levé* pour la convocation d'un rassemblement ou, lyriquement, de peuples entiers. Les nations doivent être convoquées pour faire acte d'allégeance religieuse, après avoir reconnu le caractère providentiel du salut dont Israël exilé a été l'objet.

2) On peut relever dans les versions la trace de diverses spéculations exégétiques qui attestent l'importance du thème de la route dans la tradition religieuse. Le cas le plus simple est celui de G en 62, 10. Il réduit à une seule

---

[150] Valeur propre du vb au *qal* : «lancer des pierres, lapider». Le *piël* s'oriente, par la nuance de répétition intense, vers l'idée de lancer un grand nombre de pierres, d'où «épierrer». C'est le cas en 62, 10, comme en 5, 2 relatif à l'épierrage de la vigne.

proposition l'injonction qui est exprimée dans le 2ᵉ et le 3ᵉ hémistiche de H : καὶ ὁδοποιήσατε τῷ λαῷ μου[151]. Mais dans l'hémistiche suivant, celui de la var. Qa, G ajoute la précision ἐκ τῆς ὁδοῦ. C'est un prélèvement sur 57, 14 (dans la forme H, plutôt que dans la forme G), par analogie scripturaire[152]. Là aussi il ne s'agit pas d'un détail littéraire mineur, mais d'un terme qui, tout en rendant la formulation grecque plus explicite et claire pour les usagers, rappelle l'importance de tout un thème.

L'interprétation de G en 57, 14 est plus complexe et savante. Par le sens logique il s'écarte considérablement de H = TM. On a en effet dans H : סלו סלו פנו דרך «remblayez, remblayez[153], tracez une route». G interprète : καθαρίσατε ἀπὸ προσώπου αὐτοῦ ὁδούς «purifiez devant sa face des chemins». On ne peut soupçonner sérieusement G d'avoir été embarrassé par le sens de H et d'avoir dérogé pour cette raison[154]. En réalité il a exploité le littéralisme du texte, selon la méthode des analogies verbales formelles. En premier lieu le vb hébreu סלו (rac. sll) a été considéré, pour les besoins de la cause, comme un équivalent du vb araméen צלל, paël «purifier», terme connu par le syriaque, le judéo-araméen et l'hébreu post-biblique où il a pénétré[155]. De là l'impératif grec dans la formule citée. En

---

[151] Principe de réduction de termes ou de propositions considérés comme équivalents. Nous l'avons dénommé antérieurement : principe «un pour deux».

[152] L'emprunt de G 62, 10 à 57, 14 n'est pas signalé par Ziegler, dans les *Untersuchungen*. Relevant l'addition de G 62, 10, Kutscher la marque d'une exclamation, sans l'expliquer (*LMY, LIS, loc. c. sup.*). Cette leçon de G offre l'intérêt de témoigner de la même attention au thème que dans Qa. En outre elle illustre la même méthode d'emprunt. C'est par erreur que Kutscher a attribué à Syr la même leçon que G à cet endroit.

[153] «Remblayez», traduction qui correspond à la nuance étymologique «entasser, exhausser». Cependant il est possible que le sens étymologique ait été supplanté par un emploi technique dénommé du substantif de la même rac., qui signifie «chemin» (מסלה). Le vb signifierait alors simplement «frayez». Les 2 traductions sont légitimes.

[154] G comprenait le substantif מסלה, d'après sa traduction de 40, 3. De cela résulte déjà qu'il devait identifier le vb de même rac. La simplification du type «un pour deux», en 62, 10, est un indice qui va dans le même sens, car il implique que G considérait le 3ᵉ hémistiche comme équivalent au 2ᵉ, ce qui confirme la connaissance de la rac. G Jér 18, 15 a interprété la négation de H comme préposition directionnelle (*lamed*), sans doute par aménagement littéraire. En tout cas εἰς πορείαν ne s'explique que si le sens de la même rac. hébraïque était compris. G Job 30, 12 le confirme également.

[155] Le rapprochement de la rac. en question et de G est dû à J. Fischer, *SBI* 63. Mais la justification lexicographique est équivoque sur l'hébreu, par excès de schématisme, et la référence à Sir est erronée. En réalité le vb n'est attesté en hébreu que dans la langue post-biblique (Jastrow, *DTM*, II, 1284 A), où il est vraisemblablement venu de l'araméen. En syriaque, on peut relever le *paël* «purifier», et les participes passifs *peal* et *paël* «limpide, pur» (*PSm* 3396). Pour le judéo-araméen, voir Jastrow *ibid*. B. L'arabe ṣalla, au sens «purifier» (des grains, un liquide, Lane 4, 1710 A, bas), paraît être un emprunt à l'araméen : Fraenkel *AFA* 166s. L'intérêt offert par Is 57, 14 sur ce point n'a pas non plus été défini par Fischer. Cet auteur a partout apprécié les choses en attribuant à G Is des ignorances, des confusions et des solutions empiriques. L'intérêt en question est double. D'une part, G apporte un

second lieu, G a interprété le groupe consonantique formé par le 2ᵉ et le 3ᵉ vb de H comme = מלפניו = ἀπὸ προσώπου αὐτοῦ. Le *samekh* a été lu comme un *mem*, par sollicitation délibérée de la ressemblance des 2 consonnes à basse époque, notamment dans certains types d'écriture araméenne d'Égypte (paragraphie)[156]; le *waw* final du 1ᵉʳ vb de H a été reculé et lu *yod* (métathèse et paragraphie); le tout a été groupé de manière à obtenir la locution prépositionnelle munie du suffixe. Il s'agit bien de la méthode analogique formelle. L'édification visée a encore été renforcée par le pluriel du substantif final.

L'intérêt de G pour le thème de la route est patent d'après tous ces indices. De son côté T porte en 62, 10 une leçon qui correspond à la var. Qa. Cette leçon est insérée dans une paraphrase ample et transposée par rapport à H, mais sa correspondance avec Qa n'en est que plus frappante : כאבן תקלא «comme une pierre d'achoppement». La préposition de comparaison est négligeable, comme raccord avec la paraphrase, qui interprète «pierre» métaphoriquement[157]. Kutscher a tenté de nier la relation entre la var. Qa et T, suivant sa tendance à isoler autant que possible Qa du reste du Judaïsme. Il fait valoir qu'en 8, 14 T porte pour l'expression en débat une autre traduction araméenne qu'en 62, 10. En 8, 14 אבן מחי «pierre de heurt» (traduction littérale), au lieu de «pierre d'achoppement» (araméen ci-dessus) en 62, 10. Mais le fait d'une adjonction au même endroit, dans Qa et T, avec rencontre synonymique de sens, est la donnée frappante. Elle l'emporte sur la différence des termes de T, en 62, 10 et 8, 14. Mettre en doute la rencontre, au nom du littéralisme, c'est nier l'évidence d'une relation exégétique. Kutscher passe sous silence la présence en T 8, 14 d'une simple variante nominale du mot de 62, 10, à savoir מתקל, qui figure dans l'expression symétrique de celle en débat, et voisine. En outre תקלת (état cs du terme de 62, 10) figure dans le texte analogue T 57, 14. La formulation de T en 62, 10 ne résulte pas d'un emprunt à l'expression de T 8, 14, qui correspond à l'emprunt Qa sur H. Elle représente une exégèse héritière d'une réflexion sur les textes en relation d'analogie, y compris probablement 57, 14, avec choix du terme jugé le plus approprié pour 62, 10. Le fait remarquable est justement que cette exégèse de T a abouti au même sens que la formulation de Qa, tandis que, par ailleurs, la variation des équations

---

témoignage de la connaissance du vb araméen et donc, vraisemblablement de son existence dans l'idiome araméen d'Égypte. D'autre part, l'interprétation grecque illustre la méthode des analogies formelles. L'analogie est ici liée à la parenté des 2 sifflantes des 2 vbs (paraphonie).

[156] Cf. F. Rosenthal, *AF*, Schrifttafel 3, les types EP 2.3 et sv. passim.

[157] Dans T «les justes ont rejeté la pensée du désir (mauvais) qui est comme une pierre d'achoppement».

propres à T apparaît liée à des motifs de détail et peut-être à des stratifica-
tions incontrôlables. T illustre, comme G, l'intérêt pour le thème de la route,
et prouve de plus que la formulation retenue par Qa s'était diffusée dans
le Judaïsme, à l'inverse de la conclusion de Kutscher[158].

3) On peut relever dans Qa même et dans un autre document de Qumrân,
le Rouleau de la Règle, la preuve de l'importance que la secte accordait,
comme le reste du Judaïsme, au thème de la route et à ses applications
métaphoriques. Dans TM 57, 14, l'impératif initial répété est démuni d'un
complément d'objet qui lui soit particulier; il est employé absolument (c'est
le plus probable), ou il porte sur l'objet du vb suivant[159]. Qa a donné pour
complément d'objet à cet impératif initial le substantif de même rac. (המסלה).
La leçon courte de TM est plus originale et elle est reflétée par les versions[160].
Par rapport à TM la leçon Qa s'avère secondaire. Elle s'explique par
emprunt à 62, 10, qui a la même formule explicite, avec complément[161].
Justifiée par la jonction que fournissait le vb commun סלו, la leçon Qa 57, 14
n'est pas seulement une explicitation de la forme plus concise de H = TM;
elle prouve un intérêt pour un terme qui était chargé de résonance idéologique,
à travers le thème de la route, dès le stade des rédactions de 57, 14s. et
62, 10s.

Enfin le Rouleau de la Règle cite le passage de l'oracle relatif à la route,
dans des conditions qui ont été examinées à propos des var. Qa en 30, 6[162].
La référence à Is 40, 3-5 dans la Règle (= S(Qm)) confirme éloquemment
l'importance du thème de la route au désert pour la communauté essénienne
de Qumrân. Cette route était non seulement une métaphore de l'étude de
la Loi au désert, et par là un oracle et un programme pour les adeptes de la
secte; elle avait encore une signification typologique grandiose: elle prolongeait et renouvelait dans le présent la route qu'avaient suivie les Fils
d'Israël, dans l'austérité et les dangers du «grand et effrayant désert»

---

[158] Lorsque Kutscher conclut son analyse schématique par l'affirmation que chaque témoin
(il s'agit spécialement de Qa et T, derniers nommés) est allé son propre chemin, il méconnaît de
nouveau le clair témoignage des sources et paralyse les déductions historiques qui s'imposent.

[159] *KBL* classe 57, 14 parmi les emplois du vb avec objet (659 B). Mais *GB* admet que le
vb est pris ici absolument (545 B). Cf. Ps 68, 5. La présentation massorétique suggère la même
interprétation avec le *tifḥa* disjonctif, sous le 2ᵉ impératif, et avec le *maqqef* qui relie étroitement
le substantif au 3ᵉ vb. Le problème ne se posait pas pour G, en raison de sa forte transposition
du texte, précisée plus haut. L'adjonction d'un objet dans Qa est un autre indice d'emploi
originel absolu, puisque cette leçon s'avère secondaire.

[160] G (cf. supra) et T supposent l'absence d'objet. Syr = TM.

[161] L'emprunt de Qa 57, 14 à 62, 10 n'a pas été relevé par Skehan, en sa liste de *VTS* 4
(1957) 152, n. 1. Kutscher s'est contenté de noter que Qa 57, 14 avait le substantif en surplus
par rapport à TM, et de renvoyer à 62, 10, sans autre précision sur Qa: *LMY* 434; *LIS* 543.

[162] Cf. supra, IIᵉ section, 1ʳᵉ partie, ch. 6.

(Dt 8, 15), lorsque Yahvé les avait conduits au Sinaï pour leur révéler la Loi. La méditation et l'observation de la Loi à Qumrân dans le désert de Juda apparaissaient ainsi tout à la fois comme un accomplissement de la Loi et comme l'attente d'une nouvelle révélation divine [163].

Les indices que nous venons d'examiner montrent que la var. de Qa en 62, 10 se situe dans un contexte idéologique qui a occupé une place importante dans le Judaïsme contemporain, en général, dans la communauté de Qumrân, en particulier. Qa n'a pu insérer en 62, 10 son emprunt à 8, 14 qu'en étant conscient de toucher à des formulations très vivaces dans le Judaïsme de son époque. Sa démarche le conduisait nécessairement à la découverte du contraste entre la pierre d'achoppement préexilique et celle de la restauration postexilique. Le plus probable est que Qa est parti de ce double thème, qui résumait toute l'histoire des rapports d'Israël avec son Dieu, et qui recélait le germe d'un dynamisme très propre à stimuler les convictions, au sein d'une communauté de zélateurs comme celle de Qumrân. Le terme ajouté projetait en 62, 10 le rappel du thème de 8, 14. Une insertion d'une aussi grande portée supposait une autorité capable de l'accréditer. Le recours à l'emprunt et les modalités qui le caractérisent étaient donc l'application d'une méthode reçue, et la var. de 62, 10 illustre le même phénomène d'herméneutique édifiante que les textes examinés au cours des analyses précédentes.

12) PORTÉE DES CONSTATS PRÉCÉDENTS

Les analyses qui précèdent avaient pour objet de montrer que les emprunts scripturaires déjà remarqués par Skehan, puis par Kutscher, ne sont pas, comme l'ont cru ces auteurs, des intrusions empiriques, sans autre signification historique qu'une dégradation de la tradition textuelle hébraïque, mais illustrent l'application d'une méthode qui faisait autorité. Cette méthode est celle des analogies scripturaires, dont nous avions identifié l'existence,

---

[163] Précisions à ce sujet dans l'analyse des var. de Qa en 30, 6 (cf. n. précéd.), notamment touchant la citation d'Is 40, 3-5 dans les évangiles et son application à Jean-Baptiste, annonciateur du Messie. En complément des observations faites ci-dessus, il convient encore de noter l'intérêt que présente le pluriel de «route», dans la citation de G 40, 3 chez Justin et Hilaire (cf. *SG Is*, apparat critique de 40, 3). Justin est un témoin particulièrement important pour la reconstitution de G primitif (à ce sujet : *SG Is*, Einleitung 18). Il offre ici des chances d'authenticité. Il convient de rapprocher ce pluriel du pluriel correspondant de G 57, 14 (cf. *supra*). Les «routes» ou «voies» sont les applications de la Loi, au lieu de l'itinéraire dans le désert. L'influence légaliste juive paraît manifeste. Le singulier de la citation évangélique pourrait bien être la retouche tendancieuse d'un texte G qui portait primitivement le pluriel et qui serait positivement attesté par Justin et Hilaire.

en étudiant dans la 1re partie de la Ire section les phénomènes similaires décelables dans G. Il convenait de nous en tenir, comme précédemment, à un choix de spécimens suffisamment représentatifs. Il s'agissait de mettre en évidence l'existence du phénomène dans Qa, sans procéder à une revue complète, qui aurait retenu l'attention sur des exemples moins significatifs, tout en débordant les limites de la place disponible.

Nous avons pu constater dans Qa ce qui était constatable dans G Is et dans d'autres parties de la Septante : un passage est retouché par adjonction ou substitution, à l'aide d'un emprunt à un autre texte scripturaire, tiré d'Isaïe ou d'un autre livre, qui offre une ou plusieurs analogies, dont généralement un terme commun, parfois une formule. La jonction verbale peut constituer le seul lien entre le texte d'emprunt et le texte emprunteur. L'emprunt sert un dessein de clarification littéraire ou d'édification religieuse. Dans ce dernier cas, qui est le plus révélateur, à cause des intérêts engagés, la nécessité d'une autorité du procédé devient manifeste. Cette autorité était assurée par l'élément analogique de liaison, et la jonction verbale était sa forme la plus visible et la plus courante. Ces modalités définissent une méthode, dont la légitimité remonte en dernière analyse au prestige traditionnel et religieux de l'ensemble scripturaire qui est la source de tous les emprunts.

Une fois soulignée l'identité de la méthode des analogies scripturaires dans G et Qa, il reste à indiquer en quoi le témoignage de Qa constitue un apport original, qui permet un progrès décisif, au delà de ce qu'enseigne le phénomène dans G. En tant que version, G n'est qu'un témoin textuel indirect, non une recension hébraïque. C'est, par définition, un texte d'interprétation. Certaines dérogations à la littéralité stricte, sous forme de gloses, paraphrases et adjonctions diverses, sont plus facilement concevables dans un tel texte que dans une recension hébraïque, surtout si ces retouches prennent la forme d'emprunts scripturaires couverts par une méthode faisant autorité. Les écarts par rapport à la littéralité hébraïque n'affectent pas l'hébreu lui-même, mais seulement un texte dérivé. Avec Qa la situation change. Qa est une recension hébraïque, et cette fois l'application de la méthode des emprunts par analogie scripturaire porte atteinte à la substance du texte hébreu lui-même. Il en résulte 2 conséquences importantes.

La première est que les changements textuels par analogie scripturaire effectués dans Qa supposent une plus grande autorité de la méthode que les changements similaires dans G. Les changements dans Qa montrent en effet que la méthode n'était pas réservée au domaine de l'interprétation, et que son pouvoir s'étendait au texte lui-même. De la sorte elle atteint un degré maximal et déborde le champ d'une herméneutique interprétative pour devenir *herméneutique transformante*. C'est une seconde conséquence. Elle oblige à abandonner la notion moderne d'herméneutique, et à recourir à un conceptualisme élargi, défini par les matériaux du passé, sans égard pour les incompatibilités notionnelles qui en résultent, du point de vue d'une rationalité théorique. Comment l'interprétation peut-elle envahir la source qu'elle prétend interpréter, sans se renier elle-même? C'est pourtant ce paradoxe qu'illustre à présent Qa. Nous avions vu que les emprunts scripturaires dans G laissaient parfois soupçonner des modifications déjà opérées dans H(G), et que Ziegler avait tenté de préciser une telle éventualité, en supposant des gloses marginales qui auraient été incorporées par erreur ou scrupule, lors d'une nouvelle recension (Ire section, Ire partie, ch. I, D). L'hypothèse était légitime, nécessaire même, et utile au progrès de la réflexion historique, avant la découverte de Qumrân. Mais hypothèse qui s'avère à présent encore trop rationalisante. Elle s'ingéniait à maintenir hors de l'herméneutique, par le moyen de ces gloses marginales, un phénomène qui affectait le texte hébreu. Des tranformations textuelles paraissaient incompatibles avec des interprétations du texte. Qa dément cette reconstitution en nous mettant en présence de modifications de l'hébreu, identiques à celles observables dans les interprétations de G. Il faut conclure à une herméneutique transformante.

La méthode des analogies scripturaires ne concerne donc pas seulement l'interprétation antique de la littérature biblique, elle intéresse aussi la tradition textuelle elle-même, voilà ce qu'enseigne le phénomène des analogies scripturaires dans Qa. L'existence d'une herméneutique transformante et son influence sur la tradition textuelle nous acheminent vers les problèmes fondamentaux de la critique biblique textuelle, ceux de l'altération et de la préservation du texte, ceux des conditions de sa transmission et ceux de l'origine des méthodes qui lui ont été appliquées. Mais avant de pouvoir les considérer, il convient d'étudier encore des spécimens de la seconde catégorie de changements méthodiques décelables dans Qa, celle des changements par analogie verbale formelle. Ces var. vont compléter et renforcer le constat relatif à l'effet textuel transformant de l'herméneutique analogique de l'ancien Judaïsme.

LES VARIANTES DE Qa PAR ANALOGIES VERBALES FORMELLES

1) La variante Qa 1, 8, une réflexion sur la gravité du jugement divin

La var. ונתרת pour TM ונותרה, en 1, 8, est soupçonnable d'être une retouche par petite mutation orthographique : suppression de *waw*, puis *taw* final aramaïsant, au lieu du *hé* de la désinence de la 3ᵉ pers. f. sg du vb hébreu de TM. Kutscher a classé le vb comme forme à orthographe défective et à désinence araméenne, correspondant au vb de TM[1]. Il reconnaît cependant qu'un doute subsiste sur l'identité, et renvoie à l'alternative préconisée par P. Wernberg-Møller, sans la discuter, alors qu'un contrôle s'imposait. Wernberg-Møller a cru pouvoir postuler dans Qa une rac. נתר, de même sens que le *nifal* de la rac. יתר, qui figure dans TM «être laissé en reste, rester»[2]. Mais, d'une part, ce postulat n'est pas justifié par une preuve touchant l'existence d'une telle rac. possédant ce sens[3] ; d'autre part, cet auteur a négligé de comparer les autres attestations de la rac. יתר dans Qa, tâche qui conditionne l'appréciation de la var. de 1, 8. Kutscher n'a pas aperçu la faute et, à son tour, il a négligé la vérification. L'examen des attestations de יתר dans Qa est instructif et lève le doute sur la question. Dans Qa 4, 3; 7, 22; 30, 17, le participe *nifal* de ce vb est chaque fois muni de *waw*. L'impft *nifal* de 39, 6 est à exclure, puisque le *waw* est consonantique dans ce cas. Orthographe avec *waw* pour le *hifil* du même vb, en Qa 1, 9. Ces attestations, qui épuisent les emplois du vb יתר dans Is, montrent que Qa a écrit *waw*, conformément à l'usage suivi dans TM, dans l'AT en général — à quelques exceptions près — et conformément à la tendance aux orthographes pleines, caractéristique du rouleau[4].

---

[1] *LMY* 143; *LIS* 191. D'après l'index de *LMY* (manque dans *LIS*), l'auteur n'est revenu nulle part ailleurs sur le problème.

[2] *JSS* 3 (1958) 250.

[3] La référence de l'auteur à Ps 79, 11 et à Ps 146, 7 ne livre nullement la preuve qui serait requise pour soutenir son point de vue touchant l'existence d'un vb à 1ʳᵉ *nun* de même sens que le *nifal* du vb à 1ʳᵉ *yod*. C'est bien un vb à 1ʳᵉ *nun* que l'on a dans Ps 146, mais avec un sens différent, propre à cette rac. qui n'est pas apparentée à celle à 1ʳᵉ *yod*, comme le voudrait l'auteur. Ps 79, 11, où l'on a la rac. à 1ʳᵉ *yod* au *hifil*, ne contribue pas dans le sens préconisé par Wernberg-Møller. La désinence verbale araméenne dont W.M. a négligé de tirer la conséquence, suffit à indiquer qu'il s'agit de la rac. araméenne en *nun*, dont il fallait confronter le sémantisme avec le texte.

[4] Rappelons qu'il n'en a pas toujours été ainsi, contrairement à ce que suggère la grammaire classique. Le *waw* des vbs à 1ʳᵉ *yod* ou *waw* ne figurait pas à plus haute époque dans l'orthographe des formes qui l'exigent, du point de vue grammatical, en écriture pleine. À la lg 4 de l'inscription de Meša, par exemple, on a *hš'ny* «il m'a sauvé», au lieu de l'orthographe à la fois radicale et massorétique *hwš'ny*. De même, lg 13 *w'šb* «j'ai fait résider», pour *w'wšb*.

Il est donc clair que l'orthographe de Qa vise un autre vb que יתר. Il
s'agit alors nécessairement de la rac. נתר. Le vb hébreu de cette forme est
exclu par l'incompatibilité de son sens [5]. Par contre le vb araméen homonyme
«s'affaisser, tomber» est adaptable au texte. En judéo-araméen le sens
mentionné s'applique aux feuilles, tiges, fruits, au propre et métaphoriquement, dans des comparaisons appliquées aux humains [6]. D'où «défaillir» de
faiblesse ou «tomber», comme tombent les feuilles, en parlant des larmes
et d'objets divers [7]. En syriaque la valeur générale «tomber» s'applique
aux végétaux ou exprime un affaiblissement ou la perte d'un état [8]. La
nuance «tomber par faiblesse ou dépérissement, s'affaisser» convient à «la
fille de Sion», comparée par 1, 7 à «une cabane dans une vigne» et à «un
abri nocturne dans un champ de concombres» [9]. Les images de fragilité
associées à un cadre végétal étaient des éléments favorables au sens inauguré
par la retouche. Les conditions contextuelles renforcent la convenance du
vb de la var. par rapport à son sujet [10]. Le sens visé par la retouche était donc :
«la fille de Sion s'est affaissée comme une cabane, etc.». C'est une aggravation
de sens par rapport à la leçon primitive, certainement préservée par TM,
comme le garantit la cohérence interne, à quoi s'ajoutent le style d'Is
(référence fréquente à l'idée de «reste») et les témoignages des versions. Qa
ne peut être suspecté d'incompréhension à l'égard d'un vb courant, qu'il
atteste ailleurs, comme noté plus haut. Il l'a donc retouché en pleine
connaissance de cause, dans le sens d'une *lectio difficilior*, et d'une leçon
qui assombrissait la peinture du destin de «la fille de Sion». La modification
ne laissait pas d'échappatoire : la fille de Sion s'était réellement affaissée
sous le coup d'événements qui avaient résulté de ses fautes. La retouche
interdisait d'interpréter le vb «rester» comme une preuve de «salut malgré

---

[5] En hébreu ce vb signifie au *qal* «sauter, détaler» (Lév 11, 21), d'où au *hifil* «laisser
détaler, laisser libre» (Ps 105, 20).

[6] Les matériaux utiles sont groupés par Levy, *Wb Tg*, II, 133 s. T Is porte ce vb en 40, 7 :
נתר נציה «sa fleur s'est affaissée» (H נבל «s'est flétrie»). De même en 33, 9, en parlant du
Liban, c'est-à-dire de sa végétation (H קמל «noircir», en parlant de la végétation qui dépérit
ou se couvre d'insectes parasites). L'emploi métaphorique est illustré notamment par T Is 64, 5
נתרנא כמיתר טרף «nous nous sommes affaissés comme tombe une feuille».

[7] Texte probant pour l'idée de «tomber par faiblesse, défaillir» : T Ps J Ex 18, 18, en
parlant de l'épuisement qui menace Moïse, selon l'avertissement de Jéthro (éd. Ginsburger).

[8] *PSm* 2485. La perte d'un état est illustrée par Syr Is 7, 8 où l'on a ce vb + מן עמא, pour
dire «cesser d'être un peuple» (déchoir de cet état). Interprétation probablement correcte
de H où le vb יחת vient de la rac. à 1ʳᵉ *nun* (descendre, décliner), non de la rac. à 1ʳᵉ *ḥeth*.

[9] מקשה pourrait aussi désigner une melonnière. Le rapport avec les concombres est admis
par les dictionnaires, d'après le sens prédominant du terme arabe correspondant. Ainsi
R. Blachère pour Cor 2, 58.

[10] Si l'on considère le vb et son sujet indépendamment des éléments contextuels, l'emploi
correspond exactement à T Ps J Ex 18, 18, texte déjà mentionné supra.

tout»[11]. Il y a des chances pour qu'une exégèse contemporaine orientée dans ce sens ait été visée. Qu'il y ait eu, de la sorte, controverse ou simplement édification, la modification n'est concevable que si sa modalité était légitimée par une méthode établie. Dès lors la modalité définit la méthode. La variation orthographique théoriquement possible, entre l'orthographe pleine avec *waw* et l'orthographe défective sans *waw* pour la leçon TM = H, apparente la retouche à une homographie. C'est, à l'intérieur du principe homographique, l'exploitation du flottement entre orthographe pleine et orthographe défective. Le *taw* final aramaïsant, solidaire du vb araméen, n'était qu'une désinence, donc un élément adventice «léger», du point de vue de la spéculation formelle des anciens, bien que ce soit en réalité l'indice du passage à un vb araméen et à un sens nouveau par rapport à H[12]. On peut dire que la retouche a consisté fondamentalement en une petite mutation justifiée analogiquement par une possibilité orthographique qui permettait de la réduire à une homographie. Le procédé relève des analogies verbales formelles, dont nous avons rencontré des exemples dans G, et, à propos d'analogies scripturaires, aussi déjà dans Qa. La nécessité d'une autorité inhérente à la méthode est diversement perceptible selon les spécimens textuels. Dans le cas de Qa 1, 8 elle paraît assez nette, en raison de l'aggravation qui a été définie plus haut.

2) LA VARIANTE Qa 5, 11, AVERTISSEMENT CONTRE UN POUVOIR DÉMONIAQUE

En 5, 11 Qa lit מאחזי, au lieu de מאחרי dans TM, devant בנשף. La lecture est pleinement assurée[13]. D'un autre côté, la leçon TM est manifestement

---

[11] On comprendrait qu'à partir des luttes maccabéennes le vb de H ait pu donner lieu à une interprétation nationaliste, qui en pressait le sens au delà de la valeur originelle purement descriptive. On a pu obtenir ainsi l'idée que, malgré les épreuves infligées par des ennemis, la fille de Sion, personnification de tout Israël à basse époque, «resterait», c'est-à-dire serait sauvée et survivrait. Par rapport à une telle interprétation du passage, la retouche de Qa se présenterait comme une rectification religieuse : non! à cause de ses péchés la fille de Sion s'était réellement affaissée ; elle était tombée pour de bon, et pouvait donc tomber à nouveau définitivement. Une telle contre-exégèse, de la part de Qa, conviendrait aux conditions de basse époque. L'hypothèse montre qu'un détail comme le vb de la var. est susceptible de cacher des arrière-plans qui offrent de l'intérêt pour les reconstitutions de milieu et d'époque.

[12] On peut définir comme éléments adventices ou «légers» les éléments qui n'affectent pas la substance des mots. Ainsi les pers., nombres et genres grammaticaux, les suffixes, les prépositions, et en général les éléments qui pouvaient passer, du point de vue *formel* des anciens, comme sans importance (à l'encontre de leur rôle syntaxique essentiel dans la phrase, en fait).

[13] L'identité de *zaïn* (correctement transcrit par Burrows), qui est l'élément constitutif de la var. ne laisse aucune place au doute. Le tracé a les caractéristiques de cette lettre dans la graphie de Qa : tracé appuyé en haut, mais sans le crochet ou l'incurvation nette qui

primitive, d'après son excellente convenance contextuelle et sa valeur antithétique par rapport à l'expression initiale de 11[14]. Le vb de TM appartient,
de par son sens et d'après la phraséologie de 5, 11, au répertoire des vocables
courants. Son usage est attesté à basse époque, en hébreu (Mishna) et en
araméen[15]. Le mouvement de la phrase, en 5, 11, facilite encore l'intellection
et l'on ne peut soupçonner Qa de ne pas avoir été capable de saisir le sens. La
seule difficulté offerte par le passage, l'emploi de l'état cs devant une préposition, a été préservée lors de la retouche effectuée par Qa[16]. Enfin en 46, 13,
où figure le même vb que dans TM 5, 11, encore au *piël* de valeur intransitive,
Qa s'accorde avec TM, ce qui est une garantie complémentaire de l'aptitude
à l'intellection normale.

Une mauvaise compréhension de la langue apparaît donc d'emblée exclue,
de la part de Qa. Il ne reste que l'éventualité d'un accident, ou celle d'un
changement concerté. La décision dépend de la possibilité d'assigner à la
var. un sens intelligible. Si elle en a un, il s'agit nécessairement d'un participe
actif (*piël*) ou passif (*pual*) du vb אחז «saisir», susceptible de multiples
acceptions. Kutscher a estimé que ce vb ne peut se justifier en pareil contexte,
et il a fait valoir à ce propos la correspondance requise avec le 1er vb de 11

---

caractérisent *waw*; tendance à une discrète convexité vers la gauche. Comparer sur la même
colonne la même lettre en 4, 1, 1er mot = IV, lg 4; 4, 6, 1er mot = IV, lg 11; 5, 2, 1er mot = IV,
lg 13; 5, 6, 4e mot = IV, 18 (avec, dans ce cas, sous l'effet du mouvement de l'écriture vers
la gauche, une légère incurvation, mais en bas, non en haut comme pour *waw*).

[14] «Qui s'attardent le soir». État cs devant préposition : *GKC* § 130 d, 155 h. Participe
piël en hébreu, avec valeur pratiquement réfléchie, par ellipse d'un terme représentant le sujet
(leur personne, eux-mêmes), comme il arrive parfois dans l'emploi de la 2e forme en sémitique.
L'utilité de ce vb pour l'usage courant et sa combinaison ici avec le vb antithétique השכים
«se lever tôt» ne laissent aucun doute sur la nature de la phraséologie, qui appartient au style
de la vie courante. Il serait invraisemblable de supposer que Qa ne comprenait plus cette
phraséologie courante. Précisions infra.

[15] La Mishna atteste clairement la valeur intransitive «tarder, être en retard» ou «être
après un autre ou après le temps fixé». Cf. Pes 9, 9 אם אחרתי צאו «si je suis en retard, allez»
(éd. Albeck, Sed.M. 175, lg 2). Meg 3, 3 atteste 3 fois l'emploi intransitif, en opposition à
הקדים, *hifil* qui a aussi pris secondairement une valeur intransitive «être ou agir en avance»
(ibid. 356, lg 2 s. du § 3). En judéo-araméen, T Ok emploie le *paël* au sens «tarder» : T Dt 23, 22
«tu ne tarderas pas (לא תאחר) = la forme H) à l'acquitter». Semblablement T Is 5, 11 emploie
le participe *paël* de la même rac. que H, dans sa paraphrase sur laquelle nous revenons plus
loin : מאחרין למפטר «ils tardent à prendre congé». Le syriaque ne recourt pas au *paël*, mais
à l'*afel* (אוחר). Le passage à un sens intransitif correspond au phénomène présenté par le
piël hébreu et le *paël* araméen. Ainsi Syr Jug 5, 28 (relevé dans *PSm* 125) traduit par l'*afel*
le *piël* hébreu de la même rac. L'arabe connaît aussi un emploi intransitif de la 2e forme
'aḫḫara, alors équivalente à la 5e.

[16] Justification grammaticale dans une note précédente. Le fait que Qa ait préservé ce tour
ancien et peu fréquent illustre le niveau élevé de connaissance de l'hébreu ancien jugé
compatible avec la vulgarisation du texte, dans le milieu Qa. Kutscher passe sous silence les
faits de ce genre qui tendent à démentir sa conception de Qa.

(«qui se lèvent tôt»)[17]. En fait, la correspondance existe dans TM sous la forme antithétique, et elle contribue à garantir la priorité de ce texte, mais sa disparition dans Qa ne prouve nullement que la var. soit inadaptable au contexte. L'argument ne vaut pas et résulte d'une confusion entre la question de la priorité et celle du sens. Kutscher a cru pouvoir étayer encore sur une autre considération son appréciation péjorative de la var. : elle lui paraît être «une erreur mécanique» déterminée par le vb suivant ידליקם «les embrase». Ce vb dépeint, au propre, l'effet du feu, et il est appliqué ici métaphoriquement au vin qui échauffe à l'excès les buveurs. Par association, le copiste aurait pensé à l'une des acceptions possibles de אחז, au *piël* selon Kutscher, à savoir «faire prendre une flamme, l'allumer». La var. serait donc un participe *piël*, sans signification assignable dans ce contexte, tout en offrant l'intérêt d'illustrer la valeur que Kutscher attribue au *piël*. Mais la considération s'avère illusoire. En premier lieu, l'attribution du sens «allumer» au *piël* repose sur une var. du Talmud de Jérusalem, qui constitue une attestation isolée. Kutscher a négligé de préciser les choses. Cette donnée isolée, tirée d'une compilation particulièrement obscure, et incertaine quant à l'orthographe, ne saurait prévaloir contre la forme requise normalement par le sémantisme, à savoir le factitif (*hifil*), forme qui est confirmée par l'usage syriaque de l'*afel* (et non du *paël*!), et qui figure dans la Mishna, en l'état où ce texte a été préservé[18].

---

[17] *LMY* 165; *LIS* 217.

[18] Kutscher n'a précisé ni la source de l'attestation du *piël*, ni le fait qu'elle est isolée et en outre liée à une variation orthographique qui, s'ajoutant à son isolement, la rend particulièrement suspecte. Kutscher semble s'être contenté de l'indication fournie par le dictionnaire de Jastrow (*DTM*, I, 39 B). De la présentation de Jastrow résulte qu'il s'agit d'une var. de Td Y Šab, I, 19, var. donnée par le dictionnaire talmudique médiéval *Aruch*, d'après l'éd. Kohut. Voir là I, 56 et IV, 355 (sous זח, début). La variation orthographique en question consiste dans l'absence d'*alef*. On a également l'absence d'*alef* dans l'éd. de Venise, d'après la citation qu'en fait Jastrow. Mais dans ce cas figure le *yod* indicateur du *hifil*, et il ne s'agit justement pas du *piël*, que Kutscher prétend d'usage rabbinique, en ce sens, à l'encontre du *hifil*. L'éd. de Krotochine de Td Y, qui dérive de celle de Venise, mais à travers celle de Cracovie (de 1609; cf. Strack, Einleitung 85), ne cite pas la Mishna jusqu'au mot qui nous occupe, mais seulement sous forme abrégée; cf. 4 a. L'éd. de Pétrokov de Td Y porte l'orthographe avec *alef* et *yod* du *hifil* מאחיזין (13 b, en bas). C'est aussi cette orthographe qu'on trouve dans la citation de la Mishna que fait Td B Šab 19b (dernière lg, éd. Pardes, Jérusalem), et dans l'éd. Albeck de la Mishna. Toutefois l'éd. Goldschmid du Td B indique la var. ומחזין, sans *alef*, et sans *yod* du *hifil*. Kutscher s'est intéressé à la leçon du *piël* (c'est-à-dire la donnée de l'*Aruch*, supposée rattachée à la rac. אחז, et non à חזה, malgré l'absence d'*alef*). C'est parce qu'il a cru y trouver une légitimation de son hypothèse relative à une contamination venue du vb suivant, et qui aurait produit le participe *piël*, au sens postulé («allumer»), dans Qa. Une telle hypothèse n'aurait pu être avancée qu'à la condition d'indiquer la source de la var. (*Aruch*) et de la confronter avec les éd. qui sont en désaccord. Cette confrontation montre à quel point l'hypothèse est fragile et combien les données sont

En second lieu, même si l'on met les choses au mieux pour l'hypothèse, et que l'on admet la possibilité du sens en question au *piël*, par une extension venue du *hifil*, l'explication de Kutscher se heurte à une autre invraisemblance. Il y a une incompatibilité entre la lourdeur de l'erreur supposée, touchant la leçon originelle (qui est amenée naturellement par le mouvement de la phrase) et la spécialisation sinon la subtilité du sens que Kutscher postule pour le *piël* de אחז, finalement sans appui réel. Il n'est pas naturel qu'un copiste, qui se serait trompé sur la leçon originelle, ait adopté spontanément une leçon aussi particulière, que rien ne préparait directement dans le contexte précédent, que le mot suivant, solidaire, n'encourage pas non plus, et dont l'occasion supposée par Kutscher ne se localise qu'au 3ᵉ mot suivant. C'est une nouvelle difficulté.

Mais ce qui est décisif c'est, en troisième lieu, une possibilité d'expliquer la var., que Kutscher n'a pas aperçue. Elle permet d'y découvrir une intention édifiante qui plaide pour elle. Au lieu de songer exclusivement au *piël*, il faut peser la possibilité du participe *pual*, ou d'un participe passif équivalent, de type araméen, c'est-à-dire *paël* passif. Les 2 éventualités sont conformes aux possibilités qu'ouvrent et même qu'imposent certaines graphies défectives de Qa (sans *waw* vocalique), dans des cas où le contexte requiert une valeur passive [19]. D'un autre côté, au lieu de chercher dans la suite du texte

---

éloignées de prouver un usage rabbinique établi, tel que le postule Kutscher pour le *piël*, dans cette acception. La formulation de Kutscher trahit d'ailleurs une insuffisance de contrôle : «la conjugaison est semble-t-il (כנראה) le *piël* (*LMY*, ibid.); de même «apparently» dans *LIS*. Kutscher allègue encore la valeur de la rac. en syriaque, mais le syriaque n'atteste justement pas le *paël* qui correspondrait au *piël* supposé pour l'hébreu. Le syriaque utilise l'*afel*, ce qui est plutôt en faveur du *hifil* hébreu. Voir par exemple, parmi les références données par PSm 120, Syr Jug 15, 5, par rapport à H correspondant. Au *peal* le vb peut dépeindre le feu qui «prend» (Syr Is 5, 24). Une extension de l'emploi au *paël* et au *piël* n'est pas exclue, mais elle n'est pas attestée, et c'est ce point qui est en cause.

[19] La tendance à attribuer à Qa une perte de l'usage du passif, dans une majorité de cas, tendance qui s'était manifestée au début des dépouillements, a certainement été excessive et elle a détourné l'attention de possibilités qui n'ont été entrevues que plus tard. Il faut compter, en premier lieu, avec l'éventualité de vbs au *pual*, écrits défectivement pour des raisons qui peuvent avoir varié (reproduction de l'orthographe défective de la source; tradition de lecture bien établie; dépendance d'une orthographe pleine précédente, considérée comme indicative : cela pourrait être le cas de רככה en 1, 6, après l'orthographe pleine de חובשה). En second lieu intervient la possibilité de prononciations susceptibles, à basse époque, d'avoir été influencées par l'araméen ou le samaritain, ou les deux, au détriment des sons «u» et «o» brefs. Les participes pourraient notamment avoir subi des transformations vocaliques de ce genre. Kutscher a rassemblé des matériaux suivant une méthode de classement déjà contestable; 5, 11 aurait dû y figurer à titre de possibilité théorique, même si l'auteur optait hypothétiquement, et nous l'avons vu illusoirement, pour le *piël*. Il a également discuté, en commentaire, les importantes contributions de H. Yalon et P. Wernberg-Møller sur le sujet. Mais il n'a abouti finalement à aucune synthèse conclusive (*LMY* 106s. et les compléments, en fin de volume, 466s.; *LIS* 139s.). Dans le cas de la var. de 5, 11, en plus des critères qui viennent

un élément d'appui pour la var., ce qui est la démarche la moins naturelle, il faut commencer par compter avec le contexte précédent. Si la var. est un participe *pual* ou du type *paël* passif, le sens devient, avec le mot suivant : «ceux qui sont saisis le soir». On comprend aisément qu'il s'agit d'être «saisi» par l'effet de «la boisson fermentée», qui est mentionnée dans le contexte précédent. L'emploi du participe est conforme à l'usage biblique, où ce vb est fréquemment employé pour dépeindre un état psychologique qui envahit le sujet, qui le «saisit» et en prend possession. Ainsi, en parlant de la peine, de la douleur, de la crainte[20]. L'emploi convient a fortiori pour des boissons fermentées, qui agissent comme une force externe, et non plus seulement comme un facteur subjectif. Par ailleurs, divers textes bibliques relèvent les effets irrésistibles et perturbants du vin[21]. La vraisemblance de cette interprétation résulte encore du contraste éloquent instauré avec le vb du même contexte ירדפו, littéralement «ils poursuivent». On a en effet dans Qa, d'une part, «ceux qui se lèvent tôt le matin» (vieille expression d'origine nomade, qui indique ici l'ardeur) «poursuivent» (sens littéral = sont en quête d') «une boisson forte»; d'autre part, «ceux qui *sont saisis* (sous-entendu : par l'ébriété) le soir ...»[22]. Si l'on tient compte de la fonction stylistique dévolue aux 2 participes — après la particule d'imprécation initiale הוי «malheur à!» — la phrase devient : «Malheur à ceux qui se lèvent tôt le matin, en quête d'une boisson forte! (Malheur) à ceux qui sont saisis le soir, en sorte que le vin les embrase!»[23]. A la belle ardeur matinale succède, le soir, une possession quasiment démoniaque. Par un retournement de situation, ceux qui «poursuivaient» la boisson forte sont eux-mêmes

---

d'être mentionnés, interviennent avec force la logique interne et la convenance historique, c'est-à-dire l'adaptation de la leçon passive à la fonction édifiante du texte, dans la communauté d'utilisation, comme précisé infra. En outre il faut tenir compte de l'influence possible du participe *paël* passif araméen, qui a servi d'intermédiaire entre la leçon originelle H = TM et la leçon Qa, comme précisé infra. Dans cette éventualité le problème de variation orthographique est modifié par la contamination du son «a» de l'araméen. Il convient sans doute de compter en général, dans Qa, avec la probabilité de participes passifs en «a», par aramaïsme. Dans le cas de 5, 11 c'est la 2e possibilité, à côté de celle de l'orthographe simplement défective.

[20] Textes d'illustration dans *BDB* 28 A, bas; Ex 15, 14. 15 et les sv.

[21] Prov 20, 1; 23, 20-21; 23, 30-36; Is 19, 14; 28, 7; Ps 60, 5; 75, 9.

[22] Il est impossible de savoir si l'usage de basse époque comportait un emploi absolu, dans lequel le vb passif «être saisi» était couramment intelligible, au sens de l'expression explicite «être saisi par l'ébriété». Il y a une certaine probabilité en faveur d'une telle intellection, dans des contextes ou des situations qui s'y prêtaient. Mais le point n'est pas essentiel pour la var. de Qa 5, 11, étant donné qu'elle est un produit spéculatif et fait appel à une attention spéculative de la part des utilisateurs. Il suffit qu'elle ait constitué une indication en faveur de ce sens.

[23] ... en quête ... en sorte que ...». Les impfts prennent ici, après les participes, une valeur finale qui peut se rendre, dans le 2e cas, par la conséquence, selon l'hébraïsme connu.

«saisis» et tombent en son redoutable pouvoir! Le sens obtenu rejoint l'enseignement de certains textes sapientiaux (cf. ci-dessus, note 21), et il convient à l'œuvre de vulgarisation éducative visée par les responsables des retouches de Qa. En outre la var. Qa introduit l'idée, chère aux écrits bibliques, d'un rapport organique entre le mode de la punition et le type de la faute. Elle constitue ainsi, comme la var. Qa 1, 8 étudiée précédemment, une aggravation par rapport à la leçon originelle conservée par TM. Cette dernière n'était qu'une indication temporelle qui marquait le caractère passionnel du vice en question. La var. Qa en dénonce explicitement la conséquence, avec un effet rhétorique qui renforce la vertu parénétique de la recension Qa du passage.

La valeur littéraire et édifiante de la var. Qa une fois reconnue, à l'encontre de l'opinion dépréciative de Kutscher, faut-il y voir un changement introduit au gré de l'imagination d'un scribe, c'est-à-dire librement? Il semble à première vue que ce soit le cas. Mais, si l'on passe en revue toutes les possibilités déductives et formelles discernables, il faut apprécier les choses autrement. Une relation littérale apparaît entre la leçon originelle et celle de Qa. Le *resh* de la leçon H offrant, dans les écritures de basse époque, une grande ressemblance avec *daleth*, il devenait possible, dans une exploitation textuelle attentive aux ressemblances formelles, de lire cette dernière consonne, au prix d'une mutation à peine perceptible, à condition que la nouvelle lecture livrât un sens édifiant. C'était le cas, en passant par un intermédiaire araméen. La lecture מאחדי fournissait un participe *paël* actif ou passif du vb araméen אחד «saisir». La reconversion de cette forme araméenne en son équivalent hébreu conduit à la leçon Qa מאחזי. Nous avons vu plus haut, d'après la vraisemblance de l'idée exprimée, qu'il convenait d'y reconnaître un passif.

L'enchaînement ainsi restitué est à la fois rigoureux et simple. Il rend compte de la singularité de la leçon Qa. Un recenseur procédant librement ne se serait pas astreint à suivre ce cheminement littéral. Voulant s'écarter de H en cet endroit, il aurait purement et simplement introduit une leçon de son cru, sans s'embarrasser de sauvegarder une relation littérale avec la leçon de base. La préservation d'une telle relation littérale est donc significative : elle devait avoir, aux yeux des responsables, une valeur positive. Le cheminement suivi correspondait alors à une méthode propre à accréditer la nouvelle leçon et à garantir son ambition édifiante. Cette méthode a consisté en une paragraphie et une reconversion hébraïque d'un aramaïsme : la proximité graphique de *resh* et *daleth* a autorisé une mutation minime : lecture de *resh* comme si c'était *daleth*, par sollicitation, pour les besoins de la cause; le terme araméen obtenu a été retraduit en hébreu.

Cette seconde phase de l'opération repose sur le principe des équivalences et déductions logiques, et, à ce titre, n'appartient pas à l'herméneutique analogique que nous étudions, parce que c'est elle seule qui est problématique pour la critique moderne. La phase déductive logique doit seulement être signalée ici, comme complémentaire de l'autre. La paragraphie de la première phase du changement textuel procède de la même inspiration que les autres analogies verbales formelles exploitées par l'herméneutique ancienne du Judaïsme. Il s'agit toujours d'une attention donnée à une ressemblance de forme, qui était sentie comme une participation réelle et qui permettait ainsi de passer légitimement et avec autorité à un autre sens jugé édifiant.

Les responsables de la var. ont dû avoir l'impression de faire une découverte dans le texte prophétique, découverte sapientiale relative à la conduite de la vie quotidienne, comme en d'autres cas ils ont fait des découvertes oraculaires propres à éclairer leur présent et leur avenir. Cette situation exclut une libre manipulation du texte. Elle implique la conscience d'avoir procédé selon une méthode légitime et réellement adaptée aux écrits. Tout comme les divergences de G d'origine analogique, la var. de Qa n'avait pas pour objet d'évincer la leçon originelle, mais de l'exploiter, conformément à ce qui sera précisé dans la conclusion générale (section II, IIIe partie, ch. II).

L'interprétation du targum (T) comporte, en cet endroit, un indice qui, sans correspondre directement à la leçon de Qa, implique cependant la possibilité d'une utilisation exégétique de cette leçon, sous sa forme consonantique et avec un vocalisme passif, comme celui supposé par Qa. Bien qu'il ne s'agisse que d'une hypothèse, elle mérite d'être signalée, car elle oblige à compter avec l'éventualité d'une tradition exégétique venue de la leçon Qa jusqu'à T. Les rapports entre Qa et T sont par ailleurs assez nombreux pour rendre légitime le soupçon d'influence. T paraphrase l'expression de H (le participe + le substantif), et les 2 premiers termes de cette paraphrase pourraient être une double interprétation du participe sur lequel Qa varie. On a dans T למפטר מאחרין «(qui) tardent à prendre congé»[24].

---

[24] «Prendre congé», ici, plutôt que le sens général «partir», en notant que le sémantisme implique une idée de séparation ou de libération des liens. La valeur intransitive a été admise avec raison par Stenning. Elle paraît être rarement attestée en judéo-araméen où l'on trouve d'ordinaire la valeur transitive «libérer, renvoyer». Levy ne mentionne dans la langue des targumîm qu'un seul exemple intransitif isolé : T Cnt 1, 7 (Wb Tg, II, 260). On peut ajouter le cas de T Is 5, 11. À l'appui de la valeur intransitive on doit alléguer encore, d'une part, le syriaque, dont le peal, d'usage courant, est toujours intransitif, d'autre part, la valeur du vb hébreu correspondant, en I Sam 19, 10, qu'il ne faut pas corriger, comme cela a été le cas en critique. La justification de la coexistence des 2 valeurs, transitive et intransitive, est à chercher dans l'influence des conditions de vie nomade, qui ont marqué l'araméen, comme elles ont laissé des traces dans d'autres langues sémitiques. «Partir» (la valeur intransitive) c'était «libérer» les bêtes de leurs entraves (valeur transitive). L'usage des entraves étant,

Le 1ᵉʳ terme de T rend littéralement H, ce qui prouve que T connaissait la leçon TM. Mais il a pu connaître aussi la leçon variante de Qa, car son 2ᵉ terme est soupçonnable d'avoir été dérivé de là, à travers une 1ʳᵉ étape littérale suivie d'une adaptation littéraire (par déduction logique). La leçon de Qa ou, ce qui revient au même, l'intermédiaire araméen מאחדי était en effet interprétable à partir de la valeur «enclore, enfermer», que possède encore le vb araméen אחד [25]. D'où, comme 2ᵉ interprétation du texte hébreu, «ceux qui sont enfermés». Il s'agit alors évidemment de ceux qui restent enfermés «le soir» pour s'adonner à la boisson. Pour la clarté littéraire, T aurait ensuite déduit son infinitif. La juxtaposition «ceux qui tardent, ceux qui sont enfermés» a alors été clarifiée en : «ceux qui tardent à prendre congé». Une interprétation de la donnée de base (supposée) = Qa par l'actif, quoique concevable («ceux qui tiennent fermée», sous-entendu : la porte) paraît moins vraisemblable. Cependant dans ce cas il y aurait encore influence de la leçon Qa sur T. Si l'on admet pour T la 1ʳᵉ interprétation mentionnée, elle constitue un élément de confirmation de la valeur passive assignable à la leçon Qa.

Kutscher a allégué T comme témoin à l'appui de TM, contre la leçon Qa [26]. En réalité, s'il est vrai que T s'accorde avec TM par son 1ᵉʳ terme, le second prête à l'hypothèse d'une influence de la leçon Qa. Il attesterait alors la diffusion d'une herméneutique qu'on aurait pu croire particulière à Qa, en ce passage [27].

---

semble-t-il, surtout caractéristique pour les chameaux, il pourrait s'agir d'une association de sens venue de la langue des caravaniers, plutôt que des éleveurs semi-nomades et nomades. Les vestiges types sont bien connus : hébreu נסע «arracher» (les piquets de la tente), d'où «partir, se déplacer»; syriaque שרא «délier» (peal, paël), d'où «commencer» (le trajet, puis toute autre action), au paël.

[25] En fait le sens «enfermer» n'est attesté qu'au peal, en judéo-araméen. Mais la valeur est transférable sans difficulté au paël, dès lors qu'intervient une idée d'intensité, de durée ou, comme cela pourrait être le cas ici, de dualité. Il s'agit en effet, dans la logique intermédiaire entre la source et la leçon T actuelle, d'un lieu dont la porte est tenue fermée. Le paël en discussion a pu se comprendre des 2 battants. La 2ᵉ forme sémitique, avec un objet désignant une paire, est conforme au principe de la répétition de l'action, inhérent à certains emplois de cette conjugaison. G. R. Driver a attiré l'attention sur le phénomène, en son commentaire des Lois assyriennes, sous I, 65, où il est question du châtiment d'ablation des 2 oreilles, à la 2ᵉ forme, par opposition à l'ablation du nez, exprimée par la conjugaison simple (Cf. Driver-Miles, Assyrian Laws, 382 et 459).

[26] Loc. c. sup.

[27] La suite de la paraphrase de T s'explique par l'exploitation du substantif de H «le soir» (d'ou מרמשין, participe paël dénominé : «qui s'attardent le soir») et aussi, semble-t-il, par une réminiscence d'Am 6, 4, que l'on peut considérer comme emprunt scripturaire analogique, car il y a rapport des situations. De là la mention des «couches» sur lesquelles sont étendus les buveurs. Le participe final מלהיק est hapax. Les éd. du XVIᵉ siècle, b, o, g, citées par Sperber, ont le vb de H, et doivent dériver, à travers la 1ʳᵉ éd. de Bomberg (de Pratensis), d'un

Au constat du caractère méthodique et édifiant de la leçon Qa s'ajoute donc la possibilité d'un segment de tradition exégétique, allant de Qa à T. Cette possibilité apporterait un élément supplémentaire à ce qui résulte de toute façon des observations précédentes, à savoir que Qa ne s'explique pas par un accident ou par l'effet d'un traitement empirique subjectif, mais par l'application d'une méthode d'analogie verbale formelle (paragraphisme), qui a été combinée avec une équivalence entre l'araméen et l'hébreu, le tout à des fins d'édification.

3) Qa 5, 24 : LA TRADITION RELATIVE À חשש ET LA DONNÉE D'IBN BARÛN

En 5, 24 on lit dans TM l'expression וחשש להבה, littéralement «et le foin de flamme = le foin enflammé». La concision expressive et originale de la tournure et sa conformité avec les possibilités de la relation d'état construit, dans la langue ancienne, garantissent l'authenticité primitive [28]. Qa se présente comme une banalisation avec ואש לוהבת «et le feu flambant». La secondarité est d'autant plus manifeste que le mot אש figure immédiatement avant, ce qui produit une répétition aggravée d'une juxtaposition : אש ואש. Il reste à déterminer l'origine et éventuellement l'inspiration de la var. A priori, du point de vue de la présente enquête, le passage de חשש originel à אש pourrait être le résultat d'une petite mutation considérée comme légitime à l'époque de Qa : l'affaiblissement des gutturales créait une relation *heth*, *alef*, sentie comme une parenté exploitable; d'autre part, les 2 *šin* étaient réductibles à un, en vertu des analogies fournies par les rac. à réduplication. Pour qu'il y ait eu petite mutation analogique, il suffirait, en vertu des considérations exposées antérieurement, que la var. Qa soit liée à un motif littéraire, idéologique ou lexical perceptible. Ce motif pourrait être l'ignorance du sens authentique de חשש. Alors Qa aurait surmonté la difficulté non pas empiriquement, mais par la méthode des petites mutations, qui est l'une des applications de la méthode plus générale des analogies verbales formelles. Mais, en fait, il n'est nullement certain que les responsables de la var. aient

---

ms qui donnait ce vb. Mais la leçon de la tradition manuscrite actuellement disponible pourrait néanmoins ne pas être une altération dénuée de sens. Peut-être convient-il de songer à un rapport avec le syriaque להגא, au sens de «vapeur». Faut-il entendre que le vin «leur donne des vapeur»? Dans ce cas il s'agirait d'une manière d'expliquer le vb de H, selon lequel le vin «les enflamme».

[28] Grammaticalement la tournure peut se comprendre soit comme état cs de la matière (le foin paraît fait de flammes), ce qui se justifiait visuellement, soit comme état cs marquant une action subie, c'est-à-dire comme substitut d'une tournure verbale (type אשת לדה «une femme d'enfantement» = une femme qui enfante, Jér 13, 21; «des lèvres d'acclamations = des lèvres qui acclament», Ps 63, 6. Ici «le foin de flamme» est le foin qui flambe.

ignoré le sens de la leçon originelle, et, de toute façon, ce motif ne serait pas
le seul à considérer. La question s'ouvre sur un arrière-plan plus complexe
et plus riche.

Kutscher a considéré comme évident que Qa ne savait plus le sens de
חשש[29]. Mais sa présentation est tendancieuse, en ce qu'elle subordonne
l'appréciation de la leçon Qa 33, 11 חששה (pour TM חשש = 5, 24; seule autre
attestation du mot) au cas de Qa 5, 24. Au contraire Qa 33, 11 pourrait être
un indice de la connaissance du sens. La leçon Qa 33, 11 correspond, sous
forme féminine, au mot masculin de TM, et offre des chances (sinon une
garantie) de représenter le même sens. Le féminin n'est pas une difficulté,
puisqu'il peut se justifier par l'idée de quantité limitée (de foin), c'est-à-dire
grammaticalement, d'«unité», par opposition à la valeur générale du
masculin[30]. Cette nuance conviendrait très bien à 33, 11[31]. En outre on
peut se demander si Qa n'a pas recouru à la forme féminine, prise en ce sens,
pour éviter une confusion d'époque avec le sens araméen de l'homographe
(pratiquement homonyme), courant dans cette langue (= «sensation»)[32]. Il
est vrai qu'il faut compter aussi avec l'autre possibilité, celle d'une leçon
Qa en 33, 11 ayant le sens araméen. Mais cette possibilité ne s'impose pas
exclusivement[33]. D'autres indices plaident pour la connaissance du sens
originel de חשש, dans une partie en tout cas de la tradition du Judaïsme[34].

---

[29] *LMY* 168; *LIS* 221.

[30] Voir *GKC* 394 § 122 t. Kutscher mentionne l'hypothèse du nom d'unité, en se référant
à G. R. Driver, mais sans discussion, ce qui laisse subsister cette possibilité.

[31] «Vous concevez (une portion, une botte) de foin», à la différence de TM : «du foin»,
en général. Le rapport équivaut à celui du nom d'unité et du collectif, dans les noms susceptibles
d'une individualisation par leur sémantisme. Si telle était la valeur de Qa, sa var. ne manquerait
pas de piquant.

[32] L'attraction de la valeur araméenne, dans la pensée des utilisateurs de basse époque,
aurait alors incité les responsables à employer la forme féminine différenciée. Kutscher voudrait
reconnaître dans le mot l'état déterminé araméen (*LMY* 181; *LIS* 240). Ce n'est que l'une
des possibilités et elle dépend de la question indécise du sens.

[33] Kutscher, tout en ne mentionnant, en son analyse de 33, 11, que la possibilité de la valeur
araméenne, n'a pas précisé comment, selon lui, il conviendrait de l'adapter au texte (*LMY* 181;
LIS 240. Cf. encore son examen de la var. Qa, en tant que forme nominale, où l'auteur répète
essentiellement ce qu'il a dit avant, en ce qui concerne les aspects en discussion : *LMY* 285;
LIS 375). Pour obtenir un sens recevable avec la valeur araméenne, il faudrait donner au mot
l'acception forte «trouble, peine éprouvée», attestée en judéo-araméen et en syriaque : «Vous
concevez le trouble, vous enfantez de la paille». Cependant tous les indices que nous allons
relever plus bas, concernant l'herméneutique prédominante qui a utilisé la valeur araméenne,
depuis Qa (en 5, 24) jusqu'aux versions (dans les 2 textes), supposent l'acception générale de
base : sensation. C'est plutôt une difficulté pour l'hypothèse de Kutscher. Les indices mentionnés
à la note suivante livrent, d'autre part, des raisons de penser que la tradition du sens de l'hébreu
n'était pas perdue. Dans ces conditions l'explication de Qa 33, 11 par l'araméen est incertaine
et exposée à la concurrence de l'autre hypothèse.

[34] Syr, que Kutscher a éliminé du débat comme non utilisable (*LMY* 181; *LIS* 240) livre

En tout état de cause, les deux possibilités mentionnées restent en concurrence, pour Qa 33, 11, et il convient par conséquent de compter avec l'éventualité d'un changement effectué en 5, 24 avec conscience du sens originel[35].

Ce constat invite à examiner de plus près le problème du motif du changement. Kutscher a signalé, d'après une observation due à Menahem Zulay, la double équivalence חשש = soit le substantif אש, soit le vb בער «brûler», dans l'ancienne poésie liturgique des *piyyutîm*, du temps de Yannaï (2ᵉ moitié du VIᵉ siècle ou début du VIIᵉ)[36]. Avec le substantif, cette équivalence correspond à la var. de Qa 5, 24. Avec le vb, elle correspond à la leçon G συγκαυθήσεται. La leçon consonantique חשש étant théoriquement interprétable comme substantif ou comme vb, la différence entre Qa et G n'est qu'un détail d'interprétation grammaticale, à partir d'un même sémantisme

---

une raison de penser que la connaissance du sens ne devait pas être perdue dans la tradition dont cette version dérive (c'est-à-dire un targum ou des éléments targumiques fixés en araméen). Syr traduit par כובא «épines». Cela a des chances de résulter d'une déduction à partir de «paille» du contexte, avec une influence de 33, 12 où Syr a le même terme pour H קוצים (en 5, 6, pour H שמיר, mais ce sont des synonymes hébreux). Déjà alors on pourrait songer à une réminiscence vague du sens, appuyée sur ces données contextuelles. Syr a d'autant plus volontiers opté pour «épines» que c'est une métaphore des méchants, tandis que le foin est chose bénéfique, étant nourriture pour le bétail. L'indice est favorable à la connaissance du mot hébreu, qui permet une relation déductive. D'un autre côté, T 5, 24 implique la connaissance, en tout cas approximative, du vocable rare de H. Le mot עמירא qu'il utilise ne désigne pas spécialement l'herbe séchée, le foin, mais peut inclure cette acception, à côté d'autres (verdure fraîche, gerbes; Levy, *Wb Tg*, II, 225; *KBL*[1] 715, sous l'hébreu correspondant). Kutscher a noté la connaissance du sens hébreu dans T : *LMY* 168; erreur dans *LIS* qui a Theod(otion) pour T(argum). Mais il n'en a tiré aucune conséquence : T serait-il seul à avoir préservé le sens, alors que les autres témoins l'auraient perdu? D'un autre côté, il est clair, d'après T 5, 24, que la divergence de T en 33, 11 (il transpose les images de H, comme le fait aussi G, mais dans une autre direction) n'implique pas une ignorance du sens. Kutscher a négligé d'établir le parallèle avec le cas de Qa. T (avec distribution inverse des textes) invite à penser que la var. Qa 5, 24 n'implique pas une ignorance du sens, que Qa 33, 11 a des chances d'attester.

[35] La connaissance du sens de H par Qa n'est pas essentielle pour notre sujet, qui porte sur les modalités — empiriques ou méthodiques — du changement. Mais il convenait d'indiquer comment se présente la question, à l'encontre des affirmations unilatérales de Kutscher.

[36] Je n'ai malheureusement pas pu avoir accès en temps voulu à l'étude de Zulay, dont se réclame Kutscher et qui a paru dans la revue rare 'Inyanêy Lāšôn (5712-1952, 4 s.). Il eût été important d'apprendre de Zulay comment se présente exactement l'équivalence en question, sous son double aspect nominal et verbal. La formulation de Kutscher et sa note supposent que Zulay attribue pour origine à l'équivalence des *piyyutîm* le texte même d'Is 5, 24 (*LMY* 168; *LIS* 221 : «This usage is *undoubtedly* (je souligne) based on the way Paytan understood our verse»; suit la référence à la note relative à la contribution de Zulay). En tout cas l'équivalence en question dans les *piyyutîm* est garantie par l'autorité de Zulay en la matière. Sur la période ancienne de la poésie liturgique des *piyyutîm* et son rapport avec le décret de Justinien «*Peri Hebraiôn*», promulgué en 553, voir Kahle, *CG* 39s. Sur l'époque où il convient de placer Yannaï, ibid. 42.

fondamental commun au substantif «feu» et au vb «brûler». Le fait frappant
est la correspondance entre la var. Qa, la leçon G et la double valeur attestée
dans les *piyyutîm*. Malheureusement Kutscher, au lieu de tirer la conséquence
du rapprochement, à savoir l'existence d'une même tradition exégétique, a
voulu utiliser la donnée des *piyyutîm* pour mettre en doute une leçon H(G) =
Qa et, par là, isoler Qa. Il n'a pas perçu que la relation des matériaux en
cause reste la même dans le cas d'une exégèse G (sans var. hébraïque),
comme dans le cas H(G) = Qa[37]. Qa n'est pas isolable. Par ailleurs l'exposé de Kutscher est grevé de contradictions et d'inexactitudes[38]. Son utilisation de l'opinion d'Ibn Barûn, comme d'une donnée qui s'ajoute à celle des
piyyutîm, donne le change sur le contenu réel de la notice de ce lexicographe
médiéval, dont l'interprétation repose sur l'arabe, et non pas sur une exégèse
contextuelle, comme l'affirme Kutscher[39]. L'équivalence des *piyyutîm* n'est

---

[37] L'erreur de Kutscher sur la portée des matériaux résulte clairement de son préjugé
défavorable à Qa. Si G a lu une leçon = Qa, dans sa source, Qa ne peut plus passer pour le
produit isolé et fortuit d'une négligence. Or toute la 1re partie de l'analyse de Kutscher
(*LMY* 168; *LIS* 221) vise à présenter Qa sous cet angle (précisions à la note suivante). Mais
l'isolement de Qa est artificiel, car si G a lu une leçon H(G) = TM, ce qui est possible, son
exégèse a été la même que celle qui a donné naissance à la var. Qa, et c'est cette rencontre qui
fonde la relation entre les textes.

[38] Kutscher commence par admettre la possibilité d'une altération par confusion des
gutturales et contamination du mot שא précédent, qui aurait été mécaniquement répété. Mais
cette hypothèse entre en conflit avec celle d'un changement de leçon dû à la perte du sens
originel, que postule Kutscher par ailleurs. Dans ce dernier cas il y aurait eu normalement
arrêt et réflexion devant un mot embarrassant, ce qui exclurait une dégradation déterminée
par les facteurs mentionnés, exerçant leur influence mécaniquement. L'influence des diverses
phraséologies scripturaires où figurent «flamme» et «feu», également alléguée par Kutscher,
ne serait elle aussi concevable que dans une exégèse réfléchie, qui exclurait tout déterminisme
passif. Pour Kutscher le recours à ces phraséologies globalement considérées, ou à l'une d'entre
elles, n'aurait été que libre empirisme. En réalité, s'il fallait vraiment retenir ce type d'explication, c'est le texte de Joël 2, 5 qui se recommanderait parmi tous ceux que mentionne l'auteur.
Il faudrait alors reconnaître dans la var. de 5, 24 un emprunt méthodique à ce texte. Joël 2, 5
offre en effet, d'une part, des jonctions verbales, chacun des termes de : «flamme de feu qui
dévore la paille»; d'autre part, une analogie générale (le jugement divin destructeur). Toutefois
il faudrait admettre une inversion des termes dans le groupe génitival d'emprunt. Ceux des
textes allégués par Kutscher qui ont le groupe génitival dans l'ordre de Qa n'offrent pas de
rapport analogique assez net pour que l'on puisse songer à la vraisemblance d'un emprunt
(cf. Is 4, 5; Os 7, 6; Lam 2, 3). En réalité l'hypothèse d'un emprunt scripturaire doit le céder à
2 autres possibilités, nettement prioritaires en vertu des raisons qui vont se dégager plus bas :
soit un emprunt à une valeur fournie par l'arabe; soit un emprunt à l'araméen. Kutscher,
tout en alléguant l'opinion d'Ibn Barûn (qui pourtant propose l'explication par l'arabe), n'a
pas vu cette alternative, qui définit le vrai problème de la var. Qa. Il n'a pas vu non plus,
ou du moins n'a pas indiqué explicitement comme il eût été nécessaire, que l'équivalence
attestée par les *piyyutîm* rend caduque l'hypothèse initiale de dégradation passive sous l'influence
de la structure des mots ou de la phrase.

[39] J'avais commencé par faire confiance à l'exposé de Kutscher, et j'avais cru en conséquence
que la notice d'Ibn Barûn, d'une part, posait explicitement l'équation חשש = שא, d'autre part,

pas non plus simplement tirée du contexte, mais se rattache manifestement
à la tradition antérieure attestée par Qa, G et les versions de 5, 24 et 33, 11,
alléguées ci-après. La conclusion de Kutscher est un échec historique manifeste. Selon lui, les versions, Qa, comme les 2 données externes des *piyyutîm*
et d'Ibn Barûn seraient les produits d'exégèses contextuelles indépendantes
les unes des autres[40]. En réalité, si l'on met à part Ibn Barûn, ainsi que les
échos du sens primitif dans T 5, 24 et peut-être Syr 33, 11[41], les autres
témoignages sont à considérer, en 5, 24 et 33, 11, comme les effets variés d'une
même tradition, et le vrai problème qui se pose et qui déborde le cas de
Qa 5, 24, se ramène à reconnaître si cette tradition a été déterminée par la
valeur arabe signalée à propos d'Ibn Barûn ou par la valeur araméenne
attribuable à la forme consonantique חשש.

À première vue l'explication par le terme arabe *ḥašš(un)* «allumage,
attisement (du feu)», explication à laquelle songeait Ibn Barûn comme à

---

permettait d'affirmer que cette équation avait été déduite d'Is 5, 24. Or la vérification de la
notice d'Ibn Barûn m'a prouvé qu'il n'en était rien. L'édition à consulter est celle de Pavel
Kokovtsov, Petersburg, 1893, p. 54 de la partie hébraïque. Ibn Barûn ne donne pas explicitement
l'équation mentionnée, mais seulement une formule arabe, d'où l'on peut *déduire* אש. Il ne
justifie pas son interprétation par le contexte d'Is, mais par une étymologie arabe, qu'il ne
propose d'ailleurs pas à titre exclusif, mais à titre de possibilité, à côté d'une autre explication,
également arabe, et qui est la bonne. C'est celle qu'avait déjà donnée, peu avant, Abu 'l-Walîd,
à savoir חשש = *ḥašîš* «foin». D'après la notice d'Ibn Barûn, en langue arabe écrite en caractères
hébraïques, «il est possible (יﬦכן) que (le mot en question) soit *le foin* (אלחשיש יﬤﬤ) et il est
possible aussi qu'il soit l'allumage de la flamme (אללהיב חש יﬤﬤ אן = *'an yakūna ḥašša 'llahibi*)».
Suit le rattachement du mot en débat au vb *ḥašša*. Ibn Barûn ne donne donc pas comme
équivalent du vocable d'Is 5, 24 le mot «feu», mais seulement le nom d'action qui indique
l'allumage ou éventuellement l'attisement du feu. La déduction utile à l'élucidation hypothétique
de la var. Qa 5, 25, de la var. des *piyyutîm* et de la leçon G (celle-ci avec passage à un vb) est
immédiate et légitime : «l'allumage» de la flamme produit bien «le feu». Néanmoins il y a
déduction et, en son sens précis, le mot donné par Ibn Barûn n'est pas le «feu», contrairement
à ce qu'affirme Kutscher. Et, encore à l'encontre de la présentation des faits par Kutscher, la
légitimation est lexicographique et arabe, non pas contextuelle. L'explication du mot de H 5, 24
(et par suite la justification de la var. de Qa) par l'arabe est une possibilité qu'il convient de
distinguer soigneusement de la possibilité araméenne. Kutscher n'a pas aperçu cette alternative,
ni même simplement la possibilité araméenne qu'indiquent pourtant nettement les versions.

[40] Cette dissociation de témoins qui contiennent des indices convergents méconnaît l'aspect
historique de la question et l'occasion qu'offrent les témoins de retrouver le cheminement des
anciens. Au cours de son analyse, Kutscher a juxtaposé, sans parvenir à les coordonner et
hiérarchiser, des hypothèses et observations de valeur inégale. Pour ce qui est de G, il s'est
référé à Ziegler (*LMY* 168, n. 12 ; *LIS* 222, n. 4). Le jugement de Ziegler ne s'appliquait qu'au
seul G 5, 24, dans un sens empiriste. Appréciation déjà contestable avant l'apparition de Qa,
en raison des données des versions, en 5, 24 et 33, 11. Elles auraient pu prémunir Ziegler contre
une appréciation simplifiée, en l'avertissant que la solution était à chercher du côté de l'araméen,
comme exposé ci-après. Mais vouloir reprendre, comme l'a fait Kutscher, l'hypothèse de
déduction contextuelle, après l'apparition de la var. Qa et après la détection de la donnée des
piyyutîm, c'était méconnaître la portée de ces données nouvelles.

[41] Cf. supra en note les précisions sur ces versions.

une possibilité, offre l'avantage de la proximité de sens par rapport à la var.
Qa, à la leçon G en 5, 24, et à l'équation des *piyyutîm*. La solution semble
s'imposer par sa simplicité : «l'allumage de la flamme», c'est bien «le feu».
Dans un premier temps, purement lexicographique, on a pu déduire de la
formule d'Is 5, 24 ainsi comprise l'équation חשש = אש, ou même passer du
sens précis et particulier de l'arabe au sens général «feu», en considérant
le terme de base isolément : «allumage, attisement = feu». Dans une phase
postérieure, on a alors simplement inséré le produit de l'équivalence dans le
même texte qu'il s'agissait d'interpréter à des fins de vulgarisation. Mais si
la valeur arabe a pour elle sa bonne adaptation au problème de la var., cette
explication doit le céder devant la prévalence de l'araméen en milieu juif,
à l'époque des documents fondamentaux pour la question, Qa et G. La rac.
חשש et l'apparenté חוש devaient être, vu leur valeur générale «sentir, éprouver
une sensation», et leurs nuances dérivées bien illustrées plus tardivement
par le judéo-araméen et le syriaque, d'un usage courant dans l'idiome qui
avait envahi la langue parlée en Palestine, et qui exerçait son influence sur la
langue littéraire[42]. Le terme hébreu חשש était devenu problématique, soit
par rupture de la tradition du sens chez les spécialistes, soit, plus vraisemblablement, nous l'avons vu, en connaissance de cause de la part des
spécialistes, mais avec un souci de vulgarisation dans un milieu qui ne
comprenait plus d'emblée le sens hébreu ancien. Dans ces conditions la
valeur araméenne a nécessairement exercé son attraction sur le mot et sur
son interprétation. C'est ce qui ressort de la situation linguistique du
Judaïsme de la période considérée, et c'est ce que confirment les témoignages
des versions. Celles-ci se ramènent, nous allons le voir, soit directement, soit
indirectement et par déduction, à la valeur araméenne. Elle est leur dénominateur commun. La convenance sémantiquement meilleure de l'arabe est une
apparence linguistique, qui comporte sa justification propre, mais à laquelle

---

[42] L'idée d'une impression passivement éprouvée est la valeur fondamentale de la rac.
araméenne homographe de la leçon H ou de la rac. apparentée חוש. Dans le détail des
applications, les acceptions peuvent aller de la simple perception — comme dans G 33, 11,
cité ci-après — à la souffrance ou à l'impression mentale. Illustration de ces valeurs dans
Jastrow, *DTM*, sous les 2 rac. en cause, et en syriaque, dans *PSm*, sous la 1ʳᵉ. En hébreu
post-biblique, les 2 rac. ont été empruntées à l'araméen. La 1ʳᵉ et, selon la morphologie reçue
et la plus probable, aussi la 2ᵉ sont attestées par plusieurs textes mishniques. L'évolution de
la nuance perceptive à la nuance intellectuelle est illustrée, par exemple, par M Oholôt 17, 5 :
לא חשו טמאה «ils n'ont pas ressenti de l'impureté», c'est-à-dire : ils n'ont pas eu l'impression
(sous-entendu : «réfléchie», et entraînant une conviction profonde) = ils n'ont pas estimé qu'il
y avait impureté, dans le cas envisagé (éd. Albeck, Sed. Ṭohorôt, 182). De façon analogue
le sens de חושש, dans M Kelîm 25, 8 (*ibid.* 104) est : «il éprouve une impression (d'impureté)»,
au sens : il pense avoir eu un contact impur (hypothèse niée dans l'argumentation).

il faut préférer la réinsertion historique. Le cas de l'arabe est ici curieux et instructif, mais finalement marginal pour notre enquête[43].

L'exploitation du sens araméen est directe (mis à part le recours à un vb, au lieu d'un substantif, par adaptation littéraire) dans G 33, 11, avec αἰσθηθήσεσθε, si l'on retient la leçon B. La priorité de B n'est pas certaine (à l'encontre de l'édition Ziegler), mais cette leçon offre de toute manière l'intérêt d'être l'un des témoins à considérer[44]. G(B) = «vous sentirez», ou

---

[43] Sur la valeur du vb arabe cf. Lane 2, 573 B, haut. Il peut sembler surprenant que le terme arabe ḥašš(un) «allumage, attisement» (quand il est employé comme maṣdar du vb correspondant, comme dans la notice d'Ibn Barûn) soit sans relation réelle avec l'interprétation de l'homographe consonantique hébreu, dans Qa, G et les piyyutîm. Cependant, dans le cas d'un vb qui a toutes les chances d'appartenir à la même rac. que ḥašîš «foin» (ou toute matière végétale analogue, quand elle est sèche, Lane, ibid., C), la valeur «allumer, attiser» pourrait être en rapport avec l'utilisation de particules végétales comme combustible. Au Moyen-Orient, dans les campagnes comme dans les déserts, le combustible est chose plus rare que la pâture pour les animaux. Une notice du Lisān, citant al-Azharī, me paraît pouvoir se comprendre à l'appui de cette hypothèse : le vb peut s'employer avec pour objet direct le bois à brûler (ḥaṭab), au sens «amasser (ḍamma)» ce bois, en vue de l'allumage (Lisān, éd. Beyr. VI, 285 B, haut). Je suppose que du ramassage des brindilles de combustible on sera passé à l'allumage, en raison de l'étroite association des deux opérations dans la vie pratique. Si c'est un sémantisme de ce genre qui est à l'origine du sens «allumer», en arabe, alors, du point de vue du lexique comparé, le vb arabe se situe au voisinage du terme hébreu ancien d'Is 5, 24. Le vb araméen et ses dérivations nominales appartiennent au contraire à une autre rac., qui correspond à l'arabe ḥassa (Cf. notamment la 4e forme : «percevoir»). La correspondance du śîn hébreu avec un šîn arabe, après une gutturale, illustre les observations de J. Barth relatives aux exceptions de la règle de correspondance śîn-sîn (Etym.St. 48 s.).

[44] αἰσθηθήσεσθε, forme de la koinè, au sujet de laquelle Ziegler renvoie à Thackeray, Gram. 240. Ce dernier a étudié la tendance à la perte des formes moyennes des verbes, au profit d'une morphologie passive, tendance déjà perceptible en classique, ibid. 238. La forme αἰσθανθήσεται attestée par G Is 49, 26 et relevée par Thackeray, dans la même rubrique, est une variante du même phénomène. Il faut cependant observer que la priorité de la leçon B, Ver, Eus (auxquels s'ajoutent les témoins qui ont rectifié la forme dans le sens classique), quoique vraisemblable, n'est pas certaine. La leçon A, Q et autres, αἰσχυνθήσεσθε pourrait dériver d'une autre utilisation de la valeur araméenne. Par dérivation celle-ci évolue vers l'idée de douleur ou de trouble éprouvés (DTM, I, 512 A, le vb et le substantif). Une raison en faveur de l'hypothèse est que G rend en 28, 16 שׁיחי par καταισχυνθῇ; le vb hébreu peut avoir été considéré ici comme apparenté à la leçon en débat de 33, 11. C'est fausser la question que de postuler une var. hébraïque, comme le fait Ziegler (ZUI 9). Le «trouble éprouvé» a pu être interprété dans cette tradition comme «confusion, honte», par adaptation au contexte de 28, 16, de sorte que la leçon grecque en question serait à apprécier comme un dénominateur commun tiré de 33, 11 + 28, 16. Cette solution est au moins aussi probable qu'une var. hébraïque en 28, 16. Pour ma part je serais porté à la croire plus probable. Ottley avait opté pour A, mais en vertu de l'hypothèse d'une var. (BIAS, II, 271 s.). Par ailleurs il alléguait la citation du passage dans Cyprien, donnée reprise par Ziegler. La leçon de Cyprien n'est autre qu'une juxtaposition des 2 sens représentés par les 2 interprétations grecques en présence, celle de B et celle de A. Étant donné la valeur des témoignages fournis par les citations des plus anciens Pères latins (à ce sujet Ziegler SG Is, Einleitung, 35 s.), la citation faite par Cyprien constitue un témoignage en faveur de l'autorité dont les 2 interprétations grecques jouissaient à égalité. C'est un des cas où les témoins de la Septante invitent à conclure qu'il

mieux «vous éprouverez» (après ὄψεσθε «vous verrez», ce dernier vb par exploitation analogique formelle du 1er vb de H)[45]. Si l'on met à part T 5, 24, témoin assuré de la connaissance du terme de H, et Syr 33, 11, témoin probable, toutes les autres interprétations de 5, 24 et 33, 11, dans les versions anciennes, se ramènent à des déductions effectuées à partir du sens araméen fondamental. C'est le cas du principal témoin, G, en 5, 24. Sa traduction par συγκαυθήσεται ne doit pas être comprise comme une reprise du καυθήσεται précédent, qui constitue lui-même une précision par rapport à l'acception du 1er vb de H. En vertu des raisons indiquées plus haut, ce ne peut être non plus un arabisme. Il s'agit d'une interprétation fondée sur une déduction à partir de l'araméen : la *sensation* ou l'effet de la flamme (proprement l'effet *ressenti*), c'est la brûlure et, en parlant de «paille» — ainsi G d'après le contexte précédent — la combustion. D'où : «sera consumé». Syr דאחדא «qui prend = qui s'allume» est une autre application du même sens de base, avec structure syntaxique différente, par rattachement du participe syriaque au «feu» précédent[46]. La déduction qui a produit θέρμη «chaleur», dans les 3 témoins hexaplaires de 5, 24, est du même ordre. C'est également le cas de Aq (αἰθάλην «suie», un effet de la flamme) et Théod (σπόδον «cendres», autre effet) en 33, 11. Là Sym porte φλόγα et Vg *ardorem*, 2 autres produits de l'exploitation par l'araméen, avec probablement, dans le cas de Sym, emprunt du mot solidaire en H 5, 24[47].

---

devait y avoir dualité dans la tradition grecque, depuis une antiquité incontrôlable. Il n'est plus possible alors de retrouver la priorité avec certitude. La leçon B n'a pour elle finalement qu'une apparence qui paraît meilleure, au travers de nos habitudes de pensée, favorables à la priorité chronologique du plus simple. En réalité l'exégèse plus complexe dont dérive A peut avoir précédé l'autre. Les 2 pourraient aussi s'être formées simultanément. Une édition objective devrait, en pareil cas, classer la leçon concurrente dans un apparat distinct, au lieu de la mêler aux leçons certainement secondaires comme dans *SG Is*.

[45] תהרו a été traité par métathèse (*resh* en 2e position) et équation *hé* = *alef*. La modification est réfléchie et méthodique. Elle a visé, comme le contexte de G, à éviter les images à la fois réalistes et singulières de H. Le dessein de vulgarisation est manifeste. Fischer postulait une var. H parce qu'il n'avait égard qu'aux aspects matériels du texte et aux enchaînements littéraux des mots, sans considération des motifs idéologiques et religieux des anciens (*SBI* 50; la réfutation de l'hypothèse de Wutz d'une transcription, hypothèse assez séduisante à première vue en cet endroit, est la seule contribution utile de Fischer sur le point considéré).

[46] La correspondance de Syr avec H peut prêter ici à confusion, parce que Syr a combiné, comme souvent, l'exploitation de H et l'influence de G. Cette dernière a produit דמשתבקא, qui reflète clairement ἀνειμένης «lâchée, jaillissante», en parlant de la flamme. Méconnaissance des motifs et de l'intérêt de Syr par Kutscher, dans les 2 cas 5, 24 et 33, 11 (*loc. c. sup.*).

[47] Aq et Théod en 33, 11 retiennent les effets de la flamme et les rendent par des références concrètes. Ce ne sont pas ici des traductions littérales (même Aq ne l'est pas toujours!), mais des interprétations déterminées par l'existence de la tradition qui exploitait le sens araméen. La différence de Sym en 5, 24 («chaleur») et 33, 11 («flamme») est également instructive et illustre l'adaptation à des contextes différents. Kutscher reste confus touchant les versions hexaplaires, en 5, 24 et 33, 11, en partie sous l'influence négative de Ziegler, dont il se réclame

Enfin la leçon T עשתוניך «pensées», en 33, 11, est inspirée par l'orientation intellectuelle que peut prendre la rac. araméenne, à partir de «sensation, impression»[48].

Il est donc clair qu'en ce qui concerne le terme en débat, en 5, 24 et 33, 11, la tradition herméneutique attestée par les versions a été dominée par l'influence du sens araméen. La var. de Qa s'explique par le même processus déductif qui a produit la leçon G de 5, 24 : «sensation de la flamme» = brûlure = feu (issu de cette flamme)[49]. La leçon de Qa n'est donc qu'une des illustrations d'une exégèse qui a pour base un aramaïsme. Cette exégèse a été largement diffusée dans le Judaïsme, et les *piyyutîm* en contiennent encore l'écho tardif. Mais, parmi les témoignages disponibles, celui de Qa revêt une importance particulière, du fait qu'il est une recension hébraïque et non un texte d'interprétation comme G et les autres versions. Qa atteste la pénétration de l'exégèse par l'araméen (à laquelle Qa a ajouté une déduction, comme G) dans la tradition du texte hébreu lui-même. Le fait est un exemple de l'influence de la tradition exégétique sur la tradition textuelle, dans des recensions de vulgarisation comme Qa.

Il résulte de l'analyse précédente que la justification de la modification textuelle de Qa 5, 24 se présente différemment, selon que les responsables de Qa avaient perdu ou connaissaient encore le sens originel de חשש. Si le sens était perdu, la justification était le rapport formel de parenté qui a été

(*LIS* 222, haut; dans *LMY* la remarque figure non dans l'analyse, mais dans les additions, 473). La confusion est accrue par la citation erronée des 3 hexaplaires de 5, 24 : seul le mot θέρμη est à considérer comme équivalence, alors que Kutscher ajoute φλόγα, et oppose le cas de Sym 33, 11 avec ce second terme seul. La confusion devient totale dans *LIS* 222, par suite de l'erreur de ponctuation à la 2e lg : il faut, et non; devant Theod.

[48] Illustration de la nuance intellectuelle dans les emplois mishniques (imputables à une aramaïsation) signalés dans une note précédente.

[49] Dans G l'adaptation contextuelle a été effectuée différemment. Elle paraît s'expliquer par une exégèse qui analysait l'expression de H = TM (lue par G ou par la source dont G dérive) comme un état construit de cause : combustion de flamme = combustion causée par la flamme. D'où ὑπὸ φλογός, dans la forme littéraire que G a donnée à son interprétation, par passage du substantif littéral à un vb. Le point de départ de G (ou de sa source) est bien une utilisation homographique et araméenne du substantif qui figure dans TM = H. Le vb de G, qui fait la différence avec la var. Qa, n'est qu'une conséquence littéraire de son exégèse littérale. D'un autre côté, les césures sont différentes dans G et Qa. G a traité le vb suivant (nonobstant l'anomalie de l'accord masculin!) en proposition relative : ירפה «se relâche, s'affaiblit» (dans H = «s'affaisse», en parlant du foin enflammé) a été interprété comme une précision touchant la flamme, à la faveur du recoupement sémantique entre le vb hébreu et ἀνιέναι (souvent employé pour רפה), mais avec passage à une acception particulière au seul vb grec, et non plus à l'hébreu : ἀνειμένης «lâchée, jaillissante», en parlant de la flamme. Le sémantisme est grec, mais la méthode d'interprétation est d'inspiration juive et repose ici sur l'idée de la participation des valeurs sémantiques au delà des limites fixées par la synonymie de départ. Sur la césure différente dans Qa, cf. la suite.

défini au début de l'exposé, combiné avec la déduction, à partir du sens
araméen attribué au mot problématique. Dans ce cas, l'homographie entre
le terme hébreu et le terme araméen n'a joué aucun rôle herméneutique,
puisque le sens hébreu n'était plus perçu. La justification était néanmoins
conforme à la méthode des analogies verbales formelles + déduction logique,
méthode également reçue, mais non analogique.

Mais nous avons vu que l'hypothèse de l'ignorance était la moins probable
et qu'il y a de fortes chances pour que les responsables de Qa aient modifié
le texte non du tout à la suite d'une rupture de la tradition du sens originel,
dans les cercles des spécialistes de la littérature scripturaire, mais par souci
de vulgarisation édifiante auprès d'une communauté qui, elle, avait perdu
les sens rares de l'hébreu ancien, sous l'effet de l'araméen prédominant dans
la langue courante. Alors c'est l'homographie entre le terme araméen et le
terme hébreu qui devient la justification prioritaire, combinée avec la même
déduction logique que dans le cas précédent, et la parenté formelle entre
le terme de H et le terme de substitution dans Qa, sans perdre sa valeur,
passe au rang de justification complémentaire.

Il faut encore tenir compte de la retouche de להבה (TM = H) en לוהבת.
Cette retouche est une petite mutation censée justifiée par le fait qu'elle
n'affecte qu'une désinence, et qu'elle peut même être considérée comme
simple alternative orthographique (la leçon H étant alors supposée, pour les
besoins de la cause, participe féminin écrit défectivement et muni de la
désinence *āh*, au lieu de celle en *taw* final de Qa). En réalité la retouche a une
portée syntaxique qui transforme le sens de la proposition et de la suivante.
Cette transformation fait apparaître toute la portée de l'intervention de
Qa en 5, 24. Le dessein parénétique impliqué tend à confirmer, par sa
cohérence et son ampleur, que la raison du changement textuel dans Qa est
d'ordre exclusivement idéologique, sans ignorance, conformément à la probabilité dite plus haut.

La retouche qui a produit לוהבת a eu pour effet syntaxique de rompre la
relation du vb ירפה «s'affaiblira» (dans le contexte H = TM «s'affaissera»)
avec «le feu»[50]. Le mot אש, bien que fournissant normalement un accord

---

[50] Dans Qa, source hébraïque, le contact d'un féminin (le participe accordé avec le sujet
qui précède) avec le vb masculin exclut une relation syntaxique et impose la césure. Dans G,
texte d'interprétation, les choses se présentent différemment. Une licence touchant l'accord
est d'autant plus admissible que G pouvait étayer son interprétation sur une petite mutation,
si nécessaire (*taw*, préformante de la 3ᵉ pers. fém. impft, au lieu du *yod* de la 3ᵉ pers. masc.).
Nous avons vu dans des notes précédentes, que G a procédé de manière déductive. «(Par) la
sensation (aramaïsme) de la flamme (qui) est relâchée» a été interprété : «(par) la combustion
de la flamme jaillissante», d'où «... et sera consumé par la flamme jaillissante». «Jaillissante»
rend le participe grec issu d'une équation fondée sur une autre valeur (cf. supra la note à ce

féminin, admet aussi l'accord masculin, de sorte que (abstraction faite du terme suivant) on aurait pu comprendre que «le feu» (du jugement) «s'affaiblira». Le texte aurait alors livré un magnifique argument scripturaire à ceux qui «cherchaient des facilités», selon la formule qui paraît à plusieurs reprises dans les textes de Qumrân, et qui vise un parti libéral et laxiste, enclin à atténuer autant que possible la menace de la sanction divine[51].

La retouche de להבה en לוהבת a coupé court à une telle exégèse. *Au contact direct* du vb masculin ירפה (qui suit), le participe féminin לוהבת a rendu impossible pour ואש une fonction de sujet de ce vb masculin. Il en est résulté une césure différente de celle de TM = H, et un rattachement du vb à la suite. Le sens devient dans Qa, en partant du début de 24 : «c'est pourquoi lorsque la langue de feu et le feu qui flamboie dévoreront la paille (le dernier vb de la traduction pour l'infinitif initial, dans le nouvel aménagement propre à Qa), leur racine (nouveau sujet du vb détaché par la rupture d'accord!) se relâchera (retour au sens propre du vb); elle deviendra comme de la pourriture …».

Ainsi l'édification inhérente à l'insistance sur le feu du jugement (insistance qui aggrave l'allusion de H, en la soulignant) s'est accompagnée de la réfutation herméneutique d'une exégèse édulcorante. Théoriquement il se pourrait que les responsables de Qa n'aient visé que le danger éventuel d'une telle exégèse. Mais étant donné l'allusion explicite des textes qumrâniens à un parti laxiste, le plus probable est que la retouche du passage dans Qa était destinée à réfuter une utilisation tendancieuse du texte par ce parti. Dans les 2 hypothèses, mais a fortiori dans la seconde, qui a pour elle la vraisemblance historique, il fallait que la modification fût fondée sur une méthode indiscutable. La restitution des conditions d'époque, à laquelle conduit la considération des modalités originales de l'herméneutique de Qa (par opposition à la stérilité de l'explication empiriste), fait de nouveau apparaître la nécessité d'une méthode autorisée pour justifier la transformation du texte.

Le bilan herméneutique de l'examen de Qa 5, 24, auquel nous avons procédé se résume comme suit.

a) Passage au sens araméen de חשש, par suite d'une tendance aramaïsante d'époque, mais, dans l'esprit des responsables de Qa, avec justification par

---

sujet), et exploitée par prolongement, en vertu de l'idée de participation, dans l'herméneutique analogique. L'interprétation du vb hébreu ירפה comme proposition relative («qui est relâchée = «qui est lâchée», et passage à l'autre nuance du grec), avec ellipse supposée du pronom relatif, était une possibilité syntaxique qu'il était théoriquement légitime d'admettre, une fois posée la relation avec le sujet, dans les conditions dites supra. De là, par adaptation stylistique en grec, ἀνειμένης.

[51] Hod 36, 15.32; 38, 10; IV Q p Nah 2, 4 (*DJD*, V, n° 169 et pl. XIII). Le 3ᵉ passage des Hymnes parle de ceux qui «remplacent ta Loi (…) par des facilités pour ton peuple».

analogie verbale formelle homographique, selon la plus grande probabilité sur ce point.

b) Exégèse déductive logique, et non plus analogique, conduisant à la substitution de «feu» à «sensation» (de la flamme).

c) Simultanément, appui sur la ressemblance formelle entre חשש et אש (telle que définie supra) : parenté verbale ou petite mutation, dans le cadre de la méthode des analogies verbales formelles.

d) Retouche de להבה en לוהבת par petite mutation, en vertu de la même méthode.

e) Déplacement de la césure de la phrase, consécutive à la retouche précédente.

4) LA VAR. Qa 6, 10, PRÉCAUTION CONTRE UNE DÉVIATION POSSIBLE

En 6, 10 TM porte השמן, littéralement «engraisse!» à savoir «le cœur de ce peuple». D'après le contexte, il est certain que «engraisser» signifie ici «épaissir et rendre insensible». Comme le cœur est le siège de l'intelligence, il s'agit en l'occurrence de «rendre incompréhensif, stupide». L'acception va à l'encontre des associations propres à l'hébreu ancien, qui veulent que le vocabulaire de la graisse évoque régulièrement, dans ses emplois métaphoriques, des idées de santé, de prospérité ou de vigueur. Dans TM le sens péjoratif est nettement imposé par le contexte qui suit, et l'on retrouve encore ailleurs, exceptionnellement, une allusion en mauvaise part à l'engraissement du cœur, dans Ps 119, 70[52]. La singularité de TM par rapport

---

[52] Ce texte emploie le vb טפש, dont la valeur générale est claire dans le contexte et concerne de toute manière une insensibilité, un abrutissement du «cœur» (le cœur étant le siège de la conscience intellectuelle et morale) : «leur cœur est abruti comme par (préposition k =, ici, $k + b$, selon l'abrègement connu) de la graisse». Le sémantisme précis et la valeur originelle propres à ce vb, exceptionnel en hébreu littéraire ancien et surtout usité, semble-t-il, en araméen (judéo-araméen, mandéen), sont discutables. La valeur «être gras», encore retenue dans KBL[3] (363) et notée, à titre comparatif, dans le dictionnaire mandéen de Drower, Macuch (182), n'est nullement assurée. Il faut attendre les résultats des publications lexicographiques en cours, concernant l'accadien, pour juger de la confrontation avec cette langue, dont se réclament les ouvrages cités, sans la justification qui serait requise en l'état de la question. La valeur invoquée n'est en tout cas pas courante. Il ne reste, à l'appui d'un sémantisme en rapport avec l'idée d'être gras, que les indications des dictionnaires de Levy et Jastrow (Wb Tg 317; DTM 548). Mais la nuance retenue par ces ouvrages comme une donnée bien établie est une opinion lexicographique vague, qui s'est formée sous l'influence de la traduction judéo-araméenne d'Is 6, 10 et de Ps 119, 70, dans T. D'une part, l'emploi de ce vb טפש dans T Is 6, 10 pour le vb hébreu «engraisser», d'autre part, l'association de ce même vb problématique avec la «graisse», déjà dans Ps 119, 70, puis dans T, ne prouvent pas que le sémantisme originel de טפש ait été en rapport avec la graisse. La nuance originelle la plus probable semble être celle que suggère l'arabe ṭafisa «être sale, crasseux». Ce vb manque

à l'appréciation ordinaire de la graisse chez les anciens Israélites et, en général, chez les Proche-orientaux n'a pas suffisamment retenu l'attention des exégètes[53]. Elle importe à l'intelligence du texte primitif, incontestablement représenté par TM. Elle importe aussi à l'évaluation de la var. Qa. À la place du vb de TM, Qa lit השם, c'est-à-dire le *hifil* (encore à l'impératif d'après la cohérence contextuelle) de la rac. שמם, avec le sens «désole = jette dans la désolation (le cœur etc.)».

Formellement la différence entre la leçon de Qa et celle de TM consiste dans l'absence du *nun* final dans Qa. Un esprit moderne sera tenté de songer à la faiblesse de cette consonne pour expliquer la var. Kutscher a retenu cette considération phonétique, à titre de possibilité[54]. Mais il lui a adjoint une autre supposition, qui est d'ordre statistique et à laquelle il a donné la préférence. Le vb שמן est rare dans la Bible; שמם est au contraire courant. Kutscher en a déduit que Qa a été embarrassé par l'association du 1er vb avec «le cœur» et qu'il a, par suite, recouru au vb courant. On reconnaît l'explication par la passivité, chère à l'auteur. Qa serait allé d'une forme à l'autre, en cédant passivement à la fréquence verbale dans les écrits bibliques[55]. Mais ce type d'explication apparaît d'emblée insoutenable dans le cas de la var. de Qa 6, 10. a) Le passage était d'une importance religieuse évidente, dont l'exégèse contemporaine de Qa (G), et ultérieure, du Judaïsme fournit des indices significatifs[56]. Un tel texte n'a pu être abandonné à

---

anormalement dans Lane. Voir à son sujet *Lisān*, VI (25) 124. Touchant le sens «mourir», que peut aussi prendre ce vb, le *Tāj al-A.* rapproche *faṭasa*, en rapport de métathèse, et susceptible du même sens «mourir»; cf. IV, 178, 9 lgs avant la fin. Il n'en résulte pas forcément que «mourir» ait été emprunté à ce 2e vb par le 1er. Le processus inverse semble plus probable, à partir d'une valeur ancienne «être insensible» (d'où «être mort»), qui serait documentée par l'hébreu, dans la ligne du sémantisme défini plus haut. Le mandéen «être en état d'impureté» (*etpaal*, MD, 182) est en faveur d'un rapport avec l'arabe. Compte tenu de toutes les données, la valeur du vb hébreu appliqué au cœur, organe de la sensibilité et de l'intelligence paraît avoir été «être encrassé, gêné, voilé, insensibilisé par la saleté accumulée et l'empâtement». N.B. (à la mise sous presse); l'accadien reste de valeur hypothétique, selon von Soden, *AHW* 1380 (1979).

[53] Au point d'aboutissement le plus récent de la synthèse de la bibliographie d'Is 6, 10, Wildberger n'a pas relevé cette particularité (*BK*, X, 255). Sa portée pour le texte primitif ne peut être examinée ici, et méritera un examen disjoint. En ce qui concerne Qa, c'est un aspect essentiel qui aide à comprendre la naissance de la var. Cf. infra.

[54] *LMY* 219, n° 211; *LIS* 292, n° 222.

[55] Les difficultés des explications par la passivité ou l'empirisme, que préconise Kutscher, ont été examinées dans la partie introductive de la IIe section.

[56] G surmonte la difficulté de l'endurcissement provoqué par l'ordre de Dieu au prophète, en faisant du peuple le sujet de vbs à l'indicatif, au lieu qu'il est l'objet d'impératifs dans H. Les citations et interprétations d'Is 6, 9s. dans les Évangiles attestent l'importance des débats anciens soulevés par le texte (Matthieu 13, 14s.; Marc 4, 11s.; Luc 8, 10). La documentation rabbinique groupée à ce propos par Strack-Billerbeck illustre l'embarras causé par le passage

l'incompétence supposée d'un scribe isolé, mais il a dû être mis au point par un groupe de spécialistes qualifiés. b) Les 2 leçons en présence rendent manifestes des motifs qui démontrent l'intérêt de la var. pour l'époque et le milieu. En raison des valeurs métaphoriques signalées plus haut pour «la graisse», la leçon de base = TM offrait à des contestataires éventuels ou à des théoriciens du problème des «méchants» l'occasion d'une interprétation tendancieuse : santé et vigueur de cœur (engraissement compris selon la sensibilité sémitique courante rappelée plus haut) à ceux-là mêmes qui se montreraient «sourds» et «aveugles» (cf. les termes de 6, 10), c'est-à-dire rebelles à l'égard des exigences divines! Bel argument pour les libertins de toute provenance, et grave sujet de trouble pour ceux qui, à l'instar de Job, étaient préoccupés par la prospérité des méchants et par le problème du Mal! Aux yeux des responsables de Qa c'était certainement une interprétation possible et un danger avec lequel il fallait compter, vu les associations bénéfiques ordinaires évoquées par le vb «engraisser», et vu les habitudes d'exploitation scripturaire par bribes détachées, selon les besoins de la discussion religieuse, phénomène dont nous relevons partout des manifestations et dont l'analyse précédente vient de nous donner un exemple.

D'un autre côté, il suffisait de procéder à une modification minime, du point de vue formel, à savoir la suppression du *nun* final de la leçon H, pour passer au *hifil* de שׁמם, leçon de Qa. Cette solution préservait un lien de ressemblance matérielle avec la leçon originale. La suppression de *nun* pouvait paraître d'autant plus aisément concevable que cette consonne est susceptible de disparaître par assimilation, ce qui livrait, aux yeux des anciens, une analogie utilisable. La petite mutation de la suppression de *nun* éliminait l'ambiguïté de H et produisait une leçon édifiante, un mot d'ordre de préparation à la repentance : «désole le cœur de ce peuple!». La rac. שׁמם s'applique à la désolation d'un paysage, en son acception fondamentale. Mais elle est aussi susceptible d'exprimer la désolation des humains, originellement à la vue d'un tel paysage, puis, indépendamment, au sens fort de désarroi et stupeur désolée. Parmi les illustrations scripturaires des emplois psychologiques de la rac., Éz 20, 26 offre un exemple de «désolation» providentiellement éducative : «afin qu'ils sachent que je suis Yahvé!»[57]

---

d'Is et la tendance à en tourner la teneur par toutes sortes de considérations rapportées (Strack-Billerbeck, *Komm.* I, 662-663).

[57] L'idée exposée par Ézéchiel en 20, 25s. est que Yahvé a donné à Israël certaines lois «qui n'étaient pas bonnes», ce qui est justifié par la finalité suivante : «afin de les plonger dans la désolation (littéralement «afin que je les désole») pour qu'ils connaissent que je suis Yahvé!» Cette curieuse doctrine vise à expliquer l'existence de lois devenues désuètes, et elle livre une instructive illustration du phénomène religieux de *l'abrogation*. Sur cette notion voir les précisions données dans la conclusion générale, section II, IIIe partie.

C'est la situation impliquée par la var. de Qa en Is 6, 10. Qu'il y ait eu ou non influence du passage d'Éz (non emprunt scripturaire), la retouche remplace le risque de difficultés idéologiques, inhérent au passage d'Is, par un mot d'ordre religieux largement exploitable pour la parénèse, à savoir la préparation à la repentance.

Quant au contexte, où subsistait, pour les utilisateurs de Qa, l'idée de l'endurcissement providentiel, il devenait possible d'en subordonner l'interprétation à l'orientation déterminée par la retouche. La formulation finale d'Is 33, 15, texte secondaire par rapport à la prophétie du premier Isaïe, illustre positivement une telle exploitation de l'aveuglement et de la surdité d'Is 6. Is 33, 15 a vraisemblablement été inspiré par Is 6 et constitue une sorte de commentaire édifiant. L'obturation des oreilles et des yeux y est adaptée à un thème de repentance (cf. 33, 14), de redressement et d'intégrité religieuse, par référence explicite au mal qu'il faut s'efforcer d'éviter. Si les sens doivent être obturés, c'est pour ne plus lui donner accès! Is 33, 15 représente probablement une première tentative de surmonter la difficulté théologique et éthique soulevée par Is 6[58]. La solution obtenue par éléments suppléés (les actes mauvais à éviter) ouvre la voie à l'inspiration de Qa 6, 10. Une influence réfléchie de 33, 15 est possible dans Qa.

Un autre texte est important à confronter. C'est un passage des Hymnes de Qumrân, Hod 41 = VII, lgs 2-3[59]. Il livre la preuve positive que la leçon Qa 6, 10 avait rayonné. C'est une raison de penser que cette leçon était chargée de sens pour le milieu d'utilisation, et qu'elle n'a aucune chance d'être due à une dégradation passive, comme celle postulée par Kutscher. Ce texte recourt à la structure et aux termes caractéristiques d'Is 6, 10, et il exploite le thème de l'obturation des sens et de la désolation du cœur de la même manière qu'Is 33, 15 rappelé à l'instant, et vraisemblablement sous son influence. «Mes yeux ont été obturés[60] pour ne point voir le mal, et mes oreilles (aussi) pour ne point entendre des propos sanguinaires[61]; mon cœur a été mis dans la désolation[62], sous l'effet de la machination du mal»[63].

---

[58] Si 33, 13s. a été rattaché postérieurement au morceau 33, 7s., le thème de la désolation (8) et celui de la verticalité de la manifestation divine (10) pourraient avoir été des motifs de raccorder Is 6 (comparer 6, 11, désolation, et 6, 1, élévation de la théophanie) et de réinterpréter en 33, 15, dans un sens éthico-religieux, le thème de 6, 9s.

[59] Dans l'éd. Sukenik, pl. 41.

[60] שעו, littéralement «ont été enduits», rac. שעע, qu'Is 6, 10 emploie au *hifil*. Le rattachement à שעה «regarder», qui a été préconisé, méconnaît à la fois le contexte de Hod et son lien avec Is 6.

[61] Littéralement «des sangs», au sens d'actes ou propos entraînant l'effusion du sang. L'expression figure dans Is 33, 15.

[62] השם, à vocaliser comme un *hofal* de שמם, d'après les exigences du contexte.

[63] Le spectacle constant et l'expérience du mal qui se trame et se fomente (il faut laisser

Le vb actif du début de Qa 6, 10 a été interprété ici par le passif, mais, en dépit de cette différence, la pensée fondamentale est analogue à celle de Qa 6, 10. L'aversion à l'égard du mal, qui s'exprime dans Hod 41, 2 s., est un thème étroitement apparenté à celui de la repentance, dont il marque une conséquence éthique. Le rapport d'inspiration est manifeste et invite à reconnaître dans la réutilisation de la var. Qa non pas l'inauguration d'une réflexion sur une leçon née d'une dégradation et initialement dénuée d'envergure idéologique, mais le prolongement de la pensée exégétique qui a produit la var. Le passage des Hymnes constitue bien un témoignage qui tend à confirmer l'interprétation proposée plus haut.

La petite mutation qui a produit la leçon Qa apparaît ainsi liée à des motifs dont l'intérêt pour le milieu historique considéré est manifeste : difficulté théologique inhérente à Is 6, 9-10 ; possibilité d'une interprétation tendancieuse de la leçon H = TM ; avantage parénétique exceptionnel du sens obtenu par le moyen de la retouche. Pour esquiver, dans la vulgarisation édifiante, l'inconvénient inhérent à H et pour accréditer l'innovation de la retouche, il fallait un droit à la retouche et, par conséquent, une méthode. L'importance des intérêts en jeu le garantit. Il en résulte que le procédé de petite mutation appliqué faisait partie d'une méthode souveraine, celle des analogies verbales observées dans d'autres textes. La var. Qa 6, 10 constitue ainsi, à elle seule, un indice probant d'application de cette méthode dans le rouleau, à l'encontre de l'appréciation stérilisante qui postule la perte du sens H et suppose un glissement passif simplement commandé par la plus grande fréquence d'emploi, ou encore qui cherche dans la relative faiblesse phonétique du *nun* de la leçon H (= TM) l'origine de la var. de Qa.

5) Qa 8, 11 ET LE TÉMOIGNAGE DE IV Q FLORILEGIUM

En 8, 11 TM porte ויסרני. Les Massorètes ont transmis ce vb avec le vocalisme *weyisserēnî*, ce qui suppose un impft simple, coordonné, *qal* de יסר, avec le type morphologique difficile caractérisé par la métathèse de quantité au profit de la 2e radicale. Celle-ci est redoublée ou, plus exactement, allongée, en compensation de la brièveté de la syllabe précédente, normalement longue dans cette catégorie de vbs. L'identification de la forme a été laborieuse et a donné lieu à bien des hésitations, de la part des gram-

---

au terme מחשבת son sens fort de « machination ») jettent l'adepte de la Loi dans une « désolation » qui peut inclure la pensée de la persécution, mais qui exprime avant tout la répulsion à l'égard du mal. La formulation est littérairement originale et expressive.

mairiens[64]. En donnant au *waw* de coordination la nuance circonstancielle qui lui convient, après l'infinitif (כחזקת)[65], auquel il se subordonne[66], le

---

[64] La référence grammaticale pertinente (absente de *KBL*[3] et *BK*, où elle serait utile) est *BL* 379 § 55 t. De là il faut remonter, pour le phénomène de métathèse, à *BL* 218 § 23 c et Brockelmann, *VG*, I, 66 s. Le vb de TM avait déjà été identifié correctement par des critiques d'il y a une ou deux générations (Duhm, *Comm.* 1re éd. 60; 4e, 82; sa traduction et son observation sur l'infinitif continué par le vb fini impliquent une identification correcte; Marti 86; Procksch 136, avec identification explicite du phénomène phonétique compensatoire). Il vaut la peine d'en faire la remarque, en raison de la manière dont se présente ce problème grammatical, clarifié définitivement seulement depuis *BL*, en complétant *BL* par Brockelmann. Wildberger, qui finalement opte pour la correction dans le sens de Qa (rac. סור) rappelle quelle est l'identité nécessaire («müsste») de la forme TM, mais sans référence d'appui, et sans rien laisser deviner des difficultés que les grammairiens ont éprouvées à analyser la forme de manière satisfaisante (*BK*, X, 334). Le rattachement de l'impft *qal* n'est pas une évidence qui s'impose d'emblée, et une autre interprétation a persisté jusque chez Kutscher (cf. infra). La 24e éd. de la grammaire de Gesenius-Kautzsch (1889) faisait encore du vb un pft dont le suffixe aurait été lié anormalement à l'aide de la voyelle *ē* (*séré*), au lieu de *a* requis au pft, à la différence de l'impft (cf. cette éd., 160, fin de *Anm.* 4 du § 59). Il s'agirait alors d'un *piël* et non *qal*. *GKC* a rectifié cette analyse, mais reste cependant encore hésitant : «... is probably intended as an imperfect» (160 § 59 h). Le rattachement au *piël* et l'interprétation de la voyelle *ē* en liaison du suffixe comme une exception dans la suffixation du pft (au lieu qu'elle exclut le pft!) ont une longue histoire. Cette vue est encore préconisée dans l'exposé de Kutscher. Il ne parle pour TM que du *piël*, ce qui implique le rattachement au pft de cette conjugaison (*LMY* 201; *LIS* 268). Cette classification de la forme de TM n'est qu'une opinion traditionnelle qui n'est plus conforme aux exigences de la philologie moderne. On la trouve, au moyen âge, dans le *Mikhlol* de Qimḥi. Cette grammaire, qui a exercé une profonde influence sur la formation des études hébraïques modernes, mentionne le vb d'Is 8, 11, d'une part, comme pft — opinion qui a survécu jusque chez les auteurs cités — d'autre part, comme impft. (cf trad. et annotations par W. Chomsky, 109 et 133). La contradiction s'explique sans doute par le fait que Qimḥi admettait la possibilité des 2 analyses, et cela en fonction d'opinions peut-être déjà traditionnelles à son époque. L'interprétation que T a donnée de H par un pft araméen a dû exercer une influence sur l'appréciation de H comme pft. T lui-même doit dépendre d'une tradition plus ancienne, qui ne saurait être décisive, puisque traduction et spéculation herméneutique interfèrent en cette phase. Au lieu de relever l'incompatibilité des classements de Qimḥi et d'indiquer comment se présente la question en philologie moderne, Chomsky a au contraire apprécié la 1re donnée de Qimḥi dans la ligne de l'opinion traditionnelle, concernant un vocalisme d'exception au pft. Il note explicitement, à propos de la 2e interprétation de Qimḥi, et en se référant à la 1re, que le vb «peut aussi être pris comme *piël*» (c'est-à-dire comme pft) (ibid. 133, n. c). Il faut porter au crédit de Qimḥi d'avoir discerné la possibilité de l'impft, en dépit de l'opinion qui faisait du vb de 8, 11 un pft *piël* (il cite pertinemment dans cette rubrique Os 10, 10 et le cas des vbs à 2e radicale ṣadé : 133 s.). Mais les adeptes modernes du rattachement au pft ne font que perpétuer une opinion médiévale.

[65] Sur les infinitifs de ce type féminin, voir *GKC* 123 § 45 d; Joüon 111 § 49 d; *BL* 317 § 43 g. La préposition-conjonction qui introduit l'infinitif est à lire *k*, avec Qa et le ms L, qui est à la base de BH[3] et BHS. BH[3] s'en était écarté à tort, pour suivre l'autre leçon, attestée par l'éd. de Bomberg de 1524 et les éd. qui en dépendent, à savoir *b*. Il faut encore ajouter maintenant à l'appui de *k* le témoignage de IV Q Florilegium (dans la suite IV Q Flor; *DJD*, V, 174), qui cite Is et que BHS et Wildberger ont négligé. Voir *DJD*, V, pl. XIX, milieu, avant-dernière ligne avant le fragment inférieur à gauche : la comparaison avec les autres *k* du frg et la différence avec les *b*, plus aplatis, ne laisse aucun doute sur l'identité du *k* devant

sens est «... tandis qu'*il me corrigeait* (aspect duratif, dans la sphère du passé délimitée par le vb initial de 11) pour que je n'aille pas sur la voie de ce peuple» [67].

La leçon de Qa est soit יסירני, avec suffixe de la 1re pers. sg, soit יסירנו, avec suffixe de la 1re pers. plur. La 2e possibilité a passé inaperçue, mais l'examen attentif de la photo oblige à en tenir compte [68]. Il s'agit, dans les 2 cas, de la rac. סור, au *hifil* impft. La forme devait être sentie comme passée et durative (d'après le contexte), avec extension possible dans le présent et le futur, conformément aux possibilités de l'impft duratif et selon les besoins de l'application. De toute manière l'herméneutique de la secte, comme celle du Judaïsme en général, était avant tout une actualisation de textes relatifs au passé, et la présence de vbs ayant valeur de passés ne la contrariait aucunement. La sphère temporelle de l'impft simple de la var. était ici adaptable. Avec la 1re lecture le sens de Qa est : il *me* détournait d'aller etc.»; 2e lecture : «il *nous* détournait ...». La 2e lecture est une éventualité importante, car elle introduit une allusion collective, utilisable parénétiquement. Une telle leçon se comprendrait bien dans le cadre de la communauté de Qumrân. Graphiquement il est impossible de parvenir à une certitude, car *waw* et *yod* se confondent, dans ce type, lorsqu'ils sont liés à *nun* [69]. Le

---

l'infinitif de 8, 11. La donnée de IV Q Flor mérite de prendre la 1re place parmi les témoins, à côté de Qa, L, T, Syr et Sym. Dans sa divergence générale d'interprétation touchant 8, 11, G implique *b* (τῇ...χειρί).

[66] En prose, lorsqu'un infinitif est continué par un temps personnel, la syntaxe la plus courante emploie l'impft consécutif ou le pft consécutif, selon les cas (S. R. Driver, *Tenses* 137s.). On trouve aussi l'infinitif suivi de l'impft simple, sans *waw*, comme dans Ex 40, 36. L'impft indique alors la répétition dans le passé et constitue une apodose : «lorsque la nuée s'élevait (*b* + inf.) ..., ils décampaient». Le cas d'Is 8, 11 diffère. Il s'agit non d'une suite en prose, mais d'une incise, dans un texte poétique. L'impft ne marque pas une apodose, mais se situe sur le même plan que l'infinitif. L'intention a été de marquer la simultanéité accompagnée de durée. Le cas est insolite, mais il serait excessif de l'exclure en restreignant les emplois du *waw* aux modèles fournis par la prose, comme voudrait le faire Wildberger (*BK*, X, 334). Le sens visé par la recension de TM est : «lorsque la main (divine) me saisit (littéralement : lors du saisir de la main), tandis que (simultanément et pendant le temps nécessaire à l'instruction) il me corrigeait».

[67] Littéralement «... me corrigeait d'aller». Dans l'usage biblique, le vb implique tantôt la correction proprement dite — c'est le cas le plus fréquent —, tantôt l'instruction (Prov 31, 1; Dt 4, 36; 8, 5). L'instruction se mêle à l'idée d'un redressement, et les 2 nuances paraissent être associées en 8, 11, d'après la situation. Yahvé reprend le prophète qui était tenté de faire des concessions à la foule (8, 12). Il l'instruit aussi (8, 12s.). Cette instruction convient à la fonction prophétique, et c'est un aspect essentiel pour la question de la priorité du TM.

[68] Kutscher, Wildberger et BHS ont suivi la transcription de Burrows. En son enquête paléographique, M. Martin n'a pas signalé la 2e possibilité de lecture.

[69] Si l'on considère les formes des *waw* et *yod* sans ligature, *waw* paraît probable. Le contraste avec les *yod* voisins est net. Mais il faut tenir compte de la graphie liée au *nun* précédent. Elle a pu favoriser une forme en *waw*, à partir d'une intention de *yod*. La légère inclinaison de la hampe (par opposition à la verticalité des *waw* voisins) n'est pas un indice

contexte précédent est en faveur du suffixe sg, mais le suivant serait à l'appui du suffixe plur. (cf. les vbs à la 2ᵉ pers. plur., en 8, 12). La question reste indécise[70]. Après l'avoir signalée, et faute de pouvoir l'arbitrer graphiquement, retenons par simplification le suffixe sg = TM, pour aborder le problème principal de la var. Qa, qui est un problème de changement de rac. Toutefois n'excluons pas que les responsables de Qa et les utilisateurs aient admis la légitimité des 2 lectures, et donc un sens double, en rapport avec le cas exemplaire d'Isaïe lui-même, d'une part, l'application actualisante à la communauté qumrânienne, d'autre part. La suite de l'analyse précisera les raisons de compter avec cette possibilité, touchant ce détail mineur.

La var. Qa soulève d'abord une question de priorité. Kutscher a cru la résoudre au profit de l'authenticité originelle de TM, en alléguant la statistique. Le vb de Qa est, de loin, le plus courant. Qa a donc subi l'attrait de la plus grande fréquence[71]. Mais, en dehors des situations et des motifs discernables, la statistique risque d'être trompeuse. Kutscher n'est pas allé jusqu'à affirmer que Qa n'était pas capable d'identifier le vb de TM (qu'il admet dans H(Qa) par postulat indémontré). Le vb de TM est effectivement trop bien attesté dans les écrits bibliques pour qu'un doute de cet ordre puisse être sérieusement élevé. Selon Kutscher, le scribe de Qa (supposé, par méconnaissance de la situation historique, un responsable *isolé*) aurait seulement «préféré l'usage le plus courant» à la tournure de TM, dont la construction (מן + יסר) est insolite[72]. Mais la concession touchant l'intelligence du vb de TM par Qa est significative et suffit à soulever le problème de la vulgarisation édifiante, que Kutscher néglige. La difficulté de la construction (vb + préposition *min*) n'était pas d'un genre insurmontable à basse époque, après un vb de mise en garde, étant donné l'emploi extrêmement large et souple de cette préposition, et vu la propension de l'hébreu ancien (comme de l'arabe) à des emplois prégnants des préposi-

---

sûr en faveur de *yod*, car on a exactement la même légère obliquité dans la graphie liée de *nun* + *waw*, à la 1ʳᵉ lg de la colonne (dernier mot; lecture certaine). Du point de vue graphique il est impossible de trancher; il faut conclure que ce type d'écriture confond complètement *waw* et *yod* en une même forme, dans le cas de la graphie liée avec *nun*.

[70] Voir cependant infra la note sur la leçon G qui, sans fournir un indice sûr, paraît cependant plus favorable à une lecture *waw* à cet endroit, dans H(G). Cela souligne l'intérêt de la possibilité du suffixe de la 1ʳᵉ pers. plur., sans plus.

[71] *LMY* 201 s.; *LIS* 268.

[72] La formulation de *LIS* est «preferring the more common usage to the hapax legomenon». La construction du vb de TM + *min* n'est pas attestée ailleurs, mais la tournure est analysable, malgré sa relative difficulté, et elle est fondée sur des termes bien connus. Elle ne constitue pas ce qu'on peut appeler un hapax. La formulation de *LMY* était préférable, parce que purement descriptive, tandis que celle de *LIS* introduit un élément psychologique qui, faute de déboucher sur la question de la vulgarisation, ramène la var. au subjectif.

tions[73]. Dès lors le choix du scribe — toujours dans la perspective supposée par Kutscher — implique une réflexion et des raisons que Kutscher néglige. Elles passent pourtant nécessairement au premier plan et trahissent un souci de clarification du texte, de divulgation, et aussi d'autorité, par proximité formelle. «Le» scribe pouvait-il agir de sa propre autorité et n'était-il pas bien plutôt astreint à la tradition et à ses règles?

Un choix pour une tournure plus courante et facile (celle de Qa, dont le vb est familier et couramment construit + *min*) conduirait donc clairement — à partir de la perspective de Kutscher — au problème de vulgarisation, au lieu que Kutscher considère *le moment subjectif* de l'option du scribe comme la solution qui clôt la question. L'unilatéralité du jugement de l'auteur se manifeste aussi dans l'appréciation *prématurée* de la construction insolite de TM (יסר + מן) comme indice qui révèlerait l'embarras supposé éprouvé par «le» responsable de Qa. Mais c'est oublier que cet indice impose d'examiner d'abord le cas de TM, et qu'il est de nature à faire naître des soupçons touchant l'authenticité originelle de TM, ce qui ouvre, du même coup, des chances à la priorité de Qa[74]. La difficulté de la construction de TM, sans être insurmontable pour l'intellection, l'emporte sur celle de l'emploi de l'infinitif, après מן et le *hifîl* de סור, dans Qa. Là une telle particularité de construction n'est qu'un détail mineur, sans portée comme indice de secondarité (de Qa), à l'encontre de Kutscher[75].

---

[73] Le vb יסר n'est pas attesté ailleurs avec cette préposition, mais cette dernière est employée avec une idée d'éloignement, d'abstention ou de privation, avec des vbs variés, dont certains ne préparent pas par eux-mêmes cette idée (*min* de séparation, comme dans les ex. de *BDB* 578 § 1 b). La construction de TM 8, 11 se situe en deçà de ce dernier emploi, et elle est donc plus facile à saisir : le sens de «corriger» ou «instruire correctivement» appelle aisément la mention de la chose ou de l'acte dont on veut éloigner. L'intellection du vb יסר étant admise, avec Kutscher, à la basse époque, la construction + *min* ne pouvait faire difficulté. La critique moderne est en droit de se demander si la tournure insolite est indice de secondarité. Mais nous allons voir que ce n'est pas le cas.

[74] Nous avions admis provisoirement la priorité indémontrée de TM, pour nous placer dans la perspective de Kutscher et discuter sa vue sous cet angle. Il faut maintenant revenir en arrière. La 1re réaction du critique devant TM ne doit pas être d'en tirer un indice de secondarité de Qa, comme a fait Kutscher, mais d'examiner si la construction de TM n'est pas elle-même indice de secondarité. C'est en ignorant cette question préliminaire que Kutscher se montre unilatéral, sous l'effet de sa conception négative de Qa, par préjugé.

[75] L'emploi de *min* avec l'infinitif, après le vb de Qa, quoique non attesté ailleurs dans la Bible, ne constitue pas une réelle anomalie dans Qa, étant donné que la construction de סור + *min* + substantif est courante. Si cette construction était possible avec substantif, elle l'était avec infinitif, celui-ci étant un nom verbal. Kutscher estime ici une tournure sans l'infinitif et avec le substantif suivant («voie de ce peuple») plus conforme au style de l'hébreu ancien. Il y voit une difficulté pour la correction moderne = Qa, qui avait été proposée avant la découverte de Qa. Il en résulte que, du point de vue de Kutscher, Qa aussi pèche stylistiquement et que c'est un indice de secondarité. Mais s'il est vrai que le style ancien est normalement plus

Le témoignage des versions, dont une partie correspond à la leçon Qa, achève de réfuter l'appréciation de Kutscher. L'auteur a bien noté les données, mais il l'a fait en fin d'analyse, sans en tirer la moindre conséquence et sans s'apercevoir que le reste de son exposé se trouvait contredit par ces témoignages. Si en effet Syr et les 3 hexaplaires reflètent la même leçon fondamentale que Qa (le détail du *waw* initial mis à part), à savoir le vb סור au *hifil* impft, c'est que cette leçon n'était pas particulière à Qa[76]. Elle représente donc une tradition exégétique qui a connu une certaine extension et une certaine autorité. Son apparition dans Qa ne peut être interprétée comme le produit isolé, subjectif et fortuit de la «préférence» personnelle d'«un» scribe.

La suggestion moderne, antérieure à la découverte de Qumrân, de corriger le vocalisme de TM pour y lire l'impft *hifil* consécutif (inversif) de la rac. סור (= 2e correction proposée dans les apparats critiques de BH[3] et BHS), c'est-à-dire précisément la rac., la conjugaison *hifil* et l'impft que lit Qa, met en évidence l'intérêt qu'offre sa leçon. Récemment Wildberger a encore cru pouvoir retenir la correction, qu'il considère comme confirmée par Qa. Dans le détail, sa présentation de Qa et sa référence à Sym et à Syr appellent des rectifications, comme c'est aussi le cas de l'apparat critique de BHS[77]. Mais il est vrai, et c'est l'essentiel, que l'on peut alléguer Sym et

---

concis avec ce vb, on ne saurait en déduire qu'un style plus explicite avec l'infinitif (celui de Qa), aurait été anormal dans la forme primitive du texte et que donc Qa est secondaire. La rédaction primitive a pu viser une insistance sur la prescription importante, et recourir pour cela à la tournure plus explicite avec l'inf. : «ne pas aller sur la voie de ce peuple» = ne pas se conformer à son comportement.

[76] Syr a interprété H(Syr) par ונסטיני *wᵉnasṭeynî*, 3e sg (non Ire plur.!) impft *afel* (rac. *sṭy*, orthographiée en syriaque סטא «dévier, s'écarter»). Cela suppose une lecture *consonantique* = impft *hifil* avec *waw* préfixé, interprété comme *waw* de coordination simple. Warszawski a vu que le vb de Syr impliquait cette leçon consonantique, mais il n'a pas précisé le vocalisme et la nature du *waw* (*Pesh.Jes.* 21). Le point importe, car le même consonantisme se prête à une autre interprétation vocalique par *wa-* de consécution, ce qui entraîne le passé, solution adoptée par Sym, à la différence de Syr. D'un autre côté, Warszawski a reconnu que le vb devait être suivi par la conjonction *d* (ici de finalité) + la négation, comme dans la Polyglotte de Paris et dans l'Ambrosianus (éd. Ceriani), au lieu de la négation seule, dans la Polyglotte de Walton. La relation avec l'hébreu impose la conjonction devant la négation et exclut la césure entraînée par la négation seule. La perte accidentelle de *d*, très aisée en syriaque, est manifeste. L'apparat de Diettrich montre qu'à l'exception du ms B, tous les mss collationnés par cet auteur (ceux des bibliothèques européennes) ont la conjonction. Bien que l'ouvrage de Diettrich soit très soigné, en règle générale, ici il a été victime d'une confusion, touchant le texte de Walton classé avec la Polyglotte de Paris, alors qu'il se range avec les éd. de Mossoul, Urmia et Lee; c'est le texte de Walton qui a probablement induit ces 3 dernières en erreur, sans influence du ms B où le même accident s'était produit antérieurement.

[77] Cf. *BK*, X, 334, n. 11. À propos de la correction par l'impft *hifil consécutif* (*wa—* = 2e correction proposée par les apparats critiques de BH[3] et BHS), Wildberger allègue Sym et Syr. Mais, s'il est vrai que les 2 ont lu le *hifil* de סור, à l'impft, comme Qa, ils ont lu le *waw*

Syr, en leur adjoignant Aq et Théod (= Syr pour la valeur de futur, tandis que Sym a le passé = *waw* consécutif), comme interprétations par le *hifil* de סור, lu aussi par Qa (quoique sans *waw* préfixé, à l'encontre de *BK*). Toutefois l'option de Wildberger en faveur de cette rac. au *hifil*, d'après Qa et autres, ne repose que sur une impression personnelle de meilleure cohérence apparente, non sur une restitution des conditions culturelles et des situations et motifs respectifs des textes en présence.

La diffusion de la leçon Qa est encore attestée par un document qui a été négligé non seulement par Kutscher et D. Winton Thomas (dans l'apparat critique de BHS), mais encore par Wildberger, qui aurait eu un intérêt direct à l'alléguer, étant partisan de la correction = Qa. Il s'agit de la citation du passage d'Is dans le document de Qumrân IV Q Florilegium = *DJD*, V, 53, n° 174, lg 15 = pl. XIX[78]. La leçon en débat, il est vrai, doit être déduite du contexte, car elle a disparu dans la lacune qui coupe le texte après l'infinitif[79]. Mais la restitution est assurée par le fait que, à propos de Ps 1, 1, le contexte emploie le participe du vb décisif סור, dans l'expression «ceux qui s'écartent de la voie (...) סרי מדרך». Cette formule, coupée par une courte lacune d'un ou deux mots (fin lg 14), est suivie par la citation d'Isaïe, qui joue le rôle de justification de l'allusion supposée inhérente à Ps 1, 1 : «(c'est) ce qui est écrit (אשר כתוב) dans le livre d'Isaïe, le Prophète ...». Le raisonnement exploite la relation d'analogie scripturaire instituable entre Ps 1, 1 et Is 8, 11, à partir de l'idée de «marcher sur la *voie*» (Is) ou «dans = selon le *conseil*» (Ps) d'un parti qui mérite la désapprobation, «ce peuple» (Is), «les méchants» (Ps)[80]. Dans IV Q Flor l'enchaînement est donc : Ps 1, 1 +

---

préfixé, que justement Qa (cité avec erreur sur ce point par Wildberger) n'a pas. Or le *waw* importe particulièrement ici, à cause de ses conséquences pour la syntaxe du vb. Syr l'a lu comme *waw* de simple coordination, car il a l'impft *afel* (= futur), tandis que Sym a lu *wa*— de consécution (c'est-à-dire d'inversion temporelle), ce qui l'a conduit à rendre le vb par le passé (καὶ ἀπέστησέ με). L'erreur vient de l'apparat de BHS, où la correction est fondée sur Qa, Sym et Syr. Il fallait là, selon les conventions établies par BHS, XLIX, non pas «c» (= *cum*), qui implique une correspondance stricte des valeurs, mais «*conf*», c'est-à-dire une simple référence qui n'eût impliqué que l'emploi de la même rac., à la différence de celle de TM. Les leçons les plus proches de Qa (mais avec *waw* préfixé, absent de Qa) sont Syr et, non pas Sym (passé!), mais Aq et Théod, négligés par BHS et Wildberger; ces 2 témoins ont en effet en grec le futur καὶ ἀποστήσει).

[78] Ce document a déjà été signalé dans une n. précédente, à propos de la conjonction *k* devant l'infinitif, et de la var. *b*.

[79] Cf. sur la pl. XIX l'avant-dernière lg, avant la partie inférieure gauche rectangulaire. La déchirure du cuir a emporté la moitié du *taw* final de l'inf.

[80] L'exploitation de Ps 1, 1 et d'Is 8, 11 et leur rapprochement dans IV Q Flor constituent donc un exemple d'application de la méthode des analogies scripturaires, dans ce que l'on doit déjà considérer comme un véritable commentaire exégétique, étant entendu qu'il s'agit de «l'exégèse» des anciens, dont on ne peut attendre qu'elle ressemble à celle du critique et de l'historien modernes.

formule d'actualisation (par application à la communauté de Qumrân) +
citation d'Is, censée probante quant à cette actualisation. Cet enchaînement
permet d'opérer les 2 déductions suivantes. En premier lieu, la lacune finale
de la lg 14 est certainement à compléter + העם הזה, d'après la fin d'Is 8, 11[81] ;
en second lieu, le participe *qal*, à l'état cs plur. סרי de la lg 14 garantit que la
partie disparue de la citation d'Is portait, avec ou sans *waw* initial, et avec
yod (= TM) ou *waw* final (2ᵉ lecture possible de Qa, selon ce qui a été
observé plus haut), (ו)יסירנ(י). Autrement dit IV Q Flor portait, dans son
actuelle lacune, l'impft *hifîl* de סור, comme Qa, et non pas le vb יסר de TM.
La restitution est solidement assurée par le genre d'argumentation sur lequel
repose le «midrash» de IV Q Flor, pour reprendre le terme technique qui
introduit la spéculation scripturaire des lgs 14-15.

Dans la publication et l'interprétation première du document (*JBL* 77
(1958) 353), J. M. Allegro avait reconnu que le participe de la lg 14 impliquait, dans la lacune de la lg 15, une leçon = Qa[82]. Dans sa publication
définitive du corpus (*DJD*, V, 53, nº 174), il a renoncé à cette observation
essentielle, qu'il convenait au contraire de pousser dans ses conséquences.
Sa restitution du vb d'Is dans la lacune, avec orthographe = TM, déjà
inconséquente dans la transcription donnée dans *JBL*, ne peut, dans *DJD*,
que donner le change sur la vraie nature des faits.

La citation et l'exploitation d'Is 8, 11, dans IV Q Flor, constituent
également un intéressant indice de l'importance de ce passage d'Is dans la
pensée de la communauté de Qumrân. Malgré les lacunes de IV Q Flor,
il est en effet clair que le «*midraš*» (lg 14, début) de Ps 1, 1 consiste à tirer
de ce texte, avec la confirmation d'Is 8, 11, la justification de l'existence de
la communauté de Qumrân («les fils de Sadoq», lg 17) et sa séparation
d'avec le Judaïsme officiel et les autorités de Jérusalem, «fils des ténèbres»
(CD, I, 10). La portée d'Is 8, 11 était donc devenue considérable à ce stade
de l'histoire de la secte, puisque ce texte contribue à *légitimer la fondation
de la communauté*. Le prophète Isaïe joue le rôle d'un véritable modèle
typologique, qui préfigure et légitime par son attitude ce qui vaudra pour
la secte : éviter de «marcher dans la voie de ce peuple». L'actualisation est

---

[81] L'éditeur et premier interprète du document, J. M. Allegro, a méconnu ce point et a
laissé la lacune sans suggestion (*JBL* 77 (1958) 353, et *DJD*, V, nº 174, lg 14). La lacune
précédente, également laissée en blanc par l'éditeur, correspond au début de l'explication
de Ps 1, 1 et ne peut guère avoir été, d'après l'analogie des commentaires de Qumrân, que
הם «ce sont» ou אשר הם «(l'explication de la parole est) que ce sont».

[82] Cf. sa n. 26 de *JBL c. sup.* Pourtant l'auteur n'avait pas été pleinement conséquent, car,
en dépit de son observation juste touchant le rapport avec la leçon Qa, il transcrit, dans sa
parenthèse de restitution, une leçon consonantique = TM. On peut tenir pour certain que
la lg 15 portait l'orthographe pleine du vb, avec *yod* = Qa.

maximale et elle s'accompagne d'une puissante revalorisation religieuse. IV Q Flor est postérieur à Qa, mais la mise au point de Qa a été faite dans un esprit qui prépare déjà, à bien des égards les développements postérieurs de la pensée exégétique attestée à Qumrân. Il est bien clair que l'exploitation scripturaire de grande envergure pratiquée par IV Q Flor n'a pas été précédée, à courte distance temporelle, par un traitement complètement opposé qui aurait abandonné les textes au gré de l'arbitraire individuel de scribes incompétents et incontrôlés. C'est encore une indication qui dément la situation imaginée par Kutscher, et qui montre l'invraisemblance foncière de l'hypothèse empiriste.

L'intérêt spéculatif des anciens pour le passage 8, 11, attesté par IV Q Flor, est encore illustré d'une manière toute différente, mais éloquente elle aussi, par G. Il est nécessaire de s'arrêter un bref instant à son interprétation, car tout en paraissant très divergente, elle livre des indications utiles à la confrontation Qa-TM, qui nous occupe, et qui ne saurait être traitée à l'aide des raccourcis et des simplifications abusives dont s'est contentée l'exégèse empiriste[83]. L'interprétation de G a été commandée, comme celle de IV Q Flor, par une actualisation édifiante du passage d'Is, mais dans un autre sens, et avec un large recours à la spéculation verbale. Dans ἀπειθοῦσι «ils désobéissent», G a rattaché le vb sur lequel Qa varie à la rac. סרר «être rebelle» ou à une rac. apparentée et équivalente סרה, qui n'est pas attestée dans la Bible, mais qui a pu exister ou que G a pu postuler[84]. Vu la propension de G à recourir à l'araméen, en cas de besoin, pour les intérêts de son exégèse, il apparaît qu'ici il n'a, selon toute vraisemblance, pas supprimé le suffixe du vb[85], mais il l'a interprété comme la désinence de la 3e pers. plur. de l'impft araméen en ûn[86]. Seule demeurerait la difficulté de la consonne

---

[83] Certains lecteurs estimeront peut-être que c'est beaucoup s'attarder sur des minuties et que le rapport Qa-TM, qui tient principalement au *yod* supplémentaire dans Qa, ne mérite pas une analyse aussi insistante. Mais, dans les conditions du Judaïsme de l'époque, tous les détails et implications des textes ont du poids, en raison de la présence de spéculations et traditions exégétiques derrière les textes, et en raison des complexités historiques qui résultent, ici comme ailleurs, des ambiguïtés et potentialités de l'écriture consonantique.

[84] L'existence d'un tel vb à 3e faible ou sa restitution théorique dans l'exégèse de G est très vraisemblable, d'une part, en raison de la parenté générale des rac. géminées et des rac. à 3e faible, d'autre part, en raison de la synonymie de מרה, qui fournissait un modèle pour la constitution réelle ou théorique d'un vb סרה. Précisions sur la lecture hébraïque de G infra.

[85] Théoriquement il aurait pu procéder ainsi et éliminer le suffixe comme petit élément (ou élément «léger») négligeable. C'est un type possible de petite mutation dans G. Mais la tendance primordiale de G est de justifier, autant que possible, ses interprétations par des motifs littéraux ou scripturaires. Ici l'araméen lui fournissait la légitimation définie ci-après.

[86] Formation de ce type, qui correspond à l'impft «plein» ou «lourd»: BL, *Gram ... Aram.* 97 § 30 i, sv.

finale et de sa voyelle solidaire, *î* (TM) ou *û* (Qa, 2ᵉ lecture possible). Il faut admettre que G l'a traitée en détail négligeable, peut-être d'un simple point de vue euphonique. On remarquera que la finale *û* de la 2ᵉ lecture possible de Qa était plus aisément résorbable comme euphonie, étant identique à *û*, désinence verbale qui précède. L'indice reste incertain, mais livre néanmoins la possibilité d'une correspondance avec Qa, 2ᵉ lecture[87]. L'important est que G lisait dans H(G) une forme verbale homographe de celle de TM, et non la rac. de Qa. Ce fait a été méconnu par Fischer, en son interprétation de G 8, 11, dont Kutscher a cru pouvoir se réclamer[88]. Le témoignage que G apporte en faveur des *consonnes* de TM sur le point essentiel, et mise à part la question du *waw* initial, a été méconnu par ces auteurs, comme il l'a été par le reste de la critique[89]. H(G) était donc du côté de T et Vg, et non de Qa, IV Q Flor, Syr, Aq, Théod et Sym[90]. La donnée importe et modifie sensiblement la perspective de la question, car G constitue un témoignage qui remonte à la phase antérieure à la stabilisation consonantique amorcée au Iᵉʳ siècle de l'E.C. Faute d'une interprétation satisfaisante de G, on ne disposait en faveur de TM que de T et Vg, soupçonnables de refléter une modification récente. En réalité G fait contrepoids à Syr et Hex et surtout maintenant à Qa et IV Q Flor, et il apparaît que la leçon du type TM, c'est-à-dire en fait la rac. יסר (spéculativement exploitée par G comme rac. סרר) était déjà attestée à la même époque que les plus anciens témoins concurrents. TM n'est donc pas soupçonnable d'être le produit d'une retouche datant de la phase de stabilisation consonantique. D'un autre côté, malgré la possibilité théorique de lire la leçon consonantique de TM (G)

---

[87] Si G reconnaissait dans le vb une rac. géminée, sa lecture était, avec l'impft en *o*, *yāsorûn[û]*, ramené à la forme araméenne en —*ûn*. S'il postulait une rac. à 3ᵉ faible, sa lecture était *yisᵉrûn[û]*, avec la même conséquence. Dans les 2 cas, si G lisait un *waw* initial = TM, il l'a reporté entre *resh* et *nun* (métathèse) pour obtenir son vb au plur. Ce plur. est même une raison de penser qu'il lisait *waw* dans H(G), en 1ʳᵉ position = TM.

[88] *SBI* 22. La tentative de Fischer de reconstituer l'hébreu de H(G) est un échec. Il a cru que G supposait un participe. Ottley avait mis en garde contre cette interprétation, du point de vue du grec (*BIAS*, II, 149), et elle est complètement invraisemblable du point de vue de l'hébreu, où Fischer doit admettre une transformation graphique beaucoup trop radicale, à la mode de la critique textuelle du XIXᵉ siècle. Il est curieux que Kutscher se soit rallié à une telle hypothèse (*LMY* 202, n. 104; *LIS* 268, n. 1), tout en rejetant les remarques judicieuses d'Ottley (cf. son!), auxquelles il fait inexactement allusion (*BIAS*, II, 148). Manifestement Kutscher n'a pas approfondi le cas de G. Ziegler n'a pas traité de G 8, 11, dans *ZUI*.

[89] Cf. notamment le silence de BHS et de Wildberger sur le témoignage de G.

[90] Les autres aspects saillants de G en 8, 11 s'accordent avec son interprétation du vb et confirment l'orientation édifiante de son exégèse. Il a visé à tirer de H une réprobation de ceux qui, d'une manière ou d'une autre, refusent de se conformer à la voie du «peuple», qui est ici la communauté juive dépositaire de la Loi. Voir au sujet de la situation historique impliquée, l'analyse de G 8, 13-14 (section I, IIᵉ partie).

avec un vocalisme qui la rattache à סור (cf. apparat critique BH³), l'orthographe défective que suppose cette lecture est rendue invraisemblable, à la fois par l'inconvénient de la confusion des rac., déjà à l'époque d'Isaïe, et par le témoignage positif de la tradition vocalique préservée par TM [91].

Les déblaiements auxquels nous avons dû procéder nous ont permis de libérer la question du vb de 8, 11 des illusions schématisantes entretenues par toutes les exégèses qui ont procédé par jugement direct, au nom de soi-disant évidences, sans avoir sondé sous tous leurs aspects l'ensemble des données disponibles. Le problème, qui paraissait au départ simple et aisément résoluble sans longues formalités, recélait des complexités. Mais nous sommes parvenus au point où il redevient simple. Nous avions vu que la construction de TM, quoiqu'insolite, n'excluait nullement une leçon primitive. D'autre part, G, dont le témoignage avait été méconnu, plaide quoiqu'indirectement, pour la leçon TM et donc pour le vb יסר, dès la phase à laquelle appartient Qa, et avant la période de stabilisation qui aurait autorisé un soupçon de retouche secondaire dans TM, soupçon sérieux, en raison de l'époque tardive des témoignages de T et Vg en faveur de TM. TM est donc à égalité avec Qa et IV Q Flor, du point de vue de l'antiquité des attestations. Il reste à réinsérer les 2 leçons en présence dans leur contexte historique et à détecter leurs motifs respectifs, pour pouvoir peser leurs titres à l'authenticité primitive.

Or à cet égard les teneurs et leur rapport avec les situations historiques ne paraissent pas laisser place au doute. Une fois de plus la priorité revient à TM, à l'encontre de la var. Qa- IV Q Flor, et à l'encontre de la correction proposée par les modernes, avant la découverte de Qa, correction = Qa (sauf *waw* initial), et qui était fondée sur Syr et les Hexaplaires. L'instruction corrective signifiée par le vb de TM convient à la fois à la fonction prophétique et à la situation impliquée. Celle-ci est dominée par les circonstances politiques et leur répercussion sur la masse de la population, «ce peuple» [92]. Yahvé n'écarte pas simplement et d'un coup (ce serait le vb de Qa!) le prophète d'une voie clairement interdite par avance, et dans laquelle il se

---

[91] Si la rédaction primitive (celle du premier Isaïe ou d'un disciple) avait visé l'impft *hifil* de סור (c'est-à-dire le vb de Qa) avec une orthographe consonantique défective, on aurait, selon toute vraisemblance, inséré très tôt un *yod*, sous l'influence de la tradition de lecture, pour empêcher la confusion avec la rac. יסר. En pareil cas la préservation de l'orthographe originelle ne paraît pas douteuse et s'avère révélatrice.

[92] La crise syro-éphraïmite, au sujet de laquelle un autre texte dit que le cœur du roi et celui du peuple «vacillèrent comme vacillent les arbres de la forêt sous le vent» (7, 2). Le commentaire de la situation historique par Duhm vaut encore d'être consulté (82-83). Voir maintenant Wildberger *BK*, X, 336.

serait engagé à fond[93]. Le vb de TM reflète une situation plus complexe et suppose à la fois des circonstances confuses et une attitude hésitante du prophète, que Yahvé redresse sur un ton pédagogique : il persuade et instruit, en même temps qu'il reprend. La construction est insolite, mais, comme dit plus haut, conforme à la vocation de la préposition *min*, et l'expression laisse transparaître un fond historique qui est en faveur de son authenticité.

L'utilisation du passage d'Is dans la communauté de Qumrân rendait au contraire un rattachement secondaire du vb de 8, 11 à la rac. סור et une lecture au *hifil* non seulement éloquents par rapport aux conditions d'existence de la secte et à sa fondation même, mais puissamment oraculaires. Dans ce cas, ce qui compte c'est, à l'opposé du processus nuancé exprimé par le vb de TM, l'arrachement à un milieu réprouvé, la rupture effectuée d'un coup[94]. Le choix de la leçon reflète de nouveau une situation caractérisée et s'avère déterminé par elle à basse époque, donc secondaire. Il faut comprendre que pour la communauté de Qumrân et pour les spécialistes qui exprimaient et défendaient ses aspirations idéologiques, le texte d'Is offrait l'occasion providentielle de justifier la séparation radicale d'avec le reste du Judaïsme et, mieux que cela : l'occasion d'y lire la préfiguration oraculaire de la rupture avec «ce peuple» et avec «la marche sur (sa) voie». Comme l'a bien vu IV Q Flor, qui constitue un commentaire très proche de l'inspiration de la var. Qa, l'attitude du prophète Isaïe prenait pour la secte une dimension typologique et dessinait par avance ce qui devait se réaliser dans «la suite (finale) des jours» (IV Q Flor, lg 15), c'est-à-dire dans l'ère eschatologique. De même que Dieu avait écarté (ainsi la lecture de IV Q Flor = Qa, avec סור au *hifil*)[95], autoritairement et «d'une saisie de main», Isaïe de la voie de «ce peuple», de même, par une conséquence et une répercussion finale de l'attitude inaugurée par Isaïe, sous l'action de Dieu, la communauté de Qumrân avait été écartée à son tour de la voie du même peuple. Quel émoi pour les gens de Qumrân, et quelle stimulation religieuse

---

[93] C'est ce qu'admettent à tort les partisans de la correction, en dernier lieu Wildberger. Ils perdent de vue que la nuance pédagogique du vb de TM convient beaucoup mieux à la situation que le vb de Qa (= la correction antérieure) qui exprime un acte tranché.

[94] C'est bien une idée d'écart et de rupture qui est inhérente au vb סור. Il sert à indiquer les changements de route et, au figuré, l'éloignement par rapport aux fautes et au mal en général. Cf. au *qal* : II R 10, 31; 15, 18; Is 59, 15 (se détourner des péchés); au *hifil* : Dt 7, 4 (détourner quelqu'un de la fidélité à Yahvé). Le vb סטא, employé à l'*afel* dans Syr Is 8, 11, rend exactement cette idée de changement de direction ou de rupture, notamment «de (par rapport à) ce qui est mal» (מן דביש), Syr Ps 14, 3 (cité par *PSm* 2594). Rapprocher aussi l'intéressant substantif dérivé מסטיותא, qui désigne l'abandon de la vraie religion, l'apostasie (*PSm* 2595).

[95] Nous avons vu plus haut que cette lecture doit être considérée comme certaine dans IV Q Flor, quoique le vb soit dans la lacune. Voir plus haut les observations à ce sujet.

de constater qu'ils avaient pour patron et pour initiateur, dans leur entreprise schismatique, le grand prophète Isaïe lui-même![96] Quelle découverte oraculaire primordiale pour la secte, puisqu'elle lui livrait un véritable acte de fondation! Ces conditions garantissent aussi que le passage de la leçon H = TM à la leçon Qa s'est effectué légitimement, aux yeux des gens de l'époque, c'est-à-dire sous le couvert d'une méthode à laquelle revenait une autorité religieuse. L'insertion du *yod* médian, qui entraîne le changement de rac. est une petite mutation, branche de la méthode des analogies verbales formelles. Cette petite mutation peut même passer pour homographie, puisqu'elle est déductible d'une orthographe supposée défective. Formellement et pour la pensée analogique de l'époque, la leçon H = TM était interprétable comme contenant le *hifil* de סור que Qa aurait rendu explicite par simple complément orthographique, alors que logiquement et historiquement ce complément orthographique est en réalité un authentique changement de rac. L'existence et le poids des motifs qui ont été démêlés montrent que toute minimisation du détail du *yod* serait une illusion moderne, et qu'en fait les gens de Qumrân ont suspendu à cette consonne les plus graves conséquences. Ils n'ont pu le faire que dans la conviction que la méthode appliquée les y autorisait, par delà toutes les possibilités de contestation.

6) Les variantes de Qa 14, 32. L'hommage des rois au culte monothéiste à Sion

En 14, 32 les 2 var. initiales offertes par Qa doivent être traitées solidairement יענו מלכי, au lieu de TM יענה מלאכי. Dans TM, certainement primitif, comme il résulte du contexte et des observations qui suivront, le substantif pluriel est objet du vb au sg, selon la construction directe applicable au destinataire du vb hébreu «répondre»[97]. Le sens de la formule est, dans la proposition complétée par les parenthèses : «(Que) répondra-t-on aux envoyés

---

[96] Du point de vue de l'importance exceptionnelle d'Isaïe dans la secte de Qumrân, la var. de 8, 11, dûment analysée, est également très significative. Il faut la rapprocher du mot d'ordre de la fin de la «Règle» (S(Qm)VIII), qui cite 40, 3, avant que les Évangiles ne s'y réfèrent à leur tour et dans le prolongement de la même tradition scripturaire. Les nombreux mss d'Is retrouvés fragmentairement à Qumrân illustrent quantitativement ce qu'indiquent la var. de 8, 11 et la citation de S(Qm), à savoir l'importance d'Is à Qumrân.

[97] La construction avec l'accusatif de la personne à qui l'on répond est normale avec ce vb, comme celle de l'accusatif pour la réponse donnée. Les traductions de G, par exemple dans Gen 23, 14 et 45, 3, illustrent sa connaissance du 1er tour, plus difficile pour un interprète grec que le second. Sous ce rapport Is 14, 32 ne pouvait donc faire difficulté pour les interprètes anciens de la phase Qa-G. S'ils varient tous deux dans l'interprétation de ce vb, c'est en raison d'une exégèse d'ensemble, analysée plus bas.

(du peuple)?». גוי = généralement, «peuple étranger». La 3ᵉ pers. du vb, sans antécédent discernable, est une imprécision conforme à la manière de l'hébreu ancien, où la restitution du sujet peut dériver de la connaissance de la situation : «il» = le peuple judéen = «on»[98]. Il s'agit de la réponse à donner à la délégation du «peuple» philistin (cf. 14, 29), qui avait été envoyée à Jérusalem pour entraîner Juda dans une coalition anti-assyrienne. Le passage est étroitement lié à des circonstances politiques d'époque, et ne s'éclaire que par elles. La menace assyrienne sur les pays syro-palestiniens, et plus spécialement sur les pays côtiers qui contrôlaient la voie d'accès vers l'Égypte, avait paru conjurable, à un moment donné dont la date reste discutée[99]. Nous devons laisser de côté ici le problème chronologique complexe soulevé par l'allusion à «la férule brisée» (14, 29 a) et son rapport avec l'«année de la mort du roi Achaz» (28)[100]. Il n'est nullement assuré que la notice 14, 28, relative à la mort d'Achaz, soit originale. Elle a au contraire toutes les chances de provenir d'un compilateur postérieur aux événements, qui a pu interpréter les renseignements dont il disposait, en méconnaissant

---

[98] La 3ᵉ pers. sg du vb initial, sans antécédent explicite, n'est pas une anomalie dans ce contexte. Wildberger a admis avec raison une valeur impersonnelle, mais sans autre justification (cf. sa traduction, *BK*, X, 573). Le tour est caractéristique de l'hébreu ancien où l'expression littéraire fait volontiers l'économie des précisions restituables par la situation, telle qu'elle était connue des contemporains. C'est le cas ici où la 3ᵉ pers. vise simplement Juda, d'après l'évidence du moment, sans besoin d'évoquer le responsable royal qui représentait, en fait, le peuple, dans la tractation diplomatique. De plus, vu la construction propre à ce vb, le sg permettait d'éviter l'équivoque introduite par un vb au plur., qui aurait plutôt appelé une fonction de sujet pour le substantif, au pluriel. Le sg du vb assigne sa fonction d'objet au substantif, et le sujet se déduit des circonstances.

[99] Exposé utile et bien documenté du problème par Wildberger, *BK*, X, 578 s. Toutefois la solution à laquelle songe cet auteur soulève, en dépit de son intérêt, des difficultés qui me paraissent, en définitive, plus grandes que celles des théories qui admettent le caractère douteux de la notice chronologique 14, 28. Cf. la n. suiv.

[100] Il n'est pas absolument certain que «la férule brisée» soit une allusion à la mort d'un roi assyrien. Il pourrait s'agir simplement d'un relâchement de la pression assyrienne, vu de Philistie à travers telle ou telle circonstance. Dans l'hypothèse, malgré tout la plus probable, d'une mort royale, l'allusion peut être proche ou distante et, dans ce dernier cas, la formule concernerait «la férule» du pouvoir assyrien, «brisée» depuis la mort de tel souverain. Wildberger admet, après d'autres, qu'il s'agit de Tiglat-Piléser III, d'après la convenance historique fournie par le règne de ce monarque (o.c. 578-579). Indépendamment de la difficulté inhérente à la notice chronologique de 14, 28 et à son appréciation comme témoignage contemporain (alors que l'intervention d'un compilateur est le plus probable), du point de vue des conditions historiques, les solutions proposées soit par Fohrer (révolte d'Adod en 713 s.), soit par Donner (révolte du roi Hanno de Gaza 722 s.; références utiles dans *BK*) restent en concurrence. Dans la 1ʳᵉ hypothèse, une allusion distante à la mort d'un roi assyrien est concevable, mais alors Salmanasar V, plutôt que Tiglat-Piléser III. La 2ᵉ hypothèse permettrait de comprendre la mention de «la férule brisée» comme une allusion à la mort de Salmanasar V. L'agitation fomentée par Hanno constituerait une circonstance particulièrement convaincante.

la réalité historique[101]. Quoi qu'il en soit, la «joie» des Philistins (29aα) reflète une appréciation optimiste d'une conjoncture qui leur avait paru justifier leur démarche auprès de Juda.

L'identification des conditions historiques générales est en faveur de la forme textuelle préservée par TM, quelle que soit la situation chronologique que l'on voudra retenir pour l'oracle et pour l'initiative diplomatique philistine qui en a été l'occasion. Voilà le point qui importe pour la présente analyse[102].

Dans la var. de Qa citée, le substantif diffère par l'absence d'*alef*, en 3e position. Il ne s'agit plus alors des «envoyés», mais des «rois». Le vb est au plur., ce qui entraîne la fonction de sujet pour le substantif, si l'on suit le mouvement le plus naturel de la phrase : «(Que) répondront les rois (du peuple)?». Une construction correspondant à celle de TM, avec le substantif objet, ne serait théoriquement pas exclue («Que répondront-ils = que répondra-t-on aux rois?»). Mais l'adoption du plur. pour un vb qui, lorsqu'il était au sg, imposait précisément au substantif la fonction d'objet, trahit l'intention de faire de ce substantif le sujet. La confrontation de G confirme que telle a bien dû être aussi la construction de Qa. G suppose soit une source H(G), soit un traitement textuel correspondant à Qa, sauf en ce

---

[101] Du point de vue de la critique littéraire, la notice chronologique introductive 14, 28 n'a guère de chance d'être contemporaine de l'oracle. Originellement l'oracle n'appelait pas cette notice. Il convient peut-être de rapprocher la datation par la mort d'Achaz et la datation de la grande vision du Temple, l'année de la mort du roi Osias (6, 1). Cette dernière est certainement authentique. L'autre pourrait avoir été inspirée par ce modèle. La coïncidence des grands moments prophétiques avec des fins et des débuts de règnes devait être séduisante par le mystère et par le prestige. Un tel attrait a peut-être guidé un compilateur. Le rapprochement entre l'oracle sur les envoyés philistins et la mort du roi Achaz aurait-il été encouragé en outre par la rencontre formelle entre les consonnes du mot hébreu «roi» (28) et celles du mot «envoyé» (32)? Dans cette hypothèse, Qa et G, qui ont interprété au sens «roi» le mot en cause de H = TM, comme nous allons le voir plus loin, ne seraient que les héritiers d'une spéculation qui aurait déjà été, en un certain sens, celle du compilateur à qui l'on doit 14, 28. Pour ce dernier la mort du roi aurait offert une mystérieuse affinité verbale avec la venue des envoyés philistins (l'affinité définie infra). Pour Qa et G les «envoyés» sont devenus l'occasion d'évoquer des «rois», en vertu des motifs dégagés plus bas.

[102] Il convenait de préciser les premières raisons de considérer TM comme la forme primitive du texte. Toute la bibliographie du passage et de ses représentants antiques est caractérisée soit par des mises en doute critiques, soit par des lacunes ou des erreurs qui laissent planer l'incertitude sur l'état premier. Wildberger, dernier commentateur, laisse en fait le débat sur le texte primitif ouvert. Il n'a pas réfuté les mises en doute de la critique. De Qa il a négligé 32 a, et n'a considéré que la var. du suffixe en 32 b. Sa conclusion, concernant la critique textuelle, est que vu «l'incertitude de toutes les corrections», il est préférable d'en rester à ce qu'il appelle «le texte originel». Mais c'est justement ce caractère originel qu'il s'agit de démontrer, en dehors de quoi il n'y a qu'un texte traditionnel. Les contributions de Ziegler à G et de Kutscher à Qa ne rendent pas non plus compte de l'état des textes dans des conditions satisfaisantes et, par conséquent, ne peuvent être considérées comme ayant clarifié le problème de la hiérarchie des formes textuelles en présence.

qui concerne le complément de l'état cs, au plur. dans G, contre Qa = TM :
τί ἀποκριθήσονται βασιλεῖς ἐθνῶν; «que répondront les rois des nations?»
Ce sont des rois qui donnent «réponse» et cette réponse est singulièrement
importante, du point de vue religieux, puisqu'elle constitue la proclamation
du privilège providentiel de Sion, tel qu'il s'exprime en 32b : «Yahvé (G : le
Seigneur) a fondé Sion et là (= TM בה, littéralement «en elle», sur la colline
de Sion) se réfugieront les malheureux de son peuple». G : «... et par lui
(lecture ou interprétation = בו = Qa) seront sauvés les humbles du peuple».
Le détail du suffixe, commun à Qa et à l'hébreu supposé par G, en 32b,
confirme la parenté de ces 2 textes, en introduisant une majoration religieuse
qui s'ajoute à la majoration lyrique de 32a. Les hérauts de la proclamation
sont devenus des rois, au lieu d'être de simples envoyés. Le Dieu d'Israël
remplace Sion (32b) pour assurer la fonction de refuge inviolable (Qa) ou,
selon la leçon plus poussée ici encore de G, pour assurer le salut.

Bien que le changement du suffixe de 32b, dans Qa et G, ne soit qu'un
détail, il est très révélateur, puisqu'il fait intervenir directement Yahvé à
Sion. Manifestement la même conception fondamentale a été à l'œuvre
dans Qa et dans G, pour l'ensemble 32a + 32b. Elle a consisté à profiter
de la ressemblance *formelle* entre l'orthographe consonantique des mots
hébreux «envoyés» et «rois» pour passer du premier au second, et donner
ainsi au message du privilège providentiel de Sion un retentissement et une
autorité accrus, dont la signification religieuse est soulignée par la retouche
du suffixe de la préposition de 32b. Dans G les rois sont «les rois des nations»,
ce qui donne au texte sa plus grande ampleur et une portée universaliste.
Elle est évidemment inspirée par les prophéties du Second Isaïe, qui font
des nations, et particulièrement de leurs rois, les témoins de la validité
exclusive de la religion d'Israël[103].

La forme Qa du texte, où «nation» (dans la suite, plutôt «peuple», par
adaptation) est au sg, est restée sur ce point fidèle à la littéralité de H = TM
(dont la forme est garantie par la situation historique définie initialement).
La source H(Qa) s'accordait ici avec TM, et c'est une confirmation qui
s'oppose à la correction par le plur., encore proposée dans BH³ et BHS,
à la suite d'auteurs antérieurs. Cet intérêt de la leçon Qa n'a pas été aperçu
par Kutscher, qui va jusqu'à s'étonner du sg, à côté du plur. précédent,
comme d'une anomalie[104]. Du point de vue des rapports littéraux entre les

---

[103] Is 43, 9; 45, 23-24; 49, 7; 52, 15.

[104] L'intérêt offert par Qa pour la confirmation du sg de «peuple» de TM a été méconnu
par Wildberger et BHS, qui ont tous deux omis de relever les données de Qa en 32a, et par
Kutscher, *LMY* 194; *LIS* 257. Kutscher s'est étonné du sg, sans apercevoir sa valeur de
fidélité réfléchie à la source, donc de confirmation de la forme TM, à l'encontre du glissement

témoins, et étant donné la var. précédente, Qa se situe par ce sg à mi-chemin entre H et G, et il jalonne ainsi le processus de transformation qui est allé de H à G.

Du point de vue des justifications scripturaires, telles qu'elles devaient se présenter pour les responsables de Qa, il n'est guère douteux que l'expression «rois du peuple» s'éclairait par l'enseignement des récits traditionnels sur l'organisation politique des Philistins en confédération de cités ayant à leur tête autant de princes[105]. Mais, à l'époque de Qa, les Philistins désignaient typologiquement les Grecs, comme le confirment les indices décelables dans G Is[106]. Le sg «peuple», issu de H, prenait alors, au contact de la var., une nouvelle valeur et désignait les peuples de langue grecque; l'expression «les rois du peuple» devenait une allusion aux successeurs d'Alexandre, qui s'étaient partagé son empire. Ces souverains pouvaient passer pour représenter le monde des nations. Leur hommage proclamait, comme dans G celui des «rois des nations», le triomphe de la religion d'Israël. Quoique la transformation du texte soit littéralement moins poussée dans Qa que dans G, elle exprime donc la même pensée, d'une manière qui, au lieu d'être explicite comme dans G, est estompée et allusive. Cette caractéristique convient à un style oraculaire. Il n'est pas douteux que Qa a compris la forme qu'il a donnée au passage comme l'annonce d'un prestige exceptionnel dont la religion d'Israël jouirait auprès des souverains du monde hellénisé.

Qa et G ont perdu le fil des circonstances qui avaient donné naissance à l'oracle d'Isaïe, et dont la restitution occupe la réflexion de l'historien moderne. Mais l'oubli du détail des circonstances et l'orientation de Qa et G vers un champ nouveau et original sont bien conformes à leur situation et constituent une donnée qui a une valeur positive. Phénomène d'actualisation. La variation de G et celle de Qa soulèvent dès lors un problème. Le thème édifiant de l'hommage rendu par les rois à la colline sainte de Sion et à son culte suffit-il par lui-même à justifier les transformations infligées au texte? En d'autres termes, ces modifications ont-elles été pratiquées

---

amorcé avec la var. voisine. La réaction de l'auteur surprend d'autant plus que la même leçon au sg s'oppose à sa tentative d'expliquer la var. voisine par une influence de 14, 9 et 18, où l'on a «tous les rois des nations», avec le 2⁰ terme précisément au plur., et non au sg qui serait requis dans cette hypothèse. Kutscher l'a empruntée à Ziegler qui avait voulu l'appliquer à G, sans l'inconvénient indiqué à l'instant (puisque G lit «nations» au plur.), mais néanmoins sans viser la bonne explication.

[105] Jos 13, 3; Jug 16, 5; I Sam 5, 8. Le sg de Qa est donc doublement remarquable, d'une part, comme reflet de sa source = TM, d'autre part, selon toute vraisemblance, comme indice de réflexion sur les confrontations scripturaires utiles.

[106] En ce qui concerne G Is, l'identification des Philistins aux Grecs a été mise en évidence par Seeligmann, *SVI* 81.

librement par rapport à la littéralité de H, au nom de cette idéologie? Une
telle hypothèse passerait trop facilement outre à la relation formelle très
visible dans Qa, considéré prioritairement ici, entre la var. principale et le
mot primitif (les 2 autres var. étant manifestement subordonnées). Nous
avons vu que seul *alef* distingue, en écriture consonantique, מלאכי «envoyés
de» (TM) de מלכי «rois de» (G, Qa). La relation est si frappante et offre
si bien l'occasion d'un passage du 1er terme au 2e que les critiques de G ont
commencé par croire à un accident de lecture ou à une facilité empirique,
et que ces explications par la matérialité de l'écriture les ont empêchés de
discerner le thème qui s'affirme dans G, et maintenant dans Qa. Ottley
croyait à une confusion de lecture [107]. Cette vue a évolué en «négligence de
l'*alef*», chez Fischer et Ziegler, présentation en elle-même préférable, mais
qui ne dépasse pas un stade descriptif et qui n'a pas conduit ces auteurs
vers la détection indispensable du thème inspirateur [108]. Au lieu de se
rapprocher de la raison pour laquelle G a «ignoré» *alef*, Ziegler s'en est
éloigné, lorsqu'il a cru devoir combiner la remarque de Fischer sur la
négligence de l'*alef* avec l'hypothèse d'une influence de la formule «rois
des nations», qui figure en 14, 9 et 18 [109]. Il s'agirait alors d'une reprise
passive de cette formule en 32. Ziegler parle d'une *Angleichung*, d'une
«harmonisation». Mais la passivité est réfutée par le thème inspirateur de
G, qui atteste une mûre réflexion. Il n'y a pas plus «harmonisation» de 32

---

[107] Ottley, *BIAS*, II, 183. Pour cet auteur la var. de G s'explique comme «easy mistake».
Il croit retrouver la même «confusion» dans G Is 42, 19 et H II R 6, 33. Mais on ne peut
conclure à la «confusion» pour G Is 14, 32 qu'en isolant de leur contexte les 2 formes en
cause. L'importance de ce contexte est rendue manifeste précisément par l'adaptation de G,
ce qui suffit à éliminer la présupposition critique d'Ottley. D'un autre côté G Is 42, 19,
allégué par Ottley, est clairement un texte spéculatif, qui doit être apprécié sous l'angle de son
motif exégétique propre, lié à la parenté formelle des termes en discussion. H II R 6, 33 a aussi
un caractère spéculatif. Il s'est agi, sous prétexte de la mention du terme «messager» en 32,
de lui attribuer en 33 le propos sur «le malheur», plutôt qu'au roi, et peut-être était-ce un
k^etîb qui allait de pair avec la connaissance du sens primitif, dans une tradition ensuite perdue.
Il est révélateur de la stérilité de l'empirisme en critique que le motif idéologique de G n'ait
pas été identifié, à la longue, par les auteurs postérieurs à Ottley, alors qu'il s'agit d'un détail
à la fois simple et éloquent.

[108] Fischer s'est contenté d'observer que G a interprété le terme en cause au sens «rois»,
en «ignorant» l'*alef*, *SBI* 30. C'était s'en tenir à un constat descriptif liminaire, dont la
signification demandait à être précisée: ignorance passive, l'attention de l'adaptateur ayant
alors été en défaut, ou ignorance active, l'adaptateur ayant dans ce cas intentionnellement et
par mûre réflexion négligé l'*alef*? Fischer n'a pas soulevé cette question, et la seule précision
qu'il ait ajoutée est une comparaison avec le cas de G 34, 1. Mais il a interprété erronément ce
dernier texte comme le résultat d'une confusion de lecture (*SBI* 51). Ziegler, au lieu de
procéder à la critique nécessaire de la notice de Fischer, s'y est référé comme à une autorité
positive pour la question, en ajoutant une hypothèse d'influence qui s'avère illusoire; cf. infra.

[109] *ZUI* 152.

sur 9 et 18 qu'il n'y a accident de lecture ou traitement d'*alef* comme d'une donnée indifférente[110].

Kutscher a cru pouvoir reprendre l'hypothèse de Ziegler pour l'appliquer à Qa, sans s'aviser que, dans ce texte, le sg du complément de l'état construit («peuple») rendait d'emblée improbable toute supposition d'une influence de 14, 9.18[111].

Les appréciations de la var. principale (et déterminante pour les 2 autres de Qa), dans G et Qa, ne peuvent être considérées comme satisfaisantes, dans l'état de la question, parce que les commentateurs se sont contentés d'observations partielles, complètement coupées de la résonance idéologique des formes textuelles en présence. On s'en est tenu à la littéralité écrite, considérée soit dans le mot isolé (Ottley), soit d'après une relation contextuelle supposée, qui aurait été subie passivement (Ziegler, Kutscher), soit encore de façon empirique indéterminée (Fischer). C'était fermer les yeux sur l'aspect décisif qui éclaire la transformation du sens dans Qa, et, de manière plus poussée encore, dans G. La bibliographie de la question illustre de

---

[110] Ziegler a par ailleurs été bien inspiré quand il a noté que la leçon de G figurait peut-être déjà dans sa source : Qa offre maintenant une illustration qui montre le bien-fondé de cette remarque.

[111] *LMY* 194; *LIS* 257. Kutscher a vu dans ce sg une anomalie de Qa, au lieu d'y reconnaître un indice opposé à son hypothèse. D'un autre côté il a voulu combiner avec l'hypothèse de l'influence de 14, 9. 18 celle d'une altération du mot primitif, par l'effet de la faiblesse phonétique de l'*alef*. Cette 2e hypothèse rendait l'autre superflue, puisque la perte de l'*alef* par erreur phonique aurait engendré la leçon secondaire, qui aurait été dès lors acquise, sans intervention d'une réminiscence de la formule de 9 et 18. Mais l'explication par l'accident phonique, comme celle d'Ottley par l'accident visuel, ignore la priorité du thème de l'hommage des rois, commun à Qa et à G. C'est en connaissance de cause, non par dégradation accidentelle que le texte a été modifié. Les matériaux de comparaison cités par Kutscher ne modifient pas le problème de Qa 14, 32. L'orthographe sans *alef* en syro-palestinien, pour «ange», c'est-à-dire pour le même mot que l'hébreu «envoyé» est effectivement attestée, mais n'est pas la règle (cf. Schulthess, *Lex. syr. pal.* 100 B). Kutscher a omis de le signaler. Le fait qu'il s'agisse d'une variation orthographique, et non d'un usage établi, réduit la portée du rapprochement. De toute façon la connaissance que Qa possédait de l'orthographe du mot hébreu «envoyé», connaissance prouvée par 18, 2 et 42, 19, est un élément décisif qui exclut que Qa ait pu considérer son orthographe en 14, 32 selon la variation observable dans les vestiges manuscrits syro-palestiniens. L'oracle 14, 32 offrait, avant tout, à Qa et à toute la tradition une matière à spéculation, et le thème dégagé l'emporte sur toute hypothèse de variante orthographique. Dans II Sam 11, 1, encore allégué par Kutscher, le sens «rois» est requis par le contexte. L'orthographe du plur. absolu avec *alef*, qui crée l'apparence d'un sens «envoyés» pourrait résulter d'un emploi d'*alef* comme indication vocalique de la prononciation hébraïque, à l'encontre de la prononciation araméenne (voyelle «*a*» en 1re syllabe). Il ne s'agit d'ailleurs pas d'un passage oraculaire comme celui d'Is 14, 32. Le cas est donc différent. D'un autre côté Kutscher a négligé, d'une part, II R 6, 33, que signale Ottley et qui paraît se prêter à une solution (cf. supra la n. à ce sujet), d'autre part, G Is 42, 19. Ce dernier texte est nettement spéculatif et résulte d'un traitement de H par analogie verbale (passage de «envoyés» à «rois», d'où οἱ κυριεύοντες; interprétation de אשלח par (ר)אש + לה, d'où αὐτῶν.

façon frappante l'effet paralysant des préjugés relatifs à la valeur *exclusive* des explications par les accidents ou les incompréhensions, et par l'empirisme, ce dernier type de justification n'étant, à la différence de l'autre, même pas assuré dans son principe.

Dès qu'on opère la confrontation de tous les aspects en cause, l'origine de la var. principale de Qa et G 14, 32 s'éclaire. Il devient manifeste qu'elle a été inspirée par le dessein d'introduire dans le texte le grand thème traditionnel, né de la prophétie d'exil, qui a été rappelé plus haut, celui de l'hommage rendu à la religion d'Israël, c'est-à-dire au monothéisme, par des rois représentatifs d'un ensemble de nations et du domaine du polythéisme. Du même coup, ainsi qu'il a été dit plus haut, le passage prenait, dans Qa comme dans G, la valeur d'un oracle, et d'un oracle de grande envergure. Cette signification, qui résulte de la var. principale de Qa et des retouches complémentaires qu'elle a entraînées, garantit que ces changements étaient considérés, à l'époque dans le Judaïsme, comme entièrement légitimes. Comme établi antérieurement, le caractère oraculaire est une preuve absolue de la validité du changement (section I, Ire partie, ch. II, C). Dire que les changements apportés dans Qa à H 14, 32 (= TM) étaient légitimes, c'est dire que leurs modalités définissaient des méthodes accréditées, nanties d'une autorité aussi indiscutable que celle du texte de base lui-même.

La retouche du vb (par passage au plur.) et celle du suffixe de la préposition (le masculin = Yahvé, au lieu du féminin = Sion) sont des changements logiquement importants, mais formellement mineurs. Ils ne portent que sur des modalités d'emploi des mots en cause, sans affecter *la présence de ces mots* et ce qui pouvait émaner de cette présence, à savoir ici une part de l'effet oraculaire. Les retouches concernent des petits éléments ou éléments «légers» (désinences, suffixes etc.); elles relèvent des «petites mutations», branche de la méthode générale des analogies verbales formelles.

Le changement principal qui a commandé les 2 autres a manifestement été fondé sur la ressemblance des 2 mots en cause, mais la justification précise de la relation instaurée peut se comprendre de différentes manières.
a) La faiblesse phonétique d'*alef* à basse époque et, par suite, la possibilité de son omission, d'après l'analogie de la langue parlée, a pu fournir un prétexte analogique à la négligence de cette lettre, et au passage à la var. Il s'agirait alors d'une 3e petite mutation, cette fois d'ordre phonétique, et non plus grammatical comme les 2 précédentes.
b) La justification pourrait aussi être venue d'une analogie orthographique. Le plur. absolu du terme pouvait être orthographié מלאכים, avec assignation d'une valeur vocalique à *alef*, conformément à la tendance à l'emploi de consonnes vocaliques (*matres lectionis*) à basse époque. Cette

orthographe pleine est positivement illustrée par le TM de II Sam 11, 1[112]. L'état construit plur. requis par le contexte excluait pour le mot מלך visé par Qa, un *alef* vocalique en 3ᵉ position. Il imposait la 2ᵉ. Mais la coïncidence homographique à l'état absolu pluriel créait une relation formelle rigoureuse entre les 2 termes en cause («rois» et «envoyés»). Il est concevable que Qa ait exploité cette relation herméneutiquement.

c) L'hypothèse qui paraît la plus probable est que l'exploitation de la fonction orthographique assignable à l'*alef* a été combinée avec une méta-thèse d'*alef*, puis avec son élimination, au nom de l'orthographe défective. Le processus aurait donc été : H מלאכי ; métathèse fournissant le passage à l'autre terme que visait Qa, מאלכי ; négligence d'*alef* vocalique, par passage à l'orthographe défective, et obtention de la leçon retenue par Qa מלכי. Le procédé de la métathèse (ou parfois de l'anagramme) étant bien attesté dans G et dans l'herméneutique du Judaïsme en général, cette explication paraît la plus probable. On concluera donc à une métathèse suivie de réduction à l'orthographe défective. Les motifs (a) et (b), sans être nécessaires, ont pu jouer un rôle de justifications complémentaires. Ils relèvent de la méthode des analogies verbales formelles, comme le motif (c), à retenir à titre prioritaire ou exclusif.

La teneur de Qa 14, 32 et son rapport avec G font des variantes de ce texte des spécimens qui illustrent éloquemment l'existence de la méthode d'herméneutique transformante par analogie verbale formelle, et son emploi à des fins édifiantes.

7) La variante Qa 25, 1. La portée oraculaire des Écritures

En 25, 1, au lieu de la leçon TM עצות, Qa porte אצית. Il faut rectifier la transcription de Burrows, qui a lu *waw* = TM, au lieu que la photo révèle nettement un *yod*[113]. Pour apprécier la var. Qa, il est indispensable de commencer par tenir compte du contexte et du sens que revêt le passage, dans la forme TM. Le consonantisme de TM a certainement conservé la

---

[112] Ce texte a déjà été mentionné dans une note précédente, à propos de la contribution de Kutscher, qui l'allègue à un autre point de vue. Voir dans la même note les autres matériaux à confronter.

[113] Burrows a transcrit אצות. Eissfeldt n'a pas rectifié cette lecture, dans sa révision des variantes de Qa (*Variae lectiones* ..., supplém. à BH³, 1951). Mais le *yod* est assuré par la comparaison avec les *yod* voisins, qui sont du type ancien, à forme angulaire, tandis que les *waw* diffèrent. La lecture correcte a été reconnue par Kutscher, *LMY* 167; *LIS* 221. Il est par ailleurs intéressant d'observer que la différenciation entre *yod* et *waw* a souffert de négligences, surtout en des endroits de ce contexte où la structure consonantique guide la lecture. Le 4ᵉ mot avant la fin de la lg 27, col. XIX en offre un exemple qui paraît significatif.

teneur primitive, comme il ressort de la convenance de la leçon citée avec le contexte. Mais cette convenance peut s'entendre de 2 manières, selon que l'on suit ou non la césure massorétique marquée par l'accent ʾatnaḥ. Ce dernier dissocie les 2 termes פלא עצות qui, en dehors de cette césure explicite et de la tradition qu'elle recouvre, impliqueraient normalement une jonction d'état construit (cs) et, par conséquent, une césure après le 2ᵉ mot.

Dans TM le sens le plus probable est : «Je louerai ton Nom, car tu as accompli une merveille (césure), des desseins (conçus) depuis longtemps (littéralement : «de loin»), avec fidélité, avec constance»[114]. Ce sens est préférable à une autre traduction théoriquement possible : «... une œuvre fidèle (littéralement «une fidélité»), une œuvre constante (littéralement «une constance»)»[115]. La valeur temporelle de מרחוק paraît la plus vraisemblable, parce qu'elle convient à la souveraineté et au mystère de l'action divine[116]. La fonction de complément de modalité, admise pour les 2 derniers substantifs, est celle qui résulte avec le plus de probabilité de la césure massorétique. Théoriquement la syntaxe la plus simple serait en faveur d'une fonction de compléments d'objet qui s'ajouteraient aux précédents. Cela supposerait un emploi métonymique qui valoriserait les termes (le comportement au lieu du résultat) : «tu as accompli une merveille, des desseins, ... *une fidélité, une constance*». Mais une telle interprétation perdrait de vue les conséquences de la rupture de l'état cs normal, causée par la césure

---

[114] Le dernier mot אמן est du type *qutl*, d'après le vocalisme transmis par TM. Il ne paraît pas ailleurs, mais cette particularité est gage d'authenticité. Appartenant à la même rac. que le précédent, il amenait sans doute une euphonie qui s'ajoutait au lien étymologique des 2 termes. Le couple constituait une sorte de mot composé qui permettait une insistance d'expression. La difficulté du passage tient moins à cette répétition par juxtaposition qu'à la fonction syntaxique de l'expression : objet direct, en apposition aux précédents, ou complément de modalité sans préposition (ainsi la traduction retenue ici pour les raisons données ci-après).

[115] Cf. justification ci-après.

[116] Certains auteurs ont pensé que le sens originel était plutôt spatial : «de loin» = à grande distance. Ainsi Fohrer II, 15; Bentzen 192; Lindblom, *Jes. Apok.* 31. Une telle interprétation sert les intérêts de la thèse qui identifie la ville anonyme de 25, 2 à Babylone. Mais cette thèse ne dépend pas non plus du point en question. Le contexte paraît nettement en faveur du sens temporel, à cause de l'allusion de la fin de 25, 1 à la «fidélité» divine (quelle que soit la syntaxe adoptée à cet égard). Si le texte avait néanmoins contenu originellement une allusion spatiale, il est certain que la transmission ancienne du passage, c'est-à-dire avant tout son utilisation dans la communauté juive, aurait très tôt imposé une interprétation temporelle. Mais le plus probable reste que la valeur temporelle inspirait la rédaction originale, en raison de sa plus forte densité religieuse. Le commentaire de Qimḥi, bien qu'adapté à une systématisation postérieure, garde son intérêt : «les desseins dont tu as parlé depuis un temps éloigné (מזמן רחוק) par l'entremise de tes prophètes». Des modernes de tendances diverses ont reconnu dans la nuance temporelle le sens le plus vraisemblable : Duhm 179; Rudolph, *BWANT* 4ᵗᵉ F, 10 et 13; Kaiser 158. Procksch retient les 2 valeurs, temporelle et spatiale (316); mais à côté du miracle providentiel temporel, la considération spatiale paraît superflue.

massorétique : le mot עצות, ainsi détaché, retient l'attention comme 2ᵉ objet
du vb et semble accaparer cette fonction, de telle sorte qu'elle ne paraît pas
pouvoir s'étendre encore aux 2 derniers termes, surtout après le complément
circonstanciel מרחוק. Ce dernier accentue le relief de עצות dans la phrase,
et favorise une orientation modale pour la suite. Dans ces conditions la
possibilité d'accusatifs de modalité a dû l'emporter dans la phrase, *à partir
du moment où elle a été régie par la césure massorétique* (initialement ou
secondairement, le point est à débattre plus bas). Le complément direct de
modalité est bien attesté dans la syntaxe de l'hébreu ancien[117], et il faut
observer que les conditions de la langue parlée étaient de nature à favoriser
cette fonction, pour caractériser l'orientation observable dans les comportements : un tel agit, parle, pense, marche «avec paix, pacifiquement» (שלום,
Is 41, 3), «avec combat, belliqueusement» (מלחמה, Dt 2, 9), «avec vigueur»
(עז, Jug 5, 21), «avec fidélité, avec constance» (ici)[118].

Le sens proposé pour TM peut en outre se réclamer, d'une part, de
l'autorité des versions hexaplaires, d'autre part, de celle des 3 principaux
représentants de l'exégèse juive médiévale. Aq et Sym ont rendu le dernier
terme de 25, 1 (leur contexte précédent n'a pas été préservé) respectivement
par l'adverbe πεπιστωμένως[119], et par le complément circonstanciel πίστει.
Les interprétations de Rashi et Qimḥi impliquent une fonction de compléments de modalité des 2 substantifs de TM, tandis qu'Ibn Ezra élucide
semblablement ces termes, en suppléant une préposition[120]. Pour la phrase
telle qu'elle a été divisée dans TM, le sens proposé paraît donc assez bien
assuré par la convergence entre les considérations de style et l'interprétation
des hexaplaires et des commentateurs médiévaux. D'un autre côté la césure
massorétique, à laquelle ce sens est lié, est très ancienne, car elle est déjà
attestée par G, et la var. Qa l'implique, comme encore précisé plus bas[121].

---

[117] Le complément de modalité sans préposition est conforme aux cas signalés dans
GKC 375 § 118q, auxquels il paraît légitime d'ajouter Is 25, 1, dans l'état massorétique.

[118] «De manière paisible, hostile, fidèle etc.» sont des expressions courantes dans les
rapports humains. Mais, familier dans la vie pratique, le tour était rare dans l'expression
littéraire.

[119] Forme propre à Aq. C'est une var. de πεπιστευμένως (*LdS* 1363).

[120] «Et voilà qu'ils ont paru *avec* fidélité» (באמונה), éd. Friedmann II, 43. Formule négligée
dans la traduction I, 113.

[121] G a interprété les 2 termes hébreux séparés par la césure massorétique comme des
compléments d'objet en apposition, c'est-à-dire qu'il a suivi la division massorétique, par
opposition à une connexion d'état cs. D'une part, il a rendu פלא par θαυμαστὰ πράγματα,
traduction littéraire majorante, avec le plur. (cpr. infra T). D'autre part, pour עצות מרחוק
G porte βουλὴν ἀρχαίαν, autre assouplissement littéraire. L'accord de G avec TM touchant
la césure est très significatif, puisque la succession des mots hébreux conduirait normalement
à un état cs : G a bien subi l'influence de la tradition qui a été recueillie par TM.

Les autres versions s'accordent aussi avec TM sur ce point[122]. Il y a donc tradition organique de G à TM, concernant la division de la phrase.

Cette division a-t-elle des chances d'être originelle ou bien faut-il la considérer comme secondaire? Si l'on rétablit la relation d'état cs rompue par la césure massorétique, et si l'on reporte la césure après עצות, la priorité de la structure obtenue semble s'imposer, à la fois par une syntaxe plus claire en hébreu, par un style plus simple et par un rythme mieux accordé au contexte[123]. Le sens devient : «... car tu as accompli des desseins merveilleux (littéralement «une merveille de desseins»), dès longtemps une œuvre fidèle (littéralement «une fidélité»), une œuvre constante (littéralement «une constance»)». Entendez : une œuvre fidèle menée depuis longtemps. Le déplacement de la césure produit un texte qui a des caractéristiques de rédaction première, tandis que dans TM la rupture de l'état cs et la fonction modale des 2 derniers substantifs font figure de tournures secondaires, dès lors qu'un groupement plus naturel apparaît possible. Bien qu'un certain nombre d'auteurs, de tendances diverses, et jusque parmi les plus récents, soient demeurés partisans de l'authenticité de la césure massorétique[124], il convient de donner raison à ceux qui ont postulé le déplacement[125]. Cependant les uns comme les autres se sont contentés d'un mini-

---

[122] Syr rend les 2 termes hébreux séparés par la pause dans TM, à l'aide de 2 substantifs coordonnés דמורא ותרעיתא «un prodige et un dessein». Le réaménagement de l'ordre des mots, dans la suite, est propre à Syr (principe des déplacements de mots, sans modification matérielle, comme des lettres dans les métathèses et anagrammes). Syr a rattaché אמונה à עצות, comme si le 2ᵉ mot cité était un féminin sg (à finale en -ût), suivi d'un adjectif, exégèse probablement influencée par G (βουλὴν ... ἀληθινήν). D'où dans Syr le sens «... et un dessein fidèle depuis longtemps». La valeur du terme final de Syr אמין n'est pas nécessairement liturgique (comme dans Vg amen). D'après la glose de Bar Hebraeus (éd. Tullberg 18, bas : בשררא), il convient probablement de comprendre le mot avec simplement une valeur confirmative : «en vérité, vraiment». T rend le 1ᵉʳ terme hébreu en discussion par un plur. de majoration, comme G, ce qui décèle peut-être l'influence d'une même tradition exégétique. Ensuite T juxtapose sans copule, comme G, un 2ᵉ objet. C'est encore la structure massorétique. Vg a semblablement 2 objets en apposition : *mirabilia cogitationes antiquas*.

[123] La syntaxe devient plus claire. Les 2 substantifs du 1ᵉʳ hémistiche forment naturellement l'état cs que suggère leur position, au lieu d'être disjoints. Les 2 derniers substantifs, au lieu de supposer une fonction rare en style littéraire, jouent le rôle d'objets directs, symétriques du complément d'objet du 1ᵉʳ hémistiche. Par suite de la symétrie des compléments d'objet, le style devient simple. Enfin le mètre 3 + 3 est conforme au rythme du contexte. L'indice métrique n'est nullement contraignant, à cause de sa grande irrégularité en hébreu ancien, où d'autres critères, notamment spéculatifs, l'emportent souvent. Mais dans le cas présent l'indice métrique s'ajoute à d'autres et mérite, dès lors, l'attention.

[124] Guthe, *HSAT*, I, 631; Gray 425 et 427, n. 1; Buhl 333-334; E. König 231 et n. 2; Rudolph, *BWANT*, 4ᵗᵉ F., 10.13; Bentzen 192; Kaiser 158.

[125] Duhm 179; Marti 188; Procksch 315-316; Lindblom, *Jes. Apok.* 31; Penna 230; Fohrer II, 15. Cette hypothèse est passée dans les apparats critiques de BH³ et BHS. Elle a été adoptée par Wildberger, *BK*, X, 951.

mum d'indices, qui leur paraissaient suffisants pour établir la priorité de l'une ou de l'autre forme textuelle, et ils se sont désintéressés du reste. En particulier pour les partisans de la rectification de la césure, le détail des aspects et motifs décelables dans la tradition de G, des versions, de TM, et maintenant de Qa, ne pouvait guère offrir d'intérêt, puisque, selon la vue empiriste régnante, il n'y avait là que des produits d'une méconnaissance de l'archétype, et une dégradation sans intérêt positif. Mais, du point de vue des présentes analyses, hors le cas d'accident, qui paraît exclu dans la tradition textuelle de 25, 1, tous les motifs décelables dans les formes textuelles en présence peuvent être instructifs. À cet égard, la tradition attestée par G, diffusée dans les versions et recueillie par TM, quant à la division du texte, loin d'être le résultat d'une incompréhension de la forme originelle, apparaît comme le fruit d'une réflexion sur le texte. Elle est allée du mouvement normal de la phrase à un regroupement qui rendait la teneur plus subtile, et cette évolution trahit le dessein d'exploiter le thème religieux de l'acte divin «merveilleux», du prodige (פלא), en faisant du 2ᵉ terme de l'état cs normal le début d'une formulation qui constitue une sorte de commentaire du mot principal : la «merveille» réalisée par Dieu a consisté en des «desseins (conçus) depuis longtemps (et réalisés) avec fidélité, avec constance».

Si cette reconstitution est correcte, la césure traditionnelle de TM correspondait à une interprétation secondaire, mais riche d'inspiration. C'est d'elle qu'il faut partir pour comprendre la naissance de la var. Qa. Celle-ci dérive en effet initialement de la conception qui coupait la phrase après פלא, et son accord sur ce point avec tous les autres témoins, et en particulier avec G et TM, illustre la participation de Qa à l'ensemble de la tradition repérable. Mais, en une seconde démarche, Qa s'est écarté du reste de la tradition en ajoutant à la césure secondaire une autre retouche. Il a tiré de עצות, par petite mutation[126], un vb qui introduit dans la phrase un sens entièrement nouveau et original.

Kutscher s'est trompé dans l'identification de ce vb. Il n'a songé qu'à une rac. homographe de la bonne, et qui est ici hors de propos[127]. La leçon de Qa lui a, par suite, semblé dénuée de sens[128]. Elle représente en réalité la 1ʳᵉ pers. sg de l'impft *hifil* d'un vb qui signifie «écouter». On le trouve employé en judéo-araméen, au *peal* et à l'*afel*, et en syriaque surtout au

---

[126] «Petite mutation», dans un sens encore descriptif, qui s'avèrera plus bas méthodique.

[127] *LMY* 167-168; *LIS* 221. Il s'agit de la rac. attestée au *hifil* avec le sens de «brûler» (Is 27, 4).

[128] L'auteur conclut, non sans raison, que la rac. à laquelle il a songé exclusivement est «of doubtful help here» (*LIS, loc. c.*).

peal, avec le sens mentionné[129]. Au vu de ces attestations, il convient sans doute de considérer la leçon Qa comme une hébraïsation du vb araméen, plutôt que comme un *afel* araméen, autre possibilité. L'emprunt à l'araméen pourrait être purement spéculatif, c'est-à-dire propre à Qa en cet endroit. Mais il est également plausible que le vb ait pénétré dans l'usage de l'hébreu contemporain. La leçon Qa constituerait alors un témoignage sur la langue de l'époque[130].

Le sens du passage devient dans Qa : «… je louerai ton Nom, car tu as accompli une merveille. *J'écouterai* la fidélité de loin». Le complément circonstanciel porte logiquement sur l'objet, non sur le vb : la fidélité venue de loin, la fidélité qui s'est exercée depuis longtemps. Il est probable que, dans une telle phrase, le mot final était compris comme l'exclamation d'acquiescement solennel : «*amen* = (c'est) vrai!» ou encore : «ainsi soit-il!» (cf. Dt 27, 15). S'il en a été ainsi, Qa s'accorde sur ce point avec l'interprétation de G : γένοιτο κύριε.

Le ton orant du passage, qui résulte, dans H, du début de 25, 1, est renforcé par la 1re pers. du vb de la var. de Qa, et ce détail s'accorde avec le caractère que revêt l'adaptation de G, du fait de sa leçon finale citée à l'instant. Qa et G reflètent, chacun à sa manière, (et que l'appréciation du mot final ait été commune ou non) une même tradition qui tendait à conférer au passage *un caractère liturgique*. La var. Qa s'avère donc en rapport organique avec la tradition, et elle retient déjà l'attention à cet égard. Mais sa portée tient avant tout à l'originalité de sa teneur. Elle exprime en effet une attitude religieuse réceptive qui se rapporte concrètement à *la valeur édifiante et en particulier oraculaire des Écritures traditionnelles*. La «fidélité» était celle que Dieu avait témoignée à Israël, au cours de son histoire, et dont les effets étaient consignés dans ces Écritures. C'était du même coup l'annonce de nouveaux actes de fidélité, annonce cachée dans ces mêmes Écritures, dont la méditation herméneutique avait pour tâche de démêler les allusions. La var. Qa définit une attitude religieuse qui rompait avec l'endurcissement passé et consacrait une volonté de réceptivité. L'endurcissement était celui qu'avait dénoncé Isaïe. Les Judéens «ne considéraient pas l'action de Yahvé; ils n'avaient pas vu l'œuvre de ses mains» (5, 12). Toute la période qui s'étendait de la mémorable vision du Temple

---

[129] *DTM*, II, 1972; *PSm* 3389. La rac. est la même que celle du substantif arabe courant *ṣawt* «son, voix». Mais le sémantisme de l'arabe s'est développé dans une autre direction : *ṣāta* «produire un son».

[130] La possibilité d'un emprunt isolé à l'araméen pour les besoins de la spéculation scripturaire, à côté de la possibilité d'un usage effectivement vivant à l'époque, invite à ne verser qu'avec réserve la donnée au dossier lexical de l'hébreu de la période.

jusqu'à la fin de l'exil avait été une période de cécité et de surdité, si bien que le message libérateur du Second Is avait encore été censé adressé à des «aveugles» et à des «sourds» (43, 8)[131]. Peut-être le texte 22, 11 a-t-il plus directement influencé la réflexion des anciens sur ce thème scripturaire et sur 25, 1, en raison de la présence, en 22, 11 du même complément circonstanciel pris au sens temporel מרחוק «de loin», expression qui a pu faire jonction : «Vous n'avez pas regardé vers Celui qui a réalisé la chose (littéralement : «qui l'a réalisée») ... qui lui a donné forme (littéralement : «qui l'a formée») depuis longtemps»[132]. À l'aveuglement, à la surdité s'oppose, dans Qa 25, 1, comme une rénovation spirituelle, «l'écoute», et cette écoute est tournée vers le trésor inépuisable de l'héritage scripturaire, source d'instruction pour le présent et clarté oraculaire pour l'avenir.

La var. Qa est donc chargée de sens. Elle scelle la valeur oraculaire attribuée aux Écritures. Elle contribue à éclairer les conditions qui ont préparé l'élaboration de la grande spéculation oraculaire dont les commentaires retrouvés à Qumrân constituent l'illustration. Une signification riche a été obtenue à la faveur d'une proximité formelle. Cette proximité revêt 2 aspects. En premier lieu, les 2 gutturales 'ayin et alef tendaient à se

---

[131] «Sortez, peuple aveugle, qui a des yeux, sourds, qui ont des oreilles». L'ordre de sortir vise la situation exilique assimilée à un emprisonnement. Israël sort de la prison de l'exil, sous les yeux des nations assemblées, auxquelles est ainsi manifestée la vérité du Dieu unique (43, 10), dont Israël est le «témoin» et le «Serviteur» (43, 10).

[132] Nous n'avons pas à tenir compte ici d'une récente tentative de comprendre 22, 11 comme une déclaration du prophète Isaïe sur lui-même : il se serait désigné, sur un ton solennel de lésé, à la 3e pers. (G. Brunet, *Essai sur l'Isaïe de l'histoire* 187). De toute façon, dès la plus ancienne tradition du texte, il ne pouvait s'agir que de Dieu. Notons cependant en passant que l'interprétation proposée par cet auteur n'est même pas probable, quant au sens originel, car la formulation, dûment replacée dans les conditions conceptuelles de l'époque, s'avère nettement théologique : outre que le thème de l'aveuglement pour les voies divines est typiquement isaïen (Is 6, 9-10), les 2 vbs עשה et יצר (les 2 ici au participe avec suffixe de l'objet) deviennent nécessairement, en pareil contexte et avec l'anonymat rhétorique de leur sujet, des références à l'action divine. L'adverbe («depuis longtemps») en note les modalités mystérieuses et contraignantes, et donc souligne l'identité du sujet. Brunet a cru que restituer la pensée des anciens c'était traduire dans les modalités les plus concrètes tous les textes qui semblent s'y prêter. Il a ainsi profité de l'allusion de 22, 11a à des travaux hydrauliques, pour projeter en 11b le même point de vue, et faire d'Isaïe un inspirateur de travaux publics, qui aurait été dépité par l'ingratitude du peuple à son égard. Mais 11b exprime au contraire un contraste très conforme au lyrisme prophétique : entreprise humaine en 11a, en 11b dévoilement de l'arrière-plan providentiel. Le même genre d'erreur a entraîné l'auteur dans un contresens plus grave, concernant le fameux oracle d'Is 7, 14 («la jeune femme sera enceinte ...»), objet de toute la 1re partie de l'ouvrage. L'origine de la confusion est la négligence des caractéristiques du style ominal, très révélateur ici. Sur cette méconnaissance fatale de l'élément décisif, l'auteur a échaffaudé une construction de son cru, faite de matériaux empruntés à des aspects aussi concrets que possible de la vie pratique. Voir encore mes remarques dans le compte rendu de cet ouvrage, qui doit paraître dans *RHR*.

confondre, du point de vue phonétique, à basse époque. Le passage de la 1ʳᵉ à la 2ᵉ correspond à une paraphonie. En second lieu la lecture de *yod* pour *waw* pouvait se réclamer de l'indistinction fréquente des tracés; la lecture pouvait être aisément sollicitée selon les besoins de l'exploitation religieuse vulgarisante : il y a paragraphie. Paraphonie et paragraphie définissent ici 2 petites mutations qui illustrent la méthode des analogies verbales formelles. L'importance religieuse des teneurs respectives (de H et de Qa) garantit que le changement a été mûrement réfléchi et que la méthode appliquée faisait autorité, conformément à tout ce que nous avons eu l'occasion de constater dans des cas semblables offerts par G et Qa.

8) Qa 29, 16 ET 45, 9. L'ABRÈGEMENT RÉVÉRENCIEL כחמ

Les variations de Qa en 29, 16 et 45, 9 mériteraient un examen détaillé, qui excède la place disponible dans le présent ouvrage. Ces 2 textes se sont interinfluencés et constituent, à travers leurs témoins, un ensemble assez complexe. Bornons-nous ici à une remarque générale et à l'examen d'un problème particulier soulevé par 29, 16, à propos d'un type d'abrègement qui se retrouve dans d'autres textes.

En 45, 9 la forme H originelle est problématique. Ceux qui ont défendu l'authenticité de TM n'ont pas réussi à avancer un argument décisif en sa faveur. La question est solidaire de la genèse de la formulation, qui oblige à considérer un stade préisraélite. Le problème soulevé et, d'autre part, la nature des var. de Qa ont été complètement méconnus par Kutscher. Dans Qa les 2 passages ont été l'objet de petites mutations inspirées par la méthode des analogies verbales formelles et complétées sur un point par un emprunt scripturaire. Sous réserve d'une justification que nous devons reporter à une publication ultérieure, nous dirons, à titre d'anticipation, que ce sont des illustrations convaincantes du traitement méthodique de H par Qa.

Arrêtons-nous pourtant à la leçon כחמ (sic, avec *mem* ouvert, quoique devenu final) en 29, 16. Elle soulève un problème spécifique qui intéresse un groupe d'autres textes, et qui relève d'un type de phénomène non encore rencontré au cours de notre enquête, et dont l'herméneutique a tiré parti. TM = H porte ici כחמר «comme de l'argile», dans la proposition : «Le Créateur (littéralement «le Formateur») peut-il être (littéralement «sera-t-il») considéré comme de l'argile?» La var. de Qa oblige à considérer la question plus générale de l'élision du *resh*, qui se rencontre encore en d'autres leçons de Qa. Il faut commencer par en tenir compte, avant de pouvoir décider du cas de 29, 16. L'absence occasionnelle de *resh*, principalement final, s'explique en général, et sous réserve de conditions contextuelles particulières, par l'affaiblissement de cette consonne dans la prononciation, au cours de la phase à laquelle appartient Qa. La nature phonétique du phénomène a été reconnue, dès les premiers travaux consacrés aux particularités de rouleau d'Is. J. T. Milik l'identifia, en un article de la première heure, où il repéra l'absence de *resh* en 36, 2 et en 39, 8. En 36, 2 «Assur» est écrit אשו, sans *resh* final; en 39, 8, de même, le vb courant «dire» est écrit (à l'impft consécutif) ויואם (sic, avec *mem* ouvert en position finale)[133]. Il faut ajouter, à propos de ces 2 leçons, qu'une différence importante les sépare. Un réviseur a introduit secondairement *resh*, en position dite «suspendue», c'est-à-dire au-dessus du mot, dans le cas de 39, 8. Il ne l'a pas fait en 36, 2, ni non plus en 29, 16. Il s'agit d'une abstention volontaire du réviseur, non d'une négligence, comme cela va encore se confirmer plus loin. Dans tous les autres cas d'absence de *resh* en 1re main, le réviseur a ajouté un *resh* suspendu. La signification de cette différence de traitement, que nous allons préciser plus bas, n'a pas retenu l'attention des commentateurs, même quand ils ont pris la peine, comme Kutscher, de procéder à une description complète, en tenant compte de l'intervention de la 2e main. Avant la publication de Kutscher, H. Yalon s'en est tenu à la 1re main, mais il a repéré tous les cas de négligence du *resh*[134]. A côté de 29, 16, de 39, 8 et de 36, 2 signalés plus haut, ce sont : 19, 6 וחבו (omission de *resh* médian; le réviseur l'a suspendu); 23, 6 (omission du *resh* de Tarsis; le réviseur l'a suspendu); 53, 8 מעוץ (omission du *resh* final; le réviseur l'a suspendu); 63, 8 (omission du *resh* final du vb «dire», comme en 39, 8; le réviseur l'a suspendu). Yalon a rapproché le traitement de *resh* dans Qa et celui des gutturales, dont le rouleau illustre aussi l'affaiblissement. Il en a déduit avec raison que, dans Qa, *resh* participait à la nature des gutturales. On peut rappeler à ce propos que les grammairiens signalent en massorétique, avec il est vrai d'autres conséquences, une parenté de *resh* avec les gutturales[135].

---

[133] *Bca* 31 (1950) 205. Par suite d'une coquille *resh* final de 39, 8 n'a pas été mis en parenthèse. Milik ne s'est pas arrêté au fait qu'en 39, 8 le *mem* final (par suite de la perte de *resh*) est ouvert, comme il l'est en 29, 16. Nous allons voir que ce détail graphique a son importance.

[134] *Qiryat Sepher* 27 (1951) 166. Cet article a été reproduit dans l'ouvrage du même auteur, *Megillôt* .... Je cite d'après cet ouvrage. Cf. là : 55 et note 32. Yalon n'a retenu que l'aspect qui intéresse l'appréciation linguistique, c'est-à-dire l'absence de *resh* en 1re rédaction. Il a par suite négligé l'intervention du réviseur et la question des *resh* «suspendus» secondairement. Du point de vue historique, comme aussi pour l'exégèse des cas de 36, 2 et 29, 16 (sans *resh* suspendus), l'intervention du réviseur va au contraire nous apparaître riche d'enseignements. La liste de Yalon peut être considérée comme complète. Le cas de 40, 7 (négligence du *resh* de חציר, en 1re rédaction de la révision qui a ajouté le surplus interlinéaire et marginal) est spécial et mérite d'être disjoint. J'y reviens dans une autre publication.

[135] *GKC* 79 § 22 q-r; R. Meyer, *Gram.* I, 47 § 13, avec la remarque sur les limites du phénomène qui n'autorise pas, selon l'auteur, à déduire qu'en tibérien le *resh* aurait évolué

Kutscher s'est référé à l'appréciation linguistique de Milik et Yalon pour l'approuver[136]. Mais, au lieu de compléter ces premières contributions comme il convenait, en relevant les autres particularités observables, qui permettent de faire progresser l'interprétation au delà de la linguistique, Kutscher non seulement s'est contenté de la vue de ses prédécesseurs, mais encore, traitant ailleurs de 29, 16 en particulier, il est revenu en arrière et il est tombé dans une contradiction flagrante, en classant la var. (qui, nous allons le voir, est avec 36, 2, la plus intéressante des omissions de *resh*) dans la catégorie de l'«erreur mécanique»[137]. Si l'absence de *resh* est le résultat d'une évolution phonétique de l'époque, comme Kutscher le re-connaît en s'associant au jugement de Milik et Yalon, les leçons à considérer *reflètent un fait réel* de prononciation, et donc un état authentique de la langue parlée et ses effets occasionnels dans la diction du texte scripturaire. La vitalité de l'hébreu parlé à cette époque est une autre question qui n'affecte pas le point considéré. Même si l'hébreu oral était réduit à la diction des textes traditionnel, dans le culte et dans les cercles des spécialistes scripturaires, l'important est l'existence d'un usage oral de la langue. En réalité la limitation supposée ne paraît plus admissible, sous cette forme trop restrictive, après les découvertes de Qumrân qui prouvent que l'hébreu était encore l'objet d'une pratique très vivante, en tout cas sous la forme littéraire. Pour le point en débat, il convient d'ailleurs aussi de compter avec la possibilité de la même tendance en araméen, avec influence sur la diction de l'hébreu. Les var. par élision de *resh* en 1ʳᵉ main ne sont donc pas des «erreurs mécaniques», comme le veut Kutscher à propos de 29, 16, mais des témoignages exacts sur l'articulation de la langue. Les modalités discer-nables dans chaque cas invitent dès lors à pousser l'analyse au delà du premier constat, simplement philologique, effectué par Milik et Yalon.

Il convient d'abord de disjoindre les cas des var. de 19, 6 et 23, 6, citées supra. La 1ʳᵉ se présente comme une négligence, issue certes de la tendance du *resh* à un affaiblissement, mais, dans ce cas, la conséquence est excessive;

---

vers une prononciation uvulaire (*zäpfchen r*). L'aptitude de *r* à évoluer vers des sons proches d'une valeur vocalique ou à se dégrader davantage encore est un phénomène fréquent en phonétique générale (Cf. M. Grammont, *Traité* ..., 75 bas et 77; 208 bas). Yalon parle de dialecte représenté dans Qa. C'est aller trop loin. Le phénomène en discussion dans Qa est plutôt imputable à des particularités de diction, avec influence de la prononciation courante (par opposition aux lectures normées). Cela expliquerait l'absence de régularité. Dans la tradition tibérienne, par ailleurs, dans la mesure où *r* a subi un affaiblissement limité, sous la forme de l'absence de redoublement, le phénomène n'a pas été régulier. Des vestiges de redoublement ont subsisté, et, de son côté, la Septante connaît encore le redoublement courant (*BL* 222 § s).

[136] *LMY* 423; *LIS* 531.
[137] *LMY* 179; *LIS* 237.

elle défigure le terme et ne peut passer pour une élision pratiquée dans la prononciation courante. La 2ᵉ var., celle de 23, 6, bien qu'elle comporte, comme la précédente, un *resh* suspendu par le réviseur, n'est pas sûre, parce que la 1ʳᵉ rédaction comportait en cet endroit une lettre qui a été effacée[138].

À la différence de la prononciation défectueuse reflétée par 19, 6, les 3 textes 39, 8; 53, 8 et 63, 8 offrent l'intérêt de reproduire une diction qui a certainement eu cours. Très probants sont surtout 39, 8 et 63, 8, où l'élision de *resh* affecte le vb אמר un des plus courants de la langue. Une incompréhension est exclue. Une distraction n'est pas non plus admissible : dans les 2 cas le vb est écrit avec *mem* ouvert (interne), en position finale, et il est suivi d'une particule, que la diction pouvait aisément être portée à rattacher au vb[139]. Le *mem* ouvert termine fréquemment, dans Qa, des monosyllabes, devant des mots étroitement liés par la syntaxe[140]. Il joue en ces cas un rôle analogue à celui des accents conjonctifs tibériens ou du maqqef, dans TM. En 39, 8 et 63, 8 le cas du vb אמר est donc révélateur : tous les indices convergent et indiquent que le vb a été joint au mot suivant, dans la diction. Le *resh* a été victime de la constitution de cette unité verbale[141]. Quant à la var. de 53, 8, l'identité du mot à reconnaître ne pouvait être douteuse en pareil contexte, à partir du moment où l'on savait devoir compter avec la possibilité d'un abrègement. Le terme était suggéré à la fois par sa relative fréquence et par le mot suivant[142]. De toute manière il faut compter, en

---

[138] Martin a reconnu la présence d'une première graphie effacée, sans formuler à ce sujet une hypothèse d'identification (*Scr. Char.* 518). Il ne faut pas exclure le tracé d'un *resh* trop étroit, qui aurait été gratté secondairement en raison de sa défectuosité. Le type étroit qui fait ressembler *resh* à *waw* est attesté. C'est le cas du *resh* suspendu de 19, 6, et bien qu'il s'agisse ici de la 2ᵉ main, il mérite d'être rapproché comme très caractéristique. Il pourrait aussi s'agir d'un ʿ*ayin*, ce qui illustrerait l'évolution de *resh* vers un son guttural faible, du genre «r grasseyé».

[139] La conjonction complétive כיא (= כי) en 39, 8; la particule adverbiale אך en 63, 8.

[140] Voir les résultats auxquels est parvenu Martin, sur ce point, *Scr. Char.*, 631 s. L'auteur note que les nombreux mots monosyllabiques terminés par *mem* ouvert, dans Qa (il en compte 231) sont étroitement liés au terme suivant, dans la réalité syntaxique.

[141] Il est possible à cet égard que la voyelle *e* ou son apparentée *ē* ait exercé une influence sur l'affaiblissement de *resh* (sur ce dernier phénomène voir les références de la n. 135). C'est ce type vocalique qui intervient en 39, 8; 53, 8; 63, 8 et aussi en 29, 16 qui va nous occuper plus spécialement. En 36, 2 la voyelle diffère (*û*), mais nous allons voir que ce texte illustre une application herméneutique du principe d'abrègement. Si la voyelle du type *e, ē* devait être incriminée concernant le phénomène phonétique (ce qui n'est qu'une possibilité non démontrée), Qa 29, 16 aurait (à la différence de 36, 2 fondé sur l'analogie seule) l'apparence d'un fait déterminé phonétiquement. Mais nous allons voir que d'autres considérations l'emportent. Il n'y aurait (dans cette hypothèse) que coïncidence entre l'apparence phonétique du phénomène et la réalité herméneutique.

[142] Du point de vue purement théorique des possibilités de lecture (point de vue auquel tend naturellement un esprit moderne porté à négliger la réalité des traditions paratextuelles)

cet endroit d'un texte important dans la tradition religieuse depuis l'époque exilique, avec une tradition de lecture vivace.

Le fait que le phénomène d'élision du *resh* ne soit attesté qu'exceptionnellement et non pas régulièrement ne compromet pas son appréciation comme indice d'une diction en vigueur. Il s'agit de vestiges qui valent par leur qualité, non par leur quantité. Leur préservation ici, leur disparition ailleurs, tiennent soit à des conditions contextuelles, soit à l'influence de la tradition, soit à des circonstances indiscernables, dans l'usage des textes.

L'intervention du réviseur qui a suspendu le *resh* dans les 3 cas (alors qu'il s'est abstenu en 36, 2 et 29, 16) est significative aussi. Elle marque l'harmonisation des leçons d'après les autres occurrences des mêmes mots. Cette harmonisation consacre la réduction des derniers ilots de prononciation vivante, qui avaient encore été épargnés par la 1re rédaction. La 2e main inaugure en ces endroits une rédaction littéraire, qui ne reflète plus la prononciation, et qui met en évidence le travail des spécialistes scripturaires, par opposition à l'orthographe antérieure de prononciation spontanée, fixée ou non dans une tradition de lecture. Mais, plus tard, la formation d'un système d'accentuation et son aboutissement tibérien montrent que le scrupule à l'égard de la diction, tel que l'atteste la 1re main de Qa, est la forme germinale d'une attention qui n'a cessé d'être donnée au mode de diction des textes scripturaires. Ce qui était à l'origine diction spontanée s'est peu à peu développé en norme, pour laquelle ont été inventés des signes appropriés, organisés en un système savant.

---

le groupe מעוצ, considéré comme non abrégé, aurait pu être compris comme préposition + infinitif de la rac. עוצ, apparentée à יעץ. Le sens n'aurait pas été inconcevable, surtout dans un texte aussi hermétique qu'Is 53 : «par l'effet d'un plan (littéralement «par suite du fait de projeter») et d'un jugement». Mais le vb en question, quoiqu'attesté dans Is (8, 10; Qa = TM) est rare, et l'emploi de l'infinitif serait difficile avec le substantif coordonné. Cette possibilité ne pouvait entrer en concurrence avec la leçon authentique, du moment que l'on était conscient de l'usage des abréviations de diction. Même sans tradition de lecture, la fréquence du terme de H et le mot suivant «jugement» imposaient la bonne identification. Mais on peut tenir pour certain que la connaissance d'un pareil passage, assurément célèbre dès sa transmission dans le Judaïsme postexilique, était entretenue de manière vivace par une tradition de lecture. Remarquons encore, touchant l'association du terme abrégé avec le mot «jugement», que cette association orientait l'intellection, même si le mot abrégé n'avait que sa valeur générale «contrainte» ou «oppression». Mais il est possible que l'association ait eu une valeur juridique technique, la contrainte étant alors la contrainte «par corps». Volz songeait à une valeur de ce genre («Untersuchungshaft», c'est-à-dire : détention préventive); Cf. *Comm.* 178. Il alléguait à l'appui Syr, qui n'est cependant pas un témoin sûr, pour Is 52, 13 s., en raison de son interprétation christologique tendancieuse, en plusieurs points de ce texte. Toutefois l'hypothèse d'une valeur technique du couple de 53, 8 garde sa légitimité. Il est vraisemblable que la composition ait recouru à une telle expression, en l'employant soit avec une portée historique, soit plutôt métaphoriquement. La décision est naturellement liée à l'interprétation de l'ensemble du 4e poème du Serviteur.

L'emploi d'une orthographe de diction est attesté par des documents extra-bibliques, et à une époque plus ancienne que celle de Qa. Au début du VIᵉ siècle, la lettre III de Lakish illustre la pratique rédactionnelle de la liaison avec élision. A la lg 8 וכיאמר est écrit pour וכי יאמר; lg 9 חיהיה pour חי יהוה[143]. Le type de l'élision diffère, dans ces 2 cas, du phénomène observé dans Qa. Il s'agit cette fois de la présence d'une même consonne à la fin d'un mot et au début du suivant. Mais le résultat et sa notation graphique sont les mêmes. Un autre exemple est fourni par l'orthographe et la liaison קנארץ pour קנה ארץ (אל) «(El) créateur de la terre», sur une inscription du VIIᵉ siècle, découverte à Jérusalem[144]. I. O. Lehman, après avoir rappelé la lettre III de Lakish, a signalé des faits du même ordre en onomastique, ainsi que des vestiges soupçonnables dans Syr, G et TM[145]. Bauer et Leander ont attiré l'attention sur des cas probables d'assimilation de *nun* final au mot suivant, dans la diction du TM[146]. Ces cas sont comparables, du point de vue phonique, tout en différant, du point de vue graphique, puisque l'orthographe massorétique ne les a pas notés.

Les attestations épigraphiques d'orthographe abrégée d'après la diction montrent que les var. de Qa mentionnées plus haut ne sont pas une particularité du rouleau, mais l'application d'un usage traditionnel né spontanément de la langue parlée[147]. Le constat confirme l'interprétation de ces var. et leur portée dans une perspective élargie. Il nous prépare aussi à aborder l'appréciation du même phénomène de négligence du *resh* en 36, 2 et 29, 16. Ces 2 var. se ramènent-elles uniquement au phénomène de diction attesté par les témoins précédents? Ou bien les modalités des 2 textes cachent-elles encore autre chose? On se rappelle que les 2 var. sont les seules que le réviseur se soit abstenu de compléter à l'aide de *resh* suspendu. Cette abstention pourrait passer à première vue pour simple hasard, mais un examen plus attentif des teneurs fait ressortir une coïncidence significative. Le réviseur était encore conscient des motifs qui avaient inspiré à la 1ʳᵉ

---

[143] Donner-Röllig, *KAI*, I, 35, nº 193. Bonnes photos du texte dans: H. Michaud, *Sur la pierre ...*, 80, pl. VII; *Enz. Miq.*, IV, 519.

[144] *IEJ* 22 (1972) 195 et pl. 42 B. L'inscription figure sur l'anse d'une jarre; l'éditeur et interprète, N. Avigad, a pu en déduire, vu la formule citée, qu'il s'agissait d'une offrande pour le Temple.

[145] *JNES* 26 (1967) 93 s.

[146] *BL* 199 § n. Les auteurs comparent la formation du vb syriaque *nettel*, issu de נתן + ל (*ibid.* n. 2). Dans l'usage ce vb sert d'impft à יהב.

[147] Il convient de distinguer des abréviations de diction les abréviations de convenance pratique. Les 2 catégories s'apparentent formellement et elles ont été utilisées, l'une et l'autre, par l'herméneutique — comme nous allons le vérifier plus bas pour la 1ʳᵉ — Mais les abréviations de convenance se distinguent par leur radicalité. Sur cette catégorie voir section I, IIᵉ partie, ch. II, B, n. 38.

rédaction de recourir, précisément en ces endroits, à l'abrègement de diction.

En 36, 2 l'abréviation אשר est bien reconnaissable, juste après la mention d'«Assur» qui précède, dans la titulature de Sennachérib (36, 1). Mais justement ce qui frappe c'est que l'orthographe abrégée succède immédiatement à l'autre (8 mots d'intervalle), dans un récit dramatique où les noms propres sont d'une importance qui paraît exclure toute variation. Même s'il était possible de faire valoir un facteur phonétique[148], il n'aurait été qu'un prétexte au service d'un motif nécessairement de grand poids, aux yeux des anciens. Avec l'orthographe abrégée, le nom d'Assur se trouve ramené aux mêmes consonnes que, dans un autre ordre, le mot שוא, qui désigne, à partir d'une notion originelle de «malfaisance», ce qui est mauvais, maléfique, mensonger, et aussi illusoire et vain[149]. C'est, par excellence, un terme utilisable à des fins conjuratoires puisque, grâce à sa gamme de nuances, il permet de réduire des forces mauvaises à de vains effets. En mettant Assur en relation formelle avec ce terme, grâce au prétexte fourni par l'abrègement de diction, Qa contribuait à conjurer verbalement la redoutable puissance d'Assur, évoquée dans le contexte précédent, à quelques mots d'intervalle, par la titulature de Sennachérib. Si à l'époque de Qa l'empire assyrien avait disparu, l'exégèse typologique avait ouvert le champ de nouvelles applications, adaptées aux situations contemporaines. Nous avons vu, à propos de G, que, dans un passé récent par rapport à Qa, Assur avait été identifié à la Syrie[150]. Les fragments du commentaire de Nahum retrouvés dans la IVe grotte de Qumrân livrent une autre illustration de l'utilisation actualisante d'Assur (principalement représenté par Ninive, dans cette prophétie, et explicitement mentionné en 3, 18)[151].

L'abstention du réviseur à l'égard de la leçon démunie de *resh* s'avère donc éloquente. L'hypothèse d'un motif purement phonétique stérilise l'exploitation historique de la leçon, comme il est arrivé. En réalité le réviseur a respecté la leçon de la 1re main, au lieu de la compléter comme ailleurs

---

[148] L'*alef* accompagné du son *e* (= *è* français) a pu favoriser l'élision d'un *resh* affaibli, tandis que dans la mention précédente d'Assur, *resh* aurait plutôt été renforcé par la différenciation de *'ayin* avec vocalisme *a*. Mais ce n'est, dans l'ordre phonétique, qu'une hypothèse, et la teneur fait apparaître un motif qui l'emporte.

[149] Bien que le terme exprime souvent, dans l'usage biblique, une dévalorisation d'apparence banale, il reste virtuellement chargé d'un sens fort qui désigne toute espèce de malfaisance. L'emploi est bien illustré dans les psaumes. Rappelons que l'arabe éclaire utilement la valeur fondamentale : *suw'(un)* (rac. *sā'a*) est le terme courant pour toute forme de méchanceté ou de malheur. Avec raison *KBL*[1] renvoie à la revalorisation exégétique du terme que l'on doit à S. Mowinckel.

[150] Voir Ire section, Ire partie, ch. II, C.

[151] *DJD*, V, 37 s. et pl. XII-XIV. Voir pour les applications contemporaines, A. Dupont-Sommer, *Les écrits esséniens* ..., 280 s.

par un *resh* suspendu, parce qu'il était encore sensible à la valeur herméneutique conjuratoire que revêt ici l'abrègement. La leçon Qa enseignait
que la terreur répandue par tous les Assur et leurs potentats passés et à
venir, tels qu'ils étaient identifiables typologiquement, était réductible à ce
qu'exprime avec une efficacité magique le mot שוא : une malfaisance vouée
au néant.

La var. Qa 36, 2 est herméneutique. Elle a été fondée sur une tendance
phonétique authentique et sur un usage rédactionnel traditionnel. Ces justifications ont été mises au service de la méthode des petites mutations, dans
le cadre de la méthode générale des analogies verbales formelles, à laquelle
revenait une autorité religieuse, en matière de vulgarisation édifiante.

Le caractère herméneutique de la var. de Qa en 29, 16 apparaît également
à travers la considération de la teneur, et de nouveau l'abstention du réviseur
est confirmatrice. Le terme «argile», qui a été abrégé[152], joue dans le
passage le rôle de prédicat d'un sujet qui désigne Dieu lui-même, «le
Formateur, le Créateur». Le terme hébreu est le participe substantivé du vb
יצר «modeler, former», qui peut dépeindre le travail du «potier» (une des
valeurs du participe substantivé), dans certains contextes, mais qui s'applique
éminemment à l'activité divine créatrice (Gen 2, 7; Is 45, 18). L'interrogation
rhétorique de H vise à susciter une dénégation par l'absurde, et recourt à la
référence réaliste qui rappelle l'affectation artisanale première du vb : le
modelage de l'argile. Mais pour la tradition interprétative postérieure, cette
mention de l'argile soulevait en pareil contexte une difficulté religieuse.
L'argile était une métaphore réservée aux humains, dont elle évoquait la
fragilité et l'impureté[153]. Or en 29, 16 non seulement l'argile est mise,
comme prédicat, en relation syntaxique directe avec le sujet divin, mais
encore le mot se trouve au contact matériel de la désignation divine : «...
comme l'argile le Formateur». Dans un texte de vulgarisation édifiante, ce
contact était de nature à heurter le sentiment et le devoir de crainte
révérencielle envers Dieu. La difficulté patente a été surmontée par recours
à l'orthographe de diction, qui élidait le *resh* : ainsi le mot évocateur de
fragilité et d'impureté, et donc d'irrévérence, n'a plus figuré à côté d'une
désignation de Dieu, tandis que son résidu abrégé, en dépit d'une rencontre
homonymique[154], et en dépit d'une fréquence bien inférieure à celle du vb
«dire» des var. discutées plus haut, restait néanmoins facilement identifiable :
c'était le cas d'autant plus que, comme pour 53, 8, la tradition veillait, sans

---

[152] Voir le début de l'exposé.

[153] Job 4, 17; 10, 9; Is 41, 25; 64, 7.

[154] Si l'on s'en tenait à l'apparence du consonantisme écrit, il faudrait comprendre חם au
sens de «beau-père».

aucun doute, sur le sens d'un passage important à tous égards pour l'affirmation religieuse.

Sous son apparence d'abrègement rédactionnel phonétique, la var. de
29, 16 est, comme la précédente de 36, 2, une var. herméneutique qui était
capable de faire autorité, en vertu de la méthode des analogies verbales
formelles, celle-ci utilisant à ses fins le principe de l'abrègement de diction.

9) Qa 42, 4 : Substitution du particularisme à l'universalisme

La var. de Qa en 42, 4 compte, du point de vue qualitatif et historique
parmi les plus importantes de tout le Rouleau. C'est peut-être la plus importante. Mais elle est aussi l'une des plus embarrassantes. Rappelons d'abord
le sens de l'ensemble de 42, 4 dans la forme TM. « Il (le Serviteur de Yahvé)
ne faiblira pas, il ne ploiera pas, jusqu'à ce qu'il ait établi sur la terre le
Droit, et les îles attendront sa Loi ». Le texte est relatif à la promulgation »
de la Loi d'Israël parmi les nations. Même les plus éloignées, celles des
îles, c'est-à-dire des confins de l'univers, sont dans l'attente de cette Loi ;
à plus forte raison le gros des nations. La perspective est universaliste et
TM a certainement préservé la forme originelle H, si l'on fait abstraction
d'une minutie grammaticale problématique qui concerne le 2ᵉ vb du passage
cité[155]. Les modalités de cette promulgation universelle sont définies, d'une
part, à l'aide d'un trait limpide (42, 2), d'autre part, en termes allusifs, dont
le sens est discuté (42, 3). J'ai exposé ailleurs les raisons d'entendre 42, 3 en
un sens à la fois concret et symbolique, selon une dualité de valeur très
conforme à ce que l'on observe ailleurs en littérature hébraïque ancienne.
Il s'agit de l'activité du scribe qui rédige la Loi d'Israël à l'intention des
nations. Bien que le roseau (= en exil, le calame du scribe, comme chez les
Mésopotamiens) ait été «ployé» (3a) par la catastrophe nationale, le législateur le reprend en main : «il ne le brise pas» et «il n'éteint pas la mèche
faiblissante». L'événement avait failli l'éteindre! Le scribe législateur travaille
avec zèle, même la nuit, à la clarté de cette mèche, pour répondre à l'attente
des nations mentionnées par 42, 4. Les traits de 42, 3 évoquent admirablement

---

[155] Ce vb a été vocalisé dans TM comme un transitif du type à 2ᵉ *waw*, alors que la
cohérence contextuelle et plus précisément la relation avec le terme qui qualifie le roseau
en 3a, imposent un vocalisme *nifal* d'une rac. géminée. Voir les apparats critiques de BH³
et BHS. La leçon massorétique n'est vraisemblablement pas le produit d'une confusion, mais
une retouche intentionnelle destinée à établir un rapport assonantique plus marqué avec la
qualification du roseau, en 3a, רצוץ. La traduction «il ne ploiera pas» est une adaptation
littéraire à la situation, pour le sens littéral «il ne sera pas ployé». La distinction de «être
ployé» et «être brisé» est essentielle, et elle est clairement exprimée par 3aα.

la persistance de la mission législative d'Israël, à travers l'épreuve exilique, mieux : le triomphe de cette mission qui, après avoir été simplement nationale, s'élargit et s'universalise à l'occasion de cette épreuve[156]. Le Serviteur c'est, d'après des raisons que j'ai exposées ailleurs et sur lesquelles je reviendrai, à l'occasion de l'analyse ultérieure des points névralgiques du 4e poème du Serviteur, 52, 13-53, 12, *la Synagogue d'exil*. Elle s'est chargée du travail de rédaction de la Loi, et il est permis de se demander si 42, 1-4 ne constituerait pas un écho lyrique de l'élaboration littéraire (sur la base de traditions plus anciennes) de la source dite sacerdotale (P) du Pentateuque. Quoi qu'il en soit de ce dernier point, le 1er poème du Serviteur 42, 1-4 synthétise, avec une prégnance lyrique qui en fait l'un des sommets de la littérature prophétique, l'allusion à l'exil, l'annonce de l'universalisme religieux et la présentation d'un nouveau type d'activité prophétique : elle ne consistera plus à «crier, à élever la voix, et à faire entendre sa parole dans la rue»[157], c'est-à-dire qu'elle ne sera plus pareille à celle des anciens prophètes (ou à celle qui leur était conventionnellement attribuée), mais elle sera définie précisément par le travail du scribe rédacteur de lois. Les conditions idéologiques de la prophétie de fin d'exil invitent, je crois, à admettre que la notion de «Loi, lumière des nations» (51, 4, qui se prolonge par 42, 6 et 49, 6[158]) signifie un renouvellement de la théophanie : celle-ci ne sera plus «le jour de Yahvé» annoncé par les prophètes préexiliques, mais elle coïncidera avec la Loi. La Loi représentera, dans le Judaïsme postexilique, la forme même de la présence divine, et par conséquent une théophanie permanente. Si l'on admet cette conception de l'évolution de la théophanie, ainsi que l'exégèse générale proposée pour 42, 1-4, alors la proclamation d'un nouveau type de prophétie, qui s'exprime dans ce texte, s'accorde avec la formation d'un nouveau mode théophanique, et cette concordance ajoute à la portée de l'oracle du Serviteur : ce que les nations «attendent», en

---

[156] J'ai exposé la justification détaillée de ce point de vue dans *VT* 18 (1968) 160s. (p. 166 un accident typographique survenu après la correction des épreuves a causé l'interversion de p, b, d, au début des 6e, 5e et 4e lgs avant la fin. Lire là respectivement «pierre ... bris ... dont»). J'ai répondu aux objections de K. Elliger (en son très scrupuleux exposé de *BK*, XI, 212s.) dans «L'origine exilique de la Synagogue», in *Mélanges H.C. Puech*, 50, n. 2.

[157] Littéralement : «il ne criera pas, il n'élèvera pas, il ne fera pas entendre sa voix au dehors». Au dehors, c'est-à-dire, au dehors de la maison, dans la rue, comme les prédicateurs de places publiques qu'avaient été les prophètes antérieurs.

[158] En 42, 6 et 49, 6 c'est le Serviteur qui est lumière des nations, mais, d'après la cohérence générale des poèmes du Serviteur, il ne l'est que parce qu'il est dépositaire de la Loi et divulgateur de cette Loi auprès des nations. C'est bien la Loi qui est «la lumière des nations», et le Serviteur ne l'est que par délégation. Sa mission confirme cette vérité, qui est un foyer central de la prophétie de fin d'exil, en sa 2e phase (*RHR* 173 (1968) 33s., 138s.).

attendant la Loi préparée par les soins du Serviteur, ce n'est rien moins que la théophanie universalisée du Dieu d'Israël[159].

Il convenait de rappeler ces conditions dans lesquelles se présente le texte, si l'on admet les vues exposées plus haut, car elles définissent son universalisme et elles permettent, me semble-t-il, d'apprécier la grandeur lyrique et religieuse qui se cache derrière l'humble personnification, si pertinemment désignée comme «le Serviteur». Cependant l'interprétation de l'énigme de la var. Qa, qui va être proposée, n'est pas nécessairement solidaire de l'exégèse de 42, 1-4 qui a été préconisée ci-dessus. Si l'on veut contester cette dernière, la solution avancée pour Qa n'est pas affectée dans son principe, à la condition toutefois que l'on reconnaisse la présence de l'universalisme dans la forme TM de 42, 1-4. Ce point est communément admis d'ailleurs. Mais le sens du reste de la péricope étant controversé, il m'a paru utile de résumer les aspects originaux et, à mon sens, en partie méconnus, qui donnent à l'universalisme sa physionomie et sa portée et qui permettent de saisir son dynamisme propre. C'est précisément sur ce point que les responsables de Qa ont donné à leur recension une autre orientation qui fait perdre aux nations le bénéfice de la Loi, et les réduit au service d'Israël. Il faut démêler avec précision les conditions dans lesquelles ce grand texte a pu être ainsi détourné de son sens premier, et dans lesquelles aussi la variation a pu prétendre à une autorité édifiante.

Dans TM le dernier hémistiche de 42, 4 a la forme suivante: (BHS) ייחילו (BH³) ולתורתו איים ייחלו «et les îles attendront sa Loi»[160]. Dans Qa cette formule devient ולתורתיו איים ינחילו. Le 1er mot a été mis au pluriel; le 3e est devenu l'impft hifil de נחל, au lieu de l'impft piël de יחל dans TM. D'où le sens: «ils donneront en possession (ou en héritage; ils feront hériter)». Mais quel est le sujet, quel est le bénéficiaire, et quelle est, avec

---

[159] L'origine historique de l'universalisation est à chercher dans l'influence de la théologie solaire babylonienne, et dans le conflit d'incompatibilité avec le monothéisme israélite, conflit qui, tout en provoquant le rejet des droits de Šamaš, a eu pour conséquence l'adaptation de certaines formules littéraires (*RHR* 173 (1968) 133s.). L'attente de la Loi (au lieu du dieu soleil, dieu de *la justice*, en Babylonie) par les nations est, à cet égard, très significative (*ibid.* 164). Le principal texte témoin se trouve aux lgs 51-52 du grand hymne à Šamaš. Voir W.G. Lambert, *Bab. Wisdom Lit.*, 128-129. Lambert traduit: «The whole of mankind bows to you, Šamaš, the universe longs for your light». Par son envergure cette conception se prêtait à une large diffusion, et il n'est pas nécessaire qu'il y ait eu accès israélite au texte.

[160] La différence de l'orthographe consonantique entre BH³ et BHS (= L, ms dit «de Léningrad») est examinée plus bas. Elle n'affecte pas le sens, mais présente de l'intérêt pour l'histoire de la tradition textuelle. La traduction du vb par «attendre» correspond à son étymologie et à ses emplois attestés, et doit être préférée à la nuance «espérer». Il s'agit de l'attente d'un événement certain, et la formulation hébraïque correspond sur ce point à ce qu'implique la situation évoquée par la formulation babylonienne citée à la n. précédente: cette situation est l'attente du lever du soleil.

ce vb, la fonction du 1ᵉʳ mot retouché? Faut-il comprendre que «les îles» sont bénéficiaires? Alors le sens serait: «ils donneront en possession aux îles» ou «ils rendront les îles héritières»? L'accusatif du bénéficiaire serait conforme à la construction du *hifil* de ce vb. Mais comment justifier le pluriel du vb par rapport à ce qui précède? Ce pluriel marquerait un changement de sujet et une rupture par rapport à la mission du Serviteur, au point où cette mission prend un sens décisif. Il faudrait supposer un sujet «les Israélites» là où la présence du Serviteur (même compris comme la personnification d'une collectivité) paraît indispensable. À cette difficulté s'ajoute celle de la fonction du 1ᵉʳ terme. On ne peut guère en faire un accusatif araméen (avec préposition ל introductive de l'objet), à côté d'un accusatif hébreu, sous le prétexte que ce *hifil* se construit avec 2 accusatifs («donner en possession quelque chose à quelqu'un»)[161]. On ne pourrait supposer un aramaïsme du 1ᵉʳ terme que dans l'hypothèse où «les îles» auraient été sujet du vb, compris avec sa valeur nécessairement factitive, comme une allusion à la transmission «des lois» aux générations suivantes: «et ses lois, les îles les feront posséder». Il conviendrait de sous-entendre alors, vu la notion d'héritage impliquée: ... les feront posséder par les générations futures, en rendront les générations futures héritières. La formulation de Qa surenchérirait sur la diffusion «des lois», en visant les aspects extrêmes spatiaux (les îles, confins du monde) et temporels (les générations futures sous-entendues) de cette diffusion. Ce serait une manière d'indiquer l'ex-

---

[161] C'est ce que semble admettre P. E. Bonnard lorsqu'il interprète la signification globale de Qa, en cet endroit, sans traduire ce texte, et sans donner de justification de la valeur qu'il lui attribue. Il ramasse en une phrase les deux cas de TM et Qa, comme s'il était évident que les deux textes aient eu la même signification fondamentale, et il écrit: «... les nations les plus lointaines, les îles, sont dans l'attente de sa loi, ou même, si l'on suit le manuscrit de Qumrân, recueillent déjà les lois qu'il leur impose». (*Le Sec. Is.* ... (1972) 125). Cela implique, d'une part, que les «lois» sont l'objet du vb, d'autre part, une appréciation du vb défectueuse, soit sur le sémantisme, soit sur la construction. En effet, ou bien Bonnard a interprété le *hifil* comme un *qal* («les îles recevront en possession ses lois»), ce qui est exclu par la différenciation entre le *qal* transitif simple («recevoir, hériter, prendre possession de») et le *hifil* factitif («rendre quelqu'un possesseur de»), différenciation qui est très nette pour ce vb et qu'on ne peut violer sans tomber dans l'arbitraire; ou bien l'auteur a reconnu la valeur factitive du *hifil*, mais, outre qu'il a négligé la difficulté du pluriel, qui marque l'intervention d'un sujet autre que le Serviteur, il a attribué au vb simultanément une construction araméenne du 1ᵉʳ objet (l'objet direct en français) et une construction hébraïque du 2ᵉ (le destinataire), invraisemblance qui a été notée plus haut et qui, combinée avec la difficulté du pluriel du vb, rend l'hypothèse intenable. En réalité l'appréciation rapide de Bonnard, dénuée de traduction et dénuée de justification, montre que l'auteur a méconnu la difficulté de la leçon Qa. Il en aurait pris une idée en consultant Kutscher, qui écrivait dans son ouvrage de 1959: «cependant il est difficile de l'interpréter» (à savoir le vb de Qa), formule qui devient dans la traduction anglaise de 1974: «it does not however, seem to fit the context here» (*LMY* 199, n° 137; *LIS* 265, n° 145). La position de Kutscher est examinée plus bas.

tension définitive et sans réserve de la diffusion des lois d'Israël. Mais l'imputation à Qa d'un tel sens manque de vraisemblance. Ce qui serait vraisemblable c'est que Qa ait entrepris de remplacer «l'attente» de H = TM par l'entrée en possession effective : le *qal* du vb aurait alors été nécessaire et la préservation de la préposition devant le 1er terme («ses lois») aurait été, à la rigueur, admissible comme aramaïsme dû au souci de conserver sur ce point la forme H, tout en modifiant sa valeur. Pourtant l'aramaïsme ferait déjà difficulté : pourquoi Qa n'aurait-il pas retouché le mot sur ce point, alors qu'il retouchait le sg en pluriel? Mais l'aramaïsme perd sa vraisemblance s'il se combine avec la difficulté supplémentaire du *hifil*, avec l'absence de second objet, c'est-à-dire de l'indication du destinataire, et avec l'allusion sous-entendue aux générations futures. Comment admettre que cette allusion hyperbolique soit restée sous-entendue, alors qu'elle marquait le point culminant de l'oracle? Supposer un style obscur par raison oraculaire serait, dans de telles conditions, un recours peu convaincant. Une majoration de l'universalisme de la Loi, par rapport à un texte H déjà clairement universaliste, irait de toute façon à l'inverse de la perspective générale de stricte opposition aux *gôyim*, qui caractérise le milieu de Qumrân.

Conviendrait-il alors, tout en laissant la fonction de sujet aux «îles», de comprendre la préposition du 1er mot comme l'indication de la norme qui aurait orienté l'action : «conformément à ses lois (ou instructions)»? C'est une valeur normale de la préposition ל [162]. Mais en quel sens, en vertu de quelle situation les îles pourraient-elles être dites «avoir fait posséder», et quels objets (objet direct et 2e objet hébreu du destinataire) faut-il sous-entendre? La formule ainsi comprise ne serait concevable que si elle comportait, dans l'esprit des responsables de Qa, un arrière-plan qui en livrait la clef. La forme Qa du texte ne paraît finalement pas se justifier d'une manière plausible par ses éléments internes. Il semble donc qu'elle doive s'expliquer par quelque spéculation qui éclairait le texte par des éléments complémentaires.

D'un autre côté il est d'emblée certain que la variation n'est pas due à un accident, à une négligence ou à une incompétence, touchant le sens de H. D'une part, la retouche du substantif initial (pluriel au lieu de sg) avertit que la modification du vb n'est pas un accident, car elle est solidaire d'un aménagement. D'autre part, le sens du vb de H était certainement compris dans le milieu Qa. Ces 2 points ont échappé à Kutscher. Il faut libérer la question de l'appréciation négative qu'il a cru devoir adopter, concernant

---

[162] *BDB* 516 A, § 5 j. La valeur de conformité à une norme apparaît bien dans Hod 35, 10 לרצונכה «conformément à ta volonté».

la valeur du vb variant de Qa[163]. Il a négligé, dans la discussion du vb de Qa, la considération de la 2ᵉ var. (la mise au pluriel du 1ᵉʳ mot de la formule), et il a cru, d'après une considération purement statistique, que «le scribe» de Qa ne comprenait plus le vb de H, et qu'il l'a changé pour cette raison. Kutscher pense trouver une confirmation de ce point de vue dans le fait qu'en 51, 5 le scribe a également «changé» le vb de H. Il oublie cependant d'indiquer, en ce contexte de son exposé (il ne le fait qu'ailleurs, à propos de 51, 5, mais en des termes qui créent des difficultés pour son analyse! cf. infra), qu'en 51, 5 Qa n'a changé que la conjugaison, non la rac. Il est passé du *piël* de H au *hifil*. Il connaissait donc la valeur de la rac., ce qui exclut (vu la structure du système verbal en hébreu, comme dans les autres langues sémitiques) une incapacité de comprendre le *piël*. De toute façon l'exposé de Kutscher sous 42, 4 fait illusion, en donnant à croire qu'en 51, 5 Qa a «changé» H dans les mêmes conditions qu'il l'a changé en 42, 4.

Si l'on se reporte à l'analyse de la var. Qa en 51, 5 (*hifil* pour *piël*), que Kutscher a exposée dans une autre partie de son ouvrage[164], on s'aperçoit que le constat statistique des fréquences n'offre plus d'appui à une possibilité d'explication de la var., comme c'était le cas pour Qa 42, 4. Il s'y oppose au contraire[165]. L'auteur s'en étonne: «the substitution is therefore surprising» (*LIS, loc.c*[166]). Toutefois il n'en tire aucune conséquence pour son appréciation de 42, 4, et cette négligence est d'autant plus surprenante qu'à propos de 51, 5 il note la relation du *kᵉtîb* (au *piël*) et du *qᵉrēy* (au *hifil*) du même vb יחל (de TM 42, 4 et TM, Qa 51, 5), dans I Sam 13, 8, relation qui correspond exactement à celle de TM et Qa en 51, 5[167]. Ce dernier constat est particulièrement intéressant. On y parvient aisément en passant en revue

---

[163] *LMY* 199, n° 137; *LIS* 265, n° 145.

[164] *LMY* 276 § 3, 2, début; *LIS* 361.

[165] La statistique offre un prétexte à une possibilité apparente d'explication en 42, 4, parce que la rac. de la var. Qa est plus fréquente que celle de H en hébreu biblique, sans toutefois que les conditions soient convaincantes. Au contraire, nous allons voir plus bas qu'elles se retournent contre l'interprétation de Kutscher. Voir pour le moment les chiffres de fréquence donnés par l'auteur pour le cas de 42, 4, aux endroits cités, *LMY* 199 etc. Mais le cas de la var. Qa en 51, 5 se présente dans des conditions inverses. Ici la statistique est nettement défavorable à la var., car le *piël* de יחל est plus fréquent en hébreu biblique que le *hifil*. C'est ce que constate l'auteur aux endroits cités, *LMY*, 276 etc.

[166] Formulation équivalente dans *LMY*, loc. c., avec תמוה «étonnant, étrange».

[167] Le *Kᵉtîb* de I Sam 13, 8 a le piël וייחל comme TM Is 51, 5. Le *Qᵉrēy* lit le *hifil* (consécutif), par passage de *yod* à *waw* (petite mutation effectuée à un moment donné dans la tradition recueillie par le *Qerēy*), comme Qa 51, 5 a retouché le *piël* en *hifil*. Le fascicule de *Samuel* de BHS (P. A. H. de Boer) et la 3ᵉ éd. de *KBL* (389 A) présentent les faits correctement, ce qui rectifie utilement les données de BH³ (qui recommandait sans raison, en apparat critique, de corriger le *Kᵉtîb*) et de *KBL*¹, qui avait omis de noter la présence d'un *Qᵉrēy* et qui présentait la lecture au *piël* comme correction (378 A).

les emplois de יחל, dans la Bible. La remarque pourrait être encore complétée par la considération d'autres matériaux. La tradition a établi un rapport entre יחל et une rac. חיל (qui serait une rac. III, en plus des 2 homographes attestés par ailleurs). Ce rapport est à l'origine de la vocalisation insolite de Gen 8, 12[168]. D'autre part, dans plusieurs textes on a la rac. concave là où l'on attendrait la rac. à 1re yod[169]. Ces faits n'autorisent pas à conclure que les formes consonantiques ou vocaliques retenues en l'occurrence par la tradition massorétique sont nécessairement liées à des pertes de la valeur de la rac. à 1re yod, mais ils témoignent plutôt de précautions ou de spéculations, en connaissance de cause. Le rapport noté par Kutscher entre le cas de I Sam 13, 8 et celui de Qa 51, 5 comparé à TM, plaide pour une tradition commune, qui a déterminé, dans certains cas, un glissement du piël au hifil. La var. de Qa en 51, 5, loin d'être un fait isolé, interprétable comme une perte de sens, se rattache, d'après l'analogie du q^erēy de I Sam 13, 8, à un traitement connu par ailleurs. En outre cette var. va à l'opposé du glissement vers la plus grande fréquence, partout supposé par Kutscher, en raison de son préjugé sur la nature de Qa. Kutscher a reconnu que le fait était «surprenant», c'est-à-dire qu'il s'opposait à son point de vue ordinaire. Il a seulement négligé de rectifier son analyse de 42, 4 en conséquence.

Mais, par delà les incompatibilités entre les implications de la var. de Qa en 51, 5 et l'analyse que Kutscher a donnée de 42, 4, une autre constatation démontre de manière décisive la connaissance de la rac. יחל, soit au piël,

---

[168] *Wayyiyyāḥel*. Cette vocalisation fait écho à celle de 8, 10 a, qui suppose une rac. חיל (III!) synonyme de יחל. Mais la leçon consonantique de Gen 8, 10 suppose clairement la rac. יחל.

[169] Le problème de l'usage d'une rac. III concave est soulevé par plusieurs textes. Cf. *GB* 228 A, qui distingue encore, mais dubitativement, une rac. III du type concave supposé. *KBL*³ se borne à noter que dans les textes en cause : «I יחל pr חיל» (298 A, *qal*). Il faut donc corriger, selon cet ouvrage, qui ne donne par ailleurs aucune explication des faits. Il convient sans doute de comprendre le phénomène comme un recours à la rac. II חיל, qui signifie «être stable, durable» (Job 20, 21 et Ps 10, 5, texte qu'il ne faut pas corriger comme encore *KBL*³ 298 B). Il peut s'agir d'une confusion née de la proximité du sens mentionné et de celui de יחל «attendre». Mais il y a plutôt lieu, je pense, de soupçonner un glissement spéculatif opéré à la faveur de la ressemblance des rac. (petite mutation analogique) et destiné à obtenir un sens renforcé et probablement une nuance religieuse (la fermeté au lieu de l'attente). Dans la langue rabbinique, un vb homographe de celui à 1re yod est attesté par Pesiqta R 47 (d'après *DTM* 574 B). Si la leçon est correcte, le contexte requiert le sens «reposer sur», probablement en rapport avec חול, au sens postbiblique de «se produire, prendre effet». Un tel fait illustre les échanges qui se sont produits entre le type à 1re yod et les rac. concaves (à 2e yod ou *waw*), mais ces phénomènes ne permettent nullement de conclure à des pertes dans la connaissance des valeurs anciennes. La manière dont se présente la question de la var. Qa en 51, 5 et 42, 4 va nous orienter vers une tout autre direction. Kutscher n'a pu maintenir son appréciation en 42, 4 que parce qu'il a négligé de tirer les conséquences de ses propres constats sous 51, 5.

soit au *hifil*, dans le milieu de Qumrân, et récuse sans appel l'interprétation de Kutscher, et du même coup sa méthode. C'est l'emploi de ce vb au *piël* et au *hifil*, en plusieurs endroits des Hymnes de Qumrân et dans un passage de l'Écrit de Damas[170]. Kutscher a négligé ces textes. Or ils sont décisifs. Kutscher a raisonné en fonction des attestations bibliques, d'une part, rabbiniques, d'autre part, et il est resté ainsi prisonnier d'une certaine convention méthodologique traditionnelle, au lieu de s'adapter au renouvellement de la documentation historique. La rac. יחל en débat n'étant apparemment pas employée en hébreu rabbinique, Kutscher a conclu de là et de la var. de Qa en 51, 5 (dont il a sollicité la présentation, comme dit plus haut) que «le scribe» ne comprenait plus le vb. Déjà en elle-même la langue juridique et didactique de la littérature rabbinique ne constitue pas un critère sûr pour juger de la connaissance de la langue lyrique à basse époque. Cela s'oppose en général aux argumentations statistiques que Kutscher a voulu fonder sur les sources rabbiniques. Dans le cas précis de 42, 4, l'appréciation de l'auteur s'effondre devant le constat de l'emploi du vb en question à Qumrân. Ce n'est pas par incompréhension que Qa s'est écarté de H, mais *par intention délibérée*, comme suffisait déjà à l'indiquer la retouche du 1er terme de la divergence. Par conséquent sa variation avait, à ses yeux, un sens précis, lié à un intérêt déterminable, tandis que Kutscher a estimé le vb de la variation sans signification assignable[171].

Un premier élément de solution est livré par le rapport d'analogie formelle qui apparaît entre le vb de Qa ינחילו et celui de TM = H, orthographié soit

---

[170] Hod 41 (= VII), 18, *hifil*; 43 (= IX), 10, *piël*; 45 (= XI), 31, *piël*, frg 4 des Hod, 17, *hifil*; CD 8, 4 (= 9, 14), *piël*, mais cf. la réserve qui suit. Références dans la concordance de Kuhn, 89. Toutefois le vb du dernier texte cité par Kuhn (CD 8, 4) ne se rattache pas de manière assurée à la rac. considérée et pourrait représenter la rac. חלה «être malade». C'est ce qu'ont admis plusieurs interprètes, qui corrigent de diverses façons le contexte, en conséquence. Ainsi R. H. Charles, *APOT*, II, 817. Le passage est difficile et les corrections restent hasardées. À côté du rattachement au vb *piël* «attendre» (ils ont attendu la guérison) — solution qui reste concevable, si guérison = amélioration de la situation — on pourrait songer à un idiotisme, avec l'autre rac., «ils sont malades *à* guérison» = ils sont malades de manière guérissable. D'un autre côté on pourrait se demander s'il ne convient pas de rattacher וידקמום à l'arabe *daqama* «heurter la mâchoire et briser les dents» (manque dans Lane; cf. *Lisân*, éd. Beyr. XII (50) 203 B. Cet ouvrage note que le vb a la valeur de *damaqa* «par interversion (de syllabes)». Le vb de CD pourrait avoir ce sens précis, par métaphore, ou un sens général «heurter et briser».

[171] Son jugement sur la non convenance de la leçon a été signalé plus haut. Ce jugement introduit une autre incompatibilité avec ses observations. Si le scribe a modifié la leçon H parce qu'il ne la comprenait pas, son option en faveur d'une rac. connue suppose qu'elle lui permettait d'attribuer un sens à la phrase, tandis que selon Kutscher la leçon Qa ne s'accorde pas au contexte.

ייחלו, comme dans toutes les éditions jusqu'à BH³ inclus, soit ייחילו, avec BHS = L (ms de Léningrad). BH³ avait négligé dans son texte le *yod* médian que portait sa source manuscrite, le ms L, tout en notant scrupuleusement ce *yod* en apparat critique (ce n'est donc pas une omission accidentelle dans BH³)[172]. L'orthographe de L pourrait représenter une conciliation entre 2 traditions, dont l'une avait le *piël*, l'autre le *hifil* (avec orthographe défective de la 1ʳᵉ syllabe en *ô* supposant *waw*)[173]. Le point est mineur pour l'appréciation de la genèse de Qa. La différence essentielle entre la leçon TM (BH³ ou BHS) et celle de Qa tient à la présence d'un *nun* en 1ʳᵉ position radicale dans Qa, tandis qu'il est absent dans TM. Or le nun 1ʳᵉ radicale est susceptible d'être assimilé à la consonne suivante, c'est-à-dire de disparaître, en écriture consonantique, dans les vbs à 1ʳᵉ *nun* et dans la conjugaison *nifal* du vb fort, à l'impft. En d'autres termes, touchant le *nun*, le rapport formel de Qa avec TM est le même que celui des formes où *nun* radical se maintient (comme le pft *qal*) et des formes où *nun* est assimilé (comme l'impft *qal* ou le pft *hifil*). La conjugaison réelle livrait donc une correspondance du rapport matériel entre les leçons Qa et TM, et cette analogie devenait une justification du glissement d'une forme à l'autre, dans une herméneutique d'analogie formelle. De même que la conjugaison en usage passait de formes sans *nun* à des formes avec *nun*, de même, du point de vue des anciens, on pouvait passer de la leçon sans *nun* de TM = H à la leçon avec *nun* de Qa, en dépit de la différence des rac., et en raison de la valeur positive assignée à l'analogie formelle.

---

[172] L'orthographe consonantique de L est insolite. En pareille position la voyelle *ē* n'est pas ordinairement signalée par un *yod*. C'est cette singularité qui a évidemment entraîné la correction orthographique opérée dans BH³. À tort cependant, car l'orthographe de L a des chances de correspondre à un souci de respecter la tradition textuelle, c'est-à-dire l'une de ses données manuscrites. Cf. la suite.

[173] L'orthographe de L serait surprenante, si elle n'avait d'autre fonction que vocalique et ne devait que suggérer *ē* en cette position. La conciliation entre 2 traditions, l'une au *piël*, l'autre au *hifil*, est le plus probable. Le procédé de fusion de 2 traditions dans un même consonantisme est conforme à ce que l'on rencontre dans TM à l'occasion des cas de *kᵉtîb* et *qᵉrēy*. La leçon au *hifil*, suggérée par le consonantisme de L, est-elle apparue par contre-coup de la formation de la leçon produite par l'herméneutique transformante, dans Qa, leçon qui est également au *hifil*? L'hypothèse n'est pas à exclure mais n'autorise que des suppositions. L'une serait que le *hifil* était originel, dans H, et qu'une réaction contre l'apparition de la leçon retouchée (Qa) a entraîné un passage au *piël*, pour mieux marquer la différence des rac. Le 2ᵉ *yod* initial de L aurait alors été ajouté pour indiquer la lecture au *piël*, sans omettre l'existence de la tradition du *hifil* (indiquée par le *yod* médian). Mais il est également concevable qu'un *piël* originel ait subi, à un moment donné, l'influence de la leçon de vulgarisation (Qa) et qu'une conciliation partielle des traditions disponibles ait produit la leçon L. Même si cette dernière n'autorise pas une certitude quant à son origine, elle invite à des hypothèses qui en illustrent l'intérêt. En toute rigueur il était excessif de la reléguer en apparat critique, dans BH³, puisque cette édition était fondée sur L. La rectification apportée dans BHS par la révision de H. P. Rüger est pleinement justifiée.

Complémentairement la question des *yod* se résout aisément. Si H(Qa) était = BH³, il suffisait d'opérer une métathèse de *yod* et *heth* pour obtenir le *hifil* de Qa. Si H(Qa) était = BHS, l'insertion du *nun* justifiait sans doute l'éviction du 2ᵉ *yod*; de toute façon les 2 *yod* étaient aisément réductibles à un seul, d'après l'analogie de l'orthographe défective. La question du traitement du vb dans Qa n'est cependant pas encore épuisée par ces considérations d'analogie formelle. Pour faire progresser la question, il faut encore tenir compte de l'autre var. de Qa 42, 4.

La retouche qui a produit ולתורתיו est une petite mutation, de nouveau justifiable du point de vue de l'herméneutique formelle. D'une part, l'insertion de *yod* devant le suffixe n'est qu'une variation «légère», sur le nombre grammatical; à l'instar des changements de pers. et de suffixes, elle n'affecte pas le terme lui-même; d'autre part, cette variation peut se fonder en outre sur l'analogie de l'orthographe défective (un consonantisme = TM, mais avec vocalisme du pluriel). Qa peut passer pour une explicitation par orthographe pleine de ce qui était lisible dans l'orthographe consonantique défective.

Après ce qui a été dit plus haut sur les valeurs les plus probablement assignables aux var. de Qa en 42, 4, il paraît clair que, par rapport à l'orientation universaliste sans restriction de H = TM, les 2 retouches de Qa visaient à un même dessein qui était de tourner l'universalisme. Dans H, «l'attente» affecte «les îles», c'est-à-dire qu'elle s'étend jusqu'aux confins. Elle inclut a fortiori le gros des nations, et cette attente concerne la Loi, celle d'Israël, qui est, nous l'avons vu, l'expression de la volonté et de la véritable manifestation théophanique du Dieu unique. Dans Qa, sous réserve de confirmer et préciser encore ce que paraît dégager l'analyse interne, la perspective est complètement différente. Les îles (partie limite, pour le tout) ne sont plus dans l'attente de la religion universelle dont Israël a le dépôt et que transmet le Serviteur, mais elles sont mises au service d'une mission qui s'exprime dans le vb «faire hériter». Ce vb semble donc annoncer un programme qui est celui de la restauration matérielle d'Israël, telle qu'elle est proclamée par le Second Is, en 49, 8 : «faire hériter» (להנחיל, le vb de Qa 42, 4), c'est-à-dire ici «distribuer» (sous-entendu, à Israël) «des héritages (substantif de la même rac.) désolés». Chez le Second Is, c'est le Serviteur qui est chargé de cette mission de restauration territoriale. Une utilisation secondaire du même vb a parfaitement pu admettre un intermédiaire, aux ordres du Serviteur, et réserver l'exécution pratique de la mission *aux îles*, donc aux nations. C'est ce que suppose Qa 42, 4, à ce stade de l'analyse, sans que soit encore entièrement dissipée l'hésitation que l'on est en droit d'éprouver devant l'étrangeté de la formulation : les îles feront hériter (Israël), au sens : rendront de nouveau Israël héritier = possesseur de ses territoires.

L'autre retouche «conformément à ses lois» remplace «sa Loi» (objet du vb «attendre», dans H) par «ses lois», qui sont alors des *instructions* particulières, relatives à la mission en question. L'élimination du thème de la Loi, révélation du Dieu unique et de sa volonté, va de pair, dans Qa, avec l'élimination de l'attente universelle des «îles». La convergence des 2 retouches confirme l'existence dans Qa d'un dessein concerté d'interpréter le rôle de «l'attente des îles» dans le sens d'une stricte subordination à Israël, au prix de la perte du message universaliste, tel qu'il s'exprime dans H. L'importance religieuse du changement de sens imposé au passage implique l'autorité assurée des procédés appliqués, dont nous venons d'examiner le détail et qui procèdent diversement de la méthode des analogies verbales formelles.

Pourtant, s'il paraît clair que cette herméneutique analogique a joué son rôle, elle ne rend pas pleinement compte de la recension du passage dans Qa, parce que l'identification des intentions reste conjecturale, tant qu'un critère décisif ne vient pas confirmer qu'il s'agit bien de «faire hériter» Israël, selon ce qui est défini par le programme de restauration de 49, 8. Comme constaté plus haut, la forme Qa du passage suppose que, dans l'esprit des responsables de la transformation, un certain arrière-plan était associé au texte et contribuait à sa clarté et à sa force, dans l'état retouché. C'est cet arrière-plan qu'il s'agit de retrouver pour dissiper les imprécisions et les incertitudes qui persistent nécessairement, tant qu'on en reste à la première apparence et aux opérations d'analogie verbale immédiatement repérables à partir de l'herméneutique analogique.

L'arrière-plan recherché est livré par un autre passage scripturaire, Is 60, 9. L'identification de ce texte est liée à deux critères distincts : (a) l'existence d'une jonction verbale caractéristique ; (b) un thème qui livre la clef de la variation de Qa en 42, 4, en confirmant ce que les retouches par analogie verbale permettaient seulement de soupçonner.

(a) La jonction verbale. Elle est double. La mention des «îles» en est le premier élément, avec identité des termes dans les 2 textes. Le second élément est constitué par une proximité de sens pratiquement réductible à une synonymie entre les 2 vbs respectifs. Le vb de H = TM 42, 4 exprime proprement l'attente, mais cette attente est, de par la situation, chargée d'espérance. Le vb de 60, 9 exprime proprement l'espérance, mais cette espérance est ici une transposition lyrique et religieuse[174]. En réalité il s'agit

---

[174] La portée religieuse vient de ce que les nations sont censées aspirer à la restauration d'Israël, qui est le peuple qualifié par sa tradition pour assurer le culte monothéiste. Toutes les

de l'attente d'un ordre divin à recevoir : לי איים יקוו «en moi les îles espèreront», entendez que les îles, c'est-à-dire les habitants des confins les plus éloignés attendront que Yahvé leur fasse signe de ramener les Israélites dispersés. Il y a bien synonymie, et donc jonction réelle qui s'ajoute à celle du mot «îles».

(b) Le thème de 60, 9. Il éclaire Qa 42, 4 et l'allusion hermétique à une mission des «îles» chargées de «faire hériter». Les îles sont en effet chargées, d'après 60, 9, de «ramener du lointain *tes* fils (TM), *mes* fils (Qa)». La légère var. de Qa 60, 9, par changement de suffixe (= petite mutation, dans le cadre de la méthode des analogies verbales formelles), met l'accent sur la sollicitude divine en faveur d'Israël : Yahvé appelle les Israélites «mes fils», au lieu de rester descriptif et distant avec «tes fils». La relation spéciale de filialité réservée aux Israélites s'accorde avec l'inspiration de la variation de Qa en 42, 4, restrictive pour les nations et privilégiante pour Israël. L'indice, quoique mineur, mérite d'être relevé. Sans suffire à être par lui-même probant, touchant une relation établie par Qa entre 42, 4 et 60, 9, il devient un élément de renforcement, dès lors qu'une telle relation s'impose par ailleurs, du fait de la justification que la teneur de 60, 9 apporte à Qa 42, 4.

Cette justification est frappante. Nous avons vu que l'espérance des îles exprime en réalité leur attente de l'ordre divin qui doit leur être adressé, relativement au rapatriement des Israélites dispersés (le thème d'exil à Babylone s'est amplifié, chez le Troisième Is en thème de dispersion parmi les nations). La relation entre cette «espérance» et la mission de rapatriement est nettement exprimée en 60, 9 : «car en Moi les îles espéreront (יקוו[175]) ...

---

nations «espèrent» que ce culte sera assuré, parce qu'elles ont reconnu, à la suite de la chute de Babylone, capitale religieuse du monde, et de la libération d'Israël hors de Babylonie, que le Dieu d'Israël est le Dieu unique. D'où aussi le pèlerinage des nations à Jérusalem devenue capitale religieuse du monde, à la place de Babylone tombée en même temps que ses faux dieux. À l'occasion du pèlerinage, les nations apporteront leurs richesses en offrande. C'est le thème d'Is 60-62. L'exaltation nationaliste compensatoire, après l'épreuve exilique, y est indissociable du thème religieux du culte universel du Dieu unique à Jérusalem. Telle est l'interprétation que le Troisième Is a donnée de l'universalisme de «la Loi lumière des nations» (Is 51, 4) et du Serviteur «lumière des nations», en tant que messager de la Loi (Is 42, 6; 49, 6).

[175] Le vocalisme *nifal* de la rac. II קוה, ici avec le sens de «se rassembleront» a été proposé par divers auteurs, depuis Luzzatto et Geiger, cités par Cheyne, *SBOT* 160, qui les suit, de même que Duhm, 449. Cette lecture a conduit à la correction du mot précédent en «navires» (*ṣadé*, au lieu de *alef*), pour obtenir un terme qui réponde à celui de l'hémistiche suivant («bateaux de Tarsis»). Cf. Cheyne et Duhm cités et l'apparat critique de BH³. Dans BHS le scepticisme à l'égard de TM persiste, mais avec une correction conjecturale; cf. l'app. crit. Ces corrections sont fondées sur des considérations de cohérence littéraire qu'allègue Duhm, et que Marti a cru renforcer en expliquant la forme TM, secondaire selon lui, par l'influence de 42, 4 et 51, 5 (*Comm.* 383). L'observation n'est pas sans utilité, mais il convient de l'exploiter

pour faire venir tes fils (Qa mes fils) du lointain, leur argent et leur or avec eux» = «pour ramener tes fils avec leur argent et leur or»[176]. Dès lors que «l'espérance des îles» de 60, 9 était rapprochée de «l'attente des îles» de 42, 4, il devenait légitime, en vertu de la jonction verbale et du principe des analogies scripturaires (du *principe*; il n'y a pas ici d'emprunt littéral! cf. infra) d'interpréter cette «attente des îles» de H 42, 4 comme relative au rapatriement et à la reconstitution territoriale qui en découlait et qui était le programme explicitement tracé par 49, 8 «... relever le pays, faire hériter des héritages désolés». Il n'y a pas eu prélèvement littéral de Qa 42, 4 en 60, 9, comme c'est le cas ordinaire des applications de la méthode des analogies scripturaires, mais il y a eu emprunt de thème, et, à partir de là, déduction (du rapatriement est déduite la reconstitution territoriale qu'évoque le vb de Qa יַנְחִילוּ, propre aussi à 49, 8). Cette déduction elle-même, bien que légitime en tant qu'exégèse logique, est doublement étayée : (a) par la petite mutation du vb de H par analogie verbale formelle décrite plus haut (modification de H ייַ(ר)חָל(לוֹ en יַנְחִילוּ «feront hériter»); (b) par la réminiscence du mot d'ordre de 49, 8 «faire hériter des héritages» = remettre Israël en possession de ses parts foncières. La déduction à partir de 60, 9 s'est confondue avec, d'une part, un motif d'analogie verbale formelle (a), d'autre part, une *réminiscence* scripturaire (b), qui n'est pas une «*analogie* scripturaire», mais qui se justifiait par sa résonance de mot d'ordre et par la complémentarité des thèmes. En somme, l'exploitation de la jonction verbale

---

autrement. Volz, habituellement hardi correcteur de TM, le défend ici au nom de la référence au Second Is (243, n. 1). Qa lui donne raison par son accord avec TM, contrôlable du fait que le mot précédent s'accorde aussi avec TM («îles», contre la correction «navires»), ce qui implique le même vb «espérer» (*piël*), contre la correction par l'autre racine au *nifal*. En outre la spéculation qui a entraîné la retouche de Qa en 42, 4 témoigne en faveur de TM 60, 9, contre la correction moderne, car elle dérive de la forme TM et la présuppose. Les correcteurs de TM en 60, 9 ont été victimes d'une projection moderne, en cherchant à reconstituer une harmonie littéraire en réalité factice.

[176] La mention de l'argent et de l'or correspond d'abord à la récupération des richesses emportées par les Babyloniens, lors de la prise de Jérusalem. Mais en outre ce thème devient l'occasion d'appliquer la théorie oraculaire du Second Is, relative au second exode (celui de la sortie de Babylonie) qui reproduira, avec amplifications diverses, les circonstances du 1er. De même que, lors du 1er exode hors d'Égypte, les Israélites avaient quitté le pays chargés de richesses (Ex 12, 35) — un thème qui s'inspire typiquement d'un idéal et d'un instinct nomades de toujours : prélever sur le sédentaire! —, de même, lors du nouvel exode, ils rentreront dans leur patrie «avec leur argent et leur or». Argent et or sont mentionnés sans indication de quantité. Seule la référence implicite au 1er exode entraîne l'idée d'une certaine abondance, ce qui est promesse d'une future prospérité. Cependant, d'après le thème du culte universel à Jérusalem, qui est déterminant chez le Troisième Is, en 60-62, argent et or sont d'abord destinés à l'organisation et à l'exercice de ce culte. Le trait est donc prioritairement religieux et correspond, du côté israélite, à l'afflux des richesses des nations, lors de leur pèlerinage à Jérusalem.

entre 42, 4 et 60, 9 a subi la double attraction de la parenté formelle (entre le vb de H et celui de Qa 42, 4) et du mot d'ordre de 49, 8, et c'est ainsi que ce qui était au départ une herméneutique d'analogie scripturaire s'est infléchi en herméneutique d'analogie verbale formelle, avec réminiscence scripturaire d'appoint. La retouche du substantif, telle qu'elle a été décrite plus haut, est une opération d'analogie verbale formelle, complémentaire du traitement du vb et subordonnée.

L'amalgame des justifications de la modification du vb apparaît finalement assez complexe et l'identification du cheminement des anciens était plus difficile qu'ailleurs. Mais, une fois repéré le texte clef 60, 9, qui fournit ce que nous avons appelé l'arrière-plan de la transformation de 42, 4, le problème soulevé par Qa s'éclaire et le fil de la pensée des anciens apparaît avec netteté, jalonné par les étapes qui viennent d'être décrites. On peut résumer le processus de la manière suivante :

1) Emprunt de thème à 60, 9, en vertu de la jonction verbale fournie par 2 termes.

2) Cet emprunt à 60, 9 n'a pas abouti à un prélèvement littéral, parce qu'un autre motif a interféré ; c'est l'analogie verbale formelle entre le vb « attendre », de H 42, 4 et le vb « faire hériter », qui, outre sa parenté formelle, était spécialement valorisé par le mot d'ordre de 49, 8.

3) Cette analogie verbale formelle et cette réminiscence scripturaire conduisaient à une leçon qui, par rapport à 60, 9, se présentait comme une déduction, et cette déduction a eu sa valeur positive propre (herméneutique du type logique), qui s'est ajoutée aux deux considérations précédentes.

4) Le 1er substantif de la proposition de 42, 4b a été retouché par petite mutation d'analogie verbale formelle, pour être adapté à la modification majeure.

5) Le sens de Qa est finalement, en restituant les éléments d'arrière-plan nécessaires à la clarté : « ... et conformément à Ses instructions (de Dieu), les îles (= les nations jusqu'à leurs confins) rendront (Israël) héritier (des héritages visés en 49, 8, cela en le rapatriant) ». Autrement dit encore, et plus littéralement : « ... les îles feront hériter (Israël des héritages de 49, 8, en le rapatriant) ».

En exprimant les choses de façon plus concise, on pourra dire que la modification de H 42, 4, dans Qa, résulte d'une analogie scripturaire prolongée par une analogie verbale formelle qui est devenue l'élément principal pour la littéralité du texte (d'où notre classement dans la 2e partie de cette section). L'analogie verbale formelle a été amalgamée à une déduction logique et à une réminiscence scripturaire.

La modification de 42, 4 dans Qa se classe parmi les plus importantes variations du rouleau. C'est peut-être la plus importante, du point de vue idéologique, puisque la transformation du passage entraîne une renonciation à l'attente universelle de la Loi (ainsi H), pour lui substituer un oracle où s'exprime la réduction des nations au service de la reconstitution territoriale d'Israël. Cette réduction correspondait certes, dans l'esprit des gens de Qumrân, à la conviction ardente d'une vocation religieuse d'Israël, qui était d'assurer le culte du Dieu unique, dans le prolongement de l'enseignement du Troisième Is. Mais néanmoins le rabaissement des nations rompait avec l'universalisme sans différenciation de la «Loi, lumière des nations», d'Is 51, 4 et du Serviteur, «lumière des nations» en tant que messager de la Loi.

La portée du changement et son extrême gravité garantissent avec une évidence spécialement nette que le traitement du texte était justifié, aux yeux des responsables et du Judaïsme de l'époque, par des méthodes souveraines. C'est le constat que nous avons été amené à faire dans chacune de nos analyses antérieures. Qa 42, 4 apporte à cet ensemble le poids supplémentaire d'un témoignage de premier plan. Il illustre la possibilité d'éclairer les conditions historiques du milieu, grâce aux critères herméneutiques d'époque. Il livre aussi une occasion d'apprécier la valeur incomparable de la tradition textuelle normative préservée par TM. Malgré l'intensité de l'exaltation nationaliste particulariste qui s'est emparée du Judaïsme au cours de la phase postexilique, la tradition normative préservée dans TM a remarquablement résisté à la tentation d'atténuer l'universalisme des poèmes du Serviteur incorporés au recueil du Second Is, et de le sacrifier aux enthousiasmes d'une époque. Bien que les procédés de la vulgarisation tirassent une légitimité réelle de leur caractère méthodique, c'est la norme textuelle qui l'a emporté ici et qui a été transmise par TM.

10) «Petites mutations» à grande portée idéologique en 48 s. Vue introductive

Certaines var. Qa d'apparence modeste, qui n'affectent que des éléments adventices d'un mot (pers. verbale, suffixe nominal) se distinguent, dans la 2ᵉ partie de Qa, par une portée idéologique spécialement importante. Ce sont en particulier : a) איחל pour TM יחל, en 48, 11; b) les suffixes de la 3ᵉ pers. אליו et זרועו en 51, 5, au lieu des suff. de la 1ʳᵉ pers. divine dans TM; c) משחתי pour TM משחת en 52, 14; d) עמו avec le suff. de la 3ᵉ pers. sg, au lieu de la 1ʳᵉ pers. dans TM, en 53, 8.

Les problèmes soulevés notamment par les var. (a) et (c), et les implications idéologiques de leurs teneurs et des teneurs transmises par TM aux mêmes endroits exigent, pour une tentative d'élucidation sérieuse, des développements qui excèdent la place disponible ici. Nous ne pouvons proposer provisoirement que quelques observations introductives.

Il faut remarquer d'abord — et c'est un point essentiel pour la présente enquête — que, dans ces 4 cas, nous sommes en présence de modifications minimes qui affectent les modalités d'emploi, non les teneurs sémantiques, avec toutefois une restriction de valeur pour (c). La leçon Qa de 52, 14, en effet, n'a qu'une seule valeur, qui est, quoi qu'on en ait dit, la 1ʳᵉ pers. du pft du vb משׁח, avec le sens messianique «j'ai oint» (c'est-à-dire : Dieu a oint le Serviteur pour une fonction royale ou sacerdotale suprême, qui revêt un caractère messianique). Une telle lecture est assurée, contre l'hypothèse d'un participe à *yod* final (au sg). En premier lieu l'usage le plus naturel et la fréquence imposent spontanément cette lecture — sauf existence d'une tradition d'interprétation qui s'y opposerait, mais qui n'a ici aucun indice —, à l'encontre de la forme exceptionnelle d'un participe à *yod* final au sg, que l'on a voulu postuler, non sans contradiction interne, dès lors que cette curiosité raffinée (pour l'époque comme pour nous) devait figurer dans un texte qui était censé très dégradé par les effets des ignorances de langue (la considération du participe de 49, 7 n'est nullement décisive, d'abord du fait que Qa est soupçonnable d'avoir là le plur.). Au contraire la leçon correspondante de TM משׁחת, qui a été généralement mal analysée et dont la valeur littéraire a été méconnue, repose sur une dualité de sens. Cette dualité revêt ici une portée ominale de très grande envergure, vu l'allusion au destin du Serviteur[177]. D'une part, le mot est interprétable comme état cs d'un substantif dérivé de שׁחת, d'où le sens «défiguration»

---

[177] Le terme problématique de 52, 14 a été l'objet d'erreurs d'analyse. C. Torrey avait cru y reconnaître une anomalie : «the curious vocalisation ...», *Second Isaiah*, 415. Ce jugement a influé sur l'appréciation de D. Barthélemy, qui y renvoie : *RB* 57 (1950), 546. De même les auteurs de *KBL*³ 609 A. L'évaluation proposée par Ben-Yehuda, en son *Thesaurus*, souffre également de confusion : VIII, 7044. D'un autre côté le sens proposé par A. Guillaume, d'après l'arabe (*JBL* 76 (1957) 41 s.), et que suit J. Barr (*Comparative Philology* ..., 284 s.), est une hypothèse inutile qui méconnaît que la clef de la difficulté doit être cherchée dans le double sens du terme hébreu. Kutscher s'est borné à postuler la secondarité de Qa, sans examen de la valeur qu'il convient d'assigner à TM, ce qui revient à éluder le problème (*LMY* 197; *LIS* 262). W. H. Brownlee a, par contre, correctement analysé la leçon de TM, en reconnaissant sa dualité de valeur (*BASOR* 132 (1954) 11). La présentation des faits par A. S. van der Woude (qui se rallie à l'explication par le participe à *yod* final) se heurte aux difficultés signalées dans l'exposé (*Die messianische Vorstellungen der Gemeinde von Qumrân*, 167). L'appréciation de cet auteur pour les suffixes qui varient en 51, 5 est également contestable, comme indiqué à la n. suiv.

(proprement «destruction»); d'autre part, le mot est, avec la même fonction grammaticale, rattachable à la rac. משח, et il signifie alors «onction». Le style est hermétique et allusif, mais c'est là précisément une caractéristique oraculaire. Le mot problématique évoque à la fois une épreuve et une élévation aux honneurs, et c'est l'indication que l'épreuve exilique du Serviteur (= la Synagogue d'exil, qui représente éminemment Israël) sera suivie d'une restauration glorieuse. Une justification détaillée sera nécessaire ailleurs, faute de place ici. Dans TM, ce sens double, fondé sur une homonymie, est un exemple éclatant de spéculation verbale analogique, et il suffirait à lui seul à établir l'usage de cette méthode bien avant le temps de G et Qa.

Dans Qa la retouche par petite mutation démontre aussi, de manière péremptoire, l'usage de la même méthode fondamentale d'analogie verbale et l'autorité que pouvaient revêtir les petites mutations, à l'égal des homographies ou des homonymies. Ce qui importait, comme nous l'avons souvent observé, ce n'était pas tant *le degré* de ressemblance formelle des mots mis en relation par la spéculation verbale, c'était le principe de leur participation réciproque, du fait de la ressemblance formelle. Avec Is 52, 14 nous avons affaire à un énoncé hautement oraculaire, qui a certainement été senti, dès l'origine et dès les premiers temps de sa transmission au sein du Judaïsme, comme étant d'un intérêt brûlant. La petite mutation de Qa est donc particulièrement significative, quant à la méthode et à son autorité : la portée exceptionnelle du texte garantit une fois de plus, et absolument, la légitimité souveraine de la méthode et illustre l'importance qui revient aux petites mutations (c'est-à-dire, rappelons-le, celles qui laissent subsister une ressemblance formelle discernable, ce qui est avant tout le cas des retouches qui affectent les éléments adventices), au sein de la méthode des analogies verbales formelles.

Il va de soi que l'évaluation d'un texte comme TM 52, 14 change du tout au tout, selon que l'on admet ou non l'existence d'une méthode d'analogie verbale dans l'interprétation et le traitement des textes. C'est précisément parce que l'existence de cette méthode a été méconnue que 52, 14 n'a pas été l'objet d'une élucidation satisfaisante, ce qui est l'une des difficulté qui ont laissé peser l'incertitude sur le sens du 4ᵉ poème du Serviteur. Le vb difficile de 52, 15, célèbre *crux interpretum*, est une autre de ces difficultés, elle aussi réductible. Si la transmission et déjà la composition hébraïque ont été influencées par des spéculations verbales formelles, alors la dualité de sens postulée plus haut (à titre provisoire, sous réserve d'une démonstration détaillée ultérieure) pour TM 52, 14 n'est pas un phénomène isolé, mais prend place dans un ensemble d'indices repérables en nombre, non seulement dans Qa, G, les autres versions et l'exégèse rabbinique postérieure, mais encore dans la composition même des œuvres de la littérature hébraïque ancienne (avec considérables variations de fréquence et d'importance, selon les textes) et, bien avant, au cours des phases préisraélites, comme nous le préciserons en conclusion. En d'autres termes, l'existence de la méthode des analogies verbales formelles une fois établie, 52, 14 prend place dans une *tradition culturelle* qui déborde largement la documentation biblique, bien qu'avec des variations de niveau littéraire : elles laissent, incontestablement je crois, l'avantage qualitatif aux grandes créations de la littérature israélite, avant tout dans sa partie lyrique et prophétique. Des publications ultérieures montreront que l'énigme d'Is 52, 14 n'est qu'un cas parmi d'autres, dont plusieurs concernent encore des passages prophétiques de grande envergure, à un titre ou à un autre, qui étaient restés inexpliqués. C'est seulement par la répétition de tels exemples, au fur et à mesure qu'ils pourront être exposés avec l'appareil de présentation requis, que la portée du phénomène culturel mis en évidence dans G et Qa apparaîtra de manière définitive.

Les var. (b) et (d) mentionnées plus haut relèvent du même procédé des petites mutations. L'importance des teneurs est de nouveau évidente. En (b) = 51, 5, les suffixes à la 1re pers. de TM sont certainement primitifs (par raison interne et d'après la secondarité qui résulte de l'examen de Qa, compte tenu de la tendance de ce texte aux retouches par petites mutations). Le sens est dans Qa : « vers lui se tournera l'espérance des îles (littéralement « les îles espéreront vers lui ») et vers son bras se tournera leur attente (idem) ». Le changement des suffixes s'explique, en pareil contexte, par le dessein d'introduire une allusion messianique dont l'inspiration est corroborée par la retouche de 52, 14 considérée plus haut [178].

---

[178] D. Barthélemy avait suggéré, dans une contribution de la première heure à l'étude des var. de Qa, de reconnaître dans les var. de 51, 5 des leçons primitives qui auraient été retouchées secondairement dans TM (*RB* 57 (1950) 548). Il avait reconnu le caractère messianique du passage dans Qa. Toutefois c'est le processus inverse qui s'impose : TM est primitif et Qa secondaire. Il en est ainsi non seulement en raison de considérations internes sur le passage et ses rapports avec la prophétie de fin d'exil, mais encore parce que Qa est en général caractérisé par des retouches concertées et qu'il comporte en particulier une tendance messianique que la leçon capitale de 52, 14 suffit à établir (en dépit des doutes émis à ce sujet). L'objection de van der Woude (*o.c. sup.*) ne tient pas compte des caractéristiques générales de Qa. L'auteur en a jugé de l'extérieur, et d'après des apparences suggérées par des textes considérés isolément, alors que la nature de Qa et son inspiration constituent un problème liminaire qui ne peut être tranché à l'aide d'« évidences » toutes faites. Les critères de cohérence littéraire (logique syntaxique, harmonie stylistique) ne valent pas nécessairement pour un texte tel que Qa, et seule l'étude sérielle préalable permet d'assurer le jugement. Les retouches de Qa obéissent à des critères d'époque et de milieu, non aux nôtres. Toutefois la critique de van der Woude touchant l'application de « salut » et autres au messie, reste fondée, à la condition de ne pas relier la question des suffixes de 5, au nom de la grammaire. Le style est

Enfin la var. (a) de 48, 11 offre elle aussi un grand intérêt, dont l'exposé complet doit être reporté. Les observations essentielles à faire sont succinctement les suivantes. Le vb de TM יחל (yēḥāl)[179] à la 3ᵉ pers., est problématique, quant à son sens (interrogation ou exclamation) et quant à son origine (accident ou glose incorporée). La leçon de Qa איחל, à la 1ʳᵉ pers., l'est aussi, touchant sa rac. (חלל, comme TM, ou rac. יחל). Les enjeux sont d'importance puisque le *nifal*, employé dans TM et possible dans Qa, signifie «être profané» et que la personne divine ou son Nom soulève la question de la crainte révérencielle. Celle-ci excluait en principe l'emploi d'un tel vb, en parlant de Dieu ou de son Nom (Éz 22, 26 est une exception remarquable). La leçon de Qa a des chances d'être en rapport avec la même considération. C'est dire que ni l'une ni l'autre des 2 leçons ne risque d'être accidentelle. Leur teneur plaide pour un soin extrême. La solution est que Qa est de nouveau le produit d'une retouche par petite mutation, qui a été pratiquée sur un texte H(Qa) = TM.

Seul un examen détaillé pourra établir ces points. Notons cependant encore que G suppose également H (G) = TM. Il supplée «mon Nom» par analogie scripturaire fondée sur Éz 20, 9. 14. 22[180]. La leçon hébraïque correspondante + שמי est attestée par Kenn 96, qui pourrait être un écho tardif de la même tradition exégétique, s'il n'est pas simplement le produit d'une retouche pratiquée indépendamment d'une continuité traditionnelle.

À la 1ʳᵉ pers. de Qa correspondent 3 témoins qui, pour leur part, ont opté pour la rac. חלל de TM. Syr traduit l'expression (adverbe + vb) par דלא אתטוש (avec *waw* consonantique = dᵉlō 'eṭṭawaš) «afin que je ne sois pas souillé». Kutscher s'est mépris sur cette leçon[181]. Le ms Reuchlin de T (= R) lit également la 1ʳᵉ pers., au passif אתחל. C'est, dans la tradition textuelle du targum, R qui a préservé la leçon primitive de T. Le reste des mss représentatifs de T a été aligné sur la 3ᵉ pers. de TM. L'édition de Stenning, de même que postérieurement celle de Sperber, ayant suivi la leçon secondaire, Kutscher a estimé à tort que T s'accordait avec TM. Même erreur chez M. Goshen-Gottstein, en sa liste des correspondances de Syr et

---

allusif, à l'encontre de ce que suggérerait une syntaxe logique, et c'est là précisément une caractéristique typique des textes oraculaires ou, ce qui revient au même, de l'utilisation oraculaire d'un texte, comme ici.

[179] Forme pausale. La forme contextuelle porterait *a*.

[180] Ziegler a méconnu le fait dans les *Untersuchungen*. C'est par l'effet de son appréciation défectueuse de l'hébreu, appréciation influencée par les projections de logique moderne, inévitables dans la théorie empiriste (*ZUI* 75).

[181] *LMY* 182; *LIS* 242. Kutscher a cru à un pft et à une 3ᵉ pers. correspondant à la leçon TM. Mais après la conjonction syriaque, l'impft, et donc la 1ʳᵉ pers. sont certains. L'homonymie des 2 formes verbales était trompeuse.

T avec Qa[182]. Vg, négligé par Kutscher, est un 3e témoin en accord avec la 1re pers. de Qa : «*ut non blasphemer*». Ces témoignages mettent en évidence l'existence d'une tradition exégétique commune concernant la 1re pers., phénomène méconnu par Kutscher, qui a voulu faire de Syr et T des témoins à l'appui de TM.

Les indices orthographiques disponibles dans Qa font pencher la balance en faveur de יחל, donc d'une teneur finalement différente de celle supposée par les 3 témoins mentionnés, avec lesquels Qa s'accorde pour la pers. verbale. Quant à TM, il s'explique comme une glose incorporée secondairement. Mais cette glose est inspirée des mêmes passages d'Éz que l'emprunt de G. Il y a donc une relation exégétique organique entre G et la glose passée dans TM, et cette dernière n'a pas été la démarche mécanique d'un compilateur inattentif au sens. Il a dû considérer la laconicité de la formule qu'il intégrait au texte comme un appel à la réminiscence d'Éz 20. Dans une lecture où les réminiscences scripturaires pouvaient jouer un rôle primordial (par opposition au règne exclusif de l'écrit, régulièrement postulé par la critique moderne), ce qui était un défaut littéraire (l'absence de «mon Nom») devenait une occasion de didactisme religieux : le texte invitait à se rappeler Éz 20.

On trouvera encore dans des publications ultérieures consacrées à 40, 6-8 et 63, 19-64, 1, d'autres exemples de var. Qa par analogie verbale, qui contribueront à l'illustration de ce phénomène, dont il ne s'agissait ici que d'établir le principe, à l'aide de quelques spécimens significatifs.

11) Portée des constats précédents

Les spécimens de variations textuelles qui ont été étudiés au cours de la IIe partie de la IIe section sont représentatifs de faits plus nombreux, pour lesquels la place manquait. Les exemples retenus montrent que Qa a été traité, en ces endroits, à l'aide de la méthode des analogies verbales formelles, dont nous avions constaté précédemment l'application à G (section I, IIe partie).

On ne pouvait attendre d'une recension du texte hébreu des changements de sens par analogie verbale aussi fréquents que dans G. La même remarque vaut pour les analogies scripturaires. Dans l'un et l'autre cas, il suffirait de 2 ou 3 modifications textuelles significatives pour attester l'extension à Qa des méthodes appliquées à G. Or un choix de spécimens suffit déjà à

---

[182] Kutscher, ibid. Goshen-Gottstein, *Bca* 35 (1954) 61.

montrer que la fréquence est plus élevée, et des listes complètes, sans atteindre le nombre des cas observables dans G, renforceraient encore les chiffres.

Si, au lieu de devoir mettre en évidence l'existence et la nature de la méthode au moyen de quelques spécimens démonstratifs, nous avions pu nous placer à un point de vue descriptif et quantitatif, en profitant de principes préalablement établis, nous aurions dû considérer non seulement un supplément de matériaux, d'importance décroissante, allant des retouches religieuses à de simples détails littéraires, mais encore nombre de petites modifications destinées à adapter le texte à des usages de basse époque. Les faits de cette dernière catégorie ont été étudiés par Kutscher dans *LMY* (*LIS*), et c'est l'intérêt de son ouvrage de constituer une tentative de classement et de clarification linguistique de ce type de matériaux. Mais, outre que l'exposé de Kutscher reste ouvert, sur bien des points, à la discussion linguistique, l'auteur a complètement méconnu la présence de méthodes herméneutiques dans Qa. Il ne pouvait, dans ces conditions, soupçonner que la vulgarisation linguistique discernable dans le rouleau prolongeait une vulgarisation religieuse analogique et méthodique. Après les constats qui ont été faits ici, il ne peut être douteux que, dans l'esprit des responsables de Qa, les retouches linguistiques, qui étaient (hors les quelques cas de remplacements par des synonymes), en règle générale, des petites mutations, bénéficiaient des principes et de la méthode dont les changements de sens par petites mutations tiraient par ailleurs leurs justifications. Les deux types de retouches ne pouvaient se distinguer nettement, dès lors qu'elles avaient les mêmes caractéristiques formelles. La vulgarisation linguistique, par adaptation aux usages de basse époque, prolonge donc bien l'emploi herméneutique de la méthode des analogies verbales formelles, et se trouve globalement justifiée par elle.

Parmi les petites mutations de vulgarisation linguistique, celles qui ont produit les équivalences de sens strictes ou approximatives se prolongent, à leur tour, par la catégorie des synonymies, qui nous fait sortir du domaine des relations formelles et marque celui des relations logiques. Quelques changements textuels par synonymie sont décelables dans Qa, où ils contribuent à illustrer l'effort de vulgarisation et son caractère méthodique. Mais comme il s'agit alors d'une méthode logique, qui n'est plus problématique pour les modernes, nous n'avions pas à la considérer ici.

L'utilisation de la même méthode d'analogie verbale formelle, dans Qa et dans G, appelle les mêmes remarques que l'utilisation de la méthode des analogies scripturaires. Dans une recension hébraïque les changements de sens sont des phénomènes plus imprévus, plus graves, plus difficiles à justifier que dans un texte d'interprétation comme G, puisqu'ils affectent paradoxalement la source de l'interprétation. Pour légitimer de tels changements il fallait que la méthode possédât une autorité supérieure à celle requise pour les faits d'interprétation. En outre, étant donné que, poussée à ce degré l'autorité de la méthode permet de modifier le texte hébreu, il est clair que l'herméneutique, au lieu de rester cantonnée dans son domaine propre et de demeurer interprétative, *est devenue transformante*. Tel est le constat qu'imposaient déjà, dans Qa, les changements par analogies scripturaires et qu'aggravent à présent les changements par analogies verbales formelles.

L'existence d'une herméneutique transformante dans le Judaïsme antique de la phase Qa-G rend particulièrement aigu le problème fondamental de la critique biblique textuelle, celui de la préservation et de l'évolution du texte originel. Avant de pouvoir réexaminer cette question sous l'angle nouveau que détermine Qa, il importe encore d'élucider la question de l'origine historique des méthodes herméneutiques analogiques qui étaient l'objet de l'ensemble de nos analyses précédentes.

LES ORIGINES DES MÉTHODES ANALOGIQUES ET LEUR PORTÉE POUR LA CRITIQUE

LES ORIGINES HISTORIQUES
DES MÉTHODES HERMÉNEUTIQUES ANALOGIQUES

Comment en est-on venu, dans le Judaïsme, à traiter les textes, tantôt à l'aide d'emprunts à d'autres passages du même écrit ou des autres livres bibliques, tantôt à l'aide de transformations verbales fondées sur le principe de plus ou moins grande ressemblance apparente ou sur des relations postulables d'après l'analogie de conventions établies : les latitudes entre orthographe défective et orthographe pleine ; les abréviations, qui élargissent le champ de la spéculation analogique ouverte par l'orthographe ; enfin, dans le prolongement des abréviations, les cryptographies, dont les 2 *'atbaš* de Jér 25, 26 et 51, 1 sont les preuves irrécusables [1]. Comment les méthodes scripturaire et verbale fondées sur tous ces aspects rédactionnels ont-elles acquis le crédit de règles reçues et même l'autorité de véritables normes religieuses, et comment ont-elles pu coexister avec des procédés à caractère rationnel, tels que les équivalences synonymiques et les déductions? Les probabilités qui résultent du caractère respectif des 2 méthodes, scripturaire et verbale, ont déjà été indiquées occasionnellement, au cours des analyses (Ire section, Ire partie, ch. II, B, b; IIe partie, ch. VII, fin). Il convient maintenant de préciser et justifier ce qui a été dit à cette occasion.

1) LA MÉTHODE DES ANALOGIES SCRIPTURAIRES

En ce qui concerne la méthode des analogies scripturaires, il n'est pas douteux que l'on est en présence d'un procédé qui a été inauguré et qui s'est développé au sein du Judaïsme, sans influence étrangère. L'exercice de cette méthode suppose en effet un stade avancé de la compilation littéraire des écrits bibliques. Comme les dernières phases de constitution du corpus biblique ont été marquées par d'importants groupements et par d'amples révisions, donc par des problèmes de confrontations et de jonctions, il y a tout lieu de penser que la méthode des analogies scripturaires, qui consiste en une quête d'analogies et de jonctions, est née de cette intense activité, à la fois littéraire et religieuse. Les modalités littéraires de la recherche des

---

[1] Sur le procédé *'atbaš*, cf. infra, ch. II, l'avant-dernière note.

motifs de groupement dans la compilation ont fourni à la méthode ses critères, à savoir les analogies de thèmes et les termes ou expressions de jonction. Les conditions religieuses de la compilation ont conféré à la méthode son autorité.

La principale période à considérer semble être celle de l'exil et de la haute phase postexilique, sans oublier des préparations préexiliques, à l'occasion des groupements littéraires déjà repérables dans des conditions plus ou moins complexes et plus ou moins reconstituables. Il faut même songer à la possibilité d'incorporations de matériaux prérédactionnels ou préisraélites (cananéens), ou étrangers contemporains, à partir de jonctions verbales et d'analogies idéologiques. Il s'agit alors de cas d'utilisation de la méthode des analogies scripturaires, à une phase à proprement parler préscripturaire. Ainsi à propos de la formation de la formulation de 53, 11 (où Qa lit «il verra la lumière») nous avions relevé un cas d'analogie préscripturaire. Une autre publication sera nécessaire pour élucider la formation de «la parole sur l'herbe» 40, 6-8, qui permet de saisir dans des conditions qui ont été méconnues jusque dans le dernier état de l'exégèse, la constitution du texte actuel, en vertu d'une jonction entre formulations nées de deux phases exiliques distinctes. On peut dans ce cas parler de l'application d'une méthode d'analogie préscripturaire, puisque le texte est encore en formation.

Les phases exiliques et postexilique apparaissent fondamentales pour les compilations de grande envergure qui ont donné leur facture actuelle aux textes. C'est au cours de cette période qu'a été rédigée et incorporée la source sacerdotale (P) du Pentateuque[2]. C'est alors aussi qu'a été réalisée une importante recension des livres historiques (de Jos à R), dans un sens deutéronomique[3]. De même ont été assemblés des recueils de paroles prophétiques encore distincts. Le retentissement de la catastrophe nationale dans l'âme collective a certainement stimulé le travail de groupement et d'aménagement littéraires de cette partie de la littérature traditionnelle. Un autre facteur qui a encouragé la compilation et l'a influencée a été l'élévation de la Loi au niveau d'une réalité théophanique[4]. L'incorporation de la source sacerdotale mériterait d'être réévaluée dans cette perspective. Il a

---

[2] O. Eissfeldt, *Einleitung*, 2te Aufl., 246-247.

[3] Ibid. 295.

[4] Is 51, 4; 42, 6; 49, 6. Si le Serviteur est qualifié de «lumière des nations», dans ces 2 derniers textes, c'est en tant qu'il est porteur de la Loi. C'est bien en définitive la Loi qui est la «lumière des nations». J'ai exposé dans *RHR* 73 (1968) 40s.; 163s. les raisons qui me paraissent inviter à comprendre l'oracle de la «Loi, lumière des nations» dans une perspective théophanique.

déjà été question, à propos de la var. Qa 42, 4, du sens d'Is 42, 4. C'est un écho lyrique du grand travail qui a été effectué alors sur la Loi. Le Serviteur de 42, 1-4 ne sera plus un proclamateur. Il «ne brisera pas le roseau» (= le calame du scribe, matériau d'exil), le «roseau ployé» que l'exil avait failli briser définitivement! Manière allusive de dire que le Serviteur écrira avec, et poursuivra l'œuvre législative d'Israël, à laquelle l'exil avait failli mettre un terme. Dans son zèle pour la divulgation de la Loi, le Serviteur travaillera même la nuit, à la clarté du «lumignon», qui avait failli s'éteindre; car rien ne sera désormais plus urgent que la publication de cette Loi «lumière des nations»[5]. Cet oracle constitue, à mon sens, un précieux et frappant témoignage, non seulement d'un effort de synthétisation littéraire, dont la recension de la Loi était le foyer et qui a dominé cette période, mais encore des conditions religieuses dans lesquelles ce travail a été mené. On se prive d'une indication historique éloquente, et, en outre, d'une belle évocation lyrique, quand on méconnaît le caractère *à la fois concret et symbolique* du roseau et du lumignon du scribe, qui sont le clef de l'oracle.

Quoi qu'il en soit, et que l'on accepte ou non cette interprétation d'Is 42, 1-4, le point important pour l'influence de la compilation sur la naissance de l'herméneutique des analogies scripturaires est que le prestige des écrits prophétiques et la valeur de théophanie permanente attribuée à la Loi ont nécessairement exercé des attractions majeures sur la compilation. De là son caractère définitivement religieux, en même temps que littéraire. Ces conditions favorisaient *la naissance d'une méthode de confrontations par analogies thématiques et jonctions verbales*, qui a progressivement été appliquée à l'exploitation religieuse, communautaire et doctrinale, des écrits, au fur et à mesure que s'achevaient leur révision et leur classement définitifs. Les 2 pôles, logique (analogies thématiques) et formel (mots ou formules de jonction) qui caractérisent la méthode herméneutique des analogies scripturaires, comme nous l'avons vu à propos de G et de l'exégèse rabbinique[6], sont également un trait distinctif qui se retrouve dans la compilation des écrits bibliques, comme ont pu le constater tous ceux qui se sont occupés de la critique des unités rédactionnelles, des sources et des phases de la tradition littéraire. La similitude des indices de la compilation et de ceux de l'herméneutique des analogies scripturaires paraît bien livrer une confirmation décisive de l'origine de la méthode des analogies scripturaires, telle qu'elle vient d'être proposée. Si l'hypothèse est correcte, il en résulte que l'herméneutique des emprunts par analogie scripturaire plonge ses racines

---

[5] Voir *VT* 18 (1968) 159s., spéc. 167s., et supra, IIe section, IIe partie, 9, début.
[6] Voir section I, Ire partie, ch. II, E.

dans l'œuvre de synthétisation des écrits bibliques, c'est-à-dire dans la phase finale compilatoire de leur élaboration. L'herméneutique se présente en ce sens comme un prolongement organique du texte.

La critique des compilations littéraires a été dominée longtemps par le préjugé empiriste. Cependant, à la différence de la critique textuelle, qui est restée inféodée à cette conception, tout en renonçant aux audaces correctives excessives, la critique littéraire s'est considérablement assouplie, grâce au conceptualisme nouveau, et beaucoup mieux adapté, inauguré par l'école de l'histoire des formes et des traditions. Au point où nous sommes parvenu, il semble légitime d'estimer que la considération du critère herméneutique, dont nous venons d'admettre la symbiose originelle avec la compilation, pourrait contribuer à l'élucidation de certains problèmes de critique littéraire soulevés par cette compilation.

Le rôle des éléments de jonction, dans l'herméneutique des analogies scripturaires, correspond, comme rappelé plus haut, au 2e pôle de cette méthode, qui est formel et non logique, bien qu'il se soit le plus souvent combiné avec la logique des relations thématiques. L'importance du pôle verbal, bien loin de diminuer avec le temps en faveur de la logique, a au contraire été renforcée et sanctionnée, dans la règle rabbinique de la $g^e z\bar{e}r\bar{a}h$ $\check{s}\bar{a}w\bar{a}h$ [7], qui marque en droit la prévalence de l'élément verbal formel. Cet aspect de l'herméneutique des analogies scripturaires, c'est-à-dire l'autorité attribuée à la forme (un élément verbal commun à 2 textes combinables de ce fait), indépendamment du fond, s'explique sans aucun doute par l'influence et le prestige d'une méthode beaucoup plus ancienne, et antérieure, celle-là, à Israël. C'est la méthode des analogies verbales formelles.

La différence entre la valeur assignée à l'élément de jonction, dans les analogies scripturaires, et celle des parentés formelles, dans les analogies verbales formelles, ne doit pas donner le change. Il ne s'agit que d'une autre modalité de la plurivalence, par adaptation au principe de l'homogénéité scripturaire. Dans les analogies scripturaires la plurivalence résulte de la différence des contextes scripturaires des 2 textes que l'herméneutique combine. Dans la méthode des analogies verbales, la plurivalence résulte des diverses valeurs lexicographiques tirées des ressemblances formelles repérables. Mais, dans les 2 cas, le principe fondamental est la participation d'un terme ou d'une expression à une ou plusieurs valeurs autres que la valeur déterminée par la syntaxe contextuelle. Participation à un ou plusieurs passages scripturaires, participation aux valeurs inhérentes à des mots offrant des ressemblances formelles, les 2 méthodes ont pour dénominateur commun

---

[7] Voir section I, Ire partie, ch. II, D.

un type de valorisation qui dédouble l'insertion d'un terme dans son contexte, et ouvre la porte à un apport de valeurs externes par rapport à ce contexte.

La méthode des analogies scripturaires se rattache donc par son pôle verbal (l'élément de jonction) à la méthode des analogies verbales formelles. C'est un rejeton israélite issu de l'antique souche culturelle préisraélite des analogies verbales formelles. Ce rejeton est devenu autonome — tout en conservant, dans les jonctions, une marque d'origine — et il a produit une floraison plus nettement orientée vers une réflexion littéraire que la spécula-tion verbale, en raison de la quête des confrontations textuelles sur un champ aussi vaste que la littérature scripturaire elle-même. Il convient à présent de préciser les origines de la méthode des analogies verbales for-melles.

2) La méthode des analogies verbales formelles

A) *Le rayonnement culturel babylonien du IIe millénaire*

La méthode des analogies verbales formelles remonte à un passé pré-israélite reculé et à un phénomène largement diffusé à travers tout l'ancien Proche-Orient. L'influence qu'a pu exercer la culture égyptienne sur les pays syro-palestiniens, et, plus précisément, sur les spéculations verbales dont nous parlons, est une question qui reste ouverte à des investigations de spécialistes, mais qui, de toute manière, apparaît d'emblée éclipsée par un phénomène historique de première importance : il s'agit de la diffusion de l'écriture cunéiforme suméro-babylonienne, et, avec elle, du rayonnement de la langue et de la culture babyloniennes à l'ouest, comme dans d'autres régions périphériques par rapport à la Mésopotamie.

Au IIe millénaire ce rayonnement s'est traduit par l'adoption de l'accadien (= l'assyro-babylonien) comme langue internationale, et par l'apparition, dans une vaste aire géographique, de ce que les assyriologues ont appelé «l'accadien périphérique»[8]. La découverte de fragments de l'épopée de Gilgamesh à Megiddo est à elle seule révélatrice. Elle illustre la diffusion en Palestine d'une œuvre majeure de la littérature babylonienne[9]. Les fouilles de Hazor ont livré un autre témoignage important de cette diffusion

---

[8] Sur ce phénomène voir R. Labat «Le rayonnement de la langue et de l'écriture akkadiennes au deuxième millénaire avant notre ère», *Syria* 39 (1962) 1 s. État récent des questions, du point de vue de la diffusion littéraire mésopotamienne à l'ouest : D. J. Wiseman, «Israel's Literary Neighbours in the 13th Century B.C.», *JNSL* 5 (1977) 77 s.

[9] Cf. A. Goetze, Sh. Levy, *Atiqot* 2 (1957-1958) 108 s., éd. anglaise 2 (1959) 121 s.

culturelle. Y. Yadin, qui a dirigé ces fouilles, parle de «close relations between Hazor and Babylon»[10]. Des pièces à conviction significatives sont un fragment de la série lexicale ḪAR.RA ḫubullu, et des modèles de foies, dont l'un avec inscription cunéiforme. Ces dernières pièces prouvent la pratique de la divination hépatoscopique, c'est-à-dire d'une discipline très spécialisée et hermétique, à Hazor[11]. À l'époque de la correspondance de Tell el-Amarna, dans la 2e moitié du IIe millénaire, l'influence culturelle babylonienne s'est étendue jusqu'en Égypte, et le Pharaon a échangé des lettres rédigées en accadien, avec les princes syro-cananéens, dont celui de Jérusalem. Canaan apparaît alors comme une province dans un vaste empire culturel qui avait son foyer à Babylone. La correspondance d'El-Amarna (EA) est parsemée de gloses cananéennes qui non seulement illustrent positivement la pratique littéraire des deux langues et un travail lexicographique de confrontation, mais encore attestent l'application des cunéiformes à l'ancêtre immédiat de l'hébreu biblique, qui lui est presque identique. La correspondance de EA prouve, à la veille de la pénétration des Israélites en Canaan et de leur accession au rang d'une puissance politique bien définie, que l'accadien était connu et pratiqué dans les centres de vie culturelle du pays, c'est-à-dire dans les écoles de scribes, les chancelleries de palais, et avant tout dans les sanctuaires religieux, ces foyers privilégiés de l'activité intellectuelle d'alors, mieux préservés que d'autres, en raison de leur caractère sacré. L'écriture cunéiforme a répandu en Canaan, avec une autorité liée à sa richesse quantitative, à sa complication, à son antiquité et au prestige qui en résultait, l'association des signes écrits et donc des mots avec des plurivalences. Ces plurivalences comportaient une double incitation à la spéculation : d'une part, en raison des valeurs idéographiques, c'est-à-dire pratiquement sumériennes, qui dédoublaient l'emploi syllabique ordinaire, d'autre part, du fait des nombreuses homophonies qui caractérisent le sumérien, et qui sont fixées dans des signes différents.

Une autre documentation qui illustre la diffusion de l'écriture cunéiforme à l'ouest et, avec elle, de l'accadien et d'un certain stock de valeurs sumériennes, inséparables des emplois idéographiques, est la documentation accadienne et lexicographique trouvée à Ras-Shamra, ancienne Ugarit. Bien que ce royaume de Syrie septentrionale ne soit pas limitrophe de Canaan, les affinités de la littérature ugaritique avec la Bible hébraïque mettent en évidence la réalité d'un certain fonds de thèmes et de formulations communs

---

[10] Y. Yadin, *Hazor*, Schweich Lectures 1970, 4.

[11] Ibid. Cf. aussi, dans le rapport complet des fouilles, les foies modèles en argile : Yadin et autres, *Hazor*, III-IV, pl. CCCXV, n° 1 (avec inscription cunéiforme hépatoscopique); n°s 2 et 3 (2 petits modèles, dont un avec des signes de convention incisés).

ou apparentés. Concernant notre sujet, la documentation ugaritique est donc très significative. Elle présente l'intérêt d'illustrer le haut niveau des connaissances atteint par les scribes de l'ouest, en matière d'écriture cunéiforme et de langues mésopotamiennes. Les vocabulaires polyglottes ramenés au jour sont des témoins impressionnants. Ils mettent en regard les langues savantes, sumérien et accadien, et les langues locales, ugaritique et hurrite[12]. J. Nougayrol, éditeur et interprète de ces documents, écrit à leur sujet qu'ils livrent, concernant les scribes, «... la preuve aussi que la culture mésopotamienne leur était familière *jusque dans ses replis les plus cachés*, ou des subtilités apparemment inutiles à leurs besognes quotidiennes»[13]. J'ai souligné la partie significative pour notre sujet. L'attention donnée par ces scribes aux subtilités superflues pour les besoins courants est l'indice d'une orientation favorable à l'exploitation spéculative du vaste champ de valeurs constitué par les plurivalences verbales. Même si les scribes de Canaan n'ont pas atteint le niveau de ceux d'Ugarit, infériorité qui n'est pas prouvée, on peut, sans risque d'erreur, leur attribuer la connaissance des valeurs les plus courantes, qui sont déjà nombreuses, et qui offraient de quoi alimenter les spéculations verbales formelles. Nougayrol a montré que les vocabulaires d'Ugarit étaient fondés sur le syllabaire mésopotamien connu sous le sigle S^a[14]. Ce constat invite à penser qu'en Canaan la source didactique était la même et que, par conséquent, les connaissances fondamentales devaient être sensiblement équivalentes.

Les récentes découvertes italiennes en Syrie, au tell Mardikh, ancienne Ébla, font maintenant remonter l'usage des cunéiformes à l'ouest, jusqu'au 3e millénaire. Les informations, encore provisoires, à ce sujet, promettent un enrichissement des connaissances relatives à l'influence culturelle mésopotamienne à l'ouest[15]. Il devient de plus en plus clair que les pays syrocananéens étaient, depuis longtemps, imprégnés d'influence mésopotamienne, à la veille de la pénétration de ces tard venus que sont les Israélites. Ils n'ont pu échapper à ces influences. Mais, si certains emprunts littéraires, dont l'histoire du déluge est le plus manifeste, ont été identifiés par la critique, on a négligé de tenir compte des conséquences de la diffusion de l'écriture cunéiforme pour les conditions culturelles et, plus précisément, pour la

---

[12] Voir à ce sujet la publication des textes, l'introduction et les annotations de J. Nougayrol, dans *Ugaritica*, V, 199 s.

[13] Ibid. 200.

[14] Ibid. 200 s.; au sujet de ce syllabaire, la n. 3 de l'auteur renvoie à la contribution de J. Hallock, dans *MSL*, 3, 1-45.

[15] Voir à ce sujet, provisoirement: G. Pettinato, *Or* 44 (1975) 361 s.; M. Dahood, «Ebla, Ugarit and the Old Testament», *VTS* 29 (1978) 81 s.

question qui nous occupe, celle de la formation et du développement d'une spéculation verbale fondée sur les plurivalences que livrent soit les identités, soit les parentés formelles. On a apprécié les problèmes de l'ancienne littérature hébraïque comme si elle était séparée, par une cloison étanche, des conditions attestées par les lettres de EA. Il s'agit au contraire de tirer les conséquences de ce qu'enseignent, au point de vue culturel, cette documentation et les autres mentionnées. Dans la présente enquête ce sont les faits de l'herméneutique de basse époque, celle de G, de Qa, des autres versions anciennes et de la littérature rabbinique qui nous obligent par leurs caractéristiques à remonter jusqu'à la situation culturelle préisraélite : c'est là qu'il faut chercher les conditions qui étaient de nature à favoriser la formation et le développement d'une spéculation sur les plurivalences verbales formelles.

En Babylonie, le document qui illustre de la manière la plus exemplaire l'exploitation spéculative des plurivalences verbales tirées de la forme des mots est la VIIe tablette du Poème babylonien de la Création, l'*Enuma Elish*[16]. Rappelons que ce texte est une énumération des 50 noms qui ont été décernés à Marduk, pour sa glorification, lorsqu'il est devenu dieu suprême du panthéon, après sa victoire sur les monstres primitifs qui menaçaient l'ordre de l'univers. Les matériaux, généralement monosyllabiques, fournis par la décomposition des noms ont été interprétés à l'aide de valeurs tirées du sumérien, et cela d'une manière fortement spéculative. Ces exploitations ne reposent en effet pas toujours sur des équivalences suméroaccadiennes réelles, mais comportent des combinaisons assonantiques et aussi des déductions de sens plus ou moins subtiles. L'étude que J. Bottéro a consacrée récemment à la spéculation de la VIIe tablette, et à ses relations avec le commentaire babylonien fragmentaire, fournit les précisions, pour la première fois très approfondies, qui étaient désirables à ce sujet. Elles aideront tous ceux qui s'intéressent aux problèmes de l'ancienne hermé-

---

[16] Le texte avait été transcrit, traduit et annoté par R. Labat en 1935, d'après la documentation connue alors : *Le Poème babylonien de la Création*, Paris, 1935. F. M. de Liagre Böhl a fait une étude de cet état du texte, dans *Afo*, XI (1936-1937) 191 s. De nouveaux fragments étendus ont été publiés et interprétés par W. von Soden, *ZA(NF)* 13 (1941) 1 s. Nouvelle étude consécutive par de Liagre Böhl, dans *Opera Minora*, 282 s. J. Bottéro a étudié récemment de manière approfondie les procédés de l'exploitation verbale de la VIIe tablette et de son commentaire fragmentaire. Voir : *Ancient Near Eastern Studies in Memory of J.J. Finkelstein* (1977), 5-28. Dans *RHR* 162 (1962) 36 s., j'avais donné l'exemple du *Poème babylonien de la Création* et celui du document connu sous le nom d'*Astrolabe B* (E. F. Weidner, *Handbuch der Babylonischen Astronomie*, Leipzig, 1915, 62 s.), pour illustrer la similitude qui existe entre les méthodes d'exploitation plurivalentes de ces documents et les méthodes d'analogie verbale formelle de l'herméneutique juive.

neutique proche-orientale à se retrouver dans le labyrinthe des valeurs réelles ou obtenues spéculativement[17].

R. Labat, en sa traduction annotée fondée sur la documentation connue avant 1935, avait attiré l'attention sur la tendance à l'extension spéculative des correspondances suméro-accadiennes authentiques, par exemple à propos du nom *Tutu*. Ce nom a fourni des équivalences multiples (lgs 9s.). Le commentaire babylonien mentionne à ce sujet les homophones TU^4, TU^6, TU^9, puis *DA*, *TA*, DU^8. « L'auteur, écrit Labat, se fonde non seulement sur la forme *tu-tu*, mais encore sur la forme sumérienne ancienne *du-du* (peut-être aussi *da-da*, *ta-ta*) »[18]. Ces matériaux, complexes par nature, et les procédés d'exploitation qui leur ont été appliqués ont permis le déploiement d'une spéculation savante et hautement autorisée aux yeux des anciens. Elle est caractérisée par la prolifération des valeurs autour d'un texte ou de mots privilégiés, comme c'est le cas des noms de Marduk. Pour nous en tenir à un exemple élémentaire et représentatif, rappelons que le nom qui paraît à la 1re lg, *Asaru*, fournit pour le seul élément *SAR* trois interprétations différentes.

Concernant la confrontation avec l'herméneutique analogique formelle du Judaïsme, dont nous recherchons les origines, ce qui est essentiel ce n'est pas la présence éventuelle de valeurs associées aux cunéiformes, en quelques endroits du texte biblique. Les vestiges de cette sorte, s'il y en a, méritent au contraire d'être classés à part, comme des prolongements directs exceptionnels, en milieu israélite ou cananéen, de l'emploi des valeurs suméro-accadiennes des cunéiformes. Nous vérifierons plus loin sur deux exemples que le texte biblique recèle effectivement de telles survivances. Elles illustrent la réalité de l'implantation de l'écriture cunéiforme en Canaan, et ses effets sur la spéculation verbale, dès une haute époque. Mais ce qui importe avant tout pour notre sujet c'est, par delà ces survivances, *la transmission de l'herméneutique formelle et plurivalente*, d'un milieu historique et de son système d'écriture, dans un autre, dont le système était, avec l'alphabet consonantique, totalement différent. Seuls comptent alors la continuité de l'exploitation plurivalente et ses rapports avec la forme écrite ou ses effets oraux.

L'extension de la spéculation, dans la VIIe tablette du Poème de la Création et dans son commentaire, au delà des équivalences suméro-accadiennes strictement lexicographiques, manifeste une orientation significative,

---

[17] Voir dans la contribution de Bottéro (*o.c.*, n. précéd.) la distinction entre les équivalences normales, c'est-à-dire lexicographiques (p. 20) et les prolongements spéculatifs, plus ou moins sollicités à l'aide de cheminements divers (21s.).

[18] R. Labat, *o.c. sup.* 162, n. à la lg 9.

quant à la valeur attribuée aux ressemblances formelles. Les équivalences suméro-accadiennes lexicographiques sont le fondement premier de la plurivalence et, sous cette forme, la plurivalence est déjà déterminante pour la naissance de la tradition culturelle qui s'est propagée dans les pays syro-palestiniens. Mais il est frappant que cette plurivalence lexicographique ait engendré, dès le stade babylonien, une plurivalence plus large, du type assonantique, c'est-à-dire fondée sur ce que nous appelons, dans le présent ouvrage, l'analogie verbale formelle, considérée en dehors des identités strictes (homonymies, homographies), dans les cas de ressemblances plus ou moins marquées (parentés par participation supposée, c'est-à-dire passages à d'autres formes par petites mutations). En Babylonie ce développement marque l'extension de la plurivalence lexicographique (celle venue du sumérien et fondée sur le phénomène des homophonies dans cette langue) à une plurivalence formelle, ouverte sur la participation mutuelle de racines allophones, en relation assonantique.

La valeur herméneutique positive des ressemblances approximatives n'est donc pas une extension qui aurait été inaugurée à l'ouest, à partir d'une influence babylonienne née de la lexicographie suméro-accadienne positive. Les ressemblances ont déjà été cultivées en Mésopotamie comme une science supérieure, prestigieuse, contraignante. Elle a pris racine sur le terrain favorable des équivalences lexicographiques suméro-accadiennes illustrées par les tablettes des séries lexicographiques, et elle constitue un prolongement organique de la lexicographie proprement dite. De la sorte elle illustre l'homogénéité originelle de la tradition culturelle des analogies verbales formelles, et cette caractéristique tend à vérifier l'ampleur de l'influence exercée à l'ouest. La même inspiration analogique formelle a animé les scribes babyloniens et ceux de l'ouest qui ont subi la fascination du rayonnement babylonien, au cours de la phase, culturellement capitale, de l'accadien «périphérique». À travers les rédactions bibliques, puis les var. introduites dans les recensions de vulgarisation comme Qa, ensuite les interprétations des versions antiques, avant tout G, cette tradition analogique formelle s'est perpétuée jusque dans la littérature rabbinique où elle a connu un nouvel essor.

B) *La participation verbale*

Dans le Judaïsme, comme déjà dans la culture babylonienne qui l'a inspiré, ou en tout cas fortement influencé, la valorisation des parentés formelles, en marge de la logique syntaxique, n'a pas été inspirée par la notion rigide d'identité (comme pourraient le faire croire les homonymies et les homographies), mais par l'idée souple de la participation. Les mots participent les uns aux autres lorsqu'ils offrent une certaine ressemblance formelle, et leurs valeurs sont, de ce fait, transférables, sous le contrôle et selon les intérêts de la tradition religieuse. Autrement dit, la plurivalence verbale est fondée à la fois sur les équivalences strictes et sur les glissements vers d'autres formes, censées parentes et, à ce titre, substituables.

À elle seule la notion de participation aurait pu conduire à une hiérarchisation, en fonction du degré de ressemblance. L'homonymie aurait été la forme supérieure de la participation verbale formelle ; les relations de simple ressemblance auraient été les formes inférieures. Mais une telle classification a été entravée par une autre valorisation, qui a agi en sens opposé et a contrebalancé efficacement les imperfections dans les ressemblances formelles. Cette valorisation est venue de la réflexion oraculaire et elle prend racine dans *l'idée d'allusion ominale partiellement voilée*. C'est un pôle opposé à celui de l'identité homonymique ou homographique et tout aussi important. Dans l'allusion ominale voilée, le manque de netteté de la relation décisive, son caractère plus ou moins imprécis et discutable devenaient des titres d'authenticité et les signes d'un mystère dont il s'agissait de ne pas méconnaître l'avertissement. Il est clair que ce second pôle de valorisation a dû rayonner sur les autres catégories de la spéculation verbale, selon les besoins. Une ressemblance partielle, qui était déjà signe de parenté, en vertu du principe de participation des semblables, a pu devenir ainsi, le cas échéant, relation décisive et révélation divine spécialement importante, en dépit de son imperfection formelle.

Il convient donc de ne pas juger des faits à travers une hiérarchisation commandée par le degré de ressemblance formelle. Ce serait céder à une classification rationalisante moderne. L'herméneutique des anciens a vécu de la combinaison des deux principes, ressemblance formelle et allusion ominale voilée, comme si ces deux lignes de pensée avaient été le fil de trame et le fil de chaîne, qui ont produit son tissu, dont les motifs sont, à première vue, si déconcertants pour un esprit moderne.

L'herméneutique de plurivalence était, dans le Judaïsme, le phénomène culturel dont nous cherchions l'origine. La VIIe tablette du Poème babylonien de la Création n'est pas la source responsable de l'apparition de l'herméneutique formelle et de ses plurivalences dans le Judaïsme, mais c'est le document qui illustre le plus copieusement et avec le plus d'autorité, vu son sujet, l'existence, dans l'ancien Proche-Orient asiatique, d'une tradition culturelle prestigieuse orientée vers la plurivalence. À partir de son foyer babylonien, cette tradition culturelle a exercé son influence sur les pays de l'ouest et, à travers Canaan, sur l'ancien Israël. La présence d'une spéculation verbale systématique dans cette œuvre, qui est l'une des plus hautes expressions de la vie intellectuelle et religieuse de l'ancienne Babylonie, réfute radicalement la dépréciation qui résulte de la notion rationalisante des «jeux de mots», responsable de la stérilisation du problème de l'herméneutique antique.

C) L'interprétation assyrienne du décret de déréliction de Babylone

L'autorité souveraine qui revenait aux spéculations verbales chez les anciens Mésopotamiens, et par suite ailleurs, est illustrée de manière particulièrement probante par un épisode politique auquel ont été suspendus les rapports entre l'Assyrie et Babylone, sous le règne d'Assarhaddon. Il s'agit de l'interprétation d'une décision lourde de conséquences politiques et religieuses, aux termes de laquelle Babylone, qui avait été ravagée par Sennachérib, consécutivement à des révoltes répétées contre le suzerain assyrien, devait être laissée à l'état de ruines et à l'abandon pendant une durée de 70 ans[19]. Cette décision était censée avoir été prise par les dieux, à l'instigation de Marduk, lors de la fixation annuelle des destins humains. Elle était inscrite sur la tablette des destins. Nul ne pouvait changer la teneur écrite, pas même Marduk, responsable de cette décision.

Or si l'abandon de Babylone pendant 70 ans avait été directement inspiré par la politique de Sennachérib, son fils et successeur, Assarhaddon, avait compris que Sennachérib avait commis une lourde erreur, et que son intérêt et celui de l'Assyrie étaient de restaurer Babylone au plus vite. Babylone était devenue, à cette époque tardive, une capitale religieuse. Elle était la cité sainte de toute la Mésopotamie, et un centre de pèlerinage vénéré. En la ravageant sans merci, Sennachérib avait commis un sacrilège dont les Assyriens avaient toutes les raisons de redouter les suites. Il fallait à tout prix réparer l'acte aveugle du brutal potentat. Cette nécessité, clairement perçue par Assarhaddon, se heurtait au fatal chiffre des 70 années, inscrit sur la tablette des destins. On ne pouvait modifier les signes c'est-à-dire le clou vertical = 60 (avec la valeur *GÍŠ*), suivi de la «tête de clou» (autrement dit le triangle) = 10 (valeur *U*). Mais on pouvait recourir aux ressources de l'herméneutique. En cette heure historique, c'est à elle qu'ont été suspendus la politique assyrienne et les intérêts religieux de l'empire. Ces conditions politiques donnent la mesure de l'autorité inhérente au procédé qui fut appliqué pour résoudre la difficulté. En lisant dans l'ordre inverse,

---

[19] Prise et ravage de Babylone en 689. Cf. à ce sujet l'exposé de R. Labat, dans : *Fischer Weltgeschichte. Die altorientalischen Reiche*, III, 74.

c'est-à-dire en procédant par métathèse, on obtenait $10 + 1 = 11$, le clou vertical lu en seconde position désignant alors l'unité, avec la valeur sumérienne *DIŠ*[20]. La valeur suprême, la valeur religieuse attribuée à la lecture inversée des signes est encore soulignée par le fait que l'interprétation de 70 en 11 est le fait de Marduk lui-même. C'est lui qui, dans sa compassion pour Babylone, «renversa» (sous-entendu la tablette) «en haut vers le bas», c'est-à-dire lut les signes dans l'ordre inverse[21]. Ce qui est ici caractéristique c'est que l'écrit est intouchable en sa matérialité, mais que sa forme est manipulable par modification de l'ordre des éléments constitutifs. La procédure correspond exactement à celle des métathèses dans le Judaïsme. La correspondance matérielle des éléments est seule en cause, dans la spéculation herméneutique de la tablette d'Assarhaddon. Elle s'élargit par la considération des parentés formelles, dans l'herméneutique mésopotamienne comme dans celle du Judaïsme, en fonction des besoins. L'intérêt de l'inscription d'Assarhaddon n'est pas simplement d'ajouter un exemple à d'autres, mais de démontrer éloquemment, vu l'extrême gravité des intérêts en jeu, l'autorité absolue de l'herméneutique d'analogie formelle mise en œuvre.

D) *La question des spéculations verbales directement fondées sur des vestiges babyloniens*

Comme déjà dit, la décision sur les origines de l'herméneutique d'analogie verbale formelle, dans le Judaïsme, n'est pas liée à la survivance de valeurs suméro-accadiennes, dans la Bible et dans sa tradition interprétative, mais elle dépend de la continuité d'une tradition culturelle caractérisée par l'exploitation des plurivalences dérivables de l'aspect formel des mots.

La parenté d'inspiration manifeste entre, d'une part, l'herméneutique plurivalente, à principe lexical et à extension formelle, observable dans la

---

[20] Texte transcrit, traduit et annoté par R. Borger, dans *Afo, Beih.* 9, *Die Inschriften Asarhaddons Königs von Assyrien*, 15. L'interprétation du texte assyrien, qui paraît simple une fois formulée, ne s'est pas imposée d'emblée. On la doit à D. Luckenbill et J. Nougayrol, aux contributions desquels Borger renvoie en note (Ep. 10, a, 9). Cf. n. suiv.

[21] La difficulté du texte tenait au vb *nabalkūtu*, employé ici à la 4e forme (Š) avec l'expression adverbiale *eliš ana sapliš* «en haut vers le bas», pour exprimer l'inversion de la lecture. La nature de l'opération herméneutique est assurée par l'indication explicite des nombres d'années (70, puis 11). Ce qui reste discutable c'est la manière de comprendre la base matérielle de l'emploi du vb. Selon H. Hirsch, dans *Afo* XXI (1966) 34, auquel renvoie von Soden (*AHW*, 696), cet emploi s'expliquerait par référence à l'ancienne disposition verticale des signes cunéiformes. Ce serait en faveur d'une origine très ancienne de cette technique d'interprétation. Le procédé d'interversion dans la lecture est signalé par E. Weidner, dans la documentation astronomique (*RLA*, III, 120, à quoi renvoie Hirsch).

VIIe tablette du Poème babylonien de la Création et dans son ancien
commentaire babylonien, et, d'autre part, la méthode des analogies verbales
formelles que nous avons étudiée dans le Judaïsme, nous paraît témoigner
éloquemment, vu par ailleurs les conditions historiques vérifiables du
rayonnement babylonien à l'ouest, en faveur d'une telle continuité culturelle,
qui s'est exercée *à travers la différence radicale des systèmes d'écriture, et avec
application à des matériaux linguistiques différents.*

Cependant cette continuité une fois admise, les éventuelles survivances
directes et littérales de teneurs et de modalités suméro-accadiennes, dans la
Bible et dans sa tradition interprétative antique, se présentent comme des
confirmations sporadiques et archaïques du phénomène de continuité culturelle relatif aux plurivalences. Ces archaïsmes ne sont nullement indispensables à l'établissement du phénomène culturel majeur, mais s'ils existent
dans la littérature biblique et dans sa tradition herméneutique, ils doivent
être relevés. Il convient de donner à ce sujet quelques indications sommaires.

a) Indice de Ras-Shamra

On pourrait croire que la complication spécifiquement babylonienne de
la spéculation verbale, dans la VIIe tablette de l'*Enuma Elish*, était in-
communicable littéralement à l'étranger, en raison de son caractère labyrinthique. Or on peut relever dans la documentation de Ras-Shamra une
mention du nom divin *Tutu* et de variations assonantiques associées. On se
rappelle que ce nom figure au début de la VIIe tablette et qu'il a été l'objet
d'une exploitation plurivalente[22]. Or la donnée de base *tutu* est attestée
dans l'une des listes de noms divins retrouvées à Ras-Shamra[23], accompagnée
des formes *du-du* (il s'agit de *DU*[13]) et *tum-tum*, c'est-à-dire des variations
qui correspondent au principe et même, littéralement, à des formes exploités
dans la VIIe tablette de l'*Enuma Elish*[24].

b) L'hypothèse de W. G. Lambert sur l'origine du *notaricon*

À l'occasion de la publication et de l'interprétation d'un texte babylonien,
de caractère à la fois conjuratoire et hymnico-théologique, texte accompagné
de fragments de commentaire, W. G. Lambert a soulevé la question de savoir
s'il n'y aurait pas une relation d'influence entre, d'une part, le type de
commentaire babylonien qui accompagne le document et, d'autre part, le

---

[22] Cf. ci-dessus 2, A et la n. 18.
[23] *Ugaritica*, V, 218, liste *an*, lgs 121 s.
[24] Pour *tum*, voir *ibid.* lg 122 a.

midrash juif[25]. Le texte «suggère une date de composition relativement tardive», estime Lambert, qui précise que 4 copies proviennent de la bibliothèque d'Assurbanipal et plaident pour une «popularité considérable à l'époque assyrienne tardive»[26]. C'est important pour la manière dont se pose la question d'influence. Le principe de la pluralité des sens attribuables à une formulation unique, principe qui est l'une des caractéristiques des analogies verbales, est illustré par le commentaire babylonien de la lg 4 du fragment F (à lire avec la rectification de *Afo* XIX)[27]. Toutefois les interprétations de ce passage sont vraisemblablement fondées non sur des équations littérales, mais sur des traditions du genre du *Kultkommentar* distingué par W. von Soden[28]. Mais le commentaire de la lg 6 du même fragment offre un bel exemple d'une pluralité d'interprétations (3, comme à la lg 4), dont l'une est fondée sur des équations littérales obtenues par décomposition, selon le procédé qu'illustre si bien la VIIe tablette de l'*Enuma Elish*[29].

Lambert a considéré le cas des matériaux midrashiques, et non celui de la Bible, et il a songé à la possibilité d'un emprunt du Judaïsme à la littéralité même de la méthode du type de celui de F 6. Cette méthode aurait inspiré le procédé que la nomenclature rabbinique a désigné par le mot grec *notaricon*. Il s'agit du fractionnement d'un mot en 2 éléments ou plus, ou de sa décomposition en consonnes qui deviennent les initiales de la formule d'interprétation[30]. Le *notaricon* n'est mentionné que dans une nomenclature

---

[25] «An address of Marduk to the Demons», *Afo* XVII (1956) 310s. Compléments à l'aide de nouveaux fragments, et rectifications consécutives dans *Afo* XIX (1960) 114s. Touchant la relation avec l'exégèse midrashique, Lambert écrit : « It would be very interesting to investigate whether the mists which hide the origin of the Midrash can be cleared sufficiently to decide if there is any debt to Babylon» (*Afo* XVII, 311, où voyez encore tout le paragraphe que termine cette citation).

[26] Ibid. 310.

[27] Cf. *Afo* XIX, 118, qui indique en rectification de *Afo* XVII la lecture *a-šar šil-la-ti*, «à l'emplacement du blasphème», au lieu de la lecture précédente *a-šar ḥaṣ-ba-ti*, «à l'emplacement du tesson de poterie» (*Afo* XVII, 315).

[28] W. von Soden, *ZA (NF)* 17 (1955) 130s. La 2e interprétation et la 3e sont introduites par les adverbes *šaniš*, *šalsiš*, «deuxièmement, troisièmement», qui soulignent explicitement la plurivalence du sens.

[29] La lg 6 du texte F est particulièrement intéressante, du fait qu'elle exprime l'auto-engendrement de Marduk : *ša ina ṭè-mi-šu ib-ba-nu-u a-na-ku* «je suis celui qui par sa volonté a été engendré». Cf. Lambert «who was born by his own will, am I». La partie du commentaire qui repose sur une exploitation littérale porte sur un nom divin attribué à Marduk et dont les éléments correspondent à l'assertion du texte. C'est (d) *NÍ.UMUŠ.DÙ.RA*. Voir *Afo* XIX, 118 : le commentaire analyse : *RA* : *i-na* (dans, par); *UMUŠ* : *ṭè-e-mu* (volonté); *DÙ* : *ba-nu-u* (créer); *NI* : *ra-ma-nu* (soi-même).

[30] H. Strack, *Einl.* 107, n° 30.

plus tardive que celles de Hillel et d'Ismaël, mais le procédé peut remonter à une tradition ancienne[31].

Théoriquement le *notaricon* pourrait avoir simplement résulté d'un développement interne de la méthode des analogies verbales. Alors il remonterait, avec cette dernière, à l'influence culturelle babylonienne, qui s'est exercée à l'ouest, sans préservation de valeurs et modalités liées à l'écriture suméro-accadienne. Quelques faits de décomposition verbale repérables dans la Bible invitent à compter avec cette possibilité[32]. Mais la systématisation d'un procédé aussi particulier dans l'herméneutique rabbinique plaide fortement pour une stimulation venue à nouveau et spécialement de Babylone, vraisemblablement au moment de l'exil. Elle se serait alors ajoutée, comme un facteur décisif, à la pratique établie des analogies verbales formelles. S'il en a été ainsi, le *notaricon* constituerait, dans le cadre des analogies formelles, un phénomène de préservation d'une modalité littérale de l'herméneutique babylonienne, à savoir la décomposition syllabique. Cette influence littérale nous mène au delà de l'influence culturelle adaptée à la différence d'écriture. Si la *modalité* babylonienne a pu passer dans l'herméneutique du Judaïsme, alors des *valeurs* exprimées par cette écriture pourraient également avoir été utilisées par cette même herméneutique. Il faut même aller jusqu'à dire que l'adoption de la modalité de la décomposition syllabique n'est guère conce-

---

[31] Sur la date tardive des documents qui mentionnent les 32 *middôt* dont fait partie le *notaricon*, cf. Strack, 100s. L'absence des procédés d'analogie verbale (dont le *notaricon* est une branche) dans les *middôt* de Hillel et d'Ismaël, et leur mention parmi les 32 *middôt* énumérées plus tard soulèvent un problème à disjoindre. Les faits semblent nettement indiquer qu'à l'époque de Hillel l'effort des représentants les plus éminents de l'exégèse du Judaïsme se portait vers le principe d'autorité scripturaire. Cette orientation correspond, d'une manière qui paraît chronologiquement significative, à la réaction contre les recensions hébraïques de vulgarisation (type Qa) et à l'effort pour ramener toutes les recensions au type normatif (effort dont sont témoins Qb et les hexaplaires).

[32] Des cas typiques d'exploitation d'une décomposition verbale sont offerts par certaines notices relatives à des noms de peuples ou de patriarches. Exemple: Gen 17, 5 (jutification du nouveau nom d'Abram, Abraham); 19, 37 (explication du nom des Moabites par les circonstances de leur origine liée à l'épisode des filles de Loth: Moab est censé fournir מי «les eaux (de) (= ici, *semen virile*) + אב «du père»; 29, 32, explication du nom de Ruben par décomposition («il a vu + mon humiliation») avec sollicitation d'analogie verbale sur le 2ᵉ élément. Il est possible que la fin de 29, 32 cache une 2ᵉ exploitation par décomposition verbale fournissant une 2ᵉ pseudo-étymologie. L'hypothèse à laquelle songeait à cet égard Gunkel (*Comm.*[8] 333) est ingénieuse, mais inutilement compliquée. Il n'y a pas lieu de supposer qu'un vb araméen ירב ou רבה a été évincé secondairement par le vb du texte. S'il y a une 2ᵉ «étymologie», c'était peut-être la décomposition suivante: 1) ראוב d'où on a tiré יארב interprété = ירבה, en supposant une valeur vocalique d'*alef* = «il a rendu grand»; 2) le *nun* a été interprété pour les besoins de la cause, et d'après l'analogie du suffixe de la 1ʳᵉ pers. sg du vb, comme une indication de la 1ʳᵉ pers. La clarification littéraire d'une telle spéculation littérale aurait alors produit, *par déduction*, la formulation actuelle: «mon homme m'aimera». L'exemple de Gen 6, 2s., qui est analysé plus bas, est un autre cas de décomposition verbale.

vable si elle ne s'est pas accompagnée d'une certaine connaissance des valeurs suméro-accadiennes, qui devenaient dès lors utilisables dans l'herméneutique du Judaïsme.

L'indice du *notaricon* ne semble être probant, grâce au rapprochement institué par Lambert, que pour une influence babylonienne d'époque exilique, mais il illustre ainsi la vraisemblance d'un processus de persistance littérale suméro-accadienne qui a pu laisser des traces à plus haute époque. Ces traces seraient les vestiges archaïques forcément rares, mentionnés plus haut. Deux exemples illustreront leur existence.

c) La côte d'Adam

L'épisode de la naissance d'Ève à partir de la côte d'Adam (Gen 2, 21 s.), certainement hérité du passé préisraélite, livre un indice de portée générale, concernant la pratique en Canaan d'une spéculation verbale fondée sur une certaine connaissance des valeurs de l'écriture sumérienne. L'origine de la naissance d'Ève à partir de la côte a été résolue par le P. V. Scheil, puis indépendamment, une seconde fois, par S. N. Kramer[33].

Les vocabulaires suméro-accadiens donnent pour équivalence du sumérien *TI* les deux valeurs accadiennes *ṣēlu* (hébreu צלע) «côte» et *balāṭu* «vivre»[34]. Selon Gen 3, 20, Ève a reçu son nom, en hébreu *Ḥawwāh*, «parce que c'est elle qui a été la mère de tout vivant» (*ḥay*). Cette notice rattache le nom d'Ève (dont l'origine réelle reste discutée) à la racine *ḥāyāh* «vivre». L'étrangeté de la naissance d'Ève à partir de la côte d'Adam doit être considérée dans son association avec la vocation de donner la vie . Cette association correspond précisément aux deux valeurs du sumérien *TI* et s'éclaire par elles. Parce qu'Ève était destinée à devenir «la mère de tout vivant», il convenait qu'elle fût tirée de la côte du premier homme, en vertu de l'association inhérente à *TI*, association qui faisait en quelque sorte procéder la vie de la côte.

La combinaison n'est d'ailleurs pas dépourvue d'une base concrète, qui a probablement exercé son influence sur le sémantisme du sumérien et sur

---

[33] S. N. Kramer, *L'histoire commence à Sumer*, Paris, 1957, 198. Il s'agit d'une donnée du poème d'*Enki* et *Ninḫursag*. L'auteur dit avoir trouvé cette explication en 1945 et avoir appris postérieurement par W. F. Albright que le P. V. Scheil l'avait déjà découverte auparavant (ibid. 200). Le texte sumérien est relatif à la maladie d'Enki et aux soins que lui prodigue la déesse *Ninḫursag*, en créant pour lui 8 divinités guérisseuses. La douleur que *Enki* éprouve à la côte doit être guérie par *Nin-ti*, «Dame de la côte» et «Dame de la vie».

[34] Voir pour les 2 équivalences accadiennes de *TI*, telles qu'elles sont données par les vocabulaires suméro-accadiens: A. Deimel, *SL*, n° 73, 6 et 19; W. von Soden, *AHW* 99, 1090; *CAD* 2 (= B) 53, et 16 (= Ṣ) 124.

son exploitation dans la légende d'Ève. La côte est en effet l'élément constitutif du réceptacle qui contient le souffle vital. Elle est la partie pour le tout.
La particularité des côtes flottantes, qui ont l'apparence d'avoir été brisées,
a dû en outre justifier anatomiquement ce que suggérait, à partir du nom
d'Ève, la relation «vie-côte». La spéculation fondée sur les deux valeurs
sumériennes a certainement été considérée par les anciens comme haute
science, et ce serait une erreur que de la traiter en jeu de mots populaire.

Il est surprenant que la découverte de Scheil et Kramer ne se soit pas
imposée à tous les esprits, et que l'attention ne se soit pas portée sur les
conséquences culturelles impliquées par une telle donnée[35]. S'il était vrai
que l'influence culturelle mésopotamienne s'était exercée sur ce texte, et
sous cette forme, n'était-ce pas parce que ce type de spéculation faisait
autorité à l'époque? Alors le milieu cananéen préisraélite a dû y recourir en
d'autres occasions. Il est a priori vraisemblable que la tradition israélite,
héritière de la culture cananéenne sur beaucoup de points, bien qu'en
conflit sur d'autres, ait conservé quelques échos de ce genre. Il ne faut pas
exclure, en outre, que des résurgences du même phénomène (l'utilisation
de valeurs associées à l'écriture cunéiforme idéographico-syllabique) se soient
encore produites postérieurement, au sein de la littérature israélite. Un autre
exemple devient dès lors nécessaire pour dissiper l'illusion qui a prévalu et
selon laquelle l'influence verbale sumérienne qui a inspiré la naissance d'Ève
à partir de la côte d'Adam serait un phénomène complètement isolé,
minimisable (ainsi Westermann[36]) et sans conséquences pour d'autres textes
bibliques.

d) Les «fils d'Élohim» et les «filles des hommes»

La critique a depuis longtemps reconnu le caractère archaïque et l'origine
préisraélite de la tradition qui a inspiré l'épisode de la rencontre des «fils

---

[35] Bien que l'origine du thème de la naissance à partir de la côte soit clairement celle
qu'ont découverte Scheil et Kramer en sumérien, cette explication *des origines* (ce n'est pas
une élucidation *littéraire* exhaustive!) est encore largement méconnue. L'article «Rippe» du
dictionnaire notionnel de Reicke et Rost, par exemple, l'ignore (*Biblisch-Historisches HWb*, III,
1604, et cf. aussi l'article «Eve», I, 449). Dans son article «Eve» de *TWAT*, par ailleurs excellent,
A. Kapelrud présente la question inadéquatement (le point n'est pas la valeur «*faire* vivre»
qu'il attribue à *TI*) et comme n'étant qu'une hypothèse personnelle de Kramer, donc exposée
à la contestation (cf. «... hat den Hintergrund ... in sum. Vorstellungen finden *wollen*»;
je souligne), *o.c.*, II, 796). Westermann réduit l'explication Kramer à un détail, en appendice
d'autres considérations prioritaires. Alors que J.B. Pritchard, qu'il cite, a reconnu la valeur
de la découverte Scheil-Kramer, Westermann atténue les choses en déclarant simplement que
la mention de la côte «a *probablement* (je souligne) sa raison dans un jeu de mots en sumérien»
(*BK*, I, 314). Ce n'est pas «probablement» un «jeu de mots», mais *certainement* le produit
d'une *réflexion savante*, du point de vue des critères de l'époque.

[36] Cf. n. précéd.

d'Élohim» et des «filles des hommes», (Gen 6, 1-4)[37]. L'embarras qu'une telle tradition ne pouvait manquer de causer à la tradition yahviste est une considération qui paraît décisive à cet égard. Il faut mettre sur le compte de cet embarras, partiellement en tout cas, la relative complexité et une certaine imprécision de la formulation yahviste. La notice 6, 3 interrompt l'énoncé entamé en 6, 1-2. Ensuite le rapport des «géants» ($n^e\bar{p}\hat{\imath}l\hat{\imath}m$[38]) avec les «héros» ($gibb\hat{o}r\hat{\imath}m$) et avec l'ensemble de l'épisode n'est pas clair[39]. Enfin l'équation établie entre ces «héros» et les «hommes de renom», $'an^e\check{s}\bar{e}y\ ha\check{s}\check{s}\bar{e}m$[40] ne permet pas de déterminer d'emblée quelle est l'expression prioritaire dans la formation de l'énoncé. Bien qu'en apparence «hommes de renom» se présente comme une précision secondaire de la pensée inspiratrice (ou comme une glose secondaire), cette apparence risque d'être trompeuse. Les «héros» pourraient avoir été égalés secondairement aux «hommes de renom», dans la réflexion élaboratrice ou à partir d'un apport distinct. C'est effectivement ce qui va se vérifier dans un instant.

Cependant, dans le présent exposé, il ne sera pas nécessaire d'examiner l'épisode des fils d'Élohim et des filles des hommes avec les moyens de l'analyse littéraire et de l'analyse des traditions décelables à la surface ou dans les sous-jacences du texte. Une discussion des difficultés d'exégèse littéraire qui viennent d'être rappelées devient ici superflue du fait que le texte recèle une spéculation verbale qui va nous apparaître comme le foyer originel de la tradition relatée. Non seulement c'est un aspect qui intéresse notre sujet de l'herméneutique, mais encore cette spéculation verbale livre un critère prioritaire dont dérive la possibilité d'une élucidation littéraire nouvelle de l'ensemble. Il suffira d'une brève indication à cet égard, en fin d'analyse, en laissant à un autre commentateur le soin de s'engager sur la voie ainsi ouverte.

Il faut partir du terme $'an^e\check{s}\bar{e}y$, dans l'expression $'an^e\check{s}\bar{e}y\ ha\check{s}\check{s}\bar{e}m$. Nous le lirons sous cette forme d'état construit pluriel, puisque c'est celle du texte. La forme d'état absolu pluriel $'an\bar{a}\check{s}\hat{\imath}m$ conduirait à des observations identiques. Aux yeux des anciens, dans le milieu préisraélite d'élaboration, puis dans le milieu israélite de réception, on pouvait lire dans ce terme

---

[37] Voir les données groupées par Westermann, *BK*, I, 491 s., et en particulier le jugement global, ibid. 499.

[38] «Géants», selon l'interprétation ordinaire, fondée sur Nb 13, 33. Westermann tend à différencier le sens du mot en Gen 6, 4, sous prétexte qu'il s'agit d'histoire des origines (Urgeschichte). Il y verrait volontiers la désignation mythique de demi-dieux (ibid. 510-511). Il admet finalement que les êtres visés sont également nés de l'union mentionnée en 6, 2.

[39] Westermann a relevé les anomalies et difficultés de la formulation en 6, 3-4: ibid. 495.

[40] Littéralement «hommes du nom», au sens du français «hommes de renom».

ʾanᵉšēy la présence de deux éléments, tous deux hautement significatifs en pareil contexte.

Le premier était la syllabe ʾan, qui permettait une exploitation des valeurs associées au signe an de l'écriture cunéiforme. Lu AN en sumérien, ce signe signifiait «ciel», et lu DINGIR «dieu». En accadien les valeurs possibles du même signe étaient : 1) valeur syllabique très fréquente an; 2) valeur idéographique Anu, dieu assez théorique et sans personnalité dans le panthéon, mais dieu suprême (Enuma eliš, I, 15-16); 3) valeur de déterminatif devant tous les noms divins. Ce triple emploi et l'extrême fréquence du 1ᵉʳ et du 3ᵉ favorisaient l'association de an avec l'idée de divinité et rendait possible la détection d'une telle allusion dans cette syllabe, lorsque la spéculation ominale ou étiologique y trouvait son intérêt[41].

On peut alors parler de l'exploitation d'une valeur d'origine sumérienne, mais d'un sumérien qui, d'une part, a passé par l'utilisation accadienne (tantôt syllabique, tantôt idéographique), d'autre part, qui n'est plus le sumérien classique (qui requerrait ici la valeur DINGIR), mais un sumérien spéculatif exploité par la réflexion savante. Déjà dans les sanctuaires cananéens ce type de spéculation, directement fondé sur les particularités de l'écriture cunéiforme, a dû être réservé à une minorité de cas, tandis que la majorité des spéculations verbales s'est vraisemblablement exercée sur la langue indigène, l'influence mésopotamienne n'étant plus que *culturelle et non plus directement littérale*. L'assimilation israélite de certaines traditions cananéennes a encore certainement marqué une raréfaction de ce genre de faits, même si quelques résurgences ont pu se produire, au cours de la période israélite[42]. Les conditions historiques sont donc limitatives et doivent mettre en garde contre un usage inconsidéré des hypothèses fondées sur les valeurs suméro-accadiennes. Toutefois cette considération ne doit pas faire méconnaître les cas patents, et Gen 6, 1-4 me paraît en être un, qui ne laisse guère place au doute.

Dans le mot hébreu considéré en Gen 6, 4, l'élément ʾan, une fois distingué par la réflexion verbale formelle, ne pouvait manquer d'évoquer des êtres

---

[41] L'attribution à AN de la valeur DINGIR a encore été facilitée, dès le stade accadien, par la manière dont les vocabulaires présentent les choses; cf. *di-in-gir AN = i-lum*, dans CAD 7 (= I, J) 91 A, et les matériaux de la liste lexicale suméro-accadienne.

[42] L'exemple de la spéculation sous-jacente aux métaphores du «ver» et du «traîneau» à égruger (Is 41, 14-15), que j'avais proposé dans *Ugaritica* VI (1969) 333-347, entre dans la catégorie des résurgences israélites tardives (époque exilique et contact avec le milieu babylonien) de traditions préisraélites, si l'on accepte l'hypothèse proposée à ce sujet. Le «ver» peut devenir «traîneau» à égruger, sous l'influence de valeurs inhérentes à l'écriture idéographique d'Amurru, nom ethnique et géographique, en même temps que nom divin, hérité de l'époque cananéenne.

divins, au pluriel. Le pluriel résulte en effet du mot hébreu de base, dont
découle le pluriel du second élément défini infra («femmes»); il résulte
aussi de la spéculation complémentaire sur *šēm*, examinée plus loin[43].

Le second élément significatif lisible dans `*an^ešēy* était *n^ešēy*, état construit
de *nāšîm*, qui sert de pluriel à *'iššāh* «femme». On pouvait donc reconnaître
dans `*an^ešēy* la présence *d'une désignation divine* et *du pluriel «femmes»* (à
l'état construit), et *l'association* de ces deux éléments[44]. La structure du
mot ainsi interprétée livrait de la sorte le principe même sur lequel repose
l'épisode de Gen 6, 1-4, à savoir que les `*an<sup>e</sup>šēy haššēm*, en tant qu'`*an^ešēy*
(la précision restrictive *haššēm* reste à considérer infra!), sont issus d'une
rencontre entre, d'une part, des êtres divins, d'autre part, des femmes. Les
données verbales reflètent clairement l'événement relaté. Étant donné la
diffusion de l'écriture cunéiforme en Canaan, suivant les conditions générales
rappelées plus haut, il ne peut être douteux qu'une telle spéculation sur
`*an^ešēy* et sur les valeurs qu'on pouvait en dégager soit la source première
de la tradition sur l'origine des «hommes de renom».

Le cheminement qui a été restitué a nécessairement été stimulé par le fait
que les termes de base `*an^ešēy* et *n^ešēy* correspondaient à la mystérieuse
distinction des sexes — question de tout temps intrigante — et qu'ils
offraient une ressemblance frappante, bien faite pour occuper les esprits
des anciens : quel secret se cachait donc derrière cette relation formelle qui
sonnait comme un avertissement ominal? La clef de la réponse devait être
cherchée dans l'élément `*an* lisible dans `*an^ešēy* et absent de *n^ešēy*. Cette
différence était révélatrice : `*an* indiquait une intervention divine, et c'est
ce que la tradition a exploité.

---

[43] L'interprétation de *an* par le pluriel résulte d'une 2e exploitation idéographique. Cf. infra.

[44] Ce qui importe c'est que chacun des 2 éléments *AN* et *n^ešēy* étaient lisibles dans le terme
`*an^ešēy*, du point de vue d'une spéculation en quête d'indices, qui étaient considérés comme
révélateurs des mystères soit de l'avenir, soit, comme ici, du passé, soit de ceux des interventions
divines en général. Les 2 éléments mentionnés sont bien de tels indices que les anciens pouvaient
considérer comme inhérents au terme en question. Ce serait sortir des conditions de leurs
spéculations que d'objecter que le terme exploité est en réalité composé de *a* (et non *an*!)
+ *n^ešēy*. Pour la pensée des anciens le point était que *an* était lisible et *n^ešēy* aussi, sans conflit
d'exclusion touchant *n*, parce qu'il s'agissait d'une décomposition spéculative et des intérêts
de cette spéculation, non d'une décomposition simplement et strictement descriptive. Comme
nous l'avons constaté à plusieurs reprises, dans la spéculation oraculaire et dans l'exploitation
verbale spéculative en général, l'imperfection littérale, loin d'être un inconvénient, peut au
contraire devenir un indice probant. Une allusion non entièrement explicite suffit à révéler la
présence d'un mystère, parce qu'il est de la nature de ce dernier de ne pas se dévoiler toujours
entièrement. Dans le cas du terme clef de Gen 6, 4, les 2 éléments exploitables étant lisibles
séparément, il n'y avait même pas abréviation allusive (c'eût été *a*, au lieu de *an*!). L'indication
était explicite.

On admettra aisément que, selon ce qui a été déjà noté plus haut, la pluralité des femmes ait conduit à interpréter l'indice divin *an* par une pluralité correspondante, issue du monde divin. D'où les *bᵉnēy ʾĕlōhîm*, les «fils d'Élohim». On admettra aussi sans difficulté que la mention des «femmes» (*nāšîm* ou, en état construit, *nᵉšēy*), requise par une reconstruction littérale du cheminement de la spéculation, ait été remplacée en fait, dans le récit, par les *bᵉnôt hāʾādām*, les «filles des hommes» (collectif). L'adaptation à la perspective ouverte par le Yahviste en 6, 1 rendait cette substitution nécessaire. La situation l'imposait aussi, car les «fils d'Élohim» portent leurs regards sur des jeunes filles, des «filles des hommes», non sur des femmes déjà liées par conjugalité. Enfin il est conforme au style des formulations ominales ou étiologiques de ne pas dévoiler toujours nécessairement de façon explicite tous les termes clefs qui les ont inspirées. Dans les énoncés de ce type, un indice partiel pouvait avoir autant de force convaincante qu'une explication complète. Le mystère ominal le voulait ainsi et l'étiologie s'en est ressentie.

Il reste cependant à expliquer pourquoi les conséquences de la rencontre des «fils d'Élohim» et des «filles des hommes» ont été limitées aux «hommes de renom», alors que, si l'on s'en tient à la littéralité, les valeurs dégagées plus haut ne comportent pas une telle restriction et conduisent à la généralité des *ʾanāšîm*, et non pas à une catégorie privilégiée parmi les «hommes». La question pourrait se résoudre, de manière satisfaisante semble-t-il, sur un mode déductif, par la simple considération de la qualité des «fils d'Élohim». On comprendrait que cette qualité et le caractère exceptionnel de l'intervention des êtres célestes dans l'histoire humaine aient suffi à orienter la tradition vers l'idée d'une descendance privilégiée : ce n'était pas le premier venu qui pouvait se targuer de descendre des «fils d'Élohim»! Il convenait de réserver ce lignage exceptionnel à des humains exceptionnels. Tels étaient les «hommes de renom».

Cependant une autre justification possible se présente à côté de la précédente, sans l'exclure, mais en lui apportant une légitimation verbale précise. Elle a toutes les chances d'avoir constitué un motif prioritaire, dans l'esprit des anciens. Dans l'expression «hommes de (re)nom», le terme «nom», *šēm*, dépouillé de l'article qui le précède dans le texte hébreu, correspond, avec inversion des consonnes, au sumérien *MEŠ*, indice du pluriel abondamment employé, aussi avec les idéogrammes qui parsèment les textes accadiens syllabiques. Les «fils d'Élohim» étant une pluralité, la spéculation sur *ʾanᵉšēy* implique une base littérale *AN + MEŠ*. La formule complète *ʾanᵉšēy haššēm* répond aux conditions de ce schéma *AN + MEŠ* : les «hommes de renom» sont bien issus de la rencontre d'êtres divins

($AN + ME\check{S}$, $b^e n\bar{e}y$ `$\bar{e}l\bar{o}h\hat{i}m$) avec des femmes ($n^e\check{s}\bar{e}y$), lesquelles sont en fait représentées dans le texte par les «filles des hommes» ($b^e n\hat{o}t$ $h\bar{a}$`$\bar{a}d\bar{a}m$), selon ce qu'exigeait l'adaptation à la situation. Il est possible et même probable qu'en outre le proche parent phonétique de $ME\check{S}$, MES, a conduit à la mention des $gibb\hat{o}r\hat{i}m$, des «héros», bien que cette qualification soit par ailleurs explicable par simple synonymie. La recherche des justifications littérales, qui animait les anciens, était en effet satisfaite par la valeur MES = $etlu$, qui est le mot accadien pour $gibb\hat{o}r$ «héros»[45].

Le manque de netteté de la formulation 6, 1-4, sur certains points, a été noté. L'effort d'adaptation yahviste laisse encore percevoir la juxtaposition de 2 traditions préisraélites en 6, 4 (la 2e étant celle des «géants»). Il convient maintenant d'ajouter que si J a incorporé l'épisode des «fils d'Élohim» et des «filles des hommes», en dépit de son caractère troublant (dans la perspective du yahvisme), cela suppose qu'il a obéi à des raisons qui ont pesé plus lourd que la réticence. Il y a lieu de penser que l'une de ces raisons était le motif verbal exposé plus haut. Ce motif a dû paraître convaincant ou même contraignant à J qui, dès lors, devait encore connaître la valeur de AN, de $ME\check{S}$ et peut-être de MES, et en général la possibilité de recourir à des valeurs tirées de l'écriture cunéiforme, pour dégager les sens cachés dans certaines traditions.

La combinaison de valeurs empruntées à l'écriture cunéiforme avec des valeurs hébraïques, dans l'explication proposée plus haut, n'est pas une difficulté. Elle apparaît au contraire comme une vraisemblance, à partir du moment où l'on consent à tirer les conséquences de l'influence des cultures sumérienne et babylonienne à l'ouest. La présence d'idéogrammes, c'est-à-dire de valeurs sumériennes, dans des textes rédigés principalement en écriture syllabique est, avec des variations de proportions selon les genres, une caractéristique générale des rédactions assyro-babyloniennes. Mais, par rapport à la spéculation de base admise plus haut, à l'origine de 6, 1-4, c'est-à-dire la décomposition d'un même mot en une valeur tirée de l'idéographie et une autre tirée de la langue locale, en sa rédaction normale, c'est la catégorie des noms propres qui apparaît particulièrement significative, lorsque ces noms sont écrits avec combinaison d'une idéographie et d'un groupe syllabique[46]. C'est un procédé qui correspond, dans l'usage rédactionnel courant, à ce qu'offre le cas de `$an^e\check{s}\bar{e}y$, dans l'exploitation herméneutique démêlée plus haut. Les données onomastiques d'El-Amarna et

---

[45] Cf. cette équivalence dans les notices de lexicographie suméro-accadienne de *CAD* 4 (E) 407 B, et von Soden, *AHW* 265 B.

[46] J. J. Stamm, *Die Akkadische Namengebung* 58 s., 131 s.

d'Ugarit livrent l'illustration souhaitable, concernant la pratique effective d'un tel compositisme, dans l'écriture des noms propres, dans les pays syro-palestiniens[47]. C'est un élément de confirmation de la vraisemblance du processus proposé pour la formation du thème principal de Gen 6, 1-4.

Concernant les «géants»[48], bornons-nous à noter que le plus probable est qu'ils ont été associés aux «héros», dans la notice de Gen 6, 4, par raison d'analogie. Le terme $n^e\bar{p}\hat{\imath}lîm$ a été éclairé par la rac. $n\bar{a}\bar{p}al$ «tomber», dont il dérive d'ailleurs effectivement. Dans le sémantisme réel conjecturable, la désignation de «tombés» concerne probablement la naissance, qui est une «tombée» sur le sol (cf. le vb final d'Is 26, 18 et Sap 7, 3 : κατέπεσον). L'insertion dans le contexte de Gen 6, 4 implique que le terme a été interprété comme indiquant une naissance d'origine céleste, une «tombée» du ciel. Dès lors il y avait analogie avec les «héros, hommes de renom», qui procédaient du ciel par les «fils d'Élohim». La formulation de J suggère, plutôt qu'elle n'affirme, l'identité de filiation des «géants» et des «héros». Quoi qu'il en soit, s'il est vrai que la notice des «géants» a été jointe en vertu de la dite analogie, l'assemblage préfigurait à sa manière, avec une relation

---

[47] Pour la documentation d'El-Amarna voir J. A. Knudtzon, *Die El Amarna Tafeln* (in : *VAB*), II, 1555s. (= *Eigennamenverzeichnisse*, von O. Weber). Par ex. le nom d'*Abimilki*, prince de Tyr, est écrit tantôt syllabiquement *a-bi-mil-ki*, tantôt avec combinaison du syllabisme et d'un idéogramme, *a-bi-LUGAL*, *LUGAL* étant à lire, comme à Ras-Shamra, *milku* (non *šarru*, comme en Mésopotamie), et donc ici, d'après les graphies syllabiques, *milki*. Voir, de manière analogue : *Abdi-aširta* (1555), *Ili-milku* (1563), *Rib-addi* (1567), etc. Pour la documentation ugaritique, voir les index des noms propres, dans *PRU* III, IV, VI, et *Ugaritica*, V, 325s. (*Répertoire des noms de personnes des documents en accadien*). Par ex. le nom propre féminin *Aḫatmilku* est écrit avec un groupe syllabique suivi d'un idéogramme, dans le texte 15.89, lg 8 (= PRU III*, 53, III**, pl. XX) : *(GEME)a-ḫa-ti-LUGAL* (*GEME* = déterminatif féminin; *LUGAL = milku*). Le même nom est écrit entièrement en idéogramme en 16.146, lg 1 (= PRU, III* 182, III**, pl. LI) : *(GEME) NIN-LUGAL*. Là A. Caquot voit «un titre porté par la reine d'Ougarit», *Syria* 46 (1969), 261. En tout cas il paraît certain que, dans le document précédent, c'est un nom propre. A titre d'exemple illustratif, citons encore l'alternance du syllabisme et le recours à un idéogramme dans *Ili-tešub* (texte 16.138, lgs 28 et 31 = PRU, III* 145, et III**, pl. XLVI) : *i-li-te-šub* (le dernier signe est *šab* en accadien classique), et *i-li-(DINGIR)IM*, *IM* étant à lire ici *tešub*, nom anatolien du dieu de l'orage Adad (= *IM*). Exemple sans élément divin : *Ammi-Maḫ*, écrit *am-mi-MAḪ* (R.S. 21.07 A, lg 16' = *Ugaritica*, V, 184, n° 88, et pl. : 404. Voir encore F. Grøndahl, *Die Personennamen der Texte aus Ugarit*. On trouvera passim, dans la liste 86s. de cet ouvrage un bon nombre de noms propres contenant un idéogramme ou entièrement exprimés en idéogrammes : *aḫi(ŠEŠ)-milku(LUGAL)*, 91; *aḫi-^{d}rašap(^{d}MAŠ-MAŠ)*, 92; *ili/u-nâru(ID)*, 97; *yašuḫ(GUR)-ilu*, ibid.; *pan(IGI)-ili*, ibid.; *abdi-^{d}ba'alat(^{d}NIN)*, 104; *abdi-yamm* (*A.AB.BA*), ibid.; *abdi-qarradu* (*UR-SAG*); plusieurs noms théophores avec *U* ou *IM* pour *Ba'al*, 116; *yatar(DIR)-addu($_d$IM)*, 132, etc. La consultation des textes où figurent ces noms propres permet de vérifier qu'ils figurent dans des contextes variés de la vie courante et qu'ils ne sont pas soupçonnables d'avoir été rédigés, avec recours à l'idéographie, par intérêt spéculatif. C'est justement le point important pour notre sujet : l'usage courant prouve que le terrain était prêt pour l'herméneutique.

[48] Cf. n. initiale sur l'apport de Westermann à ce sujet.

idéologique, mais sans jonction verbale, le procédé sanctionné plus tard par la méthode des analogies scripturaires.

Remarquons enfin que la justification de la formation de Gen 6, 1-4 par une spéculation verbale formelle n'entraîne nullement une dépréciation littéraire, contrairement à ce qui pourrait sembler, lorsqu'on parle de «jeux de mots». Ici comme ailleurs une telle catégorisation serait trompeuse et projetterait sur la pensée des anciens une conception moderne inadéquate. Il s'agissait à l'origine, et encore dans la tradition yahviste, d'une réflexion savante, dans laquelle l'exploitation d'aspects verbaux formels a ouvert la voie à une pensée créatrice. Ces modalités fournissent des critères qui aident l'interprétation moderne à retrouver des aspects authentiques et originaux de la pensée des anciens, et qui permettent de mieux apprécier le travail israélite d'adaptation des traditions, en prémunissant l'exégèse contre les projections modernes. Le gain littéraire vers lequel nous oriente l'interprétation proposée n'exclut pas la réprobation des «filles des hommes», dans la pensée de J, réprobation à laquelle Westermann tend à donner une portée trop exclusive[49]. Mais cette réprobation et l'idée d'une ambition coupable des «filles des hommes» étaient, semble-t-il étrangères à la tradition originelle. Encore dans la forme retenue par J ce sont les «fils d'Élohim» qui prennent l'initiative et qui portent par conséquent la responsabilité des faits. Si J a voulu jeter une désapprobation sur «les filles des hommes», ce qui n'est même pas certain, son intérêt pour l'origine céleste des «héros» et des «géants» et le contexte général de sa rédaction obligent à nuancer un tel jugement par une appréciation qui pourrait être, en définitive, la seule valable : malgré la présence de quelques individus supérieurs, bénéficiaires d'une origine semi-divine, qui auraient dû prémunir l'humanité contre le pire, la dégradation de cette humanité s'est poursuivie jusqu'au déluge. Le centre de gravité de l'épisode serait alors non pas une réprobation (problématique) de la circonstance relatée en 6, 2; ce serait une concession de la part de J à l'égard de la réalité de la circonstance rapportée par la tradition préisraélite mais, du même coup, une aggravation de la dégradation humaine, que l'existence des individus supérieurs de 6, 4 n'a pas freinée. L'enseignement de la notice de 6, 1-4 préfigurerait chez J la réserve du prophétisme et de la sapience bibliques concernant les grands de ce monde.

e) Vestiges littéraux et influence culturelle.

Même si d'autres emplois directs de valeurs suméro-accadiennes se cachent encore dans les textes bibliques, ces cas sont des vestiges rares issus de la

---

[49] BK, I, 516.

période préisraélite de Canaan. Comme souligné plus haut, la réalité de l'influence culturelle mésopotamienne ne dépend pas de ces vestiges, mais s'exprime pour l'essentiel à travers une adaptation hébraïque complète, et cette adaptation est suffisamment probante par elle-même. Cependant l'existence de vestiges directs des valeurs suméro-accadiennes est conforme à la vraisemblance théorique. Une fois reconnue la réalité du rayonnement babylonien à l'ouest, ce qui serait surprenant c'est que ce phénomène culturel n'ait laissé aucune trace directe. L'identification des vestiges de valeurs suméro-accadiennes illustre cette vraisemblance théorique et livre du même coup une preuve directe de l'influence babylonienne, qui s'ajoute, à titre complémentaire et définitif, à l'évidence de la reconstruction historique à laquelle conduisent les autres indices.

LA PORTÉE DES MÉTHODES ANALOGIQUES POUR LA CRITIQUE

1) L'HERMÉNEUTIQUE TRANSFORMANTE

Les analyses consacrées aux changements par analogie scripturaire et par analogie verbale formelle dans Qa avaient imposé un constat qui oblige à élargir la notion d'herméneutique. Celle-ci a consisté en méthodes qui n'ont pas seulement servi à interpréter le texte biblique ou, selon les besoins d'époque et de milieu, à l'exploiter au prix de certaines manipulations, concevables à la rigueur comme des prolongements de l'interprétation. L'herméneutique a aussi affecté la substance du texte hébreu. Elle a été *transformante*. L'identité des méthodes appliquées à G et à Qa ne laisse aucun doute à ce sujet. Dans Qa les méthodes herméneutiques de G acquièrent le pouvoir de donner naissance à de nouvelles leçons hébraïques et s'élèvent par là encore au-dessus de l'autorité qui était requise pour les changements de sens dans les textes d'interprétation, G, les autres versions anciennes, l'exégèse rabbinique.

L'herméneutique méthodique et transformante, il est vrai, n'a pas régné exclusivement sur la transmission et sur l'interprétation. Des confusions et des accidents ont pu se produire, comme l'avait reconnu la critique classique, avec une fréquence et une gravité qui varient selon les livres et les unités littéraires, à l'intérieur de ces livres[1]. Toutefois cette fréquence a été, d'une manière générale, bien inférieure à ce que l'on avait longtemps admis. Dans l'ensemble, la tradition religieuse a veillé sur les textes. Ils peuvent déroger fréquemment par rapport à H, mais il s'agit alors de textes de vulgarisation et, mis à part les cas d'altérations accidentelles, leurs divergences n'ont pas été laissées au hasard[2].

---

[1] Il est certain que les livres de Samuel restent des illustrations privilégiées des altérations accidentelles, comme l'avait reconnu la critique. La perte d'un membre très important, par homoioteleuton, dans I Sam 14, 41, où G a préservé le texte primitif, est un exemple classique. Malheureusement, sous l'influence de l'ouvrage de Wellhausen sur le sujet, et notamment de son introduction (restée d'ailleurs magistrale, sous certains rapports) le destin du texte de Samuel parut exemplaire pour les autres livres, alors qu'il est au contraire particulier. Cf. J. Wellhausen, *Der Text der Bücher Samuelis*, Göttingen, 1871.

[2] J'avais essayé de définir ces conditions générales dans *RHR* 161 (1962) 141 s. et 162 (1962) 1 s. L'un de mes points de départ avait été l'étude que P. Volz avait consacrée à l'état de

Au total l'herméneutique méthodique transformante, soit déductive (aspect obvie non traité ici), soit analogique a été un facteur prédominant, et on l'a méconnue dans sa spécificité et, trop souvent, jusque dans son aspect littéraire extérieur d'exégèse, en dépit des observations lucides de quelques auteurs. Ces derniers ont discerné occasionnellement, notamment dans les écrits de Qumrân, des faits d'exploitations verbales et d'amalgames scripturaires. Mais ils ont généralement cru à de simples jeux de mots et — comme Ziegler dans les *Untersuchungen* — à de libres prélèvements scripturaires. Lorsqu'ils ont soupçonné l'influence de traditions ou, comme I. Willi-Plein, de méthodes reçues (comprises par cet auteur à travers les *middôt* rabbiniques, comme si ces «règles» étaient explicatives, alors qu'elles sont à expliquer), ils ne sont pas parvenus à dégager efficacement et définir dans toute son ampleur le problème qui en résultait et les conséquences pour la méthode critique en vigueur[3].

---

la méthodologie critique en 1936 (*ZAW* 54 (1936) 100s.). Ayant pratiqué une critique conjecturale hardie, cet auteur méritait d'être écouté avec une attention spéciale, lorsqu'il exprima des réserves sur la méthode de la critique textuelle, telle qu'on l'entendait jusque là. Volz est allé jusqu'à écrire que «nous en sommes encore aux premiers commencements d'une critique textuelle véritablement scientifique» (cité dans *RHR*, IIᵉ partie, 6). R. Le Déaut a apporté à l'idée d'un changement fondamental de l'orientation critique une importante contribution, en considérant les questions du point de vue des études targumiques, dont il a une expérience approfondie (*Donum Natalicium J. Coppens*, I, 302s.). On peut dire qu'actuellement, dans la pratique exégétique, la critique empirico-accidentaliste a perdu beaucoup de son crédit et continue à en perdre, en faveur d'une critique beaucoup plus attentive à la valeur de TM et aux indices d'exégèse ancienne contenus dans les variations des témoins textuels. Mais, tant qu'on en restera à l'idée d'une exégèse ancienne libre et empirique, la reconstitution des motifs de cette exégèse sera exposée à des projections modernes; la spécificité de la pensée des anciens (ses procédés méthodiques et analogiques) restera méconnue; par suite, l'appréciation moderne des faits ne parviendra pas à l'efficacité souhaitable.

[3] Je dois me borner à une énumération bibliographique, sans avoir la place d'ajouter les précisions descriptives et les observations critiques, qui seraient désirables pour montrer comment l'idée que l'on s'est faite de l'exégèse des anciens est restée insuffisamment spécifiée et, par suite, impuissante à modifier la méthodologie critique reçue. Les principales contributions à considérer sont les suivantes: Z. Frankel, *Über den Einfluss der palästinischen Exegese auf die alexandrinische Hermeneutik*, Leipzig, 1851; A. Kaminka «Studien zur IXX an der Hand der zwölf kleinen Prophetenbücher», *MGWJ* 72 (1928) 49s., 242s.; D. Yeilin, *Tarbiz* 5 (1933-1934) 1s.; L. Prijs, *Jüdische Tradition in der Septuaginta*, Leiden, 1948; W. H. Brownlee, *Bibl. Archaeologist*, 14 (1951) 54s.; I. L. Seeligmann «Voraussetzungen der Midrashexegese», *VTS* 1 (1953) 150s.; K. Elliger, *Studien zum Habakuk Kommentar vom Toten Meer*, Tübingen, 1953, 161s.; O. Betz, *Offenbarung und Schriftforschung in der Qumransekte*, Tübingen, 1960; G. Vermes «The Qumran Interpretation of Scripture in its historical Setting», *ALUOS* 6 (1966-68) 85s.; *Scripture and Tradition in Judaism, Haggadic Studies*, Leiden, 1961; *Postbiblical Jewish Studies*, Leiden, 1975; D. W. Gooding, *Textus* 7 (1969) 1s.; *Relics of Ancient Exegesis, The Soc. for OT St.*, Monogr. Ser. 4, Cambridge, 1976; Ina Willi-Plein, *Vorformen der Schrift-exegese innerhalb des Alten Testamentes*, BZAW 123 (1971); E. Slomovic, *RdQm* 7 (1969-1971) 316s.; L. H. Schiffmann, *The Halakhah at Qumrân*, Leiden, 1975; E. Tov, *RB* 85 (1978) 50s.

L'autorité religieuse absolue à laquelle pouvait prétendre l'herméneutique, et qui était déjà conjecturable avant Qa, est donc définitivement confirmée par les transformations textuelles subies par cette recension, et par sa confrontation avec G, qui révèle l'identité des méthodes. Cependant la notion d'*herméneutique élargie* dont nous avons fait usage, touchant les méthodes analogiques, ne recèle-t-elle pas une contradiction interne et est-elle vraiment adaptée à l'exégèse pratiquée par le Judaïsme antique? Celui-ci mêlait-il réellement en une même pratique générale l'interprétation et les transformations textuelles? Une clarification est encore nécessaire. Avec les recensions du type Qa, l'herméneutique sort de son domaine normal et envahit le texte hébreu, comme si, grisée par l'étendue de ses pouvoirs, elle se révoltait contre le suzerain qu'elle avait pour mission de servir. De surcroît ce processus se situe juste après que ce même texte hébreu avait été définitivement sacralisé, dans les conditions scripturaires et légalistes qui caractérisent le Judaïsme synagogal né de l'exil. Voilà, dans toute sa portée, le phénomène attesté par Qa. Il est si paradoxal, il heurte si bien les habitudes littéraires et exégétiques d'un esprit moderne que non seulement il a été méconnu, mais qu'une fois identifié, il semble entraîner la nécessité de renoncer à la notion d'herméneutique. Celle-ci ne se détruit-elle pas elle-même, en tant qu'interprétation, dès lors qu'elle aboutit à modifier sa source?

Pourtant la relation organique entre interprétation et transformation textuelles est bien un trait spécifique de l'exégèse du Judaïsme antique, et c'est effectivement le concept élargi d'herméneutique qui convient pour analyser et éclairer cette spécificité. Cela est si vrai qu'on trouve encore dans l'exégèse rabbinique, pourtant postérieure et dominée par le scrupule littéral à l'égard d'un texte hébreu stabilisé, une preuve éclatante de la fonction transformante qui était dévolue, en cas de besoin, à l'herméneutique. Cette preuve est livrée par une formulation qui prescrit, à propos de textes divers, de *modifier la lecture*, ce qui revient à *opérer un changement textuel* ... אלא ... אל תקרא (ou la même avec le vb araméen תקרי) : «ne lis pas (la leçon scripturaire A), mais (la leçon modifiée B)»[4]. Il s'agit en fait, dans la documentation rabbinique, de modifications herméneutiques fondées sur des analogies verbales formelles. La seule différence, par rapport à Qa, est que la leçon objet du changement subsiste matériellement dans le texte hébreu, et que le changement de lecture ne donne plus naissance à une

---

[4] Voir les références rabbiniques et les précisions dans : W. Bacher, *Exeg. Terminologie* ... 1, 175s. (exemples tirés des midrashîm tannaïtiques); II, 194s. (autres midrashîm et littérature talmudique).

recension hébraïque distincte. La var. est seulement «lue», elle n'est plus écrite, et le changement demeure virtuel. Mais l'herméneutique mise en œuvre n'en est pas moins transformante, puisqu'elle interprète une autre leçon que celle du texte. La formule rabbinique citée constitue, au sein de la littérature exégétique du Judaïsme restauré après 70, l'attestation explicite de la persistance d'une conception d'après laquelle l'herméneutique n'était pas limitée à l'interprétation et pouvait inspirer des retouches du texte hébreu[5].

Inversement la formule rabbinique de modification de «lecture» confirme que les retouches textuelles (méthodiques!) appartenaient bien pour les anciens au domaine de l'interprétation, même dans les cas extrêmes où ces retouches avaient pour effet d'inverser le sens et d'exprimer *le contraire* de la teneur textuelle de base. Exemple typique de cet ordre, le passage de «recevoir» à «donner», dans la citation-interprétation de Ps 68, 19, dans le Nouveau Testament, épître aux Éphésiens (Éph) 4, 8. Nous devons disjoindre ici le problème exégétique de H Ps 68, 19 et nous en tenir à l'inversion de sens mentionnée, qui reste la même quelle que soient la syntaxe et la traduction adoptées pour H Ps[6]. H Ps porte לקחת «tu as pris», et dans

---

[5] Théoriquement la formule rabbinique de changement de lecture aurait déjà pu éclairer le cas de G et de H(G), avant les découvertes de Qumrân, en attirant l'attention sur une remarquable singularité qui prouvait que la notion d'interprétation scripturaire, dans le Judaïsme, ne correspondait pas à la conception moderne. Après les découvertes de Qumrân, le rapprochement avec la formule de changement de lecture devenait particulièrement clarifiant et s'imposait. Le fait que Kutscher, pourtant connaisseur de la littérature rabbinique, ait négligé la confrontation montre combien il a été fourvoyé par son parti pris dépréciatif à l'égard de Qa.

[6] La plupart des interprètes, de B. Duhm (*Die Psalmen* (1899), in *KHCAT* Marti, 177) jusqu'à H.J. Kraus (*BK*, XV (1959) 465.475) comprennent (après «tu es monté sur la hauteur, tu as emmené des captifs», segment non problématique) «tu as reçu des dons *parmi* les hommes (באדם)». Mais si l'on considère cette partie du texte, sans tenir compte de 19 b, «parmi», tout en étant possible, (b) avec ce vb, (b) est moins naturel que (c), dans ce contexte, que la valeur, très vivante en hébreu ancien, de *beth essentiae* «(consistant) en»; d'où un 2ᵉ sens possible : «tu as reçu des dons (consistant) en hommes». Ce sens est plus naturel (a) parce qu'après ce vb et le contexte précédent, on attendrait בתוך pour dire «parmi», ou מן pour indiquer que les dons proviennent des hommes. (b) Dans le contexte le substantif אדם convient mieux à l'évocation de prisonniers livrés (cpr le même terme dans Is 43, 4) qu'à celle d'une universalité humaine ou de quelques peuples ou même qu'à celle du contraste humano-divin : on aurait dans ces cas de préférence «peuples» ou «chair». (c) La proposition précédente (le contexte suivant, 19b, étant toujours négligé) favorise fortement, dans ces conditions, une allusion à des prisonniers considérés, d'une manière ou d'une autre, comme attribués à la divinité (par exemple pour rehausser lyriquement son triomphe). Cette 2ᵉ traduction est celle impliquée par la glose d'Ibn Ezra, autorité linguistique prioritaire parmi les docteurs juifs médiévaux. Après avoir cité la proposition du Ps, il commente : «les esclaves qui ont été vendus» (texte dans *Miqraôt g.*) Il l'entendait de David, lors de la prise de Jérusalem (cf. son commentaire précédent), mais le point important est que la glose implique bien, dans sa concision, que les «dons» consistent «en hommes». Rashi ici ne contribue pas à l'exégèse

ce contexte (objet : «des dons»), «tu as reçu». Le targum a traduit יהבתא
«tu as donné»[7]. C'est cette interprétation qui figure (avec la 3e pers.,
au lieu de la 2e, par petite mutation d'adaptation) dans la citation d'Éph 4, 8,
où la proposition devient ἔδωκεν δόματα τοῖς ἀνθρώποις «Il a fait des dons
aux hommes». M. Dibelius, en son commentaire d'Éph, met le changement
de sens sur le compte de la tradition juive[8]. Les matériaux rabbiniques
rassemblés par Strack et Billerbeck illustrent cette tradition, qui a exploité
l'application du passage à Moïse (le «don» étant alors allusion à la Loi)[9].
Mais ces sources ne livrent pas la clef littérale de l'interprétation. Consultées
isolément, sans rattachement aux moyens mis en œuvre par l'herméneutique
spécifique du Judaïsme, elles font croire à une modification arbitraire de la
teneur de Ps 68, 19. Telle est aussi l'impression que produit Éph 4, 8 et que
laisse la consultation des commentaires, malgré une observation ancienne
due à F. Hitzig cité par T. K. Abbott, qui aurait dû ouvrir depuis longtemps
la voie de la solution[10]. Il avait remarqué que le rapport des sens en présence
(celui de H Ps et celui de la citation d'Éph) correspondait au rapport des

---

linguistique et n'intéresse que la tradition midrashique qui voyait dans le passage une allusion
à Moïse, sous l'influence de la mention du Sinaï, 68, 18. Dans la tradition de la Bible grecque,
la var. La[G] (un des représentants de la Vetus latina; cf. *SG*, X, 1, Proleg. 17, et X, 2, app. crit.),
hominem n'est pas nécessairement le reflet d'une var. hébraïque dénuée de la préposition
comme le croit Rahlfs. Il peut s'agir d'une exégèse par *beth essentiae*, auquel cas ce témoignage
s'ajoute aux indices précédents en faveur de la 2e traduction. Je soupçonne que Sym ἠγόρασας
= Syr Hex זבנת (Field, Hex. II, 202) résulte d'une analogie verbale formelle. L'équivalent
syriaque נסב, pour l'hébreu לקח, permettait de passer à *סבן d'où זבן «acheter» (influence
probable d'Is 43, 3-4. Cpr les vestiges de la même exégèse fondamentale, encore chez I. Ezra
cité supra!). Dans Syr ל n'est pas indice d'accusatif araméen, après le 1er objet (direct), mais
la préposition directionnelle introduite sous l'influence d'Eph 4, 8 (sur Syr cf. encore la n. sv.).
Tous ces indices militent en faveur de la 2e traduction mentionnée et donneraient raison à
E. Dhorme et R. Tournay, qui traduisent tous deux, indépendamment (avec divergences
contextuelles) «tu as reçu des hommes en tribut» (*Bible de la Pléiade*, II, 1959. *Bible de
Jérusalem*, fascicule *Les Psaumes*, Paris, 1950). Dhorme précise la littéralité en n. «tu as reçu
des tributs en hommes». Mais si tel a dû être *le sens primitif* de 19a, dans une formulation
guerrière peut-être empruntée au lyrisme cananéen, dans la composition israélite l'adjonction
de 19b, avec surtout לשכן «pour résider» (Élohim, à Sion) rend probable la 1re traduction de
19a, comme sens auquel songeaient les responsables de l'addition. Il est significatif que 19b
soit rayé par Tournay et fasse difficulté dans la traduction Dhorme.

[7] Edition *Miqraôt g*. C'est par erreur que la note de la *Traduction œcuménique de la Bible*
(TOB) attribue à Syr d'avoir traduit comme le targum par «donner». Syr porte נסבת «tu as
pris», qui traduit exactement le vb hébreu. Syr offre un intérêt autonome par rapport à T.
Syr est ici, comme souvent ailleurs, composite, car il correspond à H pour le vb, à T et Éph
pour la préposition de destination. Ce compositisme aboutit à un sens d'où peut se déduire
la proposition d'Éph. Syr: «tu as pris (= H) des dons pour (= T, Éph) les hommes» permet
la déduction: (donc) tu as donné ces dons (que tu as pris) aux hommes.

[8] M. Dibelius, *An die Kolosser Epheser*, 2te aufl., Tübingen, 1927, 61.

[9] H. Strack, P. Billerbeck, *Kommentar ... Talmud ...*, III, 596s.

[10] T. K. Abbott, *Ephesians and Colossions*, 4th ed., Edinburgh, 1922 (*ICC*), 112.113.

valeurs lexicales de לקח (le vb de Ps) et de חלק. Avec les mêmes consonnes dans un autre ordre, ce vb signifie au *qal* et au *piël* «partager», dans les 2 acceptions du français, dont importe ici celle de l'attribution «donner en partage à quelqu'un». Se référant à Hitzig, Abbott parle de «substituer mentalement» un vb à l'autre. L'expression reste équivoque et Abbott ne prend pas nettement position[11]. Pour ces 2 auteurs la relation des vbs cités, quoique correspondant de manière frappante aux sens en présence dans H Ps et Éph, restait un fait isolé et par suite un fait de signification et de portée incertaines. Mais une fois identifiée dans des séries de textes l'existence des méthodes herméneutiques analogiques du Judaïsme antique, il ne peut plus y avoir de doute : la retouche textuelle dont dérive la citation d'Éph et qu'illustre T Ps, loin d'être une modification arbitraire, pratiquée pour les intérêts d'une cause religieuse, était, dans l'esprit des responsables qui ont mis ce changement au point, une interprétation entièrement légitime, justifiée par la méthode des analogies verbales formelles. Le changement est un anagramme, procédé dont la métathèse est un cas particulier, fréquemment utilisé en herméneutique. L'importance de la teneur religieuse rend le cas d'Éph très démonstratif quant à la réalité et à l'autorité de la méthode.

Le phénomène herméneutique et textuel que sanctionne, dans le didactisme rabbinique, la formule de modification de lecture est totalement irréductible à la notion moderne d'exégèse. Il soulève le problème de la préservation du texte hébreu. Dans quelles conditions et dans quelle mesure le texte hébreu a-t-il résisté au changement, ou évolué sous l'influence de l'herméneutique transformante?

2) TEXTES DE VULGARISATION ET TEXTE NORMATIF

L'existence, dans l'ancien Judaïsme, d'une herméneutique méthodique livre la clef d'un problème central que la critique empirico-accidentaliste n'a pas réussi à clarifier de manière satisfaisante. C'est celui de l'évolution et de la préservation du texte biblique, considéré dans ses différents témoins. Pour cette critique tous les témoins ont été soumis, dans des proportions variables, à un destin commun, celui des accidents et des retouches empiriques (exégétiques éventuellement, mais alors selon une exégèse librement improvisée et sans normes!). Ce destin est un processus de dégradation textuelle. Comme tel il ne recèle aucun principe de différenciation fondamentale des témoins. Au contraire il les unit dans une même tendance générale à l'évolution et à l'usure, bien que les effets soient diversement

---

[11] cf. n. précéd.

dosés et que, par conséquent, la qualité des témoins soit pratiquement
variable. Cette vue pèche par systématisation prématurée. Elle ne permet
pas d'apercevoir les conditions spécifiques de la transmission textuelle dans
le Judaïsme. L'inconvénient de son unilatéralité apparaît dans le cas exemplaire de TM. Au cours de la phase radicale de la critique corrective, TM
a été jugé très défectueux et passible de corrections innombrables. L'inadéquation de cette critique est ensuite devenue peu à peu manifeste. TM a cessé
d'être le document désespérément dégradé qu'il était pour la critique radicale.
Par un revirement remarquable, dû aux progrès effectués dans divers
domaines, avant tout sous l'impulsion des découvertes, TM bénéficie désormais d'une appréciation généralement favorable. Mais la qualité de plus
en plus haute qu'on a eu tendance à lui reconnaître en a fait, à présent, une
véritable énigme historique. Comment TM a-t-il pu échapper, sinon
entièrement du moins pour l'essentiel, aux variations qui ont laissé des traces
si nombreuses ailleurs? Cette perfection et son contraste avec les variations
des autres témoins ne peuvent pas s'expliquer avec vraisemblance si les seuls
facteurs de modifications à l'œuvre dans la transmission ont été les accidents
et l'empirisme[12].

La situation change si, à côté d'accidents toujours possibles, mais beaucoup
plus rares que supposé (très variables aussi, selon les livres bibliques), la
tradition textuelle, dans son ensemble, a été soumise à l'herméneutique
méthodique et transformante dont la réalité s'est imposée au cours de nos
analyses. Cette herméneutique n'est problématique que sous son aspect
analogique. C'est cet aspect méconnu en critique, qu'il convenait d'étudier.
Sous l'aspect logique (équivalences dans les versions, synonymies dans les
recensions hébraïques de vulgarisation, déductions plus ou moins paraphrasantes donnant l'illusion de libertés) l'herméneutique des anciens n'est pas
problématique. Elle doit cependant être considérée, à la lumière de l'herméneutique analogique, comme méthodique elle aussi, dans ses aspects
apparemment libres (les déductions).

L'herméneutique méthodique et transformante a déterminé dans la tradition textuelle un phénomène de différenciation entre 2 types de textes : d'une

---

[12] L'énigme devient complète dans l'ouvrage de Kutscher sur Qa. L'auteur y a reconnu
la priorité de TM, dans la plupart des cas où Qa varie. Mais il se borne à identifier TM à
l'archétype, sans dégager des motifs qui soient de nature à justifier le contraste radical des
qualités respectives des 2 textes, à l'avantage de celui dont l'attestation manuscrite est de loin
la plus récente. L'analogie de certaines transmissions textuelles de l'antiquité classique n'est
pas opérante (précisions, IIe section, Ire partie, ch. I). Ayant appliqué à Qa une critique
empirico-accidentaliste, Kutscher ne pouvait pas expliquer comment TM avait échappé aussi
miraculeusement aux accidents et aux retouches. Concernant TM l'auteur donne l'impression
d'un retour pur et simple au dogmatisme précritique.

part, des textes de vulgarisation édifiante, à variations nombreuses, du type
Qa, H(G), G, Syr, T, avec prolongement dans les variations de sens exploitées
par l'exégèse rabbinique; d'autre part, une tradition textuelle normative,
caractérisée par une remarquable stabilité générale (qui n'est cependant pas
infaillible!), et illustrée avant tout par TM, accessoirement par Qb et autres
témoins fragmentaires de Qumrân, proches de la tradition massorétique,
et par les versions hexaplaires[13]. La stabilité de ce second type et sa
portée normative sont garanties par les justifications nécessaires aux variations des textes de vulgarisation. Précisément parce que ces derniers étaient
soumis à des méthodes et non à un libre empirisme, ils rendaient indispensable l'existence d'une tradition textuelle normative qui fondait la loi
de leur propre existence. Le texte normatif était à la fois la source des textes
de vulgarisation et le fondement permanent et toujours utilisable de leur
légitimation méthodique. On peut résumer la situation en disant que les
variations des textes de vulgarisation ont entretenu la *stabilité* de la tradition
textuelle normative, parce que celle-ci était la condition même de leur exercice.
Voilà la raison profonde qui explique la préservation d'un texte d'une exceptionnelle qualité dans TM : il est l'héritier de la tradition textuelle normative.

Cette situation invite à accorder du crédit à la tradition juive des rouleaux
du Temple[14]. D'une manière ou d'une autre elle reflète la réalité de la
tradition textuelle normative. Cependant cette tradition normative n'a pu
échapper complètement à l'herméneutique transformante. Elle a subi, elle
aussi, des retouches qui ont été soumises aux mêmes méthodes que les autres
(une marge subsistant par ailleurs toujours pour d'éventuels accidents). Mais,
à la différence des variations fréquentes des textes de vulgarisation édifiante,
les retouches de la tradition normative ont été exceptionnelles. Ce ne sont
plus des variations ordinaires, ce sont des abrogations religieuses.

---

[13] Distinction annoncée section I, Ire partie, ch. II, B, d.

[14] Sur la tradition des rouleaux du Temple, voir, entre autres; M. Greenberg, *JAOS* 76
(1956) 160s.; S. Talmon, *Textus* 2 (1962) 14s.; P. Kahle, *Die hebräischen Handschriften* ... 77.
On remarquera que Kahle, en dépit de sa conception générale de la formation de la tradition
massorétique comme un processus marqué d'innovations tardives (point sur lequel on est en
droit de penser avec M. Goshen-Gottstein (*Mél. Glatzer*, 79s.) qu'il est allé trop loin), a
néanmoins admis la plausibilité du recours à des mss anciens, lors de la fixation du texte
normatif. Émanant d'une autorité comme Kahle, l'attention donnée à la tradition des rouleaux
du Temple invite à ne pas céder à des réserves faciles, concernant cette tradition. C'est ce qui
a échappé à B. Albrektson, dans sa tentative de synthèse sur l'établissement d'un texte
canonique dans le Judaïsme (*VTS* 29 (1978) 49s.). Sur les rouleaux du Temple, sans tenir
compte de l'opinion de Kahle, l'auteur se montre trop vite sceptique.

3) Les changements par abrogation religieuse
dans la tradition textuelle normative

Les abrogations religieuses, dans le texte normatif représenté par TM, ne diffèrent pas seulement des variantes de vulgarisation par une rareté qui contraste avec la fréquence des autres; elles s'en distinguent aussi par une différence de fonction. Les variantes de vulgarisation étaient destinées à l'édification de la communauté utilisatrice des textes. Elles visaient à mettre la matière scripturaire à sa portée, d'une manière adaptée à ses capacités, à la diffusion de la doctrine et aux opportunités d'époque. Comme nous l'avons vu, ces variantes ont proliféré, mais elles n'ont pas évincé les leçons originelles; elles ont au contraire contribué à leur préservation, par besoin de référence à une autorité. Les variantes d'abrogation étaient par contre des modifications définitives du texte normatif. Elles avaient pour fin non plus la dispensation d'une matière édifiante, mais la sauvegarde d'intérêts religieux essentiels, face à des inconvénients majeurs.

Dans ces cas, dont la rareté contraste avec la fréquence des changements de vulgarisation, le texte a dû céder aux exigences de la doctrine dont il était pourtant par ailleurs le fondement. Les abrogations qu'ont instituées ces modifications du texte normatif correspondent à une loi d'évolution limitée, à peine perceptible, qui peut s'exercer sur les traditions religieuses les plus rigides. En dehors du Judaïsme un exemple frappant de ce phénomène est fourni par la sourate 2, 100 du Coran. Elle pose le principe de l'abrogation (*nash*). D'après les données de la tradition musulmane, la sourate 53, 19 en offre un exemple illustratif[15].

La réalité de modifications infligées au texte biblique normatif est confirmée par la tradition rabbinique des «corrections de scribes», qui a préservé de courtes listes de leçons introduites secondairement dans le texte[16]. Même si ces listes ne sont pas complètes, elles constituent un témoignage de grand poids, puisqu'elles sont issues d'un milieu qui était intéressé à entretenir l'idée de la fixité absolue du texte.

Abraham Geiger avait cru pouvoir reconnaître dans les «corrections des scribes» le souvenir appauvri à l'extrême d'altérations beaucoup plus fréquentes et radicales, qui auraient été infligées à l'hébreu, au cours d'une phase plus ancienne reflétée en particulier par G[17]. Cette vue, provenant d'une autorité en littérature rabbinique, exerça une forte influence sur la

---

[15] Cf. section I, Ire partie, ch. II, E, b, n. 76, les références.

[16] Sur les «corrections des scribes», exposé classique dans *UUB*[2] 309s. et voir section I, IIe partie, ch. I, n. 19.

[17] *O.c., ibid.*

critique et y renforça la conviction d'une altération étendue et profonde du texte hébreu traditionnel. Il faut reconnaître à Geiger le mérite d'avoir discerné, contre une critique trop exclusivement accidentaliste, que la tradition textuelle avait été influencée par une *exégèse* des anciens. Mais il a cru cette exégèse purement empirique et, touchant les «corrections des scribes», Geiger a confondu en une même catégorie les nombreux changements de vulgarisation et les modifications exceptionnelles du texte hébreu normatif. En réalité, la tradition des «corrections des scribes» reflète bien la situation particulière du texte normatif et le caractère exceptionnel de ses modifications. Il convient seulement de ne pas attribuer aux listes de la tradition une portée exclusive, et de compter avec d'autres «corrections des scribes», éparses en petit nombre dans le texte normatif. Comme elles ont été soumises à l'herméneutique méthodique, cette dernière constitue un critère utile soit à leur détection, soit au repérage de leurs modalités.

Nous en avions donné un exemple, dans un précédent chapitre, à propos de Dt 32, 8, en profitant d'un travail de D. Barthélemy, où cet auteur a identifié, à la lumière d'une variante de Qumrân, une importante «correction des scribes»[18]. Il restait à examiner si la correction de Dt 32, 8 a été pratiquée au nom du seul intérêt idéologique, c'est-à-dire librement, ou si elle a été justifiée par un motif conforme à l'herméneutique méthodique. Nous avons vu qu'il y avait lieu de retenir la seconde éventualité et d'estimer cette «correction» méthodique et non pas libre[19].

Un passage d'Is demeuré problématique jusque dans le dernier état de l'exégèse, Is 1, 13, recèle un autre exemple de «correction des scribes», qui a été pratiquée dans le texte normatif en conformité avec l'herméneutique méthodique. Ce texte est particulièrement propre à illustrer l'efficacité du critère de l'herméneutique analogique. Il convient encore, avant de terminer, de lui consacrer un moment d'attention.

4) Spécimen d'altération de TM contrôlable par le critère herméneutique: TM Is 1, 13

À la fin de 1, 13, TM présente une singularité. Dans un contexte relatif à la réprobation divine de rites et de fêtes sacrées, et avant la mention finale d'une certaine fête chômée appelée עצרה (à l'époque de la Mishna, la fête des semaines ou Pentecôte[20]), on trouve un terme qui surprend, און, désigna-

---

[18] D. Barthélemy, *VTS* 9 (1963) 285-304.

[19] Cf. section I, IIe partie, ch. V, n. 19.

[20] Noté par Kutscher, à propos de la forme aramaïsante dans Qa (avec *hé* final pour *alef*): *LMY* 156; *LIS* 206.

tion très générale pour toute forme de malfaisance. E. Dhorme rend ailleurs ordinairement le mot par «iniquité», qui convient bien dans le contexte. Que Dieu réprouve l'iniquité, voilà ce dont les croyants de toutes les époques conviendront. Que cette attitude divine sans compromis mérite d'être rappelée de temps en temps aux hommes endurcis, c'est ce qui n'étonnera pas non plus. Cependant que la mention de cette évidence figure au milieu d'un développement qui conteste une série de pratiques religieuses regardées à l'époque comme autant de devoirs, voilà qui a de quoi surprendre. Le texte contient une énumération fondée sur des appositions et des coordinations en *waw* : la coordination «iniquité *et* (*waw*) fête chômée» paraît répondre à celle de «néoménie *et* (*waw*) sabbat», qui précède et qui semble indiquer une symétrie. La réprobation de l'iniquité en général, thème éthique, était-elle en place, à côté d'un blâme qui visait des actes consacrés, tout au moins dans les modalités de leur accomplissement, sinon dans leur principe même? Ce dernier point est lui-même problématique et cette ambiguïté a contribué à amplifier le débat exégétique moderne autour du texte. Est-ce le principe des actes cultuels, et notamment des sacrifices, qui est attaqué ici par Isaïe? Ou est-ce seulement la manière de s'en acquitter, ou, plus précisément, est-ce seulement la coexistence de ces actes sacrés avec des abus d'ordre éthique et social[21]? La gravité du problème soulevé s'impose à l'attention et ce problème est spécialement intéressé à l'élucidation précise du motif de la leçon. L'accord de Qa avec TM, qui semble incliner la balance en faveur de la leçon massorétique traditionnelle, accroît l'intérêt du débat[22].

L'impression de dissonance notée plus haut n'est pas en elle-même décisive, car on peut se demander si la mention de «l'iniquité» n'a pas été insérée là pour avertir que la réprobation portait sur *l'association* de l'iniquité avec les actes cultuels, non sur ces actes eux-mêmes : c'était alors l'iniquité *et* (= avec) la fête chômée que condamnait Yahvé. L'exégèse conservatrice n'a cessé de faire valoir cette hypothèse. E. König présente l'anacoluthe, marquée par le terme en rupture dans l'énumération, comme un effet rhétorique. Ce qui était à première vue une difficulté confirmerait au contraire l'authenticité[23]. Justification rhétorique analogue chez Procksch[24]. D'autres ont postulé une valeur prégnante, pratiquement prépositionnelle (= «avec») pour le *waw* de coordination[25]. La facilité avec laquelle les appréciations conservatrices

[21] Le texte est capital pour la question de la critique du culte.
[22] Qa ne diffère de TM que par des minuties négligeables ici.
[23] *Comm.* 44.
[24] *Comm.* 41.
[25] Gesenius, I, 161; Delitzsch (éd. 1869) 45, avec tentative de discerner un effet rhétorique; Knabenbauer 47; Procksch 41; Bentzen, I, 8-9; Penna 52-53. Duhm lui-même, bien qu'il cite

ont été admises et se sont maintenues, en dépit de la difficulté suscitée par la
var. G (cf. ci-après), est liée à la conviction que l'invective prophétique devait
porter sur la corruption éthique et les abus sociaux et non sur les rites du
culte. Le terme «iniquité» a paru légitime pour indiquer en quel sens le culte
était blâmé[26]. Du point de vue de l'analyse interne de TM, l'interprétation
conservatrice ne peut être convaincante, parce qu'elle est obligée de postuler
entre les 2 derniers termes de 1, 13 une relation privilégiée de concomitance,
alors que tout ce qui précède en 1, 13 exprime simplement une énumération.
L'existence dans G d'une var. qui lève la difficulté inhérente à TM donne
corps au soupçon de secondarité qu'éveille ce dernier. La leçon de G est
νηστείαν «jeûne», entendez dans ce contexte «le jeûne»[27]. Cela suppose,
selon toute vraisemblance, que G lisait dans sa source צום et non pas און
de TM. La mention du jeûne convient parfaitement dans le contexte des rites
et célébrations énumérés en 1, 13, et dans tout le développement 1, 11-14.
La discordance, qui fait problème dans TM = Qa, disparaît et la supériorité
de la leçon G s'impose à l'attention. Elle ne pourrait être remise en question
que par la détection d'un autre indice qui l'emporterait sur elle.

---

la var. G qui constitue la principale raison de mettre en doute TM, a suivi l'exégèse antérieure
sur ce point. Lui aussi a cru que la tournure de TM s'expliquait par un effet spécial, selon lui, une
locution traditionnelle (il compare I Sam 15, 22s.) et un sens double (*Comm.* 30). Ces
hypothèses s'écartent de la voie utile, en négligeant le problème soulevé par la var. G. Il est
remarquable que BH², dont l'apparat critique date de la période critique la plus négative, ne
propose aucune correction et se range ainsi parmi les appréciations conservatrices. De même
Wildberger, dans *BK*, X, 34 (examen plus précis de sa contribution infra). Selon P. Auvray
«pas de raison de corriger (...) pour lire, par exemple «jeûne» (...) d'après G» (*Comm.* 44).
Si l'on écarte G sans l'expliquer, comme le fait Auvray, on élimine évidemment la principale
raison de mettre TM en doute. La principale raison, mais non la seule, car il reste la dissonance
perceptible dans TM. À cet égard, les 3 textes de justification allégués par Auvray ne livrent
pas de critère en faveur de TM Is. Ce sont Am 5, 5; Os 10, 8; Zach 10, 2. Ils contiennent bien le
mot d'Is en discussion, mais dans des contextes qui diffèrent et n'apportent pas l'appui
recherché.

[26] Wildberger observe à ce sujet: «Die Textkritische Entscheidung hängt zusammen mit
der grundsätzlichen Beurteilung der Stellung Jesajas zum Kult (...) bleibt און stehen, wird es
schwierig in Jesaja einen grundsätzlichen Gegner des Kultus zu sehen» (o.c. 34). Mais
l'appréciation de 1, 13 ne doit pas dépendre de la conception que l'on se fait de la position
d'Isaïe à l'égard du culte. C'est au contraire cette position qui dépend de la leçon originelle
de 1, 13. Toutefois, même si G a la leçon primitive, il n'en résulte pas nécessairement qu'Isaïe
ait polémisé contre le culte et ses rites. La suite, 1, 15s., suffit, semble-t-il, à garantir que le
prophète vise la concomitance des pratiques du culte et des injustices sociales, et que le sens
de tout le développement est que le culte est vain et même scandaleux, aux yeux de Yahvé,
s'il ne s'accompagne pas de justice dans la vie courante. Les métaphores conclusives impliquent
l'idée d'un culte rénové par la rénovation de la vie sociale.

[27] On sait que, dans la langue de la Septante, l'article est souvent omis là où il figurerait en
classique et où il est requis en français: cf. Abel, *Gram.* 125. Ici simplement influence de
l'hébreu, qui se dispense aisément de l'article, surtout en poésie.

Houbigant avait déjà remarqué la convenance de la leçon G pour le contexte[28]. Lowth renforça les raisons de considérer la leçon G comme primitive, en attirant l'attention sur la phraséologie de Joël 1, 14 et 2, 15[29]. Du point de vue de l'herméneutique méthodique que nous avons étudiée, les 2 passages de Joël ne sauraient être des motifs de soupçonner G d'avoir pratiqué un emprunt scripturaire, en dépit du terme voisin עצרה, commun aux 2 textes et disponible pour un office de jonction. L'hypothèse d'un emprunt de G Is à Joël, et donc de la secondarité de G Is par rapport à TM, n'interviendrait que si le rapport de valeur entre les leçons en présence était inverse, c'est-à-dire si le soupçon de secondarité était du côté de G, au lieu d'être du côté de TM, et si un processus allant de TM (supposé lu dans H(G)) à G était concevable. Mais justement un tel processus paraît exclu[30]. Buhl et Ziegler, dont les opinions sont citées plus bas, l'ont reconnu. La conformité de G Is à une phraséologie attestée est indice d'authenticité et non de secondarité par emprunt. La référence de Lowth à Joël reste donc entièrement valable, après la mise en évidence par Ziegler de la tendance de G aux emprunts, et après les raisons que nous avons données de considérer ces emprunts comme l'application d'une méthode herméneutique.

Les observations de Houbigant et Lowth étaient fondamentales et très fortes. Dans la suite la thèse de l'authenticité de la leçon G n'a cessé de rallier des adeptes[31]. Pourtant on ne peut pas dire qu'elle se soit imposée.

---

[28] *Notae Criticae* (1777), II, 345. L'idée d'une relation spéciale, entre la mention du jeûne et celle de la fête qui suit, déjà notée par Houbigant («quia jejunium praeparatio erat ad festos dies») a été reprise par Gray (*ICC*, Is, 21-22) et Marti (*Comm.* 12), sous l'influence de la vue de W. Robertson Smith sur le jeûne comme préparation à l'absorption de viandes sacrées (*Lectures on the Religion of the Semites*, Edinburgh, 1889, réimpr. sous le titre *Religion of the Semites*, New York, 1957, 434).

[29] Lowth, éd. allem. annotée par Koppe, *Jes.* II, 22.

[30] Il n'est sous aucun rapport concevable que G lisant une leçon = TM l'ait transformée secondairement en «jeûne». Au contraire la leçon TM ne pouvait que lui paraître édifiante. L'introduction secondaire du «jeûne», c'est-à-dire, dans ce contexte, sa condamnation, est inconcevable à basse époque où le jeûne avait pris une importance particulière pour la piété. Cette importance toutefois ne saurait servir de prétexte à suspecter la mention du jeûne parmi les actes cultuels, *à plus haute époque*, contrairement à ce qu'a cru Wildberger, *o.c. sup.*

[31] Cheyne, qui se réfère à Lowth, Kuenen et Schwally (ce dernier, dans *ZAW* 11 (1891) 257): *SBOT* 111. Marti note avec raison que la leçon TM «peut être comprise comme une atténuation» (*Comm.* 12). Buhl observe semblablement que «TM se laisse expliquer comme une atténuation du texte alexandrin». Il ajoute l'importante réciproque, que G n'est pas explicable à partir de TM (*Comm.* I, 19). Ces deux considérations touchent à l'aspect décisif de la question. Gray, *ICC* 21-22. Ziegler fait valoir, indépendamment, le même argument que Buhl: possibilité d'expliquer TM comme secondaire, non G; il nie contre Feldmann que G puisse être une atténuation d'un texte primitif = TM: *ZUI* 106. Kaiser, *ATD*, XVIII, 8, mais sans dégagement d'un indice qui permette de dépasser le stade de Houbigant et de Lowth, ce qu'ont au contraire réussi Buhl et Ziegler. BH² était conservateur en cet endroit, comme dit plus haut. BHS le redevient, en supprimant la référence à G, que BH³ avait introduite, mais + ?

De nombreux auteurs, et parmi eux des représentants d'une critique textuelle hardie, comme Duhm, sont restés partisans de la leçon de TM[32]. En dernier lieu Wildberger, dans son considérable commentaire d'Is en cours de publication, dont nous avons eu l'occasion de dire les grands mérites, renonce à la correction par G et déclare la leçon TM originelle. Son appréciation, cependant, est grevée par un double défaut. En premier lieu, comme signalé dans une note précédente, Wildberger fait dépendre l'option textuelle, touchant 1, 13, de la manière de concevoir la position d'Isaïe à l'égard du culte, alors que la dépendance est inverse et que, contre son opinion, la mise en doute de la leçon TM n'entraîne pas nécessairement la conséquence historique d'un rejet du culte dans son principe même. En second lieu, la considération que l'auteur essaie de faire valoir contre G, à savoir que «le jeûne» ne jouait pas encore de rôle important à l'époque préexilique est impuissante à rendre la leçon G douteuse : il suffit que le jeûne ait déjà joué un rôle. De toute façon l'auteur néglige d'expliquer comment se serait formée secondairement cette leçon. De fait, aucun indice de secondarité n'apparaît dans G, le seul concevable, un emprunt à Joël, étant exclu dans les conditions dites plus haut[33]. Buhl puis, indépendamment

---

[32] Sur Duhm, cf. n. supra. La tentative de Fohrer de faire du terme problématique le prédicat d'une proposition nominale, dont le mot final de 1, 13 serait le sujet n'est pas convaincante (I, 56, et cf. la n. 12 qui restitue ainsi la littéralité : «Schlechtigkeit ist eine (und) Festversammlung»). Le rattachement du vb aux mots précédents — solution souvent adoptée pour le problème des césures en 1, 13 — serait admissible, contre la césure massorétique, mais la relation prédicative implique une valeur très particulière, comparative, de *waw*, qui n'est pas probable, *après le waw de coordination précédent*. De toute manière ces exégèses éliminent le témoignage de G, qui est une donnée prévalente. Sur la contribution de Wildberger, voir n. supra, et la suite de l'exposé.

[33] Les rares tentatives d'expliquer G comme secondaire ont échoué. Nous avons vu en n. que Ziegler a réfuté la tentative de Feldmann à cet égard (*ZUI* 106). Au moins Feldmann avait-il eu le mérite de discerner l'importance du témoignage de G et la nécessité d'établir sa secondarité pour pouvoir conserver la leçon TM. La tentative de Fischer (incompréhension et «combinaison» empirique attribuées à G) est arbitraire et invraisemblable (*SBI* 18). L'hypothèse d'un accident de lecture n'a aucune probabilité : son seul appui graphique serait un passage de *mem* à *nun*, en écriture paléo-hébraïque, mais c'est maigre, et cela se heurte à l'importance des valeurs religieuses impliquées, qui rendent une distraction improbable, et constituent une sérieuse garantie. En dernier lieu M. Goshen-Gottstein a affirmé la secondarité de la leçon G, et l'authenticité originelle de TM, dans l'apparat critique de la nouvelle éd. de l'Université hébraïque de Jérusalem, en cours d'élaboration (*The Book of Isaiah, Part One, Part Two*, Moshé Goshen-Gottstein ed.). Cette éd. est un monument d'érudition qui, pour la première fois dans l'histoire des éditions de la Bible hébraïque, rend accessible les var. décelables dans la littérature rabbinique. Mais, en ce qui concerne l'appréciation des versions antiques et de H, ou de sa plus ancienne canonisation dans le Judaïsme, cette édition comporte, comme toutes les autres, des options contestables. Le traitement de 1, 13 l'est certainement. Goshen-Gottstein a postulé la secondarité de G, en se référant à Seeligmann (*SVI* 102). Mais l'appréciation de G par ce dernier est compromise par l'attribution à G d'un complet empirisme, thèse qui n'est justement pas tenable dans le cas de cette leçon, en raison de son importance

semble-t-il, Ziegler ont correctement condensé le problème en faisant observer
que TM s'explique à partir de la leçon G, non l'inverse (Buhl), ou difficilement
l'inverse (Ziegler)[34]. L'absence de récusation du témoignage de G, par
démonstration de sa secondarité, invalide l'exégèse de Wildberger. La situation, telle qu'elle se présente au stade du commentaire de Wildberger, peut
se résumer par le constat suivant : depuis Houbigant et Lowth, 200 ans
d'exégèse pour en revenir (à tort, d'après ce qui précède et ce qui suit!) à
l'option textuelle antérieure à ces auteurs!

Il résulte donc d'un examen critique de la bibliographie du sujet et d'une
nouvelle confrontation entre TM et G, que G a selon toute vraisemblance
préservé la leçon H originelle, conformément à ce qui avait été reconnu
depuis longtemps par un nombre imposant d'auteurs. La leçon de TM
représente donc un cas de *retouche de la tradition normative*, et ce cas est
important, en raison des intérêts idéologiques engagés : la critique du culte
est en cause. En même temps il semble que ce soient précisément ces intérêts
et eux seuls qui expliquent le changement. Au cours de la phase postexilique,
ou peut-être déjà lors de l'exil, alors que le jeûne avait été promu au rang
d'un acte essentiel de la vie religieuse, il a paru scabreux et contraire à
l'œuvre d'édification communautaire et religieuse, de conserver une formulation qui exprimait la condamnation du jeûne. La leçon originelle, en
conflit avec le rite établi, a été remplacée par une autre qui introduit dans le
texte le rappel d'une vérité générale quant aux exigences divines et quant
à la conduite humaine : Dieu ne peut supporter «l'iniquité». L'opportunité
et la valeur religieuse du changement paraissent suffire à expliquer la
modification. Celle-ci aurait donc été pratiquée d'autorité. En d'autres
termes, par rapport au texte de base, elle aurait, selon toute apparence, été
libre.

C'est bien ce qu'ont admis les partisans de la priorité de G, sans éprouver
le moindre embarras devant le constat d'une correction librement infligée
à H au nom d'une exigence dogmatique. L'absence de normes ayant été,
selon la conception critique reçue, la caractéristique du traitement des textes,
tant dans les interprétations des versions que dans les retouches de la

---

religieuse manifeste, sans parler du caractère général méthodique de G Is, sur lequel Seeligmann
s'est mépris (comme constaté dans notre Ire section). L'élimination du témoignage de G par
Goshen-Gottstein a été inspirée par le préjugé conservateur, non par une analyse adéquate des
motifs impliqués par les données textuelles.

[34] Il est significatif de l'insuffisance des analyses du problème d'Is 1, 13 que le judicieux
constat fait par Buhl et Ziegler (cf. supra n.) soit resté isolé et sans écho, et que le gros des
exégètes ne soit pas parvenu à cette clarification liminaire de la question. Les contributions de
Buhl et Ziegler sont ici les plus importantes, par leur lucidité. Elles n'ont pas été distinguées
comme telles dans les contributions postérieures, en dernier lieu celle de Wildberger.

tradition textuelle hébraïque, la modification de H supposée par la leçon de
TM en 1, 13, loin de soulever un problème de dérogation par rapport au
littéralisme, paraissait au contraire confirmer la théorie reçue, touchant
l'absence de scrupules à l'égard de ce littéralisme. Il n'en va pas de même
pour nous, après que nous avons défendu la thèse de l'existence d'une
herméneutique méthodique et du traitement des textes à l'aide des procédés
de cette herméneutique, soit dans les versions, soit dans la tradition textuelle
hébraïque, sous ses deux aspects de vulgarisation et de conservation d'un
texte généralement stable. La retouche d'Is 1, 13 *paraît* manifester un esprit
tout différent de l'inspiration méthodique que nous avons observée ailleurs,
un esprit qui est même opposé, puisqu'il semble caractérisé par la liberté à
l'égard de la littéralité originelle. S'il fallait en rester à un tel constat de
liberté en 1, 13, les observations faites précédemment sur des cas de traitements méthodiques ne perdraient pas leur validité, mais leur portée serait
limitée par la manifestation d'un esprit concurrent de l'autre, manifestation
inattendue pour nous, après nos résultats précédents, quoique très normale
du point de vue de la critique en vigueur.

Pourtant cette apparence, qui paraît sur le point de s'imposer comme une
conclusion ferme, est illusoire. Au moment de perdre une partie des
acquisitions que nous pensons avoir faites, au cours des analyses antérieures,
nous allons les voir renforcées par le cas d'Is 1, 13, qui est à tous égards de
grand poids. TM est bien ici le produit d'une retouche secondaire apportée
à un texte = G, mais cette retouche a été pratiquée en conformité avec les
exigences de la méthode des analogies verbales, de la manière que nous
allons dire. L'application de la méthode a même été ici particulièrement
rigoureuse, et elle fait de TM 1, 13 un cas très démonstratif du règne de
la norme. En même temps se trouve illustrée, par un spécimen gros de
signification religieuse, la réalité des modifications qui ont parfois été introduites, quoique rarement, *dans la tradition textuelle normative.*

La clef du changement effectué en 1, 13 est l'existence d'une rac. homonyme
de celle à laquelle appartient la leçon primitive, dont témoigne G dans les
conditions de priorité par rapport à TM qui ont été dites plus haut. Cette
rac. ne nous est plus accessible par la documentation connue en hébreu ou en
araméen, et il faut recourir à l'arabe pour la retrouver. Cette langue, si riche
en termes et valeurs anciens dont les traces ont souvent disparu dans les
autres langues sémitiques[35], livre ici une solution si bien adaptée au pro-

---

[35] La possibilité de la préservation en arabe de valeurs anciennes, qui ont pu vivre dans
d'autres langues sémitiques, est incontestable. Les excès dans lesquels sont parfois tombées
certaines hypothèses, dont les auteurs ont abusé de rapprochements insuffisamment contrôlés,
ne compromettent nullement les innombrables et précieux renseignements que l'arabe a livrés

blème que le doute sur l'emploi de l'homonyme, ou sur sa connaissance dans l'aire et la période considérées, ne paraît guère possible. Il s'agit d'une rac. en $ḍ$ ($ḍād$) initial. On sait que le $ṣadé$ hébreu a 2 correspondants phonétiques en arabe, le $ṣād$ et précisément ce $ḍād$. $Ṣadé$ a recouvert les 2 valeurs que distingue l'arabe. La rac. en $ḍ$ qui nous intéresse est surtout attestée avec y médian, mais le *Lisān* la signale également avec w médian[36]. Le y ne serait d'ailleurs pas une difficulté, vu la parenté et les échanges, d'une langue sémitique à l'autre, entre les rac. à 2e y et celles à 2e w. Il est néanmoins intéressant que l'arabe livre une rac. à 2e w, qui est une équivalence directe de la rac. *homonyme* de celle impliquée par G, que nous supposons actuellement pour l'hébreu et dont l'identification va être précisée dans ce qui suit.

La rac. arabe possède une valeur qui correspond remarquablement à celle qu'illustre, à titre de substantif, le mot de TM. Ce sens arabe est «commettre une injustice envers quelqu'un, le léser»[37]. Le nom verbal (*maṣdar*) que nous citerons sous la forme $ḍawm$, supplantée dans l'usage de l'époque islamique par $ḍaym$, mais attestée par la lexicographie, et de toute façon déductible de la rac. à 2e w, signifie «injustice, détriment»[38]. *Si la valeur attestée par l'arabe est authentiquement ancienne en sémitique*, elle livre une jonction entre la leçon consonantique attestée par G (et correctement interprétée par lui au sens de צום I) et la leçon TM און. Un processus apparaît en effet alors, qui explique la formation d'une leçon secondaire dans TM. La leçon צום originelle «jeûne» a été interprétée secondairement, dans la tradition dont est issu TM, au sens de l'homonyme que révèle la rac. arabe, si elle est

---

et livre encore sur le lexique de l'hébreu ancien. La lexicographie arabe médiévale, admirable synthèse d'usages antérieurs, souvent antiques, reste une riche mine de renseignements. Il importe de les contrôler, autant que possible, pour leur application à l'hébreu et à l'araméen, par des moyens externes, versions anciennes de la Bible et autres documentations.

[36] *Lisān*, éd. Beyr. XII (51) 359 A. Le vb en 2e w est défini comme ayant le même sens que celui à 2e y. Cf. de même *Tāj al-A.*, un peu plus explicitement, avec mention des *maṣdar* respectifs, qui nous intéressent plus directement pour la confrontation de l'hébreu : $ḍaym$ (rac. 2e y) et $ḍawm$ (rac. 2e w) : VIII, 375 bas. Lane définit le vb à 2e w comme «une variante dialectale de l'autre» (5, 1810 C).

[37] Le *Lisān*, sous la rac. en w, explique le sens par $ẓalama$ «agir mal, injustement». L'explication détaillée et les illustrations de la poésie ancienne et du *ḥadīṯ* sont données sous la rac. en y.

[38] Ce *maṣdar* est déductible de la notice du *Lisān*. Il est explicitement mentionné dans celle du *Tāj al-A.*, cité supra. Parmi les explications du *Lisān*, sous la rac. en y, pour le *maṣdar*, notons le sens «détriment», proprement «diminution». Le *ḥadīṯ* dit «de la vision», cité par le même, illustre bien la notion de nuisance inhérente à la rac., et importante pour la confrontation de l'hébreu. «Verrons-nous notre Seigneur, ô envoyé d'Allah? — Il dit : Est-ce que vous subissez un dommage (*tuḍāmūna*, 2e pers. plur. passif, Ire f.), lors de la vision du soleil sans nuage? — Ils dirent : Non — Il dit : Eh bien, vous ne subirez pas de dommage, lors de Sa vision (*Lisān, ibid.* B, haut).

antique dans cette langue. D'où un mot צום II, «injustice», «détriment», et la possibilité de le remplacer par un synonyme plus courant. C'est le mot de la leçon TM. La coïncidence formelle des homonymes conférait au synonyme sa justification, et nous sommes en présence d'une application de la méthode des analogies verbales formelles.

Il est vraisemblable que le mot צום II, supposé dans cette explication, était rare et recherché en hébreu, ou même qu'il n'a pas existé dans cette langue et qu'il a été emprunté à l'araméen ou à un autre idiome du voisinage. Il n'était qu'un jalon spéculatif, mais essentiel pour justifier le changement de sens dont on a eu besoin, en fonction d'intérêts religieux impératifs.

Il est clair que si la rac. II n'était pas ancienne en arabe, l'explication proposée deviendrait caduque. Le fait que la rac. attestée en arabe ne paraît pas être représentée dans les documentations sémitiques les plus anciennes, accadien, ugaritique, hébreu, araméen, serait de nature à encourager tout soupçon d'emprunt tardif, s'il s'en présentait un. À l'encontre cependant d'un tel soupçon, il est possible de dégager des indices qui prouvent l'antiquité de la rac. en question. Ce sont les suivants.

a) La rac. II n'est pas attestée dans le Coran, mais en revanche elle fait partie du vocabulaire de l'ancienne poésie[39], que l'on peut considérer légitimement comme étant, en partie, préislamique, du moins en son fond, en dépit des problèmes que soulève sa transmission[40]. Que la rac. II ait appartenu à ce vocabulaire constitue un indice qui est plutôt favorable à l'authenticité sémitique et à l'antiquité.

b) La rac. II en discussion a toutes les chances d'être apparentée au sud-arabe ḍwn «dévaster, endommager»[41]. La 3e radicale n pour m peut résulter d'une différenciation secondaire, à partir d'une même souche. Si cette parenté est réelle, comme il y a lieu de le tenir pour probable, elle offre une garantie sérieuse d'antiquité sémitique.

c) L'antiquité de la rac. ḍwm en arabe est prouvée de façon définitive par l'existence dans cette langue d'un vb haḍama «commettre l'injustice». En effet ce vb dérive (par abrègement de la 2e syllabe) d'une ancienne 4e forme (factitive), qui était du type à préformante ha, au lieu de ʾa qui est devenu

---

[39] Th. Nöldeke, *Delectus Veterum Carminum Arabicorum*, réimpr., Wiesbaden, 1961, de la 1re éd. Berlin, 1890. Gloss., 180. Le glossaire lexical du tome IV de l'éd. de la *Ḥamāsa*, avec commentaire de Al-Marzūqī, par Aḥmad Amīn et Abd al-Salām Hārūn (Le Caire, 1371 A.H., 1951 E.C.) permet de repérer l'emploi du terme dans un vers attribué au préislamique Al-Samawʾal. Glossaire : IV, 2027; Texte, I, 111. Sur Samawʾal : R. Blachère, *Histoire de la litt. arabe*, II, 302. Le vb correspondant est expliqué par l'ancien commentateur à l'aide du vb ʾihtaḍama, VIIIe f. de haḍama, apparenté à ḍwm, selon ce qui est précisé infra.

[40] Cf. à ce sujet l'exposé de Blachère, *o.c.* I, 85s.

[41] Conti Rossini, *Chrest.* 227 A.

la règle en arabe classique. Ce type en *ha* correspond au *hafel* araméen et *pourrait* être d'origine araméenne; c'est proprement un *hafala*. Une origine araméenne serait particulièrement favorable à l'hypothèse exposée plus haut, touchant la retouche d'Is 1, 13 au moyen d'un jalon qui a pu être araméen et qui a été remplacé par un synonyme hébreu. Mais l'origine araméenne en arabe n'est pas indispensable à l'explication proposée, et il suffit de l'antiquité sémitique de la rac. La parenté de *haḍama* avec la rac. *ḍwm* (*ḍāma* au pft) est assurée par le sens et par l'existence d'autres vbs arabes issus de IVes formes en *ha*[42]. La préservation de l'ancien factitif en *ha* montre que la rac. simple *ḍwm* faisait partie du vieux fonds sémitique de l'arabe et qu'elle remonte certainement à une époque bien antérieure aux siècles dits «préislamiques», c'est-à-dire qui ont immédiatement précédé la naissance de l'Islam.

d) La convenance contextuelle et herméneutique particulièrement frappante de la rac. II, pour l'élucidation des 2 leçons en présence (TM et G), dans Is 1, 13, constitue un indice qui suffirait, à lui seul, à recommander la solution proposée. Si l'on joint cette convenance aux indices précédents, et notamment à (c), elle prend toute sa valeur et devient un élément de confirmation de l'antiquité, qui mérite de prendre place parmi les matériaux d'illustration lexicale de la rac., en sémitique comparé. L'indice fait pencher la balance des probabilités en faveur d'une appartenance à l'araméen ancien. C'est là que la spéculation herméneutique a vraisemblablement puisé sa justification; de l'araméen la rac. serait passée en arabe, selon le processus abondamment illustré pour d'autres cas. Il reste également possible que la rac. ait existé simultanément en hébreu et en arabe et que les quelques vestiges de formations radicales en *ha* préformant, issues d'anciens factitifs *hafala*, témoignent d'un type verbal qui était commun à l'arabe et à l'araméen anciens. De toute manière, la confrontation des leçons d'Is 1, 13 avec l'arabe apparaît probante, dans la perspective offerte par l'herméneutique, c'est-à-dire dans les conditions de valorisation des rac. I et II discutées.

Nous pouvons donc conclure que TM Is 1, 13 livre un exemple de modification textuelle pratiquée par application de la méthode des analogies verbales formelles. L'homonymie des deux rac. צום a été exploitée pour passer de l'une à l'autre. Le sens obtenu a été exprimé à l'aide d'un synonyme

---

[42] C. Brockelmann, *VG*, I, 521-522. Par ailleurs il n'est pas impossible que d'autres vbs, qui offrent certaines analogies de sens, s'apparentent plus ou moins lointainement à *ḍwm*. Peut-être *waṣama* «gâter, endommager» et *'aḍima* «concevoir une haine rentrée» (*Lisān*, XII (49) 19). Cette haine est une préparation à la malfaisance, et la rac. pourrait être un cas d'ancienne IVe f., cette fois-ci en *'a*, reconstituée en rac. trilittère autonome, à partir de la souche *ḍwm*.

emprunté à l'usage courant en hébreu, et c'est אוך. Cette opération complémentaire, indispensable pour faire apparaître le changement de sens (c'està-dire pour écarter la valeur «jeûne»), ne relève plus de l'herméneutique
analogique formelle, qui est le sujet de notre enquête : le passage à un
synonyme n'est qu'une simple équivalence logique, et il relève de l'herméneutique déductive, laquelle, constamment à l'œuvre dans l'exégèse des
anciens, n'est pas problématique pour les modernes, comme l'autre.

Les deux leçons en présence, celle de H (= G) et celle de TM, se distinguent
par leur portée religieuse. La teneur de la leçon H (= G) est d'une importance
manifeste pour l'histoire du mouvement prophétique et pour l'appréciation
de sa critique du culte. Il était essentiel de détecter, au sujet d'un pareil texte,
une garantie. La critique accidentaliste et empiriste était restée impuissante
à la fournir. Elle devient possible à la lumière du critère livré par la
reconstitution de l'herméneutique ancienne. De son côté la leçon secondaire
de TM, loin d'être un déchet textuel, comme dans la critique empiricoaccidentaliste, présente l'intérêt de faire revivre un problème religieux des
anciens. Ce problème était soulevé par le conflit entre la condamnation
prophétique du jeûne, dans H (= G), et l'importance prise par ce rite à
partir de l'époque exilique. La modification de H dans TM n'a pas été
déterminée, comme les changements des recensions de vulgarisation, par le
souci d'adapter pédagogiquement un texte normatif *coexistant*. Le changement infligé à H Is 1, 13, *dans la tradition normative* recueillie par TM,
marque non une adaptation vulgarisante, mais *une rupture* avec la leçon
originelle. La modification a sacrifié cette leçon H aux intérêts du rite du
jeûne, devenu trop important pour être contredit ouvertement par un texte
prophétique. Il s'agit d'un phénomène d'*abrogation*. À ce titre la leçon TM,
quoique secondaire, constitue une donnée historique positive, qui ne doit
pas être dépréciée sous prétexte de secondarité. Mais si la leçon TM marque
ainsi une rupture avec H, dont la teneur aurait été irrémédiablement perdue
sans G, cette leçon témoigne cependant du souci de tirer de H sa légitimité.
Cela a été possible, grâce à l'application de l'herméneutique méthodique
qui a été décrite plus haut. Par le canal de l'homonymie, puis de la synonymie,
l'autorité de H est passée dans la leçon dérivée. Le recours à la méthode,
pour résoudre le problème de l'abrogation, livre une illustration exemplaire
de l'autorité de cette méthode, en la faisant intervenir au cœur de la norme
scripturaire.

5) Conclusion. Portée de l'herméneutique analogique
pour l'exégèse

La plurivalence, outre qu'elle était déjà engendreuse de sens par homonymie et (dans l'écriture consonantique) par homographie était prolongée et élargie par la polymorphie, qui résultait de la conviction selon laquelle les ressemblances formelles de tout genre ou les relations fondées sur des conventions reçues, comme les abréviations ou les cryptographies, signalent des parentés réelles. On pouvait, en vertu de ces parentés, passer légitimement d'une forme à une autre forme voisine (par petite mutation ou recomposition des mêmes éléments matériels, comme dans les métathèses et les anagrammes), comme on passait d'un sens à un autre sens couvert par une même forme. Le sens et la forme s'interpénétraient indissolublement; la plurivalence et la polymorphie se mêlaient dans l'herméneutique, parce que la forme n'avait pas encore été clairement dissociée du fond par une pensée analytique abstraite, pour être réduite à un rôle purement symbolique, strictement défini et limité par les relations contextuelles[43].

De ces conditions résulte que l'herméneutique analogique du Judaïsme n'a pas seulement été interprétation, mais aussi transformation textuelle. Elle pouvait engendrer un nouveau texte à partir d'un plus ancien. Elle possédait par conséquent, dans cette limite, un pouvoir littéraire véritablement créateur. D'un autre côté, nous avons vu que les origines de cette herméneutique remontent à un passé bien antérieur aux documents de basse époque qui en illustrent l'existence par des exemples nombreux. La fréquence des exemples est alors due au fait que ces sources sont en majeure partie vouées par nature à l'interprétation (versions antiques, exégèse rabbinique). Si les origines sont anciennes, alors l'herméneutique a déjà dû exercer son influence sur l'élaboration même des textes bibliques, en certains endroits. Les observations occasionnelles que nous avons faites à cet égard, au cours des analyses consacrées à G et Qa, suffisent à montrer qu'il en a bien été ainsi et que les textes affectés, d'une manière ou d'une autre, par l'herméneutique doivent être, selon toute vraisemblance, plus nombreux que ceux que l'on peut détecter à partir des seules versions ou des recensions de vulgarisations comme Qa. Dans les rédactions hébraïques originelles, l'herméneutique intervient avant tout lorsque sont utilisées des traditions et formulations

---

[43] La plurivalence et la polymorphie consécutives à la participation verbale représentent un mode de pensée et d'expression qui s'oppose à la distinction des mots et des choses, postulée par Platon, Cratyle, 439b : οὐκ ἐξ ὀνομάτων ἄλλα πολὺ μᾶλλον αὐτὰ ἐξ αὐτῶν «non pas d'après les noms, mais bien plutôt (il faut apprendre et rechercher) les choses d'après elles-mêmes» (J'ai utilisé le texte établi et traduit par L. Méridier, Belles-Lettres, Paris, 1961).

antérieures aux compositions israélites originelles. Nous en avons relevé des cas[44]. Des critères empruntés à l'herméneutique ont aussi pu inspirer directement (sans utilisation des traditions antérieures) la rédaction première. Ainsi lorsqu'ont été exploités par analogie formelle certains termes[45] ou lorsqu'a été visé un sens double[46]. L'emploi de l'abrègement parfois soupçonnable peut cacher une intention herméneutique plus ou moins affirmée[47]. La cryptographie, dont les 'atbaš de Jér 25, 26 et 51, 1 sont des illustrations reconnues[48], est un cas particulier qui participe à la fois d'une convention rédactionnelle analogue aux abrègements, et de l'herméneutique. Ces 'atbaš restent des exceptions, mais significatives. Ils n'intéressent pas seulement les 2 passages de Jér affectés. Les 2 cryptographies montrent en effet que l'expression littéraire a pu obéir le cas échéant à des spéculations paralittéraires. Il est donc normal de s'attendre à ce que la teneur des textes ait comporté, en d'autres endroits, des significations indirectes, cachées sous l'expression apparente. Une réflexion historique antérieure aux découvertes de Qumrân aurait pu déduire des 'atbaš de Jér cette probabilité et identifier à partir de là le problème des conditions culturelles de transmission, d'interprétation ancienne et finalement d'élaboration des textes. Seule la puissance du préjugé empiriste, issu d'un analytisme rationalisant insuffisamment adapté aux matériaux, explique qu'une telle enquête n'ait pas été entreprise, en dépit de la lucide contribution de P. Volz de 1936, qui a été signalée plus haut et qui aurait pu y conduire[49].

Dans la mesure où nous avons été amené à constater l'influence de l'herméneutique sur l'élaboration du texte hébreu original, il ne pouvait s'agir que d'anticipations limitées, qui se situaient dans le prolongement des analyses requises pour établir l'existence de l'herméneutique analogique

---

[44] Ainsi Is 34, 3-4 : IIe section, Ire partie, 7; 53, 11 : IIe section, Ire partie, 10; Gen 6, 2s. : IIe section, IIIe partie, ch. I, D, d.

[45] Exemples dans des publications ultérieures, à propos de textes restés partiellement ou totalement inexpliqués.

[46] Ainsi dans Is 52, 14, sur le point examiné à titre introductif et provisoire, à l'occasion de la var. Qa : section II, IIe partie, 10 (la double valeur de TM = H משחת).

[47] Cela pourrait être le cas de Jér 7, 4, d'après les remarques faites sur ce texte : Ire section, IIe partie, ch. II, B, note 38 (sur les abrègements).

[48] Voir la définition de l''atbaš dans W. Rudolph, Comm. 138, n. b (sous Jér 25, 26). Voir aussi le même sous 51, 1 : ibid. 264, n. a. Voir encore P. Volz sous ces 2 textes (Comm. 388 bas, et 428 n. a). Il convient de rappeler que la source de l'identification de l''atbaš, dont ont profité les commentateurs modernes de Jér est le commentaire de Rashi à Jér 25, 26 (in : Miqraôt g.). L''atbaš est un cas particulier de la 29e règle, parmi les 32 middôt de l'herméneutique rabbinique : Strack, Einleitung ..., 107 bas. Cf. aussi Bacher, Terminologie ..., I, 127; cet auteur fait observer que dans les textes posttannaïtiques, le procédé est simplement désigné par le terme général de gematria.

[49] P. Volz, in ZAW 54 (1936) 100s.

méthodique, telle qu'elle est largement illustrée dans la documentation de basse époque. La remontée vers les origines textuelles est en réalité un nouveau sujet, qui exigera des exposés disjoints. Mais la possibilité de cette remontée, grâce au critère de l'herméneutique qui a été définie dans le présent ouvrage, peut fournir dès à présent aux exégètes des orientations susceptibles de les aider dans leurs recherches. L'herméneutique originale des anciens peut conduire le critique moderne à démêler les motifs cachés de certains textes qui ont résisté jusqu'ici, partiellement ou totalement, aux efforts d'élucidation.

Les solutions qui se présentent alors n'ont rien à voir avec les simplifications et les banalisations auxquelles donnent lieu la théorie rationalisante des «jeux de mots». Cette théorie est inadéquate pour les raisons souvent dites ici et que résume de manière frappante l'inefficacité à laquelle elle a condamné la critique, touchant la vraie nature et la portée du phénomène à l'œuvre. Une analyse avertie des procédés des anciens et de leurs modes de pensée, en matière littéraire, a au contraire des chances de déboucher sur des originalités substantielles, qui sont un aspect des richesses du texte biblique. Ce sont parfois de véritables trésors qui dorment encore sous les apparences de certains emplacements textuels. Les méthodes herméneutiques des anciens, si elles sont utilisées avec discernement par une critique libérée du préjugé empiriste, offrent peut-être, du moins dans les meilleurs cas, le moyen de desceller les dalles qui recouvrent encore des dépôts insoupçonnés.

BIBLIOGRAPHIE

La liste bibliographique qui suit se limite à des ouvrages essentiels pour le présent travail et à ceux qui y sont cités en abrégé ou sous forme de sigle. Par nécessité d'économiser la place, les articles et certains ouvrages marginaux pour le sujet n'ont pas été rappelés dans la liste, quelques articles importants faisant exception. Données bibliographiques complètes en note pour les ouvrages absents de la liste. Pour la simplification, les commentaires bibliques, dont la liste donne le titre exact, sont mentionnés dans les notes sous la forme conventionnelle *Comm.* Concernant les transcriptions, voir les précisions dans l'«Avertissement», après les «Remarques introductives».

F. M. Abel, *Géographie de la Palestine*, Paris, I, 1933, II, 1938.

——, *Grammaire du Grec Biblique*, Paris 1927.

Abu 'l-Walîd, cf. Neubauer.

Y. Aharoni, *Arad Inscriptions* (en hébreu), Jérusalem, 1975.

A. J. Aistleitner, *Wörterbuch der ugaritischen Sprache*, Berlin, 1963 (= *Berichte über die Verhandlungen der sächsischen Akademie der Wissenschaften zu Leipzig*, PH Kl., 106, 3). Sigle *WUS.*

H. Albeck, *Mishna*, éd. : cf. sous Mishna.

——, *Midrash Bereshit Rabba* (orthographe de l'intitulé de la publication) : cf. sous Theodor.

Al-Yasin, cf. Izz al-Din al-Yasin.

Ambrosianus (Codex de la version syriaque, Syr). *Translatio syra Pescitto Veteris Testamenti ex Codice Ambrosiano sec. fere VI Photolithographice edita.* Ed. A. M. Ceriani, I-II, fol., Mediolani, 1876.

Aruch Completum ... auctore Nathane filio Jechielis, ed. A. Kohut, I-VIII, Vienne, New York, 1878-1892, réimpr. New York (Pardes), 1955.

The Assyrian Dictionary of the Oriental Institute of Chicago, Chicago, Glückstadt, 1956 s. (14 vol. parus), ed. I. J. Gelb, T. Jakobsen, B. Landsberger, A. L. Oppenheim. Sigle *CAD.*

P. Auvray, *Isaïe 1-39.* Sources bibliques, Paris, 1972.

Az-Zabîdî, *Tāj al-'Arūs*, Le Caire, 1306-1307 A.H., réimpr. Beyrouth, 1386 A.H., 1966 E.C. Abréviation *Tāj al-A*, ou sigle *TA* (Lane).

W. Bacher, *Die exegetische Terminologie der jüdischen Traditionsliteratur*, I, II, Leipzig, 1899, 1905, réimpr. Darmstadt, 1965.

Bar Bahlul, *Lexicon Syriacum auctore Hassano Bar Bahlule*, ed. Rubens Duval, I-III, Paris, 1888-1901. Sigle BB.

Bar Hebraei (Gregori) in Jesajam Scholia, ed. O. F. Tullberg, C. A. Riddorbjelke, Upsaliae, 1842.

J. Barr, *Comparative Philology and the Text of the Old Testament*, Oxford, 1968.

A. G. Barrois, *Manuel d'archéologie biblique*, I, Paris 1939, II, 1953.

J. Barth, *Beiträge zur Erklärung des Jesaja*, Karlsruhe, Leipzig, 1885.

——, *Etymologische Studien*, Leipzig, 1893.

——, *Die Nominalbildung in den Semitischen Sprachen*, Leipzig, 1889.

D. Barthélemy, *Les devanciers d'Aquila*, VTS 10 (1963), Leiden.

——, «Les Tiqquné Sopherim et la critique textuelle de l'Ancien Testament», *VTS* 9 (1963), 285-304. Reproduit in : *Etudes d'Histoire du Texte de l'Ancien Testament, Orbis Biblicus et Orientalis* 21, Göttingen, 1978, 91-110.

H. Bauer, P. Leander, *Historische Grammatik der Hebräischen Sprache*, Halle, 1922. Sigle *BL.*

——, *Grammatik des Biblisch-Aramäischen*, Halle/Saale, 1927.

J. Begrich, *Studien zu Deuterojesaja (BWANT*, IV F., 25) Stuttgart, 1938.

E. Ben Yehuda, *Thesaurus totius Hebraitatis*, I-VIII, Jérusalem, 1901, réimpr. New York, 1959.

A. Bentzen, *Jesaja*, I, II, København, 1943-1944.

G. Bergsträsser, *Hebräische Grammatik*, I, II, Leipzig, 1918, réimpr. Hildesheim, 1962.

A. Bertholet, *Leviticus*, in *KHCAT*, Tübingen, 1901.

O. Betz, *Offenbarung und Schriftforschung in der Qumransekte*, Tübingen, 1960.

Bible : cf. sous *Biblia Hebraica*, C. Ginsburg, *The Hebrew University Bible*, Polyglottes.

Biblia Hebraica, editio altera, ed. R. Kittel, Stuttgart, 1912. Sigle BH².

Biblia Hebraica, editionem tertiam ... ed. R. Kittel, P. Kahle, Stuttgart, 1937. Sigle BH³.

Biblia Hebraica Stuttgartensia, quae antea ... ediderat R. Kittel. *Editio funditus renovata* ed. K. Elliger et W. Rudolf, H. P. Rüger, G. E. Weil, Stuttgart, 1977. Sigle BHS.

Biblia Sacra juxta latinam Vulgatam versionem ad codicum fidem jussu Pauli PP VI, XIII, *Liber Isaiae*, Romae, 1969.

Biblischer Kommentar, Neukirchen-Vluyn, 1956s. Cf. Elliger, Westermann, Wildberger. Sigle *BK*.

R. Blachère, *Le Coran*, 3 vol., Paris, 1947-1951. Cf. Coran.

——, *Histoire de la Littérature Arabe des origines à la fin du XVᵉ siècle de J.C.*, 3 vol., Paris, 1952-1966.

——, *Grammaire de l'arabe classique*, voir Gaudefroy-Demombynes.

——, M. Chouémi, C. Denizeau, *Dictionnaire arabe, français, anglais*, Paris, 1964s. (40 fascicules parus).

R. Borger, *Die Inschriften Asarhaddons Königs von Assyrien, Afo, Beih.* 9, Graz, 1956.

J. Bottéro, «Les Noms de Marduk, l'écriture et la «logique» en Mésopotamie ancienne», in *Ancient Near Eastern Studies in Memory of J.J. Finkelstein*, Connecticut Academy of Arts and Sciences, Memoir 19, New Haven, USA, 1977.

W. G. Braude, *Pesiqta Rabbati*, (translated) 2 vol., *Yale Judaica Series*, XVIII, 1, 2, New Haven, London, 1968.

C. J. Bredenkamp, *Der Prophet Jesaja erläutert*, Erlangen, 1887.

E. Brederek, *Konkordanz zum Targum Onkelos, BZAW* 9, Giessen, 1906.

C. Brockelmann, *Hebräische Syntax*, Neukirchen, 1956. Sigle *HS*.

——, *Lexicon Syriacum*, 2ᵗᵉ Aufl., Halle, 1928. Sigle *LS*.

——, *Grundriss der Vergleichenden Grammatik der semitischen Sprachen*, Berlin, I, II, 1908, 1913. Sigle *VG*.

A. E. Brooke, N. McLean, H. St. J. Thackeray, *The Old Testament in Greek*, Cambridge, 9 vol. parus, 1906-1940.

F. Brown, S. R. Driver, C. A. Briggs, *A Hebrew and English Lexicon of the Old Testament based on the Lexicon of W. Gesenius*, 2ᵉ ed., Oxford, 1955. Sigle *BDB*.

G. Brunet, *Essai sur l'Isaïe de l'histoire*, Paris, 1975.

S. Buber, *Midraš Tanhuma*, I, II, Wilna, 1885. Réimpr., New York City, 1946 (sur cette éd. : Strack, Einl. 205). Cf. Zundel.

F. Buhl, *Gesenius' Hebräisches und Aramäisches Handwörterbuch über das Alte Testament*, bearbeitet von F. Buhl, 17ᵗᵉ Aufl., Leipzig, 1915. Sigle *GB*.

——, *Jesaja oversat og fortolket*, I, II, København, 1912.

M. Burrows, J. C. Trever, W. H. Brownlee, *The Dead Sea Scrolls of St. Mark's Monastery*. Vol I, *The Isaiah Manuscript and the Habbakuk Commentary*, New Haven, 1950. Sigle pour la partie Is : Qa (abrégé de I Q Is a).

M. Burrows, *The Dead Sea Scrolls of St. Mark's Monastery*, vol. II, fasc. 2, *Plates and Transcription of the Manual of Discipline*, New Haven, 1951. Sigle S(Qm) pour éviter une confusion avec le Codex Sinaiticus de la Septante S (Ici la version syriaque est désignée par Syr).

A. Caquot, M. Sznycer, A. Herdner, *Textes Ougaritiques*, I, *Mythes et Légendes*, Paris, 1974.

J. Carmignac, P. Guilbert, *Les textes de Qumrân traduits et annotés*, I, Paris, 1961.

J. Carmignac, E. Cothenet, H. Lignée, *Les textes de Qumrân traduits et annotés*, II, Paris, 1963. Caspari, cf. Wright.

H. Cazelles et autres éditeurs, *Supplément au Dictionnaire de la Bible*, Paris, 1928s. Cf. sous ce titre.

A. M. Ceriani, cf. *Ambrosianus* (codex de la version syriaque).

——, *Codex Syro-Hexaplaris, Monumenta Sacra et profana*, VII, Mediolani, 1874.

R. H. Charles, éd., *The Apocrypha and Pseudepigrapha of the Old Testament in English*, I, II, Oxford, 1913. Sigle *APOT*.

T. K. Cheyne, *The Book of the Prophet Isaiah. Hebrew Text*, in *The Sacred Books of the Old Testament*, ed. P. Haupt, Part 10, Leipzig, 1899. Sigle *SBOT* (sous-entendu : Is).

Chomsky, cf. Kimḥi (pour Qimḥi).

K. Conti Rossini, *Chrestomathia Arabica Meridionalis Epigraphica*, Roma, 1931.

J. Coppens : *Donum Natalicium Josepho Coppens*, I (= *Bibliotheca Ephemeridum Theologicarum Lovaniensium*, XXIV, I), Gembloux, Paris, 1969.

Coran, édition arabe accompagnée du *Tafsīr* de Bayḍāwī, Jedda s.d.

Corpus Inscriptionum Semiticarum, I s., Paris 1881 s. Sigle *CIS*.

Corpus des tablettes … découvertes à Ras-Shamra Ugarit. Cf. Herdner.

A. Cowley, *Aramaic Papyri of the Fifth Century B.C.*, Oxford 1923. Sigle AP.

——, Cf. aussi sous Gesenius.

M. Dahood, *Psalms*, I-III, Garden City, 1965-1970.

——, *Ugaritic-Hebrew Philology, Biblica et Orientalia* 17, Roma, 1965.

G. Dalman, *Aramäisch-Neuhebräisches Handwörterbuch zu Targum, Talmud und Midrash*, 2te Aufl., Frankfurt a.M., 1922, 3te unveränderte Aufl., Göttingen, 1938.

——, *Grammatik des Jüdish Palästinischen Aramäisch*, 2te Aufl. Leipzig, 1905, réimpr. Darmstadt, 1960.

H. Danby, *The Mishnah*, Oxford, 1933, réimpr. 1954.

R. Degen, *Altaramäische Grammatik (Abhandlungen für die Kunde des Morgenlandes*, XXXVIII, 3), Wiesbaden, 1969.

A. Deimel, *Sumerisches Lexicon*, I-IV, Romae, 1928-1933. Sigle *SL*.

L. Delaporte, *Epigraphes araméens*, Paris, 1912.

L. Delekat, «Ein Septuaginta Targum», *VT* 8 (1958), 225-252.

Franz Delitzsch, *Commentar über den Propheten Jesaja*, Leipzig, 1869.

C. Denizeau, *Dictionnaire des parlers arabes de Syrie, Liban et Palestine (Supplément au dictionnaire arabe-français de A. Barthélemy)*, Paris 1960.

J. Derenbourg, «Version d'Isaïe de R. Saadia», *ZAW* 9 (1889) 1-64 (ch. I-XXXII), *ZAW* 10 (1890) 1-84 (ch. XXXIII-LXVI).

P. (plus tard É.) Dhorme, *Le Livre de Job*, Paris, 1926.

——, *Recueil Édouard Dhorme*, Paris 1951.

——, A. Guillaumont, J. Hadot, J. Koenig, F. Michaéli, *La Bible*, dite «de la Pléiade», I, II, Paris, 1956-1959.

Dictionnaire des Inscriptions sémitiques de l'Ouest, cf. Jean et Hoftijzer.

G. Diettrich, *Ein Apparatus criticus zur Pešitto zum Propheten Jesaja*, BZAW, 8, Giessen, 1905.

A. Dillmann, *Der Prophet Jesaja*, Leipzig, 1890.

Discoveries in the Judaean Desert, ed. D. Barthélemy, J. T. Milik, G. L. Harding, M. Baillet, R. de Vaux, J. Allegro et d'autres, 6 vol. parus (dont 2 avec planches séparées), Oxford, 1955-1977. Sigle *DJD*.

H. Donner, W. Röllig, *Kanaanäische und Aramäische Inschriften*, I-III, Wiesbaden, 1962-1964. Sigle *KAI*.

R. Dozy, *Supplément aux dictionnaires arabes*, 2e éd., I-II, Leiden, Paris, 1927.

G. R. Driver, *Aramaic Documents of the Fifth Century BC*, Oxford, 1954.

——, *Canaanite Myths and Legends*, Edinburgh, 1956. Sigle *CML*.

——, J. C. Miles, *The Assyrian Laws*, Oxford, 1935.

S. R. Driver, *A Treatise on the Use of the Tenses in Hebrew*, 3^d ed., Oxford, 1892, réimpr. 1969.

E. S. Drower, R. Macuch, *A Mandaic Dictionary*, Oxford, 1963. Sigle *MD*.

B. Duhm, *Das Buch Jesaja*, 1te Aufl., Göttingen, 1892 (in *KHAT*, herausg. W. Nowack); 4te neu durchges. Aufl., Göttingen, 1922.

A. Dupont-Sommer, *Les Écrits Esséniens découverts près de la Mer Morte*, Paris, 1960.

——, *Le livre des Hymnes découvert près de la Mer Morte*, Semitica VII, Paris 1957.

R. Dussaud, *Les origines cananéennes du sacrifice israélite*, 2ᵉ ed., Paris, 1941.

Rubens Duval, ed. *Lexicon Syriacum auctore Hassano Bar Bahlule* : voir sous ce nom.

A. Ehrlich, *Randglossen zur hebräischen Bibel*, IV, Jesaja, Leipzig, 1912.

O. Eissfeldt, *Einleitung in das Alte Testament*, 2ᵗᵉ Aufl., Tübingen, 1956.

——, *Variae lectiones rotulorum manu scriptorum anno 1947 prope mare mortuum repertorum ad Jes 1-66 et Hab 1-2 pertinentes*, Stuttgart, 1951.

I. Elbogen, *Der jüdische Gottesdienst in seiner geschichtlichen Entwicklung*, 3ᵗᵉ Aufl., Frankfurt-M., 1931, réimpr. Hildesheim, 1962.

K. Elliger, *Leviticus* (*HBZAT*, 4), Tübingen, 1966.

——, *Biblischer Kommentar*, XI, (fascicules 1 s.), *Jesaja II*, Neukirchen-Vluyn, 1970 s. Sigle *BK*, XI.

——, *Studien zum Habakuk Kommentar vom Toten Meer*, Tübingen, 1953.

Ephrem Syri, Opera, recensuit P. Benedictus, fol., II, Romae, 1740. Le commentaire d'Is se trouve pp. 20-97 et s'étend des ch. 1 à 43 + 66.

Ephrem, *Hymni et Sermones*, ed. T. J. Lamy, II(Is), Mechliniae, 1882 (porte sur les ch. 43-66).

I. Epstein, ed. *The Babylonian Talmud*, 18 vol., The Soncino Press, London, 1935-1952.

Facsimiles of the Fragments hitherto recovered of the Book of Ecclesiasticus in Hebrew, Oxford, Cambridge, 1901. Cf. Lévi et Yadin.

J. J. Finkelstein (Memorial), *Ancient Near Eastern Studies in Memory of J. J. Finkelstein*, Connecticut Academy of Arts and Sciences, Memoir 19, New Haven, USA, 1977. Cf. Bottéro.

Le Feu dans le Proche-Orient Antique (Université des sciences humaines de Strasbourg, Travaux du centre de recherche sur le Proche-Orient et la Grèce antiques, I, Actes du Colloque de Strasbourg, 9 et 10 juin 1972). Leiden, 1973. Cf. Koenig.

F. Field, *Origenis Hexaplorum quae supersunt*, I-II, Oxford 1875, réimpr. Hildesheim, 1964.

J. Fischer, *Das Alphabet der LXX Vorlage im Pentateuch*, Münster i. Westphalien, 1924.

——, *In welcher Schrift lag das Buch Isaias den LXX vor?* BZAW 56, Giessen, 1930. Sigle *SBI*.

G. Fohrer, *Das Buch Jesaja* (Zürcher Bibelkommentare), I-III, Zürich, Stuttgart, 1960-1964.

S. Fraenkel, *Die Aramäischen Fremdwörter im Arabischen*, Leiden, 1886. Sigle *AFA*.

Z. Frankel, *Über den Einfluss der palästinischen Exegese auf die alexandrinische Hermeneutik*, Leipzig, 1851, réimpr. Westmead, 1972.

M. Friedländer, *The Commentary of Ibn Ezra on Isaiah*. I, *Translation of the Commentary*; II, *Text*. London 1873, réimpr. New York, s.d.

M. Friedmann, ed. *Pesiqta Rabbati*, Wien, 1880, réimpr. Tel-Aviv, 5723-1963.

M. Gaudefroy-Demombynes, R. Blachère, *Grammaire de l'arabe classique*, Paris, 1937.

A. Geiger, *Urschrift und Übersetzungen der Bibel*, 1ᵗᵉ Aufl. Berlin, 1857. Cité dans la 2ᵉ éd. préfacée par P. Kahle, Frankfurt M., 1928. Sigle *UUB²*.

I. J. Gelb et d'autres, cf. *The Assyrian Dictionary*.

W. Gesenius, *Commentar über den Jesaja*, I-III, Leipzig, 1821.

——, *Handwörterbuch ...*, cf. Buhl.

——, E. Kautzsch, A. E. Cowley, *Hebrew Grammar*, 2ᵈ ed. (in accordance with the 28ᵗʰ German ed.), Oxford, 1910, réimpr. 1946. Sigle *GKC*.

——, *Thesaurus Linguae hebraeae et chaldaeae Veteris Testamenti*, I-III, Lipsiae, 1835-1853.

C. Ginsburg, ed. *Bible*, 1ˢᵗ ed. London 1894, 2ᵈ ed. 1925.

M. Ginsburger, *Pseudo-Jonathan* (*Thargum Jonathan ben Usiel zum Pentateuch nach der londoner Handschrift*), Berlin, 1903, réimpr. Hildesheim, 1971.

N. Glatzer (Mélanges). *Biblical and other Studies to Dr Nahum Norbert Glatzer*, ed. A. Altmann, Cambridge, Massachusetts, 1963.

C. H. Gordon, *Ugaritic Textbook*, Roma, 1965. *Analecta Orientalia* 38. Sigle *UTB*.

M. Goshen-Gottstein, *The Book of Isaiah, Part One, Part two* (*The Hebrew University Bible*), Jérusalem, 1975.

——, *Text and Language in Bible and Qumrân*. Jerusalem, Tel-Aviv, 1960.

H. Graetz, *Emendationes in plerosque sacrae scripturae Veteris Testamenti libros, secundum veterum versiones nec non auxiliis criticis caeteris adhibitis, Auctore H. Graetz, ex relecto defuncti auctoris manuscripto edidit Guil. Bacher, Fasciculus primus (Jesaiae prophetae librum et Jeremiae libri cap. I-XXIX ... continens)*, Breslau, 1892.

M. Grammont, *Traité de Phonétique*, Paris, 1963.

G. B. Gray, *Isaiah I-XXVII*, in *ICC*, seul paru. Edinburgh, 1912.

J. Gray, *The Legacy of Canaan*, VTS 5 (2^d ed.), Leiden, 1965.

F. Grøndahl, *Die Personennamen der Texte aus Ugarit, Studia Pohl, Dissertationes de rebus orientis antiqui*, I, Roma, 1967.

Guilbert, cf. Carmignac.

H. Gunkel, *Genesis*, 8te Aufl. (reproduction de la 3e éd. 1910), Göttingen, 1960.

M. Hadas, *Aristeas to Philocrates (Letter to Aristeas)*, New York, 1951.

E. Hatch, H. A. Redpath, *A Concordance to the Septuagint*, I-III, Oxford, 1897, réimpr. Graz, 1954.

The Hebrew University Bible. Cf. Goshen-Gottstein (I-II Is seuls parus).

H. Hegermann, *Jesaja 53 in Hexapla, Targum und Peshitta*, Gütersloh, 1954.

A. Herdner, *Corpus des tablettes en cunéiforme alphabétique découvertes à Ras-Shamra Ugarit de 1929 à 1939.* I, Texte; II, Planches, Paris, 1963, Sigle CTA.

——, *Textes Ougaritiques*, cf. Caquot.

S. Hieronymus, *Patrologia latina*, ed. J. P. Migne, XXIV, *S. Hieronymi, tomus quartus commentariorum in Isaiam libri octo et decem*, Paris, 1845.

F. Hitzig, *Der Prophet Jesaja*, Heidelberg, 1833.

J. Hoftijzer, cf. Ch. J. Jean et *Dictionnaire des Inscriptions sémitiques de l'Ouest*.

R. Holmes, J. Parsons, *Vetus Testamentum graecum cum variis lectionibus*, IV (Is), Oxonii, 1827.

H. Holzinger, *Numeri, KHCAT* herausg. K. Marti, Tübingen, 1903.

H. S. Horovitz, *Mechilta d'Rabbi Ismael.* Editio altera ... opus exornavit et absolvit I. A. Rabin, Jerusalem, 1960.

C. F. Houbigant, *Notae criticae in universos Veteris Testamenti libros*, II (contient Is), Francofurti ad M., 1777 (1re éd., Paris, 1753).

H. B. Huffmon, *Amorite Personal Names in the Mari Texts*, Baltimore, Maryland, 1965.

Ibn Barûn, cf. Kokovtsov.

Ibn Ezra, *Commentary on Isaiah*, cf. Friedländer.

Ibn Manẓūr, cf. *Lisān*.

Izz al-Din Al-Yasin, *The Lexical Relation between Ugaritic and Arabic.* Shelton Semitic Monograph Series, Nr one, New York, 1952.

M. Jastrow, *Dictionary of the Targumim, the Talmud Babli and Yerushalmi and the Midrashic Literature*, I-II, London, New York, 1903, réimpr. New York 1950, Sigle *DTM*.

Ch. Jean, J. Hoftijzer, *Dictionnaire des Inscriptions sémitiques de l'ouest.* Leiden, 1965, Sigle *DISO*.

S. Jellicoe, *The Septuagint and Modern Study*, Oxford, 1968.

Flavius Josèphe, *Josephus with an English Translation* by H. St. J. Thackeray, R. Marcus, A. Wickgren, L. H. Feldman, 9 vol. (Loeb Classical Library), London, Cambridge Massachussets, 1956-1965.

P. Joüon, *Grammaire de l'hébreu biblique*, 2e éd. Rome, 1947.

P. Kahle, *The Cairo Geniza*, 2^d ed., Oxford, 1959. Sigle *CG*.

——, *Der hebräische Text seit Franz Delitzsch*, Stuttgart, 1961.

——, *Die hebräischen Handschriften aus der Höhle*, Stuttgart, 1951.

O. Kaiser, *Der Prophet Jesaja 1-12 (ATD 17)*, Göttingen, 1960.

——, *Der Prophet Jesaja 13-39 (ATD 18)*, Göttingen, 1960.

E. Kautzsch, ed. *Apokryphen und Pseudepigraphen des Alten Testaments*, I-II. Tübingen, 1900, réimpr. Darmstadt, 1962. Sigle *APAT*.

——, cf. sous Gesenius.

——, *Die Heilige Schrift des Alten Testaments*, 4te Aufl., I-II, Tübingen, 1922.

B. Kennicott, *Vetus Testamentum hebraicum cum variis lectionibus*, I-II fol., Oxonii, 1776-1780. Sigle *VL* et abréviation : Kenn.

Sir F. Kenyon, *Our Bible and the Ancient Manuscripts*, 5th ed., 1958, reprint London 1965. Sigle *BAM*.

Kimḥi, Commentaire d'Is par—, voir sous *Miqraôt gᵉdôlôt*.

David Kimḥi's Hebrew Grammar (*Mikhlol*) *Systematically Presented and Critically Annotated* by W. Chomsky, New York, 1952.

G. Kittel, cf. *Biblia Hebraica*.

G. Kittel, ed. *Theologisches Wörterbuch zum Neuen Testament*, 9 vol., Stuttgart, 1949 s.; Sigle *Th Wb NT*.

I. Knabenbauer, *Commentarius in Isaiam Prophetam*, secondam ed. curavit F. Zorell, Paris, 1922.

A. Knobel, *Jesaja*, 2ᵗᵉ Aufl., Leipzig, 1854.

J. A. Knudtzon, *Die El-Amarna Tafeln*, I-II, Leipzig, 1915, réimpr. Aalen, 1964.

L. Köhler, W. Baumgartner, *Lexicon in Veteris Testamenti Libros*, Leiden, 1953, Sigle *KBL*.

——, *Supplementum ad Lexicon in Veteris Testamenti Libros*, Leiden, 1958.

——, B. Hartmann, E. Y. Kutscher, *Hebräisches und Aramäisches Lexicon zum Alten Testament*, Leiden, I, 1967, II, 1974 (seuls parus à cette date). Sigle *BKL*[3].

J. Koenig, «L'activité herméneutique des scribes dans la transmission du texte de l'Ancien Testament», *RHR* 161 (1962), 141-174; 162 (1962), 1-43.

——, *Le site de al-Jaw dans l'ancien Pays de Madian*, Paris, 1971.

——, «Les indices volcaniques de l'ancienne littérature israélite : Bilan et problèmes majeurs», in *Le Feu dans le Proche-Orient antique*, *Actes du colloque de Strasbourg*, 9, 10 juin 1972, Leiden, 1973, 79 s.

——, «Les origines exiliques de la Synagogue», in *Mélanges d'histoire des religions offerts à H. C. Puech*. Cf. Puech.

——, Isaïe et Ezéchiel, in Bible «de la Pléiade», cf. Dhorme.

A. Kohut, cf. *Aruch*.

P. Kokovtsov, ed. *Ibn Barûn* (Lexique hébreu-arabe de), St-Petersburg, 1893.

E. König, *Jesaja*, Gütersloh, 1926.

G. Kuhn, P. A. M. Denis et autres, *Konkordanz zu den Qumrantexten*, Göttingen, 1960.

E. Y. Kutscher, *The Language and the Linguistic Background of the Isaiah Scroll* (I Q Isaᵃ), Leiden, 1974. Sigle *LIS*.

——, *Ha-lāšôn wᵉha-reqa' ha-lᵉšôni šel mᵉgillat yᵉša'yāhû ha-šᵉlēmāh mimmᵉgillôt yam ha-melaḥ*, Jerusalem 5719-1959. Sigle *LMY*.

——, cf. sous Koehler, Baumgartner, *Lexicon*, 3 Aufl.

R. Labat, *Le poème babylonien de la Création*, Paris, 1935.

——, *Les grands textes de la pensée babylonienne*, in *Les religions du proche-orient*, *Textes et traditions sacrés babyloniens, ougaritiques, hittites*, Paris, 1970.

L. Laberge, *Isaïe 28-33. Étude de la tradition textuelle d'après la Pešiṭto, le texte de Qumrân, la Septante et le texte massorétique*. Ouvrage sur microfiches, chez Mary Nash, Information Services, 188 av. Dagmar, Vanier, Ontario, KIL 5 T 2. Canada. Cité d'après un exemplaire dactylographié correspondant, en bibliothèque (BOSEB, Institut Catholique, Paris).

L. Laberge, *La Septante d'Isaïe 28-33, Étude de tradition textuelle*, Ottawa, 1978.

W. G. Lambert, *Babylonian Wisdom Literature*, Oxford, 1960.

E. W. Lane, *An Arabic English Lexicon*, 8 vol., London 1863 s., réimpr. Beirut, 1968.

E. M. Laperrousaz, *Qoumrân, L'établissement essénien des bords de la Mer Morte*, Paris, 1976.

G. M. Le Jay, *Biblia 1 Hebraica, 2 Samaritana* etc. (Polyglotte de Paris), Lutetiae Parisiorum, 1645, VII, *Esaias* (hébreu etc.), VIII, *Isaia* (syr. etc.).

A. Lemaire, *Inscriptions hébraïques*, I, *Les Ostraca*, Paris, 1977.

I. Lévi, *L'Ecclésiastique ou la Sagesse de Jésus fils de Sira. Texte original hébreu édité, traduit et commenté*. Paris, 1898-1901.

——, *The Hebrew Text of the Book of Ecclesiasticus*, Leiden, 1904. Réimpr. Leiden, 1951. Cf. Yadin.

J. Levy, *Chaldäisches Wörterbuch über die Targumim*, I, II, Leipzig, 1867-1868. Sigle *Wb Tg.*

——, *Wörterbuch über die Talmudim und Midrashim*, I-IV, 2te Aufl. Berlin, Wien, 1924. Sigle *Wb Td Md.*

H.G. Liddell, R. Scott, *A Greek English Lexicon*, 9th ed., reprint Oxford, 1953.

J. Lindblom, *Die Jesaja Apokalypse Jes. 24-27*, Lunds Universitets Årsskrift. NF. V Avd 1, Bd 34, 3, Lund, Leipzig, 1938.

M. Lidzbarski, *Altaramäische Urkunden aus Assur*, *WVDOG*, 38, Berlin, 1921.

S. Lieberman, *Hellenism in Jewish Palestine*, New York, 1950.

Lisān al-'Arab (Ibn Manẓūr), I-XV, Beyrouth, 1374-1376 A.H.; 1955-1956. Les chiffres en parenthèses indiquent les n^{os} des fascicules, soit 1 à 65.

R. Lowth, *Jesaja* (édition allemande), *mit Zusätze und Anmerkungen von J.B. Koppe*, I-IV, Leipzig, 1779-1781.

S. Mandelkern, *Veteris Testamenti Concordantiae hebraicae atque chaldaicae*, I-II, Lipsiae, 1896, réimpr. de l'éd. 1937, Graz, 1955.

Manual of Discipline. Cf. Burrows.

K. Marti, *Das Buch Jesaja*, *KHCAT*, X, Tübingen, 1900.

M. Martin, *The Scribal Character of the Dead Sea Scrolls*, I, II, Louvain, 1958.

J.L. Mc Kenzie, *The Second Isaiah*. The Anchor Bible, 20, Garden City, 1968.

H.G. Meecham, *The Letter of Aristeas*, Manchester, 1935.

Mekhilta, voir Horovitz

R. Meyer, *Hebräische Grammatik*, I-IV, 3te Aufl., Berlin, 1966-1972.

H. Michaud, *Sur la pierre et l'argile*, Neuchâtel, Paris, 1958.

H. Middeldorpf, *Codex Syro-Hexaplaris*, I-II, Berolini, 1835. Cf. Ceriani.

Midrash Bereshit Rabba, cf. Theodor, Albeck.

Midrash Rabba, éd. Grossman-Weisberg, New York, 5712-1952.

Midrash Rabbah translated into English, ed. R.H. Freedman, M. Simon, 10 vol., Soncino Press, London, 1961.

Midrash Tanḥuma, cf. Buber et Zundel.

J.T. Milik, *Ten Years of Discovery in the Wilderness of Judaea* (trans. J. Strugnell of : *Dix ans de découvertes dans le désert de Juda*, Paris 1957), London, 1957.

Miqraôt g^{e}dôlôt (Bible rabbinique avec pour Is les commentaires de Rashi et Qimḥi (= Radaq) cités ici). Edition Pardes, New York, 5711 = 1951 (Reproduit l'éd. de Varsovie 1859-1866).

Mishna, ed. H. Albeck, 6 vol., Jerusalem, 1958. Cf. Danby.

J.A. Montgomery, *The Samaritans*, Philadelphia, 1907 (The Bohlen Lectures for 1906), réimpr. New York (Ktav), 1968.

A. Musil, *Arabia Petraea*, I-III, Wien, 1907-1908.

Nathan ben Jechiel, cf. *Aruch*.

A. Neubauer, ed. *The Book of Hebrew Roots by Abu `l-Walîd Marwân Ibn Janah*. With Additions and Corrections by W. Bacher, Oxford, 1875, reprint Amsterdam, 1968.

Th. Nöldeke, *Syrische Grammatik*, 2te Aufl., Leipzig 1898.

C.R. North, *The Second Isaiah*, Oxford, 1964.

J. Nougayrol, *Le Palais royal d'Ugarit*, *III**, Texte, *III***, Planches, *avec des études de G. Boyer et E. Laroche : Textes accadiens et hourrites des archives est, ouest et centrales*, Paris, 1955.

——, *Le Palais royal d'Ugarit*, *IV**, Texte, *IV***, Planches, *Textes accadiens des archives sud*, Paris 1956.

——, *Le palais royal d'Ugarit*, *VI*, *Textes en cunéiformes babyloniens des archives du grand palais et du petit palais sud d'Ugarit*, Paris, 1970.

——, voir aussi sous *Ugaritica*.

Novum Testamentum graece, ed. E. Nestle, 13e ed., Stuttgart, 1927.

R.R. Ottley, *The Book of Isaiah According to the Septuagint* (*Cod. Alexandrinus*), I, *Introduction and Translation*, Cambridge, 1904; II, *Text and Notes*, Cambridge 1906. Sigle *BIAS*.

Palais royal d'Ugarit, voir Nougayrol, Schaeffer, Virolleaud.

R. Payne Smith, *Thesaurus Syriacus*, 2 vol. fol., Oxonii, 1879-1901. Sigle *PSm.*

A. Pelletier, *Lettre d'Aristée à Philocrate*. Sources chrétiennes 89, Paris 1962.

A. Penna, *Isaia*, in *La Sacra Bibbia*. Turin, 1964.

Peshitto (vocalisme occidental) : *Biblia Sacra juxta versionem simplicem quae dicitur Pschitta*, 2 vol. Beryti, 1951 (réimpr. de l'éd. de Mossoul, 1891). Cf. aussi *Ambrosianus* (codex).

Pesiqta Rabbati. Cf. Friedmann et Braude.

Philon. *Philo Opera*, 9 vol. ed. F. H. Colson, G. H. Whitetaker, J. W. Earp, R. Marcus (Loeb Classical Library), London, Cambridge, Massachusetts, 1949-1953.

Polyglottes (Bibles), cf. Le Jay et Walton.

L. Prijs, *Beiträge zur jüdischen Tradition in der Septuaginta*, Leiden, 1948.

O. Procksch, *Jesaja I übersetzt und erklärt*, Leipzig, 1930.

H. C. Puech. *Mélanges d'Histoire des religions offerts à Henri-Charles Puech*, Paris, 1974.

Qimḥi (Commentaire d'Is). Cf. *Miqraôt geʹdôlôt*, et cf. Kimḥi, ed. Chomsky.

A. Rahlfs, ed. *Septuaginta*, editio quarta, I, II, Stuttgart, 1950.

Rashi (Commentaire d'Is). Cf. *Miqraôt geʹdôlôt*.

Reallexicon der Assyriologie, I-V, 4, Berlin, 1932-1977. Sigle *RLA*.

H. Reckendorf, *Die syntaktischen Verhältnisse des Arabischen*, Leiden, 1898. Réimpr. 1967.

B. Reicke, cf. Rost.

B. Renaud, *La formation du livre de Michée*, Paris, 1977.

Bleddyn J. Roberts, *The Old Testament Text and Versions*, Cardiff, 1951.

——, «The Second Isaiah Scroll from Qumrân», *BJRL*, 42 (1959) 132 s.

F. Rosenthal, *Die Aramaistische Forschung seit Th. Nöldeke's Veröffentlichungen*, Leiden, 1939. Sigle *AF*.

Rossini, cf. Conti Rossini.

L. Rost, *Die Damaskusschrift*. Kleine Texten hergg. von H. Lietzmann, 167, Berlin 1933.

——, Bo Reicke, *Biblisch-Historisches Handwörterbuch*, I-IV, Göttingen, 1962-1979.

W. Rudolph, *Esra und Nehemia*, HBZAT 20, Tübingen, 1949.

——, *Jeremia*, *HBZAT* 12, Tübingen, 1947.

——, *Jesaja 24-27*, *BWANT*, IVᵗᵉ F., 10, Stuttgart, 1933.

Saadya, cf. Derenbourg.

Claude F. A. Schaeffer, *Le Palais royal d'Ugarit*, publié sous la direction de Claude F. A. Schaeffer, II-VI, Paris, 1955 s., Sigle *PRU*. Voir Nougayrol et Virolleaud.

L. H. Schiffmann, *The Halakhah at Qumran*, Leiden, 1975.

J. F. Schleusner, *Novus Thesaurus philologico-criticus sive Lexicon in LXX et reliquos interpretes graecos ac scriptores apocryphos Veteris Testamenti*. Editio altera, 3 vol., Londoni, 1829.

A. Scholz, *Die Alexandrinische Übersetzung des Buches Jesaja*, Würzburg, 1880. Sigle *AUI*.

F. Schulthess, *Lexicon syropalaestinum*, Berolini, 1903.

E. Schürer, *Geschichte des jüdischen Volkes im Zeitalter Jesu Christi*, I-IV, 4ᵗᵉ Aufl., Leipzig, 1909, réimpr. Hildesheim, 1964.

M. Schwab, *Le Talmud de Jérusalem traduit par Moïse Schwab*, I-X, Paris, 1878-1889, réimpr. en I-VI, Paris, 1960.

I. L. Seeligmann, *The Septuagint Version of Isaiah*, Leiden, 1948. Sigle *SVI*.

——, «Voraussetzungen der Midrashexegese», *VTS* 1 (1953) 150 s.

M. H. Segal, *A Grammar of Mishnaic Hebrew*, Oxford, 1927.

Septuaginta. *Vetus Testamentum Graecum Auctoritate Societatis litterarum Gottingensis editum*, Göttingen, 1931 s. Sigle *SG* suivi de l'indication du livre biblique : *SG Is, SG XII Proph*, etc. Cf. Ziegler.

Siracide, cf. *Facsimiles ... of Ecclesiasticus*. Cf. aussi Lévi, Yadin.

W. von Soden, *Akkadisches Handwörterbuch*, Liefer. 1-14, Wiesbaden 1959-1977. Sigle *AHW*.

A. Sperber, *The Bible in Aramaic*, I, *The Pentateuch according to Targum Onkelos*, Leiden, 1959; II, *The Former Prophets according to Targum Jonathan*, Leiden, 1959; III, *The Latter Prophets according to Targum Jonathan*, Leiden, 1962; IV A, *The Hagiographa*, Leiden, 1968; IV B, *The Targum and the Hebrew Bible*, Leiden, 1973.

W. Staerk, *Altjüdische Gebete*. Kleine Texte hrgg. von H. Lietzmann, 58, Bonn, 1910.

J. J. Stamm, *Die Akkadische Namengebung*, Leipzig, 1939 (*MVAG* 44), réimpr. Darmstadt, 1968.

J. F. Stenning, *The Targum of Isaiah*, Oxford, 1949.

W. B. Stevenson, *Grammar of Palestinian Jewish Aramaic*, Oxford, 1924.

H. L. Strack, *Einleitung in Talmud und Midraš*, 5ᵗᵉ Aufl., München, 1921.

——, P. Billerbeck, *Kommentar zum Neuen Testament aus Talmud und Midrash*, I-V, München, 1922-1928.

E. L. Sukenik, *Ôṣar ha-mᵉgillôt ha-gᵉnûzôt*. Jerusalem, 5715-1955.

Supplément au Dictionnaire de la Bible, éd. L. Pirot, A. Robert, H. Cazelles, A. Feuillet, Paris, 1928 s.

H. B. Swete, *An Introduction to the Old Testament in Greek*, revised by R. R. Ottley with Appendix by H. St. J. Thackeray, 2ᵈ ed. Cambridge, 1914, reprint Ktav, New York, 1968.

——, ed. *The Old Testament in Greek according to the Septuagint*, 2ᵈ ed., 3 vol. Cambridge, 1891-1895.

Tāj al-ʿArūs. Cf. Az-Zabīdī.

Talmud de Babylone : *Talmud Babli*, ed. Pardes, 20 vol. fol. Jerusalem, 1958. Cf. I. Epstein. Sigle *Td B* ou *B*.

Talmud de Jérusalem : *Talmud Yerushalmi*, éd. de Petrokov, 5 vol. 1900-1902; éd. de Krotochine, 2 vol. fol., 1866. Sigle *Td Y* ou *Y*. Cf. Schwab.

Textes Ougaritiques, cf. Caquot.

H. St. J. Thackeray, *A Grammar of the Old Testament in Greek according to the Septuagint*, I, Cambridge, 1909.

——, *The Septuagint and Jewish Worship*, London, 1921.

J. Theodor, H. Albeck ed. *Midrash Bereshit Rabba*, 3 vol., Jerusalem, 1965.

Theologisches Wörterbuch zum Alten Testament, Stuttgart, 1970 s., Sigle *Th Wb AT* ou *TWAT*.

C. C. Torrey, *The Second Isaiah*, Edinburgh, 1928.

J. C. Trever, *Scrolls from Qumrân Cave I*, photographs by John C. Trever. Jerusalem, 1972. Cf. Burrows.

Ugaritica V (Mission de Ras-Shamra dirigée par Claude F. A. Schaeffer, XVI), *Nouveaux textes accadiens, hourrites et ugaritiques des archives et bibliothèques privées d'Ugarit. Commentaires des textes historiques (première partie)*, par J. Nougayrol, E. Laroche, C. Virolleaud, Cl. F. A. Schaeffer, Paris 1968.

Ugaritica VI, Mission de Ras Shamra ... XVII, avec la collaboration de P. Amiet et autres, Paris 1969.

A. S. Van der Woude, *Die Messianische Vorstellungen der Gemeinde von Qumrân*, Assen, 1957.

C. Virolleaud, *Le Palais royal d'Ugarit*, II, *Textes en cunéiformes alphabétiques des archives est, ouest et centrales*, Paris, 1957.

——, *Le Palais royal d'Ugarit*, V, *Textes en cunéiformes alphabétiques des archives sud, sud-ouest et du petit palais*, Paris, 1965.

——, voir aussi sous *Ugaritica*.

P. Volz, *Der Prophet Jeremia*, Leipzig, 1922.

——, *Jesaja II*, Leipzig, 1932.

Vulgate, cf. sous *Biblia Sacra*.

Walîd (Abu 'l-Walîd), cf. Neubauer.

B. Walton, *Biblia Polyglotta*, London, 1657, III (contient Is).

L. Warszawski, *Die Peschitta zu Jesaja (Kap. 1-39), ihr Verhältnis zum mass. T., zur Sept. und z. Targ.*, Berlin, 1897.

H. Weiss, *Die Peschitta zu Deuterojesaja und ihr Verhältnis zu M. T., LXX und TRG*, Halle, 1893.

J. Wellhausen, *Israelitische und Jüdische Geschichte*, 8ᵗᵉ Ausg., Berlin, Leipzig, 1921.

——, *Der Text der Bücher Samuelis*, Göttingen, 1871.

C. Westermann, *Genesis*, *BK*, I, Neukirchen-Vluyn, 1966 s.

——, *Das Buch Jesaja, Kap. 40-66*, *ATD* 19, Göttingen, 1966.

W. Wickes, *A Treatise on the Accentuation of the Three so-called Poetical Books of the Old Testament*, Oxford, 1881;

——, *A Treatise on the Accentuation of the Twenty-one so called Prose Books of the Old Testament*, Oxford, 1887. Réimprimé avec le précédent en un vol., sous le titre :

——, *Two Treatises on the Accentuation of the Old Testament*, New York, Ktav, 1970.

H. Wildberger, *Jesaja*, *BK*, X, Neukirchen-Vluyn, 1965s.

I. Willi-Plein, *Vorformen der Schriftexegese innerhalb des Alten Testamentes*, *BZAW* 123, Berlin 1971.

Wörterbuch zur klassischen arabischen Sprache, *Auf Grund der Sammlungen von A. Fischer, Th. Nöldeke, H. Reckendorf*, hrgg. durch die Deutsche Morgenländische Gesellschaft, in Verbindung mit A. Spitaler, bearbeitet von J. Kraemer und H. Gätje, puis, à partir de la 3ᵉ Liefer. bearbeitet von M. Ullmann, Wiesbaden, 1957s. Sigle *WKAS*.

W. Wright, *A Grammar of the Arabic Language Translated from the German of Caspari with Numerous Additions and Corrections*, London, I, 1874, II, 1875.

Y. Yadin, *The Ben Sira Scroll from Masada*, Jerusalem, 1965.

——, *Hazor*, Schweich Lectures, 1970, London, 1972.

——, *Hazor*, III-IV, 1957-1958, Jerusalem, Oxford, 1965.

H. Yalon, *Mᵉgillôt midbar yᵉhûdāh dibᵉrēy lāsôn*, *Studies in the Dead Sea Scrolls*, Jerusalem, 1967.

D. Yelin, « Mišnēh ha-hôrāāh ba-tᵉ-nak », *Tarbiz* 5 (1933-1934), 1-17.

Zabīdī, cf. Az-Zabīdī.

S. Zeitlin, *The Zadokite Fragments, Facsimile of the Manuscripts in the Cairo Genizah Collection*, Cambridge, 1952. Cf. Rost.

J. Ziegler, *Septuaginta* (cf. sous ce titre) : XIV, *Isaias*, Göttingen, 1939. La 2ᵉ éd. (1967) révisée a été vérifiée aux endroits jugés utiles. Sigle *SG Is*.

——, *Untersuchungen zur Septuaginta des Buches Isaias*. *Alttestamentliche Abhandlungen*, XII, 3, Münster W., 1934. Sigle *ZUI*.

——, « Die Vorlage der Isaiahs Rolle von Qumrân », *JBL* 78 (1959) 34s.

A. Zillessen, « Bemerkungen zur alexandrinischen Übersetzung des Jesaja (c. 40-66), *ZAW* 22 (1902) 238-263.

H. Zundel, *Midraš Tanḥuma*, Wilna, 1833 (Strack, *Einl.* 205 donne la date de 1831, par erreur. J'ai vérifié 1833 sur un exemplaire). Réimpr. Jérusalem 5716 = 1956 (la réimpr. moderne n'indique pas le lieu et la date de la 1ʳᵉ éd. L'identification est donnée par S. Buber, dans son éd. de 1885, Introduction, cf. réimpr. I, 163).

INDEX DES MATIÈRES

INDEX LEXICOGRAPHIQUE (sélectif)

HÉBREU

אבך 13 s., 19 s.

אבק 21 s.

אחז 298 s.

אחר 298.

באר 181 s., 187 s.

המסים 67.

זכר 233 s.

חלף 93 n. 15.

חשש 202 s.

טפש 316 s., n. 52.

יחל 360 s.

יסר 320 s. et nn. 64, 73.

כלי et כילי 150 s., n. 26.

כמה 245 s., n. 79.

כשל 76 n. 18, 107 s.

לאם I 161 s.

לאם II 163 s. et nn. 18-19.

מלא 222 s.

מסס 67, 251.

מקק 257 s., 262 s., n. 108.

משח 370 s.

סור 324 n. 75, 244 n. 94.

סרה 328.

פאר 187 n. 27.

ARAMÉEN ET SYRIAQUE

זרם 144 s.

חור 139.

חלף II 95 s.

חשש 310.

טפש 316 n. 52.

כשל Cf. cette rac. en hébreu.

לאם 170 s.

נתר 295 s.

סנף 98 s., n. 27.

פטר 303 s.

צום 423.

רחץ 124.

עקל 20.

UGARITIQUE

ḫlpn 95 s., n. 20.

l'im 164 s.

npṣ 95 n. 20.

ACCADIEN

bâru 182.

inu 116 s.

līmu 165, 171 s.

nabalkūtu 391 n. 21.

pānu 116.

sakāpu 98 s., n. 27.

AN 398.

IGI 116.

MES 401.

MEŠ 401.

TI 395.

ARABE

'aḍima 423 n. 42.

ḍāma (w et y) 421 s.

haḍama 422 s.

ḥašša 309 s., 311 n. 43.

GREC (SÉLECTION TRÈS RÉDUITE)

INDEX DES TEXTES

ANCIEN TESTAMENT

Genèse

1 G: *177 n.7*; 1,1: *63 s.*; 1,13: *295 s.*, *415 s.*; 2,1: *250 n.8*; 2,7: *354*; 2,10: *145 n.9, 147*; 2,21 s.: *395 s.*; 3,20: *395*; 4,4 G: *148*; 4,21 G: *178 n.8*; 6,2 s.: *394 n.32*; 6,1-4: *397*; 8,12: *361*; 9,5: *225 n.22*; 9,27 G: *53 n.52*; 10,10: *99*; 11,1: *3, 87 s.*; 11,2: *99*; 11,4: *87, 102*; 11,8: *98*; 11,8-9 T Ok: *154 n.37*; 11,9: *102*; 14,22: *225 n.23*; 17,5: *394 n.32*; 19,27 *394 n.32*; 23,14: *332 n.97*; 25,23 T Ok: *163 n.10*; 26,2 G: *53 n.52*; 27,29 T Ok: *163 n.10*; id. G: *169*; 29,32; *394 n.32*; 42,19: *337 n.107*; 45,3: *332 n.97*; 49,10: *186*.

Exode

3,15: *233*; 6,8: *225 n.23*; 9,14 G: *126*; 12,35: *367 n.176*; 14,26-27: *225 n.23*; 15,3 H, G: *59, 62*; 15,7: *115 n.19*; 15,8 T Ok: *143*; 17,6: *3, 5*; id. G: *71 s., 187, 245*; 18,20 G: *40*; 19,18 G: *53 n.52*; 20,7: *234 n.45*; 20,25: *90 n.11*; 23,1: *64*; 24,9 s.: *39*; 24,10: *254*; 24,16 G: *53 n.52*; 28,41: *225 n.23*; 33: *117 n.23*; 40,29 G: *53 s.*; 40,32 G: *54*; 40,35: *54*.

Lévitique

8,33: *225 n.23*; 16,3: *273 n.127*; 17,11: *224*; 20,9 T Ok: *225 n.24, n.25*; 25,5 G: *158*; 26,21-33: *220*; 26,32: *219 s.*; 26,39: *259 n.104*; id. G: *262 n.108*.

Nombres

9,18 s. G: *53 n.52*; 10,34 G: *53 n.52*; 13,33: *397 n.38*; 14,14: *270 n.119*; 15,20: *64*; 16,30 G: *177 n.7, 184 s.*; 20,8 s.: *24*; 20,24: *115 n.20*; 21,17 s.: *74*; 21,18: *150 n.25*; id. G: *156 n.41*; 21,18: *186, 242*; 23,3 G: *129 n.38*; 23,9 G: *53 n.52*; 35,16 s.: *225 n.22*; 35,34 G: *53 n.52*.

Deutéronome

1,5: *181*; id. G: *182 n.14*; 1,13: *187 n.27*; 1,29: *119 n.3*; 2,9: *342*; 4,19: *265*; 4,36: *322 n.67*; 6,6 s.: *215 n.37*; 6,1: *277 n.135*; 8,5: *215 n.37*, *322 n.67*; 8,10: *277 n.135*; 8,15: *238 s.*, *289*; 11,15: *277 n.135*; 11,19: *215 n.37*; 13,1: *215 n.3*; 18,4: *64*; 19,10 T Ok: *225 n.25*; 19,11 s.: *225 n.22*; 20,2 s.: *24 n.60*; 21,8 G: *225 n.25*; id. T Ok: *223*; 22,8: *225*; id. G: *225 n.25*; 27,8 G: *182*; 27,15: *345*; 28,52 T Ok: *124 n.21*; 31,6: *119 n.3*; 32,8: *167 n.19*; id. *414*; 33,12 G: *53 n.52*.

Josué

1,9: *119 n.3*; 5,14: *186*; 8,18: *225 n.23*; 24,25: *204 n.9*.

Juges

5,21: *342*.

I Samuel

405 n.1; 13,8: *360*; 14,41: *405 n.1*; 15,22 s.: *416 n.25*.

II Samuel

17,10 G: *262 n.108*; 11,1: *340*.

I Rois

5,31: *90 n.11*; 6,36: *90 n.11*; 13,21: *115 n.20*.

II Rois

6,33: *337 n.107*; 24,2: *252 n.90*.

Isaïe

1,7 Qa: *218 s.*; 1,8 Qa: *295 s.*; 1,13: *197, 414*; 1,15: *221 s.*; 1,16 G: *109*; 1,22 G: *83*; 1,25 G: *83*; 2,1 s.: *229*; 2,3: *228*; 2,9 s.: *146 n.14*; 2,11 G: *98 n.26*; 3,8 G: *107*; 3,10 G: *110*; 3,18 s.G: *49 n.42*; 3,24: *259*; 4,3 Qa: *295*; 4,5: *308 n.38*; 4,5 H,G: *54 s.*; 4,6 G: *144 n.8*; 5,3: *285 n.150*; 5,11 Qa: *297 s.*; 5,11 T: *303, 304 n.27*; 5,12: *345*; 5,24: *259, 306 n.3*; 5,24 Qa: *305 s.*; id. Aq,

Jérémie

Ezéchiel

NOUVEAU TESTAMENT

TEXTES DE QUMRÂN ET RABBINIQUES

TEXTES OUEST-SÉMITIQUES ET MÉSOPOTAMIENS

CORAN

ANTIQUITÉ CLASSIQUE

SUPPLEMENTS TO VETUS TESTAMENTUM

17. Congress Volume, Rome 1968. 1969. (vi, 244 p.) [02339 9]

cloth Gld. *84.—/96.—

19. Thompson, R.J. Moses and the Law in a century of criticism since Graf. 1970. (xii, 207 p.) [02341 0] *cloth* Gld. *72.—/84.—

20. Redford, D.B. A study of the Biblical story of Joseph (Genesis 37-50). 1970. (xiv, 290 p.) [02342 9] *cloth* Gld. *84.—/96.—

21. Ahlström, G.W. Joel and the temple cult of Jerusalem. 1971. (xii, 151 p.) [02620 7] *cloth* Gld. *80.—/92.—

22. Congress Volume, Uppsala 1971. 1972. (viii, 293 p., 5 tabl., 4 pl.) [03521 4] *cloth* Gld. *96.—/116.—

23. Studies in the religion of ancient Israel. 1972. (vi, 181 p.) [03525 7]

cloth Gld. *68.—/76.—

24. Schoors, A. I am God your Saviour. A formcritical study of the main genres in Is. xl-lv. 1973. (x, 343 p.) [03729 2]

cloth Gld. *84.—/96.—

25. Allen, L.C. The Greek Chronicles. The relation of the Septuagint I and II Chronicles to the Massoretic text. 1. The translator's craft. 1974. (x, 240 p.) [03913 9] *cloth* Gld. *92.—/108.—

26. Studies on prophecy. A collection of twelve papers. 1974. (vii, 169 p.) [03877 9] *cloth* Gld. *44.—/60.—

27. Allen, L.C. The Greek Chronicles. 2. Textual criticism. 1974. (xii, 182 p., 3 fig.) [03933 3] *cloth* Gld. *92.—/108.—

28. Congress Volume, Edinburgh 1974. 1975. (viii, 277 p., portr., 1 table) [04321 7] *cloth* Gld. *144.—/168.—

29. Congress Volume, Göttingen 1977. 1978. (viii, 417 p.) [05835 4]

cloth Gld. *196.—/220.—

30. Emerton, J.A. (ed.). Studies in the historical books of the Old Testament. 1979. (v, 278 p.) [06017 0] *cloth* Gld. *160.—/184.—

31. Merendino, R.P. Der Erste und der Letzte. Eine Untersuchung von Jes 40-48. 1981. (xvii, 597 p.) [06199 1] *cloth* Gld. *152.—/172.—

32. Congress Volume, Vienna 1980. Edited by J.A. EMERTON. 1981. (xii, 483 p., frontisp.) [06514 8] *cloth* Gld. *260.—/284.—